John Wiseman

THE SAS SURVIVAL HANDBOOK

SAS生存手册

[英] 约翰·怀斯曼 / 著　张万伟 于靖蓉 / 译

北方文艺出版社

黑版贸审字　08-2020-001号

图书在版编目（CIP）数据

SAS生存手册 / (英) 约翰·怀斯曼
(John Lofty Wiseman) 著；张万伟，于靖蓉译. -- 哈
尔滨：北方文艺出版社，2023.12
书名原文：SAS SURVIVAL HANDBOOK
ISBN 978-7-5317-4819-9

Ⅰ. ①S… Ⅱ. ①约… ②张… ③于… Ⅲ. ①野外－
生存－手册 Ⅳ. ①G895-62

中国版本图书馆CIP数据核字(2020)第101074号

SAS生存手册
SAS SHENGCUN SHOUCE

作　者 / [英] 约翰·怀斯曼
译　者 / 张万伟　于靖蓉

责任编辑 / 赵　芳
封面设计 / 烟　雨

出版发行 / 北方文艺出版社
邮　编 / 150008
发行电话 /（0451）86825533
经　销 / 新华书店
地　址 / 哈尔滨市南岗区宣庆小区1号楼
网　址 / www.bfwy.com

印　刷 / 河北京平诚乾印刷有限公司
开　本 / 787mm × 1092mm　1/12
字　数 / 300千
印　张 / 26
版　次 / 2023年12月第1版
印　次 / 2023年12月第1次

书　号 / ISBN 978-7-5317-4819-9
定　价 / 118.00元

目　录

前 言

当今的世界是一个不确定因素与日俱增的世界，在此大环境下，本书更多地关注于如何让你从容应对各种可能遇到的生死攸关的情况。在本书中，我竭力将所有能想到的危急状况和正确的处理方法在这有限的篇幅中展现给大家。书中列出的各项建议可让你做好医疗上和心理上的提前准备，并让你了解和认识到所有你可能会面对的危险。但凡提前有所准备，你都可以在逆境中自信地生存下来，并在突发事件出现后快速适应，做出调整。

26年的职业军人生涯，使我有机会为英国特种部队（SAS）服务。作为英国皇家军队的精英之一，SAS特种部队的训练目标是使战斗人员能在全球任一地点完成各种异常艰巨的作战任务——通常都是在与主力隔绝的敌占区域进行小组作战，因此，他们必须成为自己的医生、领航员及炊事员。行动的特殊性决定了不大可能获取补给，他们必须在远离本土的地方生存下去，必须能从容应对各种人为或自然造成的意外和困境，并且安全返回。因此，他们必须掌握能在任何环境下生存的各项技能。

经过长期全球服役的磨炼，我成了SAS的生存教员，确保团队的每个成员都能娴熟地运用这些求生技能成了我的职责。部分训练内容及队员执行作战任务时所必须掌握的各项技能，也是本书的主要内容。

当今社会对生存技能训练的需求已经达到新的高度。随着航空旅行成本的逐渐降低，世界上基本已找不到没有人类涉足过的地方了。再加上人们的假期比以前有大幅度增加，家庭收入方面也逐渐出现较多的盈余，而各种电视科普节目又扩展了人们的知识，人们对于周围世界的了解程度和探索欲望都在逐步扩张。

而亘古不变的是，人类求生的本能，以及人体惊人的潜力。但我们仍需认识到，随着文明程度的增长，我们的生存技能却被逐渐淡忘。因此，练习掌握生存技能，并充分准备以应对各种状况非常重要。在如此变化无常的世界中，只有生存技能才是最好的保障。如若我们每个人都能用基本的生存技能将自己武装起来，在紧急情况下从容应对，那么危险性就低了许多了。

你可能被隔绝在世界的任何地方——从北极冰山到浩瀚沙漠，从热带密林到辽阔大洋，在危急时刻，无论是战士还是平民，都会面临生存问题。唯一的差异在于战士需要隐蔽，平民则渴望引起他人的注意以获得营救。每一种情况都要求特殊的求生技能。高山、丛林、平原和沼泽，对于生存者来说似乎十分危险，但是每一种环境又都可以提供某种形式的支持，只要知道获取方法就可以得到食物、燃料、水和避难所。气候的影响十分重要。你必须知道如何面对严寒，如何在灼热的环境下幸存——它们都以不同的形式考验着求生者。求生者必须依靠基本的生存原则，并且因地制宜地实施运用。

另外，你还需要掌握身体机能的运作方式，了解身体在不同环境和情况下会出现哪些反应。远行之前，最好对身体情况进行评估：比方说，通过野外露宿来检验自己的基本生存技能，确保自己能成功生火。甚至也可以尝试一段时间不吃不睡。这样可以让你观察到你的身体在不同限制条件下会出现哪些反应。

这些必须掌握的基本的生存原则形成了一个金字塔结构。

尽管在开始时，脱离危险需要很大的体力，但是最终存活下去更需要依赖坚强的意志。在事故刚刚发生时，人的情绪会极度活跃，但是在激动过后，就需要仔细思考应对方法了。驱使我们不断行动的是人的本能，最好称之为“求生的意志”。这是我们所有训练的基石，要不断培养和增强。判断身体状况是否健康往往比较容易，对于精神状况的判断却很难。

随着人类的不断进化，这种本能越来越薄弱，因此，训练这些技能，为任何不测事件做好准备就更加重要了。

求生的意志

求生的意志，是指无论在何种情况下都绝不放弃的精神和勇气。要知道，世上无难事，只怕有心人，没有我们不能生存的地方。只要遵循基本原则、做好充分准备、拥有坚定意志，我们就可以经受考验生存下来。人的意志坚强程度各不相同，不过每个人都可以在这一方面取得进步。

有些人在危急时刻祈祷上帝的帮助，有些人则祈求亲人的保佑。害怕失败或者不愿意使同伴失望都可以增强我们求生的意志。回顾过去幸存的经历也很有帮助。你可以获取所有的知识，拥有一切的工具，但是没有坚强的意志，你仍然难逃劫难。

知识

具备了坚强的意志，我们就需要知识了。知识越丰富，就越容易存活。知识可以驱赶恐惧和害怕，本书提供的信息都是我们所必须了解的，并且我们还应该拓展这些知识，做得更好。比如不断练习这些技能直到熟练掌握为止；观察当地人，学习他们是如何生存的；向那些曾经历经磨难的人请教，从他们的经历中学习有益的东西。

工具箱

下页图中，生存金字塔结构的顶端就是工具箱。对于它，我们要精挑细选，最大限度地减少负担，但是要完全熟练地运用，并且了解其性能。这些东西，如救生箱、刀、指南针和无线电或者手机，都是最基本的必需品。不过请牢记，万不可忽视大自然可以提供给你防身的东西，自己的工具箱只不过是以防万一。遇到危险时，灵活应变的能力至关重要，一定要学会利用周围的事物来尽可能让自己处于最佳状态。

在运用本书提供的方法技能时，读者必须运用自己的判断力。如植物类食品检验是确定未知野果或树叶是否安全可食的唯一方法。如果能严格遵照书中方法依次进行，几乎不会造成什么危害，但是要记住，危险依然存在。不同人的中毒反应会有差异——对于某些人来说，轻微中毒也可能意味着极大的危险。书中介绍的某些陷阱是相当危险的，设置者必须负起责任，千万不要置之不理，否则可能会伤害他人。同时，在设置陷阱时如果不小心，也极有可能伤着自己。

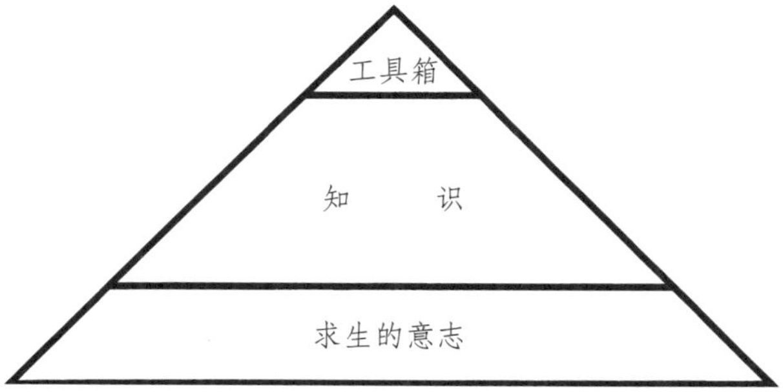

在学习本书所述技能时，读者应该有所克制，注意保护环境，避免残害动物。在某些地区，有些技能可能与法律相违背。小刀这种东西在野外是非常有用的物件，但仍然不能忽视当地对刀具的管制条例。记住，这是一本在危急的求生环境下使用的手册，只有当自我保护超越一切，甚至考虑去寻求正常生活已变得愚蠢，而必须去冒险时，才应该求助于它。生存策略的首要原则在于——在实施冒险前应仔细权衡。最终选择权属于你自己，如果错了，没有人能替你承担过失。

本书分享了一些我与同伴们多年历险获得的生存经验、知识和技能，我希望它们在危急时刻会帮助你做出正确决定。这些方法与技能已经多次挽救了我们的生命——它们也会帮助你成功地渡过难关。

最后，真诚地感谢英国特种部队对我的磨炼以及所提供的经验，这些都是本书的依据。同时，感谢霍华德·洛克顿和托尼·斯贝尔丁为本书出版所付出的努力，没有他们的辛勤工作与奉献，本书很难呈现在读者面前。

约翰·怀斯曼
于赫勒福德生存学校

第 一 章

生存必需

要想成功幸存，就意味着需要考虑到各个方面。本章将告诉你如何确保自己拥有任何一项探险活动所必备的各种装备。建议随身携带一个宝盒，里面装上几种精心挑选的工具和物品，它们对于野外生存至关重要——你一定要随身携带。

最重要的求生工具就是刀，必须仔细挑选、精心呵护。

同样，个人的心理状态也十分重要。必须保证拥有良好的身心状态，在各种压力和危险面前能够从容应对。必须深切地理解求生的需要，尤其是必须知道如何获取淡水和食盐。

1. 幸存之道

几乎在地球上的每个角落人类都能立足。甚至在一些不毛之地，人类也能设法利用那里的资源——狩猎或者开矿。同时，人类也不断地在失败中积累着征服自然的能力。大自然几乎处处都能为人类提供生存的必需品，只是在某些地区很充沛，某些地区则很短缺。要想获取那些潜在的资源，需要个人的直觉、知识和智慧，更为重要的是要有坚定的求生意志。无论男人还是女人都曾证明了他们在恶劣的环境下也可以生存，他们能够活下来的主要原因就是有活下去的勇气——没有了这种勇气，本书中所介绍的各种技巧和知识都将毫无价值。

生存是一种维持生命的艺术。危急时刻，你所拥有的一切装备都应看作是上天的恩赐。如果被营救的希望遥遥无期，在既无地图又无指南针的漫长旅程中，你必须知道如何从大自然中获取尽可能多的必需物品，并充分利用它们，如何引起营救者的注意力以便及早获救，如何在穿越未知地区时选择正确的路线以便能够重新回到人类世界。还必须知道如何保持健康，如果生病或受伤了，要知道如何设法治疗自己和他人。同时，还必须有能力使自己以及共患难的同伴都拥有乐观的精神、昂扬的士气。

没有装备并不意味着只能束手无策，坐以待毙。读过本书后你将获得一些生存的技巧和经验，但这些不应随时间的推移而将它们荒废了，更不能作为呆板的教条去遵循，必须随时扩充知识，不断提高。

在家乡的土地上生活，我们一直都习以为常——尽管自己还没有觉察——但是真正的生存者必须学会在远离熟悉的环境下，或者这些环境在自然或人为的破坏下急剧发生变化时，如何生存下来。无论是老年人还是青年人，不管处在生命的哪一阶段，你都会发现只要掌握了这些生存技能和知识，就一定能生存下去。现在，越来越多的人在地球上飞来飞去，在江河湖海泛舟或远航，跋涉山川或登临峰巅，或者到遥远的热带地区度假，因而，人类所涉足的空间以及环境都变得更加多元化了。

但是，生存技巧并不仅仅涉及如何应对诸如飞机失事、轮船沉没或沙漠深处车辆抛锚之类的极端情况。其实在乘车时紧一紧安全带，你就已经为自己提供了更多的幸存机会。过马路前左右看看，临睡前检查一下有无火灾隐患，实质上也都是生存技能的本能运用。同生存技能一样，这些习惯是逐渐养成的。

生存的必需品包括：食物、火、避难所、水、导航和药物。在下面的各要素中，按生存的重要性排序，取各自的英文单词的首字母就形成了“PLAN”。无论你在世界的任何地方，北极、沙漠、丛林、大海或者海岸，这都是最基本的必需品。

P（Protection）——保护

你必须确保不会受到进一步危险的威胁，例如：迫在眉睫的雪崩、森林火灾或者燃料爆炸等。只要发生意外的地方比较安全，就一直待在那里，然后确保能够获取各种必需品。这就意味着需要搭建避难所，常常还需要生火。之所以要停留在事故现场，原因如下：

1. 可以用残骸作为避难所、发信号等。
2. 这是地面上比较大的信号物，更容易为人所发现。
3. 可能有些伤员无法移动。
4. 停留在原地可以节约能量。
5. 由于有人了解你的行踪和计划，并且一直与你保持联系，一旦联系中断，很快就会有人前来营救。

L（Location）——定位

搭建好避难所后，下一步就是发送求救信号，必须尽可能吸引救援人员注意到你所在的位置，尽可能做到这一点，可以帮助救援人员搜寻事故地点。

A（Acquisition）——获取

在等待救援时，搜寻饮水和食物，补充急救物品。

N（Navigation）——导航

精确的导航可以确保你不会迷路，常常能避免危急情况发生。不过，如果发现自己迷失了方向，最好待在那里不要乱走。

药物

你必须做自己的医生，随时仔细监测身体状况。一旦脚上出现了水泡，必须及时治疗，不要让它们成为障碍。注意你的同伴，一旦他们出现异常问题马上处理。如果他们走起路来一瘸一拐、落在了后面或者行为反常，立即停下来，看看是怎么回事。

1.1 做好准备

童子军的座右铭非常正确。任何人只要开始动身旅行或者计划行程，都必须尽可能想象到将要出现的各种情况，以便准备相应的技能和装备。一切都是为了生存，必须把这作为最基本的认识。要携带适当的装备并尽可能仔细地做好计划。

成功还是失败可能取决于如何装备自己。在打包时许多人一开始总是装得过多，最终还是自己受罪，这类令人讨厌的经历可以教会他们以后应该如何做，但事实上这种情况完全可以事先避免的。当你艰难地背负着巨大且充斥着无用物品的背包时，却懊悔地想着如果带上手电筒或开罐器有多好啊，这时一切就不那么好笑了。要合理选择物品，这并不十分容易。

确保能够胜任计划中安排的一切。个人状态越好，就会越容易完成计划，也更能使自己愉快。比如要去爬山，那么在出发之前就应该多做一些有规律的训练，此外，别忘了穿上登山靴。平时要多锻炼步行，背上装满沙子的背包训练，使肌肉充分适应。精神健康状况是另一个决定性因素。自己的体能状况肯定适合这项任务吗？是否完全准备好了？完成任务所必需的装备都准备齐全了吗？出发前应消除所有烦人的包袱轻装上阵。

为了预防不测，要准备一份应急行动计划。因为实际情况很少会完全像计划好的那样。在目标受阻时该怎么办呢？如果车辆抛锚了该怎么办呢？如果天气或路面状况比预想的更恶劣又该怎么办？一场晚会即将不欢而散如何使它重新活跃起来呢？有人突然病了又该怎么办？事先都应当准备好应对方法。

装备清单

在动身旅行或探险前开列装备清单，同时问问：

☐我要离开多久？需要多少食物？还要带水吗？

☐带的衣服适合那里的气候吗？一双靴子够吗？考虑到路况恶劣和长途跋涉，是否带双备用靴子？

☐针对那里的地形需要携带什么特殊装备呢？

☐携带哪些药品最合适呢？

1.1.1 体检

临行前进行一次彻底检查，确保你已经接种了所有必需的疫苗，以保证能够按计划顺利穿越途经地区。接种疫苗可预防以下疾病：黄热病、霍乱、伤寒、肝炎、天花、脊髓灰质炎、白喉和肺结核，同时还应注射抗破伤风的疫苗。接种疫苗需要充足的时间——完整的抗伤寒疫苗需要在6个月内连续注射3次。如果途经疟疾流行区，还要携带充足的抗疟疾药片，在旅行前两周就必须开始服用，这样在到达疟疾流行区前就已具备免疫能力了；在回来后仍需继续服药一个月。

临行前进行一次彻底的牙科检查。在严寒地区，即便健康的牙齿在遭遇寒冷时也会出现疼痛。在出发前至少要保证拥有健康完好的牙齿。

带上急救箱，它应该能满足你所有可能的需要。随团队一起旅行时，它还要能够满足每个成员的需要。如果团队中某人不再适合随队行动，是否应该将他驱逐出去呢？在朋友之间很难做出这样的决定，但是必须这样做，因为从长远考虑这是唯一的选择。还需考虑到，每个成员承受磨难的能力，面临挑战和危险时的反应各不相同，并且压力往往可以使人暴露出不为人知的一面。因此，在策划任何团队性探险活动时，必须采取一些淘汰措施来确定队中成员。

1.2 研究

对于目的地，掌握和了解的信息越多越好。多向熟知此地的朋友询问，多查阅一些相关资料，详细研究地图——确保你所携带的地图十分可靠，并且是最新版本的。多研究当地人，他们对外来者持什么样的态度，是敌意还是非常友好呢？当地有什么风俗习惯和禁忌呢？

越了解途经地人们的生活细节，你在需要时拥有的生存技能和知识也就越多——尤其在极不发达的社会中，那里人们的生活方式被更牢固地束缚在自己生存的土地上。只有经过认真调查研究，才能对如何因地制宜地搭建帐篷、生火做饭、采药和取水有更深的了解。

仔细研究地图，在到达那里之前先有一定的感性认识。尽最大可能对天气和地理有更多了解：

河流的方向和流速，瀑布、急流以及险滩等；山有多高，坡度如何？有哪些动植物？

有哪些树木？都分布在哪里？温度如何，昼夜温差多少？何时天亮，何时天黑？到达时月亮阴晴圆缺？当地何时潮起潮落？浪高多少？风力风向如何？天气状况可以预料吗？

1.3 计划

团队探险，成员们应经常聚会，讨论要实现什么目标。一定要安排专人负责下面的事情：医疗、翻译、烹饪、特殊装备、车辆维护、驾驶以及向导等。确保每个成员都熟悉各自的装备和任务，并且携带充足的各种备用品，尤其是电池、燃料和照明设备等。

可将整个行动过程分成三个阶段：行动前的准备期、行动的执行期和恢复期。每一阶段的任务和目标都必须明确，同时要罗列时间表。另外，还需要做好应对意外事件的准备，例如车辆抛锚、生病和疏散伤亡人员等。

要估计出大致的进度，安排充裕的时间，尤其是在徒步跋涉时更需如此。谨慎一些没什么坏处，当然做得更好也值得高兴。计划过分野心勃勃，以致超越了能力将会带来各种压力，这不仅会造成心理上过分紧张，生理上精疲力竭，而且还会导致判断错误，以及冒不必要的风险，这往往是造成差错和麻烦的原因。你不可能带上全部需要的水，但在旅途中必须不断得到补充。在计划行动路线时，必须首先考虑水源问题。

行动路线在制定并通过后，应通告给没有参与行动者或留守人员，这样一旦发生意外，就很容易获得营救。如果徒步爬山，应该告知当地警方和山上营救中心有关的具体行动计划，包括出发和预期的抵达时间。如果是开车旅行，应将日程和路线通知相关的交通部门。如果出海远航，事先要接受海岸警卫队和港运部门的监督和检查。

切记：一定确保总是有人了解你的计划，以及什么时候开始行动。筹备前期就要同他们保持联系，这样一旦联系中断就意味着报警。轮船和飞机的日程安排十分严格，如果延误而原因不明，搜寻组就会立即行动，检查行进路线，以便进行有效的营救。要养成好习惯——告知人们你的目的地和返回时间以及下一目的地。

1.4 装备

为不测事件做好准备是件十分困难的事情，如果你要步行，就不得不携带一切需要的东西。无论选择携带什么，都要确保它很适宜、用途广泛和结实。要仔细挑选你想带的和必须携带的东西。在准备任何冒险旅行之前，都必须考虑有何危险，如何应对。这也称为偶然事故预防规划。

气候、温度和季节都将决定你应当携带什么东西，不过一定要确保同行的人知道如何使用和维护你所携带的专业装备。在你研究之后，就可以选择相应的装备了，要根据目的地和环境来决定。

1.4.1 着装

正确地选择衣服十分重要。如果你开始时就选对了，那么成功的概率就很高。

在温带气候下以及极其寒冷的地区如极地，大风和雨水是最为危险的因素。如果聚集在衣服里层的热量不断被大风和雨水所驱散，你就会处在体温过低的危险中。因此，在寒冷的气候下，要多穿几件衣服，如果太冷了，就穿上羊毛衫；如果下雨了，就穿上雨衣。

在炎热的气候下，很难做到既舒服又实用。由于穿着深色的衣服从事体力活动，总会出现过热的危险，因此，在活动时，穿上尽可能少的衣服，如果太热了，一定不要穿防水的衣服行走，因为散发的热气会浸透衣服的里层。

衣服必须既能发挥防护作用，又非常合身，不会影响自由活动。它们应该既保暖和防水，又能保持通风换气，散发多余的热量。

随着近些年来在纺织工艺上的巨大突破，可借鉴考虑市场上不同材料的利弊进行选择。防水透气材料就是一种很不错的纺织品，它的透气性很好，既可以保暖和防水，同时还能保持通风，不过它也有不足之处。透气性好的衣服只有在干净的条件下才能发挥作用，一旦沾上了泥土、积满了灰尘，就不太有效了。可防水透气材料做成的衣服不太结实或者耐穿，因此必须小心谨慎。在走路或者爬山时，最好穿着防风的外衣，在休息时换上可透气的。

合成材料如绒毛织物很受欢迎，在一些情况下，它们甚至优于天然材料，如羊毛、羽绒或棉花。绒毛织物前面有拉链，很容易穿上和脱下，并且走起路来很舒适。要选择防风的，因为在多数情况下常常都会面临大风的威胁。如果天气变冷，可以在外面再穿一身防水的外衣，起到保暖防水的作用。也有些外衣类似动物的毛皮，作用就像水牛皮一样。它们具有防风的外层，在里面是人造纤维制成的绒毛。见水后，就好像湿式潜水服一样。在寒冷或者潮湿的气候下行走时穿着最好，也是划船、划独木舟和挖洞时的理想衣服。

至于天然织物，羊毛仍是制作短裤的最好材料，因为它可以很好地保暖，即使湿了也可以。不利一面是它会收缩，并且比较厚重，因此，不适合制作袜子。羽绒是所有天然绝缘材料中最保暖和最轻盈的，不过一旦见水，就会失去所有的特性。棉花就像灯芯一样，很容易吸收所有的潮气。

鞋袜也十分重要，在长途跋涉前要优先认真考虑保护脚。在动身前两周开始试穿新靴子直到合脚。

对于野外旅行狂热的爱好者，在选择衣服时主要考虑的就是价格问题。对于年轻的冒险者，军用装备商店极受欢迎，因为他们喜欢穿着迷彩服行进。尽管淘汰的军用装备十分不错，并且很便宜，但是已经比较陈旧了。穿着迷彩服或者深色衣服最大的不利因素是，在迷失方向后，很难被别人发现。战士们穿这种衣服，以便不会被敌人发现；而你在陷入困境时，却正相反，要想办法吸引别人的注意力。多数的野外衣服都是蓝色或者橙色，有些是可以反穿的，这种对比强烈的颜色可以让我们显得很醒目。

记住：除了恶劣的天气外，没有什么能比糟糕的衣服更烦人。

1.4.2 睡袋

睡袋一般有两种：一种是人造真空棉；另一种是羽绒的，更贵些。羽绒睡袋十分轻便而且隔热保温效果较好，但是必须保持干燥。一旦被弄湿了，不仅失去了隔热效果，而且也很难晾干。所以在比较潮湿的环境条件中，最好选择人造真空棉睡袋。避免将睡袋弄湿，否则睡眠就会受到严重影响。

还可选购由可防水透气材料制成的露营袋，它可以替代帐篷的部分功能使你保持干燥，但长远看来，还是不如帐篷实用，因为帐篷同时还是做饭和日常活动的场所。将你的睡袋放在一个小包中再装进压缩袋，使体积减缩到最小。保持睡袋干净，可以在下面放上皮垫子或者雨披。

1.4.3 背包

你需要一个背着既舒适又结实的背包，用来携带衣物和必要的装备。选购你能负担的质量最好的。背包的材料应当足以安全地承受装载的物品，并且不易磨损。不太结实的背包，一路上会使你狼狈不堪。背包负重的秘诀是，应当将大部分的重量分担在臀部上——这是身体最有韧性又极其耐劳的地方，而肩膀或背部都很容易疲惫而不堪重负。此外，背包还应有结实而舒适的腰带。

你要给背包配备外部的还是内部的构架呢？内部构架较轻便，而且包也易于收缩。不过，外部构架更牢固，载重更多，而且对于装载笨重物品更方便，在危急时刻甚至还能运送伤病员。好的外部构架应当使背包的重量分担在整个身体上，从而减轻臀部和肩膀的负重，设计时还要考虑到在背包与背部之间增加一层便于排汗。附加的构架增加了重量并且容易被障碍物或树枝绊住，在穿越丛林时，会更加困难。但考虑到其有利的一面，也就弥补了其不足之处。

最后，需要注意的是，制作背包的材料一定要是结实且防水的织物。最好包中有一里层，既能防水渗透又可防止物品漏出。侧袋也很有用，但是要选择拉链的而不是纽扣之类的，否则东西很容易丢失。

1.4.4 装载

如果可能会沾水，最好把所有的东西都装在各种聚乙烯袋里。在打包时要使每件物品的位置一目了然，同时确保最先要用的物品放在上面。睡袋要放在最下面，而帐篷则应放在上面。笨重物品如无线电等也要放在上面，这样更容易携带。如果还要应付大风，那么一定不要让背包过高，否则在风中就很难保持平衡，同时也会消耗更多的体能。

将炉子和各种炊具放在侧袋里，这样在停下来休息时就很容易取出来使用。确保所携带的食物可以在合适的容器中轻松地煮熟或溶化。遇到暖和天气时，可以带一些能够冷吃的食物，只要确保能获取足够的热饮就可以了。遇到严寒天气时，要多带一些脂肪和糖类含量高的食物。食物的具体比例可根据自己的口味确定，但一定要确保各类营养物保持平衡，并且供应充足，这些营养物一般包括：蛋白质、脂肪、碳水化合物、维生素和微量元素等。谨慎地估计自己在远离陆地时的生存能力，带足一切在当地不易获取的必需品。

1.4.5 全球定位系统

全球定位系统是一套很不错的设备，具备了许多导航的功能。从根本上来说，它依靠接受卫星信号来确定你当前的位置，在世界上任何地方，都很容易使用。也需要注意，它的准确率据报道为95%。但是，要想使其有效发挥作用，卫星传送信号不能受到任何阻碍，如树枝遮挡或者使用时发生移动，因此，要想清楚地接收信号，需要静止不动，并且在室外的开阔地才行。还需要注意，如果仅仅依赖技术设备，我们的基本技能就会生疏，一旦设备出了问题或者丢失了，就会陷入恐慌之中。因此，不要忘了基本技能。查阅地图，使用常规的导航方式，使用全球定位设备都可以帮助确认或纠正你的方向。

在购买全球定位设备时，需要考虑以下因素：你要用它做什么？如果是徒步跋涉，你就会希望它尽可能轻便小巧；你要在哪里使用？是否需要它能够防水（通常较重型号的设备配上些小装置就可以了）？电池的使用期限也应考虑。有些全球定位设备要比其他的都复杂，因此要选择你最容易使用的。多数设备都有支架，可以放在航向点上（在海上一般是指东和北的坐标点，在陆地可以是营地、岩层等），并且有许多容易手持式的类型，甚至有些就像手表一样，十分方便。

对于使用电池的装备，有可能使你在面临危险、最需要它的时候沮丧不已。在寒冷的气候下，随着不断老化，电池的电量消耗更快。然而在野外，要想给设备充电十分困难。在行动中，由于过度使用导致通讯不畅，也是一个真正的威胁。

将全球定位设备挂在脖子上，然后藏在夹克里面，这样就会减少对它的损坏，保护它免遭恶劣天气的影响。不要把它放在包中，或者扔在地上。

当你在地图上计划行进路线时，可以选择一些突出的地方，作为紧急的集合地。定期进行这项工作，最好每行进一个小时就做一次。把这些地点都输入到全球定位系统中，卫星将跟踪你的行踪。一旦输入后，系统将会提供有关的信息，告诉你在这些地点在什么方位，以及抵达这些地点的方向。

1.4.6 无线电通信设备

对于到边远地区的探险活动来说，无线电通信设备应该是必备的。尽管它们比较昂贵，也是很值得花费的。如果你负担不起，就不要去旅行。要选择频道较少的型号，这样可以满足特殊的需要。多频道设备的不足之处在于，人们常常被搞糊涂了，很容易使用错误的频道。工作频道应该是每个人都按照固定的时间表使用。还要设置一个优先频道，一旦遇到紧急情况即可立即使用，这样在联络时就不会被别人干涉了。如果同海岸警卫队或森林警察一起工作，确保你的无线电设备可以兼容，并且要熟悉紧急频道。了解环球广播的频率也很有帮助。无线电设备要存放在安全的地方，最好是由专人看管，而不是放在背包中。

要预先设置好探险队与基地之间早晚联系的信号和方式，尤其在较大的团队中时更要如此。这样会使得各团队和基地之间很容易就可以保持联系。必须确保选择的频率在探险地区能够接发信号。探险队中至少要有两名成员能够熟练地使用这些设备进行联络。每一团队都必须通过无线电和基地保持联系，应当设置好各自的呼叫信号和频率，以及联络的时间表。

尽量避免各团队之间不通过基地而私自相互联系，如果控制不好，将会引发极大的困惑，队员们就无所适从了。在发送信号时要仔细认真，否则就可能干扰其他的频道。每个人在通过电台说话时都会出现言语不清的情况，因此提前写下要说的话，并且准备好铅笔和纸记录摘要和指示。这样可以缩减通信时间，从而节省电池。

注意事项“RSVP”

R（Rhythm）—节奏：平缓些

S（Speed）—速度：慢慢讲

V（Volume）—音量：轻声说

P（Pitch）—音调：要比平时稍微高一些，在拼写地名时使用语音字码表

在晚上，要通过无线电向总部汇报探险队所处方位、已经完成的任务以及随后的计划。在早晨则要注意接收最新的天气预报、标准时间以及基地发送给探险队的其他信息和指示。正午时联系一次，确认一下你的位置。

注意

在陡峭的溪谷和峡谷底部，信号较弱，只有在高地和水面上，信号才比较好。

为了应对探险过程中可能出现的意外事故，应确保基地可以收到在意外情况下你们发出的特殊呼叫信号。这样，在危急时刻，就能呼叫求援，同时可以及时得到答复。

注意

在营地的无线电通信无故中断时，应立即执行应急计划。因为你无法正常地继续与基地保持联络，即使一切正常，基地方面也可能视为发生了意外。此时，探险队必须立即返回或停留在最后的报告地点等待联络。如果你们真的发生了意外，基地也知道你们最后一次联络时所处的方位和计划的目的地，这样就便于实施营救。

1.4.7 移动电话

移动电话是20世纪最为伟大的发明之一。在紧急情况下，它确实可以挽救生命。在探险中，如果由于气候恶劣或地形险峻，无线电无法工作，此时就可以使用移动电话报警。有一次，在珠穆朗玛峰的一支登山队在抵达顶峰后下山时遇到了危险，他们无数次地与大本营联系，但是都失败了。最后，领队用移动电话接通了他在香港的妻子，告诉了他们的情况。她立即通过电话向喜马拉雅山地区报警，当地的警方立即通知了在珠穆朗玛的大本营，他们获救了。

注意

在出现险情时，一般都是由于一连串的不幸积聚而成的：天气恶劣、无线电通信设备出现故障、移动电话丢失。两名队员多处受伤，你也没有水了。如果在计划时就考虑到这些情况，并且做好准备，你就会成功脱险。

移动电话的质量不一，因此在出发前需要仔细挑选，同时在出国前，也有必要向移动网络运营公司询问一下其网络覆盖面。在车中安装一部，在需要时它们是极其珍贵的。汽车上的火花塞是极为方便的充电器，不过需要转接器才行。在野外为电池充电十分困难，因此，要谨慎使用移动电话。对于无线电和移动电话来说，在接听时要比发送时耗电少，因此只拨号，等待对方打回来。即使什么也没有听到，也不要绝望。对于所有的电子设备，水或潮气都是最大的天敌。有时导致移动电话可以发送信号，但是却无法接收。准时拨打一些短程的电话。有人可能收到你的信号，因此，绝对不要放弃。一旦得到了确认，就说明救援工作已经展开，此时要仔细监听你的无线通信设备和移动电话。

1.4.8 高度计

在山区，携带一个高度计很有帮助。不断记录高度，可以帮助你确定你所处的位置，以及离山脊或顶峰有多远。

在危急时刻，你所带的装备永远也不够用。拥有全球定位系统、移动电话固然不错，不过即使没有它们，只要你有临时应变和迅速适应的能力，也仍然可以从容应对。要学习一些基本技能，使用技术设备只是用来确认，而不是完全依赖它们。通信联络是最为重要的，必须放在首位。不论在什么地方，只要与外界保持联系，你就是安全的。

许多有关幸存的传奇故事开始时都是由于导航失误，使人们迷失了方向而造成的。因此，在计划时总要考虑到最坏的意外事故，并且问问自己，是否能够从容应对。

1.4.9 车辆

要对车辆进行特殊改装和加固，从而应付高原缺氧或各种极端的气候环境。出发前还要彻底检修车辆确保一切都很正常。另外还要带有备用油箱和水箱，以及其他各种备用零件和修车的器械。（另见“气候与地形”篇中的车辆部分。）

1.4.10 船舶与飞机

不论是私人旅行还是因公出差，都应当留心各种应急事项。航海和航空当局的有关文件规定，在紧急情况下，乘客有权事先获得通知，牢记这一点，有可能会使你幸免于难。

在乘坐飞机时乘务人员会告知你哪里为紧急出口，以及在紧急情况下怎样打开。乘船时可以参加救生演习，学习如何操控救生艇以及在必须弃船时应该怎么办。

飞机上最安全的地方一般是靠近机尾的部位。飞机失事时机尾往往会折断，大多数的幸存者都是坐在这一位置上的乘客。如果乘坐轻型飞机，要多向飞行员询问一些有关旅途的事宜，当然不要过多干扰他的工作。你可以问旅程多长、飞机下方是哪里等问题。要注意一些细节问题——在紧急情况下它们常常非常有用。

1.5 对意外事故的准备

如何为意外事故做好准备呢？为各种可以预料的麻烦和危险做准备就已十分困难了，更不要说完全未知的灾难了，事实上，这些意外完全可能发生，比如沉船、撞机或者迫降在陌生的险地等。

本书将告诉你如何正视意外事故，如何应对意外事故。可能你已经读过许多有关登山、航海、探测洞穴、沙漠求生、密林寻踪和极地幸存等方面的文章。这些文章可能有助于你掌握某一方面的生存技能，但更为重要的是要了解各种适用于一切危急情况下的求生技能，以及学会在这些情况下寻求应对突发事件方法的思维方式。这也正是你为未知意外事件所能做的最好准备。

但这还不够，你还要装备后面罗列的几种小工具，它们能够帮你极大地增加幸存的机会。它们对于成功幸存具有至关重要的作用。最好将它们放在小盒子里，然后装在口袋或者背包中随身携带。这就是你的救生宝盒。一旦出了意外，当看到它还在身边时，你会十分高兴。

有些体积较大，因此很容易落在家中，不过有些却很小巧，在旅行时可以挎在皮带上随身携带，比如小刀和其他各种可以装在急救箱中的物品。

即使没有这两套装备的基本物品，你仍然可以就地取材，临时准备，不过有了它们，就会有个良好的开端。

求生场景

你在整理生存装备时，必须随身携带的最重要的东西是什么？

最重要的东西是你的大脑。在高压的生存环境中，最有用的工具莫过于常识和经验。

2. 救生宝盒

在争取生存的斗争中，一些关键的物品可以起到决定性的作用。因此，要准备好下面的物品，可以把它们全都放在一个小盒内，例如一个20支装的硬铁皮烟盒，然后把它放在外衣口袋里，别人几乎完全不会注意到。要养成随身携带的好习惯。不要选择过大的物品，那样你往往会因为很不方便而忘记携带，在需要时却发现没有带。许多吸烟者都有这样的烟盒，不过这只会加速结束他们的生命，而这里建议携带的不仅不会有害健康，而且在危急时刻可能还会挽救你的生命。

过去的经验证明这些物品都很有用，值得携带，不过有些在某种情况下更为有用，例如鱼钩，在丛林中就十分珍贵，但是在沙漠中就毫无用处了。

擦亮烟盒，使它闪光发亮，就像镜子一样，然后密封好。为了防水还要用长条胶带封紧（见下页图a），这样也方便了携带和转移。千万不要忘了最重要的是随身携带它。此外，还要定期检查烟盒里的各种小物品，一旦发现哪个失效了（如火柴和药片），就应及时更新。所有的药品都要注明用法、用量和有效期。盒内剩余的空间用棉花塞上，这样，在需要时可以用棉花点火，同时又可防止里面的小物品相互碰撞发出声音。火种对于生存来说十分重要，盒中有四种小物品是用来生火的：火柴、蜡烛、打火石和放大镜。

2.1 火柴

当然，防水火柴比普通火柴作用更大，但同时体积也增加了许多。普通火柴易燃，不太安全，不过可以用熔化的蜡烛油包住火柴头防止自燃。为了节约空间，要将每根火柴后半截去掉。

当然了，用火柴点火比其他方法更为方便，但记住不要浪费，只有其他方法都失败后才能用。从铁盒中取火柴时一次只拿一根，并随手盖好盖子。无论何时都不要使铁盒开着或者随便把它扔在地上。

2.2 蜡烛

蜡烛既可生火又可照明，对于意外事故中的求生者来说，它是无价之宝。蜡烛应削成条形以便摆放。如果是动物油脂做成的蜡烛，在危急时刻，也能食用或用来烹制食物，但必须是真货，而石蜡或其他类的蜡烛绝对不可食用。但是动物油脂蜡烛不易贮存，尤其是在炎热环境下。

2.3 打火石

即使在潮湿环境下，打火石仍能发挥作用。在所有火柴都用完之后，它还可以帮你继续生火。精制火石是显而易见的火种。

2.4 放大镜

放大镜可以聚集光线点火，同时也可以帮助拔刺或穿针。

2.5 针线

要准备几种不同型号的针。至少要有一根大号的，针眼应该能穿过外科手术缝腱线或粗棉纱线。选择那些坚韧耐磨的线，并缠绕在针上。

2.6 鱼钩和鱼线

精心挑选几种不同型号的鱼钩，并用小纸包裹好放在袋内。要知道，小号鱼钩既能用来钓大鱼也能钓小鱼，而大号鱼钩则只能钓大鱼。记着要带上长长的鱼线，因为它还可用来捕鸟。

2.7 指南针

携带一个刻度清晰、纽扣大小的指南针。有些迷你型指南针的刻度极易使人迷惑，所以事先要搞清楚。液态填充型最佳，要检查一下是否有泄漏，里面必须无气泡，是完全可用的。要确保指针在

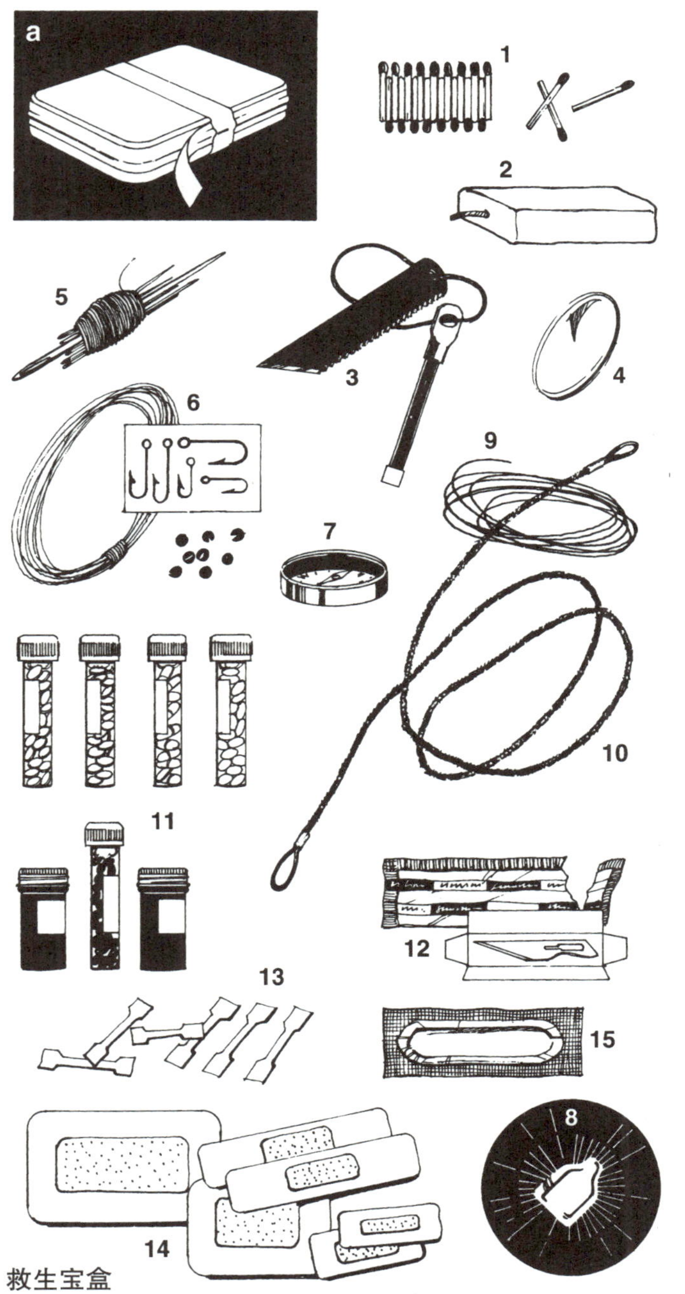

救生宝盒

轴上能正常地自由转动，因为指针很容易生锈。

2.8 β 灯

β灯是一种水晶发光体，只有一枚硬币大小，但是夜间用来查看地图非常不错，同时在夜间垂钓时，它也是很好的诱饵——尽管比较昂贵但是经久耐用。

2.9 圈套索线

选择60~90厘米长的精细铜线，用来布置陷阱或圈套，同时还可以解决许多的求生问题。

2.10 弹性锯条

锯条的两端通常都有两个很占地方的环形把手，可以不要了，在使用时用木质栓扣等代替即可。锯条外面浸一层油脂可以防止生锈。弹性锯条甚至能够锯断较粗的树。

2.11 小药瓶

你可以选择几个细长圆柱形小药瓶，装哪种药品要根据自己的需要选择。药品装到小药瓶后要密封起来，剩余的空间用棉花塞满，以免晃动时发出声音。下面列出的药品清单几乎可以满足多数疾病的需要。

□**止痛药**：这类药品可以缓解疼痛、减轻痛苦。可待因磷酸盐是治疗牙痛、耳痛和头痛的最佳药品。剂量：根据需要每六小时一片。副作用：会引发便秘，因此对治疗腹泻也有帮助。要注意：儿童、哮喘病患者或生活无规律者禁用。

□**肠内镇静剂**：用来治疗急性或慢性腹泻。通常可以选择易蒙停。剂量：开始时一次服用两粒，然后每次便后一粒。

□**抗生素**：可用来治疗常见的细菌性感染。对于青霉素过敏者可选择四环素。剂量：每次250毫克，一日四次，连续服用五至七天。携带一个疗程的药量，避免同牛奶或与钙铁制剂及其他氢氧化铝类药品同时服用。

□**抗组胺剂**：可用来治疗各类过敏反应、蚊虫叮咬和毒虫螫刺等，还可治疗对某类药品发生的恶性过敏反应。在英国，人们选择匹里敦，而美国则是苯海拉明。注意服用匹里敦会导致失眠。当然，不要过分信任药品或者服药时饮酒。

□**漂白粉**：当怀疑水源不清洁而又无法将水烧开杀菌时，可用漂白粉消毒，具体用法参见产品说明。

□**抗疟疾类药品**：在疟疾流行区，这类药品十分必要。抗疟疾类药品有多种，选择适合自己的一种，每日服用一片就足够了。

□**高锰酸钾**：高锰酸钾的用途很广泛。将它加入水中并搅拌，当水溶液呈浅红色时可以消毒，至深红色时可以杀菌，至紫红色时则可用来治疗真菌疾病，如脚气等。

2.12 外科手术刀片

至少要携带两个不同型号的刀片。使用时可临时自制木刀柄。

2.13 蝴蝶结式绷带

用来固定受伤部位，促使伤口愈合。

2.14 膏药

膏药类型众多，最好能够防水，使用前务必将伤口清洗干净。也可以将它们撕成蝴蝶结式以便使用。（参见“健康”部分“伤口的缝合”。）

2.15 避孕套

是很不错的水袋——至少可以盛1升水。

3. 急救箱

在乘车、坐船或飞行时不要将各种救生物品分开放，要把它们全都放在一个急救箱中。急救箱体积比较大，不像救生宝盒那样容易携带，不过可以放在危急时能迅速取到的地方。野外跋涉时可以系在腰带上。它里面应当包括燃料、食品、救生包和信号盒等，可以把这些物品都放在一只饭盒内，饭盒在野外可以用来做饭烧菜，在需要之时为你服务，并且在危急时刻还是幸存者的首要后备物品。在普通旅行时，急救箱里因使用而消耗的物品，一有机会就应立即补齐，它会在危急之时为你提供生存的保障。

急救箱

急救箱必须由防水材料制成，并且足够大，可以容下不锈钢饭盒。正面应有一栓钮使包口不会松开，背面还要有结实的拉环以便穿在腰带上。记住，急救箱里装的全都是求生之物——火柴、凝固油脂和闪光信号灯等——所以要小心轻放、仔细保存。

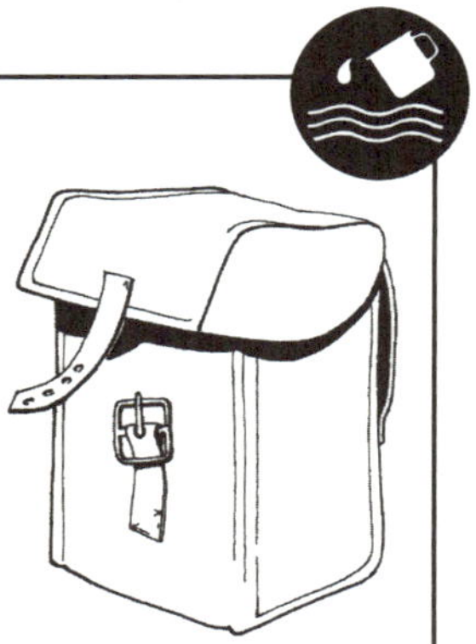

3.1 饭盒

铝制饭盒既轻便又耐用，是很不错的炊具，里面还可以盛放各种救生物品。

3.2 燃料

最好携带装在折叠式炉灶内的固态燃料块（见图 1 ）。只有用木柴取火不便时才能使用，用它们取火很方便，只需扳开炉灶外壳就形成了精制的小锅灶（图 2 ），燃料在里面可以充分燃烧。

3.3 手电筒

一只微型的手电筒（图3）只占用极小的空间。筒内应装有电池，但头尾要颠倒，这样，即使偶然打开了开关，也不会消耗电池。现在的喷灯多数使用发光二极管（LED）作为光源，传统的灯泡已经很少了。发光二极管耗电更少，正常情况下可连续使用两周。

3.4 闪光信号灯

闪光灯（图4）可以吸引营救者的注意力，尤其是在封闭的地区。可以携带红绿迷你型闪光信号灯头（图 5 ）和一只放电器（图 6 ），可选用自来水笔大小的放电器。这些物品属于易爆品，更要小心存放。它们使用起来很方便，只需将闪光信号灯接在放电器上即可（图7）。平时不要随便使用，以免浪费电能，只有在危急时刻吸引别人注意时使用（见“营救”篇）。

3.5 标记板

每位成员均应携带一块由荧光材料制成的条板，长约2米、宽0.3米，用来吸引营救者的注意力（见“营救”篇）。一块条板可能不太引人注目，但所有的条板拼在一起发出的信号就足以引人注意了。将它卷起来装在箱内还可用来固定、分隔其他物品，以免相互碰撞发出声音。

3.6 火柴

在一个防水的小瓶里装上尽可能多的火柴（图8），其实再多也不够用的。危急情况下你就会体会到其中的用处。如果摆放不

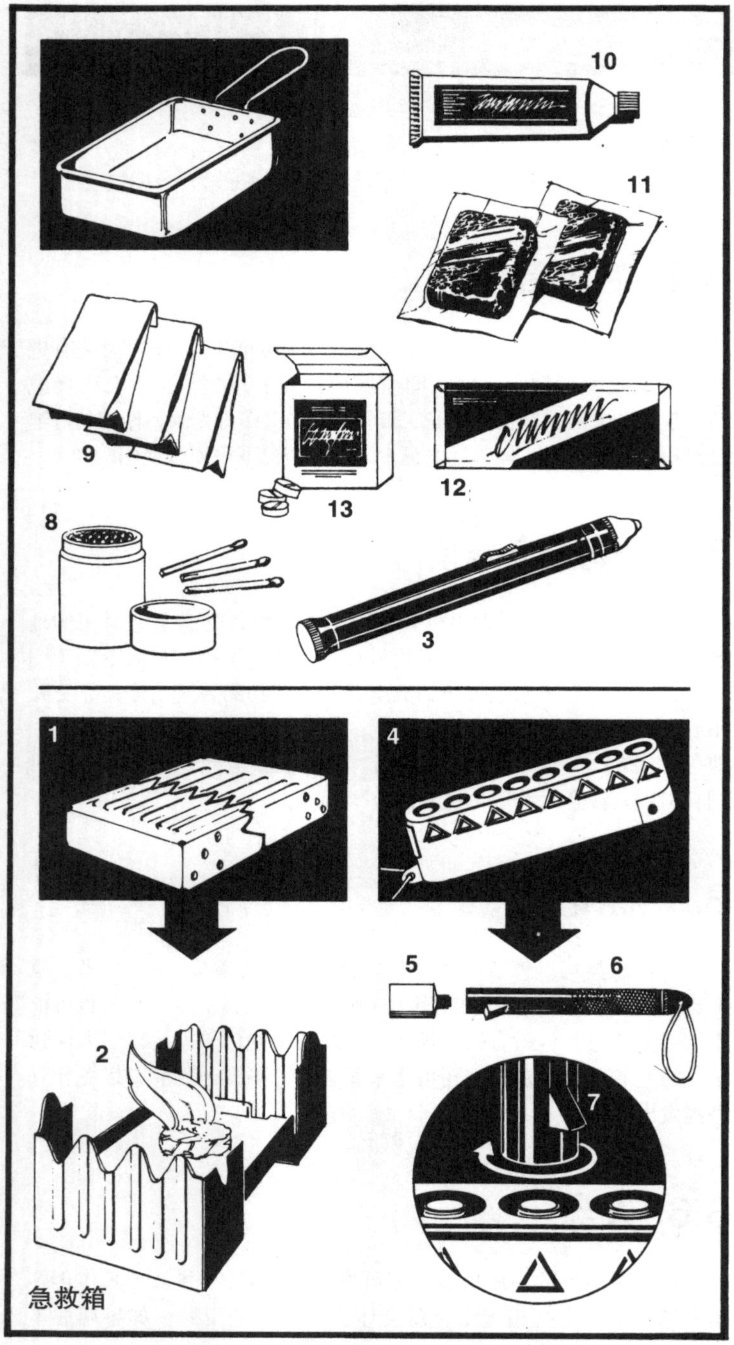

急救箱

好相互摩擦就会自燃，尤其是非安全性火柴——在摆放时要特别注意。

3.7 饮料袋

没有什么能比一杯芬芳浓郁的饮料更能使人精神焕发（图9）。但要记住：茶可以止渴，而咖啡则会使人更加干渴。

3.8 食品

远离陆地时最难获取的食物是脂肪。脂肪中含有极高的热量，所以它足以在救生箱中占据一席之地。管装的黄油、猪油或酥油都很适用（图10）。尽管脱水的冻块肉（图11）味道不太好，但营养丰富且可以长期保存。巧克力（图12）确实是不错的食物，但是不宜长期存放，要定期更换。必须带上盐（图13），盐块携带起来很方便，或者选用那些更佳的含有维生素以及人体所需其他矿物质的电解盐粉。

3.9 救生袋

在严寒条件下，一只长200厘米、宽60厘米的大聚乙烯薄膜袋也能挽救性命。危急时刻钻到里面，就可以防止热量散发，不过薄膜袋里凝结的水汽会弄湿你的衣服。如果是由反射材料制成的绝热袋子更好，这样既能保暖，同时还解决了水汽凝结问题。

3.10 幸存日记

可以将所有的事情都以日记的形式记录下来，不要过于信赖自己的记忆力。记录下你发现的可以食用的植物以及其他可以利用和不能利用的资源。这将是极其珍贵的参考资料，可以帮助你振奋精神。随后，它还是有用的生存训练经验。

4. 刀具

在紧急求生时一把刀就是无价之宝了，谨慎而有经验的探险家总会随身携带它。但是，刀子也是危险物品，常常也是害人的武器。如果乘机旅行，一定要将此物同你的其他行李一起打包托运，否则一定会被没收。目前英国的刀具法律规定，折叠刀只要刀刃长度不超过7.6厘米都视为合法。

4.1 刀的选择

多功能折叠刀非常有用，但如果你只带一把刀，就要选择那种通用的、锋利的、结实耐用并且舒适的，从砍柴到给动物剥皮和制作菜肴都能使用。有些刀柄上还嵌有指南针，还有的刀柄中空，以便在里面放置一些求生物品。不过，中空的刀柄可能不太结实，刀柄上的指南针在经过几次奋力砍柴后也失效了。如果丢了这把刀，也就失去了那些求生物品，因此最好还是把其他的求生物品放到救生箱里，系在腰带上。

切记：锋利的刀代表着你的力量。刀在所有的生存装备中十分重要，必须保持刀锋锐利以便随时使用，但不要误用。千万不要将刀口对着树砍或往地上扔。保持刀刃干净。如果长时间不用，应该擦上油后放回刀鞘保存。

在偏远地区旅行时，要养成经常检查刀的习惯。应该形成条件反射，尤其是在经历了危险境地之后。随时检查所有口袋和物品应成为探险者的第二天性。

4.2 折叠刀

一把优良的折叠刀要有锯齿刀背，可单手打开并且锁位良好，

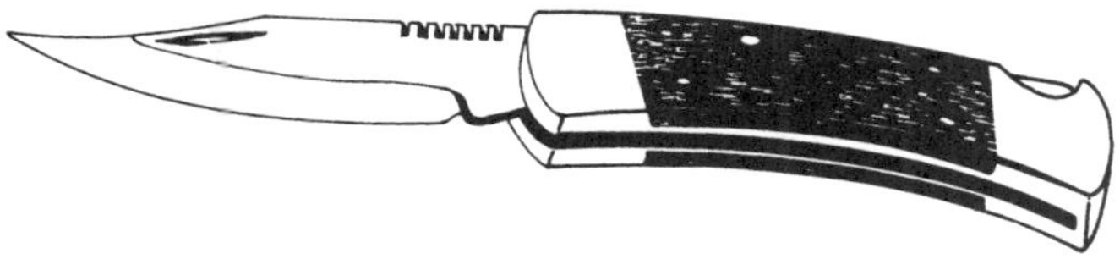

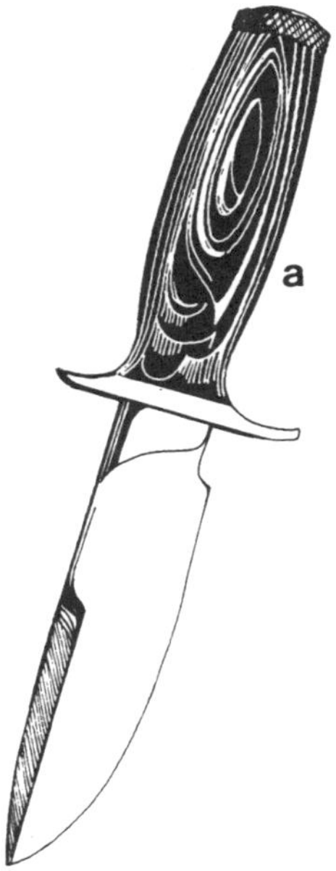

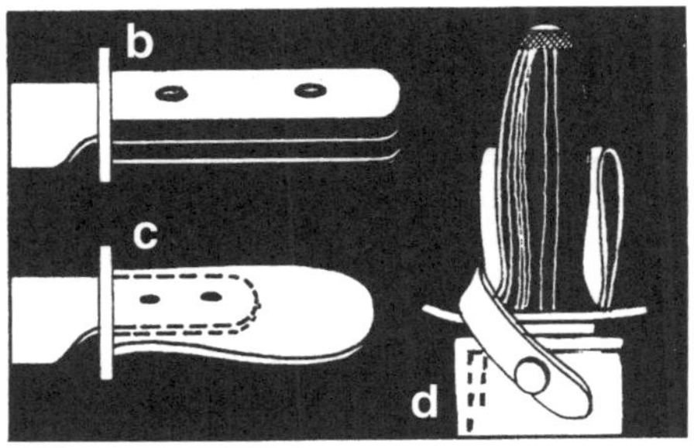

刀把（a）是最为理想的：由一整块原木制成，刀柄脚横穿刀柄并在末端封紧固定好。如果原木刀柄破裂了，可以用布或麻线缠绕柄脚。刀把（b）是由两片木柄铆接在了原木上，容易在手上磨出泡来。刀把（c）很容易在铆接处断裂，尤其在干重活时更是如此，并且柄脚短小，一时又难于找到合适的新刀把。刀鞘（d）应当十分结实牢靠，并且具有能穿在腰带上的环扣。

一定随身携带一把。木柄的折叠刀通常更为舒适一些：手心出汗时也不易打滑，而且如果刀柄是由一整块木头制成的，就更不易在手上磨出泡了。

4.3 帕兰砍刀

这是一种马来人惯用的弯月形的大而重的短刀，在日常生活中，它过于笨重不便携带，但对于野外生活或工作来说却是理想的选择。

最好用的帕兰砍刀刀片全长约30厘米，刀重不超过750克，刀片最宽处约5厘米，末端深入木制把柄中。弯月形刀具最适于砍柴，并且刀锋前伸有利于保护握刀的手。它甚至可以砍断较粗的树

木，这对于搭建棚子或制作木筏都尤其有用。

弯月形帕兰砍刀的刀片可分为三部分：b部分适于劈柴、砍骨头之类的重活；a部分刀刃利薄，适于给动物剥皮；c部分刀刃也很锋利，可以用来从事精细的工作。a和c部分的刀刃不易损坏，b部分尽管锋利，但由于常干重活，所以还是容易卷曲或形成缺口。刀鞘必须带有能固定砍刀、使之安全的襻扣，还应有一环扣以便穿在腰带上。有些刀鞘的正面还有一个小口袋，可以用来装小块的磨刀石。

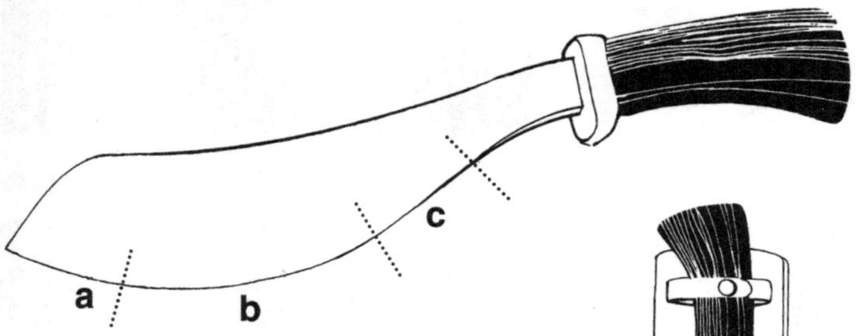

切记：砍刀刀刃可能会划破刀鞘而露出来。拔刀时千万不要用手握住刀刃所对刀鞘的那一边（见图中a），这样做十分危险。养成总是握刀背所对那一边的习惯。

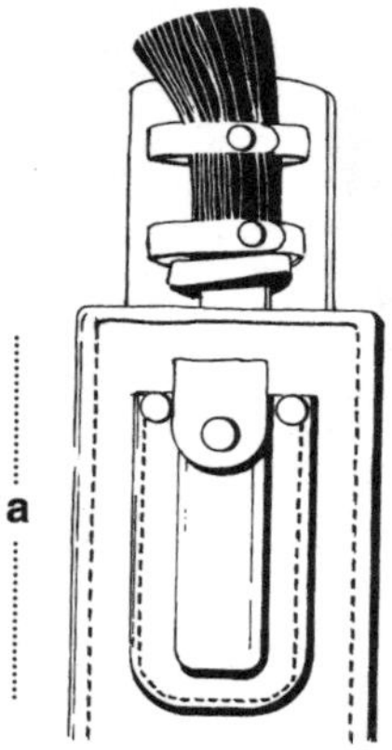

4.4 磨刀

所有的沙岩石都可用来磨刀——灰色黏质沙岩石最好。石英也不错，只是很难得，也可用花岗石。取两片石块相互打磨。理想的磨刀石一面光滑一面粗糙，平时可装在刀鞘正面的小口袋里。用磨刀石的粗糙面打磨刀刃的卷口，用光滑面使之锋利。关键是磨出的刀刃必须锐利而且耐用，还不容易出现缺口。

磨刀时右手握紧刀柄，左手手指轻轻按压住刀片，按照顺时针方向运动。磨刀石的表面要保持湿润。刀片与磨刀石表面的角度应保持不变，刀面上的石屑会告诉你相应的角度。刀片回磨时左手手指不要用力，否则容易造成卷刃。磨刀时逐渐减压会使刀刃变得精致锋利。另一面也要按顺时针方向来回打磨。

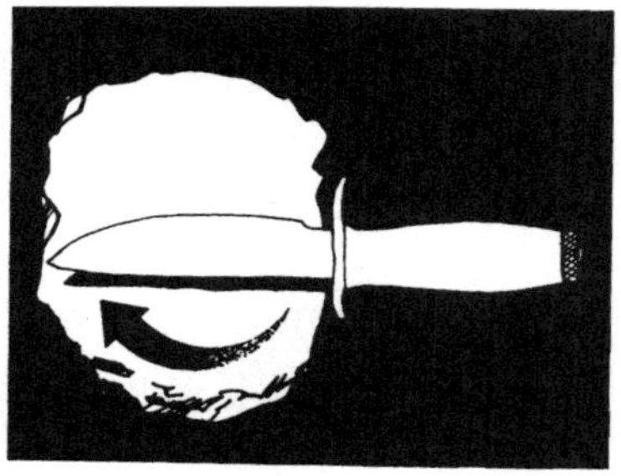

刀刃轮廓类型：a型过于尖锐，很快就会磨损；b型正合适；c型过于精细，容易产生缺口。

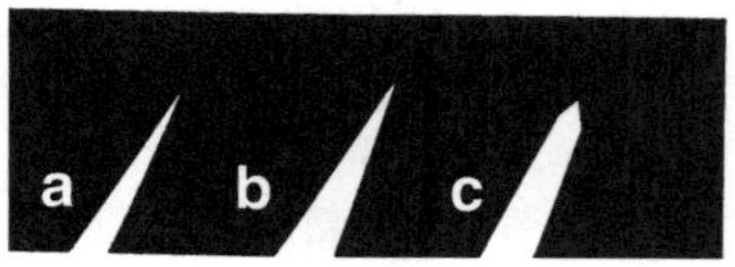

5. 正视灾难

当灾难降临时，很容易使人怨天尤人，直至身心崩溃。绝望、逃避困难、自欺欺人或者妄想一切只不过是场噩梦很快就会过去等都是毫无益处的，并且只会使事情变得更糟，只有积极行动起来才能拯救自我。

一个健康的、营养良好的人，只要有信心，从生理上来讲就一定能承受巨大的灾难。甚至在伤病的情况下，意志坚强的人也一定能顺利渡过难关，奇迹般地幸存下来。要想成功应对灾难，必须克服许许多多的压力。

良好的训练和丰富的知识将会带来自信。在面临危急境地之前，你就必须拥有这些。事实上，你拿起本书就表明你主观上已经具备了坚定自己意志的萌芽——这也是真正的开始。信心能帮你战胜恐惧、厌倦、绝望和孤独。

良好的身体状况具有决定性的作用。体格越强壮，幸存的可能就越大。起初，为了保证安全，或在危险之境长途跋涉，你可能不得不放弃睡眠。不要等到那时才意识到自己原来没有坚持下去的能力，这时已经晚了。现在就开始不断训练来提高自己的能力，不断挖掘自己应付疲劳和长时间放弃睡眠的潜力。

生存压力

危急处境下，无论生理上还是心理上都得承受巨大压力，你必须克服以下某些或全部的压力：

- □恐惧与焦虑
- □伤病与疼痛
- □严寒或酷热
- □饥渴与疲劳
- □失眠
- □厌倦与烦躁
- □隔绝与孤独

你能从容应对吗？你必须应对。

为了寻找食物和水，你可能会不辞辛劳，因为它们会缓解饥渴，但在寻找它们的同时也会使你疲惫不堪，进而迫切需要一处能使你充分休息的避难所，以便恢复消耗掉的精力。记住，不要过分为之劳累。不时短暂休息一下，同时也可估量一下形势。

疼痛和发烧是身体状态不适或已受伤的警讯，它们自身并不意味着危险，而紧张、忧虑和烦恼才十分危险。疼痛可以控制和克服，它的生物学功能在于提醒你何处受损从而采取保护措施。有时，为了避免造成更严重的伤痛甚至死亡，你不得不忽视这种痛苦。

多处骨折的伤员如果只是躺在原地不动，无疑是在等死。要获取帮助，必须自己从孤立无援之地长距离爬行到可以获救的地方。

当然越早治疗伤痛越好，可事实上，极度专注于某事或某物时，这种疼痛感会暂时消失或减轻。但也要记住，忽视小伤痛或小泡也可能在随后造成严重伤害。

求生场景

人体在无法获取必需品的状态下，能坚持多久？

通常情况下，人体可以坚持三分钟不吸氧，三天不喝水，三周不摄入食物。不过事无绝对，也曾有人突破身体的各种极限。人体的耐力着实很惊人，但此种长时间的身体折磨将给身体各器官带来巨大的伤害。比如说，一个人在九天未进水的情况下虽然侥幸活下来了，但无疑其肾脏将严重受损，甚至衰竭。

6. 基本需要

再强调一遍，生存的基本需要是食物、火、庇护所和水。运用PLAN法则（P为保护，L为定位，A为获取，N为导航），针对你的生存需求进行优先级排序。如果你在沙漠中无法找到遮阴的庇护所，那么时间长了你也熬不过去，就算再多的水也救不了命。

一个健康的人只有历经长时间的饥饿，才会死亡，因为人体贮存的能源可以使生命维持很长时间。毫无遮掩地暴露在风雨与寒冷之中，即便在温带地区也会使人丧命，浸在极地的冰水中即使是几分钟也将导致死亡。通常食物很少是首先要考虑的问题，不过即便在很难寻找食物的地方，首先要面临的通常也还有其他方面的问题。在天气恶劣的情况下，首要的是庇护所——不仅在天寒地冻的极地或者灼热的沙漠，甚至在云烟氤氲的山区也都是如此。在这些地区，火也十分重要。

绝大多数生活在现代社会中的人们，都会把水看作当然的资源。他们经常习惯于让水龙头尽情喷涌，除非因极端干旱导致水资源短缺而实行限制供水，否则他们不可能想到还有缺水的问题。然而，对于海难或洪灾之后的幸存者来说，尽管四周都是水，却无法饮用。世界上还有许多地方，除非下雨，否则就没有水。其他的生存必需品本书随后将会介绍，对于普天下的万物，水都是最重要的。

6.1 水

生命离不开水。所有的生物都要依赖水而生存，所有的生物也都含有水。没有食物，正常人平均能存活三周，但没有水三天也活不下去。水是需要首先考虑的问题。不要等到水都用光了才想到去找水。保留你珍贵的水，尽最大努力地去寻找水源。流动的水源最理想，尽管所有的水通过煮沸或者利用化学净化剂都可以杀菌消毒，但流动水还是更好一些。在求生环境中，1升水可以坚持四天，而如有必要，极端情况下最后的250毫升水也可以再撑三天。做法是将这250毫升水分成三份，每一份水到中午时消耗一半量，到晚上再全部饮用完，如此坚持三天。

水可以帮助身体降温，将体温维持在比较正常的水平。肾脏也需要水才能正常运作以排出废物，另外呼吸和消化也都要用到水。但人体内的液体总量是有限的，一旦失水就要及时进行补充，否则就会影响健康，活动效率降低。一般情况下，正常人每天需要摄入至少250毫升的水方能存活。

水分损失

正常人平均每天消耗2~3升的水——即使静卧在阴影处每天也要消耗大约1升水。正常呼吸就会从人体带走水分，随着工作强度加大和气温的升高，深呼吸和出汗也会加速人体水分的流失。病人的呕吐和腹泻更会增加水分损失。因此，必须不断补充水分以维持正常的水分平衡，无论通过饮水和食用含水食品都可以补充水分。

如何维持体内的水分平衡

为了使水分消耗降到最低程度，可以采取以下预防措施：

□多休息，少活动。

□不抽烟。

□保持凉爽，待在阴凉的场所。如果找不到这样的场所，可搭建一个凉棚避暑。

□不要躺在灼热的地上或者高温的物体表面。

□不吃或尽可能少吃东西。因为如果身体得不到水分补充，体液就会从要害器官转移过来以便消化食物，这会加速脱水。脂肪很难消化，需要大量水分，因此尽量不要食用。

□不要饮酒，否则也会使器官消耗大量的水分。

□不要谈话——用鼻子呼吸，而不要用嘴。

6.1.1 寻找水源

俗话说，人往高处走，水往低处流。寻找水源的首选之地就是山谷底部的地区。如果在谷底看不到明显的溪流或积水池，就要注意长有绿色植物的地方，试着向下挖，很可能植被下面就有水源。甚至在干涸河床或沟渠下面也有可能发现泉眼，尤其是沙石地带。在高山地区应沿着岩石裂缝去找水。

在海岸边，应在最高水线以上挖坑，尤其是有沙丘的地方，很可能会有一层厚约 5 厘米的淡水，浮在密度较大的海水层上。这层水可能会稍有咸味，但可以饮用。在悬崖的入海处应注意那些长势茂盛的植物，包括羊齿类和苔藓类，在岩石的断层间你可能就会发现湿地或泉眼。

如果找不到淡水，也可通过蒸馏咸水获取（见本篇“太阳能蒸馏器和蒸馏”部分）。

警告

对于在周围环境中无任何绿色植物生长的池塘或者出现动物残骸的地方的水源要保持警惕，这些水源可能已被靠近地表的化学物质所污染。富含矿物之处的水常会是碱性的。池塘里的水必须煮沸才能饮用。沙漠地区有一些无活水源头的死湖，它们逐渐就会形成盐湖，这里的水只有经过蒸馏才能饮用。

6.1.2 露水和雨水的收集

除了工业化国家中出现能增加土壤污染的酸雨外，其他地方的雨水几乎都能饮用，你仅仅需要收集一下即可。尽可能选取大的蓄水池，利用各种可能的容器收集。在地面上挖个洞，四周用黏土围住，就可以有效地收集雨水，但要防止洞里的水渗漏。如果没有防渗漏的薄膜，金属片或者帆布也都可以使用。如果对水的安全性有所怀疑，可以煮沸后再饮用。

在昼夜温差较大的地区，露水很多。当它凝结在金属体上时，可以用纱布吸下来或者直接舔吸。

通过动物寻找水源

哺乳动物

绝大多数哺乳动物都需要定期饮水。食草动物通常永不会远离水源——不过有些动物为了避开旱季可能会长途迁徙上千公里——但是它们早晚都需饮水。留意跟踪动物的足迹经常会帮助找到水源；如果它们下山可以跟随其后。食肉动物饮水一次可以维持较长时间，它们可以在捕食其他动物时获取水分，因此在出现食肉动物的地方，并不一定在附近就有水源。

鸟类

谷食性鸟类，如麻雀和鸽子，是不会远离水源的，它们也是早晚饮水。当它们一直低飞时，就表明它们正在寻找水源。饮足后它们就会从一棵树飞到另一棵，还不断停下来歇息。密切留意它们的飞行方向，可能就会找到水。

水鸟可以长时间远距离飞行，而不需要停下来吃喝，因此，它们的出现也不一定预示周围就有水。隼、鹰以及其他食肉鸟类能从猎物中获取水分，所以也不能作为有水的信号。

爬行动物

它们不能暗示附近有水源。它们可以吮吸露水，也可从捕获的猎物中获取水分，从而即使无水也能生存很长时间。

昆虫

昆虫是很不错的水源指示者，尤其是蜜蜂：通常它们远离蜂巢或蜂房的距离至多不超过6500米，但是饮水时间没有规律。蚂蚁也离不开水，一群向着一棵树前进的蚂蚁很可能是去地下蓄水池饮水的。甚至在不毛之地也有可能找到这样的蓄水池。大多数昆虫会在水源半径90米的范围内不停飞行，尤其那种飞行时露出闪光绿色身体的欧洲石蜂。

人类踪迹

人的脚印通常能带你发现一口井或水坑。为了减少水分蒸发，它们上面可能会覆盖着灌木或石板。用后应重新盖好。

你可用衣服浸水，然后再把水绞出来。还有一种方式是将干净衣服系在腿上，在潮湿的植物中穿行，然后将水绞出来或者吮吸。

切记：可以控制少流汗，但不要限制饮水。如果必须限量就小口啜饮。在长时间缺水后，一旦发现了水源，千万不可敞开豪饮，开始时也应该小口啜饮。大量豪饮会导致脱水者呕吐，造成大量宝贵体液的损失。

6.1.3 凝结水

树木和植物的根可以从地下吸收水分，树木甚至可以从地下15米或者更深的地方吸收地下水，因为太深了，所以你也没有必要去挖掘。不过可以让树木作为水泵为你提供水分，只要将枝叶茂密的树枝用塑料袋包好即可获取水分。袋中的叶子蒸发，就会产生凝结水。

挑选健康、枝叶浓密的嫩枝条。袋口朝上，袋的一角靠下，以便收集凝结水（左上图）。

将聚乙烯薄膜覆在任一植物上都可以收集到水分。

因为在蒸腾作用下产生的水汽上升时与薄膜接触，就会凝结成水滴。如左下图，将薄膜顶端系紧并悬挂起来，或者用树枝支撑起来，不要活动薄膜的顶部。应该让凝结的水珠沿着薄膜内壁流入底部收集器皿中。避免树叶触动薄膜，否则就会阻止凝结的水珠流向收集器皿中。

甚至将刚砍断的新鲜枝叶放在大塑料袋里，随着温度升高，也会产生凝结水。用干净的石块垫在枝叶下面，以方便凝结水的收集。用石块绷紧袋子，用棍子将袋子顶部支撑起来，这样可以避免枝叶触到袋子。塑料袋应微微倾斜使里面的凝结水珠沿着内壁流到收集器中。当枝叶凋谢不再产生水分时，小心地再换上一些新鲜枝叶。

太阳能蒸馏器

在地面挖一大约90厘米见方、深45厘米的坑。坑底中央放一收集器皿，如图所示，在坑的上面覆盖一拉长成弧形的塑料膜。日光能使坑内的温度升高，从而使潮湿土壤和空气蒸发产生水汽。当水汽逐渐饱和后，就会与塑料膜接触遇冷而凝结成水珠，最后流到收集器皿中，这种方法适用于沙漠或者昼夜温差相当大的地区。塑料薄膜比空气温度下降得更快，水汽凝结非常显著。这种蒸馏器在一天内至少可以收集55毫升的水。

这类蒸馏器还可以用作陷阱。塑料膜能吸引昆虫和小蛇，它们会沿塑料薄膜滑到弧形的底部，或者在下面蠕动，掉到坑内，从而无法爬出来。

太阳能蒸馏器也可用于从有毒或污染水中收集蒸腾的凝结水。

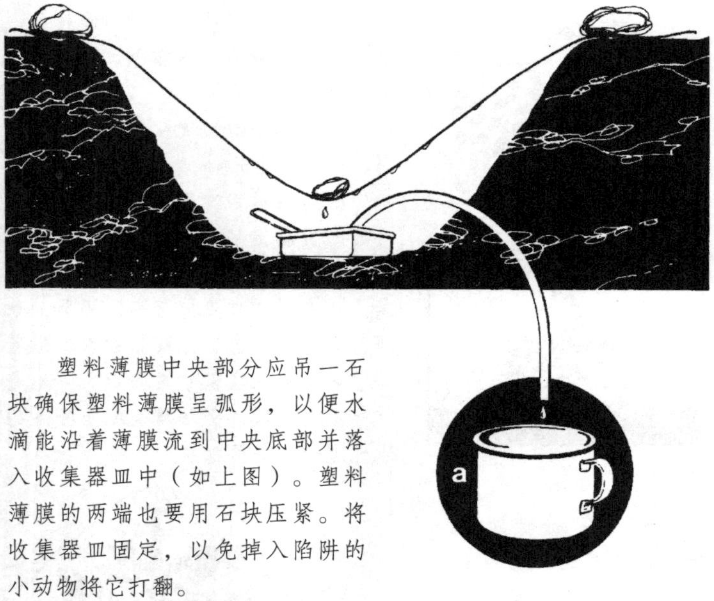

塑料薄膜中央部分应吊一石块确保塑料薄膜呈弧形，以便水滴能沿着薄膜流到中央底部并落入收集器皿中（如上图）。塑料薄膜的两端也要用石块压紧。将收集器皿固定，以免掉入陷阱的小动物将它打翻。

如果可能，用一虹吸管将收集器皿里的水引入放在更低处的容器中（如图a），这样就可以不断地取水而不会干扰蒸馏了。

蒸馏

蒸馏器皿是救生装备的一部分，如果没有也可以就地取材、临时制作。为了蒸馏能顺利进行，你需要找到一些可以替代实验室中蒸馏器的东西。将软管的一端插入一只盛满水的密闭容器顶部，另一端插到一个封闭的冷却器皿中，加热盛水的容器，水沸腾产生的蒸汽就会通过管子转移到冷却器皿中，并且遇冷凝结成了洁净的水。管子也可以因地制宜、就地取材——比如背包的中空框架等。为了避免蒸汽散出，用泥或湿沙堵住管道与容器之间的接合缝隙。

警告

无论何时也不要饮用海水和尿液。但是，通过蒸馏，两者都可用来产生饮用水——海水的残余物同时还能提供人体必需的盐分。

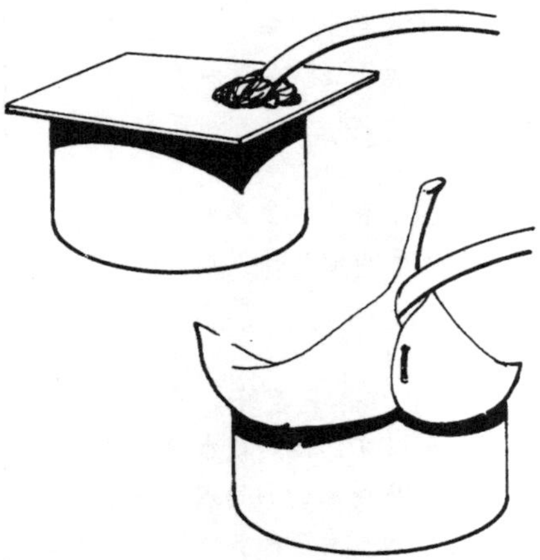

将管子的一端插入带盖的容器里，里面装有待沸腾的污水、盐水甚至尿液，另一端插入一只太阳能蒸馏器里。用金属板或树皮盖住容器口。甚至可以用卷成圆锥形的树叶来覆盖，这样更加方便收集水汽。

6.1.4 冰雪融水

冰比雪容易融化——只需较少的热能，就可以更快更多地化出水来：提供同样的热能，前者能产生双倍的水量。如果只能用雪，应先在锅中放置少量的雪，然后逐渐加多，如果一次性放入大量的雪块，底部雪先融化成的水又会被上部的雪吸收了，这样会在底部产生中空，甚至会把锅烧坏。从雪层的底部取出的雪，颗粒结构比表层多，易于产生更多的水。

6.1.5 海上冰块融水

海上的冰块含盐高——即使化成水也无法饮用，除非年代很久的冰，含盐量可能较少。越是新近的冰块，含盐量也就越高，这些冰轮廓粗糙，一般为乳白色。古老的冰块由于气候交替的影响，在边缘不太光滑，一般呈浅蓝色。

从蓝色冰块中可以获取优质的水，蓝色越深，边缘越光滑，水质越好。不过也要注意甚至古老的冰块也会含有一些盐分。

6.1.6 从植物中取水

集水植物

呈杯子形的植物和叶片间有空洞的凤梨科植物，常常贮有水。这些植物多寄生在热带树木的枝干上。

竹子中空的节也常存有水，尤其是那些茎干年久发黄的。摇动它们，如果能听到咕嘟的声响，肯定有水。在每一节的底部剖开一“V”形小切口，将竹竿倾斜就可倒出水来。

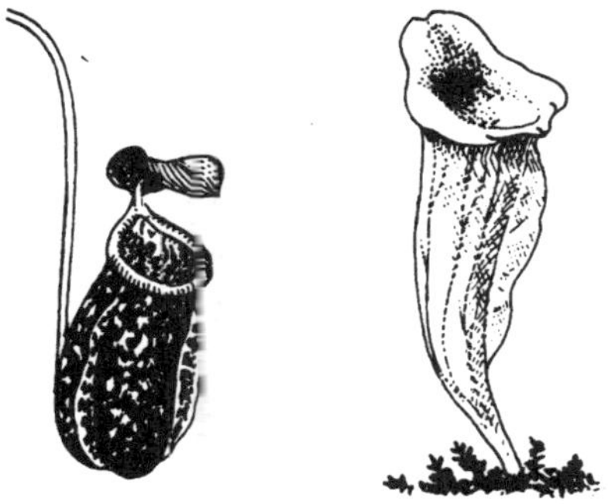

瓶子草类可以很好地收集和容纳水分，要将昆虫和残渣滤掉才能饮用。

旅人蕉，香蕉的一种，在人字形叶柄的基部储存着1~2升的水。

藤本植物

直径约为5厘米的外皮粗糙而枝叶鲜嫩的藤本植物也能有效提供水源。但你必须学会判断哪些植物含有大量的水分，另外，并非所有的都可饮用，有些汁液有毒。有毒植物在茎部被砍断后会产生乳白色浓汁液，以后见了你就不会再去碰它了。

如果直接用嘴去吮吸树汁，有些藤本植物会造成皮肤痒痛，因此，应尽量让汁液滴入口中，而不去用嘴直接吮吸，最好是采用容器来收集树液。

应注意选择那些特别能分泌汁液的茎，由底部一直到茎的顶端，越高越好，然后砍一道“V”形的深痕，接着在靠近地面处砍断该茎，让汁液从断口处滴到口中或容器里。当不再往外滴水时，沿底部向上砍去一段，不断重复直到整棵茎的汁液都滴完了为止。记住先在茎的顶端砍一“V”形的深痕，而不是先砍底部，否则茎中的汁液就会由于毛细管作用而向上运动的。

根部取水

在澳大利亚，水树、沙漠木麻黄和红木的根部都靠近地表，很容易挖出来。将树根砍成约30厘米长的节，剥去外皮，吮吸汁液，或者直接刮到树根髓部，挤出汁液。除非你曾看过经验丰富者的演示，否则你很难找着那些最有价值的沙漠木麻黄的根。澳洲土著人能识别一种长在类似球状块根上的细小须根，它可以救命，但除非知道如何找到，否则不要瞎费力气。

棕榈

扁形棕榈、椰子树和聂帕榈都有富含糖分的汁液，相当美味可口。先使花茎弯曲，折断顶端。这种汁液在流出之后，可以在十二小时内重新恢复，因此每天能收集2升多的汁液。聂帕榈的嫩枝一般长在基部，所以你可以从地面开始。对于其他棕榈树类，你可能必须爬到枝叶茂盛的树干上部才够得到开花的枝茎。

椰子汁的水分含量很高，但成熟椰子中的果汁有很明显的通便功能，饮用过多会引起腹泻，从而损失更多的水分。

仙人掌类

仙人掌类植物的果实和植株都蕴含丰富的水分，但并非所有这些汁液都可安全饮用。如西夸茄这种巨型多指仙人掌，生长在亚利桑那州，其汁液的毒性就很强。注意避开仙人掌刺，一旦扎进皮肤，很难清除，尤其是那些纤如毛发的棘刺，更会令人疼痛难忍，并会引起化脓感染。

生长在墨西哥、亚利桑那和加州地区的巨型多指仙人掌，高达5米，富含大量汁液——但是有毒。可以将汁液收集，放在太阳能蒸馏器中蒸发，在寒冷的夜里重新凝结成水，就可饮用了。

仙人掌属植物——仙人果，有较大的耳状赘疣，长有卵形浆果，成熟时转变为红色或金黄色。它们的棘刺较大，很容易除掉。果实和赘疣都富含汁液。

圆桶掌（见“食物”篇中的“沙漠植物”）高达120厘米，生长于美国南部至南美洲一带。需要费相当的力气，才能切开它那粗糙多刺的外皮。最好的方法是从顶端向下切开，将茎的外皮剥去，将里面切成薄片，取出来吮吸。或者将茎髓捣碎，吸取汁液。有些种类的汁液无色无味，而有些则是难以下咽。一般来说，高100厘米的圆桶掌能产生1升的汁液，与一般的乳汁植物都有毒不同，这种仙人掌例外。

6.1.7 从动物中取水

动物的眼球里含水，通过吮吸就可获得。

所有鱼类，体内都有可以饮用的汁液。尤其是大鱼，沿着脊柱，贮有许多新鲜汁液。将鱼解剖并取出内脏，保留脂肪，剔除骨架。小心不要使鱼体内的汁液流走，你可以直接饮用它们。

除非你非常缺水，要留心不去吸吮鱼肉中的汁液，因为它们富含蛋白质，在消化时会消耗大量的水分。

也可以从沙漠动物中获取汁液。在澳洲西北部地区的旱季，当地人经常挖开干燥的黏土层，寻找沙漠青蛙。这些蛙通常在旱季钻入土层里保持凉爽以求生存。蛙体内也贮有水分，可以榨取饮用。

6.2 盐

盐也是另一种人体的必需品。在正常的饮食条件下，每天每人需要摄入10克的盐。如果损耗的量多于摄入量，人体就会出现问题。出汗和撒尿都会带走盐分，所以气候越暖和，盐分损失也就越多。体力劳动也会增加对盐的损耗。不过，也不建议大家随时去补充体内的盐含量，多数情况下要取决于你当时的客观情况。如果你所携带的食物和水开始逐渐不足，那么首先就应该停止食用盐，因为盐会引起干燥脱水。

如果没带盐片或者盐片用光了怎么办呢？位于海岸边或海上时可从海水中得到充足的盐分供给——55毫升海水里大约含有15毫克的盐。但是千万不能直接饮用海水，应先用大量的淡水将它稀释后才可。蒸发海水时可以得到盐块晶体。

身处内陆，解决盐分问题就比较麻烦了。在牧区，你能找到被牛舐过的盐渍地——不过那时你也离人类居住地区不远了，不太可能会继续缺盐。所有的哺乳动物都需要盐，注意观察它们的行踪就可以找到盐。非洲象会冒着危险探入漆黑幽深的洞中，只是为了舔食洞壁的盐分。

有些植物也含有盐。在北美洲地区，最好的盐分来源是核桃树的根；在东南亚，可利用聂帕榈的根。将树根放在锅中煮直到所有水分都被蒸发，便会析出黑色的盐晶体。

如果直接找盐很困难，可以尝试一些间接方法。动物血液中就含有盐分，在任何时候都不要随便抛弃，因为它里面含有多种矿物质。

小知识

缺盐的首要症状表现为肌肉痉挛、头晕目眩、恶心和疲惫乏力。补充盐分可以在半升水中加一小撮盐溶解后饮用即可。补盐药片可以提高体内钠含量，如果你有携带这种药片的话，就尽量将其泡到水中或饮料中融化开备用。

第 二 章

求生策略

无论是较小的意外事故，还是涉及很广的大灾难，都有可能面临生死攸关的处境，这就需要良好的训练和迅速的判断能力。

为了说明这些基本求生策略适用于各种意外事故，这里列举了一系列较小的车辆事故的处理方法。

同样，这些方法也适用于处理程度更严重的坠机事件。在这些情形下，幸存者大都会发现自己身处一个完全陌生的地区，在相当长的时间内将会面临一大堆复杂而棘手的麻烦。

1. 求生策略

良好的计划和精心的准备可以使幸存者能够更好地面对困难和危险，这些困难和危险都将会对生存产生严重的威胁。一切应根据装备来定。你不可能事先就预料一切，但是必须有心理准备，能迅速针对意外的危险和未知的灾难做出理智而合理的反应。每当意外发生时，人们很容易变得惊慌失措，你必须克服恐慌，针对不同境况采取有效的行动。

有时撞车或其他事故会毫无预示就发生了。但大多数意外发生前的几分钟人们都会有所预感或察觉，在这一瞬间的本能反应有可能就挽救了自己的生命。许多事故在发生之前，人们都会有很长的时间知道或意识到正在向潜在的灾难发展，这时，恐慌可能就是最危险的反应。

当浓雾笼罩整个山谷，能见度几乎为零而很容易迷失方向时，大多数人会变得惊慌失措，想着他们一定陷入了困境。然后，他们就开始干愚蠢的事了，这反而增加了危险的程度。事实上他们事先就应充分估计到这种可能性，寻找一块安全的蔽身之地等待安全后再继续活动。保持镇静，要相信自己有能力面对险境，这不仅有利于你渡过难关，而且便于你能及时看到那些可能会自然出现的解决办法。

有些处境是可以预见的，了解相应的应对技能与知识会将危险降到最低限度，而学会了则会使你化险为夷。它们会增强你的胆量，比如等待恰当的时机，以便在车辆沉水的瞬间从车中逃离，但是它们也来源于实践经验以及正确的理论指导。通常答案都存在于你随机应变的解决之道和因地制宜做出反应的技能之中。

突发性灾难可能会把你困在与世隔绝的险地，你只能独自面对。或者你可能发现，自己身处伤亡上百人的巨大灾难之中，根本就无法控制。

处理车祸与空难有很大不同。但正如这些极端处境所显示的那样，无论什么样的灾难，都是生死攸关的紧急关头，都会牵连到许多人，都需要运用同样的知识和技巧发挥各自的机智和能力。

求生场景

如果你扎营的地点出现天气变化或其他条件变更，你是否需要调整你的求生策略？

针对可能出现的场景，你都应该有所准备和计划，一旦周围条件发生变化，你的求生策略也要同步调整。在实际情况中需要灵活应变，快速适应。

2. 车祸求生

2.1 刹车失灵

如果在行车途中刹车失灵，应立即换挡并启用手闸。必须同时做到几件事：脚从油门踏板上抬起，打开警示灯，快速摇动脚刹（它可能仍连着），换成低挡，慢慢制动手闸。不要猛拉手闸，先缓缓，然后逐渐用力，直至停车。

如果来不及完成上面的整套动作，可以先从加油踏板上抬脚，再换成低挡，然后制动手闸，除非确信车辆失去控制，否则不要用全力。

小心驶离车道，将车停在远离公路的地方，最好是边坡，或者松软的上坡。

如果车速始终无法控制，比如遇到了陡坡，为了减速可以不断地冲撞路边的护栏或护墙。还可利用前面的车辆帮你停车——如果情况允许轻轻靠近它。使用警示灯、按喇叭、闪亮前灯等手段向前面的司机发射求助信号——你处于可能会导致相撞的车道上，需要帮助。

撞车

如果撞车已无法避免，保持冷静，掌握好方向盘以便尽可能将自己及他人的损失降到最低。为了减速，可以试着冲向路边提供的障碍物。柔软的篱笆比墙好些，灌木丛比参天大树要好。它们可让你逐渐减速直到停车。撞墙和树都很可能致命，不过它们可能使你猛然停车。

安全带（在许多国家开车必须系上安全带）将阻止你在紧急刹车时冲向挡风玻璃。现在多数新车给驾驶座和副驾驶座都配备了安全气囊。考虑到安全气囊在触发充气时的速度和力量非常大，因此千万记住不要坐得离方向盘太近。如果车辆的方向盘是可调整的，那么一定要往下方倾斜一些，对准你的胸口而不是头部，当然也不要挡住你观察仪表盘。

如果以上方式无法应用，那么能够最大程度保证你在车祸中存活的方法就是调整你的身体姿势了，因为正确的姿势可以让你不至于在车内受到剧烈的撞击。最重要的就是将上部躯体尽量弯曲。根据车内空间大小，有两种不同的应急姿势。第一种姿势是将头部埋入两膝之间，双手紧抓小腿。第二种姿势对驾驶员更适用，即将发生撞击前，双手扶在方向盘上并将前额紧贴在双手手背上。

跳车

除非车辆即将冲出悬崖，留在车上必死无疑，否则不要随便试图从急驶的车辆中跳出。跳车前做好必要的准备：打开车门，解开安全带，身体抱成团——头部紧贴胸前，脚膝并紧，肘部紧贴到胸侧，双手捂住耳朵，腰部弯曲，从车上滚出。要顺势滚动，不要与地面硬碰。

2.2 车辆落水

在车辆沉没之前若有可能，应及早弃车逃亡，因为在充满水之前它不会立即沉没。外面的水压会使车门很难打开，若有可能砸碎玻璃窗，从中逃出。在面临这种令人震惊的危急时刻，要镇定自如地逃生，确实不容易。如果车内有小孩，尽可能先推出一名。不要考虑什么财产了。

如果你来不及做这些工作，应关紧车窗，让孩子站起来，将婴儿举到车顶。然后松开安全带，告知车门边的每位乘客做好准备，用手握住车门的把手，同时松开所有的自动门锁，它们可能已被水压挤坏了。这一阶段不要试图去开门。

当水逐渐进入车内，空气被压向车顶，车内气压升高，逐渐趋近于车外的水压。车子逐渐停止，这时车内也几乎充满了水，让每人做一次深呼吸，然后打开车门，屏住呼吸游出水面。每个人从同一车门出来时应该相互挽着手。如果你要等别人先行逃脱，要能够屏住呼吸。

预防车辆落水的措施：沿着水边停车时不要车头对着水，应侧向停车。如果停车时不得不面向水，应挂倒挡，并采用手闸制动（如果背对水停车，换挡时先手闸制动）。

2.3 车辆卡在铁轨上

如果车辆卡在交叉路口的铁轨上熄了火，应立即重新启动并迅速离开。这需要人工换挡，不能依赖自动挡。如果火车已经临近而车辆一时又无法启动，就应当机立断放弃车辆，将孩子及年老体弱者转移至安全之地——至少应该离开车子45米左右——因为高速行驶的火车会将车辆撞出很远。

如果没有看见火车，或者火车还在几公里以外，你必须努力避免毁车。如果能够推走，应推到远离所有的铁轨——因为，你不能确定火车会走哪条道。如果能用无线电联系，应通告信号员。没有的话，应沿铁轨迎着火车来临的方向走一段距离，然后在铁轨一边站稳（高速列车两旁会形成巨大的后向气流），挥动车座毛毯或其他显眼衣物以向司机发出警报。如果是称职的司机，他会及时注意到正接近一交叉路口，会观察一下前方是否一切正常。

3. 空难求生

最为惊人的意外灾难，就是飞机坠毁或迫降险地了。它可能会突然发生，谁也无法预料，因此也不可能做什么特别准备。

受过专门训练的乘务人员会知道如何面对这类险境，因此应当遵循他们的指示。机组人员会尽量平安地降落飞机。除了保持镇静以及帮助乘务人员安慰其他旅客外，你毫无办法。

在飞机迫降之前你应有所准备，系紧安全带，与邻座旅客挽起手臂，下颌贴紧胸部，斜靠在折叠毛毯、大衣及垫背上。如果允许，腿部与邻座相互依靠，稳固好以防撞击。

等飞机最终停稳后，遵循指示迅速从机上撤离。如果飞机着陆在地面上，应迅速远离着陆地，因为飞机可能起火或爆炸。即使没有起火，也应远离飞机直至发动机冷却并且任何溢出的航空燃料都完全挥发完。

如果飞机迫降在了水面上，救生艇会自动充气，并停放在机翼上。当还在机内时，不要给救生衣充气，以免无法通过舱门。直到身体在水中了，立即将救生衣充气，然后登上小艇。

如果飞机正在沉没，一旦人员和装备等上了小艇就应立即起锚。离开飞机时，求生物品能带出越多越好，但不要为了个人财产和行李而耽误时间。在你发现随身携带在口袋里的求生宝盒时，你会长长地舒一口气。

3.1 失事之后

处于这种出其不意、令人困惑的意外之境，无论你是多么沉稳坚强，都会很震惊，甚至惊慌失措。如果起火，或者有起火爆炸的危险，应尽快远离现场抵达安全地区，直至危险似乎已经消失。如果有燃料溢出，必须禁止任何人吸烟。没有必要惊慌失措地奔向未知地域，尤其是在夜间更不要这样做，要与其他幸存者不断保持联系。

将伤员转至安全之地，和你们聚在一起。尽可能找到所有的幸存者。应优先考虑及时治疗伤员。按伤势严重程度进行治疗，先处理呼吸困难者，然后依次为大出血、受伤、骨折和惊恐。

注意

如果是跳伞并且落在荒郊野地，那么就尽可能向飞机坠落残骸地方靠拢——相对来说，营救者会更容易发现飞机的残骸，而不是单个人或降落伞。

如果可能，应将生还者与死者分开——死亡是造成灾难性的恐怖气氛的主要原因之一，这样做可以使幸存者安定下来。

即使起了火，可能也不会烧毁所有的物品，因此，要从残骸中搜寻一切可以利用的装备、食物、衣物和水。如果油箱仍有可能起火，就不要冒险寻找。还要当心残骸物熏烧时挥发的有毒气体。

如果你不得不等到火势减弱直至熄灭，可以在这段时间中查看所处的地形——在任何情况下这都是采取行动的前提。待在此处可行、安全吗？如果别人知道你预期的航线——如例行飞行——你可以期望某种搜索营救行动正在进行，这样待在原地就会有许多好处。救援者已经知道你着陆或迫降的地点，即使你已经被迫更改了航线，他们也知道你最后报告的位置。从空中向下搜寻，残骸或迫降的飞机会更容易引起注意，尤其是在密林地带，在这些地区即使有一大群人也会因树木遮挡而难以被发现。

如果你发觉着陆地毫无遮挡或者非常危险，那么就有必要转移到安全的地方。但是，千万不要在夜间行动。除非生存的威胁已经迫在眉睫，比你在黑暗中跨入未知之地更为危险。

通常情况下，必须立即转移的原因一般都是因为你在山顶的暴露地毫无掩蔽，或者处在半山腰上无处躲避风雨，也有可能是因为岩石会砸下及其他的危险。应向下坡处转移，因为地势低的地方，更容易找到避难所。

在寻找安全的地方时，不应该让所有人都出动。可派出少部分侦察人员小心地探查周围地区，他们应组成队，两人一组，不可单人冒险。彼此之间可以传话联系，同时标明各自的行走路线，以便能顺利返回。

注意

离开失事地点时，应为转移的方向做好标记，以便营救人员知道还有幸存者，并知道去哪里寻找。

3.2 保护

首要的是搭建一个能躲避风雨的避难所，尤其对于伤病员更是急需。广泛地勘探，以便选择合适的宿营地。尽可能地利用天然避难所，再加上手边可得的材料进行扩充加固。

如果伤员的伤势严重不能移动，应该就地为他们搭建简便的掩蔽体。

身处空旷地带，如果无任何的装备或机械的残骸可以利用，你还可以挖坑作为掩体。

如果可能，寻找一处自然洼地，扩展掘深，用泥土将四周加高稳固好，这至少可以供伤病员避风所用。生火取暖，同时也有助于提高士气、鼓舞人心。使用反光反射的物品以最大限度地发挥热效应，从而节省燃料。

如果环境条件决定了没有必要或者没有转移的可能，也可以采取类似的措施。如果没有天然的遮蔽物，可以用石块、残骸或其他装备垒在四周形成防风墙。大家聚在一起，也可以减少体内热量的散发。重伤员在这些危急时刻的生存时间极其有限，你必须想办法尽早争取营救。伤势较轻者必须出发去搜寻水源、燃料、遮挡材料和食物，一定总是双人行动。发射尽可能多的信号以便引起营救者的注意。

用庇护所防风防雨十分重要，同时，记住，遮蔽棚对于防晒也是必需的。毫无掩蔽不仅仅只会造成长时间的体温过低。

3.3 定位

如果你携带了无线电或手机可以尽快地发送求助信号——但不要冒险待在可能爆炸的飞机上。只有等到十分安全了，才可以登上飞机发射信号。营救人员希望及早了解你的着陆点。那些具有跨洲旅行经验的成员应该可以准确地确定方位——即便一时想不起来——凭借地图也应该能指出比较确切的方位来。要是提前了解了计划路线，知道灾难发生时所处的方位，以及风向，会对你有很大帮助。

往往你需要点火发射信号——三堆火是国际共同认可的遇险求助信号。火堆应尽可能大而明显。还可以在地面上设置信号以吸引注意。当你知道救援人员就在附近时，使用烟火信号，十分近时，甚至还可以制造声响。你应该为精确地航行在预定航线上感到庆幸。这样，何时获救只是一个时间问题，其间尽可能让自己过得舒服自在一些。

然而，即使是最详细的计划，也可能会误入歧途，导航仪可能会失灵，强风暴雨或浓雾都可能使你偏移航线。待在避难棚里可能会更安全些，但遗憾的是没有人知道你在哪里。很可能你要比预想中等待更久，你必须为之做好准备。

也许你也要估计在较大范围内所处的位置，通过研究从地形地貌中获取更多的信息，不仅仅方位——如果有可能的话——还要寻找是否有更安全更舒适的位置可以用来搭建帐篷，获取燃料、食物和水。如果要做长期打算，你也应估计自己跋涉穿越险地的可能性。

在海上，你更应处处留心任何提示的信息，而不是束手待毙，这些信息可能会告知你不远处有片陆地，如果你尽力到达那里，而不是待着不动，生存机会可能就大大增加了。尽管铁锚可以阻止你四处漂流，但是同时也让你暴露在狂风和海浪的肆意攻击下。

注意

身陷险地，坐等营救一般都比立即动身返回安全之地要明智得多。然而，如果无人知道你身处困境或已失踪，所处的地形环境又十分贫瘠不毛，根本无法提供生存所必需的食品、水或避难所；或者你感觉很自信，能量和配备都很充裕，足以确保你回到文明社会，或又知道其他一处你能生存的地点，如果这样的话，一旦天亮了，并且其他条件都允许，就可以决定出发了。

3.4 获取食物和水

当你身处悬崖绝壁，退路被潮水切断，或者暴风雨及浓雾迫使你不得不等待时，此刻，可能很少有机会获取可供利用的自然资源。因此，不要一下子用完你的应急贮备。很可能你会被长时间围困，尽管你可能会感到饥饿，还是应该定额使用，以便能应付最差的境况。即便身陷这等险地，在力所能及范围内，也有可能获取食物和饮水。

首先应利用自然资源，尽可能地节省你的紧急救生品。不要仅满足于一种食品资源，应当搜寻多种可食用植物，包括叶子、根、浆果和坚果以及其他各种可以食用的部分。搜寻动物的踪迹，以便设法狩猎或布置陷阱。

当你身处绝境而无法忍受获取食物的方式，或者无法找到无论是你愿吃还是不愿吃的食物时，也并不意味着就应该立即放弃。如果出现了其他可供选择的替代品时，就没有理由继续消耗已经是濒危的物种——动物或植物，也不要继续布置陷阱了（它不会懂得选择的），尽可能地利用自然资源并不意味着就可以浪费。如果你不得不长期滞留此地，过分掠夺对自身也无益。

记住，最容易获取的食物可能并不符合你日常的饮食习惯和口味。如果在平时训练时已经有意识地选择食用一些奇异的食物，你将会发现，这时尽管身处险地，但填饱肚子还是比较容易的，而且还能鼓励他人也食用这些东西。

即便气温条件允许，你不需要生火取暖，但是烧水也还是需要燃料的。此外，白天气候温暖，不要想当然认为随之而来的夜晚也易于度过——世界上有许多地区的昼夜温差相当大。

注意

对短期求生来说，水可能会比食物更重要。如果无法获取新鲜流动的淡水，你可以考虑其他的水资源，但是要煮沸或消毒。优先考虑寻找水源的问题。

3.5 导航

首要的事情是建立信标（比如火焰和火堆），这样才能引起救援人员的注意。然后就是寻找水、食物和庇护所。

在许多危急时刻，最好待在事发现场附近，因为那里有许多从飞机、车辆或其残骸中抢救出来的各种材料和装备可以使用，而且那里还易于被营救者发现。但是，如果你已经决定转移了，那么就需要掌握许多辨别方向的技巧，以便引导你沿正确的路线，从荒芜之地回归安全的地带。

PLAN

你必须牢记“PLAN”，在某一天这可能会挽救你的生命：

P保护（Protection）

L定位（Location）

A获取（Acquisition）

N导航（Navigation）

3.6 人员及分工

对于探险活动来说，计划中必须包括如何仔细选择队员。探险队员需要具备相应的个性特征。所谓选择，不仅包括队员的体质训练和个人经验是否适合某项探险，还包括选择特定项目的负责人。灾难突发时，在重压下，任何人都可能出现非常态的反应。天灾人祸常会导致大批受难群众流离失所，聚集在一起。其中包括妇女、儿童、老人和婴儿，可能还会有孕妇，以及伤病员或者行动不便的人都需要特别的照料。这么多的人员随时都可能发生造成更多人员伤亡的意外事件。毕竟受过良好训练的人和身体健壮的人员要比芸芸大众少得多。

婴儿看上去十分娇弱，可是通常他们非常坚强。但是必须注意给他们保暖。需要消除儿童的疑虑，尽量使他们感觉舒适，尤其对于那些与家人失散、孤身一人的孩子。通常对意外事件的奇异感会使他们不至于过分焦虑，可以分派一些任务给他们，但不要应允他们随便四处遛逛和玩火，否则他们就会给自己和他人造成不必要的麻烦。老人通常意志更坚强，可以帮助青年人消除疑虑，坚定信心，但也必须注意保暖，有规律地进食。女人似乎在应付突发事件时比男人更强，也能够更容易为他人分担责任。

乘坐轮船或商用客机时，船员或机组人员如果与乘客在一起时，应该负担起统领全局的重担，但不要期望人们可以像严密组织的探险队那样，可以执行相当军事化的命令，或要求他们对领导和负责人绝对服从。在做出决定，计划行动和维持士气时，必须尝试着采取某些民主化的程序。经受创伤会使一些人急切地服从能给予他们希望的领导，但同时，这也会使人错误地认为危险和灾难已解决了，这种认识必须克服。

在空难或海难中，不同文化背景及风俗习惯的人被命运连在一起，迫于环境的压力，处在了与各自的社会习俗相悖的处境之下。处理好由此而来的各种冲突和矛盾需要相当的机智和技巧。不过，要记着生存才是首要的问题。

你的医疗知识越广博越好，但最重要的是帮助人们树立生存的意志，良好的医疗态度将会有很大的帮助。让别人看到你知道如何去做，并且从容不迫，你就已经成功了一半。

你如果镇定自如，也会帮助坚定他人的信心，增强彼此间的合作。你的知识经验越是丰富，处理问题时就越得心应手。

第三章

气候与地形

尽管基本的生存策略和技巧具有普遍实用性，但世界各地的地形环境复杂多样。对于任何一处你打算前往的地区，都必须尽可能多地了解当地的风土人情。如果你能大致了解在不同的气候环境下能够获取什么，将会极大地增强你应对危机的能力，尤其是当突发事件将你置身于完全陌生之地时。

本章的内容较为简单，因而不可能提供有关世界各地的详细知识，它们仅能简单介绍气候与环境的大致类型，从理论上介绍一些处理难题的方式。

针对特定情况下某一问题的应对方法，比如食物和庇身所，可以参考本书的其他章节，这里仅提供一些补充信息。

1. 气候带

人类常常将不适应的外部环境都看作逆境，感觉好像应与之斗争。这不是险境求生的好方法——与天斗，败者唯有自己。新的环境的确包含潜在的危险，你必须提前采取预防措施，但大自然是不会偏袒谁的。学会适应每一种气候，学会利用环境赐予你的东西。气候不仅仅取决于纬度，位置和海拔都是相当重要的因素。

极地气候

极地地区是指北纬60° 33′ 以北，南纬60° 33′ 以南的地区，但是身处世界各地的高海拔地区，也必须具有相应的防御严寒的能力。在赤道地区，比如安第斯山脉，海拔5000米以上才会被积雪覆盖，但是越接近极地地区，高山积雪线就会越低——南美洲最南角的山上，海拔几百米以上就会终年积雪。甚至阿拉斯加、加拿大、格陵兰岛、冰岛、北欧和苏联的北部地带都属于北极地区。

苔原地区

极地冰帽的南部，永久被冰雪封冻的地层，草木生长都受到阻滞的地区。虽然，在夏天冰雪会融化，但是植物的根部依然无法刺穿坚硬的封冻地层。高海拔地区也会出现类似的地形。

北方针叶林区

在北极苔原与温带主大陆之间有一条宽达1300公里的森林带。在俄罗斯泰加地区，森林纵向延伸达1650公里，向北沿着西伯利亚河直到北极圈内。但是在加拿大的哈得逊湾地区，森林带平行于北极圈以南向东西方向延伸。

冬季严寒而且漫长，大部分的时间都是大地封冻，夏季很短，一年中仅有三至五个月地层会解冻，雨水可以到达草木的根部。沿着流向北冰洋的江河两岸，草木尤其茂盛。这里生存着许多珍贵的动物：麋鹿、熊、水獭、山猫、黑貂和松鼠以及其他更小的生物和多种鸟类。

在夏季，冰雪融化的积水存积在低洼地，就会形成沼泽。横卧的树木和密集的苔藓都使得在其中行走十分艰难。蚊子非常令人讨厌（尽管这里并不会传染疟疾）。

如果穿着防寒衣物，在冬季穿行这些地区相对容易一些。沿河旅行比较理想，河中大量生长着各种鱼类，味道鲜美，可以利用到处倒地的林木扎个木筏，顺流而下。

温带气候区

对于不具备特别求生技能或知识的旅行者来说，北半球的温带地区及南半球相应地区可能就是最佳的野外郊游之地了。大多数读者都熟知这些地区的环境，常常也是城市密集分布的地区。在这里不可能会出现生命攸关的严峻考验。只要健康状况良好，具备基本的求生技能，一般来说，不大可能会长期与世隔绝，或经过几天的长途跋涉仍然无法获得帮助。在隆冬季节也要求个人具备一些极地生存所应有的技能。

落叶林

在天气变暖，冬季也不那么严寒的地区，落叶林就替代了针叶林。橡树、山毛榉、枫树和核桃树是美洲大陆的主要树种。栗树、菩提树、橡树和山毛榉是欧亚大陆的主要树种。富含腐殖质的土壤中生长着多种植物和真菌。在这里生存应当不成问题，除非在极高海拔地区，那里的环境条件类似苔原或雪地地区。不过人类已经征服了许多这样的地区。

温带草原

主要为内陆地区，夏季炎热，冬季寒冷，降雨量适中，这些地区已经成为全球食物最大的产区——种植谷物，饲养牛羊。夏季里水源会成问题，冬季要有庇护所。

地中海气候区

地中海周围地区是半干旱地区，夏季持续时间长而且炎热，冬季短而干旱。一年四季大部分日子都阳光普照和干风盛行。这些地区曾经广泛分布着橡树林，树木被砍伐后，土壤受到侵蚀，大部分地区就逐渐覆盖上常绿灌木。美国加州的部分地区与之非常相似，树木很少，水会成为问题。在高海拔地区，也需要考虑其他因素。

热带森林

南北回归线之间的大片陆地，包括广阔的可耕作区和各种环境

求生案例学习

在20世纪60年代中期，我受命在肯尼亚训练一支新部队。这一系列的训练包括有战术策略、战地技术和辨位识路。受训的军人都具备一定的个人作战经验，但缺乏小分队作战的常识。训练区域位于肯尼亚北部边境，是一个又热又干燥的地区。

这些士兵以四人一组的形式出发，需自行辨位长途跋涉行进到各个供水的集结点，而我和其他三位教官的任务则是在各集结点守候，确保无人掉队，并监控所有人的身体状况，避免危险发生。我们从一个容积20升的油桶中给每个士兵分发了280毫升的水，每人仅此一点儿，不多不少。到第三天的时候，气温已开始发威，每个人都开始抱怨这样那样的不适，如起水泡、疲惫不堪以及背包勒出的伤痕。但其中一个学员的反应最激烈，已开始出现精神错乱，面临崩溃的边缘。而当我在给这个学员治疗时，他的搭档趁人不备夺过大油桶一顿猛喝，而那些没喝进肚子的水全都洒了出来。当我们把桶抢回来的时候，里面已经空了。这桶水是我们最后的补给，还有三十人等着这些水救命。而最近的水源地离此要走三天左右，所以随着补给线的断裂，这次高难度训练开始出现危及生命安全的危机。尽管所有的学员都是从附近区域过来的，对环境的感知有一定的认识，但节水纪律明显不足，这一点使得我们当时付出了高昂的代价。

后来通过严格的水量配给，并派出最精英的学员向外求助，最后我们都得救了。但这次经历必将让他们一生难忘。

经验教训：

千万不可低估一个人为了求生所能爆发出来的能量。

水资源需要加强保护。

水量配给要严格执行。

所有身体上的不适，最致命的还是口渴。

当有人出现脱水症状时，首先用水湿润其双唇，并观察是否出现呕吐反射（吞咽动作）。只可小口喂水。治疗时，一定让患者保持平躺姿势，尽量找树荫下进行。

恶劣的沼泽和沙漠地。有近1/3面积是原始森林——热带雨林、亚热带雨林和高山林。共同特征是具有粗犷的山川，降雨量十分充沛，进而形成了许多汹涌澎湃的江河，在靠近海岸的地带以及其他低洼地区常常会形成大片的沼泽地。

热带大草原

这是热带草地，通常位于沙漠与热带雨林之间。森林边缘地带野草茂盛，有的可达3米，树木更为常见。全年平均气温偏高。非洲大陆超出1/3的地区都属于这种气候。澳大利亚的大部分地区也属于这种气候，那里星罗棋布地分布着繁茂的桉树林。此外还包括委内瑞拉和哥伦比亚的西南部平原以及巴西的热带草原等。寻找水源常常不易，但是只要哪里有水，哪里就会有茂盛的植物和丰富的野生动物资源。在非洲，可以见到大量群居性野生动物。

沙漠地区

地球陆地表面有1/5的地方覆盖着沙漠，那里干旱贫瘠，生存起来非常困难。当气流从赤道地区升起，逐渐排出所含的水蒸气，在临近大地时又重被加热，将当地的一点水汽带走时，地面就开始沙漠化了。在沙漠地带，白天几乎不见一片云，烈日直射，夜间也无法保温，所以昼夜温差极大。白天温度很高（在撒哈拉沙漠白天气温可以高达58℃），而夜间则会降至零度以下。地球上的沙漠地区只有一小部分由沙组成，大约是撒哈拉1/10的面积，绝大部分都是由干涸河床的戈壁碎石构成。风吹会使沙子移动，堆积在低洼之地。另外，有些地方会出现由风蚀而形成的沙丘、干涸的沼泽地和流沙。

2. 极地地区

南极表面覆盖着厚厚的冰雪，北极圈内所有的陆地终年封冻，海面上则漂浮着巨大的冰山。一年中只有两个季节——漫长的冬季和短暂的夏季——隆冬季节有时全天是黑夜，仲夏时则会24小时白昼。除了冰河和封冻的大海， 在北极地区，夏季最高气温只有18℃，但冬季里最低会降至零下56℃，而且最高气温不会超过零度。在北半球的森林地带，夏季最高气温可达37℃，但高海拔地区冬季气温甚至比北极还低。在北极的东西伯利亚的维尔霍扬斯克山脉地区，有记录显示曾出现过零下69℃的低温。南极地区的平均气温比北极还要低。

南极地区曾出现过每小时177公里的风速记录。北极地区秋冬之季，会有飓风，能将积雪上扬30米，就像暴风雪一样——但是事实上并没有下雪。伴随着低温，狂风有明显的激冷效应——甚至比温度计显示的还要厉害得多。例如零下14℃时每小时32公里的风速会使实际气温相当于零下34℃，如果风速达每小时64公里，就相当于零下42℃的严寒。气温越低，实际下降的效果会越明显。当风速超过每小时64公里，气温的下降速率也就不会太明显了。

2.1 旅行

实际经验表明，灾难发生后，待在飞机或报废的车辆附近是明智之举。如果现场存在危险，就需要在临近之地搭建安全的避难所。是否要转移应当根据获救的可能性以及距离人类聚集地的远近而定。

当你仍能清晰思考时，应尽早做出如何行动的决定，严寒会使人反应迟钝。

在暴风雪中迁移是不可能的，此外，无论何时，在茫茫冰地和苔原地区辨别方向也是很困难的。冰川的运动会使移动更加困难。夏季里融化的冰水使得苔原地区形成许多沼泽，海里的冰也变成了半融化状态 相当危险。

在北极的夏天，墨蚊、牛虻和蠓十分令人讨厌。它们的幼虫生活在水中，因此搭帐篷时应避免过分靠近水边。记着要放下长袖，竖起衣领，头上顶着纱帐，在篝火中点燃一些新鲜绿叶——产生的烟可以驱赶蚊蝇。天气变冷后，它们的活动能力就会逐渐减弱，夜间不再出现。

在阿拉斯加、加拿大西北和东北地区、格陵兰岛、冰岛、斯堪的那维亚半岛、诺瓦亚赞姆亚苏、斯皮特伯根以及其他一些岛屿上有许多山脉，那里的冰山悬崖、冰河、冰缝和时常发生的雪崩都会给探险者造成极大的危险。每年的 5 月至 8 月份，沿北冰洋海岸线一带常常出现浓雾，有时会向内陆地区延伸，使你很难辨别方向。

导航

在极地地区指南针不太可靠，夜空的星座可以帮助你更好地导航。夜间的亮度也足以方便地行走。白天可以利用“影子钟表法”（见“标记信号的阅读”）。

在冰海中行进时，注意不要在浮冰上行走或者远离陆地标识而迷失了方向。大块的浮冰经常漂移——相应的位置也会改变。当心冰块破裂。如果迫不得已要从浮冰上穿行，应急速跳跃行走，落脚点离浮冰块边线距离不得少于60厘米。尽管有幸存者被从向南漂移的浮冰上营救的先例，但是通常情况下，冰块在朝更温暖的海面漂移时会逐渐融化，不过有时为了获救还是值得冒险的。

要避开浮冰，它们的大部分体积都位于水面以下。当这一部分开始融化时，它们会在毫无预警的情况下突然间发生翻转，尤其是你在上面又增加了它上部的重量之时。

避免靠近冰崖航行。因为冰山可能会突然间脱离出来，分裂出大量巨大的冰块，经常重达上千吨，它们会突然间崩裂到海中。

观察鸟类飞行也可以辨别方向导航。迁徙的野禽在融冰期也会飞向陆地。大多数的海鸟白天出海飞行，夜间就会回归。

天空中的云彩也可以帮助判断远方的地形。辽阔的水面、树林或者无雪之地的上空飘动的云彩看上去要相对暗一些；海冰和雪地上空的云彩看上去亮一些。刚刚形成的冰块会产生灰色的映射，有斑驳倒影的天空意味着下面有浮冰或凸凹不平的雪堆。

雪屐

所有的极地旅行都十分艰辛，只有具备相当条件的人才可以尝试。在雪地上一副坚实的滑雪板是旅行的最佳工具，不过可能难以临时制作。但是，在松软的雪地里利用滑雪板行走将很费力气，而雪履则会更省力些。不需要像通常阔步行走那样抬脚，你可以使雪履尽可能沿着雪面滑行。

如图，将长条状绿色树枝弯成椭圆环形，末端扎紧，然后，横向捆上些木条，缠绕上麻绳——越多越好——但不要使雪履过重，否则走远路会使你疲惫不堪。中央部分要结实，使雪履牢牢附着在脚上。

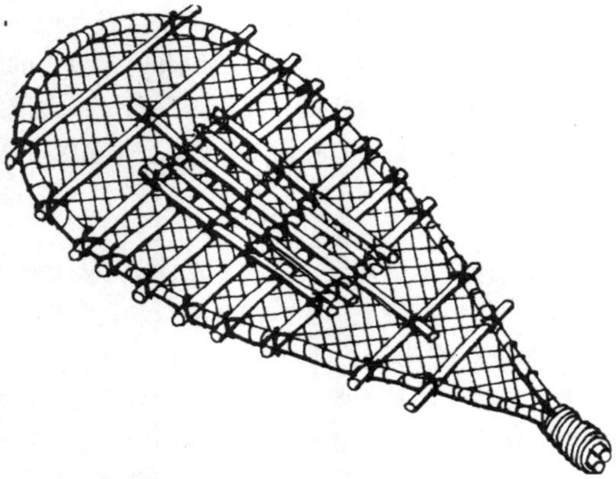

顺流而下

顺流而下——夏季乘木筏，冬季用冰橇——但是西伯利亚北部地区例外，那里河流都是向北流入北冰洋。

在冰冻河面上行走时应沿着河边较为光滑的冰面，在河流转弯处应沿着外边的曲线。在两条河流会合处也应沿着外边的河岸行走。如果河道拐弯太多，就离开冰冻的河面，沿着较高的河岸行走。

警告

刺骨的冰水是无形的杀手。

落入冰水中会使你无法呼吸，肌肉也失去控制，身体剧烈抖动，大约只需4分钟，身体中暴露在外的部分就会冻僵，7分钟后意识模糊，15~20分钟内就会死亡。

应对：可以拼命击水进行剧烈运动，快速游上岸，在雪地上打滚吸去水分，立即回帐篷中，钻进干燥的睡袋里。

2.2 衣物

严寒和暴风在几分钟内就会使暴露在外的身体冻僵，要保护好整个身体、手和脚。戴上风帽——它应该带有拉锁，这样可以遮住部分的面部。毛皮边饰物可以防止呼气中带出的水汽在面部结冰，否则就会冻伤皮肤。

外套应该可以防风，织物应尽可能地严密以阻止雪片在上面凝结，但又要有足够的透气性以便允许水汽散发——不要选择防水材料的衣服，否则会使水蒸气在里面凝结。内层衣服应该不透气以便避免热量损失。皮革制成的外衣最为理想。

要允许衣服的开口处散发热量，运动可以使里面的热空气通过开口处向外散发。沿袖口将衣袖扎紧，将裤脚扎进袜子或靴子里。

如果开始出汗了，可以松开衣领或袖口；如果还感觉热不可耐，可以脱去一层衣服。比如在从事劈柴或建棚等重体力劳动时，就可以脱去外衣。

只有坠机或迫降才可能将某人孤零零地抛在极地而又毫无装备。在脱离飞机前尽可能抓几件随身衣物。

穿上毛料衣服——它不易吸水，即便在潮湿时仍能保暖。针眼细密的衣服能够使身体保温，因此作为内层衣服材料最为理想。

棉制品就好像灯芯一样，很容易吸收水汽。潮湿的棉衣散热速度是干燥时的240倍。

C、O、L、D

保暖的关键在于：

保持清洁（Cleaning）。

避免过热（Overheating）——通气换气。

衣服宽松（Loose）——允许空气流通。

保持干燥（Dry）——包括内外衣服。

鞋子

海豹皮靴、防水帆布长筒靴都相当不错，它们有着坚实的鞋带和橡胶鞋底，最好还要具有隔热的里层。

穿上三双袜子保暖，型号依照等级逐渐递增，这样一层层穿在脚上才不起皱。如果需要，也可临时在脚上包裹几层织物加厚保暖。帆布的座椅可以临时制成简易的长筒靴。

如果双脚长时间浸泡在水中，就会导致战壕足，就好比在多沼泽的苔原地区的夏季时一样（参见“健康”篇）。

护目镜

雪地行走时需要用护目镜或其他布块甚至树皮来保护眼睛，避免遭受强烈的反射光刺伤，中间只留一道狭长的裂口。强烈的阳光经白雪的反射，时间一长会使人产生雪盲。用炭笔涂黑眼睑下方可以减少雪盲的威胁。

2.3 庇护所

你不可能在毫无掩蔽下充分休息。必须要避风。寻找经过稍微改造就能利用的天然庇身所，应该避免选择悬崖的背风面，因为积雪会从悬崖上滑下，将你的庇身棚掩埋住。还应避开冰雪或岩石可能崩裂的地点，避开冰雪覆盖的树荫——树枝可能会不堪重负而折断——除非已有大树枝支撑在雪地上了，那样在树枝下面可以有一块空地，可以当作天然的避风处（见“有关扎营的技术”）。

切记：即使为了避风也不应把每个出口都封闭上。你还要通风换气，尤其是如果你在棚内生火的话。

2.4 生火

火是极地生存所必需的条件之一。从失事飞机或车辆中取出的燃料可以帮助取暖。尽快将燃料油从油盘中抽出来，贮存在地面上——当机器冷却后它会冻结，而无法抽出。高辛烷值的燃料不会很快凝结——可以贮存在油箱里。

在南极大陆和北极冰川上，海豹和海鸟的脂肪是唯一的其他燃料来源。在海边地区，有时能收集到一些漂流的断木——格陵兰人过去常利用从西伯利亚河漂流到北冰洋的木材建造房屋。苔原地区能够找到低矮的蔓延生长的柳树。森林的延伸地带也生长着一些白桦丛林和桧属植物。白桦树是油质树木，非常易于点燃，即便潮湿的树枝也是如此。

另一种像石南一样蔓延的矮生植物是因纽特人的常用燃料。这些矮生植物，常绿、小叶、钟形白色花朵，高仅为10～30厘米，含有大量的树脂，即便潮湿时也能燃烧。

2.5 取水

即便天气严寒，每天你也至少要补充大约1000毫升的水分。在夏季，苔原地区的湖泊和溪流水源充足。池塘里的水看上去呈深褐色，味道可能不太好，不过，只要里面生长有植物就能保持池水新鲜，可以饮用。如果怀疑其安全性，最好将水煮沸后使用。

在冬季可以融化冰雪取水，但不要吃碎冰块，它会刺破你的嘴唇和口，也会造成进一步的脱水。在试图吮吸之前，将雪压成球形团块。

切记：如果已经是饥寒交迫了，吞食雪块将会使你更加寒冷。

2.6 食物

南极地区：在北部海岸的有些地区分布着黑色吸热能力强的岩石，上面生长着地衣和苔藓，它们是南极大陆仅有的植物。海水中富含浮游生物，因而，生存着多种鱼类、鲸、海豹和海鸟。多数鸟类会在秋季迁移，而不善飞行的企鹅则要留在当地过冬。它们是很不错的食物。一年中的多数时间里，一旦遇到危险信号，它们就会钻入水中，但在孵卵期，它们会紧紧地卧在地洞或坑中。

北极地区：北极冰川无法为植物和陆地动物提供良好的栖息地，甚至北极熊也只可能出现在它们可以捕获猎物的地方——要想猎获它们不仅危险而且很困难。生活在海边水中的海鸟、海豹和鱼类是潜在的食物来源。狐狸——北极狐冬季里全身呈银白色——有时会尾随北极熊到冰海中寻觅猎物残渣。北极圈内的野生动物都是定期迁移的，能否捕捉到还要取决于季节。

苔原和森林地区：无论冬夏都能见着动植物。北部森林地带拥有更为丰富的野生动植物资源。俄罗斯和阿拉斯加生长的苔原植物都属于同一类型，它们与温带植物相比植株较小。地面蔓生着柳树、桦木和富含维生素的各类浆果类植物。苔藓和地衣随处可见，是最有营养价值的食物——尤其是驯鹿苔。

有毒植物

北极地区分布的大部分植物都是可食用的，但是千万注意剧毒的毒芹、毒莓的果实、小北极毛茛。在北部地区还可以发现其他温带地区常见的有毒植物：羽扇豆、乌头属植物、飞燕草、野豌豆（疯草）、黎芦和棋盘花属植物。最好也避免真菌类植物——除非确信自己能从中区分出可食用的青苔和地衣。还没发现通过接触就会使人中毒的北极植物。

可食用的动物

从树上唰唰落下的树皮和绿叶是动物在树上觅食的信号。从阿拉斯加到西格陵兰岛都很容易看到驯鹿，沿着斯堪的纳维亚半岛和西伯利亚一线也可以发现它们的踪迹。长毛麝香牛在北格陵兰地区流浪，在加拿大群岛上可以发现麋鹿（驼鹿）——它们通常生活在森林与开阔地之间的混杂地带。

在加拿大、阿拉斯加和西伯利亚的北部地区大量分布着狼群（但在大多数欧洲国家，狼的数目十分稀少，是国家级濒危野生保护动物）。狐狸，冬季生活在开旷的森林地带，夏季生活在苔原地区，它的出现，意味着周围还存在着其他的小动物——野兔、松鼠以及在雪地里打洞觅食的其他啮齿类小动物。旅鼠会在雪下面迁徙。在北极地区还能找到海狸、水貂、鼬鼠和貂熊等其他的野生动物。

灰熊会在北部地区的不毛之地和森林里游荡，它们非常危险，要敬而远之，千万不要招惹。

生存时最好选择沿着海岸线移动，大海可以提供相当可靠的食物来源。在海岸边、冰面上和海水中，都能见着海豹的踪影。

海象看起来很笨拙，但也是相当危险的动物，除非你携带了武器，否则别去惹它。

狩猎和诱捕

在雪地里，动物的行踪很容易辨认和跟踪——但要用从失事飞机或车辆残骸中取出显眼东西制成的旗帜做记号，以便可以顺利返回。注意不要让标记被新下的雪覆盖住了。

驯鹿非常好奇，有时通过摆动衣物或用四肢爬行就可以诱捕它们。模仿四脚动物的动作也会引诱野狼靠近，它们会认为你是可以被捕食的猎物。

如果你正好处在地松鼠和土拨鼠回归洞穴的路上，它们很可能径直奔向你来。通过吻手背发出的声音也能吸引一些猎物，这种声音听起来就像是一只受伤老鼠或小鸟发出的声音。要在隐蔽顺风的地方，耐心等待，不停地尝试。

在毫无隐蔽的北极地区，潜追动物是困难的。如果你拥有射击武器——枪、弓箭或能从地面点火的弹射器，可以埋伏在一幕雪障后面。为了更方便地移动，可用衣物制作一个假人放在前面，然后你在后面缓慢地移动。

在冬季，猫头鹰、渡鸦和雷鸟这些北部地区也有的鸟类通常都是“无精打采”，当你缓慢靠近时只要不突然惊动它们，就不会飞走。大多数极地鸟类在夏季都要经历两三周的换毛期，这时一般都无法飞行——在被追得精疲力竭后就可以直接抓住了。动物的蛋是最安全的食物，处于胚胎期任何发育阶段的都可以食用。

海豹

海豹是南北极冰地上主要的食物来源，它们整个冬季都待在极地。南极分布的魏德尔海豹，是一种生长在最南边的哺乳动物，能一口气潜在水中15分钟，中间不需要从冰下充满空气的空隙中或者探出冰洞来换气。但是大多数海豹都需要频繁地换气。如海象那样可怕的动物还是极少的，它们在防御或攻击时仰立起来可达两人之高。

处于浮冰之上的海豹和它们的幼仔最容易攻击，北极地区的海豹通常都在3月到6月份之间产仔。幼海豹不会游泳，很容易捕获——每年有成千上万只海豹幼仔被猎人捕获或被环境淘汰。对于柔弱的海豹，只需追随就可随手捕捉它们。

过了哺乳期之后，冰面上海豹换气的冰洞口就是捕捉它们的最佳之处了。它们那探出冰洞的锥形脑袋让你非常容易辨认。在较厚的冰块处，冰洞口周围会有许多海豹鳍肢和牙痕的印号，这说明这个洞是海豹挖掘的。必须耐心等待，而且要随时做好准备，因为海豹换气的时间很短。用棍棒击中它们，然后将洞口开大，将它们拖出水面。

海豹可以提供食物、避寒衣物、皮靴和燃料等众多生活必需品。早春雄性成年海豹身上会散发出浓烈的气味，但这不影响其肉质。

除了海豹的肝脏外，其余的部分都可以食用，一年中的某个时候，海豹的肝脏中会积聚大量危险的高浓度维生素 A。将肉烤熟再食用以免感染毛线虫病。

肉的准备

在被捕杀的动物躯体还有余热时赶紧放血，取出内脏，剥皮。在冻僵发硬之前将皮毛卷好收藏起来。将肉切成小块，允许它们冻硬。对于已冻的肉不要加热了再吃。烧熟后最好一次吃完（这也是为什么要将肉切成块保存的原因）。除海豹外，其他动物的脂肪也可与肉一起保存。在严寒地区多食用一些脂肪十分必需，但必须保证充足的饮水。除了极端寒冷的情况下（那时动物脂肪也会冻结），记住在脂肪变味使肉腐烂之前剔除它们，炼成油贮存，也可用作生火的燃料。

当食物严重缺乏时，其他的野生动物可能还会偷食你的食物——因此要小心收藏好。如果发现了这方面的迹象，更要处处留意它们——这些动物也可能会成为你下一顿的美餐。

啮齿类动物，尤其是松鼠和兔子都会携带寄生毛线虫，这类病源动物都能引发线虫病。给动物剥皮时应戴上手套。只有熟透的肉才是安全的。

北极熊

仅生长在北极圈内——在欧洲地区仅生长在斯皮特伯根地区——它们对气味特别敏感，是海冰中永不疲倦的猎手。主要以海豹为食，也捕食一些鱼类。它们善于游泳，能潜于水下两分钟。很少会在陆地上发现它们——尽管在夏季它们也以浆果和旅鼠为食。如同其他寒带动物一样，它们比温带的同类体积要大。大多数都很好奇，会向你奔来——但对这些强悍之类要保持高度的警惕和尊重。

总要等煮熟透了再吃：动物肉里有可能携带毛线虫的卵。绝不要食用北极熊的肝脏，那里面含有致命浓度的维生素A。

2.7 极地健康

冻疮、体温过低和雪盲是你要应对的主要危险，当竭力取暖或烧水时很可能还会带来缺氧和一氧化碳中毒的危险。

在危急时刻，逃避现实，采取鸵鸟政策、畏缩不前当然很容易做到。而思维迟钝时常常会忽略一些明显的问题。要保持你的精神处于“极度兴奋状态”。保持活力——但要避免过度疲倦，保持充沛的精力以便完成更艰巨的任务。尽可能多睡觉——除非已经精疲力竭，否则在被冻僵之前你会被冻醒的。过度活动使你损失的热量是不会循环再生的。

不要因严寒而变得消沉。多想想办法使避难所更加保暖，另外还可做一双更保暖的手套等。经常活动手指和脚趾以保持血液循环畅通。

不要推迟大便——这常常会引发便秘。要试着调整好时间，以便在你出去时，顺便把排泄物带走。

预防冻疮

□经常搓揉面部以防形成僵硬红斑，伸展筋骨，多做手部活动练习。

□观察自己和他人的皮肤上有无白斑、红斑或黑斑，尤其是面部、耳部和手。

□不要将衣服穿得过紧，那样会降低身体的血液循环速率。

□套上暖和的睡袋睡觉（如果有的话）。

□没有穿好足够的衣服不要出去——无论多么短的距离。不要将衣服弄湿了，无论是出汗还是沾水。如果已经弄湿了应立即设法烤干。

□进入避难所前要抖掉外衣上沾着的雪花，或者在进口处脱下外套。否则遇热后冰雪会融化弄湿衣服。

□戴上手套，并保持干燥。不要赤裸着手去摸金属物。

□避免把汽油洒在皮肤上，在零度以下的低温中它会立即凝结，由于它的熔点低，比水更危险。

□如果你已经非常劳累和疲倦，更要小心留神。如果病了，一定要休息。

3. 高山地区

高山之巅寒风凛冽，经常覆盖着皑皑白雪。那里既不提供食物，也无法提供庇护所。克服冰雪障碍，进行攀岩活动都需要特别的技巧。最好先在登山学校学习这些技巧，并且在教练的指导下多加训练。毫无经验者千万不要试图去挑战登山家们才能征服的山巅，除非是专业的登山队同专业人员一起。然而，意外灾难可能会毫无预料地将你滞留在高山地区，或者迫使你不得不跋山涉水前往安全之地。

如果没有被营救的可能，在白天首先是下山到村落中，那里可以获取食物和栖身之地。在夜间和能见度极低的时候不要这样做，否则会很危险。在能见度稍有提高之前，一定要有容身之所。

如果岩石之间无法躲避，或者失事残骸中没有可以覆盖的东西，就在雪地上挖洞。如果处在高山雪地以下的地区，也必须盖上东西以防冻坏。如果你没有救生袋，也可以用一只大塑料袋当作临时睡袋。用从失事飞机中找出的毛毯或衣物把自己尽可能地包裹起来，但不要裹得太紧，衣物内的空气能起到隔热效果。

在半山坡上，睡觉时头枕着上坡；在凹凸不平的地上，趴着睡觉会更舒服一些。

3.1 悬崖与斜坡

当你身处山坡上，很难获悉自己的确切位置。你也许可以绕着山谷或支脉移动来回头观察自己的位置。山谷对面的地理特征还可以帮助你辨别自己所处位置的地理特征。

如果你正面对一狭长的斜坡，远处矗立着一面峭壁时，更要当心，很可能斜坡的尽头便是悬崖。碎石坡更容易使人上当，有时除非你已经非常靠近悬崖了，否则还会认为前面一直是通畅的。

下山

没有绳索保护就想征服悬崖是十分危险的。正确地面对陡峭的悬崖也很重要，尽管你会很难见到落脚点。如果有一毗邻的斜坡，可让一同伴在上面观察指示相应的落脚点，一旦你下来了，就可以给其他人指示道路了。不要尝试过高的峭壁。飞机失事等突发事件中，攀崖探路可能比坐等营救还要冒险。

在向下攀爬边线很宽而又不太陡峭的石崖时，采取侧面攀爬的策略，用里边的手支撑。面临相对平缓的悬崖时，身体弯曲，脸向外，用手掌支撑身体。

攀崖

向上攀崖时，可以很容易找到落脚点，但如果你沿着未知路线前进时，尽量绕过障碍物比直接跨越总要安全可靠一些。如果上崖以后遇到无法下崖的情况，你可就进退两难了。

因此要提前计划好，在攀崖时，身体不要依靠岩石，眼睛向上看。一次只移动一只手或脚——保证总有三个支撑点。尽可能让重量支撑在脚上，而不是手上。四肢不要过分伸展。

双脚紧紧地踩在岩石上，一只手抓牢坚固的支点，另一只手伸向更高的支点，试一试它的牢靠性，然后再寻找另一只手或脚的新支点。支点应选择那些中间的较小凸起，角度不要过大，让腿部承重。总是平踩在支点上以增加岩石的受力面积。

攀登垂直的裂缝时，注意运用技巧。背靠着裂缝的一面，用腿抵住裂缝的另一面缓慢向上移动。如果裂缝向上逐渐张开，你将面临更大的挑战，甚至只能放弃了。

借助绳索下崖

借助一端牢牢固定在悬崖上的绳索，甚至可能从最陡峭的悬崖爬下。这种技术一般称为绕绳下降法或绳索式下降法，需要专门的停靠背带和一个弹簧钩，可以使绳子通过。基本的使用方法需要一根折成双股的绳。绳索不移动——你自己沿绳而下。即使身体角度掌握得很好，这也并不轻松，但它是应对陡峭或者非常光滑悬崖的最安全方法。摩擦会损伤衣服和皮肤。

绳子的长度决定了下落的距离。上端必须有牢靠的定位点，一块岩石或一棵树都可以，但必须能承受重量且不会磨断绳索。如果能找到沿途有一系列牢靠附着点的平台，也可分步下崖——但如果同时有好几个人，必须保证每一个停留点都能容纳所有的人员。

下崖以后，绳索应当可以从一端扯下来。如果崖上有人留守，或者你不准备取下时，也可使用单股绳——这样可以下降到双倍的高度。悬崖的边缘通常是最难征服的地方。为了有足够的把握，你可能要分成几步依次下到安全的地方。

绕绳下降法

将绳子牢牢套在一坚固的支点上（可以预先试试能否承受全身的重量）。不要选择棱角分明的岩石，否则可能磨断绳索。如图，左手在前紧握双股绳索，然后将绳索绕过大腿，再转向前方，沿胸部前向上，从左肩部跨过后背到右侧腰部，右手握紧后一端。双脚的落点大约相距45厘米，身体紧贴在崖壁上，缓慢向下滑。让绕在身上的绳索承担重量。不要试图用手来支撑全身的重量。依靠右手来控制下落的速率，双手千万不要同时松开。

注意：绕绳下降法也可能出现危险，如果没有经过专门的训练，不要随便尝试，除非求生时迫不得已，或者有专家陪同和指导。

注意

在将绳索向下扔之前，确信自己已经处于一个相当稳固的位置——它突然下降时的重量可能会影响你身体的平衡——同时应确保你已经计划好了下一步的行动。一旦绳索扔了下去，很可能你就无法折返了。

使用吊架

在中间无障碍物阻拦的垂直起降中，可以用网兜式吊架来向下送人，或者将人向上拉。对于不幸落入裂缝的落难者，可采用这种方法营救。

借助绳索攀崖

系绳法是帮助他人攀崖的一种方法。首先必须有人将绳索的一端系在腰部，攀上崖顶（也可先将绳索一端牢系在一根轻便的细绳上，将细绳系在腰部，然后再将绳索扯上来）。在向上攀崖的每个阶段的停留位置上，都必须有足够的空间容纳所有成员，还应有固定绳索的支点。如果有多根长绳索，向上攀崖可以分阶段连续进行，以缩短全队成员全部上崖的时间。

收拉绳索

用双手拉紧绳索，使背部受力（右手在前，左手在后，如图，左撇子也可以与之相反），右手向前滑动，当左手牵握的绳子更多地松出来时，用右手握紧绳索。这样，右手不断向前拉扯绳索，绕过身体，左手把松弛出来的绳索拉紧。在攀登前，先用绳子将身体拴好，以免攀登时掉下来。通过双手靠近让绳索紧贴在后背上，从而承受身体的重量。

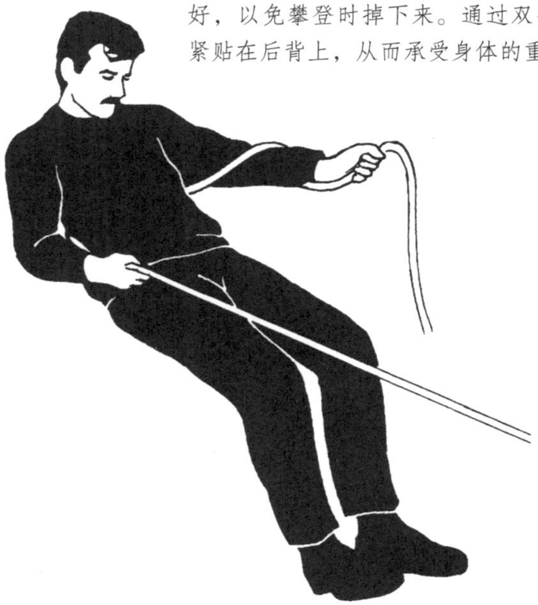

先试一试绳索是否套紧——一棵碗口粗的树、一块向上凸出的圆石或者孔洞（穿过岩石的孔洞或者紧附在裂缝上的小石块）。利用八字结或其他结将绳索固定在支点上。

牵引者应先将绳索在身上绕一至两圈以稳定自己，使绳索跨过肩部，沿臀部向下，用手臂绕在绳索上并靠近其支点，将绳索的松弛部分绷紧。爬崖者接住绳索后系住腰部，然后开始向上攀。牵引者向上收绳索，从而保持平衡。

支点、牵引者和攀登者应处在一条直线上。如果利用大钉子，应钉在高出牵引者头部的位置上。如果无法站立，牵引者也应牢牢地坐在一固定的位置。

老人和孩子应将绳索拴在胸部。婴儿最好缚在攀登者背上。

注意：没有固定支点的牵引是极端冒险的，这需要牵引者有更大的力量。此时，牵引者只能用双手向上拉绳索了，不要将绳索背在背上，以免攀登者把牵引者拖下悬崖。

警告

当心岩石滑落。对于松动的岩石，抓握之前总是先轻轻地试一下，绝不要向外拔一块已松动的岩石。

当心你的绳索，不要将石块带动。即使很小的落石也可能引起严重的后果。如果你已经弄下去一块，要向下面的人员大声发出警告。

3.2 雪山和冰川

攀登雪山冰川需要复杂的装备，但在雪地上，有些职业登山者的冰镐也会临时被当作拐杖使用，这根结实的拐杖要比单单一根铁棍更好用。如果你没有适当的冰镐和鞋底钉，而且也不会用它们，那么就要对冰川有清醒的认识。

一只冰镐或拐杖在爬山时支在雪地上，可以保持稳定性。在陡峭崖壁蜿蜒攀行时，要缓慢而小心地移动脚步。攀登不太陡峭的悬崖时可用脚后跟踏稳岩石，用拐杖帮助你稳定身体。从陡壁上下来，后背朝外，将拐杖插入雪地中支撑身体，打滑时还能起到刹车的作用。沿雪坡下滑确实令人兴奋，但也是很危险的。

扎稳脚跟有助于控制速度，插入雪地的拐杖是附加的刹车——但如果你未曾注意前面会突然出现一个断崖，这就极其危险了。在有可能发生雪崩之地，绝不要使用这种方法。

冰上安全带

团队穿越冰河时，应将每个成员都用同一根绳子系在一起，相互间隔不得小于9米。领路的应该用拐杖在冰雪上探路，因为任何微微凹陷都可能暗示着有大的裂缝。如果必须穿越一小块冰地，就将绳子两端分别拴牢在固定点上，这样能在行走时保持稳定。把绳子当作扶手，或者在腰部系一短绳圈，可用一抓结使它与主绳相连。这种方法可以使你下降时沿绳滑行，当你打滑时还能阻止你失去控制。本技巧也适合儿童和弱者从碎石坡或松软之地下降时使用。

冰雪支柱

如果很难找到牢靠的支点固定绳索，也可以利用冰块制成凸起的固着点。依托天然冰的外形，打磨成一蘑菇形固定点。直径至少要40厘米，高至少15厘米。如果制成的冰柱稍微有崩塌的可能性也必须放弃，并重新开始。

雪柱必须更大一些：至少30厘米深、1米宽（冻结的坚固雪块）到3米宽（较松软的雪地）。用装备和背包护在雪柱的外围，然后再套上绳索，以防受力面积过小，从而割断雪柱。

冰缝

冰缝常常存在于山谷中冰川的开始处，或者生长在冰河沿宽阔山谷延伸或变更方向的地方。找稳地面上的落脚点，缓慢前行。如果某一队员突然间滑倒，他会被登山绳拦住，其他成员应立即帮助他重新站稳。

绳子压住胸部会造成窒息。因此，将绳索再套拴在一条腿上承受体重。如果掉落入冰缝者已经昏迷，则需要三人才能把他救上来。曼哈氏绳结便于三人一起用力拉拽。在绳子所绕成的圈上扎结。裂缝里的温度非常低，遇险者很快就会体力耗尽，因此要迅速营救。

3.3 雪崩

在所有的高山雪地，雪崩都可能带来毁灭性灾难。它们通常发生在倾斜度为20°～60° 的斜坡处，尤其是倾斜度为30°～45° 之间

主要危险地区

□大雪覆盖的外凸斜坡，这里雪块承受的压力较大，易于滑坡。

□背风面的斜坡处积累了大量的雪，它们也很不稳固。

□深雪填充的沟壑。

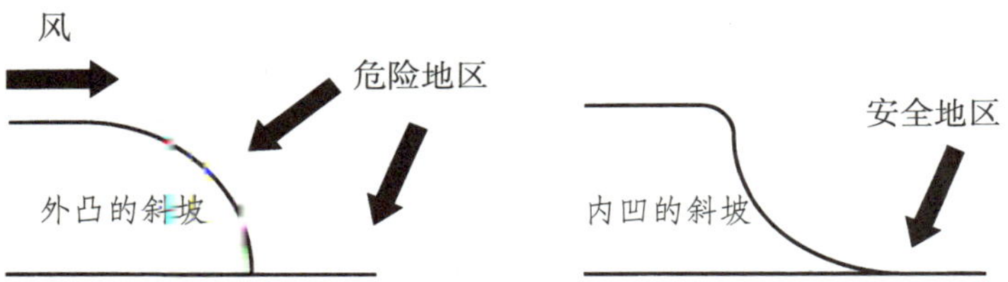

千万不要在背风的外凸斜坡搭建营地，内凹的相对比较安全。

的地带，连续降雪24小时通常就可能发生雪崩。

导致雪崩的因素包括：温度、地形和噪音。如果已处在易发生雪崩的地方，千万小心。如果陡峭的地方刚刚下雪，要避免在那里通过。在大雪之后，应先等待一天，以便出发前积雪都已稳固了。多数的雪崩都是由受害者自己引起的。

雪后下雨或者气温升高，都会极大地增加雪崩发生的可能性。雪融化的过程会使崖壁更加光滑，从而增加雪崩的危险。低温下持续大雪也可能引发雪崩，因为还没来得及稳固。

表面凸凹不平的斜坡可能是最安全的，同样的还有那些林木茂密的斜坡。顶端有光滑陡峭的巨大岩石的斜坡很容易发生雪崩，降雪、脱落的岩石或垂冰都能成为雪崩的诱发因素。地心引力会使外凸雪崖上的雪向下滑动，当张力增加超过一定的临界值，就会发生雪块滑坡。背风面岩石上或者陡峭山谷的顶部的雪容易滑坡，因为

预防措施

□和煦的阳光照射可能会引起雪崩，因此最好在正午前到达背阴的地区。

□午后，不要到刚刚有阳光照射的斜坡，可以去已经在日光下照射了很长时间的地方。

□不要到小沟渠和有峭壁的山谷中去。

□切记总是在雪崩可能发生位置上面的山脊或高地上——你自己也可能引发一次雪崩，但是即使如此，你也有机会逃脱，或者本身根本不会受到任何影响。

□注意雪崩发生的规律，估计雪崩从哪里开始，其方向、持续时间等，这会帮你积累经验从而对付其他可能发生的雪崩。

泥石流非常类似雪崩，不过滑落下来的不是成吨重的雪团，而是大量的泥土、石块和水，可以将途经的一切东西掩埋。避免在较低的地方和水道停留，待在山嘴和山脊上面。如果陷入了泥石流中，发挥游泳技能，尽量保持在表面上，不要陷在里面。

它聚集了极大的压力，一旦受到干扰，就会滑落。斜坡上如果有露出地面的岩石和树木，比光秃秃的要安全些。在通过雪地时要仔细选择最佳路线。用拐杖或者冰镐挖掘，查看雪层是否结实。投掷石块，制造噪音，看看是否会激发雪团滑落，此时，要确保受到很好的保护。在所有危险的地方，团体成员最好系在一起，并使用牵引绳。距离保持15米，以分散重压。如果可能，让一个人系上绳子独自穿越危险地带。当他穿过去后，可以牵引其他人依次通过。

为了预防雪崩，最好随身携带定位信标，以便发射信号，使救援者很容易就可以发现你。并且要携带雪崩带，以便在紧急时刻可以发射光线，它一般是由色泽鲜艳的尼龙制成的，如果被埋在雪中，会更容易被人发现。

4. 海滨

多数的海滨都可以提供充足的食物来源，生存的前景极为乐观。即使看上去荒凉和贫瘠的地方，也会有可以食用的东西。沿海水域是许多生物的乐园——海藻、鱼、海豹、鸟类、软体动物，以及各种浮游生物等。内陆的湖泊和其他的各种水域也都有生物生存，不过死海及其他碱性较高或污染严重的河流例外。

海滨既可能是悬崖峭壁，也可以是平缓延伸的海滩。从海上来说，巨塔式的陡峭海岸对于逃离海面毫无帮助。尽管在悬崖下是一片平坦的沙滩，在涨潮时很快就会被淹没。不过它可以为你在找到其他登陆位置前，提供几个小时的喘息机会。不过，所有的海滨都能提供可以利用的资源，很少会令人束手无策。

沙滩

海滨的沙滩一般都很温驯和缓。潮水所到之处大片都是穴居类动物的栖息地，退潮时会有大量的此类动物滞留在沙滩上，其中包括蠕虫和各种软体动物，它们也常会吸引许多鸟类前来觅食。留意沙中的软体动物爬过的踪迹。在海边的浅水滩上，双壳类动物爬过的轨迹比较容易辨认。

在潮水淹没不到的高处沙滩上和被风吹积而成的沙丘，可能会找到淡水，这里一般都有植物生长。

沙子很容易在风力作用下移动，形成各种各样的造型。沙丘中一般都寄生着大量的有害昆虫，如果能够移动到更高的地方，就不要在这样的地方露营或者搭建庇护所。

泥滩和三角湾

在水流缓慢的江河入海口，一般都聚集了大量的沉积物，里面含有各种有机物和多种矿物质，从而形成了宽阔平坦的泥滩。这里生有许多的蠕虫和其他软体动物，为鸟类和其他肉食性动物提供了良好的食物来源。

岩质海滨

在由岩石断层形成的海滩，潮水退去后，可以搜寻有积水的小池，里面可能富含多种海洋生物。在岩层上也可能会吸附着多种单壳类软体动物，也可生长一些野草，浸着水的部分可能有海胆吸附着，岩石间的裂缝是章鱼和其他头足类软体动物喜欢的地方。

较软的岩石如白垩岩（石灰岩、泥灰岩），很易被侵蚀，从而形成十分光滑的表层。坚硬岩石侵蚀后可以形成大量短而厚的不规则碎石，是鸟类栖息的地方。

卵石沙滩

卵石滩一般十分宽广，通常位于海岸线周围的沙滩与岩石滩之间，在这里生活的各种生物最少。由于卵石在不停地流动，大多数的动植物很难在这里栖息生存。

潮汐

潮汐是由太阳与月亮的相对引力而引发的，随着地点及时节的不同它会发生很大的变化。在内海，比如地中海地区，潮水的涨落幅度仅仅在数米之内。但是在加拿大的新斯科舍省与新不伦瑞克省之间的芬迪湾地区，潮汐涨落幅度最高可达16米。

潮汐的涨落将在海滩上留下一条碎石线，一般处在长期的干沙地同每日都会被潮水淹没一次的湿沙地交汇地带，它的外形和质地

海滨安全

□绝不要低估大海的力量和危险。注意潮汐的涨落时间，摸清其规律，这样就会减少涨潮切断退路或者被退潮的海水冲走的危险。离岸边太远，潮水就会很容易困扰你。

□海岸线上的悬崖峭壁常常造成登岸的道路问题。如果唯有一条路，要确保你能沿原路返回。

□当心强大的水流，尤其是远离海边时，沙岸和暗礁也是潜在的危险，在陡直地插入深水的海岸边，水下有很强的潜流。如果必须下水救人或者打捞物品，要在腰部系上安全绳，并且在岸上有人拉紧绳子的另一端，也可直接系在岸上。

都会有所变化。野草、贝壳的分布以及岩石层垂直断面的颜色也都会发生变化等。所有这些都可以帮助分辨潮水涨落的位置。

一定要记着查看来往沙滩或岩石滩的通道——注意涨潮时的水位，确保潮水不会切断自己的退路。

潮水不仅冲刷沙滩，而且还能带来大量有价值的漂浮物，常常有可供生火的材料等。有时你会惊喜地发现，碎石池中除了一些常见的生物外，还会意外地游动着一条被困的大鱼。

游泳

如果被巨浪的底流吸住了，要尽快从水底下潜出水面，顺着波谷游向岸边。当下一轮巨浪扑来时，迎向它，潜入水中，等它过去后，再沿下一波谷向海岸边游去。

如果你不太善于游泳，尽量不要轻易游到深水区，小心巨浪可能会把你打倒进而冲走。即使这样的事情发生了也不要恐慌。事实上水深并不是危险的决定性因素，良好的心理状态对于能否获救十分重要。如果想测试水深，可以举起手，伸脚向下潜，可能还没有想象的那么深。

如果被强大的水流拖离了岸边，不要直接硬抗——否则肯定无法摆脱。横着游过它，接着采取侧泳的方式沿着海岸向陆地靠近。这可能不是最快或最强的姿势——但却最省力。

如果身在海口，而巨浪又推着你向海岸边的岩石撞去，应面对海岸，双腿向前屈伸，身体呈坐姿，这样就可减缓最初的撞击力，并使你抓住机会登上岸。这种方法也可以用来探测暗礁——但至少要穿着一层衣服，并且穿上靴子。

漂流

放松的躯体最适合漂流——因此要努力保持平静。在咸水中你不会很轻易沉没的。主要危险是如果吞下了咸水会因呕吐而窒息。

女性的身体密度比男性要小一些（她们有额外的脂肪层），可以背部朝下自然漂流。男性在自然漂流时最好背部朝上——切记要抬起头来，因为你还要呼吸。

4.1 取水

在海边时，最好从快要入海的小河出口处获取淡水——汹涌的江河水中一般都携带着大量的泥沙，还有可能被工业或上游其他人类活动所污染。

在没有淡水河流入口的沙滩上，在沙丘之间可能会有积水池。或者在最高海水线之上的地域向地下挖坑，尤其是有植物生长的地方，可能会发现不少的淡水。向下一直挖到潮湿的沙层，让水渗出来，淡水会浮在咸水上面。小心地将密度较小的淡水舀上来。

海边岩石滩水池里的积水一般都不是淡水，即使所在的地方已经高出了海水的水位线，也可能是海浪冲积上岸的海水。但有时通过上面没被软体动物吃光的绿藻能够判断确有淡水。在沙滩的其他地方也一样。在海水里生活的软体动物在盐分较少的水域里无法存活。

搜寻岩石表面的潺潺细流，尤其是那些生长着地衣或羊齿植物的地方，这里的水都可以饮用。如果困在了远离海岸的孤立礁石上，唯一可靠的水源只有大海——但是在没有蒸馏前一定不要直接饮用。它不仅不会解渴，还会增加饮水的欲望，并且使重要的内脏器官失去有用的体液，最终导致肾功能衰竭而死亡。咸水可用来做饭烧菜——但要确保有充分的淡水饮用，否则不吃这样的饭菜。蒸馏海水析出的盐可用来保存肉类和鱼类。

4.2 食物

根据生活地区气候差异，海滨植物的种类和分布也有所不同。当气候或涨潮使你无法从海上获取食物时，它们就成了你主要的食物来源。在海水较浅的岩石上，如果阳光可以照射到，你就能找到一两种海草。海草（或更确切地称之为藻类）作为食物，营养价值很高。在世界各地的许多地区它们都是主食之一。在日式烹调中许多藻类都是珍品佳肴，在威尔士紫菜面包中也是主要原料之一，海藻晾干后可贮存数月。

海鲜

捕捉海洋软体动物和鱼类的最佳时机是退潮时，可以搜索岩石间的水池，也可以在沙滩上挖掘那些埋藏在沙中的软体动物及其他的生物。

贝类，通过消化系统过滤海水获取食物，在被工业废水或下水道污染的水域生活时，能将有毒化学物质积累于体内，浓度很高，足以对食用者构成危险。

在赤道地区的夏季，贻贝（淡菜）是有毒的，尤其是如果海水为淡红色或者富含磷时。在北极地区，全年的任何时候，黑色贻贝都是有毒的。锥壳贝，能喷射有毒的倒钩，有些效力足以杀人，必须辨认清楚，它的种类总数超过了400种，主要生长在印度洋热带海域，在美国东南部及加勒比海海域大约分布有12种，通过外形即可区分。磷光类、怒状类和拟塔螺类都有毒性箭钩，它们的毒液对人不会构成危险，但是被刺一下还是很痛的。不要采集那些已经死亡的软体动物。

双壳贝类比如蚝、蚌和贻贝，如果轻轻触动，肯定会紧闭贝壳。腹足动物比如海螺和峨螺类，有角质鳃盖，在外壳被触动时可以快速关闭。

其他的腹足动物，如蚌和鲍鱼没有鳃盖，但是宽大的肉足牢固地匍匐在岩石上，沿着壳边用小刀就能将它们撬下来。越是费劲的，越说明其肥壮味美。如果很容易就撬下来，则很可能是死的或病弱的。涨潮后仍能紧贴在岩石上的贝类更是美味佳肴——潮水会冲刷掉死亡或病弱的那些。

将它们扔到沸水中煮一下，至少要煮5分钟，然后即可食用。

一般不要生吃海鲜贝类，因为它们可能携有寄生虫或污染物。

警告

尽管海藻的营养价值很高——但绝不要食用那些有时生长于淡水池里的蓝绿色藻类，它们毒性很强。

捕鱼

捕捉鱼类和海蛇更费劲。而有些鱼类还是十分危险的，所有的海蛇都能分泌出毒液。主要仔细区别蛇和鳝，通过它们身上的不同鳞片及斑纹即可分辨。蛇类有鳞片和宽长平缓的尾巴，而鳝类则没有。蛇类一般不会袭击游泳者。当你从渔网上取鱼时，如果发现了被困的蛇，千万要小心，一定不要让它咬上一口，不过这种情况一般很少。

在多数的海滨，从海岸出发捕鱼的最佳时机大约是高潮过后的两小时左右，如果在涨潮期捕鱼，通常会被潮水逼得撤退，而且很可能全身都会湿透。记住咸的海水可能腐蚀靴子和衣服。

与淡水捕鱼相比，在海水中捕鱼需要更大的渔网，可以铺撒大范围的诱饵，比如经常附着在岩石上面的贝类，或者从沙滩或泥滩上挖到的沙虫。退潮时留意蠕虫退下的卷曲外壳，这可以引导你找到它们的“L型”地穴。

利用柱子或岩石修筑的箭形大鱼坑，在潮水帮助下，可以帮助你捕鱼。让箭头指向大海，退潮时就能捕捉滞留在水坑中的鱼了。

章鱼和乌贼

夜间章鱼要外出觅食，可以在这时捕捉。先用光线引诱，然后，用鱼叉刺中它们。白天，如果在岩洞口发现空贝壳，这表明洞内可能有章鱼。用饵钩引诱，感觉上钩后，猛地向外拉。杀死章鱼最好的方式是将它的内脏翻到外面：将手从口中伸入，抓住内脏，使劲向外拖。先从小章鱼开始尝试。投鱼叉时要能熟练而准确地刺中章鱼两眼之间的部位，或者直接猛地将它击向岩石，这些技巧都需要充分的实践才能掌握。

所有的章鱼都有类似鹦鹉嘴那样坚硬的角质口部，有些还有毒。最厉害的是澳大利亚东部海域的蓝圆形章鱼——它的毒液是致命的。千万不要招惹它。

章鱼的肉很粗糙，但容易嚼碎，而且营养价值很高。将肉捣碎更容易下咽。章鱼的身体可以煮着吃，触须可以烧烤后食用。

公海上的乌贼可能长得很大，但在海滨常见的都是一些较小的。你可能会在岩石滩上的水池中见到附着在海藻上的小乌贼。夜间通过亮光可以引诱捕捉它们。大乌贼一般不会靠近海边活动，但是在海上可用同样的方法捕捉它们。

棘皮类动物

棘皮类动物也能提供营养物质，其中海星、海胆和海参都属于这一类。其中海星作为食物营养价值不高。海参通常穿行于沙中或在海滩上爬行，看上去就像生疣的黑黄瓜一样，全长大约20厘米。也有的属于不好惹的白色小刺海参和蠕海参（通常钻埋在沙底）。在食用之前应将海参煮沸至少5分钟。

海胆，有时也被称作海蛋，类似附在岩石上的刺球。常常位

海胆

用手捉拿时要小心，千万不要被棘刺扎伤了。如果赤脚踩在上面，更倒霉。如果被刺伤了，而刺又断在了里面，不要试图把它拔出来，那样可能会使它陷得更深。如果走运的话，过几天海胆刺就会从皮肤中自动钻出来。

于稍低于最低水位线以下的海水中，不过在海底也有它们的近亲种类，如饼形海胆、海心胆和海薯等。将它们撕开后，里面卵黄状的东西可以食用。它们可以生食，但煮熟后会更安全些。**那些触动时棘刺纹丝不动的，或者撕开后有腥臭味的海胆，不能食用。**

甲壳类动物

包括蟹类、小龙虾、小虾和对虾，全都生活在岩石水池中。龙虾通常生活在潮水线以上的水域，但有时在深水池或岩石裂缝里也能发现。查看有岩石和杂草的水域，必须掌握熟练的捕捉技巧。网袋可以帮你，也可用衣物和一些丝线或树条临时制作网兜。

热带地区有大量的沙蟹，一般在夜间活动，可在它们回归沙滩洞穴时追捕它们，从沙中把它们挖掘出来。有些蟹甚至会爬树，不过很容易就会被敲下来。

淡水蟹、小龙虾和小虾广泛生长在世界各地，它们的个头较小，常生活于阴凉的水域。

所有的甲壳类动物都很易腐烂，这时会生出许多有害的寄生虫。在捕捉后，要尽快食用——在烹煮前，可以将它们在水池中放养，也可以活煮或者直接将活的抛入沸水中，它们在短时间内就会死亡，也可放在冷水锅中，逐渐加热到煮沸，据说这样会使它们逐渐昏迷，死时无痛苦。煮 20 分钟即可。

必须除去蟹类有毒的部分：扭断双爪和腿，使蟹背部着地，用大拇指从尾部掀开腹盖，并弃去，这样可以避免胃中的东西沾染蟹肉。接着用拇指压住蟹的口部，向下向外拖离一整块口颌和内脏器官。蟹肺（又称“死人指”）有毒，不可食用，在这一操作步骤中可以除去。

清洗小龙虾更是容易。沿背部向头部方向切开并分裂开，胃部就在口后面，可以连同头部和肠道一起除去。

海龟

海龟的肉营养丰富，卵也富含营养价值——如果你很幸运，会碰到在沙滩上产卵的海龟。（见“食物”篇）

海鸟

大部分的海滨都栖息有各种海鸟。用鱼钩就可以捕捉它们。在平滑的岩石上将穿有诱饵的鱼钩和许多鱼的内脏混在一起，也可把带有诱饵的鱼钩悬挂在空中随风摆动。也可以在石头周围设置陷阱，它们突然落在上面就会陷进去。

在地面建巢的鸟类可以提供丰富的鸟卵。先收集容易得到的，然后再去冒险掏悬崖上的鸟窝。也可以试试在夜间鸟类栖息时捕捉它们，但不要冒险攀崖。

4.3 危险

除非海面十分平静，否则水深超过大腿以上时就无法认清水下的地形。踏着令人心悸的脚步，海浪随时会将你快速推向岩石或珊瑚礁，甚至冲走。

在水中搜索前行时应穿上鞋子——如果临时裹上了脚，应加个鞋底。毛毯等材料的裹脚耐不住各种棘刺。

水母

暴风雨之后常常出现在海岸附近。有些种类的螯刺十分厉害，尤其是生活在热带海域的。北澳大利亚海域的立方水母或者盒水母最为危险，钟形躯体伸展到最大长度也不超过25厘米，但触手伸展可长达9米。近乎透明的每根触手上都有几百万个刺细胞，尽管它们分泌的毒液并不是毒性最强的，但是高浓度的毒液仍会引起皮肤溃疡，在高剂量下也是致命的。有些水母不分泌毒汁，但也要小心，它们的个头大小并不表明毒性强弱。**如果被蜇伤后不除去触手或者没有擦去毒液，还会被更多的刺细胞叮伤。用海藻或干净的衣物擦去它们。**

僧帽水母

体态类似水母，但属于另一独立的种群，触须长达 9 米。尽管被它刺中后疼痛会持续好几天，但它们几乎从不会使人丧命。**如同应付水母那样小心应对它们。**

梭鱼

生长在欧洲、西非和地中海沿岸的海底沙滩上。棘刺能分泌毒液。在刺伤处用热水热敷。

黄貂鱼

在近海岸随处可见，在温暖海域尤其多。不仅仅隐身沙中，它们还很善于伪装，看上去与岩石或石子相差无几。在行走时用棍子刺探一下再走。**被它刺伤后可以用热水热敷减轻伤痛。**

海鳗

常常生活于较浅的水域中，有锋利的牙齿，经常坚守于栖息洞口。要仔细看清它们，**不要轻易把手伸到石缝里。**

巨蟹

生活于热带海域暗礁之中，体形巨大的螯肢可以剪断你的四肢。

毒刺鱼

也常常在较浅的水域发现。在热带海域十分常见，也很危险。在温带海域也有分布。生活在海底通常非常善于伪装，很难发觉它们。斑马鱼很容易辨认，但要提醒的是它也是相当危险的。**前行时可用探棍搅动脚下的沙地和石块。**

海蛇

常出没在热带太平洋及印度洋的近海海域中。**通常它们不会袭击人类，牙齿也很少——但毒腺分泌的毒液是所有蛇类中毒性最强的。留心分辨水中的不同蛇类。在岸上见到时，用棍棒打死它们——可以给你提供一顿美餐。**

珊瑚

有许多奇形怪状的珊瑚，锋利的棱角和边线很容易使你受伤。某些种类的，如火珊瑚，表面有棘刺。**靠近暗礁时要小心。尽量先利用其他地方的潜在食物资源。暗礁及上面的栖息生物——可能包括锥壳类动物——都会威胁你的安全。**

鲨鱼

尽管大多数都在深水海域觅食，有些也经常在浅海地带出没，甚至溯游到河流中，任何一种都可能会出现在海滨地带——因为，在这里很容易寻觅猎物。大多数鲨鱼攻击人类的事件都发生在浅海海域，千万小心。

环形珊瑚岛

常常是由热带海岛或者海岸的突出地带构成，作为防波堤，将水困在了潟湖中。那里的鱼类通常都有毒。在公海上捕获的红鳖和梭子鱼可以食用，但是在环形珊瑚岛中的不可以捕食，它们的生活习性使之在体内积聚了许多毒素。**在远离珊瑚礁的外海域捕鱼。**

5. 岛屿

岛屿为求生者提出一系列新的挑战，尤其是那些资源匮乏的孤岛。在岛上生活会有强烈的与世隔绝的孤独感，身心两方面都必须接受严峻的考验。为了克服困难，要彻底搜索岛上可供利用的资源，从而使日常生活按固定的模式有规律地进行。

先登上制高点，大致了解一下全岛的地貌，绘制一张粗略的地形图。注意搜索海岸线上的每条小溪、石缝、水湾和沙滩，以及岛屿上的每一片角落，直到胸有成竹。

如果岛上曾经有人居住——其遗址可用作初步的扎营之地。篱笆上的捆线及其他的材料可用来修补船只或建造房屋。岛上可能仍然生长着蔬菜。老鼠也可能会踩着你的脚跟到处疯跑——有时它们是唯一能获取的野生动物。

有了住所，生存就会好多了，即使地面上的废墟也能提供一定程度的保护。如果发现有洞穴可以安身，切记那些看上去十分安全的洞也有被潮水淹没的可能，或者被比平常来势更猛的春潮切断退路。

在一个不毛的岩石岛上，庇护所可能只会遮挡大风。可以通过收集雨水或者蒸馏海水获取淡水。可以从降落在岩石上的小鸟获取食物，如果幸运还能得到鸟蛋，或者从海里捕获能够获取的动物。

5.1 资源

任何小岛上的资源都是有限的，不要过度开发其中的任何一种资源。水，通常是个大问题——缺水是许多岛屿无人居住的首要原因。茂密的植物可能会引导你发现溪流或清泉。可以收集和贮存雨水。

通过蒸馏淡化海水的方法要消耗大量已很稀缺的燃料。可以收集漂流到沙滩上的浮木用作燃料。有些晾干的海藻也能燃烧——但首先需要引火的木材，只有在确实需要时才应生火。海豹的脂肪也可作燃料。每次退潮之后都应搜索海滩——不仅仅是收集浮木，任何东西对于生存者都很有用。

一旦熟悉了地形，夜间冒险外出也就不用害怕了。夜间有更多的动物活动，你会获得更多的回报。

5.2 椰子树

热带地区的海域很少有完全荒漠化的孤岛——海滨及水中都会提供充足的食物资源。椰子树广泛生长在热带和亚热带地区，它能提供多方面有用的材料，包括建房的木材，捻绳的树皮，可以食用的嫩茎尖——味道如同卷心菜和牛奶、肉的混合沙拉，其外壳还可制作各种容器。用削尖的树棍可以帮助你剥下椰子树那坚韧的纤维质的树皮，也可利用锋利的斧刀——如果你有的话。在将椰子果捣碎取肉前，可以先开个口，倒出椰子汁。

作为一种安全而新鲜的饮料，每只大椰子果能提供 1 升的椰子汁。不要饮用太嫩或太老（棕褐色）椰子果中的汁液，它们很容易引起腹泻。大量食用椰子肉会很难消化——每次只应食用少量。

将捣碎的白色椰子肉暴露在阳光下或者直接生火加热，可以提炼出椰子油。要学会收集它们。皮肤涂上椰子油可以免受日晒和盐浸的困扰。椰子油还可用来驱逐蚊虫，作为止疼或防止起泡的软膏，与草木灰混合调匀还可作为肥皂的替代品。

攀爬椰子树：如果椰子果没有直接掉落到你的头上，只有设法将它们摘下来了。在毫无保护措施下不要轻易爬树。可以环绕树干系一条结实的绳带，把它的一头缠到脚踝处，试一试能否承受双脚踏在上面时的重量，然后就可以利用它爬树了。

争取营救

□将岩石、海藻以及一切与环境反差较大的东西摆放在一起，组织成能够吸引搜索者注意的信号。

□可以用沙子磨光金属，制成能反射光亮的镜子，用来发送信号。

□如果看见一条船，可通过高频电台尝试与他们联系。

5.3 转移

身处群岛中，当落脚点上可利用的资源已快耗尽，你就必须考虑转移到另一岛屿了。天气暖和时，你可以游过去。天气寒冷时，应建造木筏，即便利用空罐和椰子壳，你也得想办法造出可供漂流的工具。

如果有海豹的躯体，可以用来制成木筏。秋冬之季，海豹体内贮有大量脂肪，如果把几只死海豹捆扎在一起，就能获得木筏漂浮所需的浮力了。

仔细观察岛屿间的潮涨潮落和风向，它们有可能会使你的行动变得危机重重，也可能对你极为有利。把你能观察到的物品扔到海水里漂流，注意它们运动的轨迹。计算好出发的时间，以便退潮时将你带离孤岛，涨潮又会送到新的目的地。

6. 不毛之地

大多数沙漠地带曾经都是一片沃土，有些生物在那里生存了下来并且都适应了新的环境。与它们一样，求生者必须学会利用任何能使自己免受烈日暴晒的阴凉处所，尽量减少体液流失，限制日常活动。不断从穿越沙漠的旅人中吸取生存的经验。

有些沙漠，如撒哈拉大沙漠、中东沙漠、秘鲁和北智利沙漠以及蒙古的戈壁沙漠地区，昼夜温差非常大。夜间空气中水蒸气凝集可以得到珍贵的水。在南非的纳米比亚沙漠，海风带来的湿雾也提供了生命所必需的水汽。而在诸如西澳大利亚、北墨西哥和美国西南部的莫哈维沙漠地区，昼夜温差变化相对较小，很少有水蒸气凝结，因此动植物都很稀少，生存也更加困难。有时，比如在卡拉哈里沙漠，生长着一些稀疏的草类和荆棘类灌木。即使在最贫瘠的环境中，有些生命也仍能存活，但是你必须知道如何去发现它们。

在一年中的某个时候可能出现沙尘暴，能见度几乎降为零，需要做好严密的防护，防止沙子进入口眼耳鼻当中。旋风沙柱，一种类似龙卷风的沙漠旋风，十分常见。

难得的雨水降临时——在有些地区可能要很多年才会出现——可能会滂沱而下，很快形成巨大的洪水，很快又会被干涸的地表所吸收。在这期间，会有一些植物短暂开花，快速繁殖的动物借此完成生命周期的循环，比如亚利桑那地区中生活的锄足蟾。

沙漠降雨量和温度

占阿拉伯半岛南部地区1/4面积的若布拉里地区四季中的大部分时间都无降雨，但是冬季里甚至一天之内降雨量就会超过30毫米，这属于比较极端的情况。7月里白天气温高达48℃，夜间降到15℃，12月里气温昼夜变化范围在26℃到零下6.6℃之间。

6.1 水

水是第一需要，找到水源十分重要。如果有水应限定配给量。如果是在计划穿行沙漠的途中因车辆抛锚而受阻，你可能而且应在计划中已经查明了路途中已知的绿洲、坎儿井或水洞。坎儿井可能很深，需要吊桶和绳索才能提上水。干涸河床底部的水洞经常是季节性的，上面通常有前人覆盖的石板或枝条。

远离已知水洞之地时，在干涸溪流转弯处外边的最低处或沙丘之间的最低处向下奋力挖掘可能就会找着水。炎热天气时不要劳作，流汗会带走更多的体液，而你又并非一定可以找到水。必须在丢失体液与可能的获得之间获得平衡。

充分利用仙人掌和各种根所提供的水源。利用沙漠中昼夜间极大的温差也可以凝结水蒸气取水。（见“生存必需”篇）

幸存的希望

这取决于能否获取必需的水资源，同时要防止烈日暴晒，使失水量降至最低。允许有稍微的不平衡。每失水2升至少应补充1.5升（4：3）。身体出汗后要及时补水，这样才能使损害降至最低限度，而且也不会浪费珍贵的水资源。体液缺少并不会降低流汗量。淌汗是体内降温的机制之一，目的并非是排出水分。如果一次饮水过多，超过身体需求量，会随即被排出，毫无益处。在无水而温度高达48℃的日子里，即使整天待在阴凉棚里，也仅能维持两天半的时间。如果温度低于21℃，可能会使你坚持12天之久。如果你被迫向安全地带转移，所能跨越距离的长短要根据沿途是否能获取水分而定。在温度高达48℃时，如果无水，即便昼伏夜行也只能走40公里，白天能走几公里就算不错了。在同样的气候条件下，拥有2升水，你能走56公里，持续3天。除非每人能获取4.5升水，否则生存的机会不会有所增加，而受过良好训练，同时又具有坚强的意志，则可能会创造奇迹。

6.2 庇护所与火源

搭建庇护所，避免阳光暴晒，这样才能休息。也需要避风和免遭低温夜晚的侵袭。不要滞留在金属外壳的车辆或飞机里，这种处所在烈日下气温很快就会升高到让你无法忍受的程度。可以利用它们支撑庇护所，或者在机翼的阴影下搭建庇护所。要充分利用岩石突起和干涸河床的阴凉处，利用中空双层的方法来隔热制冷。

身处荒漠沙地时你也可以利用车辆或飞机残骸在沙地下面建造庇护所。许多沙地生活的动物白天都藏身于地表之下，那里昼凉夜暖。沙地无法挖隧道，你必须有支撑材料。

为了节省能量和体液，在较冷的夜间修建你的庇护所。四周垒上石块可以防风沙，也可以借助干涸的河床壁，但要注意那些可能会下暴雨或者经常有间断性洪水的河床。

如果利用织物搭建帐篷，白天应将底边松开卷起来，以增加空气流动，夜间可用岩石压紧。不要直接躺在热地上。必须将床抬高，身下的空气才能流动循环。

在夜间需要生火取暖和烧水。烟雾会成为引人注意的信号，对获救十分有利。沙漠地带的各类灌木都很容易点燃。如果地面上什么东西也没有，车辆上的汽油和其他燃料与细沙混合放在容器里，也会燃烧得很好（这也是引燃其他火堆的简便方法）。

骆驼、驴子和其他动物的粪便也很容易燃烧。

6.3 衣物

穿上衣物既有助于防止日晒，又可减少体液流失，并在夜间保暖，同时，还能防止蚊虫叮咬和棘刺刺伤等。在沙漠中，应该穿轻便、宽松而且合身的衣物，在衣服与身体之间应该有空气层可以隔热。长裤比短裤更能防止蚊虫叮咬（在白天还能很好地防止晒伤腿部）。将头部和脚部都包裹起来。

头巾

背部带着一块布的帽子也可以保护头颈部，模仿生活在沙漠地区的居民所戴的头巾效果会更好。你需要一块大约120平方厘米的布料，一块如手帕大小的布料，和一条布条（最好是领带）以便将前两者缝合在一起。

用手帕布作为顶部，那片大块布料沿对角线折叠，放在手帕上，较长的边沿朝前，用布条沿头部四周将它们扎住。

要能够方便取下，这样，既可防晒又能隔热，既很凉爽又可防止沙暴。夜间睡觉时放在面部还可以防寒。

包好全身

不要轻易脱下衣服，否则不仅有被灼伤的危险，还会增加流汗。但要尽可能穿得宽松以便有隔热的空气层，这时流汗可以使体内有效地降温。

护眼

护目镜或太阳镜这时会极为有用。尽管护目镜多为在极地生活时所设计，这时可能并非很适用。用烟灰涂抹在眼睑以下的面部会减少亮光反射，避免造成眼部的伤害。一条宽窄适宜的条带在前面可以防护眼睛免受各种反射的光线和风沙的危害，在相应的位置上要留一对小缝以便眼睛能方便地发挥功能。

鞋袜

不要赤脚走在热沙上，否则等到感觉烫脚时，已经太晚了。光脚走路，皮肤可能会被烫起泡，甚至引起化脓感染。也不要穿平底凉鞋，那样脚趾同样会暴露在外面。如果没有很适合的鞋子，可以临时用布凑合自制一双。绑腿可以阻止沙子进入鞋中，同时又可以裹在凉鞋上面将脚部包起来。

6.4 食物

过热会使人失去胃口——不过也不必强迫进食。蛋白质类食品会增加体内产生的热量，加快水分流失，消化过程也需要消耗大量的水分。如果缺水就尽量减少进食，可以仅仅食用一些富含水分的食物，如水果和蔬菜等。

在沙漠地区，食品也很易腐烂变质。任何贮存的食品，一旦开了口，就应一次吃光，或者重新封紧存放于阴凉处。苍蝇或其他飞虫会突然而至，落在没有盖好的食品上。

植物

远离绿洲和水源之地，蔬菜比其他灌木或野草类的植物更难寻觅。即便在半沙漠化地区也是如此。不过野草也是可以食用的，而且有时供应量也比较充足。灌木丛中的阿拉伯胶树会提供可食用的豆荚。当心胶树的棘刺，但可以尝试其他柔嫩的部分——花、果实、种子、嫩枝和嫩树皮。

撒哈拉大沙漠和戈壁沙漠地区的野草既无营养味道也不好，但那里也可能发现瓜类植物家族的成员——沙漠葫芦，它的长藤在地面上能蔓延4.5米，既可以咀嚼那富含水分的藤茎，也可食用花和类似橙状的果实，瓜子可以煮熟或炒熟食用。

墨西哥沙漠地带生长的威廉斯仙人球具有莲座形叶丛，叶子粗糙、末端尖锐。主茎可以食用，如同一根烛台，顶端有一花头，可以食用。将叶子的末端切开，吮吸里面的水分。

动物

沙漠地带也会有多种已经适应环境的动物，白天它们常常隐蔽在地表以下的沙洞里以及其他的阴凉之地。昆虫、爬虫、一些小啮

求生场景

如果你被困于沙漠中，而且由于条件限制，必须从粗麻布和水这二者中选其一带走，那么哪个会更有用?

在沙漠环境中，当然是粗麻布更能救命。在沙漠中如果你没办法造出一个庇护所来躲避炙热的阳光，那么水根本就是毫无用处的。

齿类动物和某些适应性强的高级哺乳动物，如北非芬尼克狐、澳洲袋狸、戈壁沙漠里的刺猬以及北美长腿大野兔等等——所有的这些哺乳动物都有巨大的耳朵，可以防暑降温。多数情况下，但凡你能遇到大型的哺乳动物，则表示在它们的活动范围内必然有水源，而且水源地可在一天内抵达。

此外，还有壁虎、蜥蜴和蛇类等。在曾经有水源的地方，乌龟和两栖类动物也会生存下来。撒哈拉沙漠中有小沙鼠，中东地区有山猫和鬣狗，新渥尔德地区有袋鼠和郊狼。在卡拉哈里地区有用自身尾巴遮阴的松鼠，还有能从叶汁中吸取所有水分的瞪羚。当然，大多数大型的食草性哺乳动物的出现本身就表明这里离水源已经不远了。

鸟类的羽毛有很好的隔热效果，不过，许多鸟类的生活和繁殖地可能会离水源地带很远。

6.5 健康与保健

多数沙漠疾病都是由于过度暴露于烈日高温之中而造成的。全身穿衣，直至太阳落山才走出庇护所，这样就会避免以下病症的发生。

□经常性便秘和尿痛，缺盐会导致痉挛。

□持续性大汗淋漓，同时衣物不断摩擦，会产生使汗孔阻塞，以及令人很不舒服的皮肤痛痒。

□热痉挛、中暑衰竭、中暑和严重灼伤都是很危险的。逐渐增加活动量，平时进行日光浴会增强你的抵抗能力——前提是有充足的饮水供给。

□大量微生物会侵袭潮湿的体表——腋窝、鼠蹊和脚丫等隐蔽处。预防措施是注意保持这些部位的清洁和干燥。

警告：小心沙漠疮

在沙漠地带生存，有时即便是最微不足道的伤口也可能会引起感染，尤其是在不及时给予治疗的时候。刺入皮肤中的棘刺应该尽早拔去。在皮肤擦伤处、大块红肿疼痛的斑点，都可能会恶化而使你无法行走。用干净的纱布包扎每一块伤口，充分利用可以得到的医疗援助。

7. 热带地区

热带丛林中万物都是生机勃勃，也包括疾病和各种寄生虫，并且细菌会以惊人的速度繁殖。大自然会提供充足的水、食物和各种建筑材料。当地的土著人依靠狩猎和采集野果已经生存了上千年。但是，新来的可能需要时间去适应环境和不间断地劳作。

土著居民除了穿戴少量饰物外，几乎不穿什么。作为新来者，由于不习惯众多的蚊虫和水蛭，更不能忍受裸露着身体在密林之间穿梭，需要多穿些衣服。流汗会把衣服浸湿，但也比被蚊虫叮咬，被棘刺划得遍体鳞伤要好得多。不到休息时不要随便脱去湿衣服，在大部分都湿透的情况下，除非日晒或火烤，否则很难将它弄干。不断被汗水浸湿的衣物很快就会变破烂。

赤道周围及亚热带地区气候的显著特征就是高温、大雨以及令人难以忍受的极端潮湿，当然高海拔地区例外。在低海拔地区，昼夜温差很少会超过10℃，日常气温一般为37℃。在海拔1500米以上的地区，夜间经常会结冰。下雨会带来一些凉意，但是雨停之后，气温很快又会回升。

暴雨常伴随着雷电，劈向树顶，潺潺细流转瞬间就会成为滔滔洪流，河水会很快上涨到警戒水位，但雨一停，片刻间又恢复了原位。狂风暴雨常出现在夏末之季。飓风、龙卷风和台风沿着海面生成发展，会引起海啸，登陆之处房屋倒塌，林木摧毁，破坏力极强。选择宿营地时，要确保你不会受任何潜在洪水的困扰。即便在旱季，季风也会带来每日一次的降雨，而雨季之中更是整天连绵阴雨。在东南亚，印度洋海域来的季风会带来雨季，而从中国大陆刮来的北风则会带来旱季。

热带地区的昼夜等长，黑夜来临很快，天空突然间就会变黑下来。

热带雨林

沿着亚马孙河域和刚果盆地延伸，穿过印度尼西亚部分地区以及太平洋几座孤岛的赤道线上，分布着大量的原始热带雨林，这些雨林地区的气候几乎千篇一律。年降雨量平均为1500～3500毫米，夜间气温20℃~30℃不等。

求救信号

树上会挡住烟雾，不易被察觉，尤其是在有浓雾的时候。将信号设置在宽阔空旷的地方，通常在河湾边，或者直接设置在固定于河面的木筏上，效果会更好。

在尚无人类踪迹的原始雨林中，高达60米的巨木直冲云霄，顶部枝叶繁茂，遮天蔽日。大树底下，稍矮的林木也是生长得十分茂密，很少会有阳光透过层层枝叶直射到地面上。幼苗奋力生长以便能吸收到更多的光线，藤蔓植物奋力向上缠绕。苔藓、地衣和草本植物顶开厚厚的一层落叶顽强生长，大量的真菌生存于朽木与落叶之中。

在原始丛林中会相当凉爽，如果地面丛生的植物较少，一般不会阻碍行动，但是能见度十分有限，只有大约50米远，很容易迷失方向，从空中也很难发现迷失于丛林中的人。

次生丛林

在日光贯穿树林之地，植物生长蔓延相当快，主要是沿河两岸的地带、原始丛林边缘地区以及原始林中被人为砍伐或烧荒耕植的地方。一旦被抛荒之后，很快就会有大片植物重新生长，从中留意寻找，也许能发现散落幸存于野生植物中的可耕种农作物。次生丛林中生长的草类，如羊齿类，小灌木和各种蔓生植物一般都高达2~3米。从中穿行将是缓慢而艰难的，经常要借助大砍刀或帕兰砍刀才能杀出道来。不管怎么努力，能见度可能也不超过几米。许多丛林植物都生有棘刺，密集的灌木丛会使你无法穿行，甚至会走投无路。有时，如在南美的比利兹，丛林树木比较矮小，阳光能照射到地表，那里更是会密集生长着各种更低矮的树种。

亚热带雨林

赤道两侧纬度在10° 之内的地区，如中南美洲、马达加斯加、西印度半岛、缅甸、越南、东南亚和菲律宾地区的原始森林，在这些森林中会出现季节性降雨量减少的情况，甚至会发生干旱，但雨季到来时会重新开始大量降雨，依次循环，周而复始。由于季节差异，这些地区生长着更多的落叶树种，这样更多的阳光就可以照射到地表，低矮的树木生长得也更为密集。

高山林

在热带地区海拔高达1000米以上时，热带雨林的周边地带开始逐渐被高山林所取代。大约在海拔1240米左右，分布的已完全是高山林木了，如喀麦隆的哥特山脉、埃塞俄比亚的阿姆哈拉兹高原或者在中非的鲁文佐里山脉。鲁文佐里山脉——“月亮山脉”就最为典型——在冰帽雪峰之间，处于同一等高线的山坡跨度多变，形成类似环形山似的奇景。

生长的植物十分稀少，树木矮小和扭曲，枝叶低沉，在下面行走非常困难。夜间寒冷，白天温度高，并且有浓雾，长时间烟云笼罩。在这种地形生存比较艰难，马上离开这里，回到山下的热带雨林地区。

盐渍沼泽

海岸边受到潮水侵袭的地区，红树生长繁茂，高达12米，树根错综复杂盘绕着，使登陆或离岸都很困难。能见度也很低，前进时十分困难。行走9000米可能就会需要十二小时，有时会有足够宽的孔道可以让木筏通过，但通常只能单人穿越。

在西非、马达加斯加群岛、马来西亚海滨、太平洋海域岛屿、中南美洲、恒河入海口等很多地方都有红树沼泽地。在亚马孙河和奥里诺科河入海口处的沼泽之中也都分布着许多光秃秃的树木，烂泥沼泽散发着恶臭。潮水可以上涨到12米。

红树沼泽中处处都显露着敌意，从水蛭和蚊虫到大鳄鱼都有。如果不幸撞上它们要尽快设法逃脱。如果沼泽之中有河道，你也许可以乘木筏前行。

在红树林中你不会饿死的，那里有充足的可食用植物，水中也有许多鱼类。在浅水处到处可见蟹、软体动物、鲇鱼等。在树上还栖息着许多水陆两栖动物，如水獭貘、犰狳以及更靠近陆地生活的动物。

在近岸处的红树林中，也常常可以见到一些聂帕棕榈林——所有棕榈树的生长锥都可以食用。如果被迫困守在沼泽之中，可以通过树干上的盐渍和其他污物来判断涨潮的最高水位，在水位之上设法搭建一吊床。要保护好自己免受蚂蚁和蚊虫的叮咬。

无论是在何种沼泽之中，火堆都必须设立在相对平坦的物体上面。可用枯死的树枝做燃料，选择那些还没有完全腐烂的枯枝条。

淡水沼泽

江湖及陆地草原地带的低洼地也可能存在着一些淡水沼泽。那里生长着大片长满棘刺的低矮灌木、芦苇和野草等，偶尔也有矮小的棕榈，行进时十分困难，能见度有时也只有几米，不过这里的野生资源相当丰富，生存比较容易。淡水沼泽地可能没有想象中那么糟，中间经常还会零星点缀着小块陆地，这样你就不必总待在齐胸深的污水中了。常常也有适宜航行的水道，可以利用各种材料来搭建木筏。

7.1 庇护所

生存于热带地区，搭建庇护所的材料一般都很充足。在日光直射而气温又很高的地点建棚时，可以采用双层房顶以便隔热，多数热量都在上层就被吸收了，两层之间的空气对流可以保持室内凉爽。双层间距一般应为20~30厘米。只要选择好角度，即使把会渗水的布料折成双层也可以很好地防漏。

7.2 火源

热带雨林中的每件物品可能都散发着湿气。收集仍然直立的死树干，剥去外皮，用来生火。干燥的竹子是生火的很好材料，应贮存一些备用。白蚁巢也一样好用。

7.3 食物

这里可以很容易采摘到可以食用的水果、植物的根茎和叶子。香蕉、木瓜、芒果和无花果都很容易辨认（木瓜是少数具有白色汁液却可以食用的植物之一）。生长在东南亚的榴莲树，结着很大的刺果，闻起来就让人皱眉，吃起来却很香。

棕榈类的生长锥也可以食用。芋头、野马铃薯以及一些种类的山药都可以食用，不过要先煮熟除去毒素。在食用前，如果有点疑虑，可以运用食物一章介绍的测试方法检验一下，你可能就会发现热带的食物太丰富了，以至于很难识别。

动物食物

通过狩猎和设置陷阱，你还可以捕获鹿、猪、猴类以及其他各种猎物。

在原始雨林中，大多数的鸟类都会在生长着各种浆果和其他类果实的树冠丛中消磨光阴。可以在空旷地上设好陷阱，用各种水果引诱它们。有些鸟类，如亚洲犀鸟，也食用蜥蜴和蛇。也可在靠近河边地带布置陷阱（见“食物”篇），用鱼类或猎物的杂碎内脏器官作诱饵，能够捕捉到鱼鹰和其他在河边觅食的肉食性鸟类。

热带地区分布着大量的鹦鹉及其近亲，每天清晨它们都会鸣唱不已，它们相当机灵，在布置陷阱前，要先使它们习惯于捕食诱饵。

蛇也易于捕捉，设法寻找那些无毒的大蟒，其味道鲜美又营养丰富。可用夹棍来捉拿它们（见“食物”章“狩猎”）。

河中觅食

河流中生存着多种生物：鱼类、昆虫和其他各种水生动植物。如果缺乏渔具，可以用堤坝堵住小池的出入口，然后将水放走，泥地里留下的各种鱼儿数量之多会让你惊讶不已。学会布置陷阱。也可挥动树根和蔓藤条使鱼晕头转向浮出水面（见“食物”章“捕鱼”）。

鱼肉很好消化而且富含蛋白质。许多生活在丛林中的人仍然依赖鱼肉提供必需的营养物质，不过在热带地区死鱼很快就会腐烂。捕获的鱼要彻底清洗干净，去除内脏，尽快煮熟食用。不要用烟熏或晾干的方法保存，那样常常是徒劳的。缓水流中生活的鱼可能会感染有寄生虫，为了安全起见，应当用沸水煮二十分钟。在当地居民用作处理脏物的水中，鱼类可能携带有绦虫及其他危害人类的各种寄生虫，水中也可能会有导致痢疾的阿米巴虫。饮水应煮沸。

河流自身也包含着危险，在亚马孙，奥里诺科河和南美的巴拉圭流域可以见到凶猛的肉食性的食人鱼。电鳗游动缓慢，不具攻击性，但它们的个头很大，可以释放500伏或更高的电压。热带南美及西非河流中也可见到黄貂鱼。小心鳄鱼、短吻鳄及水蛇。抓鲇鱼时也要注意，它的背鳍很尖锐，鳃盖上有刺，电鲇也可以释放巨大的电能。

7.4 注意危险

不要光脚

穿上结实耐用的靴子，这样可以保护腿脚，免受水蛭、沙蚤和蜈蚣的攻击。可用布或树皮制成绑腿。

当心昆虫

穿越丛林时，你会不断骚扰蜜蜂、马蜂或大黄蜂，它们甚至会主动发起攻击。尤其是大黄蜂，被它刺中会非常疼痛。任何暴露在外的皮肤包括脸部都会成为攻击的部位。赶紧跑，但记住别丢三落四，因为你可不愿再回过头来取回它们。护目镜可以保护眼睛。

流汗也是个问题，渴求盐分的昆虫会闻之而动，落在各处正在流汗的部位。很不妙的是，同时它们也会叮人。防护好腋下及腹股沟等部位。

休息时衣服和靴子都不要直接扔在地面上，这样会大大减少蝎子、蛇和其他讨厌家伙的侵袭。在穿戴之前将衣物抖一抖，检查一遍，在把手伸入口袋前也要谨慎一点。走路时也得当心，蜈蚣喜欢暖和的地方，包括人体的隐秘部位。

当心毛虫

蚊子和水蛭会吸你的血，被蜈蚣或蝎子、蛇咬伤更会疼痛难忍。此外你还得当心毛茸茸的毛虫。沿着它们爬行的方向小心将其弹掉，否则一旦纤细的毒毛粘在皮肤上，会引起痛痒，产生皮疹，在高温下甚至会引起皮肤化脓。

当心蚊子

头部用纱网遮住，或者系上T恤衫或背心，尤其是在黎明与傍晚时分。最好用布条系在头上，下垂宽度大约45厘米，并将下垂部分切成须状的长条，围在脸部和后颈部周围。

夜间要盖好全身，包括手部。用竹条或树枝弯曲支撑起衣物或大的叶片，形成“小蚊帐”，罩住上半身。在手上和脸部涂抹油脂或泥浆就可以逐赶蚊虫。在宽大的帐篷里，有烟的火堆会有助于驱赶蚊虫。一旦被叮咬了，不要抓挠，否则就会感染。

当心水蛭

水蛭常生活在地面或附着于植物的茎枝叶片上，尤其是在潮湿地区。它们随时准备吸附到动物身上，饱餐一顿美食。被水蛭叮上并不很痛，但它们会分泌一种天然抗凝血酶，使得伤口流血不止。顺其自然的话，饱餐之后它们会自动逃脱，如果被它们侵袭了，必须马上行动起来——但是不要生硬地扯拽它们，否则很可能头部被扯开了，颚部却留在伤口里，很容易引起伤口感染。可在受伤部位涂抹盐水或酒精，也可用燃着的烟头烧它。

当心寄生鲇

这种生长在亚马孙河流域的小吸血鲇鱼，长约2.5厘米，全身近乎透明，非常纤细，通过从其他鱼类的鳃部吸血生存。据称，如果裸体游泳，并且在水中排尿，它可能会回游到尿道中——这种事情发生的概率当然微乎其微，但是假如发生了，将会使人疼痛难耐，因为其鳃盖有可以竖起的硬刺。不要裸体游泳，也不要在水中排尿。

8. 车辆

在准备沙漠旅行之前，应将大号油箱装满油料，贮水器也应加满水。利用简便油桶额外携带一些水和汽油。在松软沙地上仅有千斤顶是不够的，还应带上气垫，可利用车辆的排气管充气。油路和进气管的入口都需要额外加装过滤器。必须安装相应的沙地轮胎，带上沙板以便车辆陷入松沙之后可以垫在下面使车辆重新回到原路上。

为了适应高海拔地区的特殊情况，需要改装汽化器。在丛林地区，防刺轮罩会减少轮胎被刺破的危险。冰雪地带还应携带防冻剂、适宜的防滑轮胎和防滑链。发动机需要特别的调试以适应特殊的气候条件，同时可以减少耗费。备用轮胎和得心应手的工具箱十分必要。

警告

在热带区域或日照强烈的温带地区，将熟睡者或受伤人员独自留在封闭的车厢里都是相当危险的。如果迫不得已，至少应将车窗打开以便通风（中暑衰竭足以令人致命）。即便车辆停在阴凉之地也应该如此，因为太阳是在不断移动的。

8.1 酷热气候

即使你已经根据相应气候对车辆装备进行了改进，但是仍有可能会发现新的问题。

穿越沙漠地带时，昼夜温差比较大会使金属变形，增加油箱或水桶泄漏的危险。

发动机过热：立即停车，让发动机稍稍冷却一下。如果实际情况决定不能停车，可以打开车内暖气，这样可以增加冷却水，尽管车内会变得更热，发动机却可以降温。如果方便，停车，打开汽车的引擎盖。不要直接用手去打开冷却器盖，除非确定温度已经降了下来。检查冷却器和所有的水管，以免有渗漏现象发生。如果冷却器漏水，可以用鸡蛋清封住小缝。如果漏缝过大，可将这部分塞住，这会减少散热面积，但只要你平稳驾驶，就仍能前行。

金属发烫：一定要小心，汽车的所有金属部分都会过热，一旦接触就会被烫伤。

沙地注意：沙地行车加油时沙子和灰尘可能会被带进油箱，可以在油箱口或里面安装过滤器。

8.2 严寒天气

低温不仅会使行车状况十分复杂，也会使启动和维护变得十分困难和危险。

启动车辆：尽可能将车停在有梯度的下坡之地，利用重力下滑及颠簸来帮助启动，一旦发动机启动了，应防止熄火——但要留心手刹车是否灵敏，而且绝不要把小孩或动物单独留在已启动的车辆上。

擦干水汽：挡风玻璃上积满的水汽应及时擦去，不要为了偷懒只擦一小块，那样会缩小你的视野。利用洋葱或新鲜马铃薯块擦车内的挡风玻璃，可以防止水汽的生成。

停车时用报纸盖住车外的挡风玻璃，这样可以阻止雾气积累。如果湿气过重，报纸可能会粘在挡风玻璃上。

发动机的保养：将发动机裹上毛毯，以防燃料冻结——不过在启动之前应拿走。用纸板或木块围住冷却器的下部，以防行驶途中会发生水的凝结。如果气温过低，可以全部裹住。气温升高后应记住及时取走纸板，以免无法散热。

注意金属：不要赤手去触摸任何金属，否则手指有可能会被冻粘在上面，进而被撕破。如果戴上厚手套后感觉操纵不便，可以用胶布裹住手指。将水箱盖和机油箱量杆也用胶布包好，以方便例行检查。

柴油发动机：柴油中含有水，在低温下很容易凝固。停车或开车时，都应将发动机前部盖上，但要不时地检查以防过热。夜间或者停车时，都应将发动机裹好。有些卡车司机会用微火烘烤凝结的油箱，但要慎重考虑是否值得冒这个风险。

8.3 雪地围困

暴风雪围困时，最安全的选择就是待在车中。如果你是在正常的行车路线上，可能很快就会获救。贸然离开车辆去寻求帮助是很危险的。

如果燃料足够的话，可以开动发动机取暖。将发动机的外面裹好，将直接散失的热量降低至最低限度——但必须保证废气的排放。如果感到头晕眼花，马上关闭发动机，打开车窗透透气，不可冒着危险来取暖。在发动机没有关闭时，不要睡着了。

车内寒气散去时，关闭暖气，直至寒意上升到无法忍受了再打开。燃料耗尽后，应尽可能裹紧所有的衣物和布料等能够防寒的东西，并在车内不停地活动。

如果必须离开汽车一段距离，如你知道在不远处就能够获得帮助，可以临时制作路标——长杆上挂一条围巾或一件衣物，以便回头能找到它。

如果有清晰明显的指路信号（例如电线杆），又是白天（如果是晚上，不要冒险，等到天亮），而且这时暴风雪也停了，你不妨走出车辆去寻求帮助。

如果已经远远偏离了正常路线，而暴风雪很快就要掩埋整个车体时，你就必须走出车辆在附近挖个雪洞——这里可能会比车中更暖和一些，可以再坚持好几天。暴风雪停了以后，马上在雪地上做个醒目的求救信号，尽力吸引别人的注意。

8.4 常规情况

离合器打滑：经常是由于离合器踏板上粘有油脂的缘故，喷洒灭火器就可以除去油脂。

风扇皮带：可用常见的索带、领带，甚至绳子临时替代。

高压继电线：可用柳枝替代。任何含有水分的植物枝条都能把电流由线圈传到配电器上，但是电阻值不要太大。先将一端固定好，另一端插向另一个端口。高压危险。当你打开开关时，会有高达1300伏电压的电流通过，不要用手触碰它。如果水分吸干了应及时更换柳条。

蓄电池失灵：如果能达到一定的车速，就不要用蓄电池了。而面临坡度较大的上坡时就必须要用了。对于四挡车辆来说，踩离合器点火时，用二或三挡。

传动轴破裂：如果是前轮驱动或者后轮驱动型，都无法挽救了。但若是四轮驱动型，可以拆下传动轴，关闭不能用的，用正常的轮轴来驱动。

第 四 章

食物

你需要了解自身需要什么营养，以及满足这些需求的基本常识。在多数环境下，最容易获取的食物都来自植物界——但你还得了解应该避免有毒植物，本章的图例中列举了有关一些最常见植物的指导性常识。此外，你还可以进一步扩展一些有关植物的基本知识。

几乎任何一种野生动物都可以提供营养价值较高的食物，你必须习惯于食用那些味道不好但确有营养的东西，如各种容易消化的蠕虫、昆虫，甚至是水虎鱼。水虎鱼虽然恶名昭著，但它们只有在没有其他食物来源时才会袭击人类。当河面水位较低时，需万分小心，切勿靠近。大范围地设置陷阱和罗网将会给你带来丰厚的收获。在等待的过程中，你还可以收集洁净的水、采集植物或者从事其他救生活动。

狩猎之前，首先你得临时自制一些武器，并不断训练逐渐掌握它们。

肉类食用前需要预先处理好，这样才能安全食用。当有剩余时，必须学会如何保存。

鱼类是另一类富含营养的食物，因此本章也介绍了一些简便的捕鱼方法，你也不需要掌握过于复杂的技巧。

1. 食物及其价值

人体需要食物提供热量和能量，无论生长、繁殖还是伤病痊愈都需要食物提供原料生成新的组织细胞。一名健康者利用自身贮存在组织中的营养可以存活一段时间，但是缺少食物时很难保证体温不会下降，很难保证过度劳累或者生病时身体状况可以得到完全的恢复。

幸运的是，人类是杂食性动物——我们既可以食用肉类，也可食用植物——从动植物王国中得到的几乎所有无毒性的东西我们都可以食用，当然还得考虑有无营养价值。只要小心谨慎，很容易就能避开那些有毒或危险的食物。我们喜欢饮食，因此一顿美餐无疑是极好的精神兴奋剂。在没有其他更多压力下，还是值得投入一些精力去掌握如何烹调，使得食物味道更加鲜美，更加适合自己口味。可以不断挖掘开发食物中令你感兴趣的奇异美味。

不能单一依赖最易于获取的食物为生，对于长期生存者来说，饮食中营养成分均衡是至关重要的，甚至和能否获取食物一样重要。如果你露营于野兔过多的地带，导致你死亡的可能不是恶劣的外部环境，而是由于长期食用兔肉而导致的营养缺陷综合征。必须使饮食种类多样化，以保证合理均衡的营养比例，同时还能确保日常生理活动所需能量的消耗。其中蛋白质、碳水化合物、脂肪、矿物质、其他微量元素以及维生素等是人体必需的营养成分。

能量需要

即便不从事任何体力活动时，要保证基础代谢，平均每人每小时也需要70卡路里的热量——从而供呼吸和血液循环等无意识生理活动所需。卡路里是热量单位——1卡路里是指将1升水温度升高1℃所需的热能——它是研究营养问题时用来表示能量多少的一种方式。不同食物所含的热量多少也均不相同。

基本物质的热量值：

碳水化合物	1克	4卡路里
脂肪	1克	9卡路里
蛋白质	1克	4卡路里

最简单的日常活动——站立、坐下、生火等等——使得每人一天之中平均每小时需要额外消耗45卡路里的能量，一天下来就是2040卡路里的能量。如果算上从事其他各项工作，每天又需要多消耗掉3500多卡路里。不仅是体力劳动，脑力劳动和焦虑情绪也都消耗能量，因此如果食物稀缺，应尽可能放松并保持冷静。**不要浪费能量。**

碳水化合物

食物中所包含的大部分成分是碳水化合物，它也是能量的主要来源，不仅仅体力劳动，体内各项生理活动以及神经系统的正常运转都离不开它。碳水化合物最终来源于植物的光合作用，它由碳、氢、氧三种元素组成，人体容易把它消化并转化成能量，这一过程也不需消耗大量的水分。它还可以阻止酮病的产生——在饥饿状态下体内过度分解脂肪，从而导致消化不良、呕吐恶心等各种不适症状。但是碳水化合物也有两大缺点：不含有维生素B、可能会引起便秘。

自然界存在两大类碳水化合物。

糖：存在于糖类、糖浆、蜂蜜和各种水果之中。

淀粉：存在于植物的块根、块茎和谷物类种子之中。淀粉颗粒不易溶于冷水，但加热会使它们分解溶化——所以食物的块根、块茎最好烧熟吃。

脂肪

脂肪同样含有碳、氢、氧三种元素，但其构成不相同，它们也是能量的主要来源，分解时能提供双倍于碳水化合物的热量，通常贮存在皮下脂肪组织及器官周围部位。它们不溶于水，在被身体吸收之前需要很长的消化过程，而且需要充足的水分。脂肪能产生热量以维持身体正常体温，具有保护器官组织、滋润消化道以及贮存能量等功能。它们存在于各种动物肉类、蛋类、奶类、坚果以及某些种类的植物和真菌中。

蛋白质

蛋白质是组成有机体的基本成分之一。它们是唯一含有可吸收氮的食物，因此是有机体生长和代谢必需品，并且构成了极为复杂的化学结构，如氨基酸，其组合方式有上千种之多。

蛋白质的主要来源包括肉类、鱼类、蛋类和乳制品，以及植物中的谷类、豆类和坚果等。蠕虫所含蛋白质最高，而且含有人体所需的八种主要氨基酸。注意不要用挤压的方式食用，而是将其单独放置到一个容器中等它慢慢脱水。这样可以确保在过程中其营养状况不会下降。另外菌类也是蛋白质的重要来源之一。

如果饮食中缺少碳水化合物和脂肪，蛋白质可以分解产生热量，但会牺牲体内的其他需求，这样，身体在饥饿状态下会消耗自己的组织。

矿物质

人体所需的矿物质包括大量需要的钙、磷、钠、氯、钾、锰和一些少量需要的铁、氟、碘等。除了骨骼和牙齿生长必需钙外，它也参与肌肉运动和血液凝结等生理功能。这些矿物质都在人体正常的生理功能中发挥着重要的作用。

微量元素

人体所需的微量元素包括锶、铝、砷、金以及其他需要极少的化学元素，它们在体内的确切功能还不是十分清楚。

维生素

维生素在维持人体健康时，也是必不可少的，并且在防治疾病，维持正常生理功能中都具有极为重要的作用。它大约共有四十种，其中有十几种维生素为人体所必需的。许多植物类食品中都含有少量的维生素。暴露在日光下时皮肤自己可以合成维生素D，人体肠胃里的细菌也可以合成维生素K，其他种类就只有从外界获取了。人体一般会存有足够二十八天消耗的维生素量。这些维生素中，最需要补充的就是维生素C。许多草本植物都富含大量的维生素C。其次需注意补充的是维生素A。维生素A有助于视力提高，也可预防眼部疾病。维生素A可从兔子爱吃的那些嫩苗和叶子中摄取。

2. 植物类食物

在世界各地，无论环境条件多么恶劣，很少有一点植物都没有的地区——如灌木、藤本、蔓生类、有花类、草本或苔藓类，总会有些什么——这些均能食用，并提供营养物质。仅在欧洲就有一万多种可食用的野生植物。利用它们唯一所需的技能就是学会辨别并且知道如何寻找。有些食用性植物尽管无毒，却几乎没什么营养价值，也必须了解各种植物富含什么营养，以便均衡饮食，尤其是那些分布很广，四季都可生长的植物，还应知道哪些种类有毒，别去招惹它们。

植物中含有人体必需的维生素和矿物质，而且蛋白质和碳水化合物含量很高。有些种类也含有脂肪，所有种类都含有粗纤维素，可以保证身体的健康。

不可长期大量食用某一种植物，如果其他种类的植物不合口味，可以先挑那些植物鲜嫩的部分，与肉类一起煨炖，逐渐会增加你的兴趣。你要给自己的肠胃以适应新食品的机会，千万不要拒绝它们。不要因为某种鸟类、哺乳类动物或昆虫能够食用某种植物，就断定它一定也能被人类食用。猴类虽然同人类亲缘关系较近，但也不能绝对肯定人类的消化功能与它们完全相同。

2.1 尝试新植物

在尝试某种具有潜在食物价值的新植物时，应遵循下面的程序，并且一人一次只能尝试一种。要完成整个程序，绝不要投机取巧。如果出现疑惑，就不要试下去了。如果出现胃部不适，马上饮用大量的热水，这样就可以减轻痛苦，在不适没有消失之前，不要再尝试了。感到不对劲时，尽快刺激喉咙把它呕吐出来。木炭灰是很不错的催吐剂。少量炭灰吞下肚就会诱使呕吐，此外它还能吸附毒素。将炭灰用水混合成糊状，这样会减轻胃部疼痛。

检查

先辨别。如果植物叶或枝茎上附着许多蛆或其他蠕虫，当然就不能要了。最好忽略那些没有营养价值的植物。有些植物在衰老后，就会合成或者通过分解代谢产生一些有毒的化学物质。

嗅闻

切下植物一小部分，用鼻子闻一闻，如果有令人厌恶的苦杏仁或桃树皮气味——立即扔掉。

皮肤刺激

稍稍挤出一些汁液滴在体表的敏感部位，如前上臂的内侧，如果感觉有所不适，起疹或者肿胀——尽快扔掉，以下程序也没必要继续进行了。

唇触、舌尝、口嚼

如果皮肤感觉无任何不适，可以继续采取以下步骤，它们之间至少要间隔五秒钟，以便观察有无不适反应。每种尝试只需取少量材料。

□置于唇部
□置于口角
□舌尖舔尝
□舌根品尝
□咀嚼一小块植物

如果出现任何不适症状，如喉咙痛痒、刺激感、火辣辣的疼痛等等，尽快扔掉它，以下步骤也没必要继续进行。

吞咽

吞咽一小口，耐心等待五个小时，其间不要饮食任何食物。

食用

如果没有发生如口部疼痛、不停打嗝、恶心、发虚、胃痛、下腹绞痛以及任何不适症状，就可以认为这种植物是安全可食用的。

2.2 采集植物

随意乱取植物似乎很容易，但是系统采集更有效也更安全。

采集时带上盛放的东西——一只空袋子，一块折成袋式的布料，一只桦树皮篮子，甚至粘在一起的大树叶。这样可以有序排放收集物，避免挤压和混合在一起，否则被挤破后，很快就会变质，不再适于食用。

叶与茎

柔嫩的嫩枝，常为淡绿色，味道更好些。老的茎叶比较粗糙，苦涩味较重。除去茎根部的老叶。随便乱撕的叶片很易枯萎，在下锅之前就会失去所含的营养成分。

块根与块茎

选择体形较大的植物。有些可能非常难拔。先松动根部的土壤，减少球根被扯断的可能，然后用棍子将它挖出来。

浆果与坚果

选择体形较大的植物。采摘已经熟透裂开或将要裂开的浆果。未熟的浆果呈绿色，坚硬而苦涩，即使长时间煮也很难下咽。许多水果，尤其是在热带地区的，有粗糙苦涩的外皮，剥掉它们。落在树下的坚果表明已经熟透，如果树木较小，可以用力摇晃，成熟的坚果就会自动掉下来。当然也可用长棍子敲下来。

种子和谷类

注意：有些植物的种子中含有致命的毒素。尝一点可能不会使你中毒，但不要轻易吞咽。实施食物检验工作，扔掉任何苦涩、有异味、具有火辣辣感觉的（除非确认它是辣椒或者香料）种子。

某些谷类植物穗顶生有黑色的棘芒，而不是常见的正常种子。这些种子常感染有麦角菌，食用后会发生麦角碱中毒。真菌侵染会使谷类种子变黑发胀，产生豆瘤状结构。里面含有一种毒性非常强的毒素，是致幻剂的来源，食用过多有时会导致死亡。这类种子整个谷穗顶部都不能食用。

真菌

中等大小的真菌易于辨认，也更少受到昆虫的侵害。将整个植株都挖掘出来。如果将茎和根留在地上，就会增加识别的难度。不同种类的真菌要分开放置。这样即便不慎采集了有毒的，也不会污染其他食物。

警告

当心中毒！ 植物体中一般有两种毒素，但都很容易检测和辨别：

氢氰酸，口尝鼻闻时都有一种苦杏仁或苦桃味，最典型的此类植物是桂樱，叶片类似于桂树叶，含有毒素。捣碎叶片，牢记它的气味，不要食用含有此种气味的植物。

草酸，某些植物中天生就含有草酸，如野大黄（多存在于叶片中）和酢浆草。如果树汁接触皮肤或舌面时有干涩或辣烫感，其中就含有草酸盐，应该避开这些植物。

□不要采集任何产生乳白色奶汁液的植物，除非能够确认它是无毒的（如蒲公英）。

□不要采集亮红色植物，尤其是在热带地区，肯定无毒的例外。野大黄具有红色条形斑纹的茎，可以食用，但叶片有毒。毒芹茎上具红紫色斑点，不可食用。

□不要采集分裂成五瓣形的浆果，除非确认它是安全的。

□最好不要采集茎叶上有着微小倒钩的野草或其他植物。用放大镜观察时你会发现它们具鱼钩状倒刺，而不像细长的毛发。它们会刺激口腔和消化道。

□不要采集衰老或已枯萎的叶片。有些植物的叶片在枯萎后会分解形成致命的氢氰酸——这些植物包括黑莓、覆盆子、樱桃、梅树和桃树等，但是它们的嫩叶、鲜果或干果都可以食用。

□不要采集成熟的羊齿类植物，它们会破坏体内的维生素B，引起极其罕见的白血病，严重的还会导致死亡，只可食用紧紧卷曲的嫩头部。北温带地区所有的二百五十多种羊齿类植物在幼苗期都可以食用。不过有些种类的气味不好，十分苦。有些具有带刺的绒毛，在食用前必须除去。尽可能从柔嫩部分的底端折断，可以用手抹去茎叶上的绒毛。

2.3 识别植物

只有植物学家才可能识别生长在世界各个角落的千万种植物。这里图示和描述的只占总量的一小部分。首先需要学会辨认的是那些在世界各地广泛分布，且四季常见的植物。能否熟悉掌握其中的一两种，在意外发生后，也会导致挨饿或者坦然生存的两种不同的结果。**先学习掌握以下植物，必须彻底熟悉它们。**

温带地区：蒲公英、酸模、荨麻、车前草。

热带及亚热带地区：棕榈类、野生无花果、竹子。

荒漠地区：无刺仙人掌、刺梨、猴面包树、阿拉伯橡胶树（但不包括南北美洲所产的）。

极地地区：云杉、柳树（北极）、地衣（南北极），以及北部地区夏季时还会生长一些分布在温带地区的植物。

海岸地区：巨藻和紫菜。

识别帮助

□位置：只有在适宜的环境条件下植物才能很好地生长，如果了解了不同植物的生活习性和地理分布，那么就可以减少许多不确定性。

□形状及大小：该种植物是茎干粗壮的大树或灌木，还是纤细短茎呢？枝叶茂盛还是仅有寥寥数枝呢？

□叶片：大还是小？梭形、圆形还是带形？叶边有齿还是圆滑？复叶还是单叶？颜色有特点吗？

□花：开花是季节性的，如果有花要注意花形、花色及其大小，单生还是簇生，着生部位等。

□果实与种子：是新鲜坚硬如坚果，还是细小粗糙如种子？注意颜色、大小、形状，单生还是簇生，裸果还是荫果。

□根部：根部的形态可能有助于确认植物，除非是极不寻常的。

3. 动物类食物

所有的动物都可能成为营养来源。有些动物，比如蠕虫和昆虫类，捕捉时几乎不需什么技巧，但多数动物都必须通过陷阱或直接狩猎才能得到，这就要求你最好掌握一些有关动物特征及生活习性、捕捉方法等方面的知识。

对于动物了解得越多越好，但在野外你还得利用已知的相关地理历史知识，帮助自己发现和找到更多的猎物。条条大道通罗马——必须在失败与挫折中学习和积累经验。

必须研究每种动物的特性，了解它们在何处藏身、栖息、觅食、饮水等细节。必须学会如何最有效地杀死猎物，设置何种陷阱，在何处狩猎等。不要滥杀无辜，只有在万不得已、处于绝境的时候再动手。

成年的雌性动物味道最为鲜美、肉量最足。动物越年幼，瘦肉越多。成年雄性动物在发情期前脂肪含量最高（种类及所处地区不同会有所不同）。在发情期间它们的脂肪会逐渐减少，甚至正常的骨髓量也会减少。为了安全度过严寒的冬季，动物会积累一些脂肪，而到了夏季脂肪组织又会逐渐减少。动物越老脂肪含量越高，肉质也更粗糙。

3.1 寻找猎物

野生动物的踪迹几乎生长在遍布地球上的每一个角落，但时常看见它们却并不那么容易。要学会辨认动物留下的踪迹，并从中分辨是什么动物，这将有助于你选择适当的策略狩猎或者布置陷阱，并且知道用何类诱饵最有效。

多数的哺乳类动物只在早晚时分才外出活动。白天只有大型的猛兽烈禽四处奔走。大型食草性动物也需要整天觅食以填充肠胃。有些小型动物需要频繁进食，也会整天不断地活动——但是大多数的小型哺乳类动物，如兔子，主要在夜间觅食，除非天气变动时才会改变。对于肉食性动物，可以在它们的觅食外出活动时捕获。作为求生者，你也应与它们一样，但是你有更多的机会，可以通过陷阱捕捉到那些甚至根本没有见过的猎物。

动物踪迹

多数动物的活动都很有规律，在饮水、觅食和归巢之间有固定的路线，留意这些踪迹信号。在湿地、雪地和松软沙石上动物足迹会更明显，在密林地区还会有其他更明显的信号。足迹大小基本与动物的体形成正比。通过判断足迹的清晰度及其里面含水的多少，可以精确判断动物通过的时间。有水渗入或雨水充盈其中吗？是否已经污损不清了？足迹越清晰，证明动物通过的时间越短。

清晨，留心观察和检查地面上动物留下的踪迹。如果露水或蜘蛛网被碰掉或破坏，动物通过的时间距现在可能不会超过几小时。有些动物，如兔子，活动半径较小，相应的足迹就很可能表明它们就在附近。有些动物还会从茂密的矮灌木丛中打开通道，其大小就表明了相关动物的体形。足迹两侧嫩枝的破损程度也会提供有关动物的信息。检查破损树叶断面的新旧程度：被践踏的枝叶是否已经枯萎？破损枝条还在吗？还有新鲜的绿色吗？在树木之间做好记号。动物采食信号和被遗弃的植物也是有用的指示。动物粪便也能提供许多相关信息。

啃食痕迹

树皮剥落的方式、啃食后留下的坚果皮壳、吃剩下的浆果及嫩枝上的牙痕、肉食性动物吃剩的猎物尸体及猎物巢穴被毁坏的状况等，都可以帮助判断生活在附近的动物种类和它们的生活习性。

在食物丰富的地方，常常发现遗弃的果实或坚果，这可能就是动物留下的，因为它看到另一个后，就会扔掉手中的，去摘另外的，这不仅仅说明了它们的存在，而且也告诉了我们如何设置诱饵捕获它们。

通过观察留在坚果上的牙印或嘴印，或者剥松子的方式，常常可以判断是什么动物。

树皮、树枝和花蕾，尤其是娇嫩的树枝和灌木，是许多动物重要的食物来源，包括鹿和羊、野兔、松鼠和无数其他的啮齿类动物。在多数情况下，动物的牙齿在树皮上留下的痕迹十分明显。

许多被鹿类动物啃食的植物嫩茎上会留下相应的牙痕，茎干树皮会留下破损的边痕，而兔类啃过的树皮边缘则是光滑的。在夏季鹿类啃过的树皮常常撕成了长条形，完全暴露出了树木的木质部——冬季里树皮附着紧密，只能啃咬出一块块疤痕，这时能看到大量清晰的牙痕。雄鹿常常用鹿角磨蹭树干——在磨破的树皮与木质部之间留下长条状的疤痕。

绵羊和山羊也会啃食树皮，它们留下的牙痕通常是歪斜的，而鹿类的牙痕则是垂直的。啮齿类动物啃咬的痕迹常位于树茎底部——剥光树干的嫩皮通常也是野兔们的杰作。勤劳而不知疲倦的河狸啃过的地方看起来好像用小手斧砍过似的，有着圆锥形顶部的深痕。

松鼠会爬上树茎的顶部蚕食幼嫩枝条的树皮，木屑及树皮碎片通常会散落到树干底下，如果你见到地面上散落着碎木屑，很可能树上就有松鼠的巢穴。但如果同时又有坚果或松子之类散落在树下，则表明这有可能是爱偷食坚果的鸟类干的。在地面上的一堆空果壳附近，很可能有啮齿类动物居住的地洞。

如果仍然生长的树苗枝头似乎曾被水平修剪，或者树木底层枝干在一定高度被齐齐剪去上段的嫩枝叶，就可以推测这是喜食嫩叶的草食性动物如鹿类留下的印记。

排泄物

粪便也是识别动物类别的最好指示物之一。动物体形大小和数量也可从中略见一二，粪便干燥程度是判断它们何时从此地经过的指标之一。随着时间的延长，粪便会变得坚硬，臭味也逐渐消失——新鲜粪便含有一定比例的水分。飞动的苍蝇可以使你注意到附近的动物粪便。

哺乳类动物：许多哺乳类动物的粪便有强烈的遗臭，这是由在它们肛门内侧附近的腺体分泌产生的，有标记领地、发送性信号等重要功能。可以用作诱饵。

草食性动物，诸如牛、鹿、兔子留下圆圆的稻草状排泄物。肉食性动物，诸如猫、狐狸等的排泄物为长条形。有些动物，包括獾和熊类，是杂食性动物。掰开一团干燥的粪便察看是否能找到有关此种动物觅食习性的线索，以便在布置陷阱时选用动物偏好的诱饵。

鸟类：分为肉食性和草食性，通过辨别鸟粪可以区分它们。食谷物的草食性鸟的粪便体积较小，多数情况下新鲜鸟粪为液态。肉食类大型猛禽排出球形粪便，里面可能还会有未完全消化的肉类残渣，如鱼、鸟、鼠或啮齿类小动物等。松散的鸟粪表明在一定的范围内可能就有水源，因为小鸟不会飞离水源太远。但是对于肉食性鸟类来说，水源远近不会限制它们的生活区域。地面上富集鸟粪，通常表明周围会有鸟类的巢穴。鸟类喜欢在枯树上就餐，因为那里有许多蠕虫可供捕食。

掘土

有些动物在地上掘洞以寻找昆虫和块根类食物。野猪，尤其会翻拱大块的地面。如果明显有新的潮湿的碎土，很可能不久前就有动物光临过这里。大块泥泞的地面加上动物打滚留下的痕迹通常是猪类动物留下的。松鼠掏挖植物根茎会在地表留下较小痕迹。

遗臭与气味

留心倾听周围的声音，注意空气中遗留的气味，它们很可能预示着野生动物何时出现，是哪一种动物，有肉食性猛兽存在的地方可能也就会有相应的捕食对象。许多人忽略了自己的嗅觉功能。有些动物的嗅觉十分灵敏，尤其是狐狸。随时睁大你的双眼，天气寒冷时，大型动物的呼气往往凝结成可以看见的雾气，如果处在有利地形，即便相距较远也能察觉到。

地洞与兽穴

许多动物通常在远离水面的高地上打洞做巢。有些动物，比如兔类和松鼠，尽管有狡兔三窟之说，要捕捉它们其实也并非很困难。兔子应急的洞穴很容易被挖出，或者用一根荆棘或带倒钩的金属线推入地表很近的地洞，把兔子钩出来。

肉食性动物通常藏身洞穴之中，这在森林里很普遍。洞穴周围的排泄物或踪迹会暴露出它们的行踪——同时也表明洞穴已被占用（不过有少数动物，如獾，会有规律地在远离洞穴的地方排便）。

3.2 哺乳动物

以下图示的各类动物足迹中，不包含遗留的皮屑。多数图示的是某类家族中的代表动物，由于体型大小差异，足印的大小也会变化很大。足迹1代表右前脚，足迹2代表右后脚。

猫科动物

包括家猫和老虎，体形相差很大，但具有许多共同的特征。生长在除澳大利亚和南极大陆之外的各大洲，但在任何地方分布都不多。它们习惯于夜间活动，躲避人类，颇有几分神秘色彩。在野生动物保护区内可能还会见到万兽之王——狮子，但很少见到猫科动物。它们全都是潜在的食物来源——但不可捕杀稀少的大型猫科动物。可能会遇到已腐烂的大型猫科动物捕杀后吃剩下的猎物尸体残骸——但要当心：其主人可能就在附近。猫科动物的肉可能难以消化，要彻底煮熟。但小型猫科动物的鲜肉味道很不错，与兔肉差不多。它们的肌腱坚韧有力，是弓弦的好材料。

陷阱设置：强而有力的弹性陷阱平台或带诱饵套索。动物的内脏杂碎可以用作诱饵，其他的诱饵如动物血块或肉类也可用。猫科动物行动敏捷，很可能会跳出套索，要提前防止这一点。

足印：行走时脚趾着地，前四趾印大小相当，后一趾印稍大些。行走时脚爪缩回（猎豹例外）。粪便呈长条形，越靠近尖端越细，但通常它们会自觉地隐蔽好排出的粪便。尿味很浓，刺鼻。

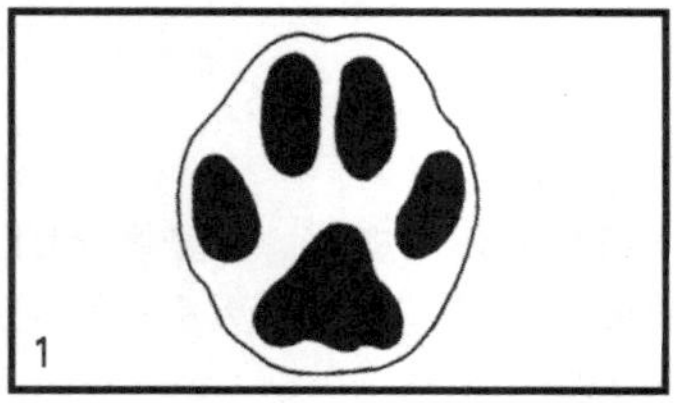

野狗类

狐狸与野狗分布范围很广，从沙漠不毛之地到严寒的北极地带都有分布。但在新西兰岛、马达加斯加以及其他一些岛屿上没有此类动物。狼，现今绝大多数生长在北美洲和中北亚的野外。

灵敏的嗅觉使得犬科动物极难被跟踪，但好奇心会趋使它们踏上陷阱。模仿四脚动物爬行可以吸引它们——也许认为是潜在的美味呢。在远东地区狗肉是美味佳肴，不过吃肉时需要用力咀嚼。处理肉类时要除去肛腺。

陷阱设置：对付狐狸要提供诱饵，设置套索陷阱。尽可能不要让它们嗅出人的气味。

踪迹：行走时四肢着地，前足每只有四趾，而且有四道爪痕——外侧两趾印小于内侧的。粪便为长条形，至尾端渐细，其中可能还有未被完全消化的食物残渣，如动物毛皮、碎骨或昆虫外骨骼等。狐狸的粪便臭味刺鼻——但在松软之地它们会主动用沙土掩盖。

鬣狗：一种广泛生长在东非至印度地区的食腐性动物（不是真正的狗类）。肉中可能有寄生虫，应彻底煮熟。

麝猫：生长在热带非洲及亚洲的食腐类动物。按照对付狗类的办法设置陷阱。烹煮之前应除去肛腺。

熊类

生活于北美、北欧及亚洲部分地区的一种独居性猛兽，喜好多林地区（北极熊例外）。体形强健、奔跑迅猛的熊类可能会光顾你的露营地。大多数熊类都会爬树。**熊要杀死一个人易如反掌，**对它们要避而远之。如果设置陷阱可以捕捉它们，那将是营养富足的美食。但是依靠临时拼凑的简易武器就想捕猎它们是非常愚蠢的，只会带来一场悲剧。熊肉要彻底煮熟以防寄生虫。绝不要食用北极熊的肝脏——它含有足以致命的高浓度的维生素A。

陷阱设置：可选用落石式或弹性四脚套陷阱，但后者必须选用最牢靠的材料——熊能撕碎大多数常见的四脚套。必须尽可能置其于死地或者使之完全丧失反抗能力——否则受伤的熊将会对狩猎的人形成极大的威胁。

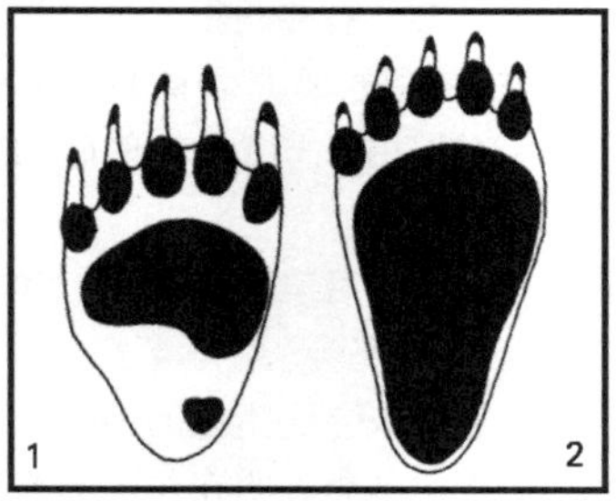

踪迹：熊掌留下的印迹长约30厘米，宽18厘米，前端有五爪，趾间靠近，爪印清晰。后足印后端渐细，易被误作人的脚印。熊几乎可以捕食一切动物，可以追捕猎物，将猎物撕成碎片，也可轻巧地踏翻蚁穴，寻找食物。

水獭类

平时很难见到它们，也很少陷入陷阱。主要生活在水边或沿着河岸的洞穴里，好奇心很强，因此沿着河岸布置弹性四脚套索，并选用新鲜鱼类作诱饵可能会捉到它们。

踪迹：五趾着地，网状，近乎圆形，长7.5厘米，宽6厘米。在某些地方，常在岩石上，能很有规律地见到它们留下的细长条形粪便，略有鱼腥味。

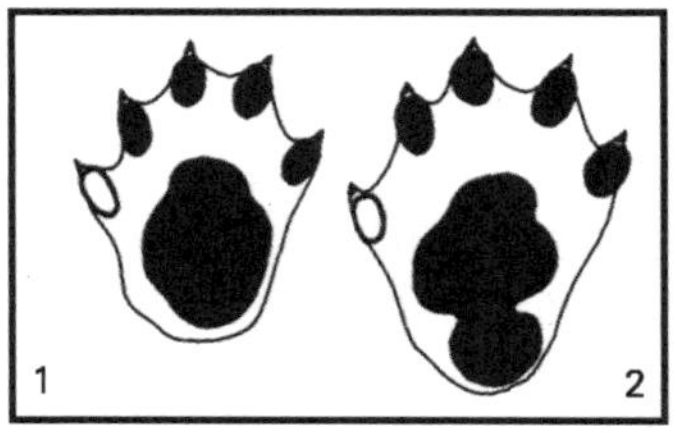

黄鼠狼类

黄鼠狼、貂、白鼬以及臭鼬等都具有几分神秘色彩——但在北半球的偏远地区，它们很可能是荒野中求生者重要的食物来源。当心它们那锐利的牙齿。

陷阱设置：弹性四脚套索或落石式陷阱。放置一些诱饵，比如鸟蛋或动物内脏等。

踪迹：不明显，除非是在松软之地。五趾及五爪相互分得很开。趾上的毛发会带来污渍。跳跃式前行，使得前后脚印部分重叠。黄鼠狼的脚印在这一类动物中是最小的。

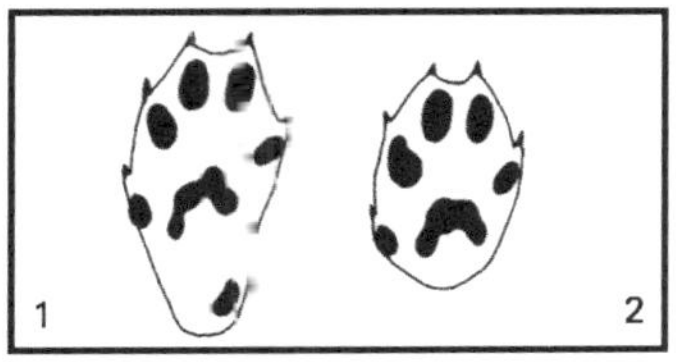

狼獾

生长在北半球的偏远地区，体形矮胖而结实，类似獾形的食肉目鼬科动物。主要靠觅食动物尸体腐肉为生，但是可以很容易扼倒一头驯鹿。数量很稀少。**除非你拥有锋利的武器，否则别去惹它。**

陷阱设置：弹性大的四脚套索或诱饵绳套陷阱——如果在苔原地区你能幸运地找到合适的诱饵。

踪迹：足印平均长 8 厘米，宽 7 厘米。五趾，有强有力的爪子，掌上的毛皮会使印迹模糊不清。

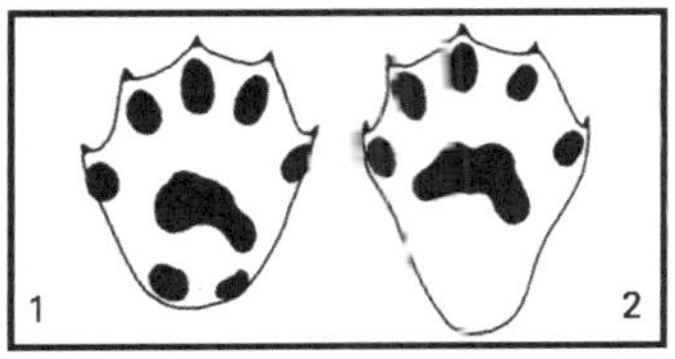

獾类

生长在北美洲、非洲、东欧至印度尼西亚一带。体形矮胖而粗壮，常在夜间活动。严冬时会冬眠。在它们经常活动的固定路线以及经常排泄之地设置陷阱。如果被陷阱夹住，被困的獾会变得异常凶猛，别轻易靠近。幼獾肉味与猪肉一样鲜美。

陷阱设置：选用夹腿套阱，诱饵可随意摆放。也可用落石式陷阱或诱饵绳套阱，但都必须布置得相当巧妙而且坚固结实。

踪迹：五趾，有清晰爪印。有时足印可能与小熊的相混淆。步长约50厘米。粪便类似狗粪，但地上会有浅挖的痕迹。地表被挖出的树根以及破坏的蚁穴可能会是獾类动物所为。

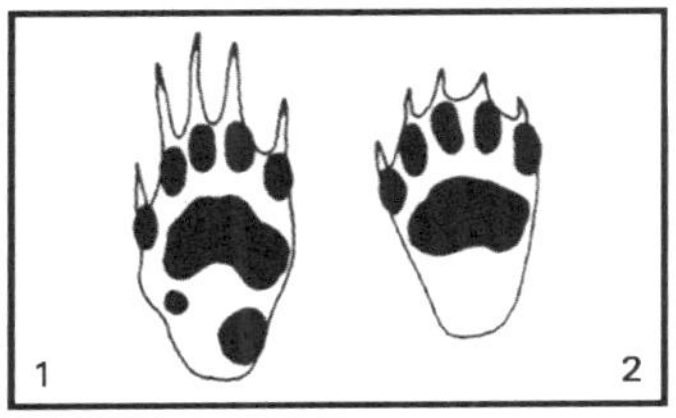

臭鼬

生长在南北美洲。有着一条长而多毛的尾巴，体形与小獾类似。遭遇威胁时会由肛门腺释放出恶臭的液体自卫。

海豹

一对足迹的中线是腹部拖过的痕迹。图中箭头所指为前行方向。（见“气候与地形”章中的“极地地区”。）

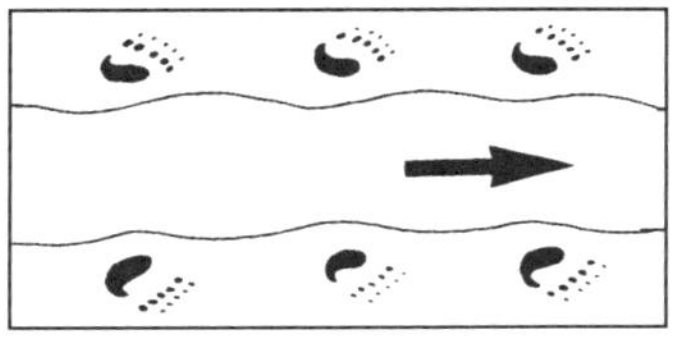

野牛

野牛常群居生活，而且生存地区必须有水。北美、非洲及南亚地区分布着北美野牛和其他野牛。野水牛生长在欧美，存量极少，受国家保护。澳洲北部的野外也生活着一些从其他大洲引进的水牛。荒野之中有时也能见到走失的家畜牛类，尤其是在非洲地区。野牛会带来极大的危险——尤其是离群独居的狡猾的老公牛。

陷阱设置：只能选用最强硬结实的四脚套索陷阱、弹簧阱或落石式陷阱。如果仅仅捕捉幼仔，就不必这样。

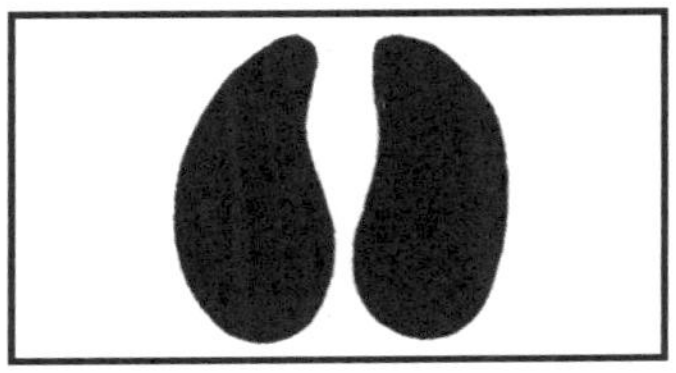

踪迹：两道清晰深陷的蹄印，前端狭窄，后部大而圆。排泄物类似于常见家畜牛类，是很不错的燃料。

野绵羊／野山羊

野绵羊常常小群生活在一起，主要在北美和欧洲部分地区的高山草原上，北非很少分布，从阿拉伯地区到中亚高原也能见到它们。相当警觉敏捷，喜欢生活于人类难以到达的地方——使得你无法靠近。

欧洲和北非几乎见不到野山羊，它们主要生长在亚洲的高原地带。脚步稳健更甚于野绵羊。肉味很鲜美。

陷阱设置：在其常常经过的地方设置四脚套索或弹性四脚套陷阱。在岩石地带利用天然的障碍有助于设置落石式陷阱，但不要寄予太大的希望。

踪迹：两点分开的纤细偶蹄印，绵羊的蹄尖总是外张，有时山羊的也是如此，但山羊蹄前端更圆而钝些，比后端狭窄些。如图所示，左侧是家畜绵羊的蹄印，右侧是野生小羚羊的。它们排泄的球状粪便类似于家畜绵羊。

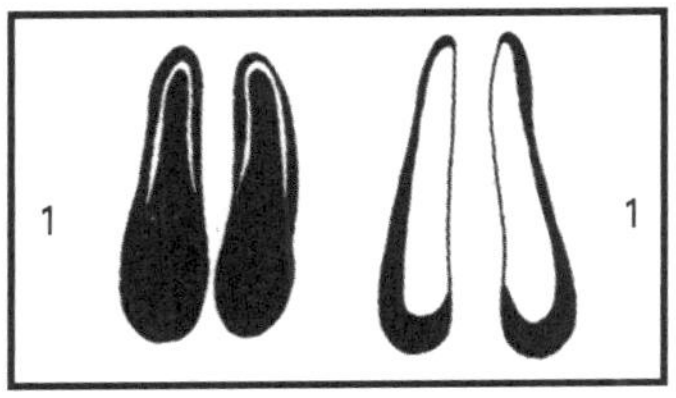

鹿类／羚羊鹿类

生活在除澳洲大陆以外所有大陆的森林地带。从北部驯鹿到只有45厘米的热带鹿类都有。羚羊和瞪羚生长在东非至亚洲印度一带，体形大小变化不大。有一种叉角羚，生活于北美大陆。它们性情温顺、害羞，远离人类居住之地，过着群居生活。鹿类有着敏锐的听觉和嗅觉，多数在黎明及傍晚时分外出活动。除非是在荒漠地区，否则绝不会在离水源很远的地方活动。鹿肉味美，还可熏烧后保存。鹿皮尤其珍贵，鹿角则是相当有用的工具。

鹿角可用来制作武器，抵挡其他大型猛兽的攻击，而且刺或戳时都很有威力。

陷阱设置：对付小型动物可用四脚套索陷阱或落石式陷阱，更大型的可用弹性陷阱、尖刀阱或落石式陷阱。诱饵可选用动物的内脏——好奇心会驱使它们上当。

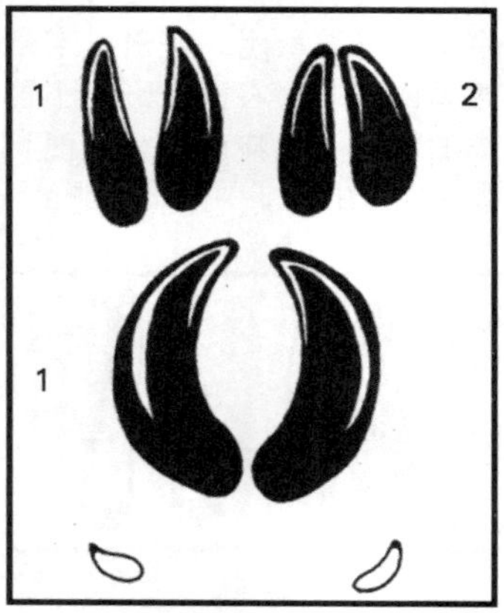

踪迹：两个长方形的偶蹄印。驯鹿则是明显的圆形蹄。如图所示，上面部分是牡鹿前后蹄印，下面部分是驯鹿的前蹄印。注意驯鹿偶蹄中的肉爪。行走类动物前后蹄相互重叠，奔跑类前后蹄间常有间隔。排泄物呈长方体形到圆球形不等，通常成堆。在温带地区，到了冬季它们的粪便会更轻一些，富含更多的纤维质。幼树的茎上有它们留下的擦疤、啃咬留下的伤疤等破损记号。

野猪类

野猪与其他猪类的体形变化很大。多数皮肤上生有刺毛，但都有着猪的体形。长鼻，两颗獠牙或其他类型的大牙在嘴部两侧各一颗。它们以家庭为单位群居生活于森林地带——但非洲野疣猪例外，它们更喜欢待在大草原上。尽管野猪没有鹿那样警觉，可是仍难以接近猎捕，除非是在热天里它们躺下来避暑时你才可能有更多的机会。留意倾听猪类打鼾声。育种期的雄猪和护仔的雌猪几乎不需多少外界刺激就会应战，单个人会很容易被它们击倒。**被獠牙咬中会严重受伤，尤其是经常会伤在靠近大腿的股动脉处，极其危险。**野猪肉味道鲜美，冬季时节会含有大量脂肪，但肉必须充分煮熟，以防寄生虫。

陷阱设置：结实的弹性四脚套索、落石阱、尖刀阱，布置在猎物经常出没的必经之道上。野猪的食性很杂，一切易得的食物都可用来作诱饵。

踪迹：偶蹄印，有点类似于鹿科动物。在松软之地，短边趾印与鹿类明显相区分。幼仔的点蹄更多。粪便经常不成形，但不会是细长条形，通常都很松软。乱糟糟的地面上有扒出的树根，泥泞之地有狭长形的动物打滚后留下的污渍，都说明了它们曾出没于此地。疣猪类有着很大、类似地洞的穴。

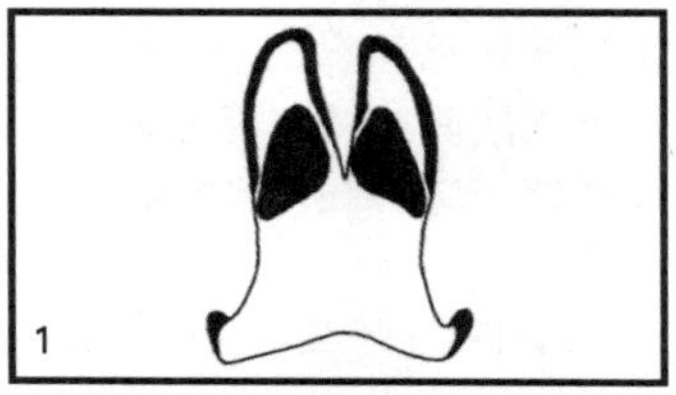

野骆驼类

广泛生长在中北非、东亚至中亚一线的沙漠地区，澳洲也有引进的——但要捕捉它们需要极为强固的尖刀阱或者弹射类武器。被激怒的骆驼攻击性很强，会在你的手和脸部以及身体其他部位留下严重的伤痕。

美洲驼类

南美野生动物，长毛浓厚。包括羊驼和驼马等。用对付羚羊的陷阱即可捕获它们。作为半家畜类动物，羊驼或驼马的出现意味着可能在不远处即有人烟。

貘类

生活于热带美洲以及东南亚原始热带丛林中的一类性情温顺的野生动物。有着松软的长鼻，体形近似无毛的野猪。可在它们出没的必经之路上设置四脚套、尖刀阱或落石阱。

兔类

分布区域极为广泛，从寒冷的北极地带到热带沙漠和丛林中都有。在大多数地区它们会成为陷阱的首位来访者——北极雪原和远东地区分布的长耳大野兔很可能会救了你的命。兔子多数生活于地洞中，常常大群聚集，生活路线很有规律——这对设置陷阱很有利。幼兔在受到惊吓时常会静卧不动，甚至用手就可将它捡起。野灰兔一般不常生活于地洞中，行动路线也无规律。兔类黏液分泌机能衰竭会导致许多病兔不得不生活于地面上。

陷阱设置：简单的四脚套索陷阱即可，不过弹性陷阱会使猎物离开地面，减少被其他动物偷食的可能。

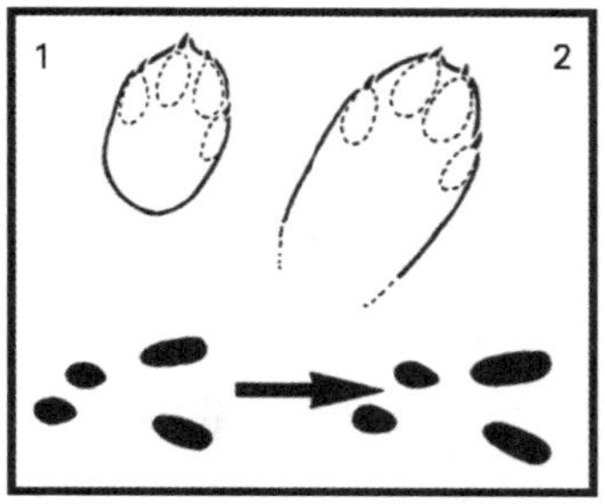

踪迹：有毛的脚掌即便在松软的地面也不会留下多少

危险

兔肉综合征： 兔肉是最容易获取的食物，但它缺乏人体所必需的脂肪和维生素。哈得逊湾公司曾经披露，其捕猎者尽管有充足的兔肉食用，许多人却不幸地死于兔肉综合征。

人体在消化兔肉时需要消耗自身的维生素和矿物质，其中有许多最终随着粪便被排出体外，因此必须不断补充这些营养物质，否则人体就会越来越虚弱，并出现另外一些缺陷综合征。因此食用兔肉越多，身体会变得越糟糕。其实哈得逊湾公司的那些捕猎者只需同时食用一些植物性食物就可以健康地存活下来。如果植物被积雪覆盖，生存者无意识中仅以易于捕获的兔肉为食时，这类悲剧不免就会发生。

兔类黏液分泌机能衰竭是一类病毒性疾病。在病发部位，尤其是头部，具有类似黏液腺发出的种种怪味，让人倒胃口，不过这类疾病不会感染人类。病兔行动迟缓，眼睛往往会变瞎。兔皮剥去以后，病兔的唯一症状是肝部出现白色小点。

兔子和许多啮齿动物都携带有土拉菌病。（参见啮齿动物）

具体线索。但可以利用其后腿长、前腿短的特征加以辨认。野兔前脚五趾，但最内一趾短小，几乎不留趾印，后腿细长，只有四趾。奔跑时后脚印会落在前脚印之前。兔类的粪便很小，坚硬呈圆粒状。被它们啃咬过的树支上会留有两道明显的牙痕。兔子砰然坠落之声犹如有人在击打垫子。

小啮齿类

动物王国中数量最大的类群，有时也是最易捕获的。大多数种类体形太小，陷阱不大适用。不同种类的足印不易区分。其中老鼠随处可见，分布范围极广。笼子陷阱可能会诱捕它们，不过，它们也有可能落入为捕捉其他动物而设置的落石阱中。**老鼠携带有许多病原，在去除内脏时要小心，不要把它们弄破了。**鼠肉应彻底烧熟。除了为生存者提供肉食来源外，鼠类并不受欢迎。如果它们贸然侵犯你的帐篷，要毫不客气地捕捉。

天竺鼠： 在它们生活的安第斯地区，可用水果或蔬菜叶作诱饵引诱它们。肉味鲜美。

水猪： 在热带南美部分地区的洼地中生活，体形大的与小绵羊差不多。以家庭为单位群居，水陆两栖生活。如果它们逃离的水路被切断，会惊慌失措地落入预先设置的陷阱中。瘦肉鲜嫩，味道鲜美。

豪猪类

生长在美洲、非洲及热带亚洲地区，种类繁多。有的还会爬树。生活在地面的一般行动蠢笨，因此可以很容易追寻诱捕它们。当心被豪猪刺伤。

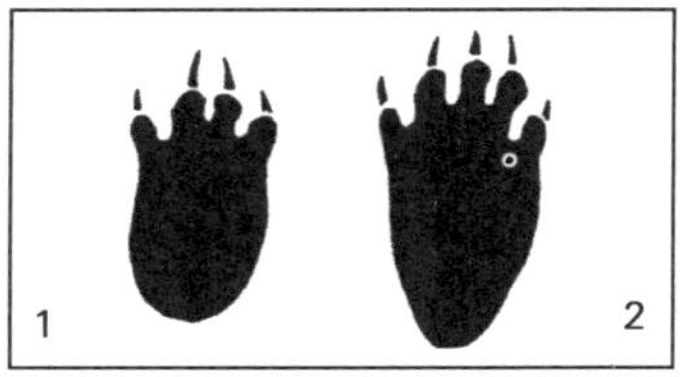

河狸类

体形矮胖，常在河堤上筑穴，水陆两栖生活。长着多鳞桨状的尾巴。生长在北美及北部非洲。沿着溪流奔走，日常路线很有规律，便于设置陷阱。肉质鲜美，尤其是尾部的。

陷阱设置： 在河狸经常出没的水面上拉上结实的罗网或绳套阱线。在其浮出水面咀嚼树木的地方设置尖刀阱或落石阱。

踪迹： 五趾着地，趾前有爪印，但经常地面上只能见到四爪印记，后趾呈网状圆形，较大的有15厘米×10厘米。留意堤坝边的洞穴，靠近水边的地面上散落着曾被它嚼碎的树苗残渣、树皮碎屑等。

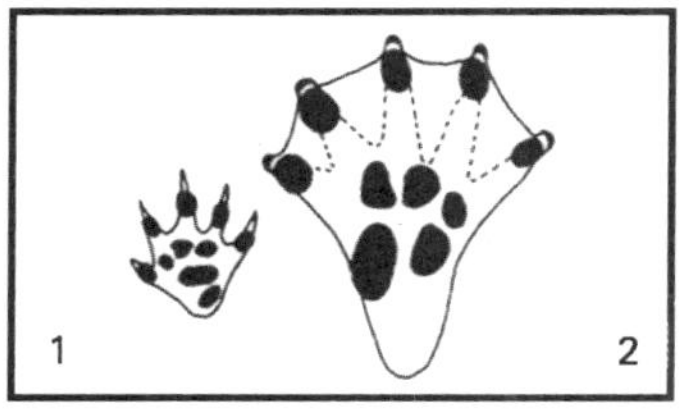

刺猬

性情温顺，主要在夜间活动，生长在欧洲、非洲东部至印度尼西亚一带。它们白天只待在十分隐蔽的巢穴中，在温带地区有冬眠现象。爬行速度很慢，很容易就可追上。有时你也会很容易抓获到卷成一团的刺猬。捉的时候要小心。刺猬常感染有寄生虫，肉应彻底煮熟，味道十分鲜美。皮毛很容易连同刺一起剥去。

陷阱设置： 尖刀阱一般用不上。可以布置落石阱——刺猬喜欢嗅闻奇异的障碍物。

踪迹： 五趾印，有长爪，通常只会见四爪印。

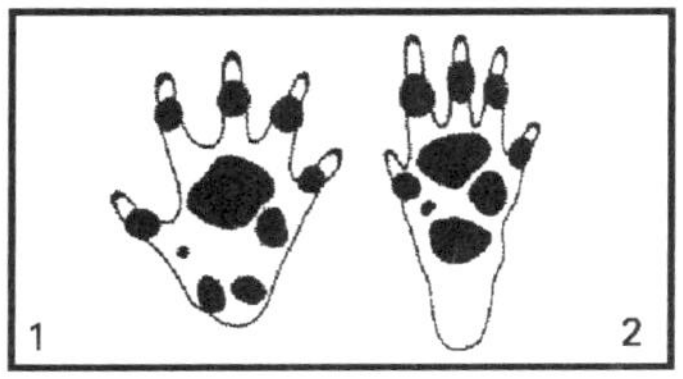

松鼠类

松鼠和草原犬鼠生长在除

澳洲和南北极地区以外的世界各地。在比较寒冷的冬季会冬眠。机警、敏捷，大多数日夜都活动，以坚果、浆果、嫩枝为食，有的也吃鸟蛋。搜索树洞里的松鼠巢穴可能会发现其幼仔——当心它们用来防卫的尖锐牙齿。在地面生活的居住于地洞里，经常大群生活。多数肉质鲜美。

陷阱设置：设置小型四脚套索阱，选择合适的诱饵，比如劈开的水果或鸟蛋等。捕猎树松鼠时，可选择一个5厘米直径的环形四脚套索，斜靠在它们经常出没的树枝上——这里是捷径，它们会不断地上当。

踪迹：前足四趾，细长，趾前有爪，后足为五趾。喜欢啃咬树皮，偷食坚果和树下的球形落果。在树枝之间可能会发现它们用细树枝搭成的窝巢。

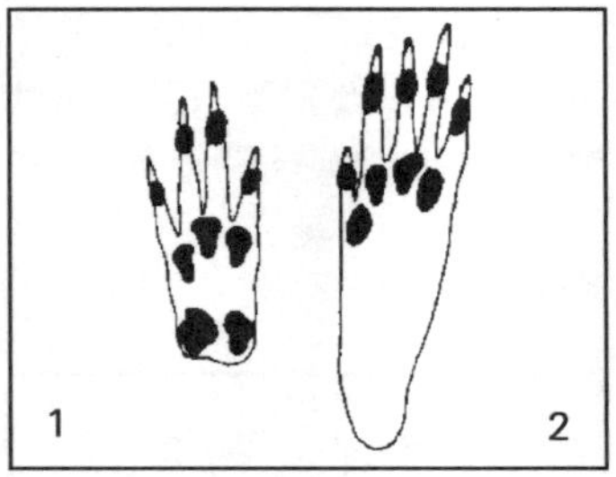

袋鼠类

包括小袋鼠和一些其他相关袋鼠，仅生长在澳洲、塔斯马尼亚及巴布亚新几内亚的部分地区。**当心，它们的前脚富有攻击力。**有的种类已适应了爬树。奔跑时速度很快，难以追赶。多数在夜间活动，有些以洞穴为家。平原袋鼠有时会出现于在远离水源的地区。袋鼠的肉相当不错，但是捕捉它们并不容易。

陷阱设置：选用落石阱或者四脚套索阱——不过选定合适的位置却十分困难。可以用水果、树叶或树根作诱饵引诱树袋鼠从树上下来。

踪迹：只会见到后足的两脚印，与大兔子的脚印有点近似，只是因为它们的前腿并不支撑体重，所以很难见到前脚印。

负鼠

生长在美国南部至南美洲一带。体形小，夜间活动的食腐类动物。在澳洲大陆有外形类似但亲缘关系很远的种类。善于爬树。负鼠馅饼是一道传统的美国菜肴。

陷阱设置：可选用多汁的水果或者蛋类做诱饵。它们的好奇心很强。

袋熊

性情温顺，体形似獾，生长在澳大利亚的桉树丛林及其他干燥地带。塔斯马尼亚地区也能见到。常在夜间活动觅食。陷阱可以按照獾类的设置。

浣熊类

体形似猫，尾巴呈粗条状，密生浓毛。在北美广泛分布。喜欢靠近水边的树林。北欧有引进的品种。好奇心强，习惯于夜间生活。出没于树林或岩洞中搜捕青蛙、昆虫、软体动物和其他一些小型哺乳动物。它们也以植物果类为食。热带拉丁美洲的食蟹浣熊是它们的近亲。

陷阱设置：选用带诱饵的四脚套索阱。

踪迹：五个长趾，趾前有清晰的爪印；前足印小而圆，后足印大，为长方形。

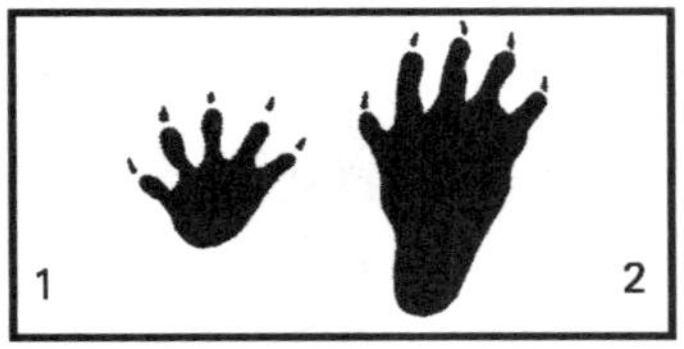

3.3 爬行动物

鳄鱼类

大部分的热带、亚热带地区都有分布。长1.3米以下的小鳄鱼可能会成为猎物，更大的就要避开了。它们外披坚韧的盔甲，有些鳄鱼，如生活在印尼海域的河口鳄类，体形十分庞大，性情凶恶狡猾，在它们出没的流域要小心防备。它们很善于伪装，能在水中很长时间静止不动，等待毫无防备的猎物进入它们的攻击范围。**它们的尾巴能够产生巨大的剪切威力，凶狠程度不亚于其利齿。**鳄鱼尾部的肉质鲜美。

陷阱设置：可用外包诱饵的三角木，被吞咽后它能卡住鳄鱼的喉咙。可以直接将三角木漂浮在水中捕钓鳄鱼幼仔，也可用线串起。用利刃和带有锋利边缘的棍棒可以杀死它们。

蜥蜴

希拉毒蜥和珠状蜥蜴性情温和，不过却有毒腺能分泌毒液（见“健康”章末的“危险的动物”）。所有的蜥蜴肉均可食用。大多数的蜥蜴生性胆怯，有些美洲大蜥蜴和巨蜥在受到攻击时会咬人，它们有着强有力的利爪。不要与巨型科摩多巨蜥过意不去（体长达2米），不过它们仅生长在印度尼西亚的部分地区。

捕捉时尽量去抓蜥蜴的尾巴。小蜥蜴可能会爬得很快，有时它们会落入陷坑中，也许在你的太阳能蒸馏器中就会发现它们。捕捉大蜥蜴需要设置适当的陷阱。

龟类

这类爬行动物的肉质都很鲜美，大部分时间都生活在海水或淡水湖中，产卵时会上岸。也有些是两栖生活的，其中箱龟甚至不会进入水中交配。在远海也会遇到海龟，那可是求生者意外的收获啊。

在水中用网或拖钩捕捉，在岸上只用棍棒挑翻让它们背部朝下就可以了——但要随时阻止它们翻身，也要防止被它们的利齿咬中。重击头部即可杀死它们。沿腹部剖开，扔掉内脏，切除头颈部（有些龟的颈部会有毒囊），龟肉应彻底煮熟。营养价值很高。龟血营养更为丰富。雌龟腹腔里的卵也可食用。乌龟的颈部很长，能回过头来——你必须稳住它。除去内脏后也可烧烤，但必须将外壳撕开。

踪迹：雌鳖或雌龟都要上岸产卵，会在沙滩上留下爬行的痕迹，一直延伸到龟蛋的埋藏地，但你可能必须深挖才能得到它们。煮熟后，它们可以保存好几天。

两栖动物

所有的青蛙肉都可食用，从迷你树蛙到非洲巨蟾等。非洲巨蟾腿肉的味道与鸡腿差不多。但有的皮下有毒腺，烹饪之前必须剥皮。它们喜欢在夜间活动，可以根据蛙鸣声判断所处的位置，一般都是在水边。用强光使其头晕目眩——用电筒或火把也可——然后用棍棒击中它们。白天也可用外包诱饵的鱼钩钓青蛙。大青蛙的腿肉尤其鲜美，与鸡肉不相上下。

蟾蜍体皮上长有令人讨厌的瘤腺，在远离水边的地面时有发现，但它们的肉味很糟糕，又有剧毒的皮肤腺，所以不要吃。

蝾螈和火蜥蜴，在水中或近水区域生活，可用同样的方法捕捉，肉味也还可以。

蛇类

一定要克服恐惧心理，必须熟悉蛇的生活习性。蛇肉鲜嫩如牛排一样。但不要轻易动手，首先必须保证自身的安全，并且确定没有毒，如果比较大或者没有好的装备，要小心对付。

巨蟒，长达10米，生长在非洲、亚洲及澳洲大陆、南美等地。它们的性情都比较温和胆怯，即便体积巨大，要吞咽一个成年人还是很困难的。蛇类很容易捕捉——但过于粗壮的巨蟒还是不要招惹为好，它们虽无毒腺，锋利的牙齿仍会把你咬成重伤。如果能撬开它们的下颚，要比拖动它们的身体更为安全。

蛇的隐蔽能力十分强，轻微的动作也会引发它们的警觉而迅速逃离。在热带丛林中穿行多天可能也见不着它们，不过有时它们就在你的身旁。

打蛇要打头部的7寸。先用丫棍叉住头后部，用另一重物猛击其头背部。对付树上栖息的蛇，可先用棍棒将它们击落到地上，以防万一。

全身卷曲、头部隐蔽的蛇很难对付。用丫棍夹住最粗的一圈蛇身，用另一根长棍将其全身拨动，找出头来，然后再击打。

一定不要用手捡蛇，或者过分靠近它们，除非确信它们已经死了。有些蛇，包括许多毒蛇，都会巧妙地假死。

3.4 鸟类

所有鸟类的肉均可食用，但有些肉质鲜美，有些则令人难以下咽。鸟类生长在世界各地——大海、荒漠、高山和极地——但并不都是很容易捕捉。

一般的捕猎对象包括野鸡、松鸡、鹧鸪、鹌鹑、野鸭、野鹅等，都是美味佳肴——但它们都很机敏，多数善于隐蔽。鸟肉要用文火炖才会松嫩可口，同时也能杀死寄生虫。海鸟可在处理干净后油煎，味道同鱼肉一样鲜美。

陷阱设置：容易落入圈套的常见鸟类包括鹰、隼以及食腐性鸟类如兀鹰等；容易暴露踪迹的常见鸟类包括野鸡和海鸥等。

鸟笼阱、落石阱、弹性四脚套索都可用来捕鸟。放在树枝之间带有诱饵的绳套可能会捕捉那些来这里栖息的鸟。在森林地区可将陷阱设置在空旷地带或河岸上。水果、浆果或肉类都可作诱饵。多数的鸟体重都很轻，所以布置陷阱要十分精巧。

也可用拴着诱饵钩的线或卡喉针诱捕它们。

小鸟会轻易上当，被诱饵所吸引。但在附近伪装一个猫头鹰造型效果会更好，好奇的小鸟会不断来攻击它——甚至外形很凶猛的造型也照样管用。

踪迹：除有蹼的趾鸟类外，大多数鸟类的足印都很相似，通常只能提供有关鸟儿大小的信息，少数特殊种类的鸟例外。然而，在沙漠或雪地之中，鸟类的足迹对于找到它们的隐蔽之处很有帮助。鸟鸣及飞行中的鸟类也能帮助你判断出它们的行踪。报警的鸣叫，暗示附近有其他动物。相当多的粪便意味着此处可能是它们夜间栖息之地。

秋季换羽：到了秋季鸟类会全身换羽，有段时间无法飞行，或仅能短距离滑行。有些鸟类，尤其是野鸭、野鹅和其他常见的野鸟在这时很容易捕捉。如果不是在水面上，你很可能直接追上并捉住它们。

鸟巢：很容易从地上的鸟巢中捡到鸟蛋——许多鸟巢里都会有一小堆鸟蛋。小心靠近——慢慢爬行而不是大踏步——用石块砸或棍棒打，很可能会捉到巢中的野鸟。

有些鸟类，比如海鸥，会誓死固守自己的巢穴。如果单人闯入群集的鸟巢群中，很可能会受到攻击。

洞穴巢：海燕等一些鸟类都在洞穴中做巢，它们的巢通常位于人迹罕至的海崖峭壁及岛屿上。它们白天整天在海上觅食，夜间回归洞中栖息，这时可以捕捉它们。

不会飞行的鸟：鸵鸟（非洲）、三趾鸵鸟（南美洲）和食火鸡（澳洲）。它们体形巨大，不会飞行。对付它们也得小心——尤其是鸵鸟，被它踢中会使你骨折。这些鸟儿的种类和数量都相当稀少——但鸟蛋很大，也很易贮存。蛋壳还是有用的容器。

3.5 昆虫类

昆虫是野外求生者最可靠的动物性食物资源。尽管体形小，但它们分布广、数量多，能保证你采集到足够的数量。

同重量的昆虫比蔬菜所提供的营养价值要高得多。昆虫体内也富含脂肪、蛋白质以及碳水化合物，它们也许会成为救命之物，尤其是幼虫——肥厚多汁的幼虫。你很快就会克服那种恶心和呕吐的不快感——要记住有些人还把它们当作上等佳肴呢。一定要把它们当作当然的食物，然后才会自觉地食用。

采集

最有营养价值的是白蚁、蚂蚁、甲虫、蚱蜢、蝗虫、蟋蟀、蜜蜂、毛虫以及各类水生昆虫等。

多数昆虫在天气炎热时都不活动，不过下雨时会外出，寻觅湿气。在树缝、角落和各种隐蔽阴暗的湿地都可以找到它们。蚁巢十分容易辨认，附近常会出现松土。

甲虫的蛴螬长有三对小腿，通常为苍白色，体形多变，小至刚孵化的极小的幼虫，大至长15.5厘米的多汁“香肠”。在树皮和残枝上都能找到它们。有些热带棕榈树和竹子上最为常见。如果用工具可以将树皮砍去，然后就能发现它们。

采集那些仍然活着的，将已死或病弱的抛弃。气味刺鼻难闻或者手拿时刺激皮肤的也不要。

搜寻昆虫时要小心，它们的栖身之地常常是一些不受欢迎生物的隐身之处，比如蝎子和毒蜘蛛，或者体形更大的毒蛇。

烹制

多数昆虫都可以洗干净后生吃，这样可能更有营养，但经过烹饪后，味道可能更鲜美。煮沸最安全，可以彻底杀死细菌和寄生虫，但如果没有合适的容器，烤着吃更方便——只需放在发烫的岩石或火上烤一烤就可以了。

食用前必须除去大型昆虫如蝗虫、蚱蜢和蟋蟀的小腿及翅膀。腿毛会刺激甚至阻塞消化道。某些幼虫的纤毛会引起皮疹。如果吃带毛的幼虫，可以只挤出肉质的内含物——不要吃它的外皮。将甲虫的装甲式的外壳也要去掉。

像蚂蚁、白蚁等小昆虫可以先捣碎成糊状，烹烧或烤干制成精粉，用作食物添加剂，还能贮存。对于不习惯于吃虫子的人来说，虫粉也许更容易接受，尤其是制成汤或与其他食物混合后食用。

白蚁

生长在全球的温暖地带，营养丰富、味道鲜美。多数都只食用植物，但大白蚁有尖利的口器，可以食用任何猎物。用嫩枝插入蚁穴，轻摇慢搅，白蚁会咬住嫩枝，然后就被牵出来了，但是用这种方式不可能收集到很多。

白飞蚁和白蚂蚁在雷雨中长出翅膀，大量散落在树叶和嫩枝上，此时很容易收集。

警告

不要收集那些以废物、腐肉或动物粪便为食的昆虫——它们很可能会使你染上疾病。

牢记：颜色鲜艳的昆虫——包括它们的幼虫——通常都是有毒的。

避免：在叶子下面发现的幼虫——它们常常隐含有毒液，味道难闻的和黏糊的昆虫可以用作鱼饵。

当心：大甲虫有着强有力的口，捉它们时要小心。

在食用前要除去大白蚁的翅膀。它们可以煮或油煎，但生吃会更有营养。蚁卵的营养价值也很高。

采集：白蚁群能堆起很大的土堆，常常高达几米。蚁巢里充满孔状通道，四通八达，被分隔成了无数小室。尽管像岩石一样坚硬，还是可以用石块或木棒捣成碎土块，然后灌入水，白蚁就会被迫爬出来。

将蚁巢土块放到火堆中会烧烤出芳香气味，从而驱赶蚊虫。也可以放在火上整夜慢慢烧，保存火种。

在捕鱼时，可以在水面上放一块蚁巢，落在水中的白蚁是很不错的诱饵。

蜜蜂与黄蜂

所有的都可以食用，包括蛹、幼虫和成年蜂。蜜蜂还能提供蜂蜜，这是自然界最好的馈赠——很容易消化而且营养价值很高。但是不易采集，蜜蜂会誓死守护自己的蜂巢。白天工蜂会飞到巢外觅食，但夜间都要聚到巢中，这时便可捕捉。用野草制成火把，点燃后靠近蜂巢，使巢内充满了浓烟，再封堵出口，这样就可以杀死它们，安全地获取蜂蜜，再加一顿美餐了。将蜜蜂的腿和翅膀以及尾刺除去，煮或油炸后食用，用来改善口味。

可从蜂巢内取出蜂蜜，即便变干发硬了，也能贮存好几年。饮用蜂蜜可以立即增强体力。因为人体可以很快吸收蜂蜜，因此，在精疲力竭时蜂蜜是最有效的补充剂。蜂房可以食用，其中的蜂蜡是很不错的防水材料，缓缓熔化后可制成蜡烛。

在有些地区，蜜蜂体内含有积聚的植物毒素，直接食用有点冒险。只有在蜜蜂仅仅依赖单一植物的地区，例如杜鹃花分布密集的喜马拉雅山区，才会出现这种危险。特殊的气味会暗示你，若有疑问，可用鉴别食用植物的方法和程序加以辨别。

黄蜂比蜜蜂更危险，不过它们属于另一种群，并且不产蜜。收集与食用方法同蜜蜂类似，但要更加小心。有时还能遇到无蜂巢的蜂群。

蜂巢位置：黄蜂的巢穴常常在树枝上，外形类似一只足球，也有的呈梨形，进出口在底部。蜜蜂的蜂巢多数在中空的树洞或悬在岩石上。

大黄蜂

属于群居的黄蜂。如果在成年黄蜂没有发觉前先找到它们的巢穴，那么就会获得丰厚的食物了——幼蜂和蛹的营养价值都很高。**但是要小心，大黄蜂会誓死保卫自己的巢穴。**它们见到什么咬什么，令人疼痛难耐。除非已经陷入了绝望之中——实际上大黄蜂出没的地方食物一般都很缺乏——否则还是先找找那些更安全的食物。

大黄蜂有两大类：白天活动的和夜间活动的。白天活动的可用捕捉蜜蜂的方式夜间捕杀，夜间活动的也可在白天捕杀，但被它们蜇中疼痛难耐，因此最好不要招惹。

蚂蚁

蚂蚁可以迅速收集残余的废料，据此就可寻迹找到它们或者它们的巢穴。当心，被大多数的蚂蚁咬伤都很难受，被大型的丛林蚁咬中，剧痛会持续至少二十四小时。可以捕捉小蚂蚁。

有些蚂蚁，膨胀的腹部充满了琼浆玉液，一般称为蜜蚁或糖蚁，味道十分鲜美。

警告

被有些蚂蚁咬中后犹如被荨麻刺扎过一般，有些蚂蚁能喷射蚁酸。因此，必须至少烹煮六分钟才能去除毒性，安全食用。

蝗虫类

所有的蝗虫都有肥厚的身躯和强健的肉腿。有些体长15厘米。在有些地区分布众多。

用茂盛的树枝或衣物拍打捕捉，将翅膀、触角和腿刺除去，洗净就可生吃或者油炸。油炸既可以杀死存在的寄生虫，而且味道更鲜美。

水生昆虫

淡水中会生存着水甲虫、蜉蝣、石蝇、石蚕蛾、豆娘蜓、蜻蜓及其他一些水生昆虫的成幼虫，均可食用。

用一细密的东西——衬衫或其他透水好的衣物竖在水中做“网”，如需要可用木棍支撑。从水的上游搅动，使水流带起水底的浮游昆虫向下游的“网”上冲去。如果不想下水，也可以用棍棒搅动水面。

从水中收集到的昆虫最好完全煮熟再食用，避免水源曾受到寄生虫等污染所带来的危害。

3.6 蜗牛 / 蠕虫类

也不应该忽视蜗牛、蛞蝓、蠕虫以及类似的软体小生物。蜗牛肉被许多的美食家称作美味佳肴，大多数人都会毫不犹豫地吃水生软体动物，如贻贝、牡蛎等，但是却认为蠕虫应该只是鸟类的美食。只有鲜活的水陆生蜗牛以及其他的软体动物才值得去捕捉收集。**但是有几种软体动物具有毒性，食用可能有危险。有些尽管自身无毒，但体内可能聚集了许多对食用者有害的毒素。所以食用前必须将毒素清除干净。**

蜗牛类

在淡水、咸水甚至荒漠地带都有。在非洲地区有的巨型蜗牛长达20厘米。蜗牛的体内富含蛋白质和矿物质。不要采集那些外壳色彩艳丽的——它们可能有毒，尤其是在热带水域中的海螺，喜欢玩各种花样，如果不能确保自身安全，就不要招惹它们。例如在太平洋及菲律宾海域中生活着一种鸡心螺，具有毒刺，能够分泌剧毒的汁液。**有些甚至是致命的。**

将活蜗牛饿几天，或者仅喂食一些无毒的绿叶，就能将体内的毒素排泄干净。在煮前将蜗牛放到盐水中，促使其将内脏中的脏物吐净，煮10分钟，并加一些香草调味，肉质会更鲜美。

冬眠的蜗牛如果壳口没有张开，也可食用。

蛞蝓

蛞蝓没有壳，外形类似蜗牛。捕捉及烹制方法同蜗牛类似。

蠕虫类

优质的蛋白质含量很高，含有人体必需的多种氨基酸，很容易采集。食用前先饿几天，或挤榨蠕虫身体以排出其体内的废物。可以晒干或风干——方法之一就是将它们放在发烫的岩石上晒干揉成粉，然后在需要时，混入其他的一些食物中，这样也许更易于接受。晾干后也可以保存较长时间。

3.7 危险

病菌携带者

蚊子、扁虫和其他的昆虫携带着大量的病菌，食物或水中可能有许多看不到的寄生虫或者它们的卵。大量的水生传染疾病甚至比动物的攻击还要可怕。

应对危险

直接被动物攻击的概率十分微小，但同大型猛兽相遇极为危险，一定不要招惹它们。其实，一旦相遇，它们也同样会感到吃惊。必须很好地自我控制，否则你可能无意中就唤醒了动物的攻击意识。

突然间与猛兽正面相遇——你很可能会倒吸一口冷气。但切记，缓缓后撤，并且口中念念有词。在多数情况下猛兽也会同样后退。不要突然间移动，记住动物能察觉你的恐惧心理——许多猎手都因忘记了这一点从而丧了命。竭尽全力保持平静。

如果猛兽开始攻击你，这是说明你堵住了它的退路，那么就主动让开。

如果猛兽成心要和你对抗，而你又没被吓呆，就选择“之”字形路线逃跑——猛兽只会直线攻击，它们的视野十分狭窄。

经验丰富的肉食性猛兽，如狮子和老虎，对于运动的物体极为敏感，不过它们的色彩分辨能力很差，而且难以分清静止不动的物体。如果它们还没发现，最好沉住气潜伏不动。

大叫和夸张的骚动可能也会吓跑肉食性动物。

朝大树跑去是最后的选择——但是如果动物穷追不舍，你可能会在树上待一段时间。但愿不要很不走运选中多刺的树木。惊慌失措可能使你受到更大的伤害，那可就更麻烦了。

4. 海滨植物

1

2

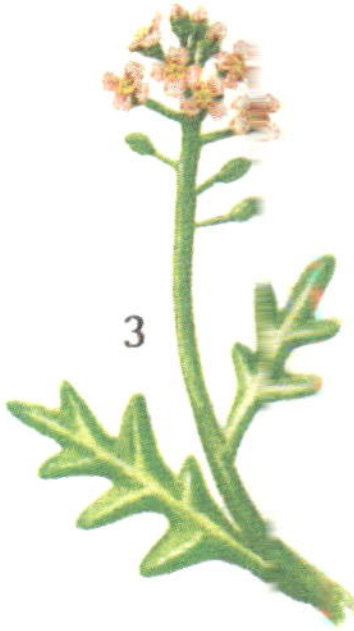

3

4

5

生长在海滨的植物多数喜欢高盐分的土壤。不过，在适当的季节中，也可以发现许多其他少见的可食用植物在海边附近生长。

1.滨藜属：平均高90厘米，灰色茎。梭形或三角形灰色叶，花穗上着生白绿色小花。喜欢生长在盐碱地中，在内陆地区也分布着一些品种。嫩叶烹制后可食用。

2.海甜菜：蔓生，茎红色，角质暗绿色叶片，叶梗很长。绿色小花，簇生于叶腋。生长在欧洲海岸地区，叶片可以生吃或煮熟。

3.海马康草：高约30厘米，蓝绿色肉质叶，有裂口。淡红或紫色花，豆荚卵形。肉质叶和嫩豆荚均可生吃，或作为炖菜调料。

4.海蓬子：常常蔓生在盐碱地中，节状黄绿色茎，高30厘米左右，许多棵密生在泥泽地中，单根茎高约15厘米。茎顶端着生微小的黄红色花，几乎看不见。岩海蓬子：外形似灌木，株茎矮胖，伞形花序，黄色花，花序直接生长在茎顶端。它们生长在鹅卵石以及悬崖上。厚实无毛的胖茎与肉质的灰绿色叶均可以生吃，烹烧后可以浸出汁液。

5.辣根草：平均高25厘米，暗绿色的肉质叶，心形，小花白色或粉红色。广泛分布在海岸附近。苦涩味十分浓郁，最好先在清水中浸泡，求生时就顾不得这些了。维生素C含量很高。

6.海甘蓝：与萝卜相似，灰绿色肉质叶，四瓣白花，球形豆荚，分布在欧洲的海岸。叶片比较粗糙，最好烹制后再吃。地下茎，撕成碎片，完全煮熟再吃。

7.海滨刺芹：高约60厘米，冰蓝色叶片，白色叶脉，叶尖部为蓝色。广泛生长在欧洲的北部地区。长长的根，挖出后撕碎，再煮熟。

8.婆罗门参：蔓生草本植物，灰蓝绿色的肉质小叶，舌状，对生，茎顶端簇生粉红色到蓝紫色的五瓣花，生长在北欧的海岸地区，叶片可以生吃或烹制。

9.苏格兰拉维草：具有芹菜的香味，高约90厘米，紫色的茎，亮绿色的叶子，微小的白色花头，分布在北欧的海岸地区。叶片中维生素C含量很高，可以生吃，也可将嫩叶和茎加到其他食物中烹制。

热带海滨植物

基本由棕榈属各种类组成，在旧大陆的热带地区也可找到。

□**露兜树：**因具瘦长螺旋式着生的叶片而得名。树干基部有突出的气生根。在海滨全年都可收集到球形、多瓣的水果，有些品种的果实还相当不错。

□**野李：**在近海岸地区，也可以发现。

□**酸李：**通常是有刺的小乔木，黄色浆果形似李子，内有可食的紫色果髓。热带地区分布有许多相关品种。

其他的还有**西番莲**的果实——常生长在热带美洲近海岸地区，以及具肉质茎的**海滨马齿苋**——生长于近海岸和盐泽地中，整株都可食用。

6

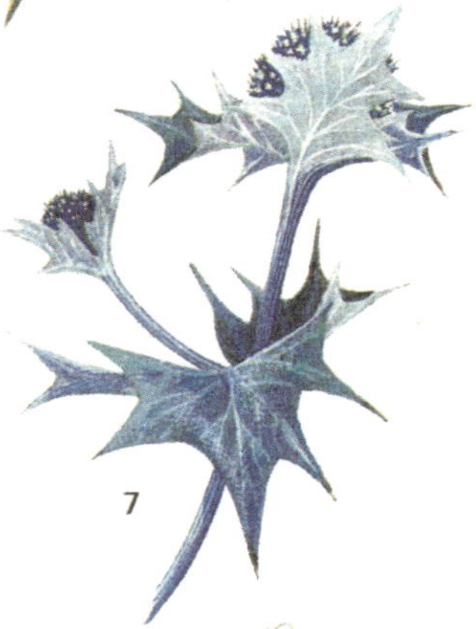

7

8

9

5. 海草和海藻类

多数的海藻都生长在浅海域，附着在海底或岩石上，但在深海中也有一些漂浮的藻类。生长大量海藻的海边，水面常为蓝绿色。到了浅海区就变为红色，更深一点的海域水面表现为棕色。

1.海莴苣：整株为淡绿色，类似栽培的莴苣，生长在大西洋及太平洋海底的岩石上，尤其是在河水的入海口。洗干净后煮熟即可食用。

2.肠藻：绿色，肠状，最长达50厘米，常见的短些。生长在海边浅水池中的岩石上，或者在盐水沼泽中。整株均可食用，也可晾干后贮存。早春时的肠藻营养价值最高。

3.巨藻：圆柱形的短茎，藻带扁平呈波浪形，橄榄绿到棕色，比较长，生长在大西洋和太平洋海滨的多岩石地区。可以生吃，最好煮熟再食用。

4.鹿角菜：紫色到橄榄绿色叶，杈状，分枝多，常分布在大西洋海岸边到浅海底。洗净煮熟再食用。藻叶晾干也可贮存，放在阳光下暴晒，直到出现白色盐迹为止。

5.糖藻：黄棕色藻叶，长而肥厚，紧紧附着在岩石上，生长在大西洋、中国及日本的海域。嫩藻叶可以生吃，煮熟后味道更好。

6.掌状红皮藻：扇形藻叶，多裂口，紫红色，短藻茎，生长在大西洋及地中海地区。革质藻叶，有甜味。晾干后咀嚼，味道如同烟叶。

7.紫菜：不规则薄片状藻叶，红色、棕色或淡紫色，分布在大西洋和太平洋海域。煮到变软后捣成糊状，同谷物混合制作蛋糕，味道相当不错。

海藻中维生素和矿物质含量很高，是理想的求生食物。这里介绍的几种都很常见，可以放心食用。

尽管海藻无毒，但有些品种含有机酸，会强烈刺激消化道，有些品种会导致严重腹泻。如果不能十分确定是否可以食用，每次只食用少量。即便是能够食用的藻类，在开始时每次也尽量少吃，直到肠道完全适应。如果缺少淡水，就不要食用海藻。如果条件允许，可先将它们放在淡水中清洗，这样可以除去部分的盐分。

选择那些生长发育良好、附着牢靠的藻类，不要捡取被潮水冲上来的“次品”。闻起来有异味或很难闻的都不能食用。用手指碾碎一小块藻叶，静置几分钟，有刺激性藻酸的藻类会释放出让人难受的气味。所有的海藻在离开海水后如不及时晾干，很快就会腐烂。采集后要尽快食用，或晾干保存。

淡水藻类

8.念珠藻：生长于北美和欧亚大陆的淡水藻类，球形绿色叶，生活在池塘中，常常紧贴着岩石生长。晾干后可用作增稠剂。**只有呈亮绿色新鲜的念珠藻才可以食用。所有的蓝绿藻都不要食用，它们有毒，常常在静滞的淡水池中漂浮生长。蓝绿藻叶片咀嚼时味道同青草相似，可采用这种方法识别。**

6. 根与块根（Ⅰ）

根与块根是价值相当高的求生食物。它们营养物质含量很高，尤其是淀粉。如果怀疑被污染了，要彻底煮熟。

1.拳参或结结草：平均高为30～60厘米，狭长的三角形叶子，细长的花穗，白色或粉红色，生长在荒草中及林区，在极北地区也有分布。根部要浸泡才能除去苦涩味，然后烧烤食用。

2.春美草：平均高15～30厘米，卵形长叶，对生，白或粉红色小花。挖出块根，剥皮后煮熟食用，嫩叶也可以食用。富含维生素A和C。

3.银委陵菜：体小，匍生，叶序上对生着小叶，背部呈银白色。细长的花茎顶端着生单朵黄色五瓣花，多生长在潮湿地带。肉质根可以生吃，但是最好煮熟后食用。叶片浸液后外敷可以治疗痔疮，内服可以治疗消化不良。

4.野豌豆或甘草根：匍生，高约30～60厘米，卵形小叶，对生，淡黄绿色花朵；生长在草地、灌木丛和沙地中。根部可以生吃，煮熟后味道类似胡萝卜。

5.野防风草：多毛，气味刺鼻，平均高1米。齿形的叶子，顶端簇生复伞形花序，黄色小花。生长在荒野的草丛当中。根可以生吃或煮熟后食用。

6.聚合草：粗糙，绒毛多，高达1米。梭形叶生至茎部，米黄色或紫红色的钟形花。生长在潮湿阴凉的沟渠边。根可以生吃或煮熟后食用，其他部分可以药用（参见“健康”部分的“天然草药”）。**不要同毛地黄相混淆。**

7.婆罗门参：生长在欧洲，紫色花，根部长而肥厚，可以作为蔬菜。平均高60～90厘米，长叶，片包茎，顶生较大的独立的、类似蒲公英的花朵。生长在干燥的荒地中，嫩叶可以煮熟后食用。

8.罗丝草：多毛，植株较低，花朵为浅玫瑰红色，黄色的肉质根可生食或烹煮，生长在北美的苔原地区。

注意：有些罗丝草有毒。

秋冬交接时，植物根部所含的淀粉最多。在春季，有些根中的淀粉会转化成糖从而维持其生长。有些可食用的根，直径达几厘米，长约一米多。块根是根部的特殊贮藏器官，多肉质且膨大，可以维持很长时间。另外不要忽略可食用的球茎，如洋葱等——不过要小心，有些球茎有毒，包括北美的一种似鸦蒜的棋盘花。

许多种块根烤熟后味道更佳。先煮使之变软，然后放在火边烧烤。有些植物的块根，包括蒲公英和香根莎草的根茎，烤干碾碎后是咖啡的很好替代品。还有些如水芋，可碾成粉，作为面粉食用。

聚合草的根尤为有用。它的淀粉含量很高，煮熟后同煅石膏一样坚硬，可用作理想的骨折“石膏”夹板。

根与块根（II）

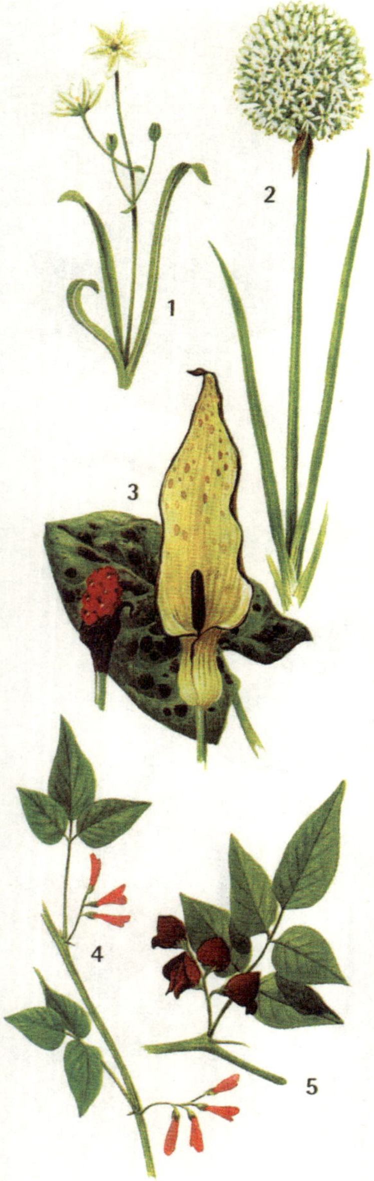

1.虎眼万年青或七瓣莲：平均高为10～30厘米，草状的叶包茎。从根部长出白色的细长中脉，顶端为白色六瓣花，每片花瓣上有条绿色的带子。生长在野外的草地。**根生吃有毒，必须彻底煮熟。其他部分都不能食用。**

2.鸦蒜：分布广泛，具有特殊的气味，很容易识别，细长草状叶，基生，顶生着球状花序，成簇的六瓣花，粉红色、淡紫红色或白色。球茎可食，有时深达25厘米。

3.斑叶阿若母或延龄草：高约15～40厘米，叶子呈暗绿色，箭状，叶上有时长有黑色的斑点。紫色的指状花，外包一浅色的叶状兜帽；里面长有红色浆果。生长在欧亚大陆的树林阴凉的地方。**根部生吃有毒，必须煮熟,其他部分均不可食用。**

4.同株二型豆：生长在北美的潮湿地区，对生，藤状细茎，淡绿色卵形叶，淡紫色到白色的花朵。取出地下棕色果荚里的果仁，煮熟食用。

5.野豆：较小，藤本茎，卵形叶，顶端渐尖，浅绿色小叶，栗色到棕色花朵，生长在北美的潮湿树林地区。小块根剥皮，烤熟或煮熟食用。

6.朝鲜蓟：形状像向日葵，茎秆较高，有毛，卵形的叶大而粗糙，圆盘形黄色花序，生长在北美的野外，后被引进到各地。块根烹煮后美味无比。不用剥皮，否则营养成分就会损失。

水生和生长在水边的根

7.野水芋：较小，长秆，心形叶，黄红色花穗从叶状淡绿色佛焰苞中长出，有红色的浆果，总是依水而生。**根部生吃有毒，必须煮熟，其他部分不能食用。**

8.慈姑：水生，平均高30～90厘米。大叶，形状多样，尖箭形到圆棱形不等，有时水下长有带状叶。三个花瓣，呈心形，总是依水而生。块根可以生吃，但煮熟后味道更佳。

9.菱角：水生，菱形浮叶，生长在水下，羽状分裂，广泛生长在欧亚大陆的淡水中。坚果呈灰色，2～5厘米，有两个角，生吃或煮熟后食用。

最好将所有可食用的根先煮熟，然后再食用，因为有些根生吃有毒，这包括人们熟悉的热带木薯和芋头，还包括许多温带的。多数根也只有煮到变软后才更适合食用。先在清水中洗净，然后煮到变软即可食用。有些类似马铃薯的块根，外皮附近包含维生素和矿物质，因此，不要剥皮。先切成片状，熟得更快一些。用尖棍子测试是否熟透，如果很容易刺破，就可以食用了。

7. 水果（Ⅰ）

1

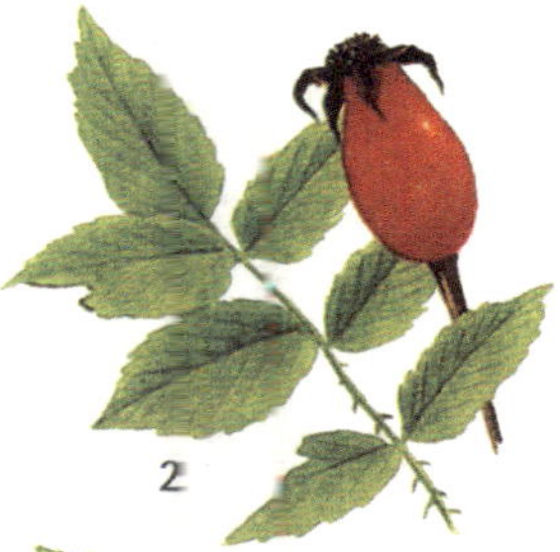
2

3

4

5

从夏季开始，求生者的主要食物来源逐渐就变成野水果和坚果了，它们多数是耕培品种果树的野生近亲，外形也很类似。有的分布甚广，甚至能在偏远北方的苔原地区生存。

1.小檗：生长在灌木丛林及干燥地带，高3米，卵形叶，黄花，茎上轮生着三个尖的刺。亮红色的浆果酸味刺鼻，维生素C含量较高。

2.野玫瑰：生长在多数的温带地区，外形类似花园中含苞待放的玫瑰。茎上有刺，白色或粉红色的花。成熟的果实为亮红色，是所有浆果中维生素C含量最丰富的。咀嚼果实吸取果汁，或者捣碎后煮，熬成糖浆。

3.悬钩子或野生黑莓：广泛生长在灌木丛林及野外的荒山之中，叶有齿，白色花，有时呈淡紫红色，茎上长有倒刺。果实成熟时呈紫黑色，味道甘甜可口。所有的果实都可以生吃。有倒刺的茎可用来从地洞中钩出多毛的野兔。

4.露莓：类似黑莓，但果实更小，籽粒也较少。

5.泡草莓：较小，匍生，生长在树林草地之中。果实类似栽培的草莓。翻开叶片后，就可以找到鲜嫩甘甜的浆果。有些生长在高山上。浆果的维生素C含量很高，新鲜的洗净后生吃最佳。

6.山楂：有刺小灌木，生长在灌木丛林及野外的荒地，羽状叶，深缺口，花枝上簇生白色或淡粉红色的小花，在秋季长出亮红色的浆果。果肉酸甜，呈米黄色，可以生吃。嫩茎的顶端也可以食用。

7.海棠果：有刺的小灌木，生长在灌木丛或树林中，卵形叶，边缘有齿，下垂，花枝为棕红色，顶端着生白色、红色或淡紫色的花。果实类似小苹果，但较为苦涩。可以切成薄片，晾干贮存。**这种黄绿色（有时变红）的海棠果富含果胶，过多食用会导致腹泻，最好与其他水果一起烹制。**

8.野樱桃：广泛生长在丛林地区，高达24米，淡绿色到红色的小叶。树皮通常为棕红色，有亮泽。白色或粉红色的花。根据种类不同，果实呈红或黑色，有些果实有酸味。

9.黑刺李：大型的灌木，高4米，嫩枝呈黑褐色，有长刺，叶卵形，花白色。生长在欧亚大陆的灌木丛林中，蓝褐色的小浆果，酸味很浓，煮沸后冷却即可制成果冻。

水果可以提供人体必需的营养成分，尤其富含维生素A、维生素B2和维生素C，它们也是动物和鸟类最为重要的食物来源之一——因此，能够找到野果的地方，也就会发现动物的踪迹。

6

7

8

9

水果（II）

1

2

3

4

1和2包括欧洲越橘、蔓越橘、越橘和黑果越橘：广泛生长在北半球温带地区的沼泽和苔原地区，有时在森林地区也有生长，种类繁多，但都属于木本的灌木，卵形的小叶，小球状花，呈白色到粉红色或绿色。蔓越橘多生长在潮湿的沼泽地带，越是接近沼泽，长势越好。高山荚（图2）生长在山间的荒野。球形浆果，有的呈褐色（图1欧洲越橘），有的呈深蓝色（黑果越橘）或橘红色（蔓越橘）、红色（越橘），生吃或烹煮，也可晾干贮存。木质的茎是很好的燃料。

3.美国稠李：北美的灌木,高2.4米，一般较矮。梭形的角质叶，叶缘有齿。五瓣花，白色或粉红色，多生长在森林或沼泽地带。红色、绛紫色或黑色的球果轮生在果柄上。可以生吃、晾干或者制成果冻。**小心不要同有毒的鼠李混淆。**

4.欧洲接骨木：生长在灌木丛林中，高达7米，卵形叶有齿，前端渐尖，复伞形花序上簇生着白色小花。成簇生长的球形紫黑色浆果，最好煮沸后制成糖浆。**接骨木属还有许多类似的品种，果实均可食用，但是不要食用有红色浆果的小接骨木类，它们可能有毒。**

5.杜松：生长在高山及北半球地区，木质灌木，高达5米或倒卧生长，有灰绿色的针形叶。嫩的绿果有毒，成熟果实深黑色，最好同其他果实一起烹制。

6.欧洲花楸：在森林及多岩地区很常见，高15米，树皮呈灰色，光滑。对生复叶，边缘有小齿，白色花。簇生小果，成熟时呈橘红色，可以食用，具有刺激性的酸味，煮沸后可以制成果冻。

7.野桑树：一般高6～20米，卵形叶，有时有深裂口。柔荑花序着生在叶腋部，浆果呈红色或黑色，像大黑莓一样，可以生吃。广泛生长在温带多林地区。

8.野葡萄：蔓生，向高处生长，心形大叶，有较大的裂口。绿色花，成串浆果，成熟时呈亮紫色。广泛生长在温带地区。嫩叶煮熟后也可食用。

果实贮存

新鲜浆果采摘后很快就会变质，不过制成果冻后，就可以保存。多数的果实含有果胶，在煮沸冷却后很容易形成果冻。

果冻制法

先将浆果煮熟，然后用温火，直到成糊状。有些果实果胶含量少，可额外加一些富含果胶的浆果，如海棠果等。煮熟也杀菌。缓慢冷却，保持干净。如果可能，贮存在密闭容器中最佳。

有些浆果可以晾干保存，这可能要一周到十天。把一层果实铺在布上，但不要直接在阳光下暴晒，避免任何湿气——雨水或露水。

5

6

7

8

8. 坚果

1

2

3

4

5

1.松树类： 常见的裸子植物。常绿的针形叶，簇生于短枝上，生长在多数的温带及其北部地区。成熟的松果中有种子，可以生吃，不过烤熟后更香，也便于贮存。嫩松果煮熟后也可食用，嫩叶和树皮也能食用。

2.核桃： 高达30米，对生复叶，狭长小叶，多齿，树皮多皱褶。成熟的坚果呈棕褐色，外包绿色厚皮。生长在温带地区。一棵树可结核桃58千克，每公斤核桃果实含有6600卡路里的热量，含18%的蛋白质，60%的脂肪。

3.灰胡桃： 另一种产于北美的核桃树亲缘品种，树更小，树皮的颜色更灰暗，坚果外有厚实的浆果状外壳。

4.美洲山核桃： 树高36米，树皮呈黑色，隆起，对生小叶。生长在北美潮湿的地区。卵形薄壳果实，富含脂肪，比其他所有植物都多。

5.榛子： 高大灌木，生长在山坡野地。卵形至心形叶，边缘有齿，棕黄色柔荑花序，果实富含营养，外被叶状多毛卵形外壳。

6.甜栗： 高5～30米，角质大叶，长条形，边缘有齿。生长在温带多林地区。坚果2～3个长在一起，外包球状厚实的多刺毛外壳，捣碎后剥出果实，煮沸并捣成糊状。**不要同七叶树相混淆。后者有掌形大叶，其坚果有毒。**

7.山毛榉： 树型较高，伸展挺拔，树皮光滑发亮。角质叶，尖卵形，有波纹，叶前端盾尖，多生长在阔叶林区。坚果较小，呈三角形。根据种类的差异，每个多毛的外壳内有2～4个坚果。果仁的蛋白质含量高，可以生吃、烧烤或榨油。

8.橡树类： 大量生长在山坡多林地区。多具有深裂口叶子，但叶子的前端均为圆盾形。剥去橡栗外壳，煮几分钟，换水去除苦涩味，或者在冷水中浸泡3～4天也可。此外，也可与草木灰和木炭埋在一起烤烧，并不时浇水。橡栗烤熟后碾成粉可以作为面粉或饮料的替代品。

9.阿月浑子/开心果： 生长在地中海东部至阿尔卑斯山一带的温暖地区，其他地方也有引进的品种。树高10米，卵形小叶，对生。坚果簇生，有绿色的果仁，外包红色果皮。生吃或烧烤均可。

10.杏树： 野生品种生长在欧亚大陆温暖、干燥的荒野，各地都有引进。类似桃树，梭形叶呈灰绿色。坚果外包绿色的厚壳，簇生。**坚果有苦涩味的不能食用，这类果实含有氢氰酸。**

如果坚果很多，可用来榨油，如山毛榉的坚果等。先剖开果壳，取出果肉，用文火煮，当油漂浮在水面上时就可收集，或者冷却后再分离收集。果油要贮存在阴冷地方，最好是密闭的容器中。一般来说，450克坚果可产油270毫升。

6

7

8

9

10

9. 有毒植物

同种类繁多的可食用植物相比，生长在温带地区的有毒植物很少。下面简要叙述有毒植物的特征，要仔细掌握。

接触性有毒植物

人体的皮肤同毒漆树、毒栎、毒常春藤接触，就会受到严重刺激，引发皮疹。要立即用清水冲洗受刺激的部位（参见“健康”篇）。

1.毒漆树：高2～6米，树干无毛。小叶，卵形对生，背面有黑色斑点，白色的浆果簇生。生长在北美东南部沼泽地区。

2.太平洋漆树和毒橡：与毒藤相似，但树更小，直生。卵形小叶，有三片，总是向上生长，白色的浆果。生长在北美部分多林地区。

3.毒藤：树更小，只有0.6～2.1米，茎缠绕或直立生长。复叶上着生三片小叶，叶子形状多变，绿色的花，白色的浆果。生长在北美的多林地区。

4.宝石草：常与毒藤结伴而生。花瓣呈淡黄色，略微带有橙红色斑点。豆荚爆裂时能射出刺激性的汁液。

消化性有毒植物

5.夺命草：高约30～60厘米，茎基部着生长条形的叶子。绿白色六瓣花稀疏地生长在花茎顶端。生长在北美的草地及多岩石、多林地区。可以致命。**千万不要同鸦蒜和百合混淆。**

6.曼陀罗：平均高90厘米，卵形叶，边缘有齿，白色钟形大花，果实有刺。广泛生长在温带的大部分地区，在热带地区也有分布。气味十分难闻。**整株都有致命的毒素。**

7.毛地黄：高1.5米，莲座形叶丛，基生直立花茎，顶端着生筒形、淡紫红或黄色花序；在旷野的地方分布很广。**各部分都含有高浓度的毒素，可影响心脏功能。**

8.舟形乌头：高达1.5米，扁平的肉质叶，指状，分杈，有毛。黄色或蓝紫色的覆瓦状花瓣，兜帽形。生长在潮湿的阴凉地区。多数具有蓝紫色花。**毒性很强。**

9.毒芹：高达2米，茎多而分枝，中空，外面有紫色的斑点。对生复羽状复叶，复伞房花序，白色小花，根部也为白色。生长在荒野草丛中。**气味难闻，毒性很强。**

10.水毒芹：平均高0.6～1.3米，分枝较多，茎上长有紫色的条纹，根密生，奇数复叶，小叶有双齿状裂口，复伞房花序，簇生白色小花。总是生长在水边。**气味十分难闻，有毒，一口就可致命。**

11.毒莓：高30～60厘米，对生复叶，小叶有齿。

小花，通常为白色，簇生在茎顶，白色和黑色浆果。多数生长在森林阴地。**整株的各部分都会引发头晕、恶心，严重刺激肠胃。**

12.**夺命颠茄：**高达1米，分枝较多，卵形叶，钟形紫色或绿色花着生在叶腋，浆果呈亮黑色。生长在欧亚大陆的灌木丛林中。**整株的各部分，尤其浆果，毒性很强。**如果在辨别植物时粗心大意，有些有毒植物就很易被误认成可食用植物，因此一定要格外小心。

首先，必须学会辨认毒芹和水毒芹。它们广泛生长在欧亚大陆及美洲地区，都属于伞形科植物。具有伞形花序的植物很多，而且都簇生着密集的小花，很难区分。

伞形科植物还包括大量可食用的品种，但是如果不能十分肯定无毒，就不要冒险采集，有毒的植物即使少量食用也会造成严重后果。

除了以上图示的有毒植物之外，以下列出的一些也应该熟悉。

□**毛茛属：**分布广泛，高几厘米到一米，从南到北都有生长，甚至北极圈内也有生存。它们都呈闪亮的黄色，花瓣五片或更多。**不要食用所有的这类植物，否则很可能导致消化系统严重病变。**

□**羽扁豆属：**高30～90厘米，类似栽培的品种，生长在草地及旷野之中。羽状复叶，车辐状小叶，有裂口。覆瓦状花瓣蓝色或紫色，偶尔也有白色、黄色或粉红色的花。整株的各部分食用后都会引发胃肠部不适。

□**巢菜属：**高15～45厘米，生长在草地和山坡上，通常为羽状复叶，小叶对生。覆瓦状花，五花瓣，呈黄白色、粉红色和淡紫色。**有些毒性很强，一定不能食用。**

□**假火烧兰：**生长在潮湿阴凉地带，有些为草本的。卵形叶，具条棱，类似铃兰。白色或黄绿色花，下垂，簇生。食用后会使人致死。

□**天仙子：**生长在旷野，植株高大中型都有。经常在沿海边分布。茎上多毛，卵形叶，叶缘有齿，上端叶无柄。淡紫色花朵，气味难闻，剧毒。

有毒浆果

□**加拿大蝙蝠葛属：**生长在北美，藤本状攀缘类乔木，黑色的浆果簇生，容易被误认成野葡萄。但无卷须，每一浆果内只有一粒种子。

□**茄属：**中到大型木质草本，散生，类似灌木。生长在灌木丛林中。叶通常为宽梭形，叶柄长。浆果为绿色到黑色、红色、黄色、白色的都有。尽管外形很类似，但是可食用的浆果通常更为结实，更木质，浆果更小，但数量更多。**如果怀疑有毒，就不要冒险了。**

□**五叶地锦：**生长在北美，属于攀爬类植物，类似藤本，在欧洲也有引进。长叶柄，掌形叶，有卷须，小叶缘有齿。小浆果呈蓝色比野葡萄稍小，簇生。其他具有蓝色浆果的品种，可以食用，同藤本的不同，没有卷须。

□**鼠李类：**灌木，有些为乔木，生长在温带的灌木丛林中，有时在潮湿的地方。卵圆形叶，叶缘有细齿。浆果呈黑色，簇生在茎上，味道苦涩。**食用后会导致严重的腹泻。**

此外，大量查阅相关书籍，你可以掌握更多有关的植物学知识。了解探险目的地及途经区的植物尤其重要。

10. 树木类

高大的乔木可以提供多种富含营养物质的食物，如水果和坚果等，这对于求生者十分珍贵，尤其是在没有其他可用植物的地区更是如此。

下面简要介绍一些温带及其以北地区生长的树木。热带树木，如棕榈类，在热带植物部分有专门叙述。

10.1 树皮

乔木树皮的内层（形成层）营养丰富，比较嫩，可以食用。春季来临时营养价值最高，这时汁液开始流动。选择树茎的底部或暴露在外的根部。可用刀剥开外皮，取出内皮，这一部分比较甜，可以生吃——但是长时间焖烧后更有利于消化，从而减轻胃部的负担。也可以烧烤，碾碎成粉状贮存。

外皮比较粗糙，木质化，不能食用，但有些可以入药。

注意：除了内皮外，以上所叙述树木的嫩芽和嫩枝均可生吃或烹煮后食用，但是铁杉和落叶松除外，它们的嫩芽嫩枝有毒。

内层最佳的树木

□**红榆：**生长在北美，最高达18米，树干粗糙且多毛，卵形叶，叶缘有齿，背面长毛。

□**椴树**：生长在北美，心形大叶，树皮呈黑色，沟槽多，茎干越向上越光滑。

□**桦木**：生长在气温较低地区。茎干挺拔，有纵向的细槽，树皮闪亮易剥落，常有瓦片状裂口。

□**白杨**：小到中型的乔木，类似杨树。圆叶，叶柄较长，随风摇摆。

□**美洲落叶松**：生长在北美的寒冷地区。高达24米，披针形叶子，沿着嫩枝簇生。

□**杨树**：三角形叶子，有明显的柔荑花序，广泛生长在北部温带地区。

□**枫树**：树冠较大，有典型的三瓣裂叶，双翅果。

□**云杉**：生长在寒冷地区的常绿树木，呈宝塔形。在嫩枝上生长着坚硬的四棱形针叶。

□**柳树**：乔木或灌木，叶子上部的边缘有齿，后部裂齿较浅。

有典型的黄色或绿色的柔荑花序。种类繁多，有些生长在极地。

□**松树**：分布广泛的四季常绿树木，树冠为宝塔形。叶子为长披针形，簇生。内皮富含维生素C。

□**铁杉**：常绿树木，类似云杉，具有肥大的披针形叶，簇生在小枝上。它们与同英文名的毒芹无任何亲缘关系。

内皮的其他用途

有些树木的内皮非常坚固而且柔韧，很容易撕成长条，制作绳索。例如太平洋群岛上土著居民就用莫霍树的皮制作“围裙”。先放在药水中蒸煮一下。

可以大片剥下白桦树皮，用来制作棚顶的防雨材料，也可制作小容器。北美印第安人就用它来制作独木舟的覆盖层。

云杉茶

将云杉的披针形叶子泡在热水中可以沏茶。采集嫩的绿叶，煮沸即可。水中富含维生素C，直接咀嚼更能获取维生素。春暖花开时针叶的末梢味道尤其不错。云杉分布在北方的偏远地区，那里较难获取其他的植物性资源。

10.2 树胶和树脂

有些树木的皮层破损后会渗出树胶或树脂。能溶于水的为胶，不溶的是脂。它们富含糖类，营养价值很高，可以食用。有些分泌物还有药用价值，还是生火的好材料——它们都很容易燃烧。

10.3 白桦和枫树的树浆

把白桦树或枫树皮层割一个“V”形口，从而收集糖浆。在切口下刻一深痕插入较大的硬质叶，将汁液导入预先准备好的容器中。

每天收集并及时煮沸，在水汽蒸发后，冷却就会形成糖浆，它可以充分地补充体能消耗，值得尝试一下。

10.4 有毒树木

下面介绍一些含有刺激物和毒性物质的树木，除山核桃肥厚的根可以食用外，其他的树木任何部分都不能食用。

□**紫杉属**：常绿的乔木或灌木，暗绿色披针形叶子，成熟的果实类似红色浆果，毒性尤为强烈。

□**雪松**：原产于地中海和喜马拉雅地区。枝条伸展后像篷盖一样，终年常绿。

□**七叶树**：高大的乔木，掌形叶子，白色、粉红色或黄色的花。不要将它们的有毒坚果同甜栗树的果实相混淆，后者具有狭长的叶子，叶缘有齿裂，豆荚相对更为密集。

□**金链花属**：小型阔叶乔木，三瓣叶，长长的花枝上开满了黄色的花。

□**黑洋槐**：北美树木，墨绿色的树皮，对生心形叶，白色花，簇生，豆荚扁条形。

□**加利福尼亚月桂树**：产于北美的常绿短茎乔木，平均高16米，卵形羽状叶，簇生黄花，浆果呈绿色到淡紫色，簇生叶子，有刺激性的芳香气味。

□**条纹枫**：分布在北美的东北部地区。平均高12米，树皮光亮，有白色条纹，叶子卵形到梭形都有，上部的叶子为橄榄绿到棕色。黄绿色花，多瓣。翅果。

□**山核桃属**：叶多裂口，坚果常为圆球形，有些品种的果实及根和树液都可以食用，但如果不能完全断定无毒，就不要随意食用。

（后见热带有毒植物及其图例。）

11 真　菌

真菌类植物烹制后味道鲜美，但首先必须断定是无毒的。这样你才没有悔恨的时候。与蔬菜类植物不同，也无法采用“检测”的相关步骤，必须直接肯定某种真菌是可食用还是有毒的。有些剧毒的并没有奇异的味道，在吃下去几小时后甚至也没有任何不适的症状。

野生蘑菇味道特别鲜美——如果你能确定出哪些无毒。真菌本身是由许多线形细胞组成的。对于地面生真菌来说，菌盖会脱离地面，背面含有众多的生殖孢子。某种真菌是否出现还要根据季节与气候决定。

多数真菌都直接生长在地表——单生、环生，有时也大片生长。在肉质茎上有一碗盖或杯盖形顶部，孢子着生在顶盖腹面的海绵样组织中，这类组织的大小、形态与色彩是辨别菌株的重要依据。有些真菌，比如块菌，完全生长在地表下面，很难寻找。还有些生长在树上及树桩截面上。有些从形状上就可以辨别，如檐状菌。还有些种类的个头很大，单个生长。

11.1 营养价值

真菌的营养价值处在肉类和蔬菜之间，比蔬菜的蛋白质含量高，有时也含有较多的脂类。

比较好的真菌，如牛肝菌属的真菌，热量值与同质量的蔬菜差不多。矿物质含量——真菌比菠菜含有较多的磷，较少的钙。多数的真菌中含微量的维生素B复合物，偶尔也含有维生素C，不过许多可食真菌都含有维生素D。鸡油菌属还含维生素A。

真菌分布广泛，数量众多，一年里合适的季节，通常为夏秋季节，总能迅速收集到足够饱餐一顿的量。

11.2 制作

抛弃有疑虑的，将采集来的无毒真菌洗干净，撕成条状的碎片，煮沸。许多檐状菌略带些苦涩味，必须彻底煮熟。生长在地上的鲜嫩真菌可以直接加到肉汤或与其他食物一起烹饪。

11.3 真菌的贮存

真菌类富含水分，但也容易晾干。在供应充足时，尽可能多收集一些，贮存起来备用。先将茎与菌盖分开，然后放在干燥的岩石上晒干，可以将菌盖腹面朝上晾晒。牛肝菌属真菌，要先除掉菌盖下面的海绵组织。彻底晾干后，尽可能放在密闭的容器中储存。生吃前先放入水中浸泡使其膨胀，或者加入汤和炖菜中。

识别伞形毒菌

有毒的伞形毒菌——尤其是能致命的鬼笔鹅膏及毁灭天使——很容易与可食用菌类混淆。菌类采集一定要遵循下面的原则：

避免长有白色菌褶，茎干基部有菌托的（杯状附着圈）以及带菌环茎干的真菌。

避免任何正在腐烂的真菌。

除非能肯定是可食用的——否则扔掉。

伞形毒菌与无毒伞菌的区别

	伞形毒菌	无毒伞菌
孢子	白色	紫褐色
菌盖和茎	无变化	有些擦伤后变为黄色
菌盖	黏滑，并有松散小块	总是很干燥，少量小鳞片
成熟的菌褶	白色	灰红色、粉红色或巧克力色
菌褶	部分或全部隐藏	从不隐藏
气味	类似马铃薯或萝卜	杏仁
分布	从不在开阔的草地上生长	

12. 可食用真菌

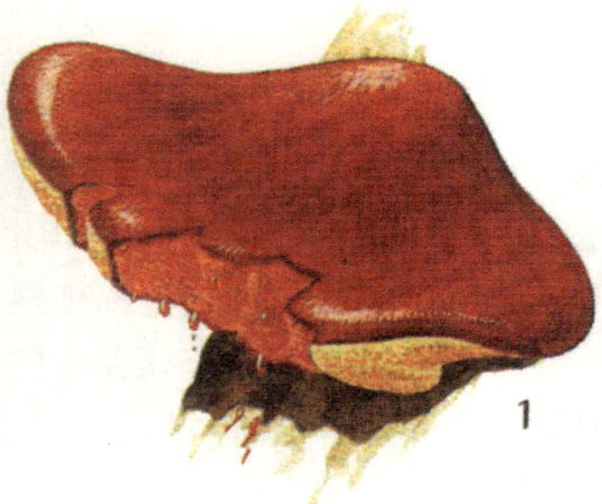
1

2

3

4

识别可食用真菌并没有统一的固定规则。不要相信神话中的“有毒真菌剥皮后就无毒了；有毒的煮沸时会变色”的传说，实际并非如此。烹烧并不能消除它们的毒性。

要学会辨认一些常见的真菌——这里都有图示。还应记住一些致命的毒菌家族，如伞形毒蕈。平常要随时留心增加这方面的知识。

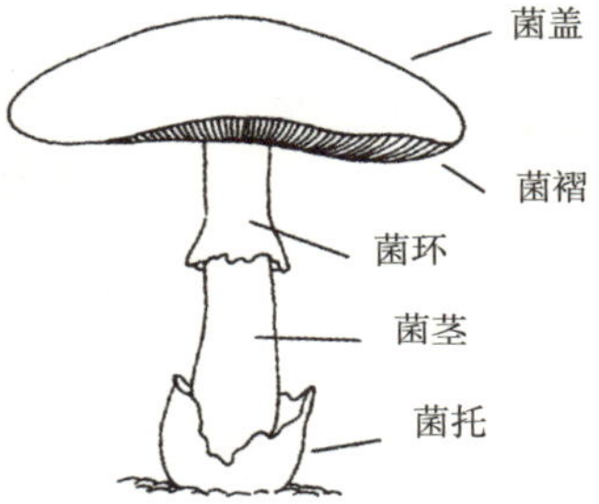

12.1生长在树上的真菌

生长在树干或树桩上的真菌，个体常常较大，羽状，无毒，分布广泛。

1.牛排真菌：常常着生在橡树上，顶盖为鲜红色，下面呈粉红色，圆盖好比一条大舌头，红色的菌盖含有鲜红的汁液，菌肉粗糙，略带苦味，嫩小的味道更好。先浸泡使其变软，然后整个加在炖菜中。常常在秋天生长。

2.多孔属真菌：菌盖直径可达30～40厘米，呈亮橙黄色到黄色。黄色的海绵组织，多肉。着生在阔叶乔木上，尤喜橡树及其他的常绿林木。多在夏季生长。

3.鳞状多孔属真菌：菌盖直径达60厘米，常为群生。菌盖背面有黑色的条斑，腹面为白色。生长在阔叶的乔木上，尤其是榆树、山毛榉和悬铃木。春夏秋季都有生长。挑选嫩小的，整个加在炖菜中。

4.牡蛎菇：群生，深蓝色的贝壳状菌盖，直径6～14厘米，白色的菌褶，菌肉也呈白色，常年生长在阔叶乔木上。味道鲜美无比，可以撕成碎片煨炖，也可晾干后保存。

5.蜜环菌属：绛黄色或棕色的菌盖，直径3～15厘米，白色的菌褶，成熟后逐渐变成棕色，菌肉呈白色，带状菌根。常生长在阔叶乔木和针叶树木上，春夏秋季生长，群集生长。撕碎后加在炖菜中食用。

12.2地面生真菌

地面生真菌生长在地面的土壤中，种类繁多，有些品种毒性很强。

6.巨胀球菇：球状，直径为30厘米，外表光滑且坚韧，呈白色，随着生命周期的增长而逐渐变黄。重达9千克。生长在夏末秋初时的丛林草地中。选择完全为纯白色的嫩菌肉，味道十分鲜美，也可晾干后贮存。

7.鸡油菌：杏黄或卵黄色的漏斗形真菌，直径3～10厘米。向外展开折叠的菌褶也有黄色的。群集生长在树荫下，尤其喜欢山毛榉树木。从夏季开始生长。味道十分鲜美；需煨炖10分钟。不要同丝膜菌属混淆。

8.号角菇：号角或漏斗形，菌盖边缘粗糙，向下塌，为棕黑色，直径3～8厘米。比较光滑，茎干为灰色的条形。菌株常生长在阔叶林中，尤其是秋季时的山

5

6

7

8

1

2

3

4

5

毛榉林木上。炖后食用，也可晾干备用。

警告：

真菌鲜美无比，但是必须确认无毒。

12.3伞形真菌

伞形真菌中任何切口处菌肉变黄的都不能食用（见黄斑蘑菇）。有些嫩菌蕾彼此间很难区分，容易与剧毒的伞形毒蕈类相混淆。

1.可食用的野蘑菇：外形类似野生蘑菇，但菌盖直径可达15厘米。鲜嫩的有粉红色菌褶，成熟时变为紫棕色。可以生食或烹烧。

2.落叶松蕈：有鳞状的浅褐色菌盖，直径达20厘米，鲜嫩的菌褶为粉红色，成熟后变成黑色。茎上有菌环。群生在夏秋季森林中的空旷地方。味道鲜美无比，类似茴香。

3.洋蘑菇：类似相应的栽培品种，白色菌盖直径达10厘米，成熟时略带浅棕色。菌褶粉红色，成熟后变为棕黑色。秋季生长在草地中，周围少树。生吃或烹制都可以。

4.木蘑菇：与可吃的野蘑菇外形相似，不过它生长在森林——常常是针叶林中。可以生吃或烹制后食用。

5.黄斑蘑菇：外形类似其他的伞形真菌，但菌株的破损处会出现黄色的斑点。基部有很明显的亮黄色斑点。有毒，味如木炭，夏秋时节生长在草地及森林中，千万不要食用。

6.环柄菇属：棕黄色的菌盖，长成后逐渐出现黑斑，菌盖直径达30厘米，菌褶为乳白色，茎细长，灰白色双层菌褶。夏秋之季生长在森林及空旷的草地，味道类似巴西坚果或杏仁。

7.鬼伞属蘑菇：圆形菌盖上有淡棕色或白色斑纹，菌褶为白色，成熟后变成淡紫红色，最后变成黑色墨汁状。夏秋时节群生在空旷的草地中。采集那些菌褶仍为白色的嫩菌。切记：不能与酒精同时食用，否则会发生中毒。

8.青紫色食用伞菌：菌盖淡蓝紫色，成熟时变为棕红色，有波纹状菌边。菌盖直径达10厘米，菌褶略显蓝色，菌茎为纤维状，也呈淡蓝色。常常在秋冬时节生长在混合林木中。味道香甜鲜美，但有些人食用后会产生过敏反应。

9.美味牛肝菌：棕色菌盖，直径达20厘米，短茎厚实为粗圆柱状，菌肉为白色，秋季生长在森林里的空旷地带。所有的牛肝菌都有一层海绵状微孔或块状菌褶。全球各地都分布有许多可食用的品种，可以采集后晾干贮存。**避免任何带有粉红色或红色孢子的品种，除非确定可以食用。有些是剧毒的。**

12.4真菌的其他用途

许多檐状菌是很不错的引火材料，可用来保存火种——点燃后可以慢慢熏烧几个小时。

□磨刀皮带真菌十分坚韧，可用来磨刀或制作软木塞、硬膏和引火物等。

□大马勃菌可用来止血。

□树菌富含丹宁酸，可治疗烧伤。

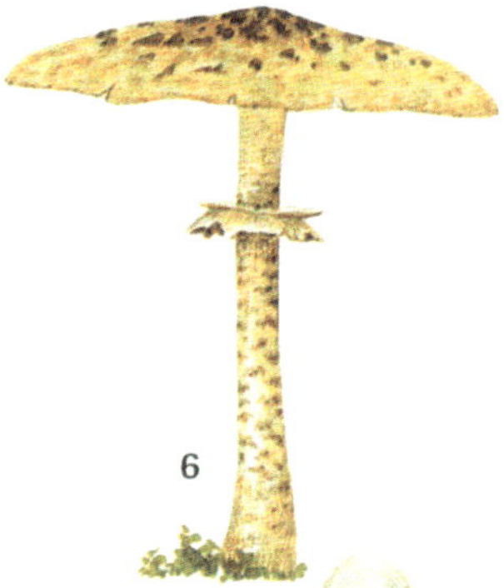
6

7

8

9

13. 有毒真菌

1

2

3

4

警告：下面仅列出部分有毒真菌的图示，如果无法确保某种真菌无毒，就不要冒险。毒性最强的是某些鹅膏毒伞菌，它们的菌株基部都有杯状的基座或菌托。

1.毁灭天使菌：整菌为白色，菌托不太明显，茎干上长有鳞片，菌盖直径可达12厘米，夏秋时生长在树林中。有甜味，含有致命的毒素。嫩小时类似松蕈伞菌。

2.死人帽菌：菌盖为橄榄绿色，直径约12厘米。茎干苍白，菌托大而显著，菌肉和菌褶为白色。**常生长在橡树或山毛榉林中，是毒性最强的真菌之一。**

3.美洲豹菌：棕色菌盖，直径为8厘米，厚实，有斑点。菌褶为白色，茎基部有2～3圈的菌环。生长在林荫地，尤其是山毛榉林木上。有剧毒，常致命。

4.毒蝇伞：菌盖亮红色，有白色斑纹，菌盖直径达22厘米，常常在秋季生长于针叶林中。

5.苏云金杆菌：灰白色的深凸形菌盖，直径15厘米，菌褶为黄色，成熟后变成淡紫色。坚实的白色菌肉略有动物的肉味、苦杏仁味或萝卜味。夏秋时节在草地及丛林中群集生长，尤其是橡树和山毛榉林中。剧毒。很容易同松蕈类相混淆，不过它的茎上没有菌环。

6. Inocybe Patonillardii（一种丝盖伞属菌类）：嫩小时为白色，长大后逐渐变成棕黄色，菌盖直径为7厘米，菌褶嫩小时为白色，后来变成橄榄棕色，菌株擦伤后，会逐渐变红。夏秋季生长在阔叶林中，尤其是山毛榉林木中。菌茎上没有菌环，但嫩小的容易误认成松蕈类。有致命毒素。

7.毛头棘菌：菌盖结实，为棕黄色号角状，帽檐向外翻，直径约为12厘米，菌褶为棕黄色，柱形菌茎。常生长在树林中，尤其是桦树林中。**有致命的毒素，注意不要误认为可食用的黄色真菌，如鸡油菌等。**

8.丝膜菌属：整棵为红色到红棕色，屋顶式的菌盖，直径为2～8厘米，菌褶也为红棕色。秋季时生长在针叶林中，不太常见，但毒性很强。具有萝卜的味道。千万不要同鸡油菌相混淆。含有致命的毒素。

另见黄斑伞菌，图示见前面的可食用真菌类。

中毒症状

误食有毒的真菌后中毒症状各不相同，下面再介绍一些典型的症状：

□**死人帽／毁灭天使：**中毒症状缓慢，在误食后8～24小时内就会出现症状——呕吐、腹泻、极度口渴、盗汗和痉挛等。一天后症状就会明显缓解，然后又会重新发作，并且更为剧烈。90%的中毒者在2～10天就会死于肝功能衰竭。目前还无药可救。

□**蕈毒碱毒素：**多种毒菌都有这种毒素，会引发神经系统损伤。

□**飞伞菌：**误食后会引发严重的肠胃不适、精神错乱、非自主的身体扭动及痉挛，随后会出现昏睡不醒。病人通常可以自行恢复。

□**Inocybe Patonillardii及其种属：**误食后会导致眩晕、失明、盗汗、体温下降。严重的还会死亡。

5

6

7

8

14. 北半球及极地植物

1

2

3

4

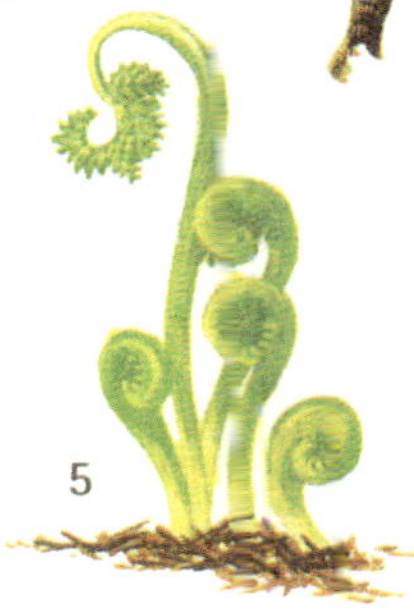
5

下面介绍一些在极地地区顽强生长的植物。此外，许多温带的植物夏季也可在遥远的北方生长。

1.红杉：高大的乔木，高达23米，多毛的嫩枝上密生着黄绿色针叶，树皮粗糙呈暗红色，整株为宝塔形。生长在北美干旱地区。嫩枝头可以生食或熟吃，针叶可制茶，内皮煮熟后可以食用。

2.黑杉：比红杉矮小，针叶更短。生长在北美的多雾地区，许多相近似的杉木生长在北美和欧亚大陆北部。食用部分及方法参照红杉。

3.拉布拉多茶：芳香的常绿灌木，平均高30～90厘米，叶狭长，叶缘稍卷，叶子腹面为白色多毛，五瓣白花。生长在北美，叶片可沏茶。

4.极地柳：苔原类灌木，平均高30～60厘米，圆形叶子，柔荑花序黄色。春季时嫩茎、叶、茎的内皮以及剥皮后的幼根均可食用。叶片中维生素C的含量是橘子的7～10倍。

5.蕨类植物：生长在遥远的北部森林及苔原地区，主要是夏季潮湿暖和的地方。**仅仅食用顶部的嫩茎。清洗时要除去所有的纤毛，最好采用清蒸。**

6.云莓：很少高达30厘米。叶片多裂口，呈白色。浆果成熟时为亮红色，可以生吃。

7.美莓：形状类似小型的覆盆子，无刺，三瓣叶，紫红色花，橙红色或黄色浆果，可以生吃。生长在北美及欧洲部分地区。

8.熊莓：生长在极地地区，形体小，木本植物，常绿的革质叶，淡紫色或白色花，簇生的红色浆果，烹饪后食用。

9.冰岛苔藓：苔类植物，簇生的革质叶，灰绿色或棕色。成熟时茎高达10厘米，有许多带形的枝条。先浸泡几小时，然后整个煮。

10.驯鹿苔：苔类植物，高5～10厘米，常常大量簇生，中空圆形茎，为灰色，枝条类似鹿角。浸泡几小时后要煮几个小时。

11.石牛肚：苔类，中央的茎附着在岩石上，外形为圆泡状，灰色或棕色。有些具有瘤状外表，有些外表光滑。营养价值很高。需浸泡几小时，再整个煮熟。

对于求生者来说，苔类植物是非常重要的营养来源。不仅仅只在极地地区——不过在这里可能更为重要，同其他极地植物相比，苔类更有营养。探险家们曾依赖石牛肚生存了很长时间。但是要小心，生吃可能会引发疼痛性肠胃刺激，因为它们含有苦酸。浸泡一夜就可以去除苦味，然后整个煮熟，再烤烧后，更加清脆爽口。

6

7

8

9

10

11

15. 沙漠植物

沙漠求生的主要障碍是水问题。在考虑哪些植物可以食用之前，最好先了解一些贮水的乔木及仙人掌属的植物，这十分必要。没有水时尽量不要进食，消化过程会消耗更多的体液，加速脱水。

1.桶形仙人掌：生长在北美的西南地区，平均高1.2米，可产生1升以上的可食用汁液，有时还带有苦涩味，汁液呈乳状。通常不要饮用乳状汁液，它们要么有毒，要么有刺激性，但桶形仙人掌例外。从仙人掌肉质的叶顶端切开，捣烂内部的髓浆，然后倒出来饮用。只有在危急时刻，走投无路时才值得冒险。

2.仙人果：树垫状的肉茎成串生长，长有许多尖锐的星形小刺。黄色或红色花。卵形的紫红色浆果，剥皮后可以生吃。柔嫩的肉茎剥皮后烹烧——除去尖刺，压榨肉茎可获得水分。原产于北美地区，现广为分布。**尖刺非常厉害，要小心。在非洲不要与大戟属植物相混淆，不同之处在于大戟属植物有乳状汁液。**

3.草菝葜：在南部非洲地区分布着多种该类植物。个大，形状怪异，茎短，多汁，枝叶末端有指状肉质叶。星形花，很容易辨认，可能长有毛刺。花成熟时发出浓烈的腐肉臭味，是该类植物的特征。切开茎就可吸取汁液。

4.龙舌兰：茎基部密生着剑状革质叶，莲座形叶丛，柱状的长花茎，上面着生大量黄红色花。没有花的茎干部分可以烹制后食用。生长在墨西哥、南美、南部欧洲、非洲、亚洲、美国南部及地中海的部分地区。在潮湿的热带地区及干旱的荒漠地带也有分布。

5.野葫芦：西至撒哈拉，东到印度都有分布，各处都有栽培的品种。匍生，有木质的卷须，圆球形的大浆果。没有成熟的浆果煮熟后味道更佳，种子炒熟后也可食用，嫩叶烹制后也可食用，花可以生吃，咀嚼嫩茎就可以获取水分。

6.海枣：野生的品种，靠水生长。从北非到印度都有分布，各处均有引种。高而细长的茎顶部簇生着一束长羽状叶，高达4米。浆果和嫩茎的生长锥均可生吃，嫩叶烹制后可食用。树干富含汁液，其中糖分含量很高，煮沸后可获得糖浆。

7.猴面包树：高大的乔木，从非洲到澳大利亚都有生长。成熟的树干高达9米，根部水分含量较多。绛紫色浆果，长10～20厘米。浆果和种子均可生吃，嫩叶需要煮熟后食用。

8.金合欢树：从非洲到澳洲北部广泛分布，中型的乔木。羽状复叶，对生小叶，叶腋部着生有球状花序，不同品种，花色各不相同，白色、黄色或淡紫色都有。从根部可以获取水，种子炒熟后即可食用，嫩叶和嫩茎需煮熟才可食用。

9.稻子豆树：生长在地中海地区沿岸的荒地中，从撒哈拉经阿拉伯地区至印度东部都有分布。在玛尔特地区几乎是唯一生存的树木。茎高达15米，对生常绿复叶，叶腋部着生有红色小花，革质肥厚的豆荚，果肉中营养价值很高，可以生吃。坚硬的棕色种子可以像麦片一样烹制。

16. 热带植物（Ⅰ）

1

2

3

4

热带地区生长着大量的可食用植物，除非十分熟悉它们，否则最好先吃棕榈、竹类以及常见的水果。

1.西谷椰子：生长在东南亚的热带沼泽及洼地中，各地都有引进的品种。中等树木，高达10米，树干多刺，长叶、嫩而脆，呈弯弓形。茎干的肉质皮层淀粉含量很高。

2.聂帕棕榈：高达6米，扇形长叶簇生在茎基部，生长在东南亚。果实富含糖分，松脆、鲜嫩、可口，茎的生长锥味道类似卷心菜。

3.芭蕉或大蕉：高3～10米，在热带地区广泛分布，淡绿色的羽状大叶。坚硬的大蕉浆果只有烹制后才可食用。它的淀粉含量较高，但糖分比较少。茎的生长锥、幼茎和根内皮均可食用，味道也很不错。

4.桄榔：高达12～20米，茎干上粗糙而多鳞片，顶端着生的叶与西谷椰子相似，但更为直立。黄色的果枝。野生品种生长在马来西亚和印度尼西亚。收集树汁后煮沸，就可熬成糖浆。

5.藤条棕榈：攀缘类，羽状叶片，具有钩状弯曲的顶部，攀缘生长在其他乔木上。常生长在原始热带雨林中。膨胀的茎、种子和生长锥均可食用。根部可制作上等的鞭子。

6.鱼尾棕榈：平均高10米，茎光滑，具有多层环形茎环，羽状长复叶，卵形或条带形小叶，对生。在原始热带雨林中有许多类似的种类。用途同西谷椰子相同，但浆果不能食用。

7.椰子树：高达30米，广泛生长在热带的潮湿地带。大坚果簇生在叶片基部，纤维质的椰子果外有一层光滑的果壳。还没有成熟的乳状果肉也可以食用，树汁煮沸后就可以熬出糖浆。

其他类的热带棕榈树还有：

皮刺棕榈：分布在美国，细长茎，亮黑色的皮刺。红色或黄色浆果煮沸或烤烧后即可食用。

卜那洼棕榈：分布在巴西和圭亚那，小浆果，为淡紫色，长约2厘米。果肉和种子均可食用。

巴西椰子树：分布在热带南美地区，性喜潮湿，常生长在有潮汐涨落的河湾。浆果有柔软的紫红色肉髓，可以食用。

多数棕榈嫩茎的生长锥都可食用——选择那些不太苦涩的。生长锥常常包在冠状叶片中，或者生在茎基部。如果不能确定，最好不要食用不太了解的浆果，尤其是在远东地区——有些浆果含有结晶物，食用后会引发腹部剧烈疼痛。

8.番木瓜：小型乔木，高2～6米，茎柔软而中空，茎顶部簇生着羽状叶，叶基部着生暗绿色的大坚果，外形似木瓜，成熟时变成橙色或黄色。广泛生长在所有的热带潮湿地区。浆果可以生吃，嫩叶、花和嫩茎煮熟后均可食用。**煮时至少需要换一次水。小心不要把没有成熟浆果的乳汁溅到眼中。**

5

6

7

8

热带植物（II）

1
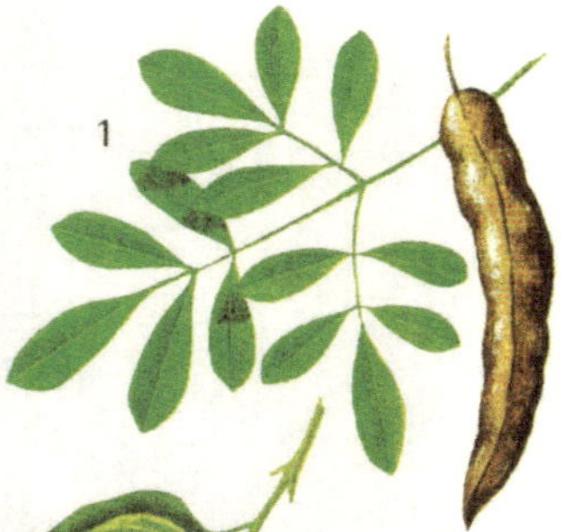
2

3

4

5

1.辣木：高10米，对生卵形小叶，奇数复叶，黄白色的小花，棕色三棱形果荚,有25～38个种子。野生品种生长在东非和南亚地区，现在各处均有引进的品种。叶和嫩果可以生吃或烹制后食用。将成熟的果荚撕开后烹制，根可作调料。压榨根和叶片获得的汁液可以治疗炎症。

2.芒果：广泛分布在温暖潮湿的地区，中型到高大的常绿乔木，狭长的黑色革质叶，簇生在枝头。卵形浆果，直径7.5～13厘米，绿色到橙黄色不等，可以生吃。**有些人会对芒果的叶片产生过敏反应。**

3.甜果：木本植物，高5～6米，卵形到长条形革质叶，花与马木兰花类似。灰绿色球形多汁浆果由许多小果组成。原产于原始热带雨林中，现今在各地均有分布。中美洲和南美洲地区有两种可食用的品种：南美番茄枝和番荔枝属植物。

4.酸果：分布广泛，高达12米。大浆果，外形类似鳄梨，绿色，坚韧，坚果的皮上有脊，重达2千克，酸味浓烈。

5.野无花果：广泛分布在热带和亚热带地区，有些还生长在沙漠地区。蔓生茎，有气生根，常绿的革质叶。果实直接生长在枝头上，类似梨果，可以生吃。**木质化的果实或长有刺激性绒毛的果实都不能食用，不要采摘。**

6.面包果：乔木，高15～20米，大叶，有深裂口。瘤状的浆果，外壳光亮，内有乳状的汁液。生长在大部分的热带地区。浆果的淀粉含量高，可以生吃，不过先要剥去果皮以及果皮内粗糙的斑块。

7.梧桐：最初是在中南美洲发现的，现在广泛生长在热带地区，高大乔木，高达30米，掌形叶，树干的基部有根肿斑。果荚中的浆果含有黑色的花生仁状种子，除去外面的刺激性的绒毛后就可生吃了。

8.印度枳：高2.5～4.5米，木本植物。树枝上密生有硬刺，黄色或灰色浆果，为圆球形，成熟时直径可达10厘米。生长在印度、缅甸及喜马拉雅山脉的部分地区。其近亲柑橘的浆果可以生吃，维生素C的含量较高。

9.五月茶：常绿灌木，波形长条叶，长15厘米，生长在东南亚的热带丛林中。浆果的果肉中多籽，形状类似小葡萄，直径1厘米，成熟时从绿色变为白色、红色，最终为黑色，可以生吃，最好榨成汁做饮料。

尽管原始雨林中分布有大量的可食用果树，能够提供充裕的食物，但是果实多分布在高大乔木的树冠上，不太容易获取，除非爬树或者想办法使它们掉下来。对于类似葡萄的白藤属植物，可以从基部砍断，然后扯下茎头嫩枝。从头部以下约2米处砍断，将上部的嫩枝剥皮，切成小段在火上烤熟后食用。有的味道相当不错，有的则略带苦味。

6

7

8

9

热带植物（III）

1.锡兰菠菜：攀缘藤木，外形似葡萄，卵圆到心形叶，绿色到紫红色，淡紫色肉质花，现在生长在大部分的热带地区。嫩叶和茎烹烧可以食用，维生素含量高。

2.罗望子树：枝叶茂密，高达25米。常绿的复叶，淡黄色的花，花梗为红色，棕色豆荚，果仁可生吃，维生素C含量高。种子和嫩叶可做炖菜，剥去嫩茎的外层后，里面的内皮可以咀嚼。现在分布在许多地区。

3.果阿豆：生长在原始丛林中的攀缘植物，蓝色棱形叶，豆荚四棱形，长达20厘米。嫩豆荚煮熟后味如扁豆，嫩种仁类似花生。成熟的种子炒后食用。嫩叶味如菠菜，可生吃。厚实的根部中蛋白质的含量比马铃薯高，生吃或煮熟均可，晾干后，切成片油煎或烧烤。

4.薯蓣类：具有不规则的三瓣叶，攀缘类植物，根像萝卜，生长在热带丛林。块根甜而多汁，可食用。种子生吃有害，必须完全煮熟。

5.花生：小灌木，果实长在地面下。盾形的小叶对生，黄色花。成熟后沿茎向下挖出表面多皱褶的果荚。种仁富含营养成分，果荚晾干后很容易贮存。在热带、亚热带地区广泛分布。

6.木薯：在热带地区分布广泛。生长在适宜的土壤中，茎高达5米。叶柄较长，掌状的复叶，有5～9片小叶，着生在节状茎上。**肥厚的块根不能生吃，含有致命的毒素。很容易贮存。**

7.铁树：喜阴小灌木，高2～5米，茎的顶端轮生着椭圆形的革质绿叶，有时为微红色，开花后就会结出红色浆果。生长在部分的热带地区，尤其在太平洋各群岛分布广泛。肉根富含淀粉，煮熟后可食用。

8.芋头：广泛分布在热带的潮湿地带，茎高约1.5米，心形或箭形大叶，着生在基部，橙黄色的花。**块根的味道类似马铃薯，但生吃有毒，必须煮熟后才可食用。**

在热带雨林中，最好沿着溪流搜索食物。任何阳光能直射到丛林地表的地方可食用资源都很充裕，河岸旁常常是空旷的草地，类似蔬菜的野生植物能够旺盛地生长。

爬上高处，透过丛林枝叶查看周围地形。在开阔的地带，视野更广阔，可以看清棕榈及其他可食用植物的分布。标注好方位，这样在需要时就很容易找到。一棵有价值的树木可以提供十分充裕的食物资源。

如果可食用的资源并不太丰富，就不要费力砍倒果树，否则反而会消耗大量能量，得不偿失。尽量先寻找那些容易获取的食物。

一次不要采集太多，以免吃不完浪费掉了。在热带地区，采摘后的食物很快就会腐烂。

热带植物（IV）

1.空心菜：蔓生，叶片为淡绿色，花为白色，总是生活在淡水中，常在水中漂浮的植物，主要生长在东南亚。老茎上有刺，嫩茎和嫩叶煮熟后可食用。

2.莲：水生植物，长茎，蓝绿色盘状叶，伸出水面。花瓣为白色、黄色或淡紫红色。嫩叶和剥去外皮的茎煮熟后可食用，种子除去较苦的胚皮后可以生吃，根茎也可食用。主要生长在亚洲及非洲和北美的部分地区。

3.睡莲：生长在湖面、江河和溪水中。在热带的非洲、印度和北美都有分布，有时在温带地区也能发现。心形叶，漂浮在水面上。大型块根富含淀粉，茎烹烧后可以食用，种子微苦，营养价值很高。

4.野山药类：品种繁多，生长在热带、亚热带的丛林及开阔草地。藤本，茎扭曲缠绕在木本植物上。有些品种有可食用的气生块根，地下部分包括有一到多个更大的块根。晾干后很容易保存。有些野生品种生吃有毒，为了安全，一定要烧熟后再食用。块根在烹制前必须剥皮。

5.野稻谷：单子叶草本植物，高90～120厘米，广泛生长在热带及温带地区。搓揉稻穗从而除去粗糙多绒毛的谷壳，将种仁煮或炒，熟后再食用。晾干后也很容易贮存。

6.甘蔗：栽培的甘蔗，在热带地区广泛分布，偶尔也能见到野生品种。高而细长的圆茎有许多节。剥去外苞叶，茎就可咀嚼，吸取甜美的汁液。

7.黍：热带的谷类植物。有时生长在干燥的野外，草本，茎顶着生棒状花序，种子类似芥末籽，煮熟后可以食用，也可熬粥。

8.竹子：大型草本，多生长在潮湿地带。竹笋生长迅速，味美鲜嫩，可食用。剥去外苞叶，然后切成片状，炒熟即可。开花竹的种子也可食用。竹子还有许多用途，例如做建筑材料，制造竹筏，也可制作各类器皿等。注意：竹茎受压后，反弹力很大，突然间释放可能会击伤自己。

除了上面图示的可食用植物，还可通过类比相应的栽培品种来辨认，如南美产鳄梨，就是许多野生动物包括美洲豹所喜爱的食物；再如整个柑橘类，共有六十多个野生品种，生长在印度、马来西亚至中国大陆一带，有些在高海拔地区也有分布。但注意马钱子果尽管与橘子形似，却含有致命的毒素。

在热带地区，选择更为自由，因此要坚持食用那些确实无毒的植物，否则只有经过前面介绍的测试方法确认无毒后，才可少量食用。

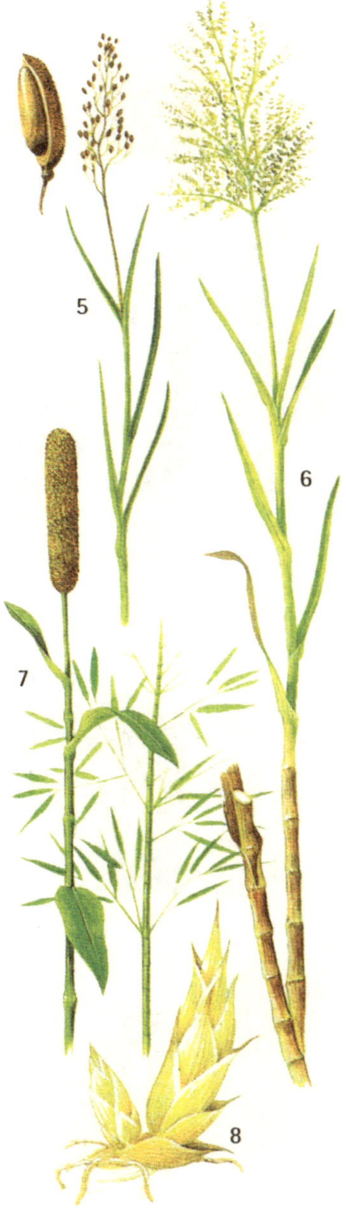

下面介绍一些其他可能遇到的可食用植物，按照建议去做，味道都还不错。

棕榈类

□**扇椰子：**生长在热带非洲、南部印度及缅甸的部分地区，大型扇形叶片，三瓣形坚果，果髓柔嫩，可以食用，汁液是不错的饮料。花瓣中富含多糖的汁液。

□**锯榈：**常生长在美国东南部至中美洲的沙滩地带。平均高1～2米，扇形叶长而坚硬，白花簇生，椭圆形黑色浆果。幼嫩的生长锥可以生吃或烹制。

□**丝兰：**分为许多种，生长在美国至中美洲沿海的沙地中。常绿，木质茎。坚硬剑状叶，簇生。有白花的顶生花簇，六瓣。紫红色的浆果为椭圆形，可以生吃，也可烹制。

坚果类

□**巴西坚果：**广泛生长在南美的热带森林中。高大乔木，高10～30米不等，卵形长叶，叶缘多皱。黄色花。球形的木质果实内含有15～30粒种子。

□**腰果：**原产于南美东北部地区，现广泛生长在热带地区。灌木或中等大小常绿乔木，心形叶，宽大而革质，对生。花粉红色到黄色。只有那些梭形肉质果梗的坚果才可食用。连皮和生吃有害。注意：烹制时散发的烟或蒸气都有毒，可能伤害眼睛。

□**榄仁树：**生长在热带灌木丛林中，尤喜在沿近海岸地区生长。革质大叶，成年的乔木高达10米，嫩枝有着显眼的圈环。坚果外包纤维状暗绿色肉壳，簇生在枝头，可以食用。

□**昆士兰坚果：**乔木，高达12米，生长在澳洲东北部，狭长叶片，呈梭形。圆形坚果，外被绿色果壳，成簇着生在树枝上。

浆果类

□**番石榴：**生长在中南美洲，各地均有引种。小乔木，茎干稍稍扭曲，高达10米，树皮为淡棕色，卵形叶，对生，叶子背面有小绒毛。白色花，淡黄色浆果，类似苹果，果髓为白色到粉红色，酸甜可口，里面有许多种子。生吃或煮熟均可，维生素C含量高。

□**柿树：**生长在东亚和美国南部温暖干燥的地带，各地均有引种。高达20米，波纹小叶，梭形，可泡茶，维生素C含量高。浆果类似西红柿，黄色、红色到紫红色，可以生吃，也可烹制。

□**红毛丹：**生长在东南亚的热带森林中，高达20米。树皮为棕黑色，树枝上密生着暗绿色的小叶片。小花，绿色。小浆果为毛发状，簇生，成熟时为红色，果髓——不是种子，白色多肉，维生素C含量高，可以生吃。分布在同样地区的还有较小的普拉丹，红毛丹的变种。钝脊的浆果，黄色果髓，味道很不错。

□**榴莲果：**高大乔木，高达40米，原产于马来西亚和加里曼丹，东南亚有引种。绿叶为长梭形到卵形，黄色的浆果表面有钉刺，容易辨认，乳色的果髓（不是种子）柔软，有刺激性气味，但味道可口。

□**马来果：**高15米，绿叶宽大呈梭形，边缘有波纹，粉红色花，簇生，浆果红色，类似苹果，直径至少有5厘米，有玫瑰的芳香味，可以生吃。

□**番樱桃：**树型更小，但黄色或白色梨果味道很不错。两者都原产于马来西亚的热带丛林中，各处均有引种。

□**五敛子：**生长在印度尼西亚的热带森林中，小型乔木，平均高度约为8米，密生淡绿色梭状小叶，白色或淡紫色小花，簇生，黄色果实，纵向上隆起，截面呈星状，长7.5～12.5厘米，可以生吃，不过有时较酸。

□**莽吉柿树：**生长在东南亚原始森林中，高达12米，暗绿色的革质叶对生，大花，黄紫色，浆果紫色至棕色，圆形，类似西红柿，里面有五片果瓣，可以生吃。有多种变异品种。

□**西番莲果：**攀缘植物，原产于巴西，各地均有引种。茎长而扭曲，三瓣的裂叶，白色或紫红色花，卷曲，容易辨认。卵形浆果为紫红色，内含多个种子，果髓稍酸。热带美洲分布有许多可食的西番果树。

□**木菠萝：**起源于印度的南部，现在广泛分布东南亚，外形似面包果。树高达25米，暗绿色革质卵形叶，边缘带有波纹。大型的瘤果重32千克，可以生吃，最好烹制。种子炒熟后可食用。

蔬菜类

□**秋葵：**灌木类草本植物，有很多的种类，五瓣黄花，簇生，花数多达40，被称为“淑女指”，是胃部不适病人的理想食物，可以生吃，种子需要炒熟后才可食用。

□**马铃薯：**野生品种生长在安第斯山脉一带。但要小心它类似番茄的浆果——有毒。野生番茄的浆果与它非常相似，最好不要食用。马铃薯的块根食用前一定煮熟（食用马铃薯的块根之前一定要将其煮熟）。

□**甘薯：**世界各地都有分布，但热带地区最多，同时栽培品种的分布也很广泛。蔓生藤本植物，心形叶片，有时具纺锤状大块根，可以烹制或烧烤后食用。它们的损伤部位会渗出乳状的汁液，但无毒，淀粉含量高。

□**豆科：**分布广泛，种类繁多，多数都是由栽培品种衍生的。茎扭曲，蔓生。豆科植物具独特的“覆瓦状花”，颜色不同。长豆荚里含有种子，类似栽培的品种。种子营养价值极高——但要煮熟。

□**蛇瓜：**生长在印度、马来西亚及澳大利亚一带，蔓生藤本，瘦长形叶，浆果，有时长达2米，常为亮红色，煮前先撕成片。

17. 有毒热带植物

热带植物中也分布着一些有毒的，不要接触下面介绍的植物——它们或者有毒，或者接触时会刺激皮肤。

1.白色红树：树干纤细，生长在红树沼泽中，高达6米，从热带的非洲东部到印尼和澳洲都有分布。树皮为苍白色，有许多铅笔状的根，叶片从梭形到椭圆形不等，黄色花，白色浆果，圆而小。**树汁会刺激皮肤而起疱，溅入眼中危害极大。**

2.荨麻树：在热带地区广为分布，常依水而生，小乔木，宽大的梭形叶片，外长刺毛，花枝下垂——很像栽培品种的荨麻。有许多种类，有的生长在温带。刺激皮肤的刺毛也与荨麻相似，但毒害更大。种子的毒性也极强。

3.豆科攀缘植物：分布在灌木或小型乔木林中，攀缘植物。掌形复叶，有三片卵形的小叶，叶腋着生有多毛的穗状紫色花序，豆荚为棕色多毛。皮肤与其花或豆荚接触都会受到刺激。注意：绒毛落入眼中严重的会导致失明。

4.马来亚大风子树：高大乔木，高达20米，生长在东南亚，主要是马来西亚的热带丛林中，心形叶螺旋状着生，绿色花穗，棕色大浆果，梭形，簇生。**各部分均有毒，尤其是浆果——种子中含有致命的氢氰酸。**

5.麻风树：生长在热带丛林中的小乔木或灌木，大叶，有枫叶形的缺口。黄绿色小花，黄色果实，类似小苹果。**种子甘甜，但含有油脂，会导致食用者急性腹泻，种子里含有的其他物质也有毒，十分危险。**

6.马钱子：小乔木，对生卵形叶，橘状果实为白色到黄红色，种子含有士的宁，是致命毒素。主要生长在印度，在整个热带地区分布有多种不同的品种。

7.蓖麻：生长在热带的灌木丛林中，类似小灌木，掌形的复叶，梭形小叶，如指状，黄色花，带刺的三粒种子豆荚。**种子会导致严重腹泻，有时会致命。**

8.印度毒莓：外形类似常见的草莓，蔓生的草本，复叶有三片小叶，红色浆果，类似草莓，但不是白色花，而为黄色，生长在温暖的荒地中。**浆果毒性很强，甚至能使误食者丧命。**

以上仅仅列举了一小部分典型的有毒热带植物，其他应注意的还有：

□**胶漆树：**生长在印度东部至东南亚的部分地区，汁液具有很强的刺激性。

□**海滨果：**分布在西半球的热带地区，小乔木，树皮苍白而光滑，小毒果，与苹果相似，汁液有毒。

□**沙盒树：**也生长在西半球，高大有刺的乔木，树汁有刺激性，溅入眼中可能导致失明。浆果分瓣，类似小南瓜，也有毒。

18. 可食用植物（Ⅰ）

1.香根莎草：高达1.5米，三棱形茎，轮生长矛状叶子，顶端簇生叉状黄褐色花头，结果后逐渐变黄。生长在各地的浅水中。剥皮后煮熟其坚硬的块根，或者将块根晾干碾成粉，可替代咖啡。

2.香蒲：高达2～5米。狭长叶浅灰色，茎顶端生有突出的茶褐色花头。生长于淡水的浅水域中。根部和茎都可以生吃，嫩叶可以像菠菜一样食用，嫩茎可以像芦笋一样食用。花粉混合在水中可制成面团，然后放在铁架子或用棍子挑起来烧烤后食用。

3. 芦苇：高达4米，灰绿色叶子，高秆的顶端生有絮状花序，棕色或略带紫色。广泛生长在淡水的浅水中。芦根可食用，剖开后可榨出富含糖分的黏液。

4.开花灯芯草：高可达1.5米，带状三角形长叶，基生。花茎的顶端长有粉红色的三瓣花。广泛生长在欧亚大陆的淡水流域。剥皮后，块根可煮熟食用。

5.欧洲蕨：几乎随处可见，常常大群簇生。老的腹叶有毒，嫩茎的顶部可以食用，味道不错。将羊毛状的部分除去，然后煮半个小时。少吃。根部可以煮或烤着吃。

6.艾菊：高达90厘米，羽状叶，为暗绿色。纽扣状花序，为亮黄色，广泛生长在野草地中。气味芬芳浓郁，叶片稍微苦涩、辛辣。可取少量用作调料，大量食用可能会中毒。叶和花晾干后可沏茶。艾菊的特殊芳香可以驱赶蚊虫。

7.牛至：唇形科牛至属众多野生植物之一。高约60厘米，卵形小叶，顶端簇生着淡紫色的小花。生长在欧亚大陆温暖干燥的草地中，各地都有引进。叶子焖烧后会有甜味，汁液可以治疗咳嗽和消化不良，咀嚼叶子可以减轻牙疼。

8.熊葱：是野蒜属家族成员之一，叶脉条形，叶片宽大肥厚，亮绿色，类似铃兰。顶端簇生星状花朵，白色。生长在欧亚大陆森林地区，有浓烈刺鼻的蒜味。可用作香料。

9.琉璃苣：圆茎，有绒毛，高30~60厘米，卵圆形叶片，蓝色星形花，有黄瓜气味。生长在欧亚大陆的野外荒地。所有部分皆可生吃，也可煮熟食用。煎熬后，可以治疗发热等病症。烹烧时茎部会析出盐分。

10.菖蒲：高达1.3米，三棱形茎，波形狭长的叶，茎上生长着指状花序。生长在淡水附近。块根芳香刺鼻，切成薄片后，煮沸熬出糖浆。

11.野当归：高约1.5米，茎中空，部分有髓汁。对生叶序，边缘有齿的小叶，紫色。顶生复伞形花序，小花，绿色、白色和粉红色。生长在阴暗的草地或森林地区。煮熟后，芳香的根茎叶皆可食用。煎熬后，可治疗感冒，外用可治肌肉僵硬。**不要把它与水毒芹相混淆。**

野外会有许多类似常见蔬菜的野菜。它们的气味有助于识别。野菜晾干后很易保存——但不可直接暴晒，否则会丧失基本的油质。

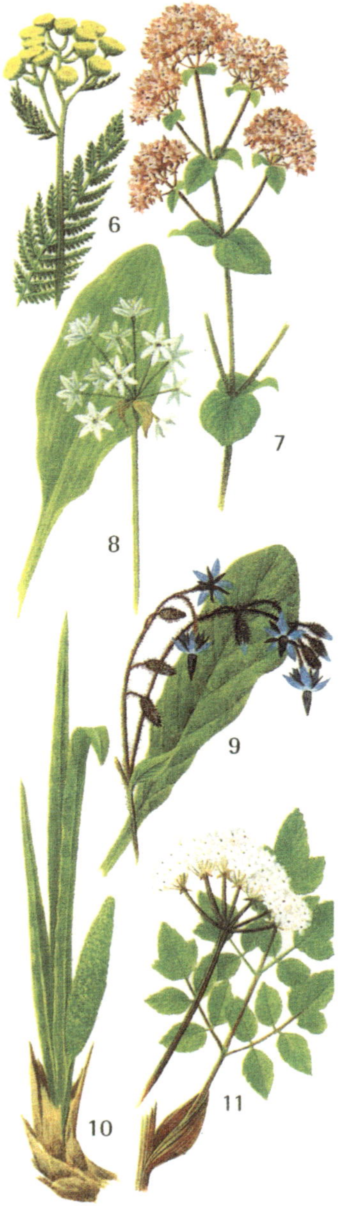

可食用植物（II）

春夏之交，有些植物的幼茎很柔嫩，也很容易采集。有些还可以生吃，不过多数还是煮熟后再食用，尤其是黄精、柳兰、香蒲和欧洲蕨植物。在清水中洗净，除去外表的绒毛，加入少量的水煮，最好是用汽蒸。

嫩叶的维生素和矿物质含量很高，再加上嫩枝就是求生者很不错的食物。多数煮熟后，味道会更好些。但不要煮得太过了，否则会破坏维生素C、维生素E、维生素K、维生素B以及大量的维生素A。

1.白芥菜：高达60厘米，茎多毛，有斑纹，深裂片叶子，苍白、黄色的小花，生长在欧洲各地。嫩叶和花均可生吃，煮熟后整株都可食用。挑选嫩的备用。

2.牧羊草：高达60厘米，莲座形叶基，齿形剑状叶，穗状白色小花，在野外分布很广。叶片煮沸后，味道类似卷心菜，可同其他的食物混合食用。

3.樱草：生长在草地和阴凉的地方。基生叶为莲座形、尖圆形，并且有皱纹。长长的花序茎，五瓣花，花色苍白到亮黄色不等，有点类似石竹花。整株均可食用，嫩叶味道最佳。樱草属植物包括：黄花九轮草（3a）和高报春（3b）。

4.蒲公英：几乎随处可见，在不同地区其形状可能会有所不同。顶端着生黄橙色的花头，莲座形叶丛。嫩叶可以生吃。老叶沸煮，换掉锅中的水去除苦涩味后也可食用。根既可煮也可烤，类似咖啡。蒲公英的汁液富含维生素和矿物质。

5.菊苣：在野外的草地中很常见。高达1.3米，茎基部密生长叶，有绒毛。叶片有对称分杈。茎顶端叶腋长着类似蒲公英的蓝色花朵，按照蒲公英的方法食用。

6.野酸模：在废墟和野外的草地中很常见。高达1米，箭形长叶，微小的红色和绿色的穗状花序。幼嫩茎可食。叶片中富含矿物质，可以生吃，但烹饪后可以减少刺激性味道。

7.荞麦：多生长在温带的野草地中。主茎高达60厘米，常为红色。梭形叶，成簇粉红色或白色的小花。种子是很好的可食用谷物。

8.皱叶酸模：高达1米以上，狭长波形叶，轮生花序，呈浅绿色。常生长在野外草地和荒芜的地方。从嫩酸模上挑选最柔嫩的叶片煮，换水除去苦涩味，然后再食用。用酸模叶的汁擦拭被蚊虫叮咬的皮肤能够减轻疼痛。在温带及热带地区分布着多种酸模，食用方法均类似。

尽管许多植物的茎木质化程度十分高，不过有些草本植物的嫩茎还是可以食用的。如果它们十分柔嫩多汁，剥去带刺的外皮后煮。有的茎髓富含营养，吃起来有甜味，一般较老的就是这样。这时应将茎剖开，从而便于掏出茎髓。

茎的营养成分一般没有根、嫩枝、嫩叶丰富，因此可以作为最后的食物备用，或留作他用。纤维类茎，外皮质地与许多带刺的荨麻茎皮差不多，可以用来捻绳。

可食用植物（III）

1.好国王亨利：茎干有刺，高达60厘米，暗绿色的三角形叶子，有时会变红。顶端轮生花序上着生绿色小花，常生长在野外荒地。叶和嫩茎可以生吃。或者像菠菜一样煮着吃。食用前剥去有刺的茎皮。

2.灰菜或藜：茎干长而尖，高达1米，茎常为红色。暗绿色、粗糙的卵形到梭形叶，叶缘有齿，微小的绿色穗状花序。荒地中常见。食用方法类似菠菜，嫩叶可以食用。

3.繁缕：蔓生，高达30厘米，主茎上有一行绒毛。卵形叶，对生，茎的顶端着生白色的五瓣花。在荒地中比较常见，煮熟后嫩叶味道鲜美。

4.水田芹：通常在流动的浅水中大量群生。叶片呈亮绿色，对生，顶端着生有白色四瓣小花。其叶和茎都可生吃，但最好煮熟再吃，尤其在水面不太干净时。

5.柳兰：生长在森林的空旷荒地及多岩地区。高达1.5米，叶片狭长，梭形，对生。茎顶端轮生淡紫红色的四瓣花。嫩叶、花和嫩茎都可生吃，但最好煮熟。成熟的茎内有很甜的髓汁。

6.欧洲没药草：有甜味，高达1.5米，茎略带紫色，有微小绒毛。羽状叶，叶腋处着生伞形花序，白色小花。生长在欧洲的森林旷野地带及多岩地区——对于欧洲没药草别犹豫，其根茎叶味同浓烈的大茴香子，可煮熟后食用。

7.野芝麻：个头比刺荨麻要小，心形叶，对生，无刺毛。叶腋处轮生白色或微紫色花（7a）。食用方法同繁缕一样。

8.刺荨麻：常年广为分布。叶缘有齿，狭小、卵形、有刺毛的叶子，花穗呈绿色。可以采集嫩苗或高15～20厘米的植株作食物。至少要煮6分钟，以破坏绒毛中含有的蚁酸。叶片可晾干保存。茎皮剥下后可以搓绳。

9.车前草：常见，各地皆有分布。长叶车前草具有梭形长叶，花穗比大车前草要短，性喜干燥。可按照大车前草的方法食用。

10.鹿角车前草：植株较小，星形。叶子狭长、粗糙。花穗较短。生长在干涸的沙地及多岩石的地区，经常靠近海边。食用方法参照大车前草。

11.大车前草：宽阔的卵形叶，显著的穗状花序，较长，花微小，黄绿色或棕色，类似菠菜。多生长在野外的多草荒地。嫩叶味道苦涩，可以像菠菜一样烹制。汁液可用于涂抹伤口，或整株煎熬，用来治疗胸闷。

花

有些植物的花可以食用，如酸橙、椴木、玫瑰、啤酒花、接骨木、樱草和甘菊等。但植物开花是季节性的，同其他部分相比营养成分少得多。有些花可用来沏茶或治病。

可食用植物（IV）

有许多种温带可食用植物，除了介绍颜色外，也介绍了人工栽培的品种，如醋栗和醋栗树。下面进一步介绍了可以食用的植物。

如果你很不幸，没有找到任何一种这里介绍或者描述的植物，那么就按照标准的测试方法尝试那些陌生的植物。

切记：植物的某一部分可以食用，并不代表其他部分也可以食用。要分别测试叶子、茎、根和果实。

浆果

醋栗类：生长在丛林、灌木丛及荒野中，形体中等,通常为丛生灌木，叶缘有齿，形似枫叶。五瓣小花白绿色至淡紫色，浆果为红、黄或紫褐色。醋栗要烹煮后方能食用。

梅树：生长在所有温带地区的灌木丛林地带，种类繁多。多年生小灌木或乔木，形似野樱桃树，但浆果体积更大，布满绒毛，绛黑色、红色或黄色。有些果实酸味太重，无法生食。

根、叶和茎

辣根：生长在潮湿的荒地，高约50厘米，卵形波纹大叶，顶部簇生白色小花。根部可以挖出，味微辣，可加入肉中。嫩叶可生食或煮后食用。

普通夜樱草：生长在较为干旱的开阔原野。体形较高，多叶，有绒毛。梭形叶片，叶缘多皱，有时在红色花茎的顶端着生大型黄色四瓣花。根煮熟后可食用，要换水以冲淡刺激性气味。嫩叶也可煮食。越冬的植物为莲座型叶丛。

莱檬或菩提树：树干挺拔，高达26米，常生长在潮湿的林区。叶片大，心形，边缘有齿。黄花簇生，十分清香。嫩叶及尚未伸展的叶芽都可以生食。花可用来泡茶。

蛇麻草：生长在灌木丛林中的攀缘性植物，长而扭曲的茎，叶缘有齿，叶深裂成三瓣形。绿色钟形雌花。嫩茎剥皮后，切成片煮沸，花可冲茶。

蓟：藤本植物，攀缘茎上有毛刺，并有脊状突痕。梭形或卵圆形叶，有深裂口。刷状头部顶生淡紫色花。选取柔细嫩枝去皮，可以生吃或煮食。嫩根可以烹煮，每个花头基部都有一颗富含营养的“坚果”，可以生食。

虎耳草：高达90厘米，一般都矮小。生长在野外空旷荒地或多岩石地区，高山上也有。毛茸肉质皱叶，卵圆或椭圆形，着生于茎基部。茎紫红色，花五瓣，常簇生，白色。叶可以生吃或烹煮。

地榆：生长在潮湿草地，高约60厘米。小叶有齿，铲形，对生。顶生深红色小花。嫩叶生吃或煮熟，味道都不错。内服可治疗胃部不适。

青蓼：高约60厘米，成年老茎红色，狭长梭形叶上常有黑点。小花粉红色，常见于荒野。嫩叶可以生吃，也可当菠菜烹饪。

野大黄：南欧大陆至中国东部皆有分布，体形类似栽种的大黄，但叶片更多皱褶。大的花茎煮熟可食，其他部分则有毒。

白玉草：生长在野地中，高约45厘米，整株灰绿色，短柄叶，心形，白色花，簇生，有一球形花座。嫩叶煮十分钟后可食用。

败酱草：生长在荒野草地，高可达45厘米。茎上环生叶，宽大箭形，边缘有齿。顶生白色小花。豆荚形如硬币，上有刻痕，易辨别。

三叶草：苜蓿属植物，草地上常有分布。三叶，掌形叶序，茎顶端密生小花，白色、浅绿色至红色都有。叶可以生食，最好煮。

石爪类：生长在旷野荒地，高达30厘米，多毛，常有刺激性气味，类似蕨状的双切刻叶，顶生紫红色五瓣花，花体小。浆果，形似扭曲爪状。叶可以生吃或煮熟后食用。

牛蒡类：生长在旷野荒地，为中型至大型灌木。卵形叶，茎弓形弯曲，顶生许多紫红色花。叶可食用，嫩茎剥去外皮即可生吃或煮熟。根去皮切成片状煮沸，换水以除去苦涩味。

堇菜属：分布广泛，花小，既有水生的，也有陆生的。长茎上着生心形叶，花为蓝紫色、黄色或白色。花瓣五片，大小不等。嫩叶可烹饪，富含维生素A和C。

野莴苣：生长在旷野多岩石地带及草地。高10～20厘米，叶繁茂，椭圆形，微型蓝紫色花，簇生。叶子可生吃，或按照菠菜的方法烹饪。

春白菊：常见于旷野荒地，高约90厘米，狭长的暗绿色裂口叶，最下面的为圆形，黄色和白色的大型头状花序。冬季为莲座形叶丛。嫩叶淡绿色，可生食。

布谷鸟剪秋罗：生长于潮湿荒地，高50厘米，小叶对生，下面的叶为圆形，莲座形叶丛。淡紫色或白色四瓣花，簇生。嫩叶生吃鲜美，老叶辣味相当浓。

美洲婆婆纳：生长在背阴的水洼地及潮湿荒野中。茎匍生或直立，厚厚的卵形叶，对生，边缘有齿。蓝色四瓣花，有两个突出的雄蕊。开花前嫩茎可食，开花后叶可食，稍微苦涩（尤其欧洲品种的），但基本与水田芥味道差不多。

19. 陷阱及其布置

对付多数的野生小动物，设置陷阱要比追逐狩猎效率高。即使猎枪已瞄准了小动物，但是由于它们太小，很难一枪击中。而布置陷阱却更容易，同时又能省出时间来寻找其他食物。

人们设计了各种各样的复杂陷阱。但是这些陷阱都需要花费大量的时间和精力去搭建。对于求生者来说，只有那些相对容易记牢和构建的简单实用型陷阱，才最需要。但是，由于每种动物都有各自独特的生活习性，还须掌握许多有针对性的独特陷阱。如果某种陷阱没有效，可以试试其他的——这个过程就是不断从失败和错误中获取新经验。

求生者必须超越博爱主义的束缚，优先考虑保全自己的生命。不幸的是，某些很简单的陷阱也会给动物带来巨大的折磨。也有快速致死型陷阱，是为捕获特定的动物而设置，如勒死型，但是，要是碰巧套住了其他动物的腿，也可能会让它们痛苦很长时间。因此，必须定时查看，否则就会延长猎物的痛苦，同时也为其他肉食性动物偷吃增加了可能。另外也有可能出现，猎物在过长时间痛苦的挣扎后重获自由——它们甚至咬断一翼或肢，或用其他自残的方法成功地逃离。

仔细研究动物的身体特征以及生活习性也可以避免许多错误。选择诱饵和设置地点十分重要。要不断尝试，耐心等待。猎物初次遇到新鲜事物时一般都有疑虑，慢慢就会逐渐接受——这时就更容易上当。

求生场景

在所携带的食物消耗完时，最需要优先猎取或搜寻的是什么样的食物？

其实食物源之间并不存在孰优孰劣这一说。在求生环境中，一定要进行杂食，这一点至关重要。如若摄入的食物过于单一，比如你只吃肉类或者只摄入蛋白质，你就会感觉疲惫和不适。不过，一旦出现受伤情况，就一定要多摄入蛋白质以帮助快速疗伤。总的来说，应该少吃多餐。

即便是在行走的途中，也可设置一些简便的陷阱，收获也会颇丰的。如果打算在某地露营较长时间，那就可以很好地策划和设置了。陷阱设置得越适当，数量越多，成功的概率也越高。

尽可能大范围设置能控制的陷阱线，早晚各检查一次，取下猎物后重新布置好。必要时还可以修复，多次不起作用的陷阱可以移到其他地方。为了提高效率，在设置陷阱时必须使其灵敏性很高，“弹无虚发”。可能好几次失败才能换取一次成功——不必沮丧失望。如果陷阱没有被触动，而诱饵却已不翼而飞，就说明诱饵没放好位置，或者是由于触动机关不灵，重新设置时要考虑到这两方面。

在规律性的查看过程中，可以同时浏览该地区，留意任何蛛丝马迹，扩充或改正自己对周围环境的相关知识，同时也可了解植物及其他有用资源，为以后采集做好准备。

19.1 地点选择

查找猎物的踪迹，它们奔跑时留下的足印可能是从巢穴至饮水或进食处必经的路线。沿着这一路线找到任何自然的隘口——动物必须经过的地方——设置落石阱。猎物穿过障碍物的通道，也是布置陷阱的好地方。

陷阱不要太靠近猎物的巢穴，在这里它们常常静伏聆听、嗅探气息，稍微有点风吹草动就会引起它们的疑虑，从而静卧不动，或改变路线。也不要把陷阱设置在动物饮水的地方，在这里它们也很警觉，稍有异常就会引起注意。

如果将陷阱设置在动物固定觅食场所，也许会使它们避开并改

记住

诱饵可以引诱猎物，在危急时刻食物可能十分短缺，但是考虑到会使猎物上钩，付出小小的代价也是值得的，它会带来更为丰厚的回报。

变活动路线。不过在惊慌失措时，动物们往往会慌不择路，本能地选择最短的路线逃跑，这就是那些很明显很粗劣的陷阱也时常奏效的原因。特别是受到惊吓的兔子，最容易落入陷阱中。

19.2 陷阱的设置

设置简单的陷阱只需要绳子或金属线即可。金属线可以很容易使绳索张开。救生用的马口铁罐上的金属线就十分不错。更复杂的装备也只不过需要一把利刃——用来加工木料。选择材料十分重要。要选择弹性强而且坚韧耐用的木材，不要选择枯死的树木。榛木很易弯曲，弹性强且很有分量，是理想的首选材料。

设置规则

请遵循以下基本规则设置陷阱：

1. 不破坏原来的环境

不踩踏猎物留下的足迹。在远离动物行走路线的地方完成所有的准备工作，任何蛛丝马迹都不能留下。

2. 隐蔽踪迹

构建和处理陷阱时，不要在周围留下明显的人的痕迹，如足印等，如果条件允许，最好戴上手套，以免留下汗渍和气味。可用榛木设置陷阱，不要选择与背景反差大、有特殊气味的松木。因为每种树都有独特的气味，猎物对此很敏感——动物的嗅觉通常要比人的灵敏许多。尽管动物怕火，但一般都熟悉烟味，将绳套在篝火上熏一下会掩盖人的气味。

3. 巧妙伪装

用泥巴涂抹木桩的横截面。放在地表的绳索也要掩盖好，越自然越好，同环境越协调越好。

4. 陷阱要强劲有效

动物上了圈套后，为了逃命会拼命挣扎，它们会爆发出巨大的力量和潜能，陷阱的任何缺陷都可能导致失败。

19.3 陷阱的类型

陷阱设计专家们会列出以下需要的材料：

轧刀、扼绳、吊架、缠网、落石、圈套等。

弹性幼树很容易使猎物吊在空中，幼树越高，弹力越强，就越有效。有些陷阱需要综合运用两种或两种以上方法设置。

19.3.1 绳套阱

绳套是最简单的一种陷阱，任何救生宝盒中都应备有金属线，用来布置圈套。应该选择那些不锈钢材料制成的金属线，一端有圈，以便使另一端从中穿过。然后，紧紧拴在树桩、岩石或树上。绳套是个活结，可以将小动物的脖子或大动物的腿套住。

可以用绳子、线、金属缆线等临时制作绳套。布置陷阱时要考虑猎物的生活习性，如兔类喜欢站在较高的草地上，四处观察，对周围环境放心后，才会跳跃式向前奔跑。把绳套放在障碍物前方的一定位置上，正好同它们一次跳跃的距离相吻合。如果绳套太靠近障碍物了，兔子就会冲过去，而不会被套住。

可以直接用两根细树丫支撑金属线绳套，而活动绳套要保持其张开

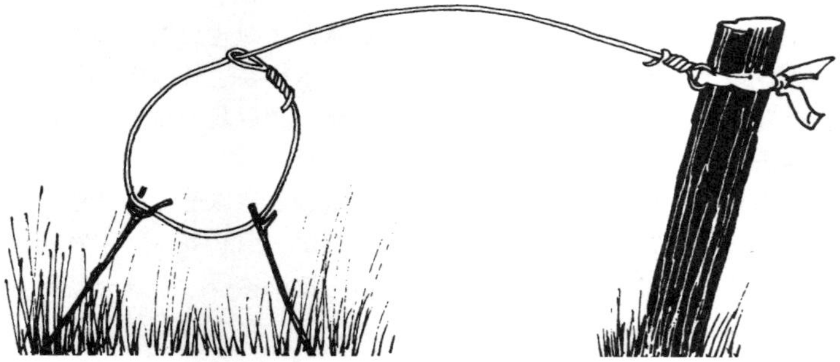

使用简单绳套

用来捕捉兔子及其他的小动物。可以根据判断，放大到适当的比例，用来对付较大的动物，如狐狸和獾等。

绳套的宽度为一拳。

离地面高约四指。

距离动物奔跑路线上的障碍物为一掌。

检查是否牢牢地拴在了树桩上，如果需要，可以用枝丫支撑住绳套。

绷紧的绳套阱

用有弹性的幼树绷紧绳套，可以将猎物弹离地面并吊起来，这会使陷阱更为有效。一方面消除了动物挣脱的可能，另一方面也减少了其他动物偷吃的可能。

弹性绳套阱

猎物被套住后会触动机关，从而使幼树弹起，猎物就被吊离地面了。这种方法非常适合捕猎兔子和狐狸，它可以套住两个方向的猎物。在动物足迹沿线的自然隘口布置效果较好。

先制作钩形扳机（a），钩在（b）的缺口上。然后将（b）竖直钉牢。（a）的上端拴在弹性幼树的顶端，使之绷紧而弯曲。如下图

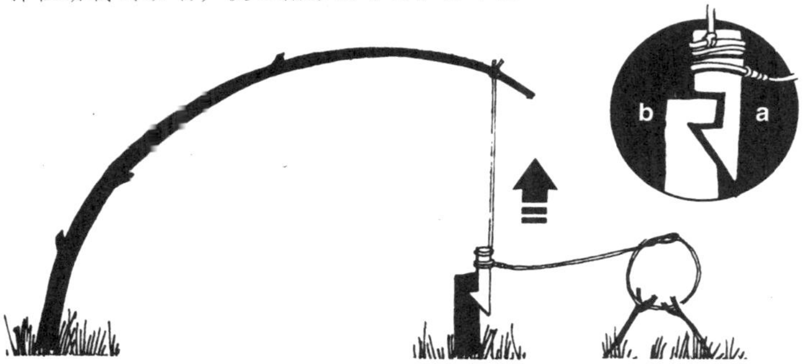

诱饵弹性绳套阱

原理同弹性绳套，但是增加了诱饵。绳圈平放在地上，诱饵悬于其上。猎物叼起诱饵的同时也就触动了机关。

适合捕捉中等体形的动物，如狐狸等。应在开阔地带设置这类绳套阱，这样猎物就很容易发现诱饵。最佳之地为森林中的小块空旷地。

支撑诱饵的右边树桩只用稍稍插入地面即可，因为猎物上了圈套后它必须一起被弹离地面

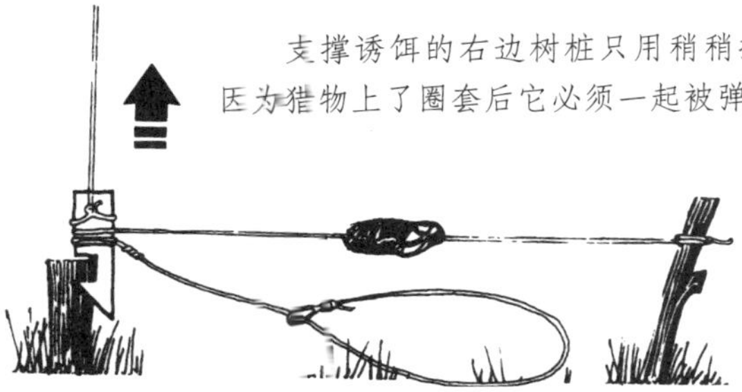

诱饵弹性腿套阱

用天然枝杈或两根树枝绑成叉状的人字形，竖直插在地面上，从被弯曲的弹性树的末梢引下的线拴在短棍的上端，绳套末端绑在短棍中央，短棍的另一端与一端系有诱饵的树枝相接触，利用人字形叉枝与它们之间的摩擦力使整个装置保持平衡状态。绳套平放于诱饵正下方的地面上。这类腿套阱适合捕捉较大的猎物，比如鹿、熊和虎等。对于食草性动物鹿来说，诱饵可以选择动物血或臭腺，这样可以唤起它们的好奇心。

短棍的上端压在枝杈，下端压在绑了诱饵的树枝上，使拉力与压力保持平衡，从而使整个系统稳定

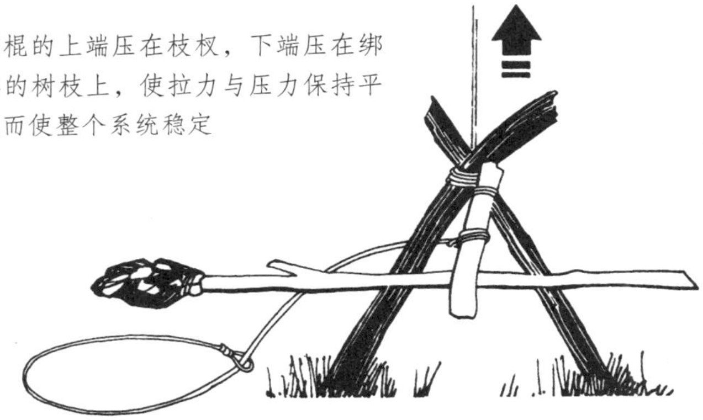

弹性压力阱

绳套臂（b）的一端架在支持臂（a）上，另一端用吊绳与（c）桩侧向连接。猎物钻入圈套后，绳套臂（b）一端就从支持臂（a）上脱落，从而带动（c）桩上的绳索开关。适合捕捉小动物，如兔子。在猎物经常经过的路线上设置。

注意绳索开关是怎样稳定住绳套臂（b）一端的，而另一端又是如何稳定在支持臂（a）上。绳套开关线左端必须靠近开关（c）的末端

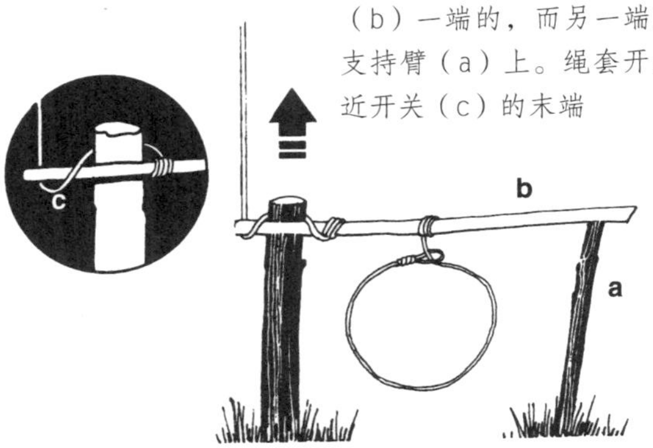

秋千弹性绳套阱

在空旷地带这种设置可以同时控制相邻的两条踪迹线。横臂上有两个活动的绳套，被吊线向上吊起，同时被束缚在树桩的“V”字形槽口上，从而保持平衡。

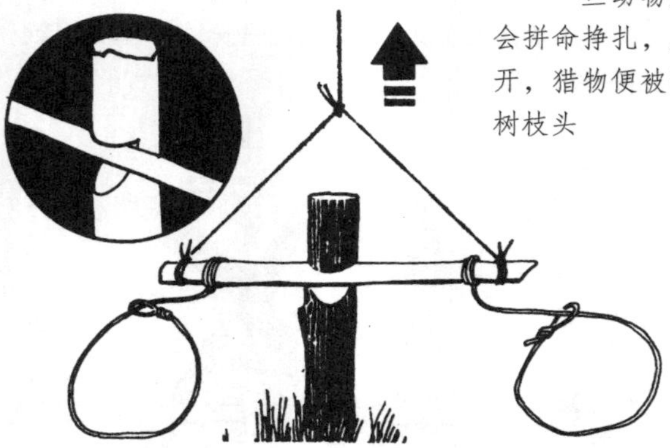

一旦动物上了绳套，就会拼命挣扎，从而使横臂脱开，猎物便被弹力吊到了幼树枝头

滚轴弹性绳套阱

绳套臂横架在两个支持臂前侧面的圆槽上。向上的绳索扳机线最好稍微后倾，从而保持平衡。适合捕捉兔子和狐狸等。被套住的动物在挣扎中就将绳套臂从支持臂上挣离，弯曲幼树的反向弹力就会将其吊离地面。

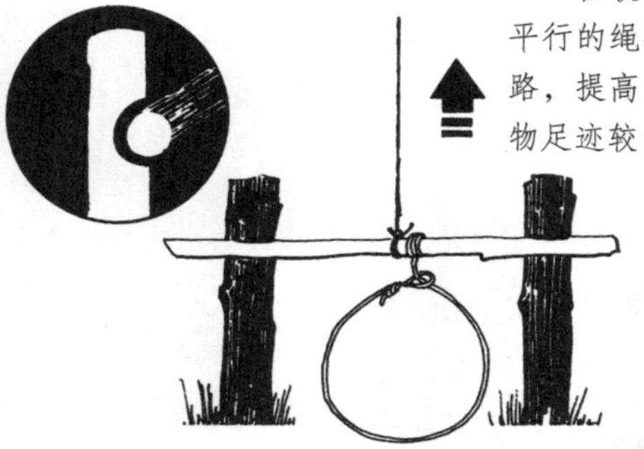

在较长的水平棒上设置多个平行的绳套，从而控制更宽的线路，提高陷阱的效率。适合在动物足迹较多的地方设置

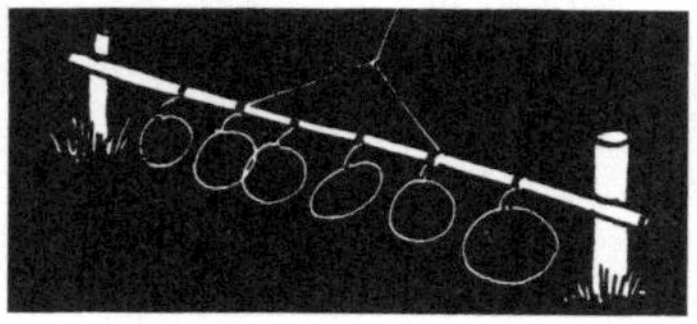

平台绳套阱

适合捕捉较大的动物，如鹿、熊或老虎等。它们相对较重，在地面上会留有凹陷的足迹。在平台阱的两边各设置一个绳套。当动物踏上平台下陷时，扳机臂就会从平衡臂上脱离，拉动绳套，从而将动物的前腿牢牢套住，进而将其吊离地面。与（a）图原理类似，但要用更大的绳套，没有平台，而是通过动物踩脱任何一根平衡臂直接带动扳机，如果踩翻了下面的，绳套就会紧紧套住小动物的颈部。

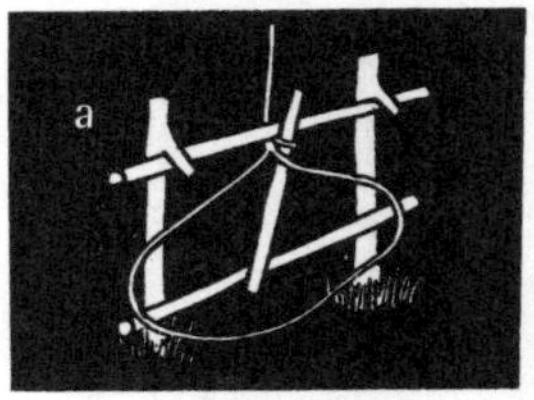

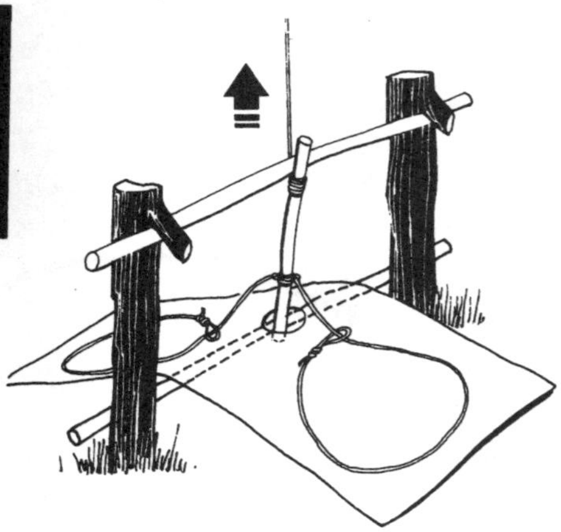

诱饵释放绳套阱

将两根叉状的木桩固定在地上，水平臂与垂直诱饵臂在同一侧与凹槽相互连接，诱饵臂的上端用弹线拉起来，保持平衡，绳套末端也系在诱饵臂上。可在森林中的小块空旷草地上设置这类陷阱，用来捕获一些小型的肉食性动物或野猪等。

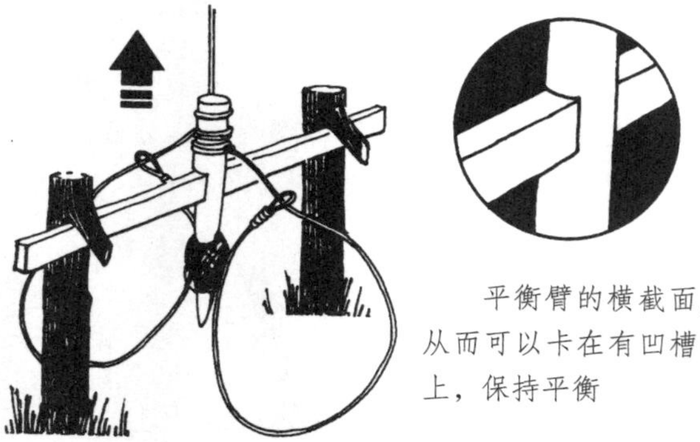

平衡臂的横截面应为四棱形，从而可以卡在有凹槽的垂直诱饵臂上，保持平衡

双面四套阱

将竖直的木桩牢牢钉在地面上，水平的横臂卡在中部的槽口上保持平衡，两端各放一份诱饵。将四绳套直接系在弹线上，弹线下部的末端系上小棒，小棒的两端卡在竖直臂与诱饵臂的小型斜槽上构成正三角形结构，以保持平衡。当猎物触动诱饵时，就会松动诱饵臂，从而打开机关。这种方法十分高效，也可以捕捉相反方向的猎物。可在森林的空旷地带用来对付小型肉食性动物。

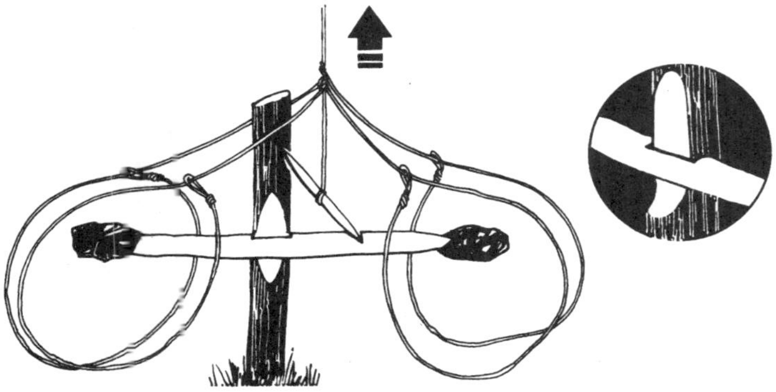

双弹绳套阱

将两根弹木的下端分别牢牢钉在地面上，另一端绷紧，相互钩住保持平衡。垂直的诱饵臂上端系在弹木上，双面四根绳套分别系在两根弹木上。注意观察弹木上端的挂钩怎样设计。绳套金属线必须足够坚硬，这样才能保持适当的环形。猎物咬中诱饵后，就会带动挂钩，弹木就带动绳套将猎物吊离地面。可在森林的空旷地带用来对付小型肉食性动物。

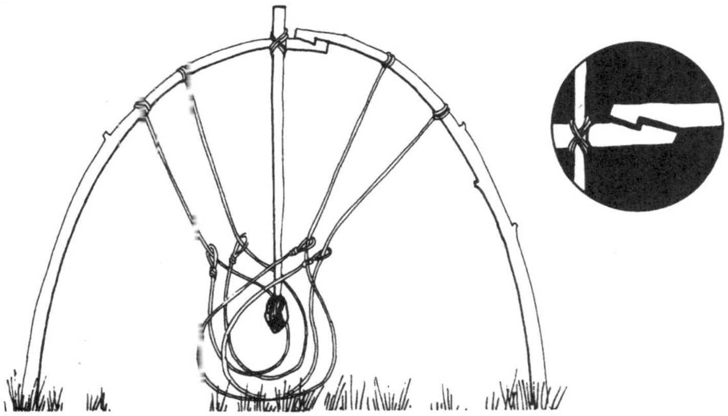

触动诱饵释放阱

将水平诱饵臂的一端插在矮木桩凹口上，另一端同竖直绳的套臂连成触动机关。绳套平放在诱饵下方的地面上。还有一根水平臂，将两端卡在叉桩上，然后中间用系在绳套臂上端的弹线卡住，从而保持平衡。猎物拖动诱饵臂后，就会触动连锁机关，弹线就会释放，可从而带动绳套将动物吊离地面。

从绷紧的幼枝顶端拉下的弹线拴在绳套臂上端，同时夹住水平横臂从而保持平衡。诱饵臂与绳套臂连成触动机关，并且稳定住绳套臂

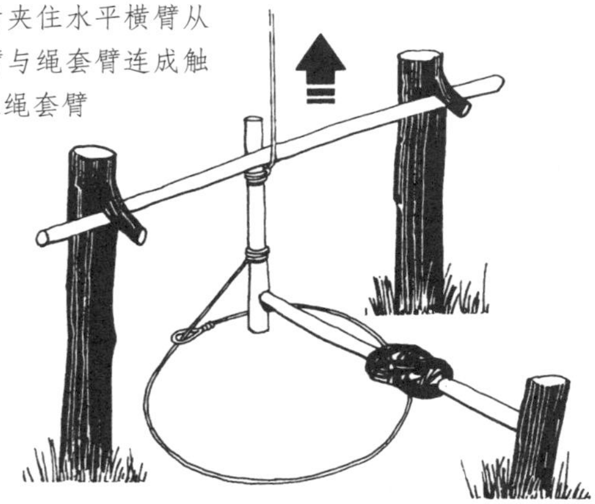

19.3.2 落石阱

作用原理：当猎物扑向诱饵时，就会触动机关，从而使一块重物落下砸中猎物。适合捕捉野猪、狐狸和獾类等。大型落石阱可以捕捉体形更大的动物，如熊等。

单凭个人力量是无法设置大型落石阱的。落石阱应该设在动

警告

大型落石阱对人类也很危险，设计时必须考虑到这一点。在偶然情况下，即使没有猎物触动机关，落石也可能会落下。即便在求生的危急情况下，也要确保每个成员都知道落石阱的确切位置。在求生演习时必须警告所有的成员都远离落石阱所在的地方，演习结束后必须拆除这类落石阱。

物奔跑的路径上，要与下落的重物保持一段安全距离，否则十分冒险。平衡非常重要——很可能不会一次成功。

触动绊放落石阱

机械原理与触动绳套阱类似——用释放棒撑住肘节棒的一端，从而保持平衡。触动机关的另一端系上长线，利用枝丫作为定滑轮，长线的另一端负着重物。绊线的一端系在释放棒的中部，另一端穿过重物正下方地面后，系在一个固定点上。用葡萄藤做绊线。

可用一根叉桩来改变绊线的受力方向

a

平衡木落石阱

将叉状棒的两端削尖，保证触动机关灵敏。分叉的一支水平放在重物的下方，前端设置适当的诱饵。竖直叉的上端支撑着横木从而保持重物的平衡。重物既可用重岩石，也可用原木。当动物扑向诱饵时，就会带动叉状棒，从而破坏了平衡，重物在瞬间即可坍塌下来，砸住猎物。

诱饵棒放在落石阱的正下方

方形面释放阱

扳机接触的地方，负重的水平棒与有着水平分叉的垂直棒之间接触面应该是方形。将垂直棒的下端削尖，尽可能减小与地面的接触面，从而提高落石阱机关的灵敏性。

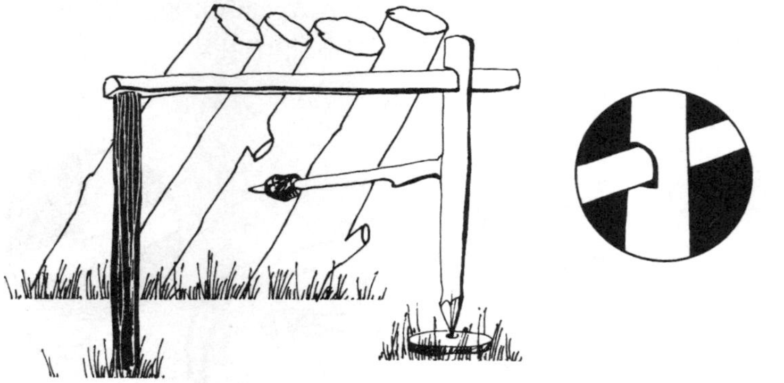

触动诱饵释放阱

用一根支柱撑起一块岩石或一捆原木，将支柱的中部架在固定于地面的叉桩上，从而保持平衡，另一端斜撑在地面上。绳索的一端系在扳机棒上，另一端穿过叉桩系在支柱的下端。诱饵棒的一端支在扳机棒上，另一端支撑住原木。当动物扑向重物下的诱饵时，就会牵动诱饵棒，从而使扳机棒失去平衡而释放下来，重物就会随之迅速砸下。

首先要将叉桩垂直钉在地面上

夺命落石阱

先将三根小木桩固定好，两根平行固定在树干的底部，另一根固定在跨越动物踪迹另一方的地面上。将绳索的一端吊起重物，跨过枝丫沿树干向下，经底部的木桩（用一水平扳机棒夹住，保持平衡），再沿水平方向横拉，通过地面系在第三根小木桩上。选择长绳索，从而保证扳机棒在触动滑落时，重物能够在瞬间砸向地面。

“4”字形夺命落石阱

看上去似乎有点复杂，但实际上好记易学，而且效率较高，可任意设计大小。水平的诱饵棒通过凹形切口平衡在竖直固定棒上，锁棒的尖端斜撑在诱饵棒斜槽上，中部支撑在竖直棒的顶端，上部撑起重物，处在诱饵的上方。注意各交叉部位切口的削法。将锁棒的下端削尖，从而能迅速释放。

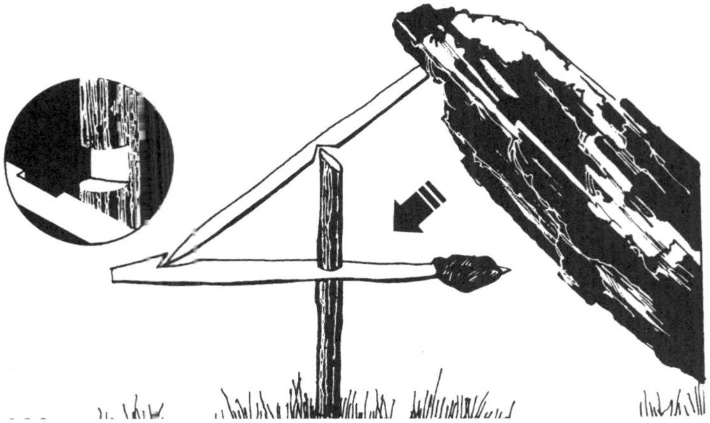

19.3.3 尖刀桩阱

警告

这类陷阱尤其适合捕获野猪和鹿——但是它们对人类自身也是极大的威胁。设置桩阱时不要正面面对尖刀。要使探险队的每个成员都了解尖刀阱的确切位置及其危险性。设置能够引起他人注意的标识。只有在紧急时刻下才可以设置尖刀阱，而且要有人看管。

尖刀桩落阱

原理同夺命落石阱一样，可用石块增加落木重量，而且在落木上绑上尖刀桩，猛击加上猛刺，珠联璧合，效果更好。

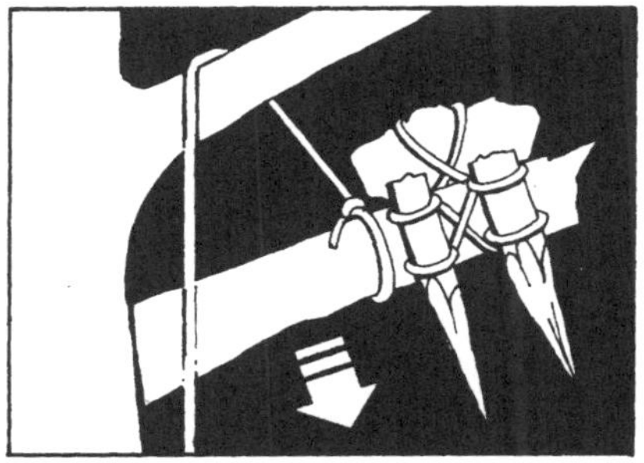

弹性尖刀阱

极其危险的夺命阱，能有效对付野猪。弹性树干的上端绑牢在大树上，下端绑上尖桩。用攀缘类植物或光滑的材料制成一个滑动环（不要用粗糙的树枝，它可能会绊住机关），系在绊网上。

在触动机关（a）的作用下使其保持弯曲。还需要一根棍，穿过滑动环，并绊住弹性树干和直立的支柱上，保持平衡。动物绊上扳机线后，就将圆环拉开脱离，从而使尖刀桩在树干弹力作用下迅速刺向猎物。

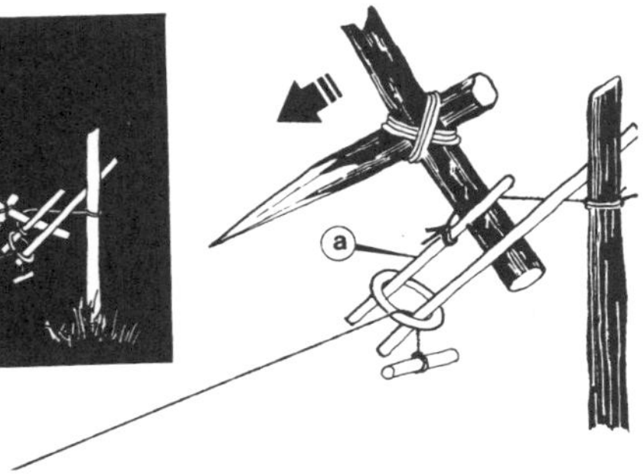

水平尖桩阱

类似弹性尖刀阱，不过将尖刀桩垂直绑牢在绷紧的竖直弹性树干前端，水平弹性树干的另一端绑到固定在地面的四根短木桩上。路的两旁各设一根固定的木桩，其中的一根顶部绑紧一根水平短棒，在机关棒及相应的线环共同作用下，使绷紧的弹性树干保持平衡。从另一根长木桩上牵出的绊绳，通过一个圆形套环套在水平短棒和机关棒上，构成陷阱的扳机。

确保将尖桩牢固地垂直捆在弹性树干上，否则要想刺入动物体内就会很困难，很可能会偏向一旁

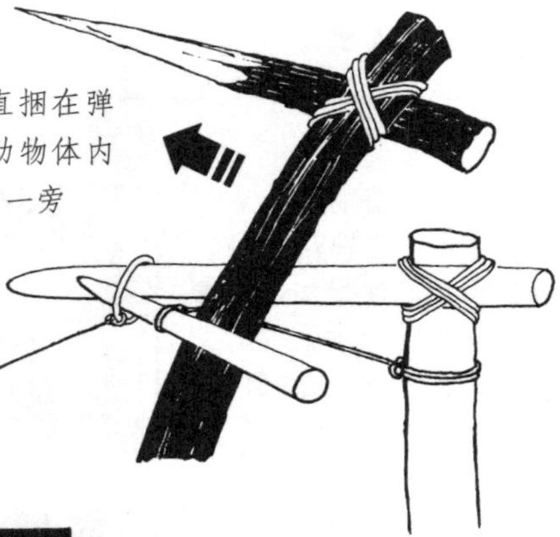

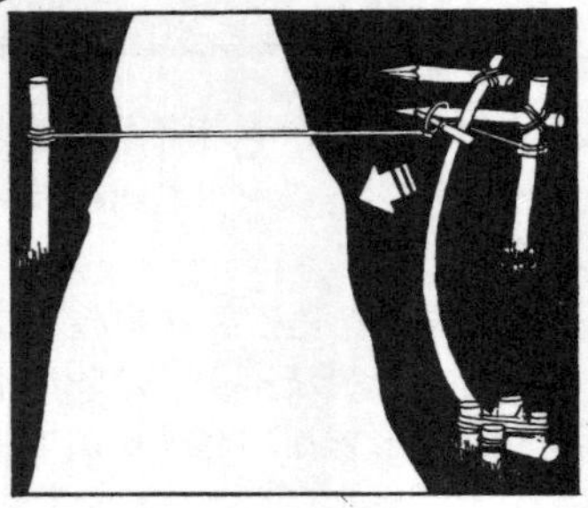

尖桩的高度应根据猎物的大小而定，还要仔细考虑角度

弹性树干的下端应紧紧地绑在短木桩上

切记：正是由于尖刀桩阱具有极大的威胁性，绳索和绳结都必须十分牢靠，确保已绷紧的弹性树干稳定。不要轻易靠近尖桩阱，在设置陷阱的地方活动时要格外小心。

诱饵弹性尖桩阱

用悬挂诱饵的绊线来带动拉环，从而释放扳机棒，这样尖桩在弯曲绷紧的弹性树干的带动下，就会急速扎向猎物。为了增加其有效性，可以在弹性树干的相应位置平行牢牢绑上几个尖桩。

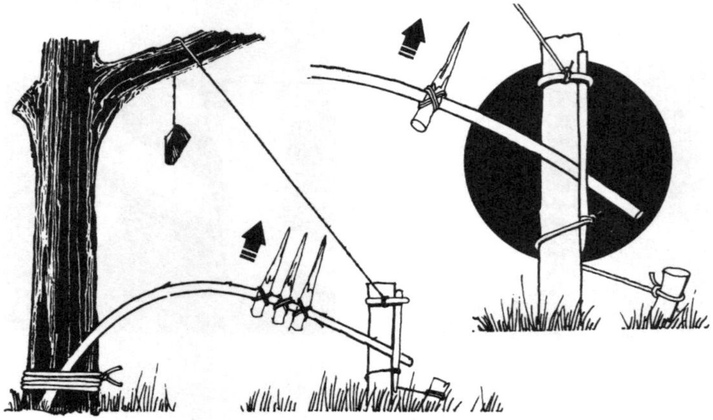

栖木尖桩阱

捕捉猴子十分有效，同诱饵弹性尖桩阱类似，但是用一根树枝替代诱饵从而带动整个扳机的开关。如果将安全拉环套在树干上，必须保证接触面比较光滑，从而很容易触动。

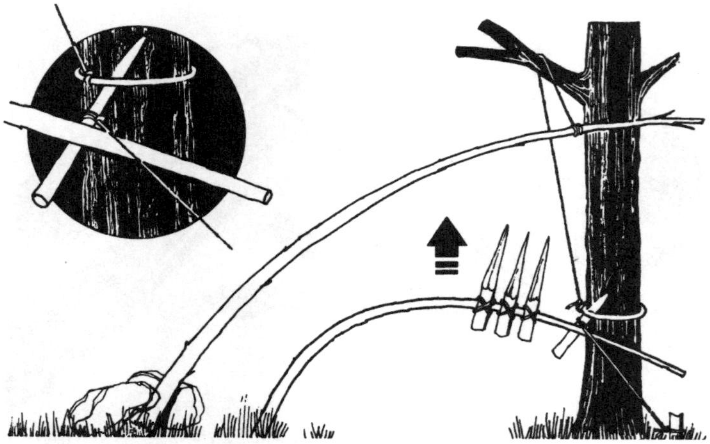

19.3.4 弓阱

用适当的弹木制成一张简单的弓，然后架在固定于地面上的叉桩上，将箭搭在绷紧的弦上，与绊绳相连的触动棒顶住扳机棒下端，扳机棒上端则卡在箭尾侧向下的凹槽上，从而使张开的弓箭保持平衡。用三根相距较远，固定在地面上的短木桩来改变绊绳的受力方向，从而使猎物触动绊绳时正好位于箭头所指的方位。这类陷阱适合捕捉迎面跑来的大型猛兽或者从绊绳侧面靠近的动物（箭会正好射中奔至中前方的猎物）。

警告

不要把弓阱设置在他人可能无意闯入的范围内——这会成为潜在的威胁。

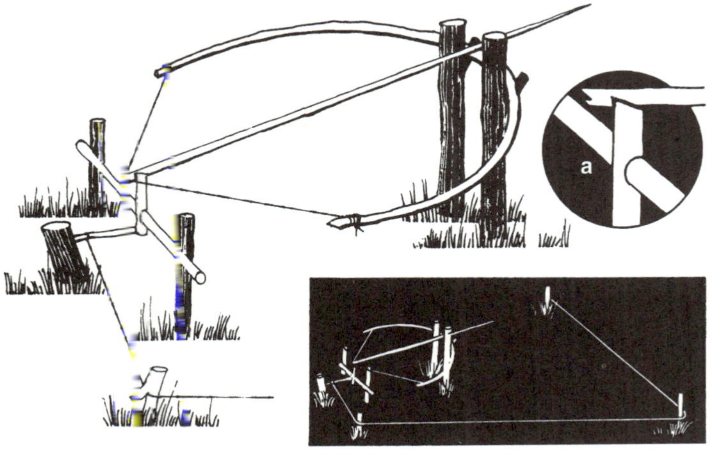

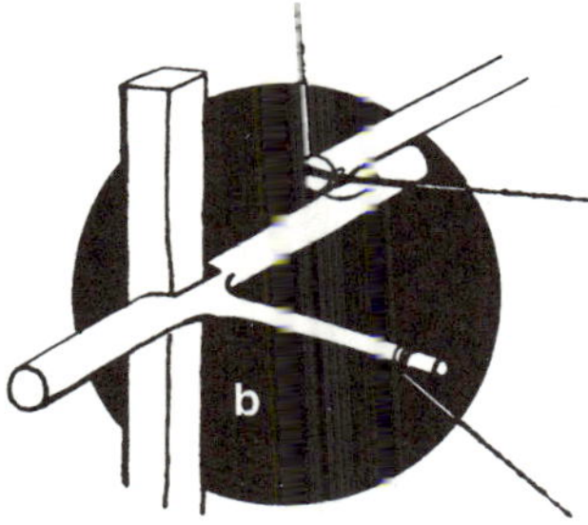

a：箭尾有弦口，还有用来卡住扳机棒的侧下方凹口。系着绊绳的触动棒前端顶在扳机棒下端，后端顶在固定于地面的矮木桩上。

b：另一种扳机系统：扳机棒中部的方形凹槽卡在固定于地面的方形木桩上，扳机棒前端的水平凹槽用来平衡紧绷着的弓弦的弹力，再用与前面类似的方法改变绊绳的受力方向。

19.3.5 坑式诱饵套索阱

挖坑会破坏环境并留下持久的痕迹，从而引起动物的警觉。但另一方面，有些动物在强烈的好奇心的驱使下，还是会前来试探。狐狸、野猪、野猫和獾都会刨坑打洞，这些坑会吸引它们的注意力。当它们伸长脖子嗅闻时，一旦超过了尖桩口就无法再缩回去了。如果用爪试探，也会落入圈套中。

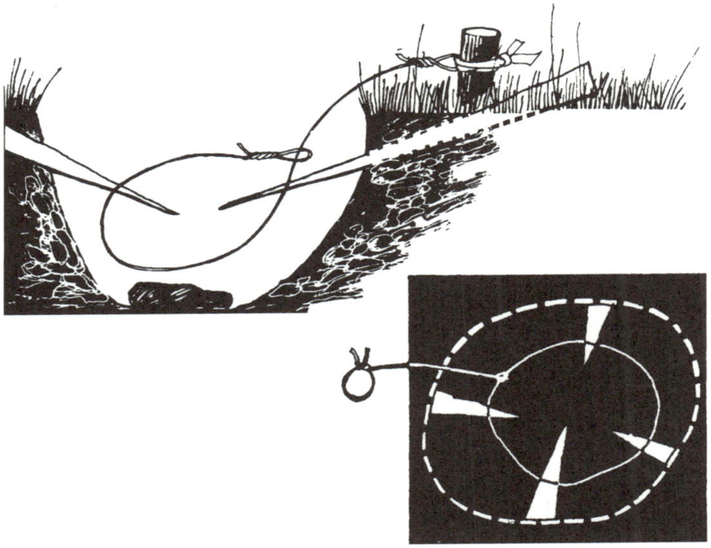

19.3.6 捕鸟器

罗网

在鸟儿经常出没的树林中设置网是捕鸟的最为简易的方法。如果没有罗网，也可以用十字形的交叉绳，系在鸟儿飞行经过的树林中，鸟儿也可能会误撞上它们。

粘鸟胶

用粘鸟胶可以方便地捕捉小鸟。冬青叶与富含淀粉的谷物混合后加水煮成黏糊，冷却后就是很不错的粘胶。涂在树枝或其他鸟儿栖息之处，就可以粘住飞落到上面的小鸟。

悬浮的绳套

在溪流靠近水面的上方悬挂一条长绳，在上面平行悬挂上一系列的绳套，最好是在芦苇和小灌木丛中设置。

诱饵钩

将鸟钩埋在水果或其他的食物当中，这是一种有效的捕鸟方法。鸟儿会将钩子误食到喉中。

绳套棍

将直径1.25~2.5厘米的绳套相邻系在长棍或树枝上，最好利用马鬃毛，或选择其他比较坚韧的材料。棍条可放在鸟儿的栖息地或巢穴附近，绳套面朝上。鸟儿落下时就会被套住。抓住一只鸟后不要急着撤去，因为它会引来其他的鸟儿，不多时就会有更多的鸟儿落在上面。

“4”字形鸟阱

原理见“4”字形落石阱。用枝条系成金字塔形的鸟笼，用斜棒支撑在诱饵的上方。捕捉小鸟时，也可以迅速制作简易却实用的鸟笼：先将所有的棍棒按要求设计好，然后取两根与底部等长的棍条放在顶部，用绳子将它们与底部棍条一起捆扎好，使得中间排列的棍条都能处于相应的位置。大型鸟类很容易就会毁坏这种鸟笼，捕捉它们必须将每根相邻的棍条都牢牢扎紧。

可以尝试用多种不同的方法制作鸟笼。也可选用一只大小适合的盒子或盆子，用一根联结有绊线的长棍撑起鸟笼的一边，手握绊线的另一端，在不远处隐蔽起来。当鸟儿进入鸟笼下方时，迅速牵动绊绳，拉倒长棍，鸟笼就会迅速落下捉住鸟儿。在鸟笼的四周及其下方撒上少量的诱饵。这种鸟笼在鸟群较多的地方效果最佳。

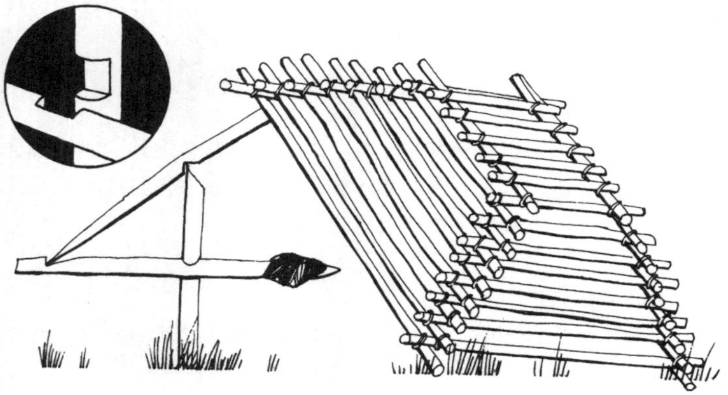

求生案例学习

但凡季风气候出现，就一定会搞点破坏。但1963年时却出现史无前例的反常。那年我受命派驻到婆罗洲（即加里曼丹岛，位于马来群岛中部）收集地形信息和其他情报。正当这次漫长的任务即将结束时，我们的大本营被一场大暴雨彻底摧毁。我们大部分个人装备和设备都丢失了，就剩下随身携带的零星物品。低空的密集云层阻碍了空中救援，我们的无线电通信也因为热带风暴的影响而瘫痪。由于整片区域全被洪水占领，我们只得往高地迁移。不停上涨的河面及随处出现的滑坡加大了我们迁移的难度，直到五天以后我们才抵达一个安全的着陆点，等待直升机帮我们逃出生天。

在这五天中，我们唯一的食物就是那一点点生存食品，有一块硬饼干、一些坚果和葡萄干、一管蜂蜜和57克的肉块。这所有的食物要分给我们四个人吃。就算在正常条件下，要在丛林中寻获野生食物也是极其困难的，最好的方法就是捕鱼，其次就是采集各种棕榈、植物根茎和嫩苗。可是很不幸，这场大雨将这些食物源一点不剩地冲走了，剩下的动物们都赶在我们之前脱困了。所以这一路上我们什么食物都没找到。

而到了着陆点之后，我们却找到了许多白色的大蜗牛。我们烤着吃、蒸着吃、煮着吃，甚至生吃，但不管怎么吃，味道都一样。尽管如此，这仍然是一流的营养来源。当时的我们已经饿到开始用眼光互相打量了——我相信这些蜗牛及时地防止了我们同类相食！

经验教训：
随时携带求生装备。
能找到食物一定要吃。
扩大资源搜索范围。
掌握并实践所学的生存技能。

在这次事件中，水资源并不缺乏，而是过量了。只有雨水可不用处理直接饮用，但如果某水质根本无法保证的话，可以进行蒸煮。同样要煮的还有肉、昆虫和植物根茎，煮软为止。然后减弱火量进行炖煨，此时加入其他药草和植物。因为连续的大火猛煮会破坏食物中健康所必需的维生素C。

罗网释放阱

将鸟网平放在地面上，网的四角用长线系在同一根弹性树干的顶部，另一根绷直的线连接到扳机棒与弹性树干的顶端，从而保持系统的平衡。诱饵平台的一端抵在固定的矮木桩上，另一端抵住扳机棒下沿，整个触动机关系统要相当敏感，使一只小鸟的重量就可以带动它释放。

注意：如果是在训练如何设置陷阱，确保做好明确的标记，以免其他人触动机关，造成伤害。尖刀阱和落石阱必须有人看管，以免误伤他人，因为它们可能造成严重伤害或死亡。训练结束后，所有的陷阱都要拆除。

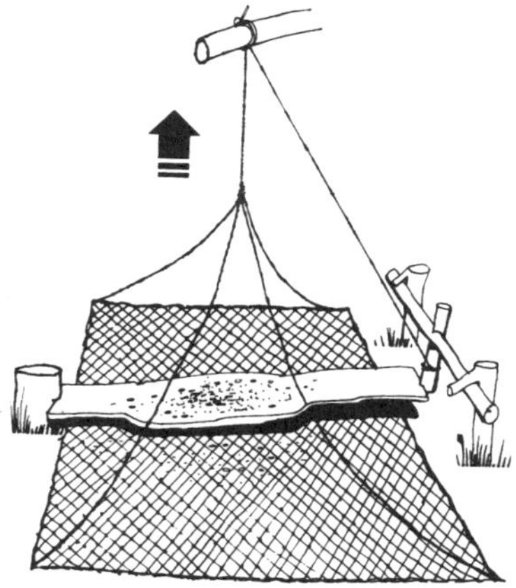

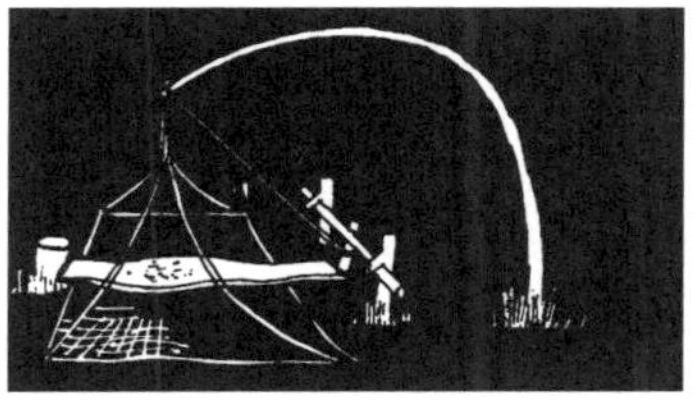

在网上及诱饵的平台上撒一些诱饵，招致小鸟的光临。当鸟儿落到诱饵平台上时，就会触动机关，在绷紧的弹性树干的反弹力作用下，使整个网部四角收起，将小鸟圈在网中。

20. 狩猎

首先要学会观察和辨认猎物的踪迹，必须具备猎物的相关生活习性及其特征的基本知识，这样可以帮助求生者充分利用地理优势。

在狩猎过程中要尽可能保持安静，规律性呼吸，缓缓地移动，避免动作太大，减少各种人为的声响。因为急促而突然的行动会引起动物的警觉，留心嗅闻和倾听。狩猎时应该逆风，至少不要完全顺风。

黎明时分，多数猎物都会出动，是狩猎的理想时机。傍晚时动物也会出动，但光线迅速变暗，只有相当熟悉地形，并且了解如何返回宿营地才行。如果是在熟悉的地方一般不会有问题，尤其是月明星稀的夜晚。

在黑夜降临前，如果狩猎活动在一小时前就开始了，那么眼睛就会逐渐习惯变暗的光亮，夜视的能力也会增强——不过，动物的夜视能力很有可能会比你更强。

白天时，尽量在清晨时上山寻找猎物，中午时返回营地。清晨上山时，动物的足迹更容易找到和辨别，因为视线的落点更靠近上坡的地面。白天里暖气流逐渐上升，各种气息就向上方扩散，因此在下山返回时，就会先闻到动物的气息。而且经过半日狩猎，你会觉得劳累，而下山消耗的能量较少，此时你会感到步履轻松。

在猎物没有发现你之前，尽可能地靠近目标，选准有利的稳固位置，在最佳方位瞄准。精确的迎面射击十分有效，但只有靠得很近，动物也静止不动才行，否则很危险。动物的前膀背侧是极好的攻击点，只要射击准确，多数动物都会倒下。糟糕的射击不仅仅给动物带来了不必要的痛苦，也会使捕猎者不得不追踪很长的距离。

如果一击便中，要在动物倒下后等5分钟，然后再慢慢靠近。站在猎物的背面，先观察。如果猎物只是受伤流血，还没死亡，等

小知识

只要选择了正确的方式移动，动物都通常不会察觉到你。如果感觉到动物已经瞥见了你的身影，就应当立即屏息不动。它也可能首次见人，好奇心可能比恐惧感更强。保持完全的静息，直至它们离开或者继续进食。避免大型的猛兽，如熊等，除非是确实完全绝望无助了，或者在你确信能一次成功将它击毙时才可一试，否则很可能会由狩猎者变成了它们的猎物。

5分钟就会使它因失血过多而变得十分虚弱，当你靠近时，它已无力逃走了。如果动物受伤后并逃走了，在追踪前先耐心等15分钟，否则会使它整天到处奔走。

20.1 武器

20.1.1 弓和箭

弓和箭是临时的最有效的武器，也很易于制作。只需花上很短时间去练习，你就会得心应手了。

有完全干燥结实的弹木材料当然更好，不过没有时也可以制出好弓来。如果你觉得在那里会待上数月，就应该贮备一些上等弹木。一般的弹木寿命比较短，因此可以多做几张弓，失去弹性时，再换一张。

紫杉是制弓的理想材料——所有古老的英格兰长弓都是由紫杉木制成的。在北半球分布着五种紫杉树，但并不是都很常见。其他如山核桃、桧属植物、橡树、美国榆、雪松、硬木、桦树、柳树和铁杉也都是很理想的制弓材料。

挑选弹木

弓柄应选择韧性很好的易弯曲材料来制作。一般长约120厘米，但要根据个人的情况确定。

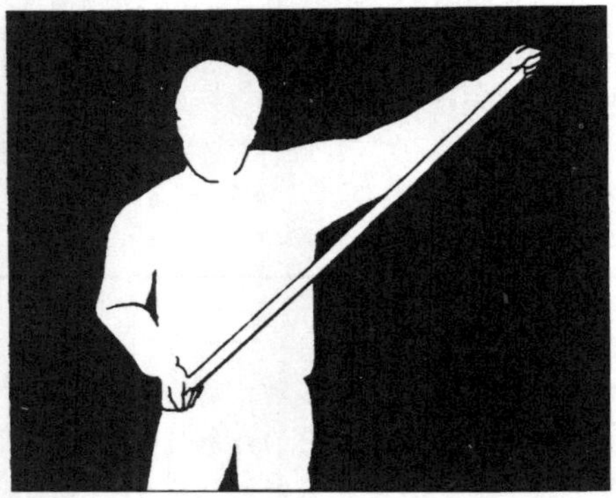

选择适合自己的弓柄：右手放在腰下部的一侧，然后握住弹木的一端，左手沿棍向前斜举伸直，并握住弹木，做好标识，取这段弹木作为弓柄，长度就会很适合。这就是弓形大小的标准（使用长弓需要更多技巧）。

加工弓柄

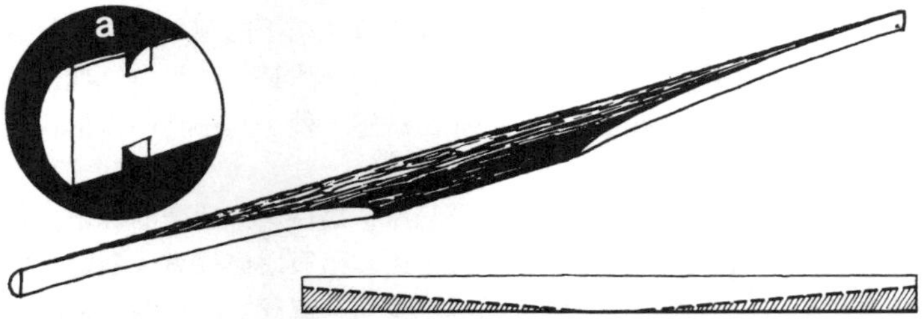

弓柄的中部宽约5厘米，两端渐窄，直到1.5厘米为止。在距柄尾约1.25厘米处刻上凹槽（a），用来固定弓弦。先剥去树皮，弓柄削成形后，外面要涂一层油脂。

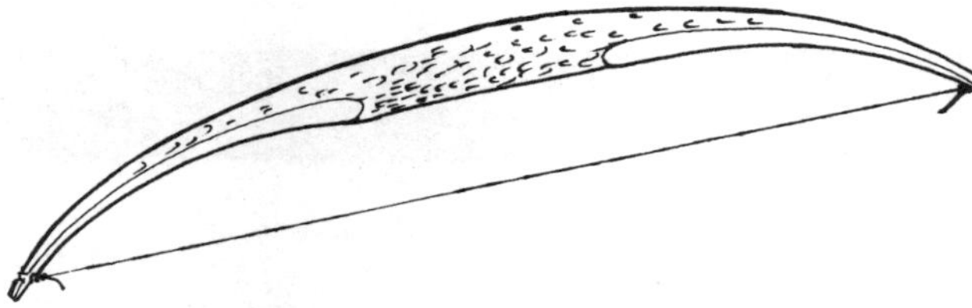

安装弓弦

用生牛皮来制作弓弦最为理想，切成宽3毫米的坚韧长条，不过，在应急时也可以选用其他各种绳索。老荨麻树皮具有上等的粗纤维，可搓成结实的弓绳。如果弓柄的弹性很强，可能需要相对较短的弓弦。在固定弓弦时只要使弓柄稍稍绷紧即可——只有在拉开弓时，弓柄才应弯曲紧绷，提供巨大的弹力。

一张制作精良的硬弓比弹性陷阱更有效，也能更精确地命中目标——但是失去弹性后就不要再用了，应立即换一张。

先将弓弦扣在弓柄凹槽上，然后绕两圈半。如果做弓柄的材料没有干透，在放置不用时应松开弓弦的一边，否则就很容易使弓柄变形。

制作箭

任何直木都可用来制作箭杆，但桦木是最好的材料之一。箭杆长约60厘米，宽6厘米，应该笔直（两定点间系紧一根弹绳可判断是否笔直），也要尽量光滑。箭杆末端应刻有一个6毫米深的凹槽，用来架在弓弦上。

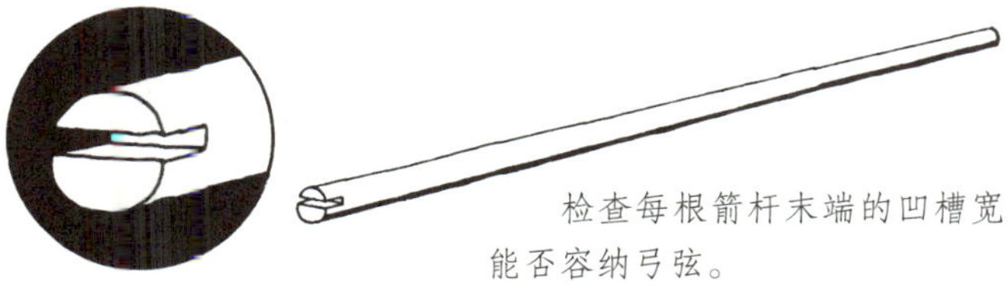

检查每根箭杆末端的凹槽宽度能否容纳弓弦。

箭羽

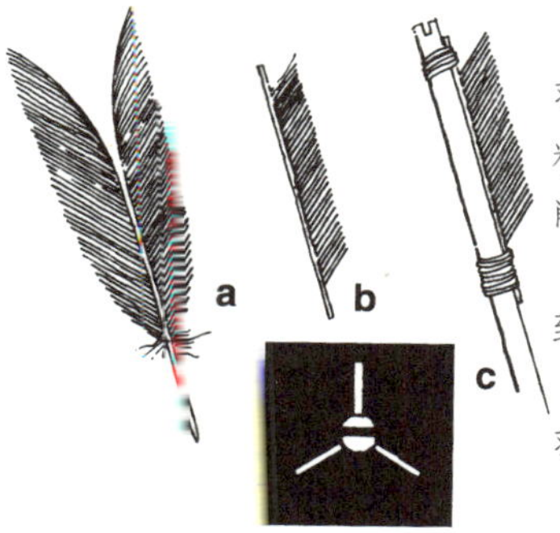

为了提高精确度，可以制作箭羽。羽毛是首选的材料，但其他材料也可使用——纸、轻布料，甚至削成一定形状的叶子都可。

a：从顶端开始，撕开羽毛，到羽毛管的中央。

b：羽毛两端各留20毫米宽的羽毛管，以便系在箭杆上。

c：将箭杆圆周三等分，系上相互对称的三根羽毛。

箭头

箭杆的顶端需要尖尖的头。可以将箭杆前端直接削尖，然后用火烤硬，但是用附加的锋利箭头系紧在杆上，效果更好。马口铁就很不错，燧石磨尖也可制成十分锋利的箭头。甚至细心制作，骨头也可以制成锋利的箭头。将箭杆的前端从中央部分剖一裂口，插入箭头后紧紧绑牢。动物的肌腱是很不错的捆绑材料——湿润时绑，干燥后会收缩，就紧紧绑住了箭头。

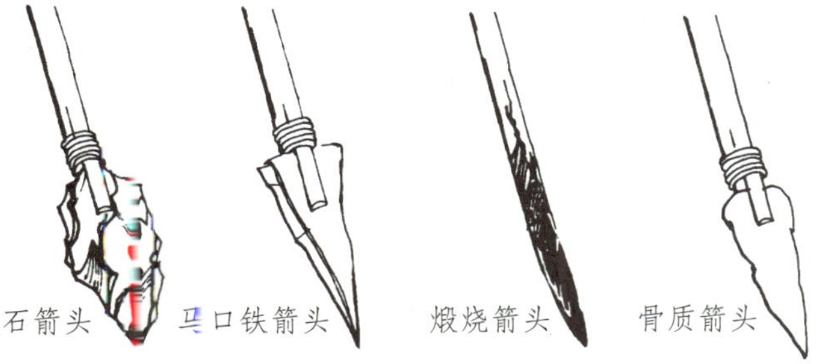

燧石箭头　马口铁箭头　煅烧箭头　骨质箭头

利用燧石制作武器

燧石是一种具有暗淡金属光泽的黑色石块，常出现在石灰岩地质层中，敲磨破碎后可以制成箭头、尖刀桩头、斧刃和刀等武器。选择大小适合、光滑片状的燧石，用另一种硬度更大的石块不断地敲磨，直至变成需要的形状，铲磨使其形成锋利的刀刃。

箭术

拉弓搭箭，弓部中央与视线保持平行。左手握弓，右手扶箭，沿水平方向朝后拉满弦，然后突然释放——箭就会急速地飞出，射向目标。

多多练习，弓套里多装几支箭，就可以快速连射。

防止被箭擦伤

许多射手都会发现，箭在飞离弓弦时，常常会擦伤脸颊和手部的皮肤。可用头巾或其他布料遮挡脸颊部，手腕部戴上皮革护套保护。

20.1.2 弹弓

简便的弹弓加上普通的小卵石，也可以成为很有用的武器。一根弹性绳索，中部穿上一小块的弹弓布，两端固定在弹弓架上，就成了一副不错的弹弓。皮革是制作弹弓布的最佳材料，也可用坚韧的织物代替。既可用皮革条带制成弹性绳索，也可用粗纤维搓成绳，但必须保证后者也具有良好的弹性和坚韧度。可用一根弹性绳索将弹弓布穿在中央，也可用两根等长的弹性绳索牢牢地系在弹弓布的两边。

用弹弓射鸟时，可以一次同时发射几颗卵石。

弹弓技巧

选择直径约为2厘米的卵石，要尽量光滑（粗糙卵石杀伤力更强，但运行轨迹不是弧线，不容易控制）。

举起弹弓，瞄准目标，拉紧弹绳，释放。卵石就会急速沿弧线飞向前方。不断练习和摸索，直到能够精确命中目标。要提高精确性，可以调整射击距离，可能还需要调整弹弓绳的长度。

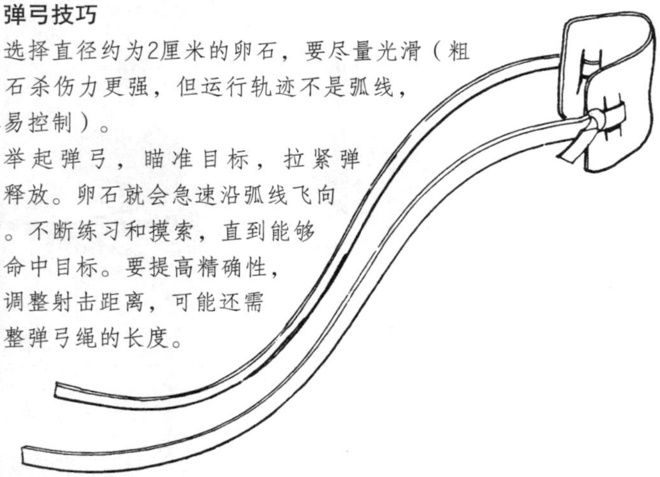

木柄皮弹弓

可能有人称它为顽童的玩具——但是不要忘了古罗马人曾用同一原理制成了巨型石弩作为攻城武器。首先需要选取强度大的杈状树枝，削成木柄，最好同时有一定的柔韧性——榛木树杈最棒。还需要一些弹性材料来制作弹弓绳。从汽车或自行车内胎上割下的橡胶长条就很不错（尽管已用旧了，但强度仍然超过了一般的衣物和布料）。

在弹性橡胶皮条的中部穿上一小块长方形的弹弓布，方法同前。选取适当的小石块作“弹药”。

20.1.3 流星锤

因纽特人用来捕鸟的武器。圆形布内包着多个石块，用长90厘米左右的弹绳打结系好。众多弹绳的另一端紧紧系在一起，握在手中。在头顶快速挥臂旋转。当离心力超过布与弹绳绳结间的摩擦力时，包有石块的圆形布就会迅速脱离弹绳，散开的石块就急速飞向前方，覆盖较大的面积。

南美的牧羊人也使用同样的武器，并且在战斗中也广泛运用。

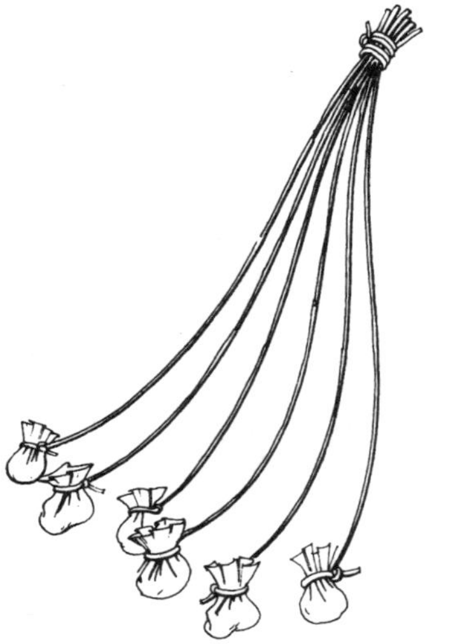

散开的石块可以击落飞鸟，或击中动物的腿、颈部，从而提供机会捕捉它们。

20.1.4 标枪

长棍在行走时可作拐杖，一端削尖后又可变成有用的刺杀或投掷武器。长约1.8米的直棍就可制成理想的刺杀标枪。长约90厘米的直棍则可制成更好操作的投掷标枪，长度再缩短一半的直棍还可制成投镖——精确度更高，能投射到更远的距离。

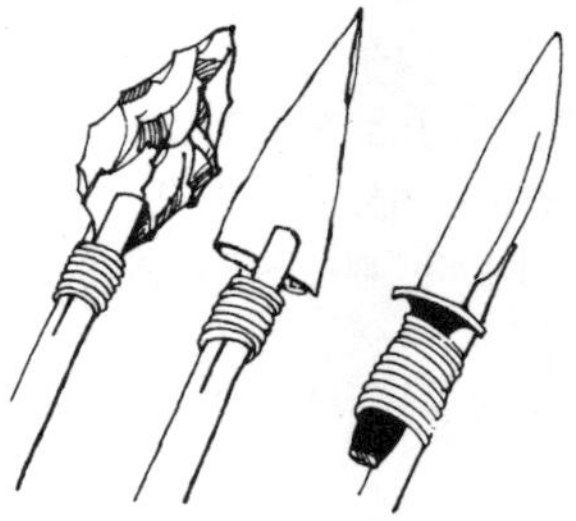

梭枪前端加上各式的枪头，会更具杀伤力。可以制作枪头的材料有：锋利的燧石、马口铁，或者直接用尖刀绑在标枪头部。不过如果仅有一把刀，就不要这样冒险，否则很容易丢失或损坏刀片。

标枪投掷器

半片原木，光滑的沟槽，沟槽后端是封闭的，没有贯通，正是梭枪发射前的着力点。

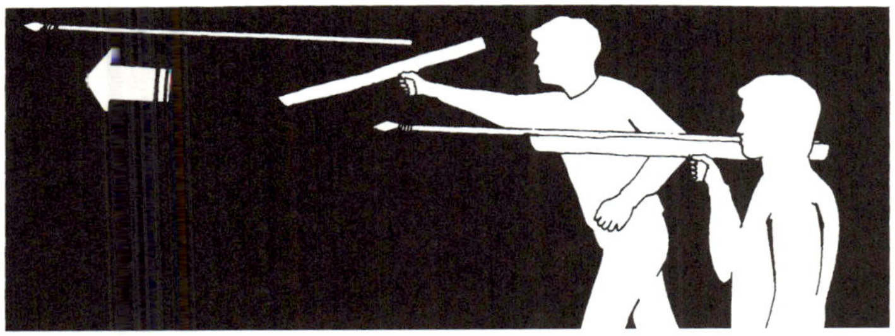

选择至少有梭枪两倍宽的大树枝，制作投掷器。树枝上最好有一叉柄，作为向前推动的把手。将大树枝从中部劈开，中央掏出一光滑的沟槽，前端打通，后端封闭。必须保证沟槽内面十分光滑。先练习几次，摸索合适的沟槽长度，能够满足投掷的标枪以及保持自身的平衡。

将投掷器举到肩部水平位置，前端瞄准目标，手握把手，急速向前下方推进。标枪就会在投掷器推动下急速冲向目标。

20.2 捕鸟

活结绳圈

一根长杆，前端有一活结绳圈，是捕捉栖息在低矮树枝上小鸟的有效工具之一。留意鸟类的栖息地和巢穴——记住，鸟类的排泄物会给你许多提示——在夜晚光线较亮的时候，偷偷地靠近，先用活结绳圈套住鸟儿，拖紧绳索后，就可捉住鸟儿。

捕捉水鸟

潜入水中，用芦苇或其他植物伪装头部， 小心翼翼地靠近水鸟的巢穴或水鸟时常出没的地方。但要小心鸟类在防卫时是十分凶猛的，尤其是大型的猛禽，如野鹅和天鹅等。

有些地区的人也利用大葫芦瓢戴在头上。葫芦瓢上一边留有口，供呼吸和观察。葫芦刚好浮在水面，捕猎者隐蔽在水下，这样可以很容易靠近鸟类栖息地而不被发觉。为了迷惑鸟儿，可以先在水面上扔几只葫芦。抓到野禽后，将其突然拖到水下使其窒息而死。

坑阱

在鸟类经常觅食的地上挖一个深约90厘米的洞，宽度根据捕捉的对象而定。在洞的周围撒上谷物，越靠近洞口，谷物密度要越大。

先将诱饵放在洞的周围，等鸟儿进一步前进以获取更多的食物时，冲赶它们，在慌乱中它们没有充分有效地展开双翅，就会糊里糊涂掉入洞中，一时难以挣脱。

> **捕捉海鸥**
>
> 将裹有石块的食物向上抛，海鸥在张口衔取食物时双翅展开，吞食了裹有石块的食物后，体重会突然增加，瞬时就跌落下来。显然，这种方法只适合海边的陆地上。随时准备好，在海鸥跌落地面时立即赶上去杀死它们。

20.3 危险动物

除了自我防卫外，动物们一般很少攻击求生者，多数情况下它们更关心的是如何避开你。遇到大型动物如大象、犀牛和河马或者那些属于需要保护的野生动物的机会很少。不要把帐篷搭建在动物饮水的水源边或者有动物足迹的地方。否则，很可能就会被一群大象包围，或者迎面奔来一头好奇的美洲狮。

> **警告**
>
> 不要招惹猛然间面对的猛兽。在北部的森林地区，熊类会经常出没在庄稼地搜寻食物，有时会打翻垃圾罐，也可能直接拜会你的营地以便寻找更容易获取的食物。用噪声驱赶它们——不要试图捕捉，也别靠近它们。熊要杀死单个人易如反掌，受伤的熊更具有攻击性。所有受伤的野兽或困兽都是相当危险的。一般来说，多数动物遇见人时，第一反应就是逃走。如果你堵住了它们的退路，它们就迫不得已应战了。

鳄鱼极其凶猛，除非它们很小——但也要当心是否有一条更大的鳄鱼在水下追随着你们。在你用武器刺伤头部有角的动物前，它们可能会用角伤着你。刚刚成熟的雄鹿在发情期极其好斗。不仅仅只有有蹄动物才能给你致命一脚——被鸵鸟踢中也会伤筋动骨，严重的甚至会丧命。

常常有许多关于狼的传说，其实在野外遇见狼的机会并不多。有些童话故事讲述它们的贪婪、凶猛，其实都是夸大其词。狼可能会对你感到好奇，从远处注视着你。但在被一群凶恶的狼群追赶时，你会发现原先带着1品脱（约568毫升）的食盐是多么明智啊。如果你伤势很重，失去了自卫能力，狼群很可能会干掉你。贪婪的鬣狗也会成群地猎食。尽管它们通常比较胆小怯懦，但作为肉食性动物，它们还是非常厉害。遇到人类时它们也许会卷起尾巴逃走，因此，就让它们去吧，千万不要轻易攻击它们。

大型的类人猿杀死一个人非常容易——但通常它们只会发出要你后撤、不要冒犯的警告，它们一般很少攻击人类。你可能常会与小猴狭路相逢，这是极其危险的——它们的牙齿十分厉害。被动物咬伤后要仔细清洗伤口并彻底消毒，否则很容易感染。几乎所有的动物咬伤人之后，都可能导致人得破伤风，被有些哺乳动物，包括吸血蝙蝠咬伤后还可能会引发狂犬病。

一般情况下，蛇类在没有触动时不会造成大的威胁。应留心检查衣物、床被和各种装备，以防各类不速之客——爬行类或各种昆虫隐藏在里面。懂得与它们和平共处十分必要。偶然，也会发现蛇或蜈蚣钻入暖和的被窝里。这种不愉快的事时有发生，有时一觉醒来，发现一只不受欢迎的来访者早已舒适地躺在了自己的腋窝下或其他的私处。切记，它们并非要攻击你——只是贪图享受罢了。轻轻移开身体，保持镇定，脱离它们，然后再赶走或杀死它们。

21. 捆绑猎物

受伤的野兽或落入陷阱的困兽危险性更强。在接近前，仔细观察猎物是否已经死亡。

将刀或尖桩绑在长棍前端，刺破猎物的颈部和主要的骨骼肌。失血会使它们变得十分虚弱，这样你就可以安全靠近了，并用棍棒击破它的头部。

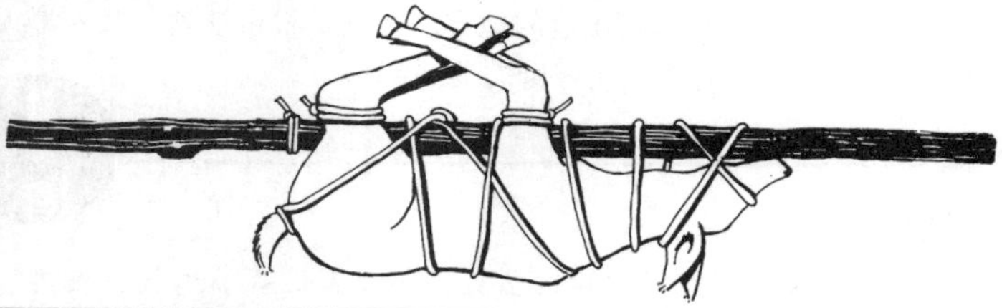

只要将猎物翻转，四脚朝上，就很容易拖走，甚至大型动物也可以。如果是头部有犄角的动物，应先砍去头部，否则拖行十分困难。

如果有同伴，可将猎物牢牢绑在粗木条上，两人抬着走会轻松许多。不要把猎物的尸体直接放在帐篷里，否则会引来其他的肉食性猛兽。

先沿躯干部与粗棍绑紧，再将对应的双腿捆牢。有犄角的动物，可以交叉捆紧犄角两边的头部。

在设置陷阱的路线上宰割猎物，可能吸引其他的肉食性动物，也许会收获更多。用猎物的内脏更换陷阱中的诱饵。只要将处理干净的瘦肉带回营地即可，这样也可省去许多力气。严寒的气候条件下，可将剩余的食物贮藏备用。

隐藏猎物

宰割后的生肉应悬挂在肉食性动物够不到的粗木柱上。还要防范那些具有攀爬能力的肉食性动物。如果只是简单地把肉悬挂在树上，猫科动物就很容易偷食。

在秃鹫以及其他大型食腐性动物出没的地区，贮存物几乎不可能一点不受侵犯，因此要尽量在身边多带一些。炎热的天气，很难贮存肉类食物。动物血液中含有多种重要的矿物质和营养物质。因此，要装在容器中，带回营地。盖好，冷藏，还要防范飞禽及其他的偷食者。

警告

食用有病的动物有害健康。

要仔细检查猎物尸体上的淋巴结是否异常肿大。如果肿大而且变色，就说明有病。任何头部变形或变色的动物都必须煮透后才可食用。患有多发性黏液瘤的兔子，在宰杀时也得小心。手部的伤口或伤痕都必须仔细包扎好，否则如果猎物携带病原菌，就很容易侵染伤口进入人体内。

21.1 处理猎物

尽量不要浪费猎物的每一部分资源。处理工作做得好，会最大限度地提供食物来源。对于不能食用的部分，也要充分利用。从以下四个步骤入手：

放血： 如果要贮存肉，这一步骤必须进行。放血后的瘦肉味道更鲜美。

剥皮： 皮革可制作衣物，也可在建棚时挡风避雨。（猪等不需剥皮，因为其皮下的脂肪层很有营养价值。鸟类则需拔毛，通常无须剥皮。）

开膛： 除去内脏及各种杂碎。

解肉： 从关节处切断，把肉分解成大小合适的块，便于随后采用各种方法烹制。

21.1.1 放血

不要浪费了动物的血液，里面富含维生素和矿物质以及盐分，这些正是求生者急需的东西。牛血是许多非洲牧人重要的食物之一。食人族土著通过饮用敌人的鲜血来增加力量，增强健康。动物的血可治疗因缺乏维生素而造成的眩晕症。

将猎物的头部朝下悬挂放出的血液更多。用绳绑住猎物腿部的肘关节（注意不是踝部——这样容易滑落），吊在树丫或自己搭建的支架上。地面上放置容器收集血液。

需要结实的木料来搭建支架。支架的两端相互交叉，牢牢绑紧，并固定在地面上，支架上架一横木，用来悬挂猎物。

割开猎物颈部的主静脉或颈动脉放血。悬挂着的猎物颈静脉与颈动脉都很明显，容易寻找。在耳后根部切口，同时要刺断颈两侧的颈静脉。也可开口更低一些，在主动脉分支前割开，形成“V”字形的切口。如果没有匕首等刀具时，选择后一种方式较好。还可将颈部及喉咙断开，但这样可能会同时割断食道，从而使胃部的食物倒流出来，污染收集的血液。不过如果刀锋前端不太锋利，也只有选择这种方式了。

对于猪类猎物放血十分重要，猪肉组织里富含水分和脂肪，血液若留在其中，会加速新鲜肉腐坏。

21.1.2 剥皮

在动物体温尚未降低前，剥皮很容易，放完血后即可进行。首先要除去可能会使肉类腐烂的味腺。有些鹿类的味腺在后腿膝关节稍下部位，猫科和犬属动物则是处于肛门两侧的肛门腺。同样，除去雄性动物的睾丸也很必要。紧贴皮下部位的开口小心剥皮，按图示的切割线下刀，关键步骤如下：

1．在后腿膝关节上部沿环线切开皮肤，注意不将绑绳切断。

2．在前腿的相应位置切开环线。

3．沿后腿内侧向下切开到两腿分叉处，小心沿生殖器周围切一环线。

4．沿腹部中线向下切开到颈部。留意刀锋不要伸入太多，否则将会切破胃部或其他内脏器官——用手扒开皮肤，插入两指，刀尖紧贴两指，刀刃朝外，缓缓地向下切开皮肤。

5．沿图中虚线所示的部位切开前腿内侧的皮肤。

这种方法可以避免刀尖深入太多，切中内脏。手指挑起皮肤，刀刃朝外，缓缓滑动，沿腹中线向下切，直到颈部。不要着急，避免伤着自己。小心不要弄坏了完整的兽皮，以方便以后利用。

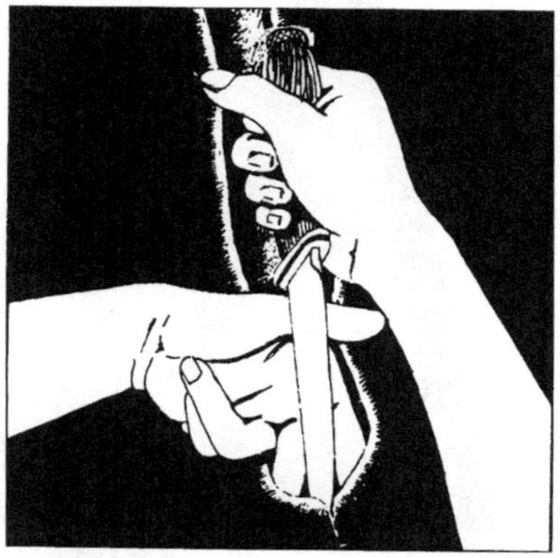

接下来，将兽皮从后腿部切口开始从鲜肉上撕开。尽量少用刀。将剥下的兽皮里朝外翻起，再使劲向下拽。

当后腿部的兽皮剥离后，沿尾部周围切一环线（生殖器周围已经切开）。当剥到背部时，直接用手将皮与肉分开。接下来剥前腿。这样就可以获取一块完整的兽皮了。当剥到颈部时，喉部断口会不停地滴血，狠狠扭曲头部，就可以阻止滴血。兽皮上粘连的肌肉组织随后也应切除。

单人独干

悬挂大型猎物需要费很大劲。如果仅有一人，也可在地上完成剥皮和解肉。为了防止猎物卷缩，可切下有蹄动物的四足垫在下面。

可以将猎物自然平放，在地面上挖个坑，以便放置收集血液的容器。遵循同样的剖腹程序，然后先由一边剥到背部脊骨处，展开兽皮后，将猎物翻过来，压在剥开的兽皮上，再剥另一半——这样就可以避免鲜肉直接接触地面。

小动物剥皮

对兔子和其他的小动物可先从胃部以上切开小口（小心不要切破了内脏），然后用手轻松地将皮从肉上撕开，并且将腿与头部砍断。

如果没有刀，可先折断猎物的后腿，露出裂口后，再用断裂物的锐利边棱切开兽皮。

21.1.3 开膛

将剥皮后的猎物仍悬挂在支架上，开膛，除去肠子，将有用的内脏分开。先向里挤压腹部，夹住腹中线上的一块肌肉，用刀切一道裂口，只要容得下两个指头即可。不要直接用刀刺入肉中，这样会很容易刺破内脏。在手指的牵引下，刀尖向外向上将腹部切开直到肛门，向下切直到胸腔。用手阻止内脏向外滑落。

夹住腹中线上的一块肌肉，用刀先切开一道小口，能允许伸入两指的宽度即可。如同剥皮法一样，在手指牵引下，先向上，再向下，切开腹腔与胸腔（用手背阻止内脏向外滑落）。

开膛后，使内脏器官滑落出来，允许其向下悬吊着，这样可以方便检查，除去肝脏和双肾。

胸腔内脏器外面覆有胸膜，小猎物的胸膜很容易被忽视。切开胸膜，取出心脏、肺与气管。

确认肛门部位清除干净了——在白天应该能看清（大型动物用手完成）。至此猎物就比较干净了。

21.1.4 解肉

先沿脊椎骨劈成左右两半。分别在第十与第十一肋骨间切成两截，这样就分出了四大块。后块包括排骨肉、腰部肉以及臀部和其他上等肉，前块多筋，烹制所需时间较长。

根据猎物类别和烹制方法的差异，解肉的刀法也各有差异。

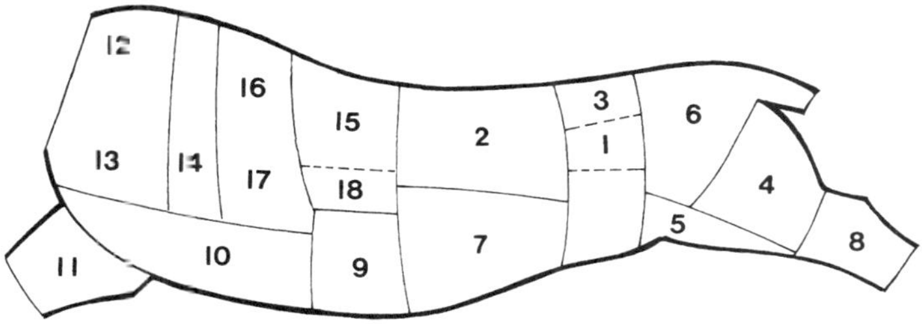

1.腰部肉： 最鲜嫩的肉——仅占总体积的百分之一，是贮存的首选品。

2.上腰肉 比腰部肉稍次，剥去脂肪后就可贮存。

3.臀上肉 适宜煎炒，只需稍微烹制。可切成条形，风干保存。

4.臀下肉 多为腿上部的肌肉，较粗糙，可以焖烧，或切成小块煮。

5.顶臀肉： 后腿前上部的肌肉。烹任方法同臀下肉一样。

6.牛腿肉的上端： 后腿外上部肌肉，牛腿肉的最好部分。烧烤后芳香美味。

7.后肋腹肉： 腹部的肉，适合焙蒸和煨炖。

8.腿肉： 口感粗糙，肌腱很多，切成小块煨炖。

9.肋腹肉： 腹部肌肉向前的延伸部分。需要长时间煨炖，才能煮烂到口感鲜嫩。

10.胸部肉： 烹制方法同上。

11.前腿肉： 最好切成小块煨炖。

12.颈部。

13.颈肉： 煨炖很不错。肌腱组织比腿肉少。需慢慢烹制。

14.颈后肉： 比较鲜嫩，通常切成小块煨炖。

15～18.肋条肉： 适于烧烤，也可慢慢烹煮。

21.1.5 悬挂贮存

内脏杂碎要尽快食用，剩下的肉可以悬挂起来保存。常温下可以悬放两三天。气候炎热时，最好腌制保存，或者直接烹制成熟肉。

杀死动物后，尸体的肌肉中会释放一种酸类物质，破坏肌纤维，从而使肉变得松软。存放时间越长，肉就会越松软而且变嫩，容易切割，口感较佳——但必须没有腐坏，这样，同时还可以杀死肉中的有害寄生菌。必须将鲜肉同各种飞虫隔开——如果它们在肉上产卵，就会加速肉的腐坏。

21.2 猎物的内脏

□肝脏

要尽快食用。先除去胆囊，体积一般较大，摘除不困难，但要小心，不要弄破了，否则流出的胆汁会污染鲜肉。从肝上也能看出动物是否有病。若肝脏上有白色病斑或有色斑纹，就不能食用。若仅一部分发生病变，可以切除，留下完好的部分烹制。

肝脏中富含各种人体所必需的维生素和矿物质。如果生吃，营养价值丝毫不会丧失，但是最好稍稍加以烹制。

□胃部

非常容易消化，是体弱病残者的理想食物。除去胃部的内容物（也可作“病号饭”），冲洗干净后，小火缓缓煨炖。胃部的内容物气味很不好闻，但重伤病人则可能会因为它极易消化而获救，因为动物已做了大量的破碎消化食物工作。内容物营养价值很高，微微煮沸即可消化。

在有些地区，猪被屠宰之前只喂食苹果，然后将猪胃一起烹制，微妙的苹果香味就会浸入肉中。煮熟后取出胃，内容物可制作调味汁。

□肾脏

肾脏的营养价值很高，适于煨炖。可与药草一起煮。肾外围的脂肪组织（板油）也很有价值，提炼后可以制作干肉饼。

□脾脏

大型动物的脾脏也不小，但营养价值不高，小动物脾脏就更没有必要用了。如要食用，最好烧烤。

□肺脏

味道不错，但营养价值也不高。任何的呼吸系统不适都会在肺脏上有症状表现。带有黑或白色病斑的肺脏则不能食用。健康的肺应是紫红色，无杂色。它们还可用作鱼饵或陷阱的诱饵。

□心脏

心肌组织没有或仅含有少量的脂肪。烧烤或者煨炖，味道不错。

□肠子

长的肠子最好用来做腊肠的肠衣。先将肠内壁外翻，清洗干净，彻底煮透。将等量的肉和脂肪混合均匀，填充到肠衣内，煮熟。放入沸水之前先在沸水中加一些冷水，使水温稍微降低——这样可以防止肠衣胀裂。腊肠营养丰富，熏烧后可以保存相当长的时间。干燥的肠子可制作软鞭。

□杂碎

大型动物的胰腺或胸腺器官。许多人都把这看作美味佳肴，烧烤或煮熟后，极为不错。

□尾巴

剥皮后煮，可制成极好的肉汤。因为其中既有肉，又有胶质。

□蹄子

屠宰时剁下蹄子，但不要扔掉，它们可以制成极好的炖菜。清洗时要仔细除去各种脏物和蹄毛。蹄肉煨炖后可制成营养丰富的肉冻。

□头部

大型动物的头部肉也很鲜美。面颊肉可制作精美的菜肴。舌头的营养价值很高，煮熟使之变软，食用前剥去外皮。

其余的部分，或者小动物的整个头都可以煮熟食用。

□大脑

可以腌制。也是处理兽皮的极好溶液。

□骨

所有猎物的骨骼都应该熬汤饮用。骨肉汤中富含骨髓和维生素。也可用来制作各种有用的工具。

处理大猎物：

请遵循以下原则依次进行：

1.沿背脊线把肉剖成两半，刀口应对准脊骨的中央线。

2.剁下后腿，尽量沿着关节的接合面下刀。

3.剁下前腿，沿着肩胛骨线切开。

4.沿颈圈剁下头部。

5.割下肋条骨下松软的垂肉。

6.将肋骨切开，就可以获取排骨。

7.里脊肉是位于背面里侧的一块瘦肉，味道十分鲜美，也适合保存。

21.2.1 处理猪类动物

不要剥皮。先开膛，然后放在篝火余烬尚热的地面上，刮去猪毛。先用热水烫，有助于拔毛，水温也不要过热，只要比手所能承受的温度稍高即可。水温过高反而会使毛孔收缩，更难于拔毛。猪肉会招引各种寄生物：蜱、虱和蝇等，因此要完全烹煮，确保都被杀死了。

21.2.2 处理小型动物

基本步骤可以参照大型动物的处理方法，也都要开膛剖肚。

21.2.3 处理爬行类动物

必须除掉所有的内脏，因为其内脏中可能含有沙门氏菌。在烹制前不必剥皮。将大蟒蛇剁成多段，最好先剥皮，因为蛇皮也很有用。蛇类的处理：应在头部毒囊后方剁去蛇头，从颈部撕开，肩胛骨里朝外翻，就可以清楚地看到内脏，在剖膛时不要刺破它们。用棍子挑起来，然后将皮剥到胃部。稍微倾斜一点悬挂，剥皮就会很容易了。

21.2.4 处理鸟类

鸟类的处理方法基本类似其他动物——不过通常需要先拔毛，但是不需要剥皮。请按以下顺序依次进行：

放血

扯断鸟类细长的颈部就可直接杀死它们。然后切开喉部，头朝下悬挂放血。也可以直接切断舌根下部的主神经和主动脉，鸟儿很快就会死亡，放血也很容易。尽量不要捕食那些食腐性鸟类——它们很可能携带大量的蜱、虱和寄生虫，以及各种容易引发感染的病原菌。

拔毛

在鸟类尚有余温时，很容易直接拔毛。先用热水烫一下，使毛管松软，但这种方法不适用于海鸟和水鸟——烫毛之后反而会使毛管收缩得更紧。羽毛可用来制作箭羽，也可作绝缘体。从胸部开始拔毛。直接连皮肤剥去也许更省事——但会浪费许多的营养成分。

开膛

在鸟类腹部开口，用手将所有的内脏器官掏出来。保留心脏和肝肾。剁去鸟头和鸟脚。

烹烧

食腐性鸟类必须完全熟透，以免鸟肉中携带任何病原菌。幼鸟烧烤时，肉味更香。

22. 鱼类及捕鱼方法

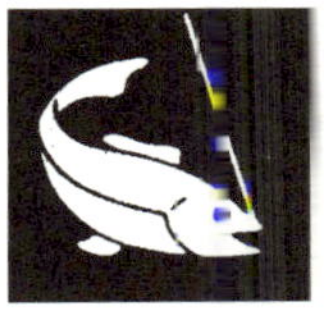

鱼类是很有价值的食物资源，蛋白质、维生素和脂肪含量很高。所有的淡水鱼都可以食用，但是也有些热带鱼类十分危险，如电鳗等。捕鱼需要技巧，但是根据鱼类的觅食及生活习性，并利用下面介绍的简单实用的方法，要想捕鱼并不难。

从狭窄的沟渠到弯弯的海湾，鱼类都可生存。不同鱼类之间食性习惯差异很大。不同的种类在不同水层、不同时间里觅食。有些鱼类捕食其他鱼类，有些捕食水生的昆虫，有些吃草。但只要选择合适的鱼饵，都会吸引它们上钩的。

如果你是一位经验丰富的渔人，当然可以运用娴熟的技巧了，尤其是在时间充裕的情况下，捕鱼也会给你带来许多的乐趣。但如果是因生存的迫切需要而捕鱼，那么各种运动类的钓鱼技巧并非都是最适用了。最有效的捕鱼方法包括夜间垂钓和刺网捕鱼等。

钓鱼地点

钓鱼一般应选择鱼类最容易找到食物的风平浪静的水域。此外，还应该考虑到气温变化的影响。

气温高，水浅，鱼类喜欢水池中的阴凉水域。炎热天气下，湖中的鱼会返回到阴凉的深水区中。

气温较低，应选择有日光的浅水区。湖中的鱼倾向于在温暖的边缘生活。

在河水仍然缓缓流动时，选择那些相对静止的水域——例如河的外湾处，或者选择小河流。

鱼类喜欢在岸边的庇荫处、岩石水草边以及没入水中的杨柳林中游弋。

钓鱼时机

常用的方法是在晚上将鱼钩鱼线投入水中，凌晨之前去检查。有些鱼类会在月明之夜觅食。

光的折射

水与空气的折射率不同。因此，如图所示，水里的鱼儿可以看到岸上稍稍偏低角度范围内的人或物——它们能见的范围可能比你想象的要多很多。钓鱼时应选择坐卧式，这比站立式要好得多，这样你可能就处在鱼的视野之外了。检查时从侧面靠近鱼竿，尽量不要让自己的影子投射到垂钓的水面上。

如果有迹象表明暴风雨就要来临，可在来临之前垂钓。暴雨过后，河中觅食的鱼很少。

鱼上钩的信号

如鱼跳出水面，或者水面上的鱼线经常性间断地被带动、水面产生涟漪等等，这都是鱼上钩的信号。在许多小鱼聚集的水域，较大的肉食性鱼类出现时，也会引起小鱼的骚动。

22.1 鱼钩

鱼钩与鱼线是常用的必备钓鱼工具（不过其他的一些方法也很有效），你的救生宝盒里已经装备了。可用金属丝、骨、木块、别针一类材料临时制作鱼钩。

大钩只能钓到大鱼，小钩则既能钓大鱼，也能钓小鱼。鱼线的尾端应穿上浮标和下垂物，这样既能保证鱼钩没入水中，也能确保水面上漂浮一段鱼线，以便有效地显示鱼儿上钩的情况。并不一定必须有钓竿，尤其是在深水区垂钓时，手拉就可以了，不过有了钓竿就可以很容易把上钩的鱼拖上岸。

可以使用各种材料临时制作鱼钩，参见下图，从左至右依次为别针钩、荆棘钩、多重荆棘钩、钉钩、骨钩和木钩。

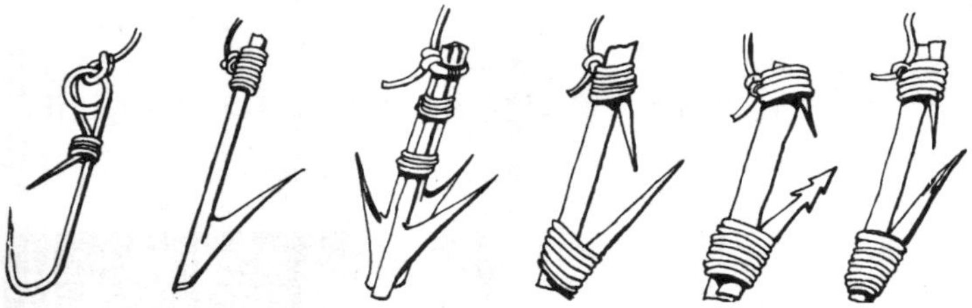

直钩

不一定必须要弧形弯曲的鱼钩。在钓鳗鲡和猫鱼时，只需在鱼线末端把作诱饵的蠕虫捆成球状即可（a）。这类动物不会咬，只会吞食食物，同时也就把鱼线吞入了胃中。一旦鱼儿吞下了诱饵，就要赶快把它们拽上岸来。

也可用直木针系在鱼线的末尾，竖直包裹在一小块脂肪中（b），鱼吞下诱饵后，木针就会卡住鱼喉（c）。

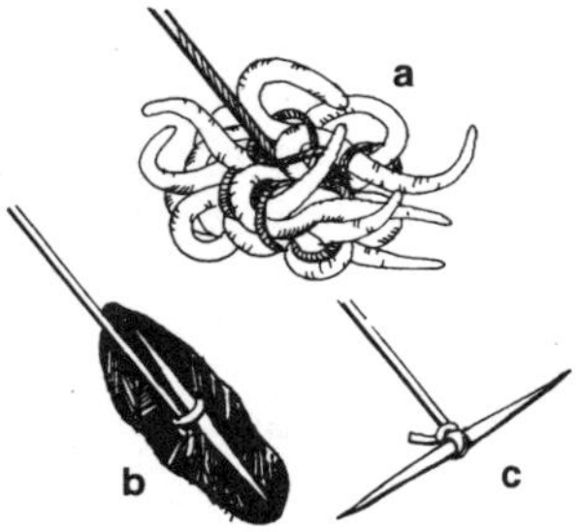

22.2 浮标与下垂物

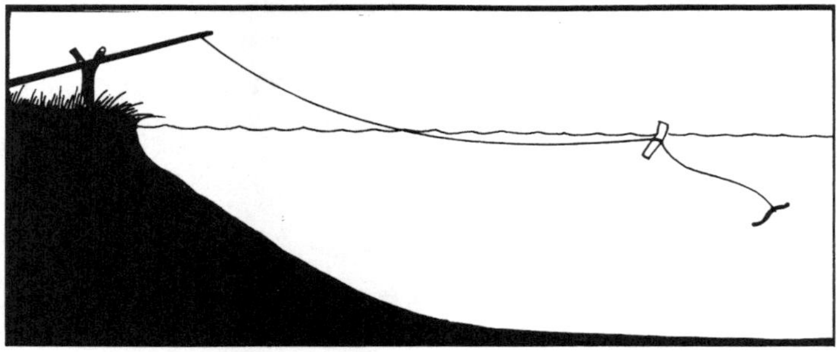

在鱼线前端穿上浮标，以方便岸上观察，确保鱼儿上钩后会发送明显的信号，从而可以及时收线。浮标在线上的相对位置还可以控制鱼钩下沉的深度。

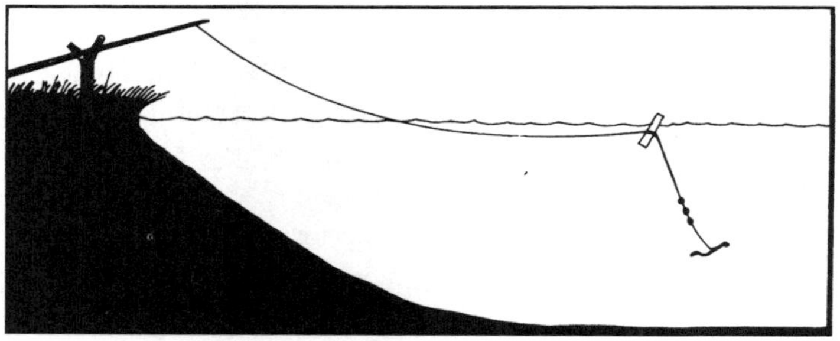

在鱼线的浮标与鱼钩之间穿上小的下垂物，从而保证鱼线的末端沉入水中，或者避免有浪时轻易就浮出水面。设计时还要考虑水下的鱼钩能够相对自由地摇摆。在救生宝盒中装些裂开的小弹丸，沿着裂缝夹住鱼线，压紧固定好。

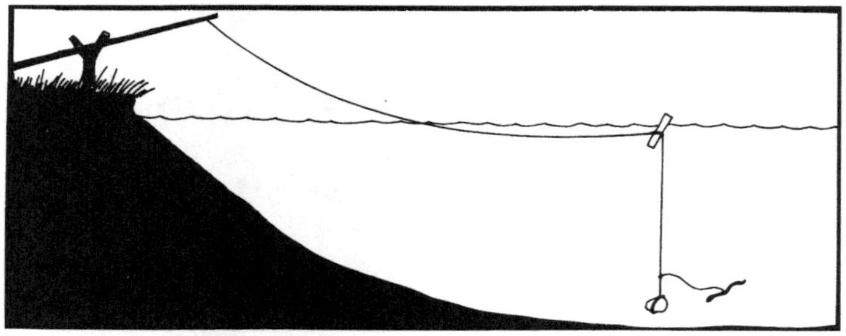

在深水区垂钓时，要将鱼钩线稍微加长些，在末端系上重物，这样既可保证浮标漂在水面上，又能使鱼钩沉入较深的水中，并且能够更自由地摆动。

22.3 鱼饵

选择鱼饵时要因地制宜，根据鱼类生活水域的环境而定，可以是悬挂在水面上的浆果，也可以是生活在水周围的昆虫。肉食性的鱼类也会吞食肉块、生鱼片、蚂蚁以及各种昆虫做成的鱼饵。一旦你捕到了一条鱼，应该检查一下鱼胃中的食物糜，推测这种鱼的觅食习惯。可以不断尝试不同的鱼饵，找到最有效的一种。

地面饵

生长在垂钓区域周围的饵料更容易吸引该水域的鱼类。有一种方法十分有效——在垂钓水域的上方悬挂白蚁或蚂蚁，当它们掉入水中时，鱼会相互争食。鱼钩上穿上同样的饵料，也很容易成功。落入水中的合适饵料一般都能引来鱼，但最好与鱼钩上的饵料相同或近似。

旋转匙状诱饵

鱼钩的装饰物可以吸引好奇心强的鱼。硬币、棉球、小片马口铁、纽扣等——任何能闪烁反光的小东西都能唤起鱼的好奇心。可制成螺旋桨式，穿在金属线上，抛到水上，随着波浪涌动，它们会闪烁发亮。在线的末端系上鱼钩。

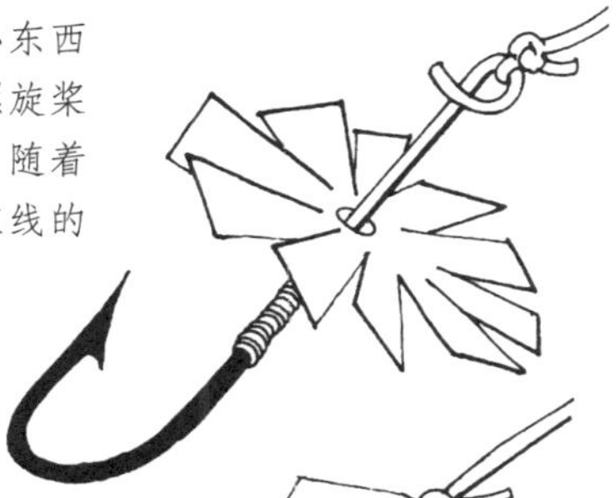

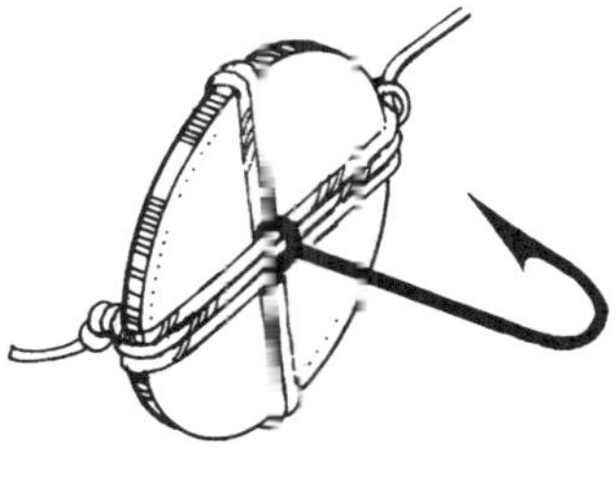

人工诱饵

可选择色彩鲜亮的布头，也可选择羽毛或光亮的金属。形状类似真实的诱饵。在鱼钩上端系上羽毛，促使其摇摆。用小木块雕刻成小鱼状，涂上颜色（如果用链接式木块组合，可以摇摆得更自然）。尽量让诱饵在水中不断摆动，看上去更为活灵活现。榛木有松软的木髓部，在中央很容易穿孔，做成链接式，自由摆动。

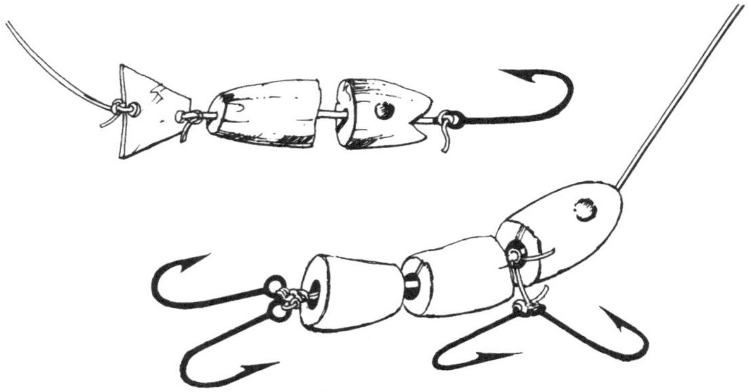

活饵

蠕虫、蛆、昆虫和小鱼都可用作活饵。尽量使诱饵包住整个鱼钩。活的小鱼或蝗虫穿在鱼钩上时，会在水下痛苦地扭动，可以吸引更多的鱼儿。这类诱饵也很容易捕捉。

22.4 夜间垂钓线

在主线的一端系上重物，使其沉入水底，另一端系在岸边的木桩上。主线上系多根平行的支线，支线末端系上穿了饵料的鱼钩。用蠕虫做饵料。这种方法可以捕捉在不同水层觅食的鱼。

夜间不用管它，清晨检查有无鱼上钩即可。白天也可放置在那里，但是每隔一段时间要及时更换饵料——即使什么也没钓到也要换，因为只有活的蠕虫才会不断扭动，从而更具吸引力。

22.5 网板

在鱼线够不到、远离岸边的水中钓鱼——如，在湖泊中时，鱼常在湖中央觅食——可用有活动航向舵的网板。舵的上端水平系上一根短棒，两端系上长线，这样在岸上你可以控制方向。网板上系上多根钓线，末端系牢穿有饵料的鱼钩。

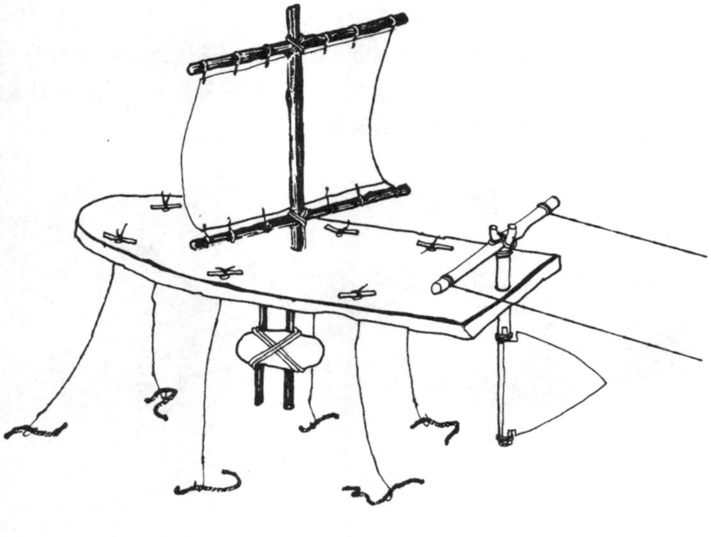

风向适合时放入湖中。在漂浮板下面还需装上平衡木，确保它不会翻转。在网板上钻两只平行铆眼（在水中木棒遇水会膨胀，结合更紧），钉上木棒，木棒上系一块平衡石——平衡木太大会与舵板相冲突。

网板摆动幅度很大表明有鱼上钩。

22.6 多重鱼钩

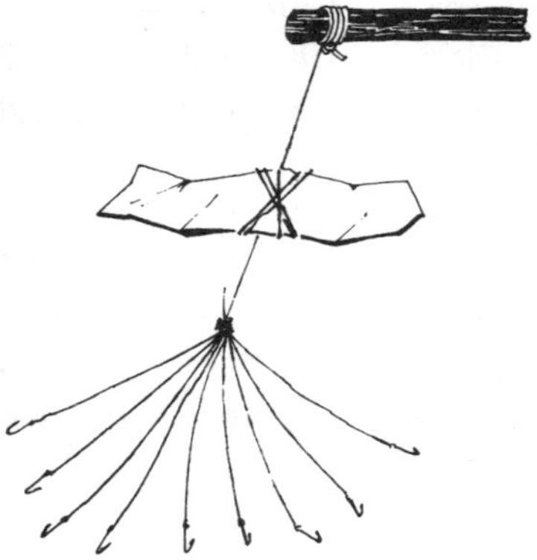

多重鱼钩可以钩住鱼的任何部分。当鱼在四处游荡，但不吞饵时，多重鱼钩就很有效了。在主线下端系上树根状的多重支线，支线的末端系上鱼钩。在主线距离水面20厘米处悬挂轻便闪亮的物体。当鱼被亮光吸引游近时，搅动的水流就会带动众多的鱼钩，摇摆不定的众多鱼钩就有可能钩住鱼了。

22.7 鱼笼

鱼笼有多种不同的类型，但基本原理都相同——一端迎着水流为进口，鱼可以自由游进，不过却没有游出的自由。箭头指明水流方向。

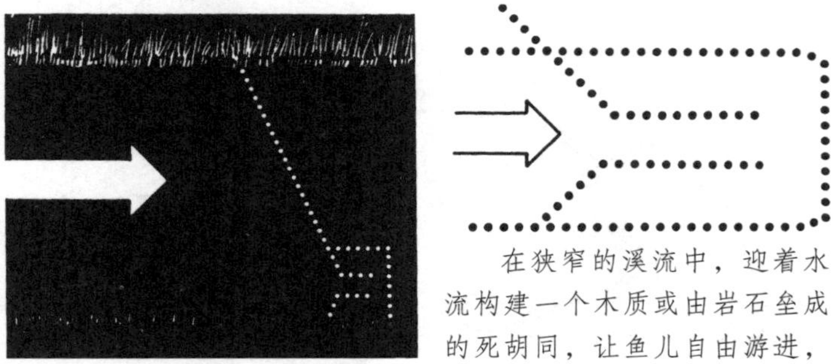

在狭窄的溪流中，迎着水流构建一个木质或由岩石垒成的死胡同，让鱼儿自由游进，但是却不能掉头游出。

瓶子鱼笼

塑料瓶就可制作有效的鱼笼，捕捉小鱼。在瓶颈部与瓶筒之间的接合处切开，将上半部掉转瓶口，插入瓶筒之中。小鱼能从瓶口游进瓶筒，却出不来。可在瓶筒里放些诱饵引诱它们上钩。

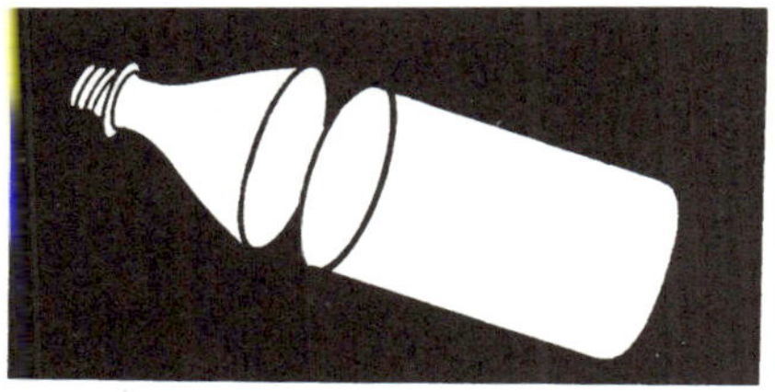

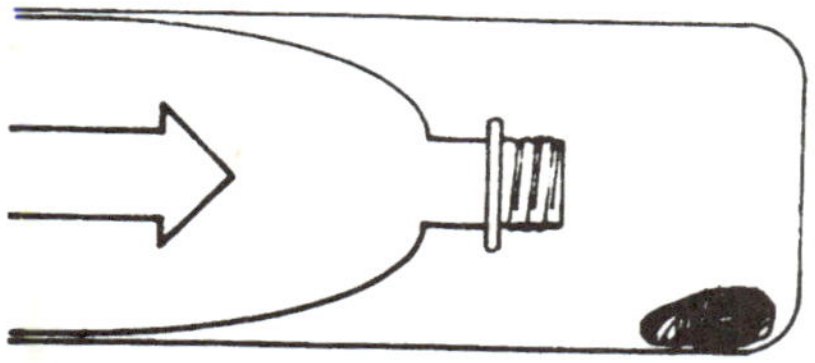

可以用中空的木笼制成类似的瓶式鱼笼，用来捕捉大鱼。向内倾斜的网式骨架作入口，笼底端封闭。

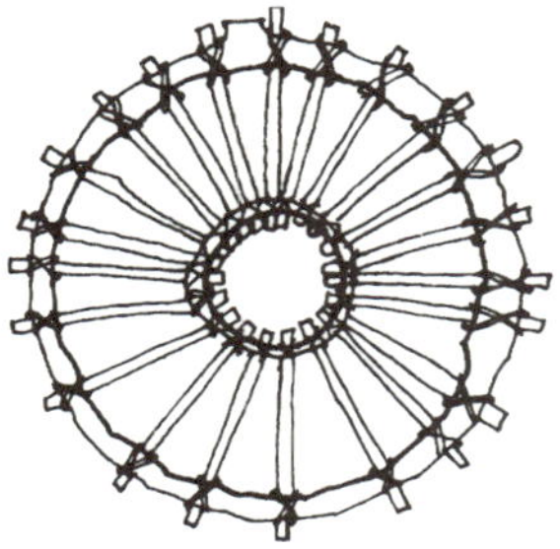

柳条鱼笼

选择嫩柳条或其他柔韧的枝条——烧烫的竹条也很易弯曲——制成鱼儿有进无出的鱼笼。柳条鱼笼可以让流水自由通过，而且取材于天然物质，像是芦丛或溪底的残骸。

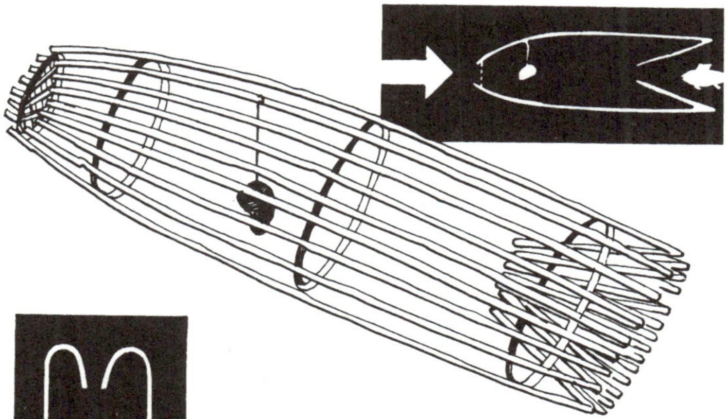

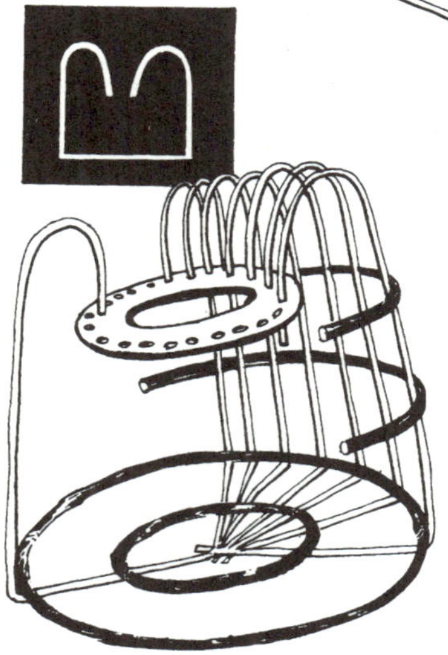

用柳条也可以方便地编织筒式鱼笼。鱼笼入口迎着水流，放置在溪流之中。开口最初相当宽，鱼儿易于从开口处游进笼中，而入口末尾设置为交叉柳条，阻止鱼逃离。

篓笼，利用一环形木板供柳条插入，固定成形。不过没有木板也可制成鱼笼。笼内悬吊饵料从而吸引鳗鱼、小龙虾及其他生物。

22.8 鱼套

大型的鱼，如狗鱼，躺在水草中时，可用活动鱼套捕捉。长棍上捆着许多硬线制成的小孔，或者直接用打通关节的竹竿穿过长线，线的末端系上活动绳套。轻轻从鱼尾部套上绳套，迅速猛拉，系住鱼身，把鱼拖到岸上。

22.9 鳗鲡袋

将新鲜的动物内脏残渣放在麻袋或布袋中（塑料袋不行），袋内还应放入大量的稻草秆、蔬菜或蕨类。用长线系住布袋，线上可系上重物确保布袋下沉。如果水中有鳗鲡，就会钻入袋中偷食饵料，当你收起布袋时，它们还被缠在袋内杂物中。

22.10 筑堤

在溪流之中筑堤，使溪水流向一边，用石块在坝的下游建一狭窄的小水池。逆水而上的鱼儿会被困在池中。也可用拦网捕捉上游游下来的鱼。

22.11 刺网

编织渔网，网眼间隔约4厘米。上网沿加上浮标，下网沿系上重物，将网横拦在河上就可捕鱼了。这种刺网很快就会把一大片水域中的鱼不分大小全都捕光，如果你预料到要在该地长期待下去，就不要用这种网。非危急时刻，也不要使用刺网，免得鱼被赶尽杀绝。如果刺网的上下沿两端都紧紧固定在河岸边，就不用浮标和重物了。

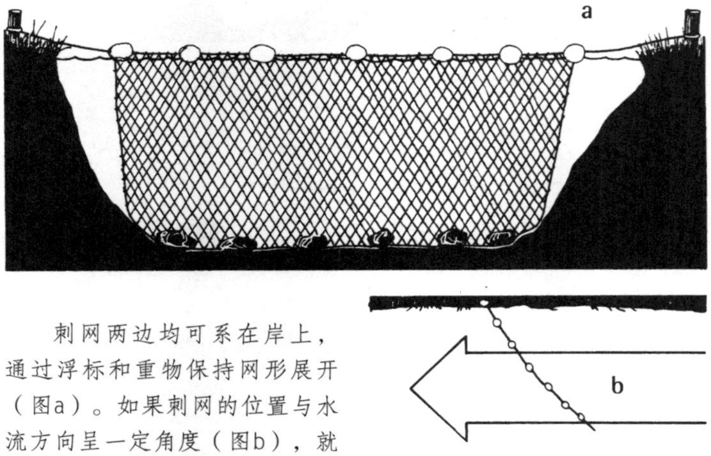

刺网两边均可系在岸上，通过浮标和重物保持网形展开（图a）。如果刺网的位置与水流方向呈一定角度（图b），就不可能会阻住上游的漂浮物。

22.12 其他技巧

如果以上方法都没法使用，或不太有效，请接着尝试以下方法。

用手捕鱼

这是一种原始的捕鱼法，需要有极大的耐心。在相当狭窄的溪流两岸的水草间常有鱼儿栖息，使用这种方法就很有效。俯卧在岸边，双手慢慢插入水中，逐渐适应水温，尽量接近岸边的水底，轻轻移动手指，直到摸出栖息的鱼。手轻轻沿鱼腹移动，抓牢鱼鳃（鱼儿在觅食时常逆着水流游动），然后将它拖到岸上。

诱追法捕鱼

夜间用火把或手电筒的光亮照在水面上也会吸引鱼，这时再撒网捕捉。河床边放些明晃晃的反光镜或其他反光材料，也可以将阳光或月光反射到水面上。

警告

如果火器和弹药充足，不妨试一试用它们来捕鱼，但绝不要将枪管伸入水中，否则很可能发生枪管爆炸。

如果枪管伸入水中，就会封住枪口，开枪的后坐力便会猛地击向你。这不仅十分危险，而且很可能是致命的。一定确保枪管没有进入水面以下。

叉刺或射击

将长棍的前端削尖，就可制成鱼枪，若削上倒钩，效果更佳。可以用多枪头，这样覆盖范围更大。

确保水中没有自己的倒影，或者倒影不在鱼儿所处的水域。瞄准鱼体稍下方的位置，因为要考虑水的折射对视觉的影响。

如果你是训练有素的射手，也可用弓箭来捕鱼（木制箭杆的浮力会将猎物带上水面。不过，死鱼最后也会漂浮在水面上）。

浑水摸鱼

洪水退后，会留下分隔的小水池，其中常常滞留有鱼。用棍棒搅动池底的稀泥，如果水底有鱼，就会游到较清的水面，然后就可以直接把它们舀上来了。

炸鱼

在水中爆破会杀死该水域附近的鱼。爆炸释放的混合气体及冲击波会使更远处的鱼浮上水面。

22.13 药鱼

有许多地方的渔民常利用当地植物毒杀或麻醉水中的游鱼。鱼失去知觉后就会浮上水面，便易于捕捉了。这种方法适合在深水池中捕鱼。筑堤围成小池，以便养鱼。此外，在任何静水水域这种方法都适合。

有些植物可使鱼头昏眼花，昏迷不醒。多数植物作用原理是吸收水中的溶解氧，从而降低水中的溶氧量，鱼不得不浮上水面。一般将植物撕碎，扔进静水中就可以了。不过，需要注意，这种方法也可能失效，鱼不会昏迷太久的——水中溶氧量很快就会恢复。在温暖的水域中，这种方法发挥作用更快，所以常在热带地区应用。

警告

漂浮在水面上的死鱼看上去似乎是易得的肉食，但是很可能带有病原菌。如果时间过长，就更不能食用了。

如果在封闭的池水中使用这种方法，可能会一次性清除池中所有的鱼类资源，断绝以后的食物来源。而河流或海岸边的水池在重新与主流水域相连时，又会有鱼游进来。

海贝壳、蜗牛壳或珊瑚在高温下煅烧，可以产生生石灰，撒入水中就可以药鱼，但是对人的消化系统则无害。

下面介绍几种常见的有毒植物，它们通常只对冷血动物有害，但这并不意味人类就可以随意食用。有些人吃了它们也很危险，尤其是生吃时。可以利用它们来药鱼，而不是你自己——然后吃鱼。许多植物都有类似功能，以下的几种相当有效，在各自的分布地区很常见。

鱼藤属植物（图a）

鱼藤生长在东南亚至澳大利亚一带，木质藤本，心形小叶，对生，花和豆荚均为紫红色，根可研磨成粉末，撒在水中，很快就会有昏迷的鱼儿浮上水面。

玉蕊属植物（图b）

生长在东南亚、澳洲及玻利维亚，常生长于海边。将坛状豆荚里的种子碾碎后撒入水中即可。

沙漠玫瑰（图c）

生长在热带、南非及阿拉伯的部分地区。灌木，有时为小乔木，厚厚的革质叶，紫红色筒状花，簇生，药鱼效果最好。茎与根磨碎后会流出毒性很强的汁液。

皂角树（图d）

野生，生长在北美洲西部干燥开阔的灌木丛林中，具有狭长的革质叶，白色星形花。鳞状根磨碎后，撒入池水中即可。

美洲山羊豆（图e）

生长在北美的旷野地带，外表具有微小绒毛，狭长的小叶对生，豆荚长而扁平。磨碎的茎干或者毒性很强的根都可用来药鱼。

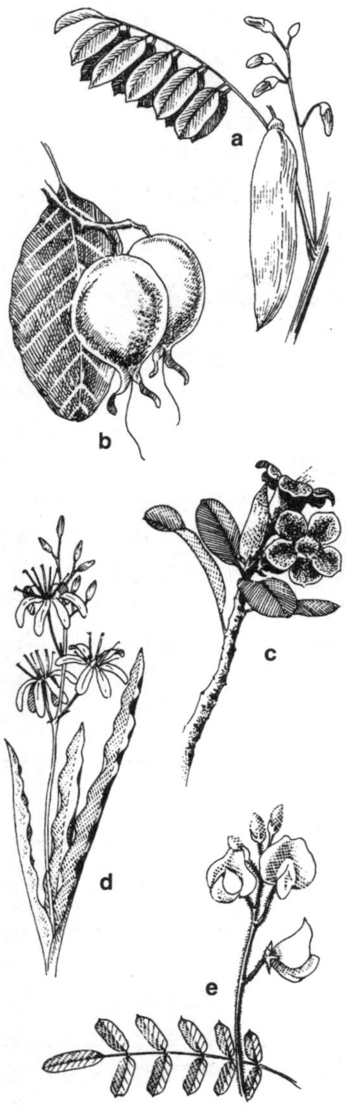

22.14 极地捕鱼

在终年封冻的极地地区，可能最容易获取的食物就是鱼了。即便是夏季，在冰窟中钓鱼也比在有可能裂开的浮冰冰面捕鱼安全。下面描述的技巧同样适用于冬季结冰的湖面。但是冰层必须足够厚，能够承受你的体重，但又不要过于坚固，否则就无法破开冰洞了。

首先要在冰面上破洞。如果手头有冰锯，破洞很容易。如果没有，就得冒着所站冰面可能破裂的危险。操作时必须小心。

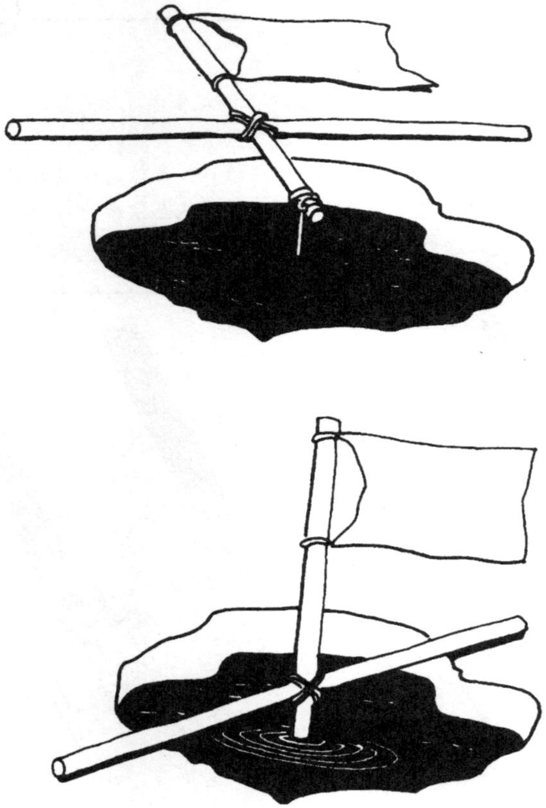

钩线

与常用的方法相同。穿好饵料。你可能需要用重物垂住鱼线，使鱼钩处在一定深度的水层中。

可以多凿几个冰洞，这样就可施展冰上垂钓技巧了——最好构建多重钓鱼点。还需要掌握一种简单易行的方法，从而了解鱼何时上钩。用小块的衣物或纸片制成三角旗——最好是色彩鲜艳，便于与冰雪区分——系在一根轻木棍上，将该棍垂直捆绑在另一根木棍的中部，后者比冰洞的直径至少长30%，便于横架在冰洞上。将鱼线系在旗棍的下端，使鱼线位于冰洞中央。

鱼吞饵后，拖动十字形交叉棍，上面的三角旗就会左右摇摆。注意观察，很快就会有动静的，及时发现才能有效地捕到上钩的鱼。否则扭动挣扎的鱼很快就会成为在附近水域中游弋的海豹的美餐。

冰网

鱼类虽不会冬眠，但是当冬季气温下降时，它们体内的代谢速度也会逐渐变慢，并且很少觅食，所以上钩的机会并不多。在这时，渔网可能就会十分有效了。

将网布置在冰下的水中。沿着浮冰边缘布网，网很可能会被冻结在浮冰上，扯动时就会十分危险。可以先在冰面上每间隔80厘米打一个直径约40厘米的冰洞。网底沿系上重物，网上沿每隔80厘米悬有一根吊线。准备一些比冰洞直径长的木棍，以便系住网吊线。先将网一端的吊线系在边洞木棍的中央部位，从边洞上将渔网放到水中。

用另一根带钩的长棍（可以临时制作）从第二个冰洞伸到水中，钩出网上的第二根吊线。用同样的方法，把吊线系在横放在冰洞的木棒上，将整个渔网都悬挂好。

如果冰层比较薄，可将所有的吊线都穿在钩棍上，然后将网从第一个洞放到水中，第一根吊线系牢在第一根横棍上；小心握住吊线，将钩棍穿过下一个冰洞，将第二根吊线拴在第二根横棍上。依次将吊线拴在相应的横棍上，直到整个渔网全部展开为止。

需要检查渔网是否有鱼上钩时，用钩棍拖起渔网即可。

在极地，如果不及时检查，最终你会发现网上的鱼全都成了海豹的美餐。

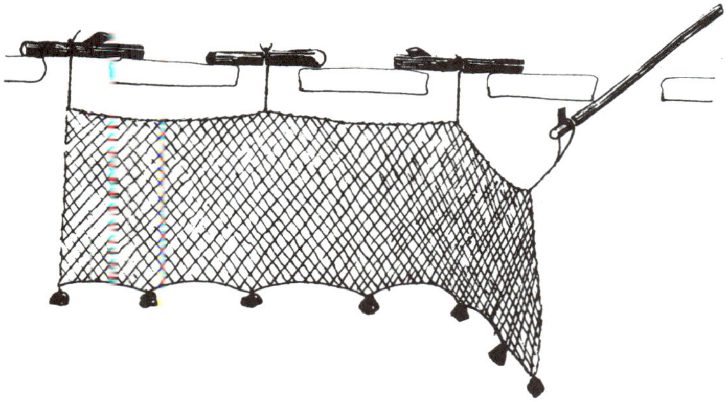

22.15 鱼的清洗与处理

几乎所有的淡水鱼类都可食用。长度不足 5 厘米的可以整条烹制，不用处理。大鱼则必须剖膛清洗干净。鳗鱼和鲇鱼表皮光滑，无须去鳞，其他的鱼类需要。鲇鱼的骨架较软，大多数的其他鱼类都有许多鱼刺。

放血：捉住鱼后，应尽快切开喉咙，放掉血液并除去鱼鳃。

剖膛：沿肛门至鱼头喉咙切口处的连线剖开鱼腹，除去里面所有的内脏——可以用作垂钓的诱饵。但鱼卵要保留下来，其营养十分丰富。这样处理后，鱼肉可以保存更长时间。

去鳞：并非所有的鱼都必须去鳞。有些可以直接带鳞烹制。不过时间充足的话，最好还是去鳞。用手抓住尾部，用刀逆向刮去。

剥皮：鱼皮的营养价值很高，可以食用。食物很充足时，可以不要。鳗鱼或鲇鱼在去皮时，可以用细棍穿过鱼头，架在叉桩上，从头部的后端切开皮肤，直接用手撕到尾部即可。

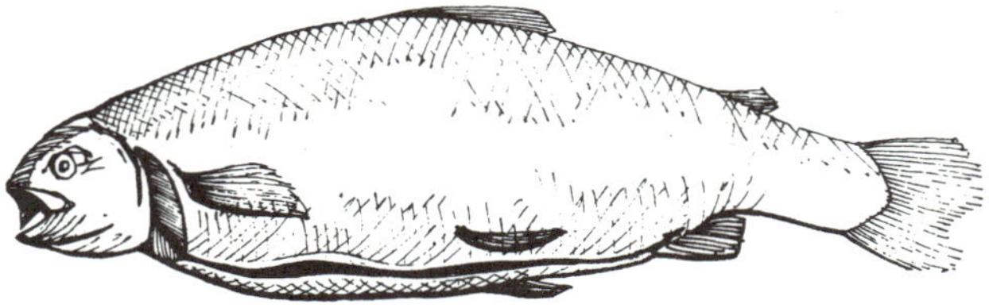

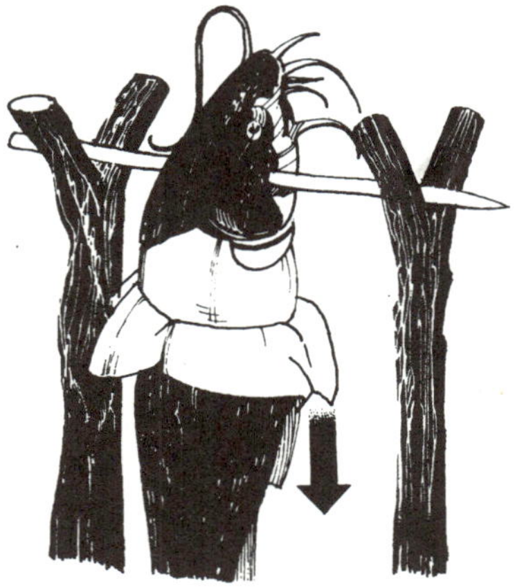

第五章

有关扎营的技术

野外求生者所必备的技巧，不仅包括怎样来挑选正确的露营地点，还包含了熟练掌握如何搭建简便结实的避身篷的技术方法。在本章中，描述了多种利用在当时当地可以获得的材料来搭建避身篷的方法，包括从最简单的避风的小棚，到适合长期居住的简易的住所。

作为求生者，必须要掌握的是如何生火、如何选择适宜的方式构建火炉这些技术。在本章节中被详细描述的火源类型，包括一般的作为取暖用的火源，以及满足烹饪做饭需要的火源。在本章中对于食物的准备、烹饪和贮存的指导性的描述，不仅能够保证你的饮食安全，而且也不会让你浪费食物。无论是对单独的求生者，还是对规模较大的探险队，营地的组建技术以及露营地的卫生状况，在保证身心健康方面都是至关重要的。

而学会制作工具、扎营的装备、衣物以及绳网等，都会改善求生者的生存条件。至于打绳结的各类技巧也会有许多用处。

1. 避身场所与扎营

避身场所的功用包括抵挡日晒、遮风避雨，并且持续保暖。充足的睡眠和足够的休息是人类的基本生理需要，而你花费在构建舒适的避身场所的时间和精力，可以让你很容易地满足这些需要。如果你是一位飞机失事或者车辆事故后的幸存者，机械的残骸也许能提供给你避身之所，或者提供给你建造避身之所的原材料。但是如果失事的飞机或者轮船正在燃烧，它们的油箱就很可能有爆炸的危险，请你在试图抢救财物之前先等油箱燃烧完再行动。

作为一名意外事件的幸存者，你身边很可能没有在野外生存所必需的装备。如果你在浓雾中迷失了方向，或者黑夜即将来临的情况下，继续向前行进就会很不安全；或者你已经精疲力竭，又或者因为已经受伤而无法前进，这时你都必须停下来，寻找天然的避身场所来过夜，直到你已经能全面地评估周围的环境。事实上，能够找到防风避雨和保温的场所是你最好的选择。如果沿着斜坡向下吹的山风使你的处境变得有些危险，你可以沿着同一等高线的山坡移动一小段距离，也许就能解决被山风吹的问题。如果你一时之间找不到能够避身的山洞或者岩缝，也可以找一个天然的凹坑。而你在下风处安顿下来之前，如果有可能的话，就用堆积起来的岩石在你的四周加高——但是要保证所有加高的结构都是稳固的；如果你碰巧有一个背包的话，就可以用它来提高挡风的功效。

如果你出事的时候仍然是白天，或者是能看得见四周，同时你也没有因为受伤而无法行动，在你周围也不存在不可逾越的悬崖峭壁或是其他障碍物，你就应该在附近寻找一处可能的更理想的地点。长期居住的避身场所应该建构在安全可靠、有利于满足自我的主要基本需要的地方。

在何处扎营

如果当时你恰巧位于较高的地势开阔的地带，你应该往低处寻找避身所；如果你所处的地点又低又湿，你应该向上攀爬，寻找干燥的地方做避身所。理想的地点应该是可以防风遮雨，山洪也不会淹没的较高的地点，要保证这儿没有落石或者雪崩的威胁。

根据常识，热空气会向上升，而冷空气会向下降，所以在谷底冷空气常常聚集在那里，而且在天气寒冷的时候，它们很容易形成湿雾和霜雪。在某些降雨多的区域，沿着山坡有许多平台，那里比它的上面或是下面的地方都要潮湿一些，这是因为平台能接纳保存雨水，直到雨水太满而流下去。

理想的避身所还要满足靠近水源的条件，同时附近要有充足的林木可以利用。但是如果营地与水源过分接近的话，你就极易受到蚊虫的骚扰，而且水流的声音会干扰你的判断能力，使你不能及时地察觉将来临的危险，或者让你与救援的队伍失之交臂。

如果你当时是在河岸上，你应该找出当河水达到最大流量时的水位高度——在山里，一条潺潺的小溪在暴雨开始之后的几分钟内就可以变成一条急流，它会在一小时内水位就上升五米。即使以前河道未曾到达的干燥的平阔之地，也会出现类似的情况。如果是在附近的山脉地区有暴雨时，小溪很容易在没有任何预兆的情况下变成滚滚洪水向你扑来。所以你要选择平坦并且没有太多石块的地点，使你有足够的空间来发送求救的信号，让你自己容易被救援者发现。

在寻找避身场所时，要注意察看你头顶的周围有无蜜蜂或大黄蜂的蜂巢，是否存在有可能在下一次暴风雨或是强风中倒下的死树。注意，要远离孤零零的高大的乔木，它可能会成为雷电的目标。如果你当时处在森林中，那么你要尽量地待在森林的边缘，这样可以使你看清楚周围正在发生的事件。不要在野兽经常出没的路

不适宜扎营的地方

1. 有风的山顶上（你可以向山下寻找背风的场所）。
2. 谷底和深不可测的山洞中——它们都相当的潮湿和阴冷，如果白天的天气很晴朗，夜间就可能会有霜，那会更糟糕。
3. 山腰的平地上——那里容易聚集潮气。
4. 通向水源的山嘴处——那里常常是野兽前去饮水的必经之路。

径上扎营——因为相信你不会欢迎正在觅食的野兽成为你的不速之客，而且，一群前去饮水的野兽可以在瞬间踏平你辛辛苦苦营建起来的营地，但是要尽量将你的营地建在有人类留下过痕迹的地方。

1.1 避身所的类型

避身所的类型取决于以下几点：出事的条件、你获取原材料的难易程度，以及你希望何时使用这些材料，等等。若避身所仅作为一个临时性的保护地点来使用，你只需要在构建一个更好和更持久的避身所之前，临时拼凑一个避身的地方就可以。如果你准备在避身所里多生活一段时间，同时等待救援的人员到来，那么，在时间和精力都允许的情况下，动手构建一个长期的舒适的避身场所。

从另一方面来讲，对于那些准备长途跋涉、寻求出路的求生者来说，在中途休息的任何地点，你都可以修建临时的避身篷。如果你的避身篷足够轻便，而且当时有迹象表明，下面的路途中可能会没有适宜的建筑材料时，你甚至可以随身携带着你的避身篷。

如果出事时，在你的同伴中有病人或者是伤员，你就要修建一个永久性的居留篷，把它作为让患者重新恢复健康的休养场所。如果你不幸遇上了持续的恶劣天气，你也会需要一个永久性的居所，靠它来等待天晴和下一次的旅途。而在等待的日子里，你可以收集你需要的装备和食物。

简易的避身所

如果你缺少建筑的材料，你完全可以因地制宜，利用任何能在当地获得的遮蔽物，或者是当地的有保护意义的地点：例如悬崖壁上的突出物、山谷的斜坡等等，这些天然场所，可以帮助你遮风挡雨。在快速搭建的避身所中，你可以合并利用天然的防风物质。如果你当时处在大片的地势空阔的地带，你可以背着风坐下来休息，当然要在背后堆集各种物品来防风。

利用树干做避身所

你可以利用落到地面上的树枝，或是拦腰弯折、但仍旧和树桩牢固相连的树干，把它们作为抵挡山风的根本保护物。但是，在这之前，你要确保树干与树枝的连接足够的牢固，以免树枝瞬时落下时，砸到你自己的脑袋。如果你将一些细枝绑到大树枝上，它可以增强防风的效果。这时，针叶型的树木要比阔叶型的树木更加有效，因为你只需动用较少的编织工艺，就会达到理想的遮雨效果。

将折断的大树枝绑在树木的树干分杈处，然后你可以搭建类似的避身所（图a）。

利用树根做的避身所

一棵倒地的树木，它的伸展的根须，以及固着在上面的泥土，这些可以制造良好的遮风挡雨的屏障——如果它们的角度恰好可以起到防风的效果的话。在根须的空隙处，你可以进行进一步的编织或填补加工，这样的操作一般可以使避身所更加有效，而且，这也为进一步用其他材料搭建更精致牢固的住所提供了基础。

天然凹坑的利用

即使只有一个浅坑，它也会有部分的挡风效果，而且，在进一步搭建避身所时，它可以使得你省下许多力气。但是你必须采取措施，以便达到让附近的水流改道的目的。如果凹坑位于斜坡上，这样做就显得更加重要了。否则的话，一旦下起雨来，不久你就会发现自己躺在一个小水池里。

为了达到防雨保暖的目的，你要在坑顶上附加一个遮蔽的顶盖。步骤如下：先在凹坑的四周横向搭好一排结实的树枝，然后在它们上面的正中部，纵向放置好一根原木，并将你手中的枝条、小

棍的一端搭在原木上，注意这时要使树枝之间能够紧密相接，从而使雨水能够顺着它们流下来。当然，你还可以用泥巴、细枝和树叶来加强它的防雨效果。

利用倒地的树干

如果你发现，有一根原木或者倒地的树干，它的方向恰好与风向垂直，那么就可以利用它来达到防风的目的。你可以在小树干的背风处挖一凹坑，这样直接用它来防风。

如果你有一根原木，也可以用它制作成树干避身所屋顶的横梁，它可以提供绝佳的支撑力量。

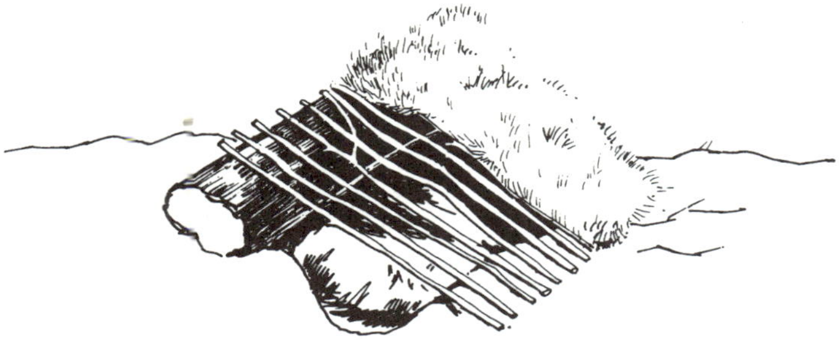

排水和通风

在避身场所的四周，挖掘用来排水的沟渠，它和地面的高度的差异可以帮助保持避身所的干燥。对于简易的避身棚来说，只要你没有把它完全封死，它的通风就应该没有问题。当然，不要把避身棚的所有地方都封死，因为通风是必要的。

石头砌的围墙

如果你所搭建的避身所的高度足够，那么你不仅能在里面躺下，还能在里面坐着，当然坐着无疑会舒适许多。所以，可以在你所选择的凹坑，或是浅洞的四周垒起一道石头砌的矮墙，它可以增加避身棚的高度。具体做法是，把泥炭、树叶混合着泥土填充在石块间的缝隙中间（尤其是在避身棚最低的一面）。并且，如果按照下面所示的那样去做，你还可以将雨水引流到避身所的周围。

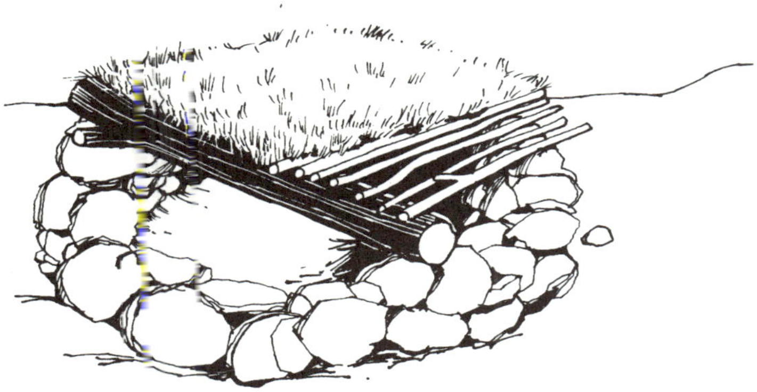

利用小树做的避身棚

如果你在周围能找到合适的小树，那么，就挑选出两排。先要将小树中间的障碍物都清理干净，然后，将位置对应的树苗的上部相应地绑在一起，把它做成帐篷的顶部支架。最后，在顶部盖上一块篷布，并且用石块或者原木压住篷布的底边。

你也可以将易弯曲的枝条插在地上，利用它们代替小树来制作一个类似的帐篷。

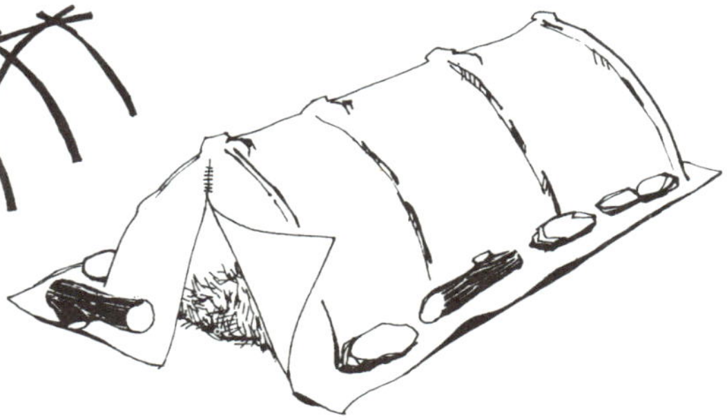

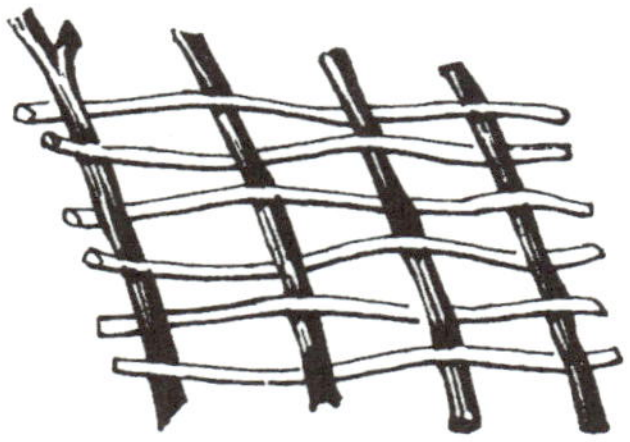

如果你没有篷布，可以挑选那些位置较近的小树，或者将小树排布得紧密一些，用枝条把它们编织在一起，并用泥炭和蕨类加固加密。

篷布

利用你能找到的东西：防水雨披、地膜、一片塑料布或者帆布，你可以快速并且轻易地搭建出许多不同的暂时避身的帐篷，以此来满足你的需要，直到你能搭建更有效的东西。图a主要是利用自然条件来搭建帐篷，图b搭建成的是背风的三角形帐篷。如果覆盖物足够长的话，可以像图c中的那样，将多余的部分沿着你的下面——也就是下坡的方向，折向帐篷的内面，这样可以避免地表的水流进帐篷中。记住要利用干燥的野草或者蕨类铺成床。一定不要躺在又湿又冷的地面上。

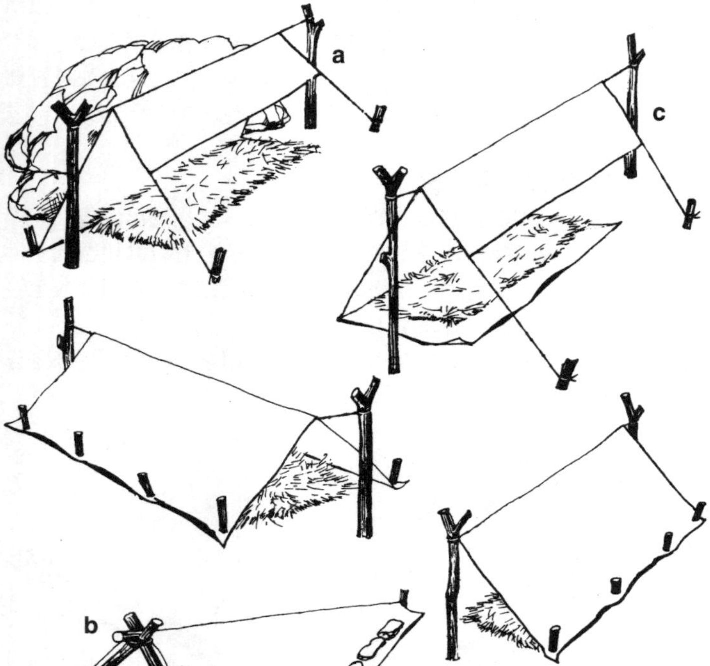

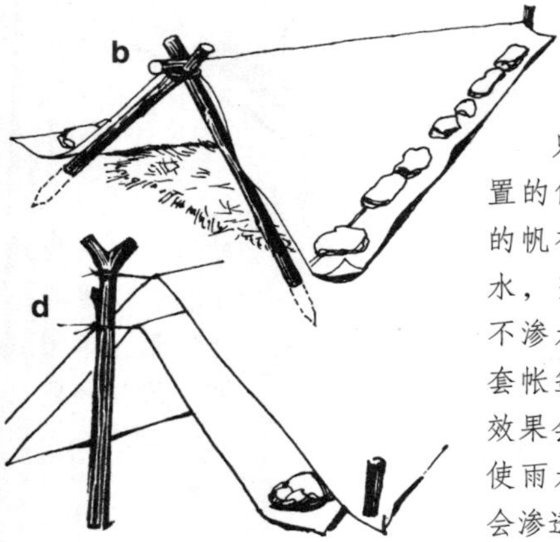

只要在搭建的开始，你设置的倾角值比较大，编织紧密的帆布就可以挡住绝大部分雨水，当然也许并不能做到绝对不渗水。将尺寸相差无几的两套帐篷套在一起使用，防水的效果会更好（图d）。因为，即使雨水能穿透一层篷布，也不会渗透两层篷布。

在下雨的天气里，或者是除去帐篷顶上的积水时，不要用你的湿手触及帆布的内表面。

锥形帐篷

人们使用圆锥形的帐篷，这种现象早在几世纪之前就已经出现了，并且这种帐篷由于它的北美形式而闻名遐迩。最快最简单的搭建法是：把三根或者更多的圆杆的一端交叉，并且把它们绑在一起，作为圆锥帐篷的顶点。把圆杆的另一端斜插入地面中固定住，然后用兽皮、白桦树皮或防雨布遮盖起所有的圆杆，这样就大功告成了。记住，要在帐篷的顶部留出一点空隙，以便用来通风。

如果增大圆杆之间的夹角，帐篷内的面积就会相应地增加，但是这样做的话，帐篷的排水会稍微困难些。

降落伞做成的锥形帐篷

把降落伞的中央部分悬吊起来，你就可以利用它制成一个方便的锥形帐篷。记住，要把伞缘固定到地面上才可以。

当然，降落伞的材料可以用来直接覆盖到圆锥形支架上。但是，如果你将降落伞的顶部悬吊在树下，同时把伞缘固定到地面上，这样的制作方法可能会更简便些。适当增加降落伞的倾斜程度，即使它的材料的防水性不是很好，你仍然可以让雨水顺利地在帐篷上滑落。在帐篷的出口处，你要将接口处两边的材料重叠起来，这样就形成双层的防水层，不要忘了在上部绑紧。

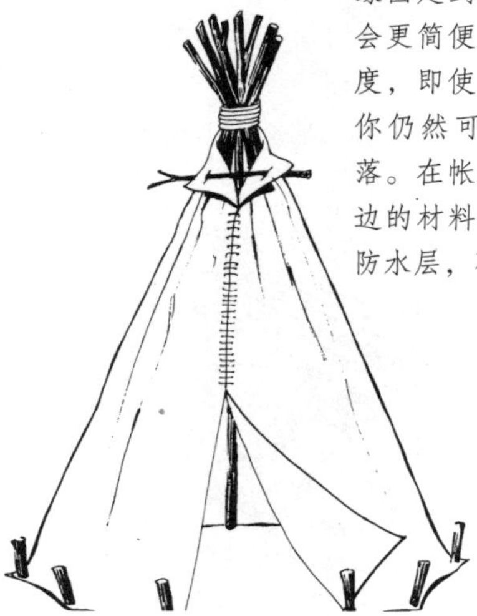

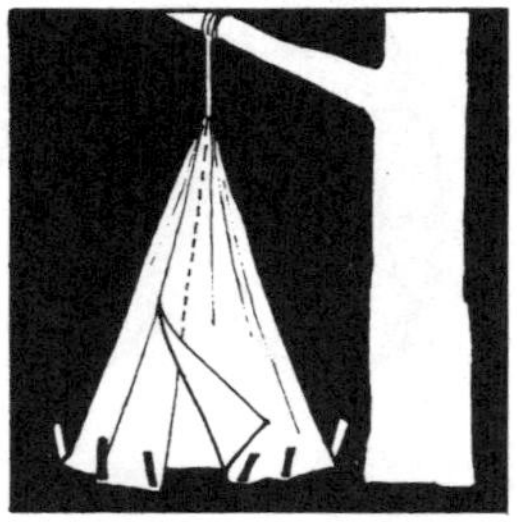

挡风墙与屏风

建起一座挡风墙很简单，用两根粗木棒夹住一排横木，（尽你的可能）在它们的顶端绑紧，再把它们竖立在地面上，这样就形成了一面挡风墙。设法填补好横木间的缝隙，才能用它来抵挡住风雨。你可以用同样的方法制成活动木墙，它可以作为避身棚出口的防护门，或者用它来反射篝火的热量。如果你当时所处的地方没有大的岩石，还可以用它来筑坝引水。

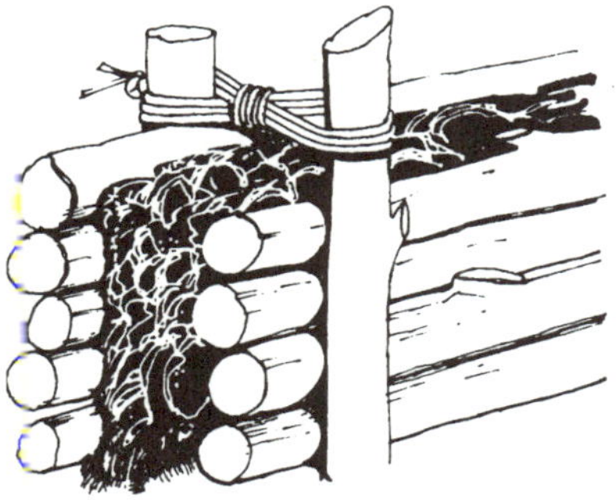

为了使防风木墙更加结实，你可以增加竖直木棒的间距，使对立的两根木棒间夹住双排横木，并且，在两排横木中间填充上一层泥土，让它呈三明治形。

遮盖物

各种材料，例如有弹性的树苗、枝条、野草、长树叶，它们都可以用来编织篱笆，或者是编成遮盖物，后者可以用作护墙和遮盖用的棚顶。具体操作时，先用硬度大一些的材料制作框架，然后再进行编织和填充工作。可以在框架的原位上直接进行编织，也可以先把材料编织成块板状，再把成品安排到适当的位置上。在固定时，先要绑牢主要的交接点。最后，在稀疏的地方逐渐加上一些较为柔软的材料。

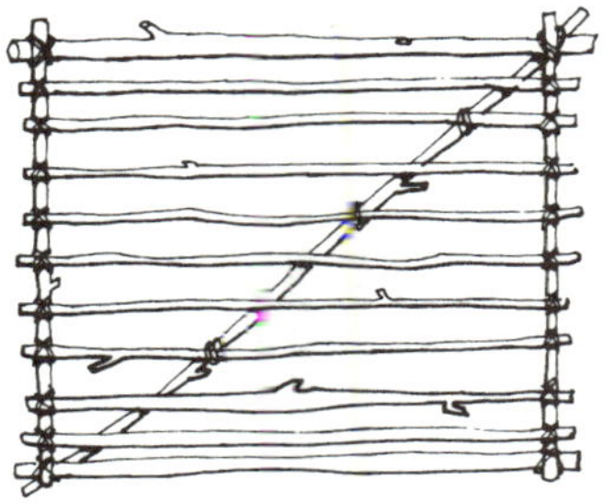

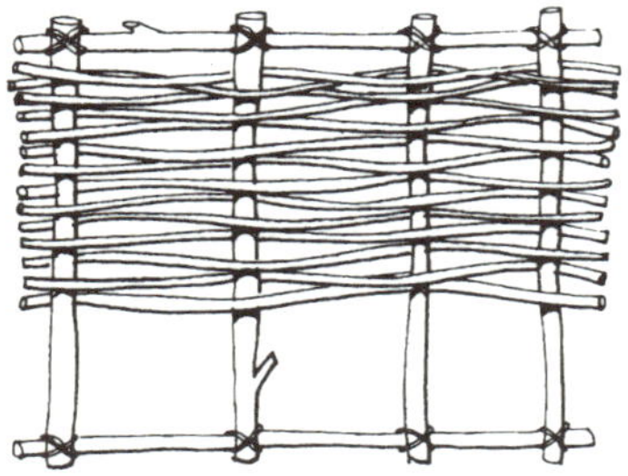

如果没有用来固定的绳索，可以先将制作框架的硬木棒插在地上，再在木棒上编织上细树枝，最后用泥和野草填充它们之间的缝隙。

如果合适的并且结实的树枝太少，也可以在横木之间利用藤茎完成编织。

比较大的叶片，无论是他们的排列方式是成束垂下的，还是顺序排列在藤茎上的，就像建房子用的房瓦一样，叶片之间都可以相互重叠，以便挡风挡雨。

较长的干草可以按束编织，在编织的过程中，不断掺加新的茎叶使其延长，这样可以制成很好的草席。或者，你可以按照60厘米的长度标准，环形割下白桦树的树皮，剥好后放在一边待用（图a）。把棍棒或者藤条成对排列在架子上，彼此之间的距离要比较近（图b）。将桦树皮的上端夹在排棍的中间，树皮的下端搭在排棍上（图c）。

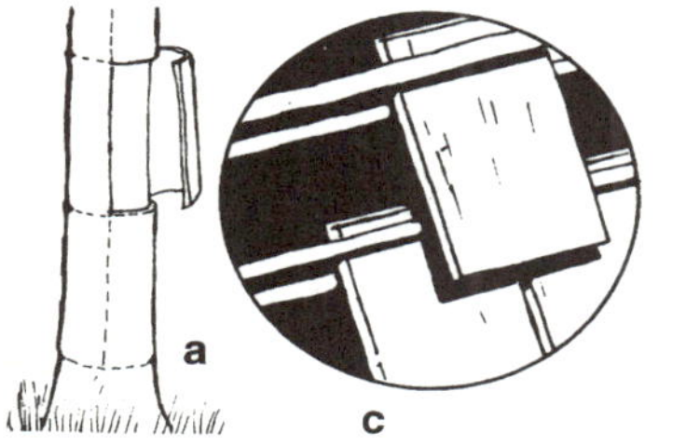

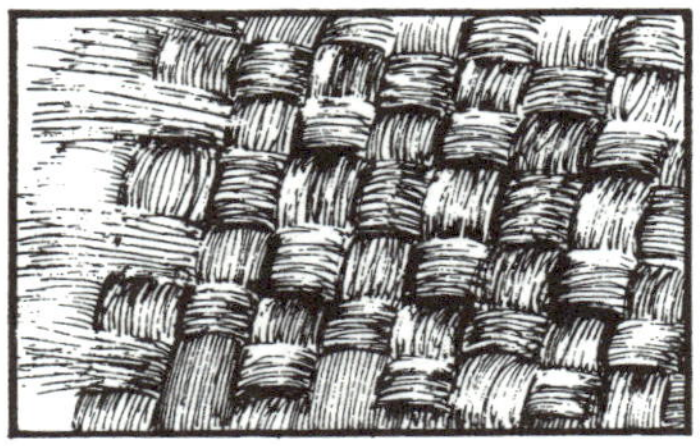

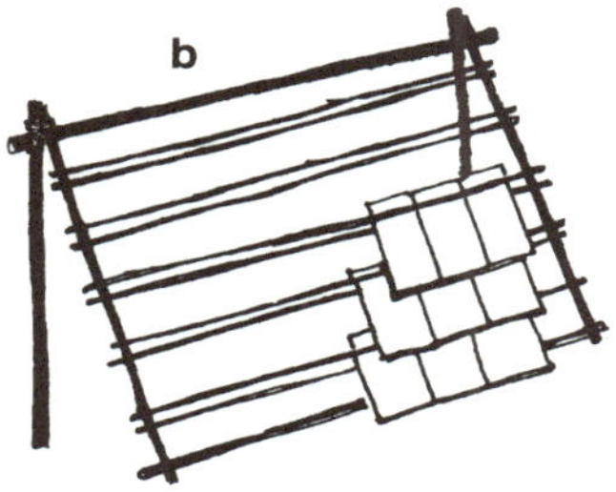

半开放式的避身帐篷

如果你所计划搭建的帐篷，并不是可以抵抗暴风雨的长久居留场所，而且当时你手头上也没有坚固的东西可以利用，你可以搭建一个简便的构架，上面覆盖野草来形成保护，这样就足够了。

在树与树之间或者树与立柱之间搭上一根横木。先判断出风向的垂直方向，然后在与地面呈45° 角的平面上，搭成一个简便的枝条框架，这样就做成一个屋顶。在框架上用木棍加固，形成边墙（图a），你就可以在它的背风面生火。在火堆的另一个方向上，利用一块木板或者活动木墙使热量反射到避身棚里（图b），这样你就能够获得足够的热量，这是一项小技巧。

下面画出的披屋演示了其组装的逻辑顺序。从此结构上在左或右方进行增设，可以让庇护所的空间更大，以存放更多的东西。如若还想改进，还可以在此前方加装一个顶棚以提供更多防护。这种改进的披屋可以有空间存放柴火（c）、补给（d），还带有顶棚（e）。

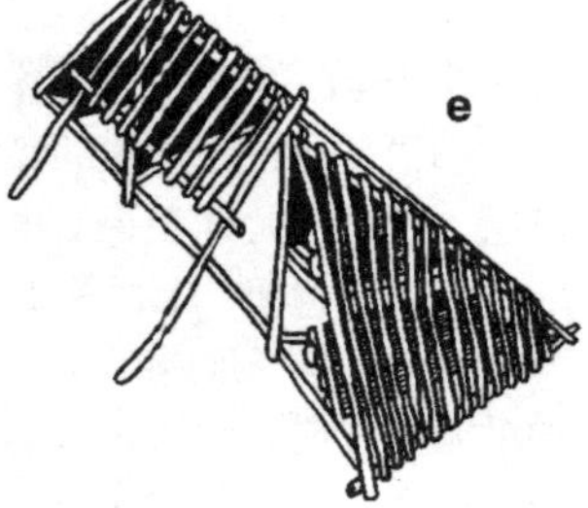

给披屋庇护所加装顶棚

这个过程需要另加两个支架（横档的两边各装一个，呈45度角倾斜）。纵向也需要加装支架，以附着覆盖材料。

1.2 在热带地区搭建避身所

如果你的出事地点位于热带雨林之中，由于雨林的地面上经常很潮湿，而且地面上很可能会有各种昆虫、血吸虫或者其他令人厌恶的爬虫，它们会使劲地往你身上爬，这时你最好动手搭建一个高出地面的床，而不是直接在地面上铺床。当然，你也许愿意把避身处建得更高一些。

除非你的出事地点是在海拔太高的地区，那里的夜晚也许会比较冷，否则保持干燥爽洁比防风更为重要。棕榈、香蕉的树叶，或者其他树木的大型叶片，它们都可以用来遮盖棚顶或者制作墙壁，而且效果也会很好。

1.2.1 利用聂帕榈

它也就是所谓的“耐心藤”——意思是“等一会儿才能用的藤”。尽管它的叶子的前端有倒刺，这使得在利用它时增加了操作的难度，但是它的作用仍然很大。类似结构（见图a）的植物的复叶越大越理想，单叶片的宽度也是越大越好用。

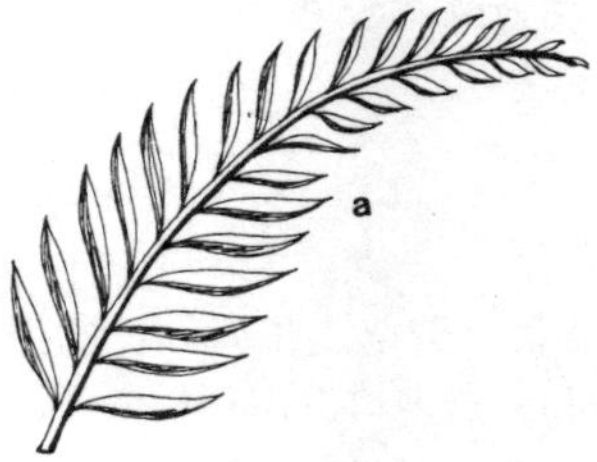

在使用聂帕榈时，要先在复叶的尖端沿着叶脉切开一个小口，由此把叶片撕成两片（如图b）。注意，不要从叶片的后部切口，否则你很可能无法顺利地撕至叶子的前端，只能得到一个破碎的枝叶。

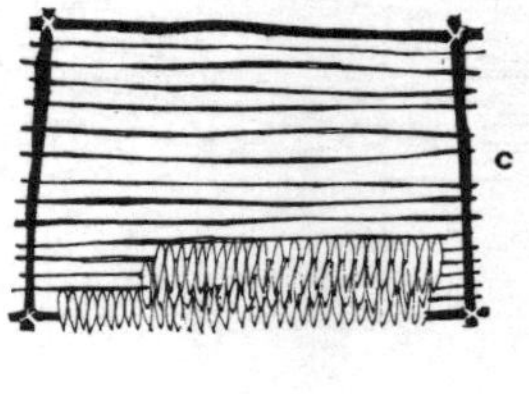

将这样的半片的叶子层层交叠排列，并且固定在支架上，就制成了遮蔽物。用来制作棚顶时，你可以把它们叠得更密一些，用来制作护墙时，你可以把它们叠得相对稀疏一些（如图c）。

复叶编织后将更适合用于编制棚子的墙面。

另一种使用方法：

不必把复叶分开，而是沿脉中线直接将叶片对折，然后将一边的叶子折叠到另一面的叶子上来编织（如图d）。如果你先从一端开始，然后再进行到另一端中止，你会发现这样比较容易——但是这项工作必须经过练习才能达到好的效果。

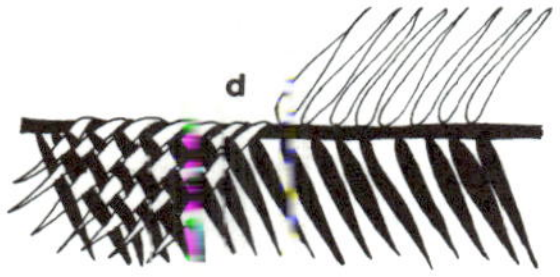
d

e

f

如果你的手边就有带三个浅裂的叶缘的叶片，或者当时找不到有三个浅裂的叶缘的叶片，你也可以人为地切割制作（如图e），这种形状的叶片不需任何固定物就可以直接搭在支架上（如图f）。

大型的叶片，可以像图g所示的那样直接跨棍编织。这样的话，你只需要较少的叶片，就能够迅速搭好避身棚的棚顶及其四壁。

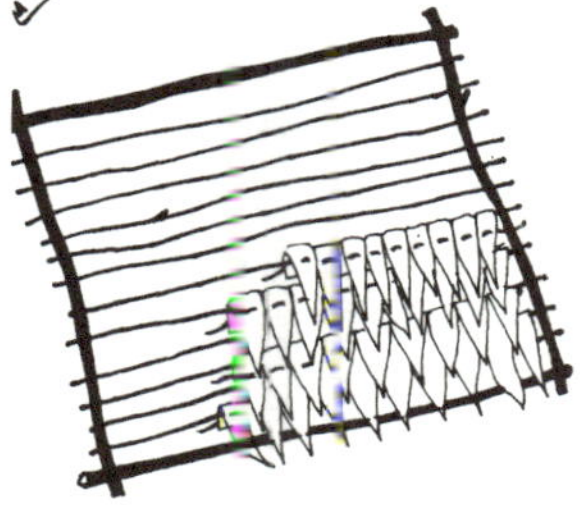

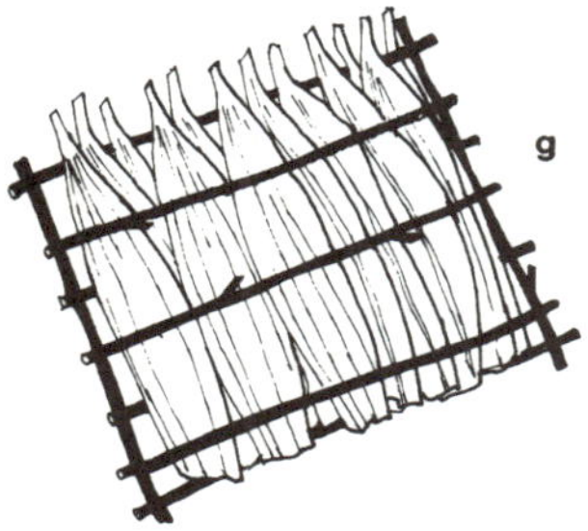
g

h

如果是长而宽的叶片，你可以用藤条穿过它们，并且直接固定于棍上（如图h）。

对于棕榈的树叶，以及其他的有长叶柄的叶片，你可以将长叶柄绕过棍子，然后压住另一叶片的叶柄，同样的，叶片的游离端也被其他叶片的游离端所固定（图i）。

i

暴露在棚子外面的叶片，它们必须要交叉重叠，这样才能遮住空隙。

1.2.2 利用竹子

我们知道，竹子的茎是细长而且竖直的，但它却是木质化的草本植物。竹子可以作为建筑材料，它有着广泛的用途，例如作为支撑柱，制作地板、房顶和竹墙等。

有一种原产地为亚洲的竹子，它的高度可以达到30米，它的直径可以达到30厘米。这种竹子在印度与中国都可以找得到。竹子的生长地通常是位于平原或者山坡上的潮湿地带。在非洲和澳大利亚，我们也可以找到原始种类的竹子，甚至在美国的南部地区，你也会发现有两种竹子在那里生长分布。

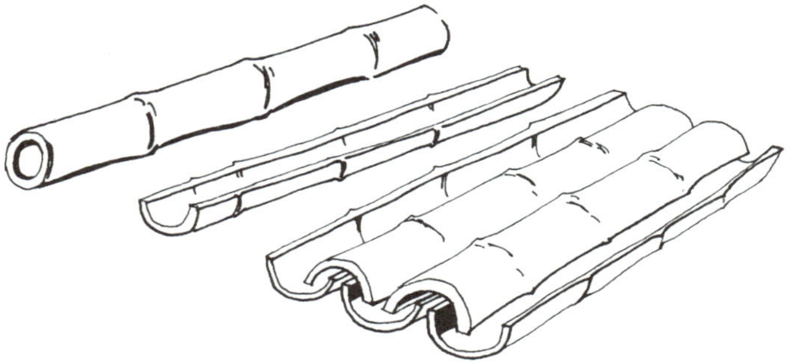

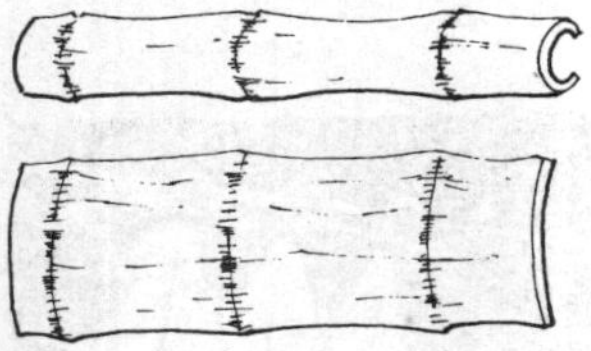

选择一根竹子，将它沿着竖直方向劈成两半，打通其中的竹节，然后把它安置在顶棚上，在下雨天就可以利用它收集雨水，同时也可以用它来作导水槽。劈开的竹节之间也可以相互连接，形成很有效的防水屋瓦。

将竹片劈成一个个的长条，并且把它展平，就可以用来制作平坦的墙壁、地板以及物品架等等。在竹节上每隔1.25厘米的地方，沿着垂直截面的方向剖开竹茎，就可以把每一段都展平成竹片的形状。

在竹节的节点的部位，竹子所形成的纸样的薄鞘，它也可以用作很好的建筑材料。

警告

砍伐竹子时要小心。作为丛生植物，许多竹竿常常互相纠缠在一起，由于弯曲而且绷紧的竹竿会产生相当大的张力，如果贸然砍伐竹子，可能会引起竹竿的爆裂，暴露出锋利尖锐的断面。这些都很容易伤人。

在竹子的断裂面上，有着与刮胡刀同样锋利的刃口，它会导致严重的割伤。在竹竿的底部的外苞叶上，分布有蜇人的绒毛，它会严重地蜇伤皮肤。

1.3 在北极地区搭建避身所

在极地地区，你可以利用天然的凹坑或洞穴，它们可以成为你的简易的避身所。如果你恰巧携带有露营的装备，你可以先搭好帐篷，然后在帐篷的周围和帐篷的上面，堆起尽可能多的松软积雪，用它来加强支撑重量的效果。在寒冷的天气下，积雪会被冻成固体的雪块，这时的你很难用坚实的雪块作材料，因为你首先得有一些工具，它们可以切割雪块，或者把雪块垒成适当的形状。而铁锹与雪锯，就是你在极地探险过程中所必备的工具。

至于雪坑和岩坑，它们都很容易辨认。但是，在北部的森林中，如果它们被大雪所掩盖，那么在针叶林中、树木枝条下，这些地方是否有坑洞的问题，就不是那么容易确定了。中等体形的树木，它的树干的四周可能会有一些空洞和空隙（如图a），在某棵大树的某个枝条下面，也很可能有个大坑洞（如图b）。在背风处的枝条下面，你可以用硬物来挖一挖，这样来确认是否有坑洞。

在雪地上建设避身棚

要想切割紧密冻合的雪块，雪锯、铁锹和小刀是必不可少的工具。符合下面条件的雪块是比较理想的：雪块的强度恰到好处——既能轻松地支撑起成人的体重，又没有产生任何的塌陷，而且雪块也比较柔软，能被尖锐的物体刺穿。

具体操作时，要把雪块切割为体积为45立方厘米×50立方厘米，厚度为10～20厘米的形状，这样的雪块搬运起来比较方便，并且可以提供很好的保暖效果，同时也能允许阳光中的绝大部分光线透过。

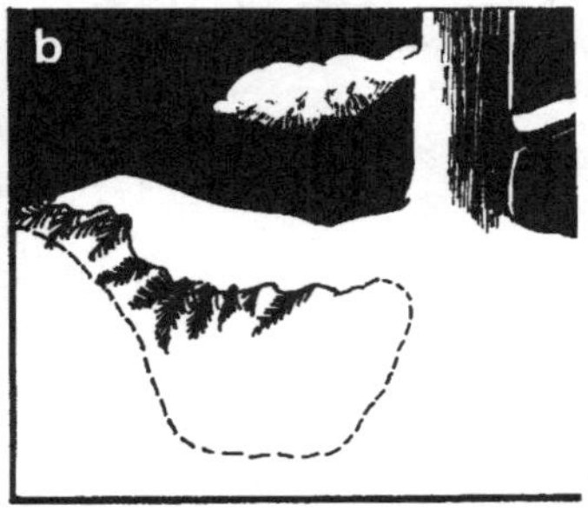

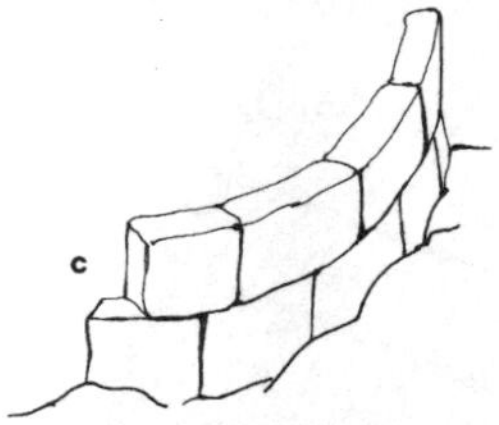

松软的雪团也可用来组建防风墙。用工具把雪切成条块，垒在一起就可以了（图c）。这是最省力的方法之一。

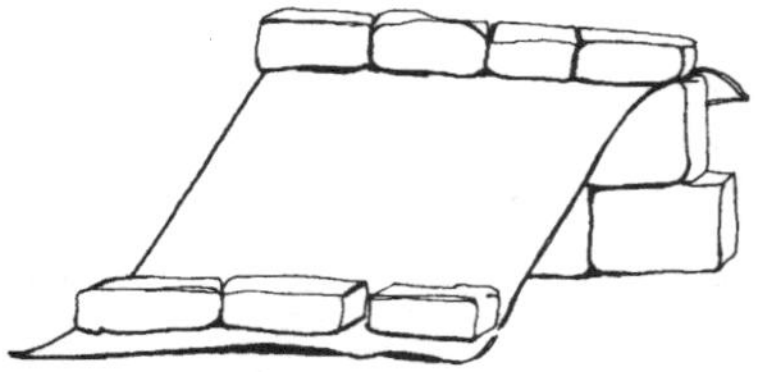

将塑料布或雨披的下端用雪块压稳在地面上，上端压在搭好的雪墙上，周围用雪块封住，就可形成避身棚了。

1.3.1 雪沟

你可以利用雪沟因地制宜地搭建避身棚，这要比在平地上重新用雪块垒建避身棚快得多。不过它只能供一个人在短期内使用，例如在行进的途中，或者是在准备建造一个更大的避身棚的时候。

搭建之前，要先在雪地上标出睡袋的尺寸（包含头部的位置），然后将雪沟中相应于整个睡袋宽度的雪块都清除出去。沿着你所做的标线，向下挖出一条约60厘米深的沟，在雪沟的边界的上缘，切割出15平方厘米×15平方厘米的雪块。

在切割出的位置上放好雪块（如图a），雪沟两边的雪块要相互依靠支撑，这样才能形成一个棚顶。

你的装备以及其他的物品都放在睡袋的下面，这样你就不会直接与雪地接触。

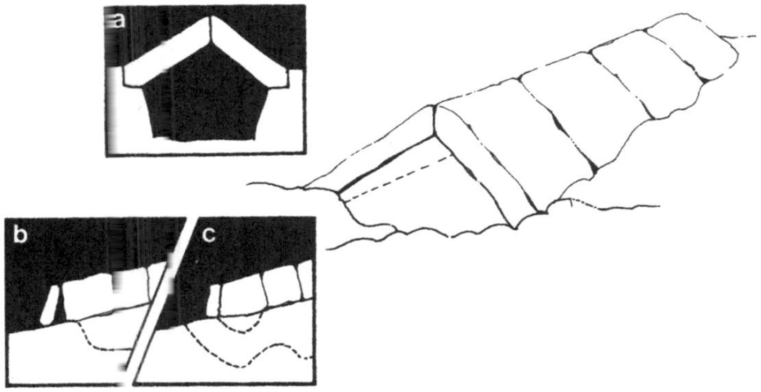

要用雪块把迎着风向的沟口填实。在背着风向的沟口，你可以安置一个能自由移动的雪块，以方便自己的进出（如图b）。如果不这样做，你也可以将出口封住，再在雪下挖出一条通道，把它作为你的出入口（如图c）。注意把所有的缝隙都用雪填实。最佳的建棚的地点是在缓坡上，这样的话，冷空气会在棚口处聚集，但是它不会进入到避身棚里，你睡觉的地方就会更暖和。

1.3.2 雪洞

一般说来，要先在雪地上挖开一个小孔，然后把里面扩展成一个舒适的避身所。利用热空气上升、冷空气下沉的道理，你可以把雪洞内部的空间分成三层：最高的一层用来生火，中央的那层用来睡觉和放置用具，最低的一层空出来，仅用来容纳冷空气。记住，在棚顶上面要开个口，让篝火产生的烟雾能够散出去，这样你可以保证通风。

把可以移动的雪块放在洞口的地方，你可以把它充当门。为了防止雪块在融化后再冻合起来，雪块与洞口不必吻合得太好。雪块的位置也应该尽量与洞内接近，这样即便冻合了，你在里面也易于分离开雪块和洞口。

雪洞的内表面可以修整得光滑一些，这样即便洞内有冷凝水形成，也会顺着内壁滑下，而不会直接滴落下来，弄湿你的装备。在雪洞里面，你要沿着四周开凿一条水沟，以便于及时排除洞内的积水，避免弄湿自己或者你的装备。

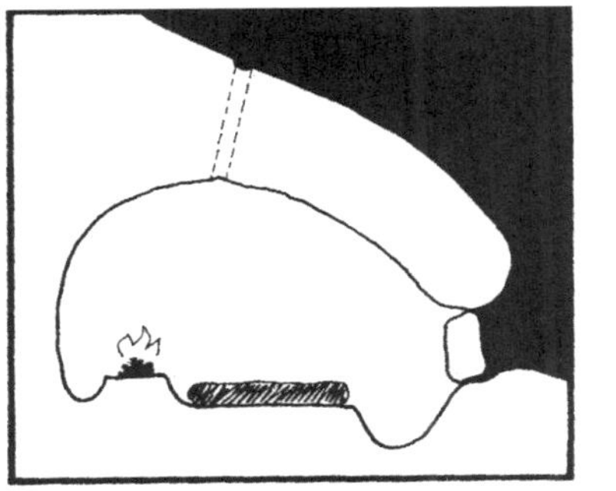

1.3.3 雪屋（“依格鲁”——因纽特人的圆顶屋）

你需要花费一定的时间才能搭建成一座“依格鲁”，但是它的居住效果很好，所以值得推荐。数百年来，因纽特人一直生活在这种雪屋中，这足以证明它的居住效果。具体动手时，首先要挖好雪屋的进出口和进出的通道，它们要足够大，至少能让一个人爬进去。出口还必须选在背风的位置。你可以把通道挖成弯曲的形状，或者是在通道中建造一个挡风墙，使进入通道的风更少。

然后，在地面上划出一个直径 4 米的圆圈，在你开始建房前，先踩实圆圈内的雪，再在圆圈的外周摆上一圈雪砖，这时就可以开始修建进出口了，它可以是如同图a所示的坑道式进出口，也可以是进一步建成的如同图b样式的进出口。然后，在第一圈的雪砖上，再添加一层雪砖，注意在添加雪砖时，上层雪砖的中心对应着下层雪砖之间的缝隙。

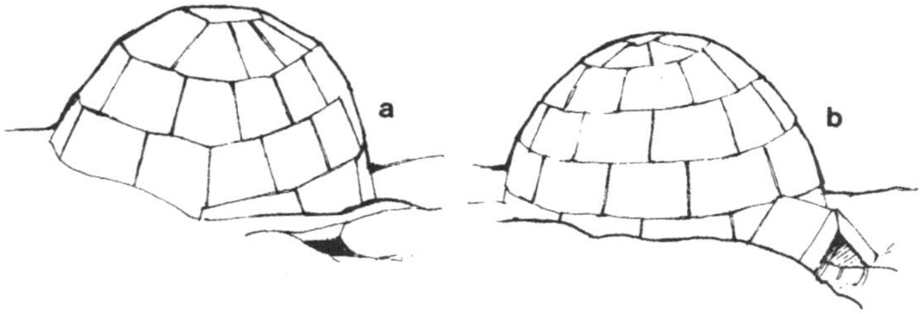

在向上添加其他几层的雪砖时，都要使上层雪砖的中心对应着下层雪砖之间的缝隙。只有像这样，雪屋的直径才会一点点地缩小，形成一个半球状的雪屋。按照你的进程，预先留出进出口的尺寸。在雪屋的顶部，要用一块平砖缝口。在靠近雪屋底部和顶部的上下两端，各钻出一个通风孔。通风口不能正对着风向，底部的通风孔也不能过低，否则积雪会迅速堆积在那里，把通风孔堵住。雪屋的内壁要清除干净，打磨光滑，去掉任何的突起，防止凝结的水滴直接滴落到地面上。

螺旋式建房法

建房的关键在于先摆好底层的一圈雪砖，再把雪砖的上表面切割成呈螺旋式升高的形状。注意，第一圈雪砖的形状也应该是向内向下倾斜着的。如果第一圈的雪砖建得很好，再摆放上下一层的雪砖时，就会相当的平稳，这样一层层地摆上去，每一层都向内倾斜着，但是也许直到最后几块才会需要额外的支撑，最后，你把它们摆放到合适的位置上，就会盖成一座依格鲁。

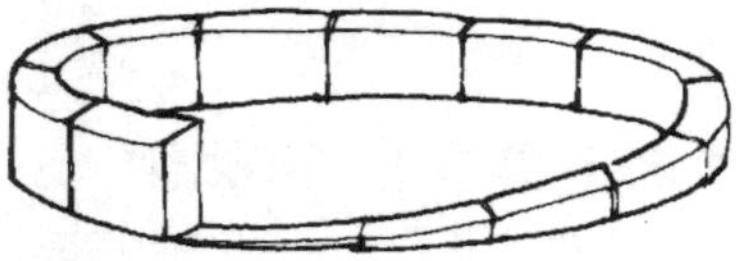

如果把第一圈雪砖的上表面修成平滑的螺旋状，这样做会对下一步的垒加很有利。但是后几圈的雪砖的上表面也应缓缓向中央倾斜。

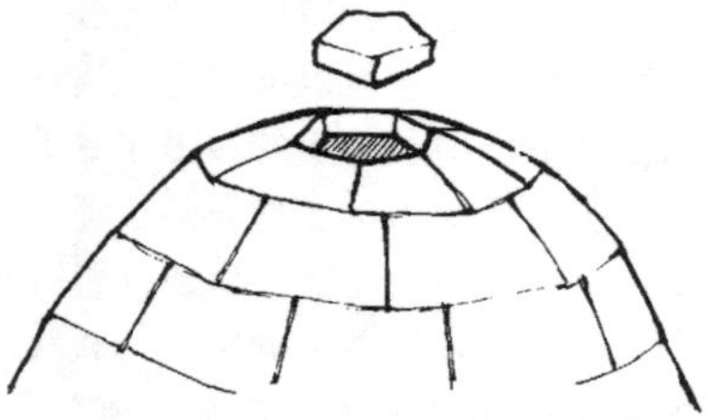

最后一块雪砖，你必须削得恰到好处，这对于依格鲁的整体稳定性很重要。假如留给最后一块砖的空间太小，可以不封顶，可以把它留作通风口。

在极寒中求生

不管外部温度有多低，在一个构造优良的冰屋中，内部温度绝不会低于零下10℃。就算只点一根蜡烛，也能将室内温度升高4℃左右。因纽特人传统的冰屋加热方式，则是在一碗脂肪中点一根灯芯。如果庇护所较大，那么点一堆篝火温度就很惬意了。在没有木头可烧的情况下，燃油炉和骨头上的脂肪也是上佳之选。

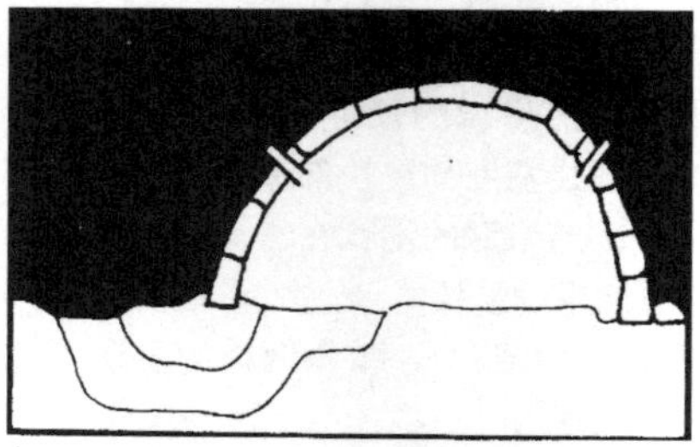

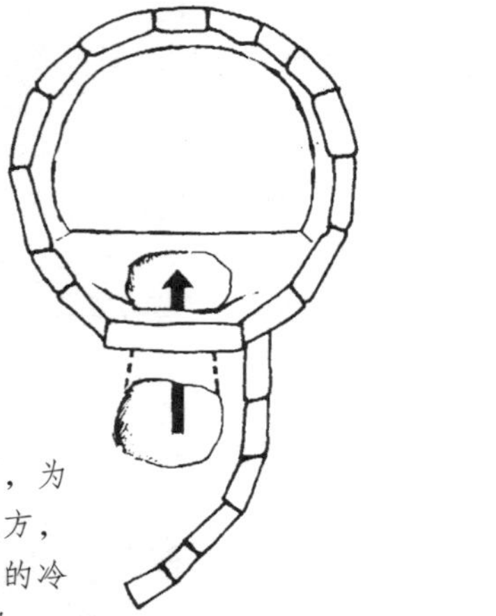

依格鲁的房内布置

用来休息和睡眠的地方要高出地平面，为了达到这个效果，你既可以垫高睡觉的地方，也可以挖低周围的地面。由于较低的位置的冷空气较多，可以在这些地方贮存食物及用品。

搭建一座避身棚

搭建一座什么样的避身棚，它的类型取决于以下几点：各种材料是否容易获得、身边拥有什么样的工具，以及搭建的目的与用途（防风、保暖、避雨雪，还是防蚊虫等）。

你准备在此地待多久？如果是在行进的途中，雪洞及天然洞穴就很不错，不必搭建永久性的避身棚。

避身棚的大小还取决于露营人数的多少。

搭建结构复杂的避身棚，你需要花费一定的时间和精力，但是这是值得投入的。一定要注意劳逸结合，防止过度的劳累和流汗。

所有避身所都必须能保证经常的通风，来防止一氧化碳的累积，同时也可以赶走潮湿的空气。因此，你需要两个通风孔，其中一个接近顶端，另一个接近底部。如果避身所是由雪砖垒成的，应该经常检查通风孔是否被冰雪堵住。

要经常清扫出入口坑道内的积雪，以防出入口堵塞。

避身棚的体积越小，相对就越暖和。不过，避身棚的体积再小，棚内的气温还是会比较低的，它不可能加热到超过冰点以上很多，所以你会需要一点时间来适应环境。

在雪屋较低的一面，在雪砖的中间，或者是它们的下面，挖出一条坑道作为你的进出口。如果雪屋还没完工而你已经很疲劳，出口也还没挖好，你可以从圆房尚未封闭的顶部直接爬出来。

伞状的雪屋

如果你的船只在北极的冰海之中搁浅，冰岸上又没有足够雪砖，不能供大队的人马建造出多个依格鲁，这时候选择搭建伞形的雪屋是最适宜的选择。你所要寻找的建筑材料仍旧是雪砖，另外还有大小适当的冰块，它们多是在大块冰相互挤压时在其边缘形成的。

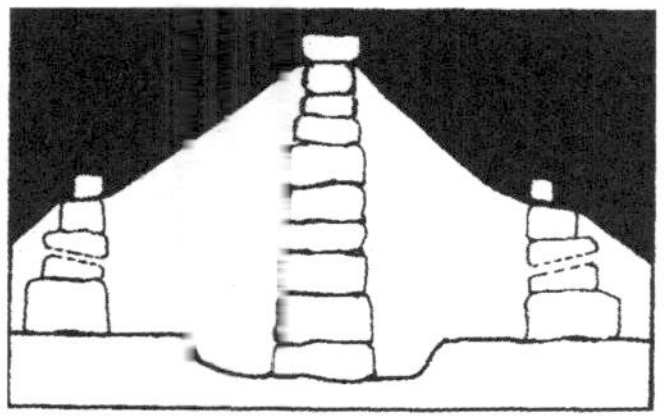

在圆心处，你可以用雪砖、冰块立起直柱，柱子要比四周的围墙高出1～1.5米。把降落伞或者是雨披盖在柱子与墙上，上面再用一层冰块压紧固定。

建屋前，在冰面上先画个圆圈，在圆圈的边缘处垒起一米高的围墙，注意，要在围墙上留下一个缺口，以供你出入——因为在冰上，你无法如同在雪地那样，从地面上挖洞了。在围墙的某一个部位，你可以挖得低一些，以容纳冷空气。

无论外界的温度有多低，雪屋的室温不能低于零下10℃（华氏温度为零度），而只需要点上一支蜡烛，你就可以使室温升高4℃。点燃浸泡在一碗油脂里的灯芯，这是爱斯基摩人的传统的取暖方法。在体积大一些的避身棚里面，你可以使用木材点火，这样可以使室温升高。没有木材的时候，你也可以用其他的燃料或油料替代。

警告

这类伞形雪屋的屋顶上很容易积雪，所以应该经常清除，否则积雪的重量会破坏避身雪屋的结构。

如果你在屋内生一堆火时，首先要保证通风良好。生火的地点应靠近房子的外侧，而不是靠近柱子的中央部位，这样才可以确保房子的安全。

记得将降落伞的牵引绳系在较远处的冰块上。或者，你可以在冰上打孔，绳子穿过孔隙后，系成一个牢固的锚定点。

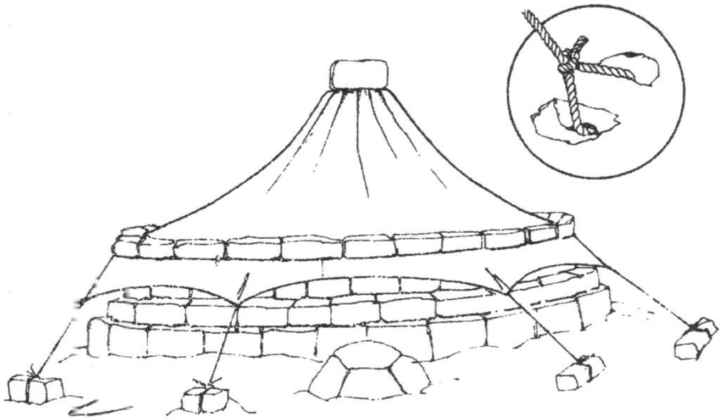

在雪屋中的生活

如果是生活在雪屋中，你要储备足够的木材或液体燃料，以备天气不好时使用。

进入雪屋之前，应该掸去鞋帽及衣物上的雪花，别把它们带入到雪屋中。

你在进出口的地方应该有明显的标记，这样会方便自己找得到。

在雪屋里面，你应该储存有铁锹和其他的工具，以便在必要时进行自救（把自己从屋中挖出来）。

在雪屋内，尽量放松你自己——这是可以在这种条件下保持体温的一般措施。如果你有塑料袋，压缩食品的容器或者是其他容器，在可能的时候尽量倒空它们，必要的时候你会用到它。尽可能地养成这种习惯——在早晨离开雪屋的时候肠子能够运动一下（排便），并且把食物残渣和其他积累的垃圾顺便一起带走倒掉。

集体居住的人们应该分工协作，比如有人负责烧火，有人负责检查通风孔，有人收集燃料，可能的时候，有人出去打猎，有人准备食物，等等。

要记住，在寒冷条件下，你需要更多的食物。

1.4 长期的避身所

由于路途遥远、气候恶劣、缺乏装备或者身体状况不佳等因素，你决定放弃继续探寻出路，或者由于继续前进过于危险等等，这时你都应该搭建一个长期的避身棚，它能让你在较长的时间内居留，同时它要是一个尽可能安全和舒适的避身所。这时，你要尽可能地选择使自己方便的地方。在这样的一个地方，你应该尽可能发送信号，引来救援人员，并且要重新装备自己，使得有朝一日能靠自己的力量走出困境。

在寒冷的季节里，你首先需要的是一个能保持温暖的小环境。另一方面，在一个温暖的避身棚中，你需要充分利用任何可能获得暖风的优势。长期的避身棚要能应付季节性的气候改变，以及昼夜温差的变化。

1.4.1 山洞

山洞是最现成的避身场所。即便是很窄很浅的洞穴（一般我们想到的是石洞，实际上，它可以作为岩石避身所）也可能成为很好的临时避难所。大的山洞可以改造成舒适可靠的小家。地球上，有许多地方的人们还是生活在山洞里。有的山洞甚至具有现代居家所需的所有功能。位于山谷较高处的山洞往往比较干燥，即使山洞上面有水流过，并能渗入洞内也一样。洞内的气候不是受外界很大的影响。你需要做的改建的工作量并不很大。通常需要做的是：修建一个出入口的屏障，其形式可以是篱笆等等，制作时可以利用岩石、树枝、泥炭或者原木等各种材料。

山洞内也许很凉，也许早先居住着野兽，所以接近这样的山洞时要小心。找到山洞后，先将大量的枯干的松树枝条堆在洞口前面，生起篝火，这样就可以把野兽吓跑。千万记住要留给它们一条逃跑的路径。

有时候，在山洞内会有活的水源，这在比较深的山洞中更为常见。这些水源既可能来自地下河，也可能是洞顶岩石上渗出的水分汇成。

如果洞口迎着风，你需要构建双层的挡风屏障，两个屏障相互间有重叠，同时还起到出入口的作用。（如图a）

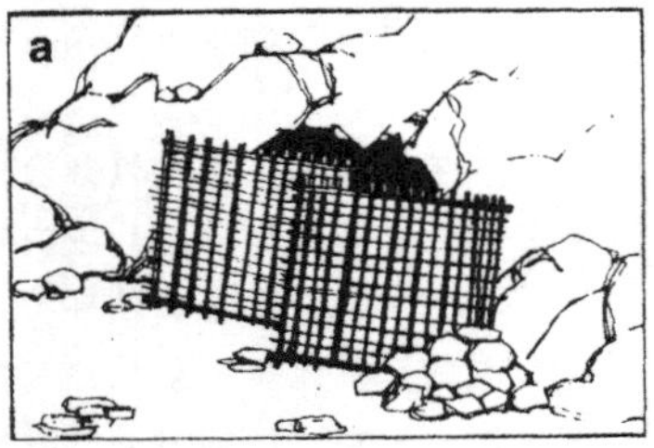

生火时，要选在距离洞口较远的地方，这样烟会升到洞顶，最后通过洞口与屏风中间预留的烟道散发出去，洞内的中下层就能保证无烟。但是如果是敞口的山洞，烟就不容易散去，而且会被风吹进山洞深处。但是，如果你把洞口封闭起来的话，一定要保证你已经预先留下了让烟雾散去的缝隙。

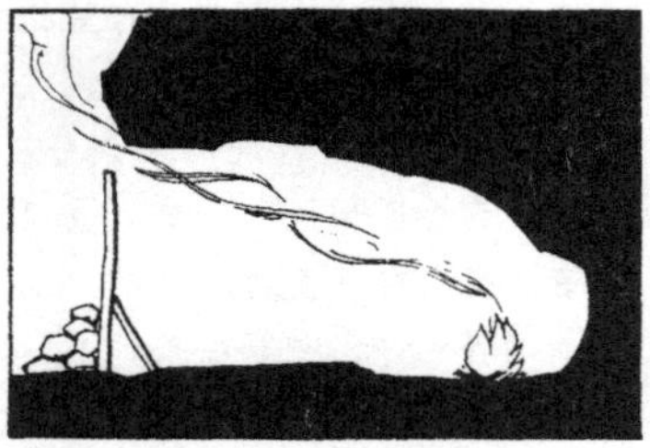

警告

检查包括洞里洞外的所有地方，是否会有石块坠落的可能性。你可能已经对身处避身棚的境地彻底失望了，如果再被落石困在山洞中，岂不更糟。

1.4.2 结构轻便的避身棚

根据前面所述的斜面结构，你可以进一步发挥创造——把屋顶的角度设计得更小，几乎没有前墙，或者可以修建竖直的墙壁，房顶的屋檐可以提供额外的遮蔽作用，晴天可以防日晒，雨天可以防水淋。在避身棚的四周要挖一条水沟，以便排走积水。

如果你有竹子或其他坚固的材料，可以搭建一个牢固的框架。在热带气候下，垫高避身棚内的地板，使之远离潮湿的地面，可以免受地面上的小生物的侵扰。

如果处在炎热的气候下，你需要加固你的房顶，来保护自己，防止太阳的暴晒和雨水淋湿。但是，如果屋外的条件较好时，你也可以让屋子与外界空旷的地方相通，让空气流通得更好。在棚顶的树枝和绳索之间，如果把各种各样的材料编织起来的话，你就可以制成屋顶，而利用青草和泥浆可以把缝隙封死。在多雨的气候下，你可以利用树叶或者树皮代替瓦片，盖到棚顶上。

1.4.3 利用灯芯草做原料的建筑物

如果当时你手头上没有树木以及竹子一类的建筑材料，你可以用灯芯草或者其他较硬的植物的茎干，把它们成捆地扎成柱状来使用——位于伊拉克境内的马尔什阿拉伯人就经常使用这种方法。

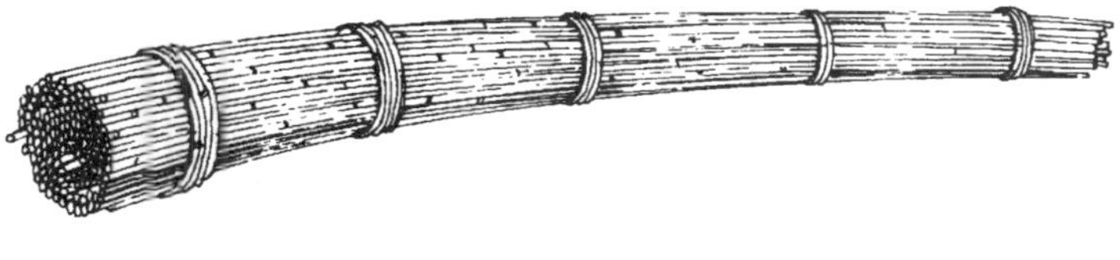

用丁香结（见打结）将芦苇扎成较粗较长的几捆。在扎成捆之前，选出其中最长的芦苇，其末端要间隔开，这样聚拢成捆时，便不会显出薄弱处来。扎成捆的底部要齐平而且整齐，顶部形成一个锥形。芦苇要多准备一些，尽可能选择更长、更细的芦苇作材料。它们是构建你的避身棚的材料。

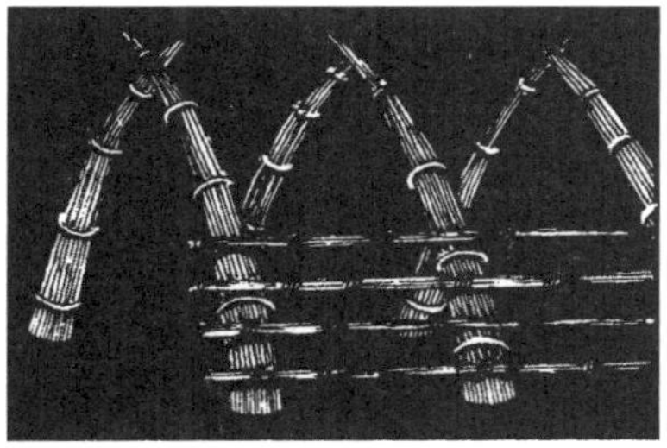

沿着避身棚较长的一面，平行地将粗厚的芦苇束竖直放置好。在地面上挖出坑，把芦苇束的末端放进去，让它们竖直地立起来，再把较细的芦苇横放在上面。

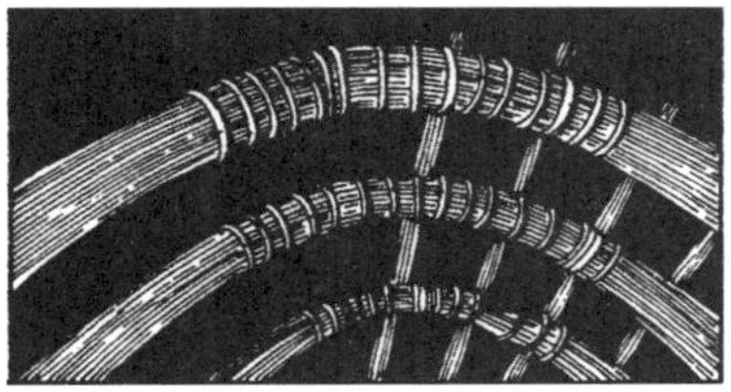

向下弯曲芦苇束的顶端，从而使它们之间能够互相重叠掩盖对方，然后再捆扎起来，在平行的柱状芦苇束上，添加更多的细的芦苇束，把它们横担在上面，一直堆到拱形的顶部。

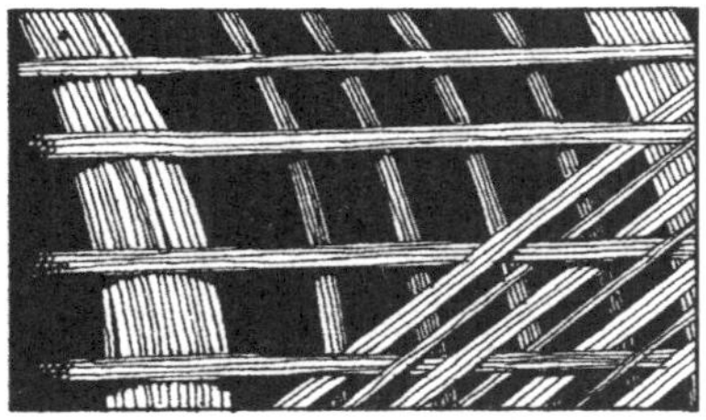

在这个框架上，用细一点的芦苇束交错编织，直到可以完好地庇护你的避身所。也可以将树叶或芦苇间隔地编织在上面。

1.4.4 土坯的房屋

在木料缺乏，或者没有工具建造小木屋时，另一种可行的办法就是建造土坯的房屋。将青草切割成长约45厘米，宽约15厘米的条块状，然后像砌砖块一样，将它们垒筑成墙壁，它们相互之间要砌合得严密一些，侧面墙的顶端要有一定的倾斜度，从而使屋顶自然倾斜——屋顶要用原木或者其他坚实的材料支撑，倾斜度越大，它的防雨效果越好。原木的长度决定了房屋的框架的大小，在屋顶上面，你可以用泥浆或者青草覆盖。

如果草土泥的数量有限，难以寻找，土坯房屋可以建得低矮一些，有足够的空间能够坐下就可以，能站立的地方也不必太大。房门对着火源的一侧可以敞开着。

按照地面上画好的标记好的模式，把草土泥排列好，同时注意收集其他的建筑材料。

如果你只需要建一个小的避身所，按照类似“依格鲁”的形式，你也可以利用草土泥建造一个避身所。

如果你的时间和材料都比较充裕齐全的话，可以用土坯建成一座高大的棚屋。有些类型的样式对于门框（如图a）和屋顶的材料的要求更高，材料要相当结实。在室内，你可以建起炉灶和烟囱，但是，如果你使用的是草泥坯，为了防止炉膛和烟囱自身起火，可以在炉灶和烟囱的内壁涂上一层黏土。

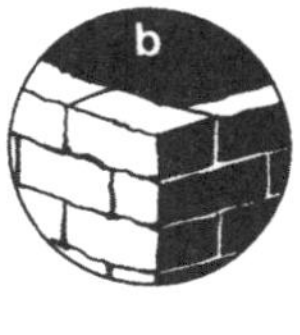

屋子的敞开面或者门户（如图a）要避开风向，如果是一间小土坯房，你可以把火生在室外，在门户的对面设置一个反射器，把热量反射到室内。

即使房屋的一侧是敞开的，一个短的弯转侧面（如图b）会使房屋的四角更为稳固。在屋角的砌合处，采用类似砌砖结构的方式，你会使其更加坚固牢靠。

1.4.5 原木结构的小屋

首先，你要按照比例绘制小木屋的建筑图，这样你就可以在此之上随意扩大，或者增加额外的房间。你所能找到的原木的大小决定了墙壁的长度，一般来说，正方形的或矩形的屋顶比较坚实稳固，也最为方便，长约2.5米的正方形是一个理想的尺寸。如果有幸能够使用已伐倒的树木，你可以将它们捆绑起来，再将它们之间的空隙塞满，但是，如果把它们互相对接、形成犄角的样子，这样的效果会更好一些，需要注意的是，凸出的末梢不能除去，这是屋架支撑力量的所在。

建造小木屋时，要事先选出或整理出一块地势平坦的空地。如果有必要的话，可以在小山坡上挖坑，但是为了保证墙壁的安全性，木屋的地基必须平坦。

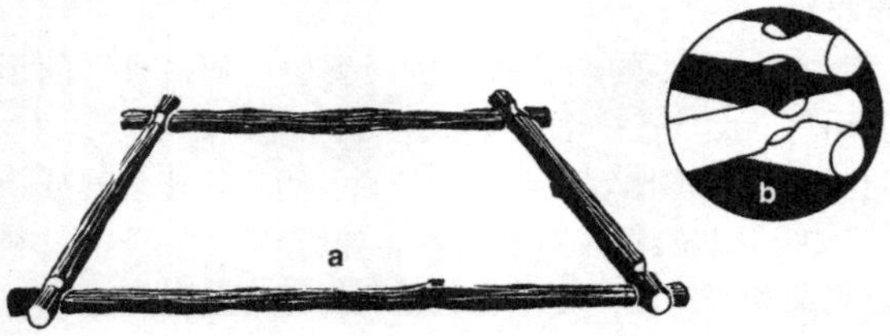

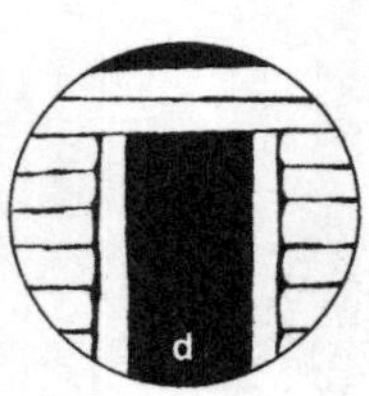

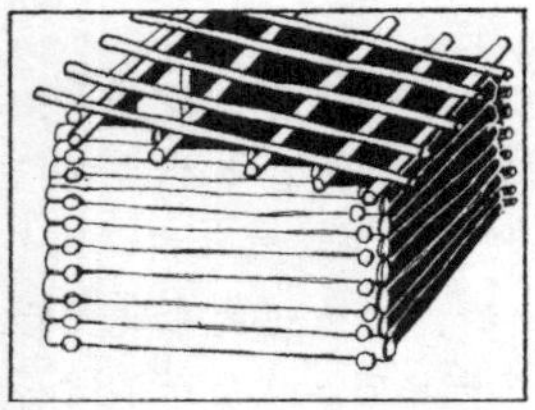

按照房屋的形状，先放置好第一层原木（如图a）。把原木的顶端相互契合，并且连接起来（如图b），再把砍伐好的其他的原木整齐地嵌进顶部。由于原木的两端粗细不均、略成圆锥体，所以头尾之间要交错放置（如图c）。

在底层的屋架确定之后，在房屋的背风的一侧，要留出一定的空间来建成门户，你可以利用砍伐剩下的原木安放在门的两侧，这样就建成了门户。门洞一般留成方形，正好安放一个门框（如图d）。不必再费力添加窗户，因为有一个门洞就已经足够通风用了。

房屋的前端要高于后端，使房顶有一个坡度，位于前排的、后排的最后一根木料应当适当地伸出房缘，要比墙壁稍长，以便更好地支撑屋顶。在支撑在屋顶的木梁上要事先刻出凹痕，使其他木梁可以堆放得更契合一些。放置屋椽的顺序应该是从前向后，屋椽要伸到木屋的墙以外。在屋椽上刻出一些凹槽，使得横木或者其他的木梁能堆放得更合适一些。

如果你的工具箱中有软锯，可以把原木切割成合适的尺寸。如果你是飞机或船只失事后的幸存者的话，你可能会在飞机或船只上发现一柄消防斧。

直到你觉得有必要制作一个长期的门户之前，不必特意地去做一扇门，你可以在门框上悬挂一条毛毯，这样就可以挡风遮光，或者，你可以用枝条编织成帘子来使用。也不必费力去做窗户，有门的话就足够通风了。

小屋的屋顶，除了可以用一个完整的原木做成以外，你也可以利用轻便的材料和泥土填充框架，这样也可以制造一个屋顶。如果原木上的树皮能像瓦片一样平展铺开，你就可以用它来很好地覆盖屋顶。当屋顶上的泥层还比较软，而且湿润未干的时候，用柔软纤细的枝条能进一步加固。

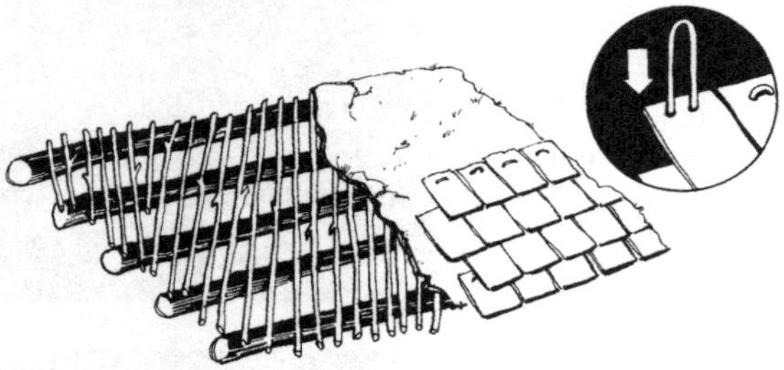

如果没有积水危险（在这种情况下，稍后建造一个房顶是有用的），可以在屋内挖掘泥土，来提供填补屋顶空隙所需要的泥土，同时也会使屋内的高度增加。

如果你在屋顶留下一个孔洞来排烟的话，你就可以在小木屋内生火，但一定不要把火堆弃之不管，到一定的时候要把火扑灭，否则房屋可能被烧塌。

如果你能在周围比较方便地找到石头，你就可以建个烟囱和壁炉——如果你把它建在房屋的中心，它就会帮助你保持更多的热量。石块堆砌得要尽可能紧密，并用小石块或泥块将空隙填好。

求生场景

庇护所盖好了，但要去哪里洗澡和洗衣呢？

一切的洗浴和清洗都应该选择下游区域。也就是说，清洗类的操作一定要选在比你饮用水提取海拔更低的地方。这样一来就能保证你的饮用水清洁和不受污染。

2. 取火

生和死之间的距离，极可能就取决于有没有火这个简单区别上。能够在任何地方任何条件下生出火来是非常重要的一件事。火最重要的几个用途为烧水、发信号、烹煮食物以及保护自己不受其他动物和飞虫的骚扰。

通过水传播的疾病有90%都可以通过开水的高温消灭。这样一来生火的技巧就显得至关重要。不过雨水是不用烧开的，因为通过其他方式汲取到的水所含有的细菌都不会出现在雨水里。

火的这个三角结构图是值得你牢牢记住的：它的三条边分别代表了空气、热量和燃料。如果其中的任意一项缺失，三角形的构架就会坍塌，火势也就烟消云散了。

火还可以用于制作和塑造工具（你可以将竹子烧硬做成勺子使用），而木炭还可以用于烧制孔洞。用木炭烧要比用利器安全得多，一不小心利器很可能伤害到你自己。

每次生火时，你都要确保有良好的通风条件、足够的燃料和必备的火源，后者可以用来点燃燃料。为了燃起一堆大火，它的温度必须维持在某一点以上，才能使空气和燃料不断发生反应。当燃料获得的氧气越多，火就烧得越旺；如果向火中鼓风，或者在火堆中埋进一根通风管道，火会烧得更旺，当火焰达到一定的高温点时，燃料就会急速燃烧；如果通风受到抑制，火势自然就会减弱。余火也会散发热量，但是它所需要的燃料更少。

如果你了解了这些道理，就可以避免火苗释放出浓烈的烟雾。冒烟是由于不充分燃烧导致的结果，如果谨慎一些，在实际操作中就能够使烟冒得更少一些。

准备工作

首先，确定你是否有足够数目的火种、引燃物和燃料，然后准备一个壁炉，从而可以使火势能够得到控制。点火时，一不小心就可能会造成不可收拾的局面，并且引发火灾，所以你要特别当心。

壁炉

建造壁炉时，你要小心而且谨慎。先要选择一个背风的地点，这点在风大的时候尤其重要。除了发出信号（见“营救”篇），或者是在一个临时的大树枝下，或者雪洞里，藏身取暖之外，不要在树根或树桩下点火。将周围至少两米以内的树叶、树枝、苔藓和枯草都清理干净，直到地上什么易燃物也没有。

如果地面上比较潮湿，或者是覆盖着积雪，必须把火堆建成平铺的形状。这种形状可以通过以下方法完成：铺好一层新鲜的原木，再在上面铺上一层泥土，或者是一层石头，这样就构成平面的火堆。

圣殿之火

如果地面潮湿松软，或者积雪深厚，那么，你需要搭建一个高出地面、悬在空中的平台，这就是所谓的“圣殿之火”。

这种炉台是由一个高出地面的平台（由刚砍伐的新鲜木材建造）构成的。先将四根木桩竖直地放置，在它们的叉点上再横担上四根木棍，在木棍上面再放置一层原木棍，再在原木棍的上面覆盖上几英寸的土或者石头，这时你才可以在上面生火。也可以在成对角线的两根最长的木桩上横担一根木棍，用来悬挂铁锅等器皿。

在有风的条件下生火

如果风力强劲，可以挖一条壕沟，在里面生火。

你也可以利用以下方式生火：用石块把火堆围住，从而使热量流失的速度减慢，同时有助于保存燃料；岩石上可以放置器皿来烧煮食物；另外，岩石散发的热量同样可以用来取暖；还可以用岩石垒成热炕。

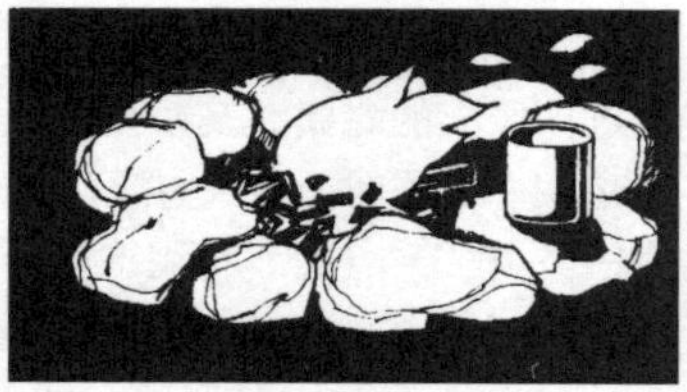

警告

在火堆边不可以放置潮湿的或带孔隙的岩石或石头，尤其是曾经浸泡在水中的岩石，你更要小心——它们在受热时可能会爆炸。同时也要避免使用板岩和较软的岩石——这些岩石可以通过彼此猛烈撞击岩石检验出来。一切有裂隙的、高度中空的或者表面易剥落的岩石都不可以使用。如果它们含有水分，因为水分膨胀速度比岩石膨胀的速度更快，所以它们极易爆裂，迸溅出危险的碎片。如果你就在火边，它们甚至可能会把你的眼球崩出来。

火种

火种泛指仅仅需要一点热量就可以点燃的各种材料。甚至只需要一个火星，优质的火种就可以被引燃。

桦树皮、干草、细木屑、鸟绒、蜡纸和衣服上露出的蓬松的棉花，这些都是优质的火种，干燥的真菌也可以研磨成粉末当作火种，烤焦的棉花和亚麻，一些昆虫，例如树黄蜂钻孔打洞留下的粉末，以及鸟类和蝙蝠的粉末状的排泄物，鸟巢里鸟儿落下的成行排列的羽毛，它们都很容易被点燃，因而也很适合作火种，干燥的田鼠窝甚至也可以作火种。

无论是用什么样的材料作火种，它们一定要保持干燥。如果你有随身携带的防水容器，把火种收集在里面是个好办法。平时要多注意采集火种。

引燃物

引燃物是指那些木质材料，它们可以将燃烧着的火种的火势增大。

最好的引燃物是干燥的小树枝。质地松软的木柴也不错，因为它们燃烧迅速。

含有松脂的木材易于燃烧，形成的火焰就像一把剪刀的形状。质地松软的木柴也可以燃烧，它的缺点是容易冒火花，而且燃烧的速度过快，这样，你就需要准备更多的主燃料。如果用它本身作为主燃料，那么很快就会燃烧殆尽。

不要直接从地面上收集引燃物，它们会或多或少地含点水分。可以从一株尚未完全伐倒的死树上取材，如果它的外表比较潮湿，可以刨去外表面，仅留下干燥易燃的中心部分。

制作简易的火杖

将树皮稍微刮起来，形成毛掸样的形状，这样在引火时，树枝会燃烧得更加充分，很快就会使火堆燃起来。

2.1 可用的燃料

你可以用直立的树木上取得的干柴来点火，一旦火势稳定下来，你就可以加进一些较青的生柴，或者晒干的木柴。

一般情况下，木柴越重，它能释放的热量就越多，这个规律对于枯柴和生柴都适用。将生柴和干柴混在一起燃烧，这样可以使火势长久不熄，在晚间，这一方法将十分管用。

硬柴：例如山核桃木、山毛榉、栎树，它们都燃烧得比较充分，释放的热量也很多，并且可以持续燃烧很长一段时间，能够维持火堆一夜不灭。

软柴：燃烧的速度过快，而且容易迸出火花，其中雪松、桤木、铁杉、松树、栗树、柳树溅出的火星相对较少。

记住：潮湿的木柴也有它的作用，它可以释放出大量的烟雾，可以用来驱赶苍蝇、蠓、蚊子，并且它燃烧的时间比较持久，火种不至于熄灭。

把需要烘干的木柴放在火堆上面的支架上。不能离火焰太近，否则会燃烧起来。在火堆的一角放上些生柴，这样就可以在风势较弱的地方烤干。

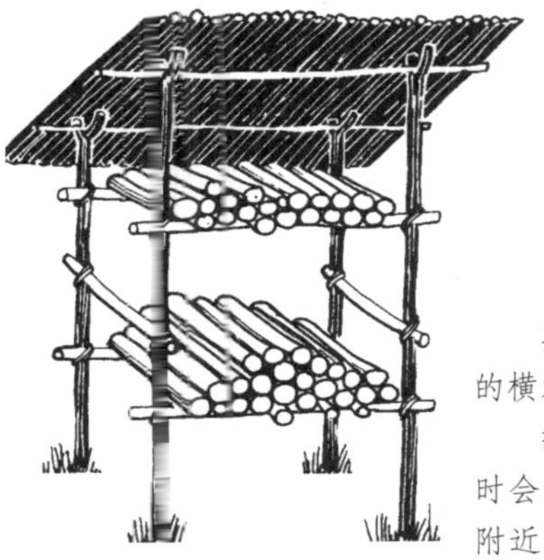

其余的原木可以靠在悬挂器皿的横木上烤干。

搭建一个木棚，这在天气潮湿时会十分管用。把木棚搭建在火堆附近，这样，火堆的热量就能够帮助烘干木材，当然不可以离火堆太近，以免失火。搭建起两个底台，从靠近火源的一边，一批批地依次取柴，一批用完了，另一批也烤干了。

注意保存体力

不要将力气浪费在劈柴上。

把木柴放在一块岩石上，猛击，可以将其劈开（如图a）。

如果这样不管用，可以先把木柴架在火堆上烧烤一阵子，使木柴从中间烧断（如图b），或者，如果木柴不长，将其末梢首先投进火中燃烧一阵子。

如果必须把木头劈开来，以便保存燃料，这时也不是必须使用斧头的。即使是一把小刀，把它放在木材的顶端，如果它的刀刃朝下，再用石块敲打刀背，也可以劈开木材（如图c）。一旦木材被劈开一道裂口，在缝隙里塞进一块楔状木块，向下用力敲击木块，就可以将木材彻底剖开。但是，如果你只有一把小刀，不要冒这样的险而损毁它。

星星之火

将几根原木交叉放置，当不需要过多热量时，把这些原木抽走，只留下冒着火星的余烬仍在中心燃烧，即可形成星星之火。

如果想使火势变旺，将原木重新堆放在一起就可以了。

这种点火的方式既可以节省燃料，又省得劈柴。

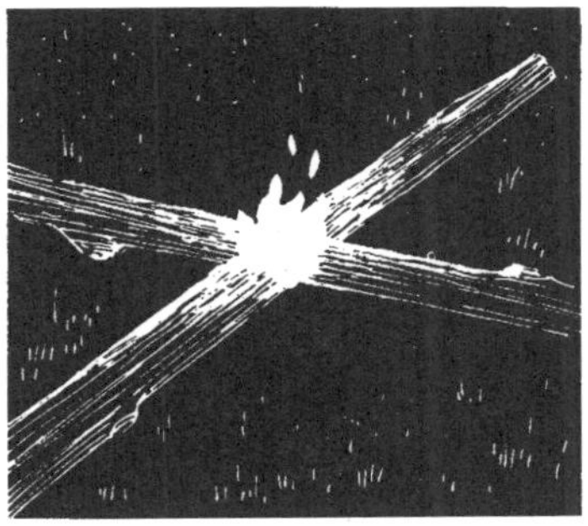

其他的燃料

在木材缺乏，或者没有木材时，必须找到别的燃料来替代。

□**动物的粪便：**它们会是很好的燃料。在西部的荒凉地区，人们经常使用干燥的野牛粪来点火。如果把野牛的排泄物晾干，就能燃起没有烟的火，你可以向其中掺进青草、地衣和树叶。

□**泥炭：**它经常可以在干燥的沼泽地带找到。一般说来，泥炭踩在脚底时，你会感觉到它很松软，而且富有弹性。它可能会出现

将泥炭一块块地排列放好，周围留出些空间，这样会干得更快，不用太长的时间就可以燃烧。

在暴露的岩矿的边上，外观呈黑色，上面布满纤维，使用小刀比较容易切割。燃烧泥炭时，需要良好的通风条件。

□**煤：**有时在地表就可以找到煤，例如北方冻土地带的大矿床。

□**页岩：**在页岩中富含油性物质，因而易于燃烧。在一些油沙层中，也含有油性物质——它在燃烧时能释放出浓浓的烟雾，可以用于发送信号，也会释放出足够的热量。

□**油料：**如果你有一台废弃的机械设备，而燃料安然无恙，可以改烧汽油、防冻剂、水压液和其他易燃的液体，甚至易燃的驱虫剂也可以。抗冻剂是可燃性重性机械油料优质的引燃物。利用一点高锰酸钾（从你幸存的工具箱），你就可以在几分钟之内点燃一堆大火。

在寒冷的地区，你需要在油料凝固前，把油料排出发动机的油槽。如果没有容器可以盛它，可以先把油料排到地上，等它冻起来之后，然后使用固态的油料。

轮胎、弹簧垫、橡胶封盖，以及失事的交通工具的许多残余物，它们都能燃烧。把不易燃烧的物品浸入到油料中，可以试着将它们点燃。

向汽油里掺入沙子，然后在一个容器里（如小火炉）点燃它们；或者挖一个浅坑，在坑内点燃它们。

你可以燃烧混合有汽油或者防冻剂的油料。在点火时，不要直接在液体燃料上点火，要先做一个灯芯，然后让灯芯形成火焰。驱虫剂也同样如此使用。

□**动物油脂：**先做一个灯芯，然后在通风良好的镀锡铁皮罐中点火，形成一个小火炉。当脂肪（有时在极地能找到的仅有的燃料）燃起时，向里面添加一根根的骨头。

用火种或一根蜡烛点燃火焰，在上面放一圈骨头来支撑油脂或海兽脂肪。开始先使用少量的油脂。如果食物并非过剩，燃烧油脂意味着浪费有限的食物。海豹的脂肪很快就会变质，却是很好的燃料。

燃烧油和水的混合物

在所有火焰中，这种混合物燃烧得最为炙热。在装油和水的每个锡罐的底部，刺穿一个小孔，塞进一根尖尖的木棍，可以控制液体的流出（如图a）。让油和水沿着沟槽流进一个金属质地的盘子，拔出木棍可以加大液体的流量，重新堵上木棍可以减少流量。平均每２～３滴水混合一滴油。

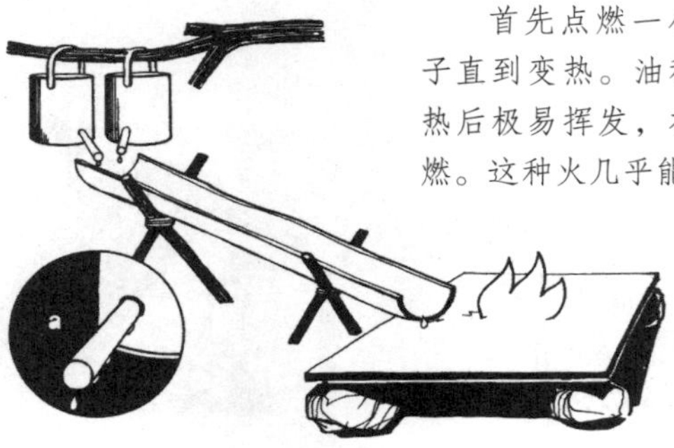

首先点燃一小堆火，加热盘子直到变热。油和水的混合物加热后极易挥发，在盘子上把它点燃。这种火几乎能燃烧一切。

2.2 生火照明

在生火照明时，你应该先为火种搭建一个底座，再环绕底座搭建一个引燃物的棚状结构。如果风力很强劲，将引燃物斜靠在一根位于背风面的原木上。先点燃火种，一旦引燃物已经燃烧起来，添加大一点的木柴，或者抱来一捆干树枝（这些树枝要和木柴的粗细差不多），首先将它们点燃，然后再放进棚状结构屋内。

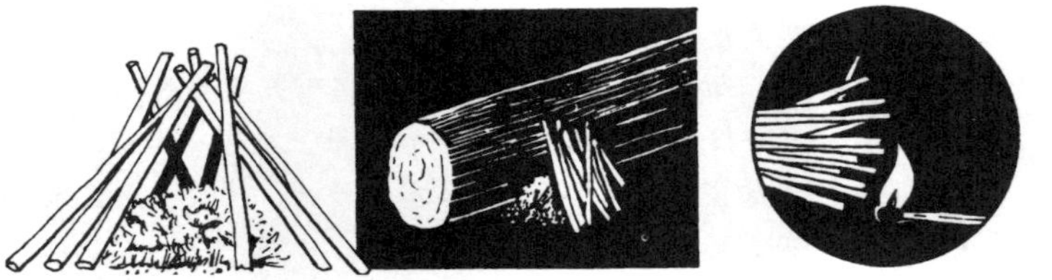

火柴

火柴是点火的最便利的工具。平时随身多携带一些有“可以在任何地方划燃”等标记的火柴，把它们扎成一捆放在防水的容器内，但要防止它们之间相互摩擦，以免意外自燃，另外，这种存放方法也可以防止火柴受潮。

有人喜欢将火柴折断后再使用，据说这样可以把一根火柴成功地分成六根，但是你最好不要冒险，以免增加浪费的可能性，一根完整的火柴或许比六根断裂的火柴更加顶用。

点火时，用一只手指按住火柴头，在火柴皮上划燃。如果火焰烧伤手指，要尽快处理，使手冷却——可以放入凉水中、雪中或干脆对着灼伤处吐些口水，用嘴吹一吹。

受潮了的火柴

如果你的头发干燥并且不油腻，可以将潮湿的火柴放在头发里摩擦一下，头发产生的静电会使它干燥。

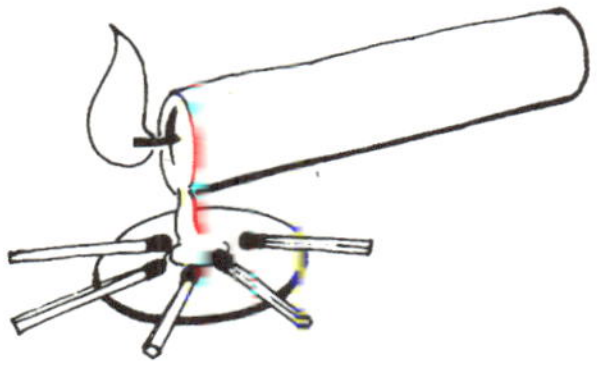

在火柴上滴上蜡油，通过这种方法，你可以防止火柴变潮。需要用它点火时，可以用指甲将蜡层剥除。

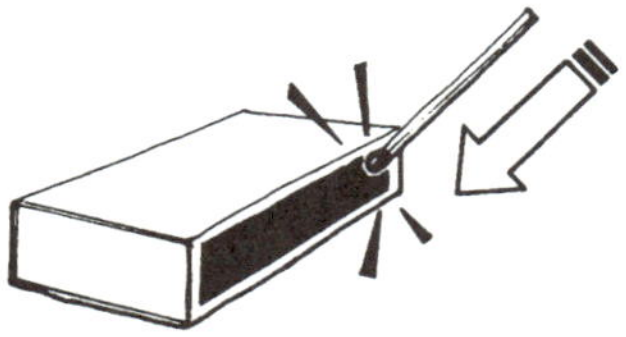

点燃受潮的湿火柴时，要将火柴头放在火柴皮上斜划下去，而不是沿着火柴皮来回刮擦。

切记：无论何时，当你划着一根火柴之后，先点燃一支蜡烛。蜡烛作为火源，可以点燃接下来的许多事物——并且可以节省大量的火柴。用蜡烛点燃火堆，只要火势一起就把蜡烛熄灭。一支小蜡烛损耗的能量最小，但是却可以维持很长时间。

无论你携带了多少引燃物，尽可能携带多一点的火柴，火柴是必不可少的。人们所说的耐用火柴，虽然可以一而再，再而三地使用，但迟早会用完，因此你也要随身携带一些普通的火柴。就其重量和占据的空间计算，携带哪种火柴更方便可行，就带哪种火柴。

凸透镜的使用

我们知道，如果强烈的阳光通过凸透镜聚焦，它们就可以汇聚足够的能量来点燃火种。在日常的生活中，如果让强烈的光线透过破裂的瓶子的碎片，你就可以使树叶或牧草烘干，甚至引发意外的火灾。在你的备用工具箱中，放大镜，或者望远镜以及照相机的透镜，它们都可以代替凸透镜为你服务。

操作时，使火种避开风，把太阳光线聚焦，形成一个最小最亮的光点，保持亮点的位置不动，当火种开始冒烟时，用嘴吹气助燃。

弹药粉末

如果你随身携带着武器，可以利用弹药来帮助点燃火种。

把弹筒剖开，将火药倒在火种上，然后使用打火石点火（如图a）；或者仅倒出一半弹药，向弹药壳中塞进一块布（如图b），像平常一样，装上子弹，朝着地面开火，这块布就会带着火焰喷射而出。将剩下的弹药放在火种上，火很快就会燃起。

b

打火石和打火镰

在世界上许多地方都能找到这种可以充当打火石的石头。在一块钢制的打火镰上用力敲击，四溅的火花将会是点燃干燥物质的火种。比起一把普通的小刀，一条边缘带齿的钢锯可以产生更多的火星，因而工具箱中应该准备有这种锯条。如果你将镁金属片与打火石一起使用，效果会更好：镁金属的着火点低，燃烧也很剧烈。

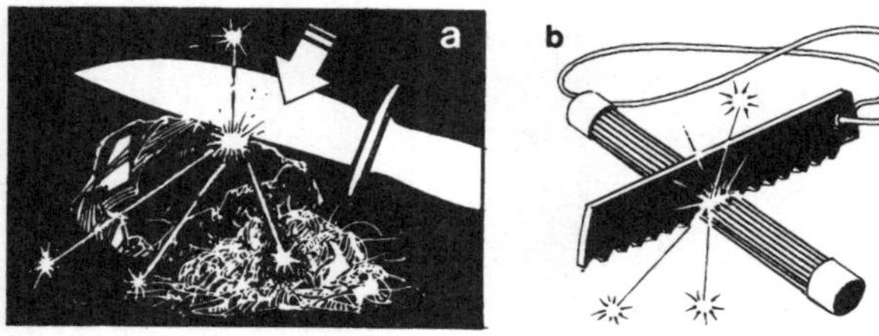

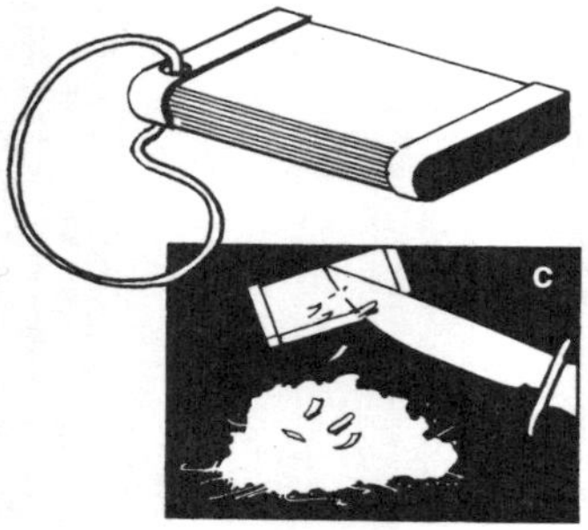

具体做法是：将刀背抵着打火石，然后敲击打火石（如图a），或者在打火石背面，横向来回地拉钢锯（如图b），在执行这些操作时，距离火种要足够近，好让火星落在上面。

首先从镁块上刮磨下镁片，刮下的镁要确保能够恰好掉落在火种上（如图c），然后用钢锯拉出火星。

利用电池生火

利用车辆中使用的电池发出的火花，手电筒、收音机中的电池也有同样的功能。取出两根较长的导线，将它们连接在电池的两端的接线柱（正负极）上。如果没有电线，可以取出两个扳手，或其他金属质地的工具应急。如果导线的长度不够，可以把电池从车中取出来，再进行下面的操作。

将两根导线裸露的末端慢慢接触。在即将接触前的瞬间会迸出火花，注意，你必须让火花落在火种上。最好的火种是一小块沾了点汽油的布料，然后，布料上的汽油就可以借由这个火花燃烧起来。

火弓

利用火弓点火，是一种简易的生火技巧，但它也需要大量的实践和练习。用一块坚硬的纺锤状的木头，在一块软木底座上使劲摩擦钻孔，起初会落下细碎的木屑（它们可以用来当火种），然后摩擦处会变热。西印度轻木、松树和竹子是典型的软木材；橡树、岑树和山毛榉树可以作为硬木材。注意，不管是硬木还是软木，它们都必须是干燥的。

在靠近软木底座末端的地方，你要挖出一个小洞，在下面凿一个窝坑，里面放上火种；再把一条木棍削成一个规则的纺锤形。将一根易弯曲的嫩树枝弯成弓形，嫩树枝可以取材于榛树或竹子。弓弦可以用兽皮、细绳或者皮靴的带子制作。另外，你还需要一块被凿空的石块或者木块，也可以用一个小坛来稳固纺锤木的顶部，以便向下施以压力。

点火时，先将弓弦在纺锤上缠绕上一圈，将纺锤木插入底座小孔中，将其中稳固的那一端握牢，向下轻轻地用力，另一只手来回拉动弓身，这样纺锤木棍就会做旋转的运动。当纺锤木棍将要穿透底座软木时，加快转动速度；当纺锤木棍开始钻进凹坑时，加大压力，且用力使弓更加弯曲。

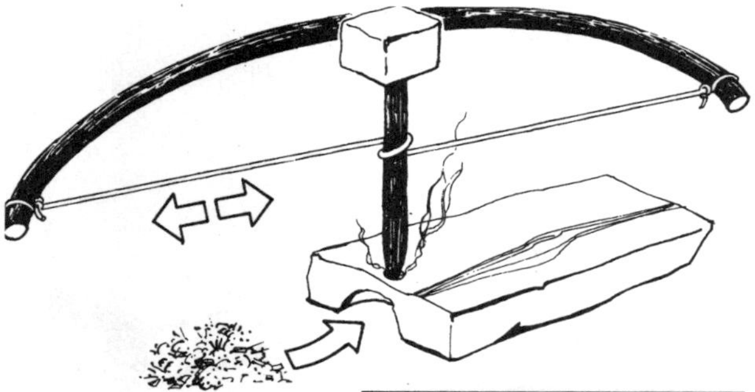

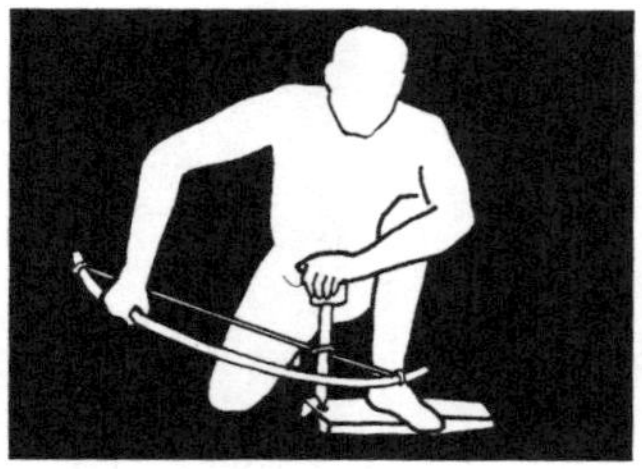

你要不停地用力，直到火弓不能再弯曲为止。如果一切顺利的话，纺锤木的顶端会变得像烟头一样发亮发热，而且它会这样一直钻到火种上。当它到达火种时，你轻轻向上吹气，火焰会迅速腾起。在整个操作中，你必须保持纺锤木棍垂直而不晃动。

操作时要注意，你可以曲起一条腿，这样可以把木板的底座踩住，将握着纺锤木棒的手抵在这条腿上，同时，用另一只手拉弓，保证火弓来回拉动，并且均匀而且有节奏。

我们推荐使用的另一个工具是一个凹槽，它的形状就像一个V形，这种形状在手钻取火的方法中显示的底座板上也有。

手钻

手钻取火的方法，是利用火弓点火的技巧的一种延伸，在湿度低、雨量少的干燥区域，这种方法尤其有用。干燥的天气使得一切火种都变得焦干。

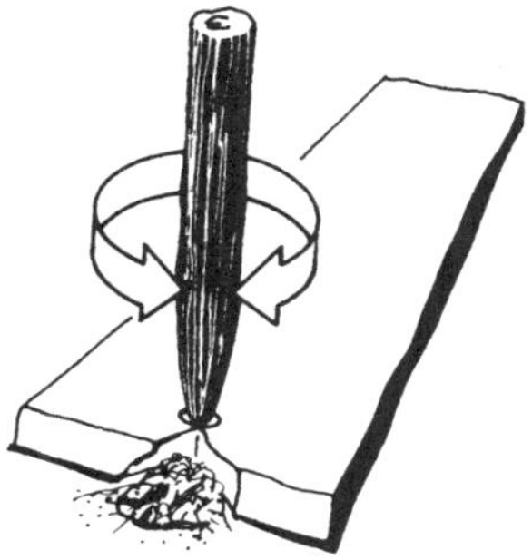

做法是：先在一块硬木板的底部凿出一个“V”字形的凹痕，你可以用它来盛放火种，但是注意，仍要留出一些空间，使空气能够透进来；在凹痕的附近凿一个小洞，用一根树茎作为纺锤木棍，它必须是中空的、较柔软的、带有软木髓的。

在两个手掌之间，放上纺锤木棍，并且不停地搓动，在每次搓动的同时，持续用力下压纺锤木棍，使它渐渐钻向底座木板的深处。

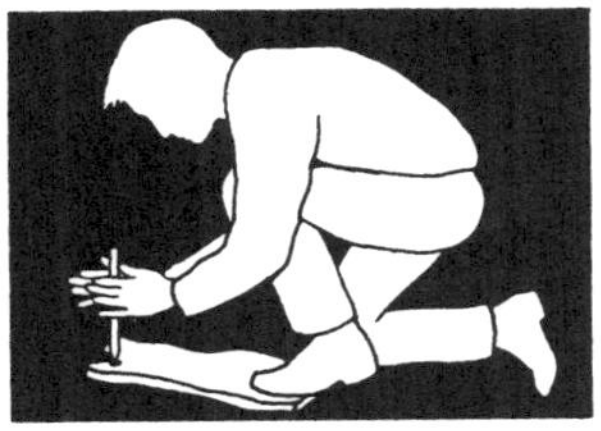

摩擦力的作用会使纺锤木棍逐渐变得发热发红；这时你可以轻轻地吹气，点燃火种。也可以在纺锤孔中放一小撮沙子，这样会增大摩擦力，加快提升火和热度的速度。

如同使用火弓的方式，你可以在纺锤木棍的下方挖一个凹坑，也是推荐使用的方法。

火犁

这种方式所利用的原理，也是摩擦生热而点火。在一块软木底部刨出一条直沟，然后用一根矛状硬木的尖端在上面前后的“犁”行，这样首先会产生出火种，最后摩擦产生的热量会将火种点燃。

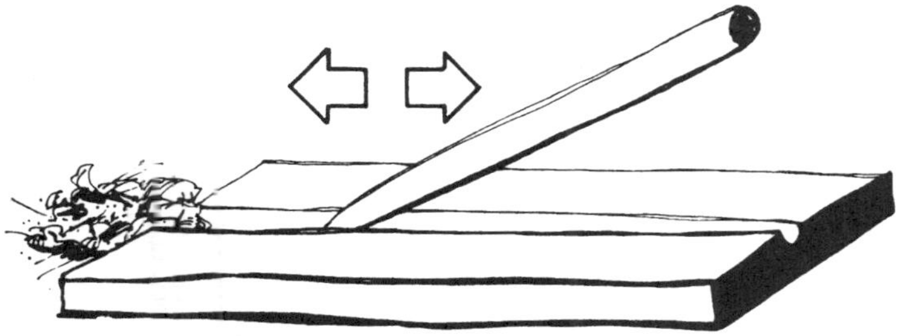

使用化学物品点火

虽然，在一个幸存者的提包中，不可能指望有齐全的化学设备，但是，只要有一些普通的化学品，你就都可以作为易燃物来使用。下面列出的混合物都可以通过下面的步骤使用：先用岩石碾碎，再把它们放到火钻中来点燃，火钻可以是上面我们介绍过的任意一种类型。将它们混合到一起时，你一定要小心，避免让它们接触到任何金属物品。所有这些化学品的混合物都容易受潮，必须要保持干燥。

警告

处理这些化学品时要小心谨慎，尤其要注意硫酸，稍微经过碰撞，它就会燃烧起来，因此要避免使其晃动或洒出。你可能知道，洒落在坚硬路面上的除草剂，只要你踩上去，它就会燃烧起来，要用水才可以将火熄灭。

把氯酸钾和蔗糖按照3：1的比例混合，这样形成的混合物可以剧烈燃烧。也可以在混合物上面滴上几滴硫酸，后者是用来引燃的。

把高锰酸钾和蔗糖按照9：1的比例混合，这样所得的混合物就没有如此易燃。其燃烧时间长短的关键因素是温度。向其中适当地添加一些丙三醇，你也可以点燃混合物。

也可以将氯酸钠和蔗糖按照3：1的比例混合。

□车辆的蓄电池中含有硫酸。

□ 一些润喉片中含有氯酸钾，药盒上可能会说明使用方法。操作时，先碾碎一粒药片，看它是否管用。

□工具箱中应准备有高锰酸钾。

□丙三醇（甘油）是防冻剂的主要成分。

□氯酸钠是除草剂的一种主要成分。

2.3 火堆的类型

无论你生火的要求多么迫切，在搜集好燃料和准备好火种之后，你都必须先花上一番工夫，来选择生火的地点和火堆的类型。

2.3.1 取暖火

如果你在户外点燃了一堆篝火来取暖，你当然只有坐在迎着火堆的一面，这样才可以烤火取暖；但是如果你同时生了两堆火，你就可以坐在它们中间取暖，不过这样会消耗掉太多燃料，并且，不管当时的风向如何，你都会处在烟雾的包围中。如果只生一堆火的同时使用一个反射器，也可以达到跟生两堆火差不多的效果。

利用一个好的反射器，你可以加强取暖的效果，要把它放得比较靠近火堆。反射器不仅可以反射热量，而且有助于烟雾在热气流的推动下向上飘散，而不会迎面扑来，熏入你的双眼。利用反射器，你可以把热量导入你休息的房屋内。

如果缺乏经验，常会将火堆建在靠近树桩或岩石的地方。正确的做法是让火堆与它们保持一定距离，你坐在它们中间，这样岩石可以反射一些热量，它会温暖你的背部，这等于又添加了一个反射器。

如果没有现成的反射器，你可以临时制作一个，并且在火堆的另一个方向，你再制作另外一个简易的反射器，你的反射器越多，反射的热量也就越多。

2.3.2 蛇形洞穴火

利用蛇形洞穴火堆，你可以给火焰提供一个屏蔽，防止风力的干扰。先挖出一个合适的通道，确保在通道中的火种一经点燃，可以烧烤任何东西。在岸边泥质厚实稳固的地方，掘出一个深约45厘米的坑洞，从坑洞的上方插进一根木棍，操纵木棍轻微转动，把它做成一个小烟囱，将挖出的泥土清理干净，就可以将火堆生在坑洞之中。

这种方式适于燃烧废弃物，也可以用烟熏的方法保存鱼和肉。蛇形坑洞的洞口设在顺着风向的地方，这样的效果最好（在有风的条件下）。

2.3.3 烹调食物用火

这些烹调食物时使用的火堆也可用来取暖加热。

2.3.4 育空型火炉

用这种火炉，你可以烧煮任何食物，不过，你要花费一番工夫来建造火炉，但是它是值得你去努力的。这种火炉的结构可以充分释放热量，在它的顶部你可以做饭做菜。

首先，挖出一个环形洞穴，在洞穴的一侧掘出一条约24厘米的坑道，它将通向主洞穴，在主洞穴的外侧边上，你要垒起石块，建成一个漏斗状的圆筒，使它架于坑道之上。石块先向内倾斜，在顶部再向外倾斜散开，用泥土将石块之间的缝隙塞死，火苗就得到了良好庇护 烟囱本身就是不错的通风口。

首先，在坑道内将火点燃，再将火堆推到烟囱正下方。然后就可以从烟囱口上添加燃料了，并且通过开启、封闭烟囱口的方式，你可以控制燃烧的速度。

在这种燃烧方式下，几乎不会留有任何灰烬，在需要清除之前，它可以使用相当长的时间。

2.3.5 壕沟火堆

壕沟火堆一般位于地表之下，它可以避开大风。先挖一个约30厘米×90厘米×30厘米的壕沟，再在上面加上一层岩石，将火堆生在岩石上面，这样，即便火堆已经熄灭了，岩石仍然能保持滚烫，它会是一个不错的烧烤架。

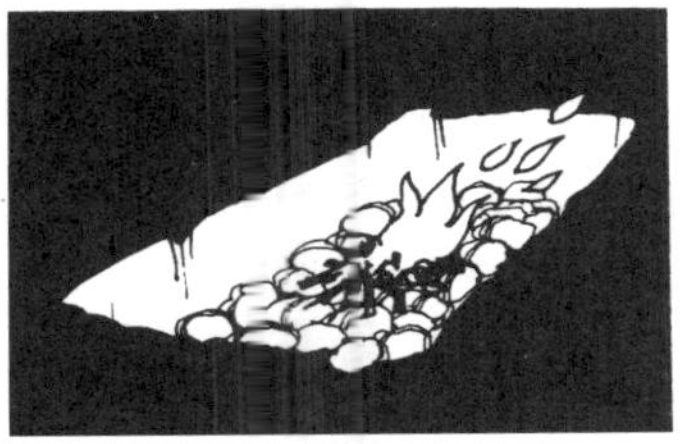

如果火势已经接近烧尽，在余火上横放上一个烤叉，你就可以用它烤制食物了。

2.3.6 流浪者型的火炉

几个人可以围坐在一起，享受这种火炉散发出来的热量，并且火炉的顶部可以做饭做菜。制作这种火炉需要一个约23升大小的圆铁桶。

在圆铁桶的底部弄些小洞，这样有利于通风，在铁桶的一侧割开一块铁皮，大小约5厘米见方，通过这个小孔，你可以向里面添加燃料。

如果你仅仅是用它来取暖，就在铁桶的顶层穿些洞孔。当然，如果不想让烟雾从顶部逸散出来，可以在铁桶的一侧的上部弄出些小洞来。

将圆桶整个放在一圈大岩石上，这样下面的热量就会很充足。

自发性燃烧

如果把大量湿润的草料堆放得太严实，有时会产生自发性燃烧的现象。当气温较高而且天气干燥时，浸过亚麻油的棉花也会自燃，在这种现象中，最为关键的是温度：要么它在两三个小时内突然起火，要么根本就没事。这不是一种可以让人信赖的生火方式——你更应该意识到自发性燃烧的危险性。

3. 烹饪

在加热食物的时候，它会丧失部分营养——热量越大，失去的营养越多——因此，烹饪所有食物时，你都不应该超过它必要的烧煮时间，这样做出的饭菜也更可口，但是，如果你怀疑原料的可食性，用烧煮的方式，来完成杀菌、杀死寄生虫或者抵消毒性的目的，那又另当别论。

烹炒蔬菜会使其中的维生素C受到破坏，肉食经过烤煮后，则会失去最重要的脂肪，但我们习惯于吃熟食，虽然熟食不见得会提高我们的心理和身体的素质。吃一些以前从未尝试的东西时，你要经受极大的考验，不过一只蛙、蛴螬或者老鼠一旦被煮熟后，它们的味道并不会太糟糕。

经过烧煮后的食物，不仅更为鲜美可口，令人食欲大增，也会使它的肉质纤维变软，使蛋白质更容易被吸收，而且，最重要的是，这样可以杀死可能存在的细菌和寄生虫。

如果地面上的草木比较繁盛，动物就易于携带寄生虫，尤其是猪类，常带有蠕虫和肝吸虫，经过充分的烧煮，你可以将其中的寄生虫杀死，虽然这样做丧失了一些营养，但是必须这样做。某些食物绝对不可以生食，例如荨麻和其他的几种植物，应该煮熟，以去除它的有害物质。

决定是否要烧煮食物的一个条件是特定的生存环境。如果你面临不可以生食的情况，或者食物虽然很多，但是种类有限，那么烹炒会使食物更加可口。你可以不断地变换烹调的花样。

3.1 烹饪方式

烹饪的方式取决于以下几点：食物的材料，以及现有的或者你能创造出来的条件。火源的类型、器具的支撑与烹饪的方式都与之紧密相关。

烧煮时，所用的热量要和缓，先用烈火将水煮开，然后使火熄灭，用余火和热灰烬炖煨食物。

切记：不可以对火源弃之不管，任由它持续燃烧，那样做会把食物毁掉，火一旦已经点燃，在它上面就要一直有食物煮着，除非水的供应出现不足。开水是珍贵的好东西：热水烫酒令人惬意。你还会发现开水的其他用处，从给伤口消毒，到给家禽拔毛等等。

不要在火上平放着罐壶，一旦罐壶翻倒，失去的不仅仅是水和食物，火也将被浇灭。可以将器具支在坚硬的岩石上，或者将它们悬挂在火堆上。

3.1.1 炖和煮

你需要一个容器，用它来煮开水炖食物，而罐头盒和金属箱都是十分理想的选择。做一个手柄，可以帮助将容器提起来，或者用锅钳钳紧，让容器方便地靠近或者离开火苗（参见“有用的器具”）。可以通过揳入木塞来修补锅上刺穿的洞孔：这些木塞一遇到水就会膨胀，从而阻止水分的下漏。如果没有金属容器，也可以用一截粗长的竹子来盛水烧饭，甚至可以用桦树皮做器皿，当然，不能让火烧干它的水分。

你也可以用竹筒来做饭。将竹筒倾斜地架在火苗上，用一根带叉的木棍插在地上，用它来支撑竹筒。

尽管炖煨食物的方式确实破坏了食物中一些重要的营养成分，但也保留了天然汁液和所有的脂肪——假如你喝下所有的汁液，吃完所有的固态食物的话。坚韧多筋的根茎和肉质变老的猎物，经过炖煨后会变软，便于食用，这样做也会杀死蠕虫和肝吸虫，甚至使已经变质的肉可以再次食用。

如果你当时饥肠辘辘，事实上，没有腐烂的死的动物也可以冒险一试。假如你仅吃肉多的地方，将肉切成 2.5 厘米大小的方块，然后用烈火煮上至少 30 分钟，先吃一小点，等半个小时，看看有没有不良的反应—— 一般在这段时间以至更短的时间内，大部分的有毒物质已经会影响到消化系统，如果没有不良的反应，就大胆享用它吧。

如果想用其他的方法烹调蔬菜，可以先将蔬菜煮一会儿，以节省时间。

3.1.2 烧烤

烧肉就是烧烤脂肪，将肉块穿在一根枝杈上，这就是最简便的方法。然后，把它放在未烧尽的余火上慢慢翻转，或者放在一堆烈火附近，它的热量足以烧烤食物，不断地翻转肉块，让油脂持续在食物的表面上滑动。烧烤后的食物的味道相当可口，但是有两个缺陷：

如果不在炙叉下放上一个滴盘的话，大量有价值的脂肪就会丧失。有了滴盘，你就可以将盘中的油脂均匀地涂在烤肉上。

另外，用烈火烧烤会使食物的外层熟透，但它的里层仍未烧透，有害菌仍然得以存活下去。相比之下，缓慢烧烤的效果会比较好，而且在外层的肉割掉后，如果你继续烧烤，内层的鲜肉就会得到烤炙。

火苗应该稍稍偏离食物，以使小滴盘能够接到有价值的脂肪。

3.1.3 炙烤

如果是烹制大量的食物，这是一种快捷的途径，但要有东西支撑住食物，例如一张金属网。将金属网安放在将要烧完的火堆上。

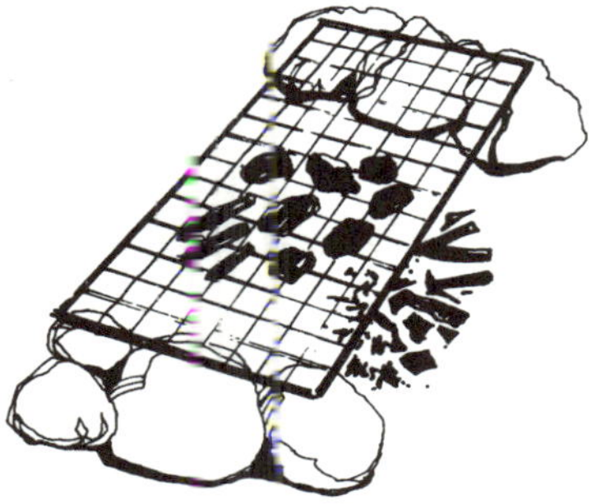

如果找不到金属线网，用嫩青的枝条做成一个格子网，或者把一根长木棍放在带杈的支撑物上，以便可以在火的上方悬挂食物。将食物缠在木棍上，可以在烧烤肉类和蔬菜时，利用木棍作支架，把它横放在燃着的余火上，两侧再各支一根带杈的木棍。

这种方式应该只在食物丰富的情况下使用，因为这样做就浪费了绝大部分的脂肪。火堆边的滚烫的岩石也能用作炙烤层。你也可以用木棍将食物穿起来，悬挂于火苗的上方。

3.1.4 蒸煮

这种蒸煮的方式不会使食物烧煮过度，因而食物的营养也不会丧失很多，它对于鱼类和蔬菜很适用，但是若是新鲜的嫩菜叶，就不需要烧太长的时间。粮食要用开水的蒸汽多煮一会儿。

先要制作一个简易蒸汽箱。在一个罐头盒里先刺出一些小孔，再将它悬吊在较大的罐头盒内，或者在大罐头盒的底部放个支撑物，确保里面的小盒高出水面，盖上大盒的盖子，以防止蒸汽的蒸发，但不要太严实，否则过于密封而不透气的情况下，压力会迅速增大，这样会引起爆炸。

也可以利用竹管制成一个理想的蒸汽箱。在竹节处弄一个小洞，使水能从洞中流入底部，在它的顶部安上一个盖子，也不可以过于严密，底部的沸水会产生蒸汽，它会蒸熟上层放置的食物。

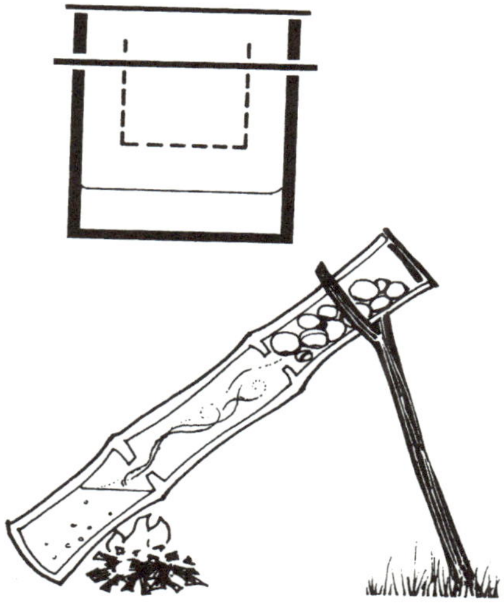

3.1.5 烘烤

烘烤食物时，你首先需要一个烤箱，如果有时间，而且能找到材料的话，这种烹饪方式相当不错。将肉放在盘上烘烤，流出的脂肪再涂在肉上。对于坚韧而且多筋的肉类，这种方法相当适用，用稳定的火势烘烤一段时间，肉就会变得较嫩。这种方法也适于烘烤带根的蔬菜。

如果将肉放在罐盒器皿中，再向烘箱中加水，就变成一种蒸炖的方式。

可以用烘箱同时烧制不同的食品。

金属的烘箱

一个大型食品罐头盒，或者带有铰链盖的金属箱，它们都可以改制成简易的烘箱，对于军人，弹药箱也可以改成一个理想的烘箱，如果盖子上带有铰链，而且上面还有扣环的话，可以把扣环当作手柄使用，你要把它放在开放的一边。如果它没有铰链，或者是你没有事先准备一个扣环的话，那就更容易了，直接把它开口向下放置就可以了。如果你在前面放置了一块岩石，或者是其他的支撑物，你就会有一个密闭的架子。如果没有扣环的话，你可以经常把它遮盖起来。你最好不要把它紧紧地密封起来，因为这样做，会有大量的压力积聚在内部的危险。如果没有罐盒或者箱子，则可以用黏土做个圆盖（就像印第安人的屋顶一样）。记得留出一个小孔，在烘烤前容易封上。为了加热，可以在里面点火，烘烤前将火掏出来。留下一个缝隙，当你烘烤时，你可以把它很容易封起来。

将罐头盒搁在岩石上，岩石的下面留有一个小洞，可以点火。在罐头盒的两侧、后面以及顶部，用岩石和泥土（黏土更好）塞好，但是在罐头盒的后面要留出些空间，使热气和烟可以从后面散去。用一根木棍做一烟囱，从上面通到罐头盒后面的空间，然后就可以烘烤食物了。

3.1.6 煎

如果你手边上有脂肪油，而且有容器可以煎油，煎烧不失为变换饮食味道的一种好方式。任何的金属都可以用作容器。在有些地方，有种大型树叶，例如香蕉的树叶，这种树叶富含油性物质，放在火上一段时间内也不会变干，你可以用它来在上面煎鸡蛋。如果将烹饪的是有价值的食物，在冒险地把它放在上面煎烧时，要先用其他食物检验一下。不过要注意，只能在余火上煎，不要在烧得正旺的火上煎。

3.1.7 包上土后再烧烤

有一种不需要炊事器皿的做饭办法，就是将食物包在黏土中，放在火上烧烤，甚至有炊事器皿时，你也可以使用这种方法，因为，不同的烹饪方式有不同的风味。用黏土将食物糊成球状，投入到火中，热量会穿透黏土，在黏土的保护下，食物不会烧焦或者燃烧。

用这种方式烧烤动物时，必须先将它清洗干净，清理出内脏，但不需其他的手续，去掉黏土后，像猪脊骨，或者鱼鳞等，它们仍然会保存在上面，但是如果你烧烤的是小鸟的话，黏土会替你拔毛——不仅羽毛可以拔光，而且会防止小鸟被烧烤过头。用这种方法烧制菜根，你还可以将它的外皮去掉，当然，这样做自然也失去了部分重要的营养物质。

3.1.8 “汉吉”的方法

在没有器具的情况下，这是另外一种应急的手段。在美国海滨野餐和传统的毛利人群中，以及南太平洋上的一些土著人群之中，这种方式相当流行。需要的材料有引燃物、原木、圆形的岩石（拳头大小）。石头的质地要坚硬，不可以带有孔隙或者表层有剥落，以免突然发生爆炸。

首先，挖出一个卵圆形的坑，两边的深度为45～60厘米，在洞底放上引燃物，在洞坑的上方横放上一层原木木材，然后在它们上方，按照垂直方向，再搁置一层原木，如此交替五六层，要求位于上面原木的长度，要比下层的原木短一些，上下层的原木之间，以及最顶一层的原木上，你要再放些石头。

点燃引燃物，顷刻之间，原木就将燃着，它会加热石块，最终所有的东西，包括石块和木材的灰烬，都将落入到坑中，将仍在燃烧的余火和灰烬清除掉。将食物放在滚热的石块上，肉类置于中

间，蔬菜放在边缘，食物与地面保持一定的距离。在坑里放些小树枝，再放上树叶等，用泥土（可以用从坑中挖出的温热的泥土）将坑洞掩盖严实。此时，这个洞坑犹如一个加压蒸煮器一样，等待一个半小时过后，将覆盖物去掉，一顿可口的饭菜就会呈现在眼前。

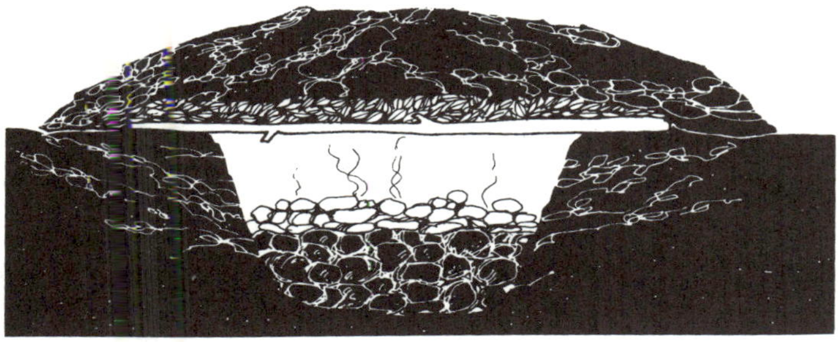

使用“汉吉”方法来烧水

如果没有烧水的容器，同样可以使用“汉吉”方式来完成。无论用什么来盛水，都不要用塑料制品，但可以是其他的防水织物——如果防水织物不会融化的话，这些容器都能压缩收紧，水不会外溢，而且能够把水放入到“汉吉”装置中。煮开水需要一个半小时，织物在这段时间内不会被烧透和烧坏。

3.2 有用的器具

钳子

选择两根自然弯曲的、富有弹性的树枝。将它们捆绑在一起，让它们的末端可以自如地伸张；或者，用一根尖锐的木棒撑在捆扎处，从而将两根树枝分开。如果其中一根树枝的末梢成叉状，就可以增强这种力量。你可以用它夹住锅罐、滚烫的岩石和木头。

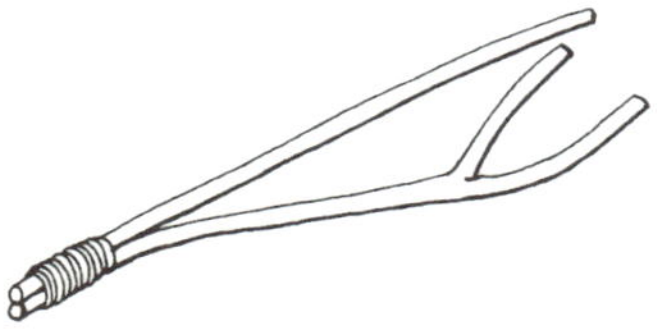

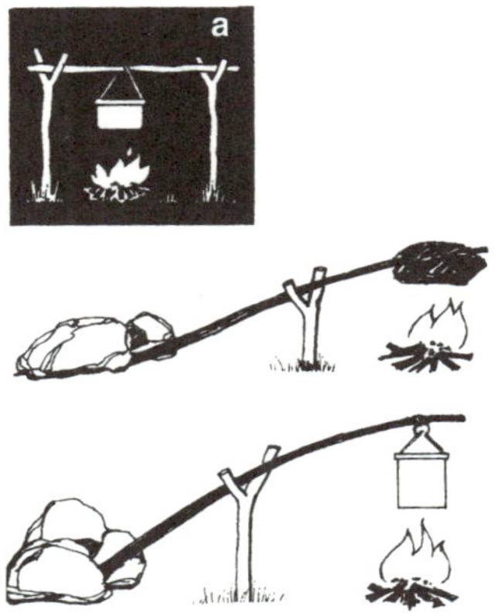

悬锅的横杆

除了在火堆上架起吊锅之外，烧煮食物的方法还有许多种。向地下插入一根结实的末梢分杈的木棍，既要使它靠近火堆，又不可以让它完全贴近。在上面架上一根更长的棍子，棍子的一端正好置于火的上方，另一端在地面上用沉重的岩石压住，防止它弹起来。靠近木棍的顶端刻出一道沟槽，防止器皿滑落，或者为了更加安全，在上面固定一个结实的挂钩。

可以将两三根木棍穿起肉或者是蔬菜，按照不同的高度斜放在火堆上。

摆动式的悬挂装置

摆动式的悬挂装置可以由以下材料组成——两根带叉的木棒和一根结实的、笔直插入地表的木柱。将两根木棒捆在一起，让两个叉状的木棒保持垂直。这个悬臂装置可以保持一定的高度，推动树枝两边即可以使器皿来回摆动。你也可以用直立的木柱来控制锅子的高度。

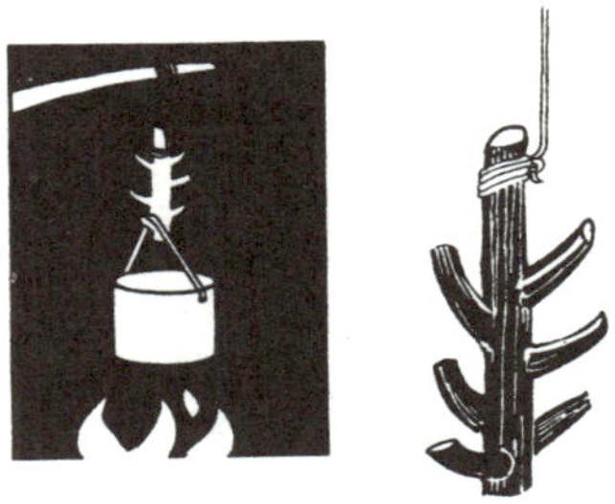

可变的挂钩

既然火和食物之间的距离会影响烧煮的速度，制作一个可变挂钩，它就有利于你自如控制速度了。

从一棵小树或者灌木上取材，砍下一段带有许多分杈的树枝，将分杈剪成10～12厘米长的小段，剥去树皮——树皮可能会包藏着腐烂的物质。

竹杯

在靠近自然节点的位置上，砍下一段竹子，将它的四周刨平，防止有碎片。

汤匙

取一块稍平整的木头，将其雕刻成匙状（用小刀尖来操作），再加工成合适的外形。不可以急于求成，否则万一失手，就将前功尽弃。不可以将刀尖对着身体或者手的方向。

桦木的树皮制成的容器

你可以利用桦木的树皮的内层物质，把它制成储存器或者临时的炊具，用来烧煮食物。在靠近顶端的位置，将它缝起来或者系扎在一起，来防止散开。一种临时的方法是用劈裂的木棒钉牢顶部的周边，但是，一旦它突然散开，你可能会将内容物洒出来。

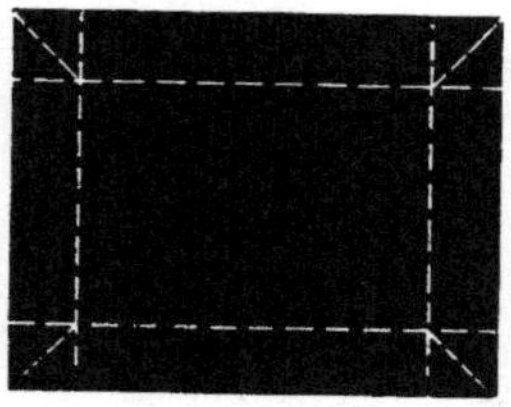

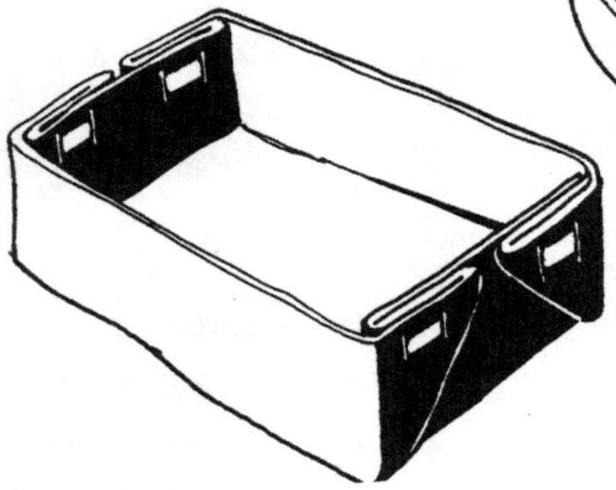

将茎皮环绕起来，卷成四层，这样可以制成锥形杯，或者一个用来煮食物的容器。

3.3 食物的保存

如果你的食物缺乏，或者受时节的限制而缺少食物，确保食物储存的安全将十分重要。

微生物会使食物变质，例如霉菌，在温暖潮湿的空气中会滋生繁衍。将食物置于阴凉处，例如地窖或者冰在凉水中，都可以延缓变质。但这些仅是权宜之计，要达到长期保存的目的，必须采用更为积极有效的措施。主要的方法有：晒、熏、醋腌、盐腌。除非在密封条件下，用糖保存的食物不能持续很长的时间，不过，这样比用浆果保存的时间要长一些。酒精可以作为很不错的防腐原料，当然前提是，你有一套设备来制取它。

切记

当你花费一番时间和精力取得了珍贵的食物（尤其当食物缺乏时）之后，你就需要用同样的气力来储存食物。

不可以将储备的食物置于直射的阳光下——此时温度和潮气都较大——同时也要避开喜食腐食的小动物。

如果有可能的话，用不透气、防水的材料将食物包扎好，或者将食物放在容器中（例如桦木的树皮制成的盒子），盖好密封。如果同时储藏数种食物，要做好标记，并且分开储藏，以免串味。

定期查看是否有问题。

3.3.1 风（晾）干

风和太阳光，它们都可以使食物变干，不过，大多数时候，可以将食物架在火上烤干，这种操作更容易一些。食物失去水分后变干缩小，体积和重量都会变小（轻），营养成分更为集中。当水分的含量大于16%时，食物会生出霉菌；当水分仅为5%或者更少时，就几乎不会生霉，也很少生蛆。

难以保存的食物一般是以下几种：猪肉、鹅肉以及其他高脂肪的肉类，最好的保存方法是将脂肪切除，在新鲜的肉内涂上食盐（盐是很好的干燥剂），将腌过的肉挂在阴凉通风的地方。

3.3.2 用烟熏干

你可以用烟来熏肉类，犹如在外表涂了一层漆一样，这样既可以使其脱去水分，又可以给其添上一层保护衣。肉类的内部也被干燥过，因此不会变质，外面被干封后，也防止了细菌侵入。在烟房中或者圆锥形的烟帐中，使用烟熏的效果比较好。

圆锥形的烟帐

首先，在地上插上三根木棍，形成一个三脚架，将它们的顶部系在一块，中间搭起一个平台，平台底下用于生火。

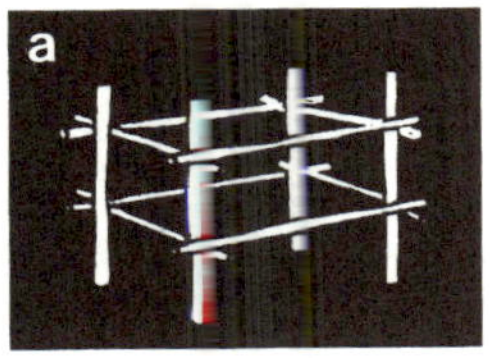

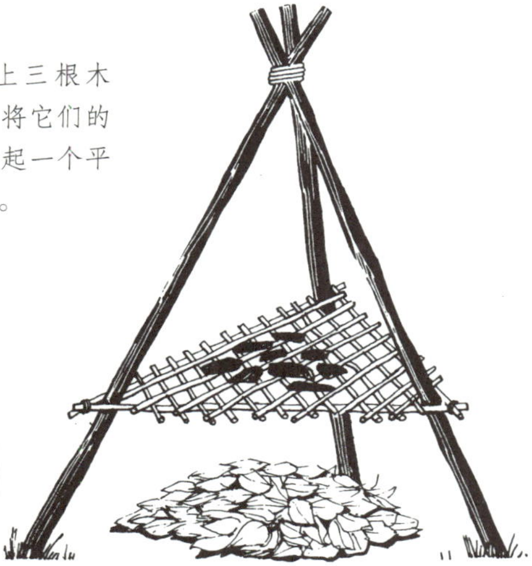

烟房

另一种熏干的方式，就是除了烟帐之外，将三脚架转换为一个垂直的方形框架（a）。用横杆支撑起一个烟熏的平台，将火生在平台的下面，接下来的使用方法，与圆锥形的烟帐相同。

如果操作有误，锥形的帐篷中余火的灰烬有时会又突然蹿起火舌，框架可能因此而起火，出现了这种情况，你可以通过在岸边挖个泥坑，建个火堆来避免（参见“蛇形洞穴火”）。将圆锥形的框架树立在烟囱的上方，这样既可以控制火势，又可以使烟源源不断供应该区域。比起地下火堆中直接冒出的烟来说，这种烟的温度稍低，食物变干比较慢一些，并且会被包上一层“外衣”，而不至于被烤煳。

在这两种情况下，要熏干的肉类都应该事先切成精瘦、没有脂肪的细条，鱼要掏尽内脏、切成片状，肉块的长度可以随意，不过应该控制它的宽约为2.5厘米、厚约 6 毫米。

熏干时，先燃起一个火堆，准备一些青色的树叶，树叶最好取材于质地坚硬的树木，尤其是栎树，但是不可以使用冬青和其他有毒的树叶。针叶树的树叶富含树脂，而且燃起后火势会很旺。不要用青草。使用一些树叶会使熏出来的肉具有一种独特的风味，例如利用西班牙的辣椒叶，它熏制出的熏肉就风味独特。

确保火堆中已经没有火苗后，将树叶堆放在灰烬上，用一块布将框架盖住，使产生的烟不至于散失。如果没有合适的材料，就备好大一点的树枝和草皮堆在上面，封上整个框架，达到18个小时，使烟可以充分地发挥作用，不会散失。

3.3.3 晒干

通过阳光可以直接把肉晒干。这也就是人们所熟知的牛肉干的制作方法，它是从北美洲的印第安人那里借鉴过来的，他们的肉干制作方法就是如此。这种保存方式不像烟熏的方法，后者将肉类保存得更好，所以，它只应该在没有办法用烟熏时才使用。

像烟熏时一样，把肉切成条，悬挂在阳光下晒干，确保不会让动物偷吃掉，所以距离地面一般约2～3米高。

可能需要两个星期来完成晒干肉的过程，在这段时间中，你必须一直保持肉的干燥，要注意防雨。如果有必要，将肉条翻转，使肉皮也可以充分暴晒，另外，从一开始，就不要让苍蝇挨近，以免它在上面产卵。

晒干的鱼

这种方法的原理与晒干肉条的方法相同。操作步骤是：去除鱼头、鱼尾，清理内脏，切开鱼肉，去除鱼的脊骨，放在阳光晒过的岩石上，在内层切割出一条条的沟痕，以加速晒干。

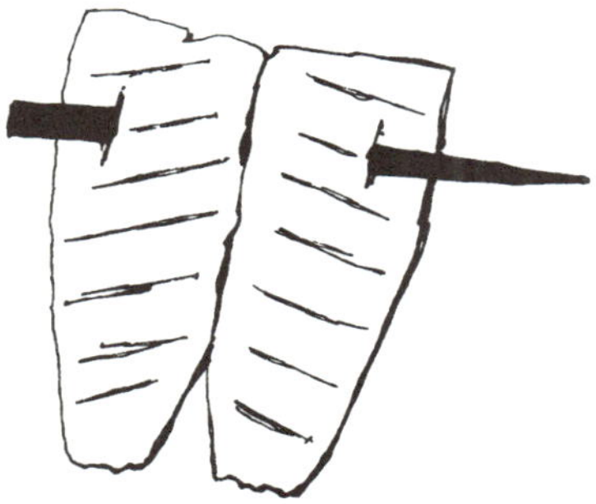

不超过7.5厘米的小鱼，不需要掏出内脏。

也可以把鱼肉熏制保存。将肉剖开并向外翻，洗净后去掉内脏，不需要去掉脊柱骨、头和尾巴，这样悬挂更容易一些，可以将鱼头的一侧穿起来，这样更方便悬挂。

干肉松

干肉松是由干肉条制成的营养浓缩物，它可以随身携带，易于保存，是很不错的干粮，尤其是你长途旅行的时候，它被认为是最安全可靠的保存食物的方式。干肉松中富含所有的重要维生素，以及各种矿物质，但是维生素C除外。

制作干肉松时，你需要一份干的肉条，再加上一份相等质量的熟油。把肉切开、捣碎，油脂在火上烤化，但不要煮沸，把滚烫的热油浇在肉末上，搅匀，晾干，即成为干肉松。

当气温较低时，将肉松放入防水包中，这样可以保存相当长的时间，尤其是在气候严寒的情况下。

3.3.4 醋渍与盐腌

野生的酸橙和柠檬中富含有柠檬酸，把它提取出来，可以用来腌制鱼肉。腌制的方法是：用一份水加上两份水果汁，混匀后将肉浸入，至少持续12小时，再转移到有盖的、最好不透气的密闭容器中。腌制食物时，必须保证汁液能够浸渍到所有的肉片。对于含有较高水分的蔬菜，它们保存起来很困难，而醋腌的方式则很适合保存它们。如果比起这类水果汁来说，盐分更容易弄到，你可以先用盐将它们煮一下，再保存在盐水的溶液中。煮沸的方法会杀灭细菌，盐水则会使细菌远离。

一种常用的检验盐水的浓度是否足够的方法是，不断往盐水的溶液里加盐，搅拌溶解，直至它的密度足够大，可以使一块土豆漂浮在盐水溶液中为止。也可以用小块的水果，或者在无盐的溶液中不会漂浮的蔬菜根茎，它们可以替代土豆做检验（不能用苹果来检验——它们太容易漂浮了）。另一种腌制的方法是，用盐一层层地填塞到蔬菜之间（例如蚕豆或者是豌豆），在你需要的时候，可以将蔬菜一层层地取用，洗净盐渍。

3.3.5 坚果与谷物

在晾干坚果与谷物后，只要不返潮，就能很好地保存。可以把它们放在用火烘烤过的滚烫的岩石上，不断地翻动，直至完全变干，再放入防潮防水的容器中保存。

3.3.6 水果、真菌和地衣类植物

可以直接弄干完整的水果或者浆果，也可以切成片状，日光、烧烤或者热气流，它们都能使它变干。真菌类植物晒干后也易于保存——尤其是牛肝菌属的类真菌。晾干的水果可以直接食用。晾干的真菌可以直接加入到汤中，或者煨炖的食物中。也可以先用水浸泡几小时，待其恢复原状后，再用其他的方法烹烧。地衣可以先用水浸泡，等过一夜之后，捞出适当的分量来煮烧，或者待其变干后，碾成碎粉，再加水烧煮成浓厚的浆状。经过这样处理的地衣可以存放在密闭的容器中，以便可以挪出较大的空间，用来存放其他的食物。

3.4 烧煮食物时的注意事项

肉类

肉类最好先切成块，再进行烹烧。在气候比较炎热时，猪肉很容易变质，野外生活的猪类的体内常有寄生的蠕虫和肝吸虫。其他野生动物的肉中也容易寄生各种蠕虫。

对于过于坚韧的肉，可以放到柠檬汁中浸泡24小时，这样有助于它们变嫩发软，再把它们炖煮到变软为止。

动物的内脏或者下水类

烹饪动物的内脏或者下水类——例如肝、肚时要特别小心。只有质地致密结实、没有异味、没有变色、没有褐色或者白斑以及硬块的内脏，才能食用。使用之前先要把它们煮沸，如果你乐意，可以再进行煎炒。心脏最好的烹饪方法是半煮半焙烧（先煮后焙烧）。脑（如果不用来保存储藏的话），可以制成美味的汤。将头部剥皮后煮沸，持续大约90分钟。把所有的肉从头颅上撕下来，包括眼睛、舌头和耳朵。

动物的血

至于动物的血，可以先把它盛放在容器中凝聚，记住要掩盖好容器口，防止污染。血浆里的水分会逐渐渗出，成为清亮的上层。当血块与水完全分离时，除掉水分。血块可以用火烧烤，形成更结实的块状物，也可以把它添加进沸汤里，或者煨炖的食物中。

香肠

制作香肠时，先把肠管的里面外翻，彻底洗净。在管中填塞好适当比例的肉与脂肪以及足量的血——以便保持风味——混合物。系上肠管两端，然后烧煮，或者在烟囱中用冷却的烟来熏烧，最后保存起来。

鱼类

淡水鱼类的体内一般没有寄生的病菌。煮鱼花不了多长时间。鱼肉最适合煨炖，也可以用树叶把它包裹住，然后放入炭火中。较适合包裹鱼类的是繁缕和蟾斗叶属的植物，它们的树叶都没有毒。

鸟

鸟的肉可以烧煮。老乌鸦、乌鸫以及鹦鹉的肉却不易烹烂，但是可以直接烤烧。在鸟肉里填充上水果和草药，烧烤后肉味会更加鲜美。

爬行类

烹饪爬行类动物时，掏去它们体腔中的内脏。爬行类动物的皮比较粗糙，而且很坚韧，可以先用炭火烤烧，去皮后的肉可以烧煮。有几种蛇类的皮肤上分泌有剧毒的黏液，多数蛇类在头部有毒腺，因此烧煮蛇类之前，要切除蛇的头部。如果不能确定它是否为有毒的种类，在清洗和处理时更要小心。

许多蛙类的皮肤上有毒腺，在烧煮前要先剥皮。它们可以穿在木棍上烧烤。

甲鱼类和鳖类

可以先将甲鱼和鳖类清洗干净，然后再烧煮，它的壳会脱落。可以将肉切碎后继续烹煮，直到更加松嫩可口为止。

水生的贝壳类

因为蟹、虾类的体内可能寄生有害的寄生虫，所以把它们煮熟后再食用，这样比较安全。所有的贝壳类的肉质都很易变坏，必须尽快烧熟。可以把它们放入滚沸的盐水中，烧煮10分钟。

如果你能确保蟹、虾是新鲜的，在海滨野餐时准备一些淡菜、蛤肉及诸如此类的食物，无疑会非常美妙。先挖个沙坑，点燃篝火，在坑的外围垒上石块，等石块发热后再将食物放入坑内。将贝壳类动物放在烤烫的石块上，覆盖上青草或者海藻，草上再覆盖上一层厚约10厘米的沙层。火坑里冒出的蒸汽会把软体动物蒸熟。

昆虫类

昆虫类的最好的烹饪方式是烧煮，然后用瓶体把它们碾碎。

它们也可以放在热的岩石上烤干，再碾成粉，添加入肉汤或者炖肉当中。

蛋类

蛋类很适合煮着吃。但是如果没有合适的容器，先用一端削尖的木棍，或者一把锋利的小刀，在蛋的一端刺个小洞，然后再烤烧。你也可以把它平放在温热的余火堆中，慢慢地焙烧，这能防止蛋壳爆裂。可以用富含油分的香蕉叶作为煎蛋的烤锅。将叶子放在火堆的上方，将蛋壳打破，蛋清和蛋黄盛在叶片上，这样很快就能煎熟。如果你发现蛋中已经出现了胚胎，可以去掉胚胎后焙烧。

绿色蔬菜

绿色蔬菜要先在清水中洗干净，再烧煮至恰好脆嫩——注意它们经常会被烧煮过头。如果你能确保它是没有毒的植物，清蒸后再食用会更加脆嫩可口。当肉已经煮好而且变嫩之后，把蔬菜加到煮肉的锅里，这样会更加好吃。新鲜的莴苣洗净后可以作为沙拉生食。

根茎类

有些根茎是有毒的，通过加热煮烧的方法，你可以破坏其中的毒素。所以把植物的根茎作为食物时，总应该先煮熟。坚韧的根茎经过煮烧后，它也会变得松软。烧烤味道也会很好——但要首先把根茎类煮沸 5 分钟，再捞出来，放在火堆下已经掏好的小洞里，用热炭灰盖上，直到变软。

地衣及苔藓类

地衣及苔藓类要在清水中浸泡过夜，再加到炖肉汤中。

西米

正宗的西米，来自西谷椰子属的植物。每株西谷椰子属的植物平均可以产出275千克西米——它们足够一个人食用一年。采集西米时，从根部砍倒西谷椰子树，修剪清理枝叶，直至倒数第一的花茎的下方。

将树干分成几部分，沿着纵向削砍——这是一份并不轻松的工作，因为外层的树皮厚达5厘米，而且树皮坚硬如竹片。把树心捣碎成糊状，在盛水的容器里进一步搓揉，等待类似淀粉的糊状物沉淀下来，就可以把糊状物捞出来，搓成球状烧煮。

树汁

棕榈的树汁提炼自它开花的部分，而不是来自树干。提取时，应该挑选带有花头的粗壮的茎干。用木棒在树冠的底部擦破树皮，刺激树汁流出。切去头部，甘甜的树汁会从茎干的一端流出——每天流出的树汁约有1.5升。你可以每天擦磨、切割，以刺激树汁的外流。汁液可以直接饮用或者煮烧，冷却后可以制成太妃糖样的糖块——几乎是纯糖块。尼巴棕榈、可可果及布里棕榈都可以利用此法提取树汁。

谷物和种子

在谷物的种子外面，一般都包裹着种皮，晒干后有些种子会自动裂开，可以用木棍或者石块帮助谷类去皮。如果谷物有些韧度，可以用手搓去种皮。把谷物与种皮的混合物盛在平底的敞口器具中，迎着微风扬起至空中，谷壳就会被风吹走，密度大的种子会落回到器具上。

炒粉

将种子放在用火烤烫的岩石上烘烤。热气可以烤干种子，而不会将之烤焦。干的种子很易保存。烤熟的种子冷却后可以直接食用，或者再加热后食用。它可以与炖肉一起烹烧，也可以磨成粉放入热水中——这样做富有营养，味道也不错。炒粉干吃不容易消化，但是可以填饱肚子。

面粉

如果你当时没有合适的磨臼，要想用手把谷物碾成面粉，这还是很费时费力的。你可以借助石块来达到目的。寻找一块岩石，它的向上的平面的中央应该有个凹槽，可以用来盛放谷物。用光滑的石块加以研磨。也可以在一根管形的硬木上钻洞，用它来盛放谷物，用木槌舂捣。

向面粉里掺和少量的水，这样再揉捏就可以形成面团，在炉火上烘烤；或者制成长条状，包裹在一根经过修剪的嫩木茎上，放在炭火上烤烧。还可以将面团捏成小球，压平小球后，把它包在烘热的干净的卵石上，继续烤烧。取出之前要用水沾湿手指，只要行动迅速，就不会被卵石烫着；你也可以用木棍或者钳子夹起卵石。

不一定非要用谷物来制成面粉。只要植物中富含淀粉，例如香蒲的花枝，煮烧后压碎去皮的根茎，或者没有毒的原生植物类，它们都可以浸泡在水中，然后用木棍或者石块挤压，以析出淀粉。去掉纤维类的杂质，倒去水分，等到留下的淀粉晾干后，你就有了面粉。

4. 营地的组建

许多时候，在许多求生环境中，或许已经有某个人开始行动，负责带头组建营地、制订营地行动的计划。但是，如果在一群遇难者中没有这样的人，那么应该在遇难者中间成立组织，委任或者选举一些人负起这个责任。如果遇难者的人数很多，而且又不可能立即获得营救，则有必要采用负责人员轮换制度。有经验的话，你必须和大家一起分享，要立刻对所有的遇难者进行调查，发现哪些人能够贡献何种专长。

对于营地的日常的琐碎性的事务的完成，例如收集木柴和草料、挑水、做饭、捕猎、搭建厕所和值勤等等，建立一个花名册就显得相当重要。

在一群遇难者中，大家的情况各有不同，各自的年龄不同，有着不同的经历。每个人只要有能力，都应该承担一些必要的事务，即使这些事务并不是令人愉快的那种。但对一些各方面都有专长的人，让他们承担这些事务就会有些大材小用，得不偿失。每个人都应该承担他最擅长的工作——对在某一方面表现出天赋的人，应该积极鼓励他（她）在这方面努力发展。

每个人都应该做好自己分内的事，不过也要注意，不要过分劳累和疲惫，营地中应该保持着高昂的士气。身体有病或者受伤的人可以做一些最轻的工作，并且最好是在营地的附近工作，直到他们康复为止。营地中应该始终有人留守在那里，留守的人员要有操作

信号设备的能力，如果有营救的飞机出现，他们能够努力与之取得联系。如果营地的人数众多，离开营地时，不要自己孤身一人。

如果你们是在沙漠中，白天为了避免过强的阳光，大部分时间都应该在营地中度过，清早和晚上才是活动的时间。而在沙漠以外的环境中，日常工作大多数是在白天完成的。在夜晚人们会感到烦躁、厌倦，此时，在营地周围点燃一堆篝火，有助于给大家建立一种新的活动方式，培育出一种井然有序、一切正常的氛围，也使大家有机会讨论白天的事务，制订第二天的计划，谋划新的策略等等。

音乐无疑能鼓舞大家的士气。如果没有携带乐器，或者乐器已经被毁坏了，则可以简易地制作一些，如打击类乐器，或者排箫等，它们都比较容易制作，大家都可以和着音乐歌唱。

这些活动——唱歌、跳舞、猜字谜、智力测验、讲故事，在这里都可以派上用场。你或许有创作出更多娱乐方式的天赋，用于个人消遣的书籍没有太大的价值，但是，你可以制作一些棋子进行木板游戏，例如跳棋、象棋。你可以用石头或者制成棋盘，或者雕刻成简易的游戏棋子。

即使你是独自一人的求生者，也需要遵守一定的纪律和规则。一个有规律的行动方式可以帮助鼓舞士气，特别是对伤员的照顾也必须被施行，这样才能保证营地秩序井然。最初，也许会有太多的事情要做而有可能使个别人过度疲劳，没有精力思考娱乐的问题，但是，对于一个人来说，负担过重是很危险的事情，因此在每一天都要制订适量的锻炼或娱乐计划。

4.1 营地的卫生

要想继续生存，保持身体健康十分重要。求生人员应该始终遵守所有的严格的卫生要求，不仅个人应该如此，对于整个营地都应该给予有计划的管理。垃圾和厕所应该远离营地，以减少苍蝇的干扰。由于大多数的常见疾病是通过水源传染的，所以饮用水应该极力避免被污染，如果可能的话，食物残渣和垃圾要用火焚烧掉。

4.1.1 营地的布置

要选择一个较好位置，来作为营地的日常活动的场所，使得他们不会相互影响，或者不会使生活或者厨房等区域受到污染。如果有一条河流或者小溪经过营地，那么日常活动在河溪边的位置要固定，并且不要变动。

应该选择在营地的下坡处建厕所，还要注意远离水源，保证粪便不会渗出而形成污染。

4.1.2 活动的区域

必须建立一个固定的水站以用来收集饮用水。确保大家不要在这个地方洗浴、清洗壶罐，或者洗衣裳。如果有河流经过，则将水站固定在河流的上游，下游可以用于个人洗浴或者清洗衣物，再下游则可以用来清洗各种用具。

应该在远离营地的地点进行厕所和垃圾的处理——最好是在下风向处——但是也不要过远，以免大家不方便。坚决反对随地大小便或者乱倒垃圾。如果有必要的话，修出一条小道使上厕所或者倒垃圾更方便。

记住：绝对不要在你的水源附近进行大小便。

4.1.3 厕所和垃圾处理

即使只有一个幸存者，修建一个适宜的厕所也是很重要的。如果幸存人员之中有不同的性别，厕所要分开搭建，让使用者都感到方便。垃圾应该予以焚毁，不适宜焚烧的垃圾应掩埋掉。

即使当时有消毒剂，也不要在厕所里使用它们。石灰或者消毒剂能杀死有益的细菌（这些细菌能将粪便分解掉），随后粪便就会

深坑的厕所

建造厕所时，先要挖一条深约120厘米，宽约45厘米的壕沟，在壕沟上用岩石，或者木材垒起一个高度合适、使用舒服的“座位”，“座位”的一部分要埋入泥土之中。在“座位”上放一些木棒，仅留下一个洞口以供使用（如果人多，建成的是公共厕所的话，可以多留几个洞口）。可以撒一些木灰放到厕所里，形成一个薄层，以阻止苍蝇的侵扰。

可以利用一块宽大平滑的岩石，或者一片大的树叶作盖子，上面压上小石块。记住，这些盖子要经常地更换。

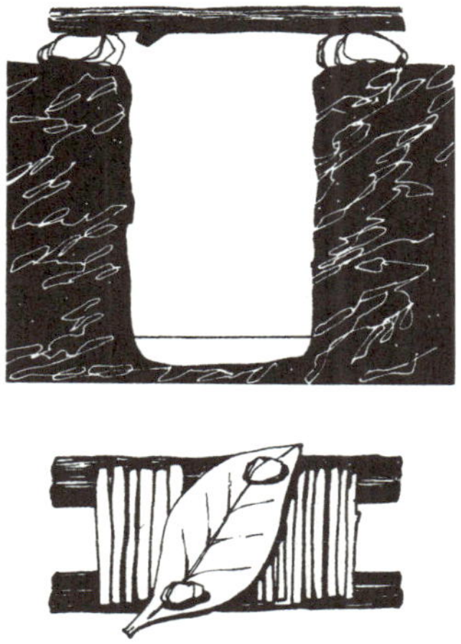

散发出恶臭的气味。将粪便用泥土覆盖住，添加少量水，以利于细菌存活。

开始使用的厕所要覆盖好，以避开苍蝇。记住要经常更换盖子。否则，苍蝇在粪便上驻足后，又会在你的食物上驻足，然后就开始传播病菌。

如果厕所使用一段时间后，开始散发异味，则应该修建一个新的厕所，而旧厕所要填起来，旧厕所使用过的木材和覆盖物要焚毁。

小便坑

小便池在修建时，先要挖一个深约60厘米的小坑，其中四分之三的空间用石头填起来，然后在上面堆放一些泥土，再用树皮做一个锥形的小孔，安置在泥土上，作为尿液下渗的通道。小便坑的位置离营地要尽可能近一些，以便人们使用方便。

焚烧

如果营地中产生了太多的需要焚烧清理的废物，可以在偏僻的地方，例如厕所的附近焚烧。可以用大的听罐来作为焚化炉。至于不能燃烧的废物，可以扔到垃圾坑中掩埋处理。

营地的纪律

□ 不要在营地内捕猎，内脏、血块、皮毛等诱饵要放到陷阱里，以吸引猎物。

□ 食物应该覆盖好，不能接触到地面。如果将食物搁在树上，要防止树上的小动物吞食或者是污染。

□ 水壶等容器使用过后，要立刻盖好盖子。

□ “房屋”内的衣物、工具要有条不紊地放好，防止受潮和着火。

□ 每件物品都应该摆放在合理的位置上，并且要保持整洁。可以将食品罐和炊具放在树上——将它们悬挂在树枝或者树丫上；找个地方放杯子勺子——不要在地上乱放，在树上钉个盒子就可以把它作为碗橱。

□ 烧火时要时刻注意照看，不要随便离开。

4.1.4 肥皂

在使用肥皂清洗身体时，它们容易去除肌肤产生的油垢。但是这样也会使皮肤干燥缺水，而且更易于遭到细菌的攻击。在求生的条件下，过于频繁地清洗身体并使用肥皂的做法是不明智的。但是，无论如何，肥皂也是日常生活中最普遍的抗菌剂，比起其他东西如碘酒来，它的效果更好（碘酒在消灭细菌的同时也会毁坏身体的组织细胞）。在清洗伤口前，用肥皂来洗洗手很有必要。注意要节约使用肥皂。

肥皂的必要成分及取材

两种制作肥皂的必要成分是油脂和碱。油脂可以取自动物的脂肪（包括鱼类）或者植物，但是不可以取材于矿物质；碱可以从焚烧木材或者海藻产生的灰烬中取得。

肥皂制作的方法

用水浸泡灰烬，过滤，再加上油脂煮沸。用火将混合物煨热一定时间，让液体蒸发掉，再把它从火上取下来，让其冷凝。利用这种方法制作的肥皂可以用来清洗皮肤，但是它不具有抗菌的功能。不过，如果在制造的过程中，你添加了一些山葵根或者松树的树脂，它就能用作抗菌皂来使用。

要得到比例适当的混合物，经验是最为重要的。在开始制取肥皂时，使用的油脂要比碱多一些，因为碱过多将使皮肤过分干燥，容易发生溃疡。

5. 工具

在人类发现金属、学会利用金属之前，使用的工具大多数是取材于石头——特别是燧石、黑曜岩、石英和其他的明亮的岩石，以及骨头和其他的天然材料。石头可以制成效果不错的锤子，可以单独使用，如果它的外形易于固定，也可以绑上一个手柄。对于色泽明亮的岩石，可以通过敲击（削或者其他方式）的方法使其边缘锋利。其他的石块，例如板岩，尽管在敲击时不是相当结实耐用，但也可以产生刀一般的薄片。

制作石器的最佳工具是一个裂开的卵石。裂开的卵石或者取自河床，或者是用另一个平滑坚硬的卵石撞击而成。撞击时采用的角度不应该小于90度，撞击力要被卵石完全吸收。用另一石块击打卵石的边缘，清除覆盖在它的光滑平面的边缘上的薄片，进行精细制作时可以用软一点的器具，例如鹿角来击打和按压。如果产生了光滑的平面，连续的击打即可以产生锋利的刀片。

制作石器的技巧，并不是你可以轻易掌握的，所以你应该有足够的耐心，并且坚持不懈地进行操作和练习。

不仅可以把石头制作成工具，也可以用骨头来制作成工具——鹿角或者其他动物的触角还可以用来挖坑或者制成凿子、锤子。在制作这类工具时，可以用石器切割，或者在粗糙的岩石上摩擦，这样你就可以制成所需的工具。你可以学习史前人类的制作经验，模仿他们的技巧。如果有个小刀或者其他的金属工具，那会更方便，它们有助于雕刻骨头。

有些木材，例如澳大利亚的围篱树，常被当地的土著人用来制成长矛。它的质地十分坚硬，可以制成相当锋利耐用的刀片，用来捕猎和切割。

5.1 石器和骨器

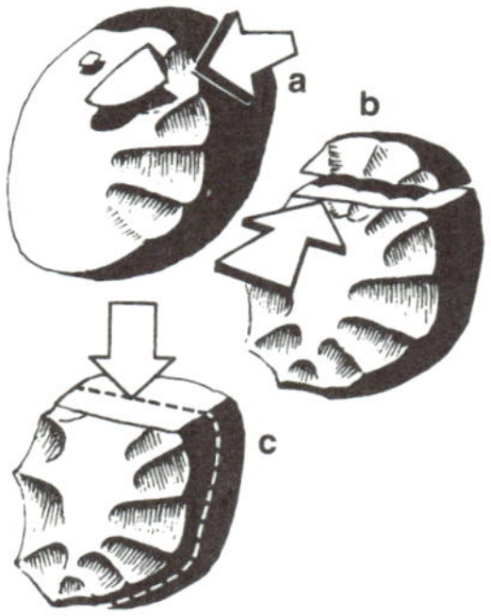

5.1.1 石头制成的工具

这里介绍一种制作石斧的技术：首先将一个石块劈开，使它的部分边缘成形（如图a），在其中的一边用锐利的石片（如图b）连续垂直方向敲击，可以产生一个“平台”（如图c）。

然后用较软的岩石，或者一片鹿角，或者硬木块不断地击打、压制石块使其成形。

需要有足够的耐心，这样你才能掌握制作石器的技巧，练习时产生的一些石块薄片也可以用于刮擦、切割，或者作箭头来使用。

5.1.2 骨头制成的工具

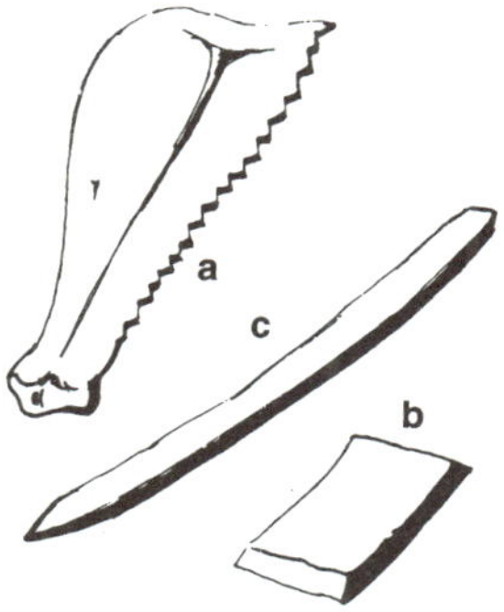

利用薄薄的肩胛骨，它很适合制作一把质量不错的锯子（如图a）。

制作过程：首先，将肩胛骨劈成两片，然后用小刀在一边切出锯齿。也可以用边缘锋利的肩胛骨，它可以制成锋利的刀刃（如图b）。

一般说来，匕首是利用好的骨头，把尖端磨成形制成的（如图c）。

5.1.3 骨头做的针

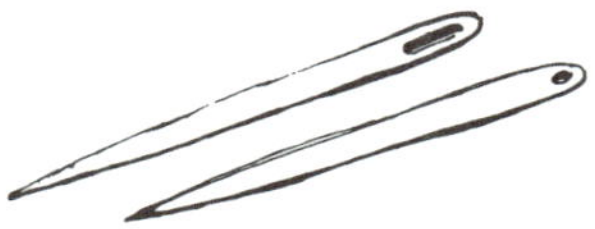

首先，选择一块尺寸合适的骨头，或者是骨片也行，把它削尖，然后在它的上面，用灼热的金属丝烫出一个针眼来。如果没有金属丝，也可以用小刀的尖端，或者燧石，用它们在骨头上刻出针眼，不要在火中加热小刀。

5.2 斧子

5.2.1 斧子的制作

斧子是常备的工具之一，在所有的船舶和飞机上都可以找到，在斧头上安装一个合适而简易的斧柄，这将利于它的携带与使用。比较理想的斧子的重量，应该是在500～700克。如果有需要的话，用你的小刀削制出一个斧柄。

斧柄的制作

要挑选平直的木材，这样才适合用来制作斧柄，木材必须没有疤结，质地坚硬——岑木和山核桃木都相当理想。热带地区有一种植物叫根肿树（如图a），它的肿根的弧度就相当适合用来制作斧柄。它微有弧度，有平直的纹理，加工简易。

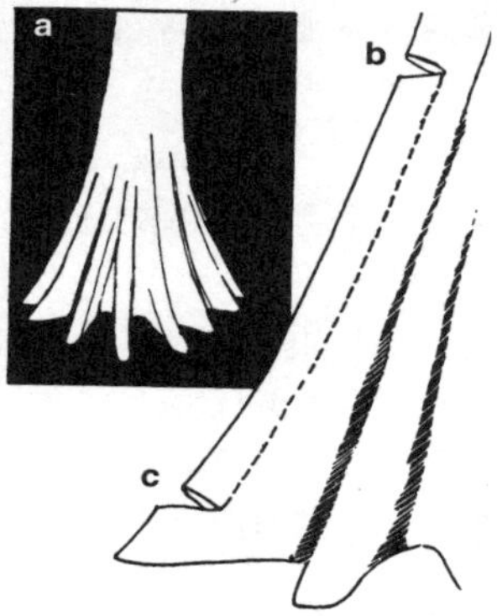

制作的方法：在一个肿根上切出两个槽口，槽口的长度与斧柄相当（如图中的b和c）。

沿着肿根的边缘，在切口附近敲击，可以使肿根沿着这一深度劈开。

斧头的安装

安装前，将斧柄的一端削成合适的形状，并且在上面挖出一个凹槽，然后将斧柄塞入斧头之中，在凹槽上加上一个合适的楔子，可以起到加固的作用。

敲打楔子，让它适度地钉入凹槽中，然后将斧头浸泡在水中过夜，以便使斧头和斧柄之间的结合更加牢固。

石头斧子的安装

首先要选择一根质地坚硬的树枝，用作斧柄，在距离其中一个端点约23厘米的地方，用绳索缠绕上几圈，系紧，然后从它的端点处将其劈开，裂口一直延伸至系绳处为止（此时可以利用小刀、楔子，或者一片制作斧头时余下的燧石进行操作）。将当作斧头的石头插入到斧柄的裂口中间，再将石头的末端用绳索缠好，固定结实。

可以用这种斧头劈木头，但是效果并不十分理想。

5.2.2 使斧子更加锋利

如果斧子的刃部太过迟钝，那么，它使用起来就像是在用一把不太有效的锤子。但是，如果斧口能保持锋利的话，你就可以节省体力。使用锉刀除去斧口上的毛口时，它的效果最好，而磨刀石可以使斧刃更加锋利。使用锉刀时只能按照一定的方向运动——只可以使劲地用力向前推，而不可以往回拉。

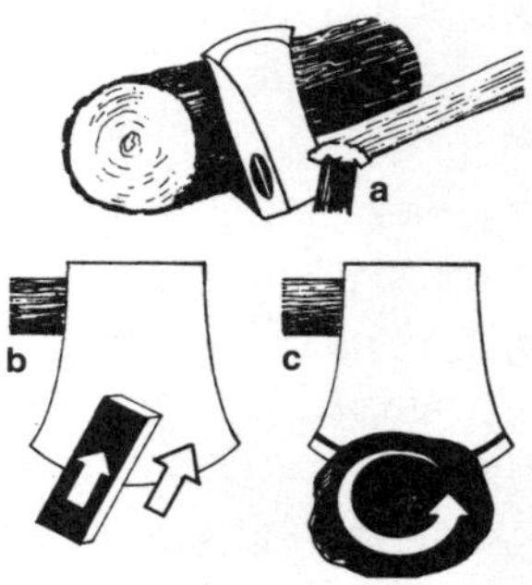

为了将斧子支撑住，你可以使用木桩和原木（如图a），打磨刀口时要在刀口的内侧用力，同时注意不要产生毛口。

你可以利用锉刀，或者质地粗糙的磨石，用它们来打磨斧子的刀口的褶皱和毛口（如图b），然后再用质地光滑的磨石进一步进行打磨。打磨时，磨石应该做圆圈状的运动，而不要来回地拉动（如图c）。用手指适度地按压，这样可以推动其旋转摩擦刀片（参见第一章必需物品中的刀类部分）。

完成上述步骤后，将斧头翻过来，按相反的方向重复打磨一遍。

5.2.3 斧头的使用

大多数的人，不是天生的左撇子，就是右撇子，手臂的摆幅也有一定的习惯。按照习惯的方式使用斧子，这样会使人感到舒适自然。握紧斧柄，试着将它摆动成一定的弧度，如果这样做既不会伤着自己的身体、腿或者手，你又感到十分方便，那么这就是正确的使用方法。在使用时一定要注意，在没劈到树木或者目标物时，也不要劈着自己或者他人。不要将斧头随地乱扔。要包裹好，收藏起来，或者将斧头砍入木头中。

伐木

在砍伐树木之前，检查头顶上有没有枯死的树枝，防止它落下的时候伤人，同时注意，头顶上有没有大黄蜂的窝巢。砍伐之前，先清除树木周围的一些树枝，或者是藤本植物，以防斧子劈砍树木时，被它们牵制而改变了方向。如果树根或者树干在底部膨胀出来的话，你可以在那里建筑一个平台，以砍伐树干中直径较小的地方，节省体力。平台要足够牢固，以便于在树木倒错了方向时，你可以快速地跳下来。

你设定的砍伐高度要让你觉得舒服和顺手，砍伐方向最好与地面成45°角。另外，砍伐口的底部有必要与地面平行，这有助于清除砍伐口内的木屑。

砍伐树木的时候，在树干相对的两边同时开始，首先按45度角砍伐出一个豁口，然后在对面更低一点的地方，按照45度角砍伐出另一个豁口。这一面就是你预计的树木倒下的方向（如图a）。在砍伐出另一个豁口之前，这一边的豁口的深度不能超过树干的一半。

如果有两个人，你们一起按照相反的方向同时工作，那么就要特别注意：如果树干倾斜，或者树的某一面拥有大量的树杈，那么树的重心所在的位置就是树木倒下的方向，这与砍伐时所选择的落刃的位点是没有关系的。

砍伐的动作如果用力稳定、节奏感强的话，就会比试图用力足、次数少的砍伐动作更为合理，而且效果更好。所用的力气应该集中在斧头上，而且砍伐的位置要准确，否则不久你就会筋疲力尽。砍伐树木时，让斧子本身的力量也起到一定的作用。

为了防止树木的楔口挤住斧子，在砍伐树木时，要轮流变换角度。如果砍伐时，你的角度过陡的话，树干的受力就太小（如图a）。如果砍伐的力量垂直于树干，则易于将斧子塞在树缝里，效果也不佳（如图b）。正确的方法应该是采用45°角来进行砍伐（如图c）。

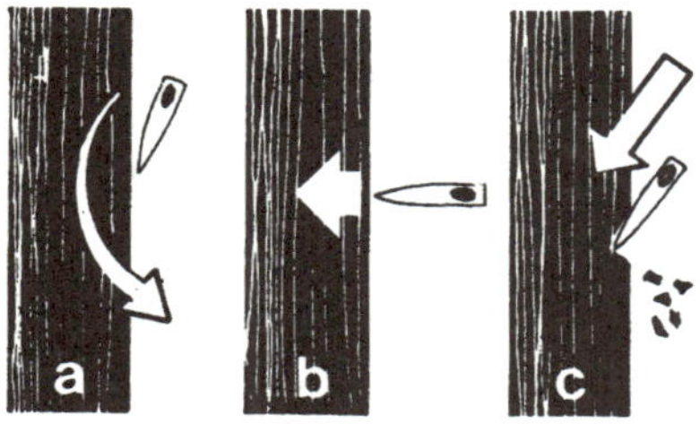

清理树枝和树杈

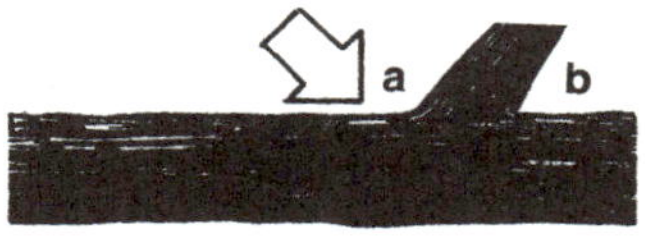

在清理树枝和树杈时，选择树枝与树干所成角度大的外部，这才应该是你的位置（如图a），而不要从内部（如图b）入手。

从中间砍断原木

砍伐时，站在大原木的后面，两脚分开，砍伐的一面要远离自己（如图a）。

不要从上往下垂直砍伐（如图b）。

如果要劈开一根细一点的木棒，可以将棒的一端放在原木上（如图c），不可以将脚放在木棒的上面。

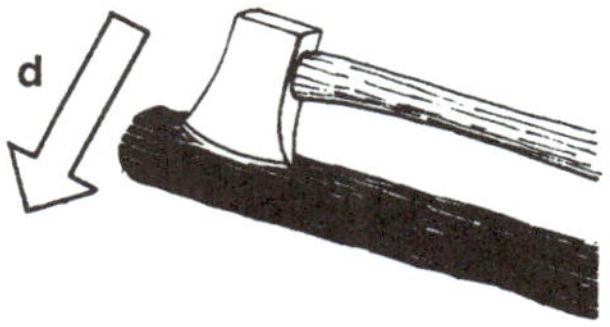

如果木棒过小，可以将斧头揳进木棒，使两者联合在一起，然后一起向大原木上击落（如图d）（为了安全起见，别砍向过短的原木）。

劈开原木时，你也可以利用楔子或者岩石来完成（如图e）。不要在你的手中直接拿着木头并且试图用斧子劈开它。

斧柄折断后的处理

为了获取经验，要经常拿起斧头练习砍伐技巧。不过，在练习过程中，斧柄经常会折断——大多是由于斧头未击中目标，斧柄承受了所有的重量而引起的（如图a）。最简易的除去折断斧柄的方法，是把它放在火上焚烧。为了防止焚烧使铁块失去韧性，尽可能地将斧头埋在泥土中——对于单边斧口的斧头，使用如图（b）所示的方法，对于双边斧口的斧头，使用如图（c）所示的方法。

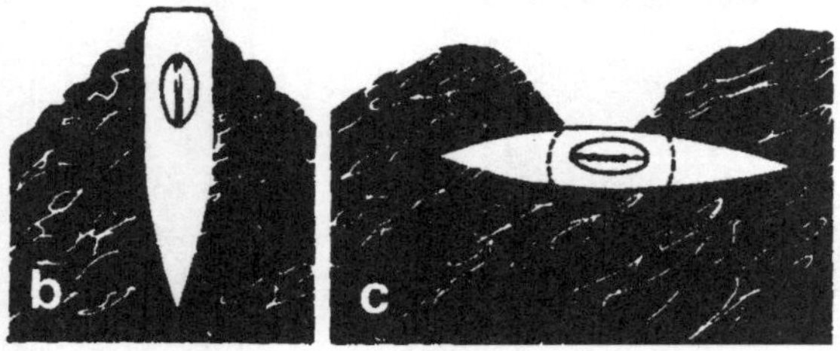

5.3 弹性软锯

弹性软锯的使用方法

你在使用弹性软锯时，要记得使锯开的裂口向上（如图a），而不可以让锯开的裂口向下（如图b），否则，软锯会因为受到物体挤压而受阻。不要猛烈地拉动软锯，否则会使它断裂。

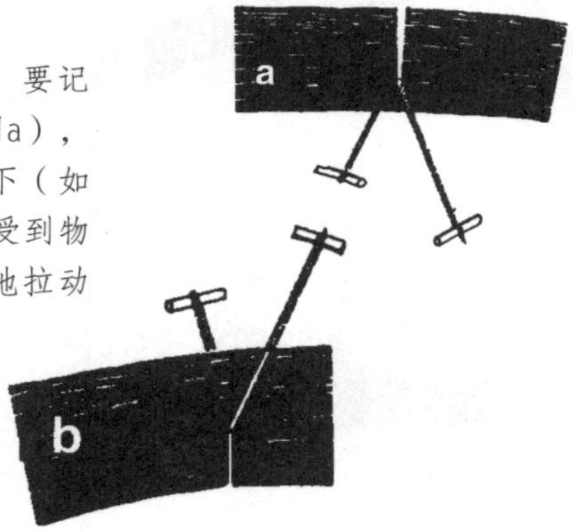

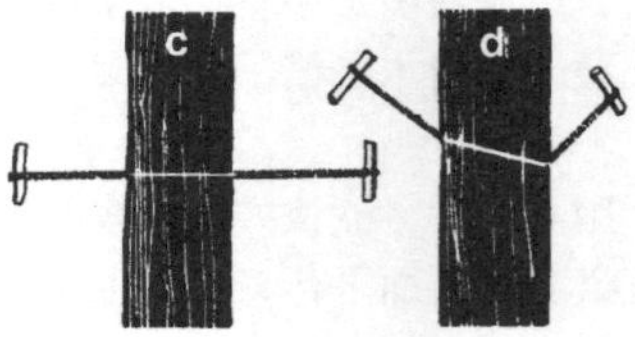

在使用软锯时，要始终把锯条绷紧（如图c）成一条直线，不可以把锯条弯曲成某一角度来拉伸软锯（如图d）。

如果是两个人一起操作的时候，更要小心谨慎一些，使两个人的节奏保持一致，否则软锯可能会纠缠在一起（如图e），引起断裂。

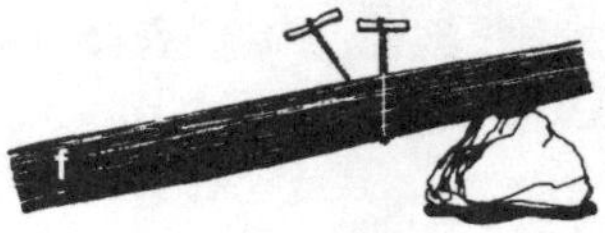

一般说来，当你是独自一个人锯割原木时，向上用力通常会更容易一些（如图f），可以利用一块岩石，让它将原木支起并且离开地面，如果有了一定的角度，锯口会更易分开。

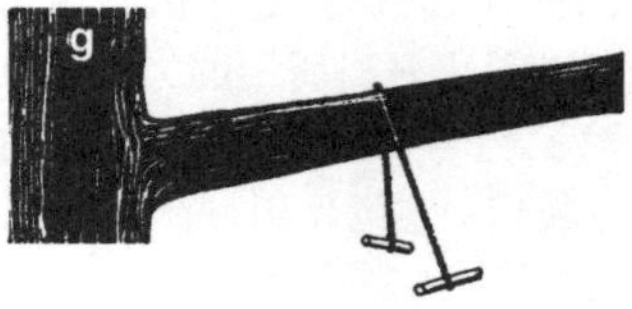

当使用软锯切割位于头顶上的树枝时，可以向下用力拉动锯子（如图g），不过这会相当危险。

当树枝过高时，可以在软锯的两端接上绳索，以此来增加软锯的长度。当然，这样操作时也相当危险，所以一定要把你的双眼盯着树枝，一旦有险情，随时准备跳开。

6. 营地的设备

6.1 床铺

高质量的睡眠可以使人精力充沛，因此花费一番工夫制作一张舒适的床铺是值得的。你要避免直接躺在冰冷而又潮湿的地面上。在热带地区，将床铺安置在高处，这样的效果会更好——你既可以远离潮湿的地面，又可以享受阵阵的凉风。而在气候严寒的地带，如果没有一个作为长期打算的避难所，你可以多准备一些燃料，在寒冷的夜晚，你可以烧火取暖。在火堆后竖起一个反射器，以便将热量反射到你睡觉的地方。

如果地面足够干燥，或者你躺在避难所中，可以在火中加热一些石头（参见“取火”一节中的警告部分），然后把烧热的石头埋在床铺下面，它要被盖在一层薄薄的土壤下，这样即使到了深夜，床铺都可以吸取到热量，能保证你睡得温暖而舒适。

6.1.1 木架床

为了使床铺离开地面，你可以用木棒制作一个牢固的框架。做法是：先将两对木棒按照一定的角度插入到地面上，二者间的距离要超过自己的身高，每两根木棒的顶部用绳索绑在一起，如果地面太坚硬，则要在每个框架的两脚，及两个框架之间，都固定上横档来加固。

6.1.2 管形床

最为简便的是管形床的制作，用一块质地结实的布匹等材料，

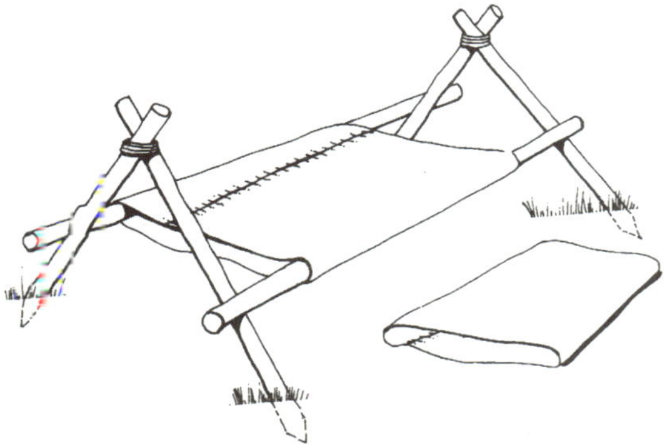

你就可以完成制作。制作时，可以将布料的两边缝制在一起，也可以用皮带绑在一起。一个大的塑料皮带较为合适，但是皮带太薄了就容易断裂。质地结实的布料也可以，不过缝成的床铺通常太窄。

制作管形床时，一般的编织物不会适合——或者承受不了你的重量，或者接口可能会被撕裂。

首先，制作一个架子来当作支撑物。选用两根大体上相当的平直的木杆，每根木杆的长度要稍长于两个框架之间的距离；将木杆穿过管形床的床面——后者是用塑料带等材料制成的，然后把它放置在框架上。每一边都应该有受力，管形床的床面可以自动阻止床体下滑。

6.1.3 树枝做的床

在针叶林丛生的区域，冷杉的枝丫可以形成一层层的台面，你可以在上面安置一个舒适的床铺，而且其芳香的气味有助于你的睡眠。

6.1.4 梯形床的制作

像管形床一样，利用两个框架作为支撑物，再选用两根木杆，同时也需要许多的粗短的树枝——具体要多少树枝，需要依照睡觉者的身高和床的种类而定。弹性强的小树枝显然比大树枝更舒适（假定小树枝足够结实的话）。

做法是：先将两根横档（树枝）绑在框架的支撑物上，使每边都有所突出。将做好的梯子放在框架上，把它们绑结实。然后在上面铺上欧洲蕨、其他的蕨类植物和一些植物的枝叶，这就是一个不错的床铺。

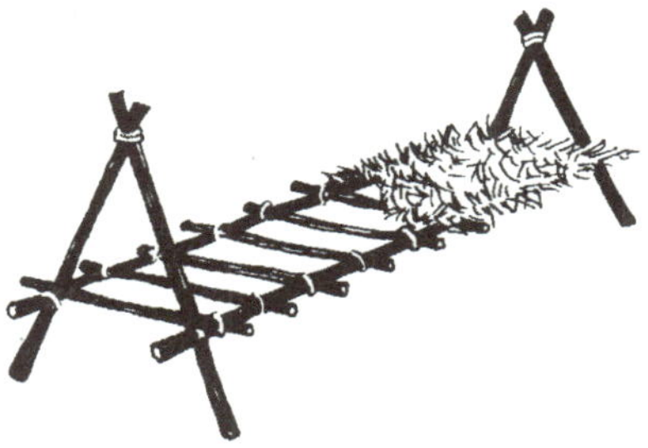

6.1.5 吊床

你还需要有一定的训练，如果是在吊床上睡觉的话——吊床是

用绳索吊起来的，它的每个边都向上翘起来，形成一个弧形，将人体包裹在其中。

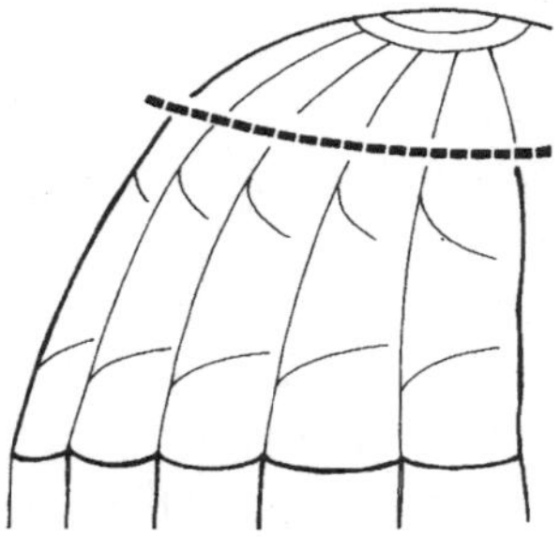

用降落伞来制作吊床

这种制作吊床的方式的效果不错，在降落伞的伞面上有许多的支索线，将它们穿过伞面，直达伞顶。如图所示，割取五块伞布，但不可以割断支索线。

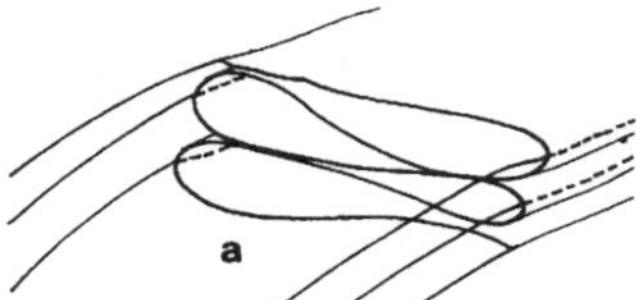

如图（a）中所示，将五块伞布折叠在一起，然后抚平。

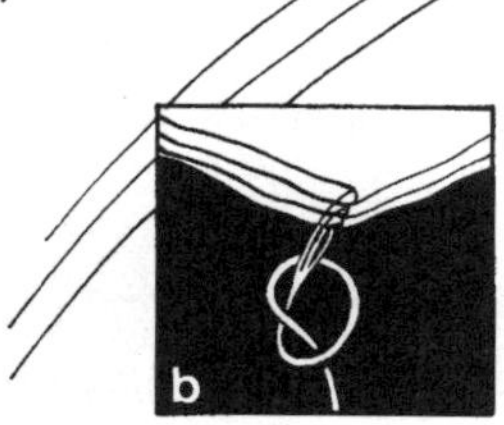

将三根支索线拉在一起，在接近伞布的位置打上一个结（如图b）。

将三根支索线编成辫子的形状（如图c）（参见“打结”）。

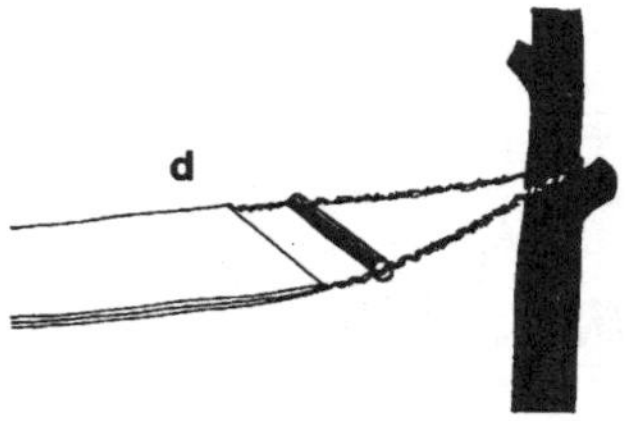

取一根小木棒，在棒子的两端刻上凹槽，然后如图（d）所示的那样，插在支索线之间，支索线卡在凹槽中，将吊床系在相近的树上，或者牢固的木杆上。

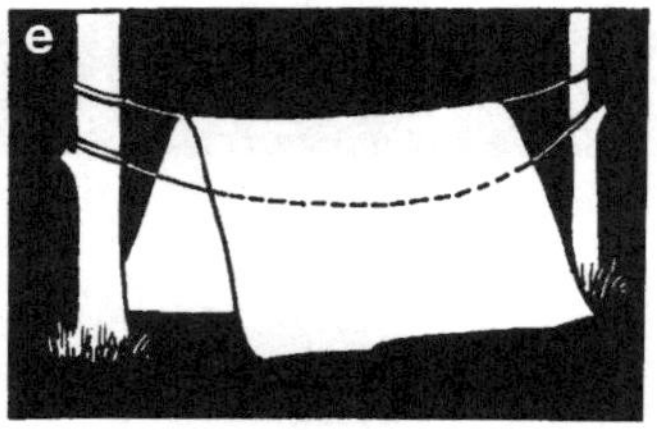

再在吊床的上部系上一根绳索（如图e），轻松地披上一块垫单或者雨披，这样就可以快速形成一座“小棚”。吊床的一端结系牢固，要确保所用的是一个可以迅速解开的结（参见“打结”），这主要是为了在情况紧急，有必要离开吊床的时候应用。

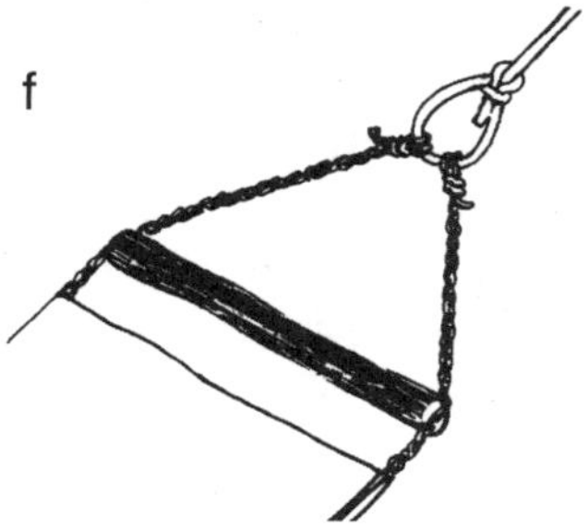

如果你手边还有绳索，或者能够用一些没有用的支索线来编织一根绳索，可以用绳索将吊床上端系到固定的环上（如图f）。试着用不同的方式悬挂吊床，直到认为它足够牢固和舒适为止。

6.2 座位

可以随便找些东西，例如原木等作为坐垫，不要坐在潮湿的地上。如果没有座椅的话，可以简易制作一个：将两根矮木棒绑在一起作支撑物，按照它的样式，再做一个支撑物，然后将另一根树枝放在两个支撑物上，这样就大功告成了。

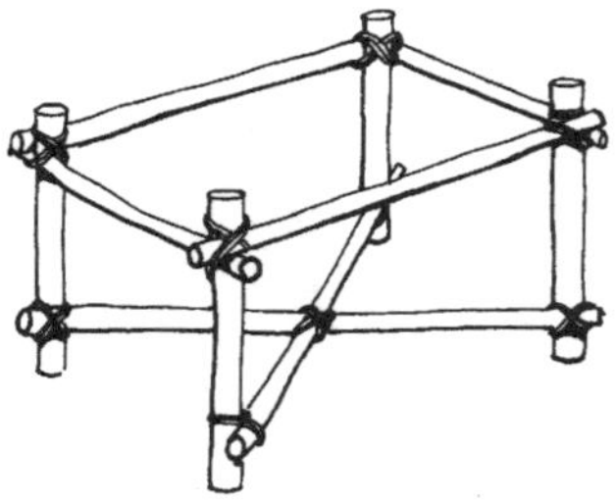

如果你想制作一个简单的、盒形框架的支撑物，如果要求它的腿部的木棒较短，可以利用交叉的木棒连接在一起。然后再用藤本植物来回缠绕编织，或者用一块帆布，或者塑料皮带，就可以缝制成一张座椅。也可以用一片光滑木块，或者金属片放在上面，或者用韧性强的小树枝绑在框架上，树枝之间要紧密地交错并且编织好。

6.3 梯子

在做许多其他事情——采集食物、建筑防护棚、设置陷阱等的时候，有一个梯子都会更加方便简单一些。梯子的制作也很容易，将横档（木棒）绑在两根长的木棍上就可以了，捆绑的时候采用交叉的方式。由于你放置两根长木棍时，它们是按照成一定角度的样子，并非是平行的，所以横档不会下滑。

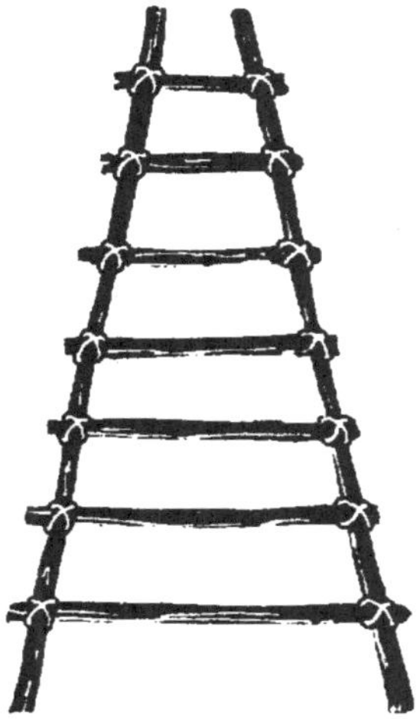

6.4 滑车

搬运燃料、捕获的猎物以及其他重物时，如果地面足够平滑的话，使用一个滑车会简便省力许多。当然，不可以在崎岖不平、遍地石砾的地面上使用滑车。制作滑车时，选用两根韧性良好的长树枝，例如在梯子上一般绑上一些横档，使用交叉的方式捆绑，然后加上一些额外的树枝，它们起到固定作用（见图）。

就像是用一个小雪橇一样，可以运用滑车运载重物。如果距离较短的话，在滑车上绑上一根绳带即可以（如图a）。如果物体较大，在搬运时，就把重物放到滑车的前端。用皮革或者织物制成的背带放在肩膀上，然后你再拉动滑车（如图b）。关于搬运设备和雪橇，请参见第七章“在旅途中”。

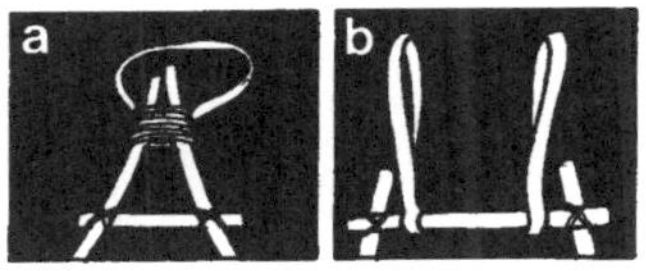

7. 动物制品

7.1 动物的毛皮

所有的动物都能够提供毛皮，但是毛皮质量的优劣主要取决于以下因素：剥皮时的技巧和经验，杀死动物的方式（是否损伤到了毛皮），动物的大小以及季节（交配季节、季节性的脱毛蜕皮都可以影响到某些动物的毛皮的价值和色泽）。常见的毛皮缺陷多是由于寄生虫、疾病、营养不良以及打斗引发的皮肤溃疡等引起的。

蛇、蜥蜴、鳄鱼和其他爬行类动物，它们都有优质的皮革。体形较大的鸟类，例如鸵鸟，它的毛皮质量也不错。一些水生的哺乳动物，例如海豹及其同类，也有优质的皮革。像许多陆生的哺乳动物一样，鲸鱼和海豚的皮革质地也很坚硬。鲨鱼不像其他的鱼类那样，它没有很多的鳞片，因此也出产皮革。鸟类的皮肤上附着有羽毛，所以可以制成保暖的衣物，或者被褥等。动物的毛皮也是食物的来源之一，在食物极度匮乏的时候，动物皮也可以食用，甚至已经经过处理保存的，或者做成衣服的皮革，它们也可以食用，虽然它们由于极其坚硬而难以咀嚼，但是还是能够打发食欲。在恶劣环境下，有许多食用自己皮靴的实例。尽管我们强调毛皮可以食用，但同时应该记住，食用这些东西时，必须有足够的饮用水的储备。

皮以及皮革，它们富含水分和蛋白质，如果不经过特别的处理就加以保存，很快就会腐烂。如何进行处理，要依据是否需要保留动物的毛发而定。但是在初始阶段，制作的程序并没有什么区别。如果是用来制作皮靴、庇护棚、系带、皮带、水袋或者皮制小船，则应该去除动物的毛发。如果是用来制作保温衣物、床上用品和优质的地毯，则应该保留动物的毛发。

经过适当的处理后，毛皮会变得柔软而且结实，抗拽撕，抗磨损，不变形，不延展，穿戴起来很舒适，保温性能良好，但是它易透风，易渗水。

7.1.1 毛皮的清洁

将毛皮拉展开，放在一个框架上，这样要清洁和干燥毛皮，都会相当容易。毛皮的边缘要开些小洞，以便你能穿过细线，但小洞离边缘不能太近。取出一根骨头（或者岩石，甚至木头），用骨头的边缘刮擦皮子，这样就可以除去脂肪和肉，但是注意，不要将毛皮割破。毛皮上的每一点肉迹都应该除去。你也可以将毛皮放在地上，蚂蚁或者其他的昆虫就可以帮忙吞食脂肪和肉，但不能让其进一步吞食毛皮本身。

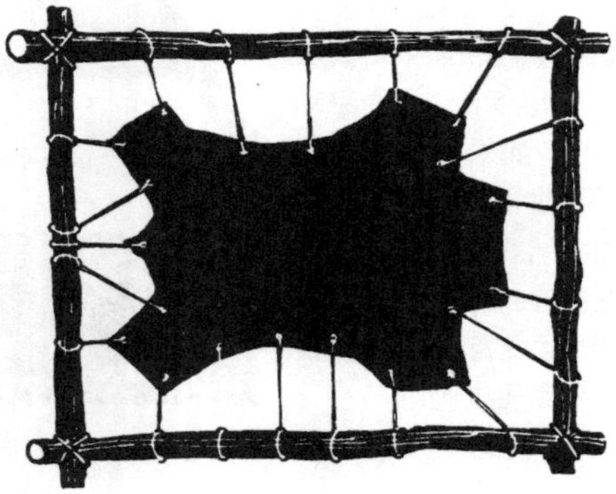

7.1.2 毛皮的护理

展开毛皮，让它尽可能地绷紧，放在阳光下。还应该蒸干所有的水分，以免皮毛腐烂。在毛皮上擦上一些盐末，或者擦上一些木灰，它们有助于水分的蒸发。

不要让皮子接触到湿气，直到毛皮已经完全干燥为止。存放毛皮时，要注意，不可以让它受到雨水淋湿，或者被早晨的露水打湿。

毛皮储藏之前，绝对要经过干燥处理，如果阳光较少而弱，或者没有阳光，可以将毛皮放在火上烤干，当然，皮毛要离火苗足够远才行，可以仅利用其热量和烟来烤干皮毛（这样更利于保存）。

7.1.3 皮革的制作

处理干净毛皮后，用石块把它沉至水下，在水中浸泡两三天时间，直到可以用手拔去皮上的毛为止。

将动物的大脑和脂肪混合到一起，然后放在火上煨热，直到变得十分稠密，成为一团。

要把毛皮的两面都刮擦干净，除去体毛，保持毛皮湿润。坐在凳子上，将毛皮放在膝盖上，耐心地工作。

将制取的大脑和脂肪的混合物，撒在仍然潮湿的皮子内侧，展开，就像前面那样操作。

用烟将毛皮放在火上熏干，毛皮离火苗要足够远。烟能使擦在毛皮上的混合物溶液发生反应，使毛皮松软而且柔顺。

7.1.4 系带与皮索

动物的皮革是制作系带和皮索的最好材料之一。

沿着方形皮革的长边切割成皮条，经过加工，皮条即成为较短的系带。

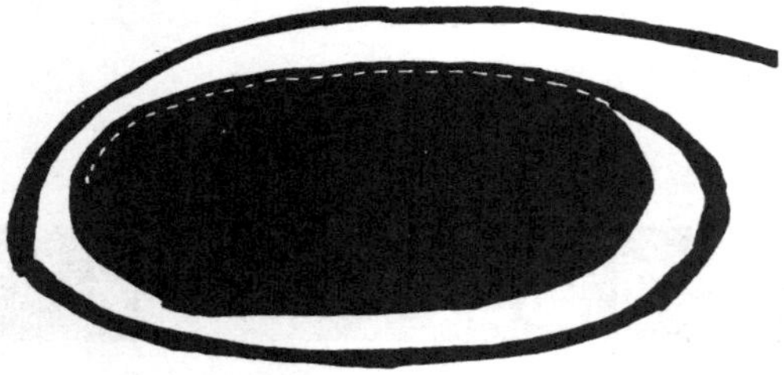

为了制取较长的皮索，可以在皮革中绕着圈螺旋式地切割，当然，皮条的宽度要保持一致，否则皮索上就有薄弱点，容易被拉断。

7.1.5 用动物的肌腱来制作皮线

肌腱主要分布在后腿上，腿部其他部位也有肌腱的分布——特别是体形大的动物的肌腱——晒干后可以制成皮线，缝制皮革，用来制成庇护棚和皮衣。肌腱外表看起来很像细线，呈白色，质地坚韧，易于辨认。

利用肌腱，你也可以来制作弓弦和短一些的皮绳。它的特点为：受潮时变得有黏性，干燥时比较结实。

7.1.6 膀胱

由于膀胱的正常功能是储存尿液，所以形体较大的动物的膀胱自然可以用作储水袋——胃同样有这种用途。将膀胱或者胃的开口部位系住，这样就可以用它来存水。

8. 衣服和装饰

某些时候，当衣服比较缺乏，或者衣服不合身的时候，就可以用多种方式临时制作衣服，来满足自己的需要。一般情况下，毛皮不易取得，而织物纤维的取得是比较容易的。毛巾、毛毯、桌布、垫子、坐垫、窗帘、船舶飞机失事后的麻布袋（这样东西常常令人意想不到）等，任何织物都可以用来制作衣物、床上用品甚至避身棚。

多添加一些东西，以增添隔热性和保暖性，在一层袜子的上面可以再加上一双袜子，然后在二者之间填塞上一些干草或者苔藓。干草、纸张、毛皮、毛发等都可以用来塞在衣服之间。记住，报纸也有良好的隔热性。

8.1 防水的雨披

用塑料布、被单等，你可以制作出简易的防水雨披。也可以割下大片的桦木树皮，除去外皮，将轻软而且柔顺的内皮缝制在衣服外面，许多雨水就可以顺着它滑走，这也是一件简易的防水雨披。其他的一些易去除外皮的光滑的树皮，它们也可以用来制成雨披，不过桦木树皮是最好的一种。

如果你待在野外的时间过长，也可以在衣服上涂擦一些动物的脂肪，来提高衣服的防水性能。但是，在气候极其严寒的地区，你就不必这样做，因为这些地区的雨水比较少，而且这样做的话，反而会使衣服的隔热性能大大降低。

8.2 鞋子

不要低估鞋子的分量，以及坎坷不平的地面的影响力。当你翻越石山，或者穿过碎石铺成的路面时，粗糙的路面很快就会使一双制作精巧的城市用鞋变得面目全非。高跟鞋和凉鞋很容易断裂，在崎岖的地面也极易被磨损。

□ 从橡胶轮胎上切割一片橡胶来作为鞋底，在边缘部位穿出一些眼，用皮线缠着脚绑好，或者与鞋缝在一起。

□ 在脚上多缠几层当然更好，可以用皮带捆绑紧，或者将三角绑带绕过脚面折过来，在它的前部开一条裂口，其他的部分从脚后部绕过来，穿过前面的裂口，然后在脚踝处捆紧。

□ 可以用一块皮革割出一双软鞋，割出的软底要比脚上的鞋底周边宽出8厘米左右，用皮线在软底的边缘穿进穿出，然后在脚的上部将皮线系紧。按照这个方法，可以再制出一双软鞋，这样更结实耐用一些。或者多费一点时间和耐心，用更厚实的皮革、条纹布、鞋帮制作更好的软鞋。当然，首先是测量出脚的尺寸大小。

8.3 护目镜

在海上、雪地中、沙漠中，人的眼睛经常会受到伤害，你应该制作一副简易的护目镜，用来保护眼睛。从纸张、树皮上切割出来呈细条状的一片，然后把纸张、树皮系在眼睛上就可以了（如果气候严寒的话，可以将脸部全部覆盖起来），但是不可以用金属片。因纽特人常用木头来雕刻护目镜，在木头上开一条细长的裂口以便观察，同时把一些木炭涂在眼睛下作为一种额外的防护，减弱光线的刺激。

8.4 针和线

龙舌兰属的植物有着结实的纤维，可以制作绳子和凉席，但是它制成的衣服相当的粗糙，其叶子的尾部几乎总是有一个尖硬的凸出点，你可以把它抽出来，上面附着有一根纤维，是一根相当不错的天然的丝线。

缝制衣服的技巧

□ 将长长的叶子和织物纤维围绕着腰带或者脖子上的箍带系好，垂下后可以作为草衬衫或者斗篷。

□ 在地毯或者毛毯上割出一个脑袋大小的洞作为雨披，在腰部系紧，或者用皮带捆好。

□ 可以用皮线把体积比较小的毛皮缝在一起，毛皮作为内衣有更强的隔热性，作为外套可以更好地防雪。

9. 绳索和线

有关绳索和细线的用途，它们多得数不胜数：从建筑中材料的固定，到灯芯的制作，以及用缘绳下降法爬下悬崖，或者设置罗网来捕猎等等。制作绳索的传统用料包括大麻纤维、椰子果纤维、马尼拉大麻纤维（属于麻蕉类植物）、剑麻和波罗麻的纤维（属于龙舌兰属植物）。总之，绳索可以由含纤维多而且柔软的材料制成，将丝丝缕缕的纤维捻合在一起，就能制成具有足够强度和长度的绳索。现在的许多绳索是由尼龙或者其他的人造纤维制成的，它们强度很大而且承受的压力比较均匀，同时重量较轻，能够抗水、抗昆虫、抗腐蚀。但是无论如何，有时尼龙绳并不是首选的物品。

尼龙绳的缺点是：它受热容易软化——绳索在摩擦时会生热——遇潮时又容易变得比较滑，如果它承受的拉力过强，而接触物的边缘又较为锋利时，则可能会突然断裂。

9.1 绳索的种类

克勒型的绳索（如图a），它的外部有一层绳鞘包裹着，内核是由丝丝缕缕的纤维线组成的，除了在潮湿天气和雨雪天气以外，克勒型的绳索容易操作，但是它的强度不如较粗的绳索好，在边缘有切口时容易散开。而普通的手搓的绳索（如图b）是由三股纤维线缠在一起制成的，当一股受力时，其他股也能分担。

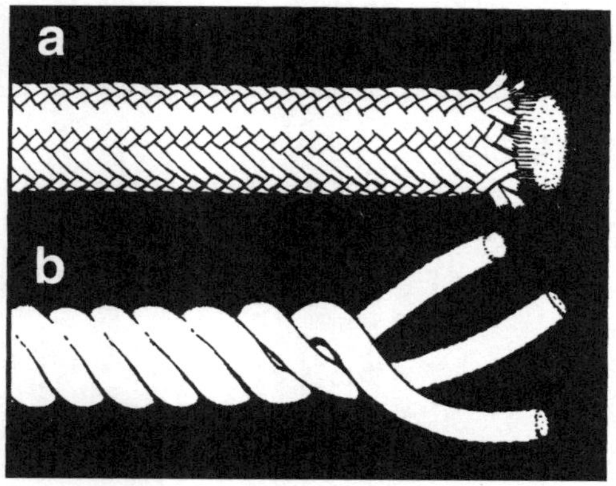

9.2 绳索的选择

选择绳索时，比较各种绳索，确定手中的绳索的粗细与长短应与你的要求相符。在气候温润的地区和需要考虑绳子重量的情况下，选择尼龙绳比较有利。但要记住尼龙绳的缺点。粗约 7 毫米以及低于 7 毫米的绳子都不适合使用。

粗约9 ~ 10毫米的绳子常常作为绑绳使用，主要用于投掷与登山。如果应用缘绳下降法和固定保护绳等技巧时，这种绳子可以用作安全带。如果没有其他物品的拖累，应该携带长约30 ~ 40米的绳索。

在登山时，使用的绳索应该有足够的弹性，这样可以消减一些震动，同时在不慎摔落时不会强烈地勒紧身体。关于绳索的型号，可以参照当地官方登山机构的建议。

9.3 绳索的保护

如果没有必要的话，绳索不要放在潮湿的地面上，或者强烈阳光下（假定绳索是天然的纤维制作而成的），以防止啮齿类动物和昆虫的吞噬。

如果绳索受潮了，不要把它放置到火上强行烤干，也不要在拉直的状态下放在地面上，这样脏东西容易渗入，沙砾就会进入到绳索内部，然后磨损绳索。如果天气晴朗，可以将过于肮脏的绳索放在清水中洗净，然后晒干或者风干。

在不同条件下，应该使用不同型号的绳子，最好别混用——登山时使用的绳索别用来晒衣服或者制成鞭子。当然，在求生的情况下，一条绳子不得不用于多个目的。

为了防止磨损，绳子的末端可以编织成鞭状。将绳子盘绕成圈放置，以免自身缠绕不清。同时，这样更便于使用，在需要时可以及时抽出绳索。

绳索是很有用的，你不可以低估它的价值，甚至，有时你不得不把生命系在它上面，所以一定要注意保管好你的绳索。

简易的绳圈

1.将绳索按照直径约35～45厘米的圆绕成圈，保证每一圈与上一圈紧挨着，不能产生扭曲或者缠绕的现象。（如图1）

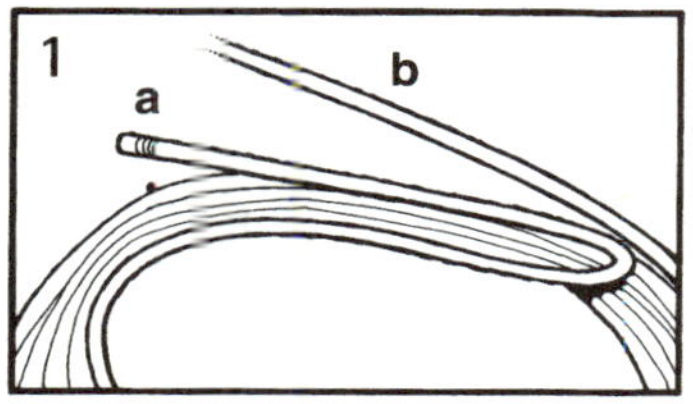

2.绳子的两端要留下一截，用来系紧绳圈，将绳子的一端（如图中的a点）弯曲到绳圈上。（如图2）

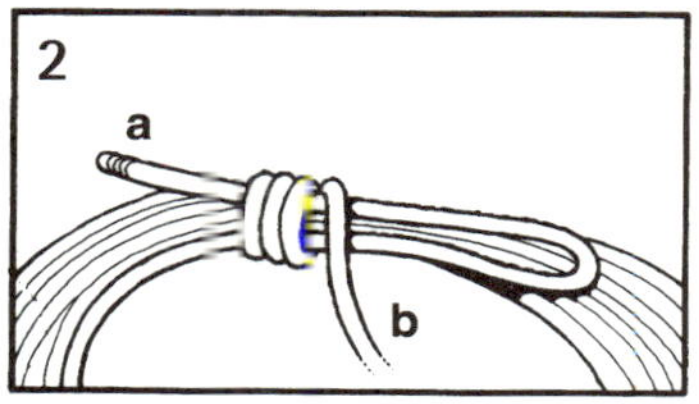

3.再用另一端（如图中的b点）将其缠裹住（如图3），然后拉紧绳端（如图中的a点）固定。

4.（如图4）用一平结系紧（方法见后面的小节所示）。

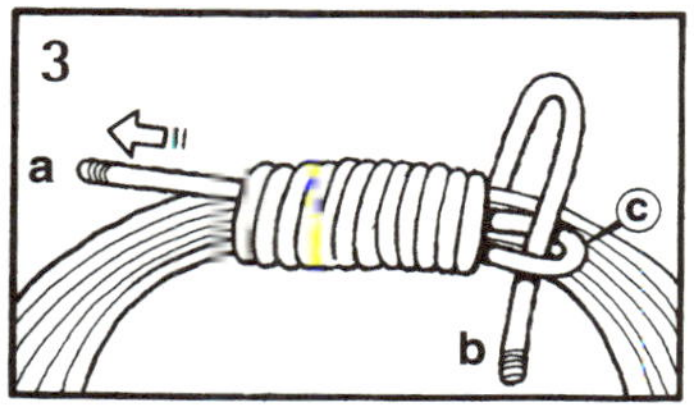

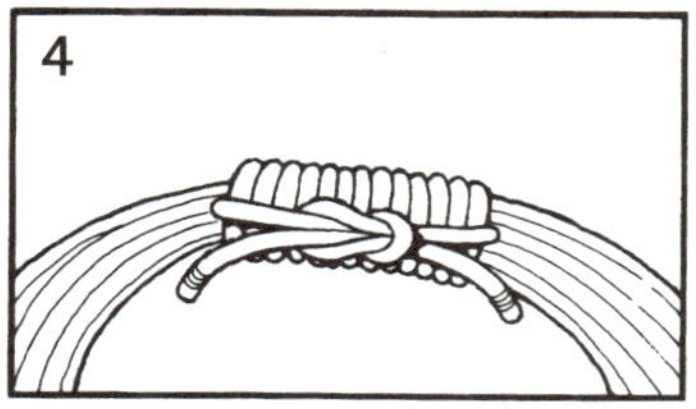

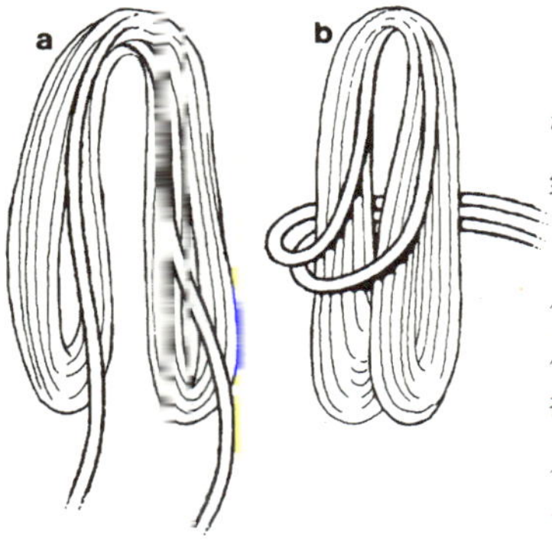

把长绳绕成圈

如果你要在肩膀上，或腰带上，或在背包里，携带一根长绳，可以使用以下方法。

将绳子在手臂上一前一后绕成环状，绳环的直径约为35～60厘米，把绳端垂下（如图a），拢在一起，然后沿环状线束缠绕几次（如图b），再将绳端留出一个环，并且穿过绳束的顶部

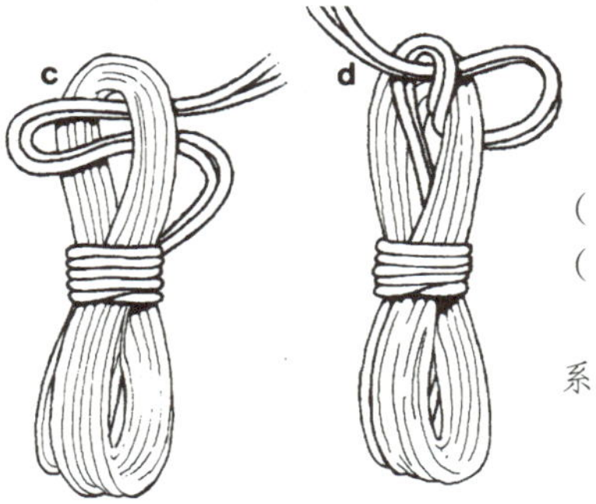

（如图c），最后将绳端穿过此环（如图d）。

现在可以用一平结，将长绳系在你想系的位置上。

9.4 投掷绳索

比起仅扔出一根松弛的绳端来说，扔出一圈绳索显然更容易一些——无论你是向上扔或者是向外扔——这也有助于绳索散开时不会缠绕在一起。在扔出的那一端，你可以打一个大的结，或者附带一个重物。扔出去的时候，要先确信你会同时把另外一端捉牢。

把绳子的另一端扔向目标时，要考虑到固定的这一端是否安全，例如掷出一根救生带，假如把它掷向一个在水中快速漂流的橡皮筏，它会把你拉下水吗？所以，固定端一般选择绑在树上或者是重物上。一般要多扔出一段救生带，这样即使救你的人没有抓住绳端，也有机会抓住绳子的其他部分。

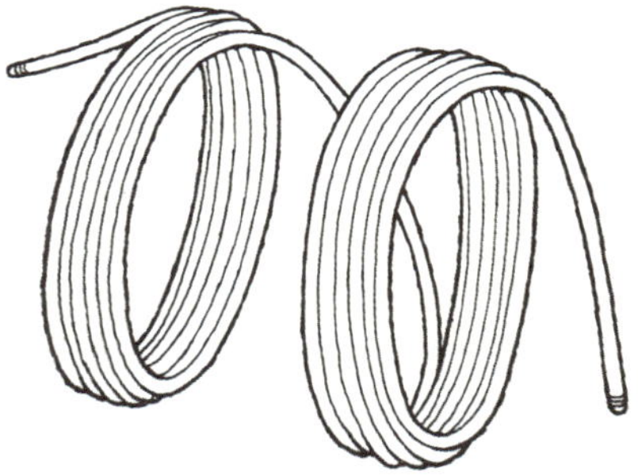

先在右手的手指，以及手掌上缠绕好一半长度的绳子，然后抬起食指，将剩余的部分缠在其他手指上，再将后一半放到左手上。

当你投掷绳索的时候，右手的绳圈要比左手的绳圈早放几秒。如果认为绳子会突然绷紧，或者你所处的地势比较危险时，可以将一端固定起来。

把绳索投向远处

在绳子的末端（如图a）系上一个合适的投掷物，将绳索圈好放在地上，或者将绳子松松地环绕在另一只手上，以便投掷时不会产生阻力。

不要冒险让身边的这端绳索松开，它可以系在一个锚上，例如一个大石头，然后打一个锚结（详细后述）。

如果绳索比较粗重，当绳索掷过一根树枝时，它会荡回原处，要及时躲开它。如果用绳索扔救生带，不要打到救助你的人。

9.5 制作绳索

藤本植物、禾本科的植物、灯芯草、树皮、棕榈以及动物的毛发，这些都是制作绳索的原料。利用动物腿部的肌腱，你能制成优质的皮线，但是它容易干燥发硬（用于捆绑箭头或矛头相当有效）。

利用荨麻的茎所制作的绳子，它的质量上乘，而忍冬属植物的茎可以制作轻便的鞭子。如果纤维更结实，制作出来的绳子自然也更结实。一些质地坚硬的纤维，经过蒸汽的熏蒸或者被加热后，变得富有弹性。

利用柔软的藤本和其他的长茎植物所制作的绳索在干燥时显得很脆弱，用植物纤维环绕或者打辫编成绳索，它们会更加经久耐用。

9.5.1 纤维的来源

□**荨麻**是优质的纤维的来源，不过必须事先精心准备。

寻找那些生长时间比较长、茎干最长的植物，放在水中浸泡24小时，然后铺在地上，用表面光滑的石头捶击。这样做可以使植物的茎的外表面撕裂，内部丰富的纤维就会显露出来，然后小心梳理，除去肉质，悬挂直至晾干为止。

晾干以后，将外表面剥除掉，将纤维"纺"成长线，然后打辫编成或者搓成结实的绳索。

□**棕榈**富含优质的纤维，它的叶子、树干和叶柄都可以使用，在工厂里，椰子的果皮可以用来制作绳索和编制席子。

□**夹竹桃**的茎部富含优质的纤维，而且容易加工。

□**树皮**，尤其是柳树的树皮，含有高质量的纤维，通常取材于新长成的小柳树的树皮。你也不应该忽视死去的柳树的内皮，以及树枝的内皮，但是，如果柳树枯死已经很久了，那么大部分树皮或许都已腐烂，因此在使用前，你应该先试试纤维的强度。

□**根**：许多树木的根部生长于地表，它们都可以制作鞭子。生于地下的根部，或者甚至生于地表的根部，通常都比较柔软而且结实。云杉的根部就相当结实，北美印第安人常将白桦树皮和用云杉根制作的绳子缝制在一起，制成独木舟。

□**叶子**：例如百合科等植物，特别是芦荟，它的叶子富含纤维。可以先撕一半叶子试一试，如果它们可以分成一层层细线，则证明它的纤维可以制作绳子，但是要先将它浸泡在水中，除去肉质的部分。

□在新鲜时，灯芯草、蓑衣草和禾本科植物也可以使用，当然，尽可能地选用纤维最长的那一类。

□**动物的肌腱**：常用来把某些东西系在一起。使用时它们必须是潮湿的。

劈开植物的茎干

无论是竹子、白藤属的植物，或者是其他植物的茎部，以及藤本、树皮等，它们全部需要在劈开之后，才能制成各式各样的绳子。在劈开茎干时注意，拉动茎叶较细的部分可能会导致中途失败，而拉动较粗的部分就可以避开这一问题，同时也能节省时间和体力。

试验纤维的强度

打一个反手结，将两根长纤维系在一起。向两边用力拉动，你的力量要适中，如果纤维突然折断，说明纤维过于脆弱容易断裂；如果两根纤维分开了，说明纤维本身很滑。适合的纤维就会绞合在一起。

9.5.2 按照辫状编制绳索

如果你制作绳索的经验并不丰富，可以采用手搓或者辫状编织方式来完成。将线分成三股，然后把它们按照辫子的形状编织在一起，制成一根更粗更结实的绳子。在编织的过程中，如果需要加长，可以先把线股错开，再添加新的纤维。

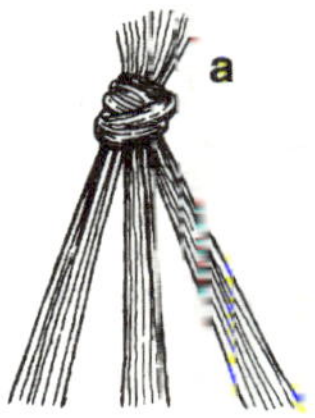

取出一束纤维，将它们的一端系在一起，固定好，然后把它们均匀地分成三股（如图a），将左边的一股放到中间（如图b），再将右边的一股放在它上面（如图c），将现在的左边的这股再绕到中间放好（如图d），依此类推（如图e—f），继续缠绕编织下去，采用如上所示的辫子形状的编织方法时，要尽可能地使每一股线之间紧密而且平滑。

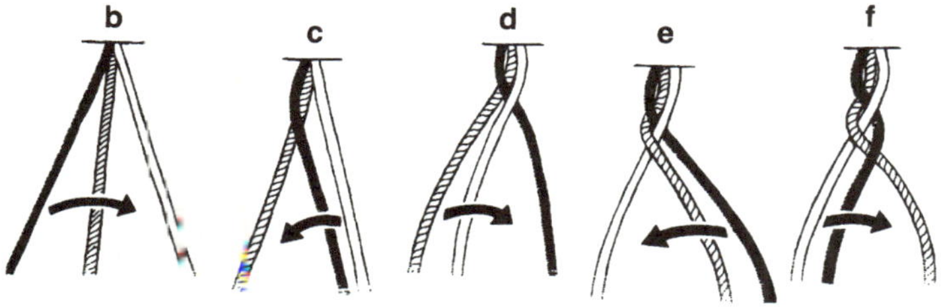

9.5.3 环绕式编织绳索法

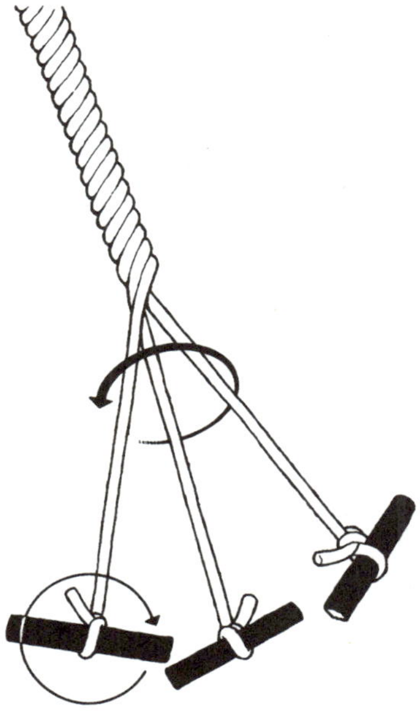

可以将一些植物纤维放在一起，按顺时针方向旋转（如图所示，当然按照什么方向都可以，主要是保持旋转的方向始终要一致），当需要增添纤维时，把它的末端错开再添加。

当你已经制好了三根纤维之后，将它们固定在一起，使每根纤维继续旋转，让它们之间足够紧密。在每根纤维的末端系一个套索钉（或者是小木棒），这样旋转起来更方便一些。

将三股线放在一起，按照逆时针方向旋转——也就是沿相反的方向旋转。

继续旋转这些线的同时，继续增加线的量，直到达到你所需要的绳索的长度。制作时，有时你会感到进退两难，很不顺手，此时可以将已完成的那一部分固定，每股线之间要保持紧密。可以将已完成的部分裹着树干，这样旋转的长度就会变短。

要使绳索更粗，也可以将已经制好的绳索作为其中的一股，重复上一方法，或者使用简单的辫状编织法把它们编在一起。

切记：在制作绳索时，每股纤维的粗细应该相当，并且每股纤维自身，也应该保持粗细均匀，如果每股纤维的粗细不匀，那么绳子造好后，纤细的部分在受力时就容易被拉断。

9.6 缠绕绳子加固法

绳子的末端需要用某种方式固定，这样它就不会散开。将绳索缠绕起来并且用细绳系牢，避免磨损。

如果绳索的制作技巧很高，它们一般缠绕得紧密而且平滑，如果过于松弛，那么会容易松散、容易脱落。绳索过粗的时候，缠绕它会相当困难，而绳索过细的时候，缠绕它又容易滑动，只有依靠经验，你才会选出工作中粗细合适的绳索。

使用缠绕绳索的技巧，会使你在握斧柄和又大又重的短刀时感到更舒服些。

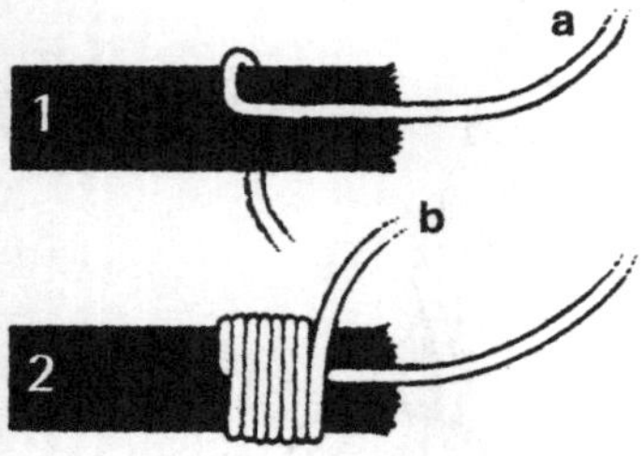

1．将被缠绕物沿着绳索放好，绳子的一端留出一小段（如图中a），除去绳端的长度外，还留有一个手掌那么宽的长度。

2．缠绕绳子（如图中b），缠绕时移动的方向指向绳子的末端。渐渐覆盖放在被缠物上的绳子。

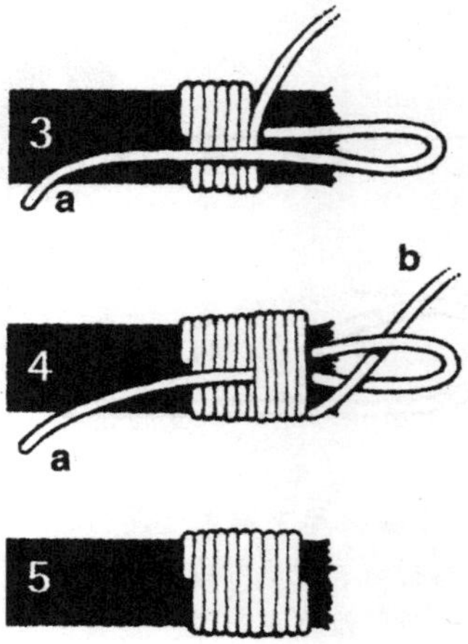

3．将放在被缠物末端的松弛的绳头（如图中a）弯成一个环，把绳头放在已缠好的部分。

4．继续缠绕绳索以盖住环，直到你几乎缠到绳子的最末端。

5．将绳端（如图中b）穿过绳环，拉紧绳端（如图中a），最后将末端修理光滑。

10. 打结

在日常生活中，有许多事务，它们都需要使用打结的方法来完成，从事各项活动时，选择正确合适的结极为重要。当需要打结时，你不应该对打结的方法一无所知。你要学习、掌握每种结的用途，以及打每一种结的方法——在黑暗之中和其他各种条件下，你都要能从容自如地打结；同时也应知道如何解开结——在许多危险的时刻，比起不会打结来，不会解开结更糟糕。

说明：在以下的叙述中，我们把用来打结的绳索中被提起的一端，称之为活端；与此相区分，绳索的其他部分，我们称之为固定部分，或者是固定端。

平结

我们又称它为方结。在各种类型的结中，平结使用的频率最高，也是最为人所熟知的一种结。利用平结，可以将粗细相同的绳索连在一起，这时即使承受的拉力很大，也十分结实，而且易于解开。

用这种结将粗细不同的绳索系在一起并不可靠，使用尼龙绳时也不应打平结——尼龙绳太滑。

也可以利用平结将绳索系在其他的物体上。在营救过程中，使用平结的效果较好，它十分光滑，不会伤着遇难者。

打结的方法：将右边的一根绳子放在左边的绳子上面（如图a），然后向下环绕（如图b）。

然后将左边的绳端放在右边的绳端上（如图c），再向下环绕（如图d）。

小心检查——两个环之间可以彼此滑动，如果穿错了位置，就会导致两根绳子系不到一起（散开），或者在受到拉力时难以解开。

同时拉动两根绳索，将平结系紧；或者仅从活端用力，也能确保能够系紧（如图e）。

系完平结后，如果怀疑这个结是否可靠，可以将平结每一端的活端，在绳索上再打半个索结（如图f）。

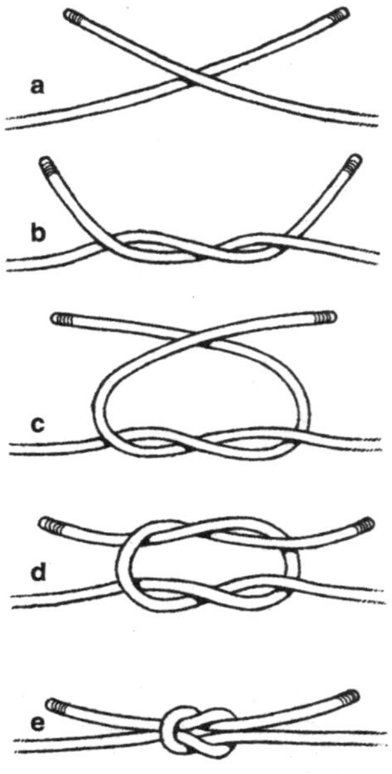

10.1 一些比较简单的结

有一些结十分简单，制作很快速，掌握它们的制作方法，有助于加深了解复杂的制作方法，即下文所述的更复杂的结的制作。

反手结

在所有的结当中，最简单的一种打结方法是打反手结。首先，将绳索曲成一个环状，将活端从后面穿过这种环，然后拉紧，即可完成。除了用来在绳端处打一个结点（使绳头不易散开）外，反手结很少有其他的用处，但是，它是许多其他的复杂的结的组成部分。

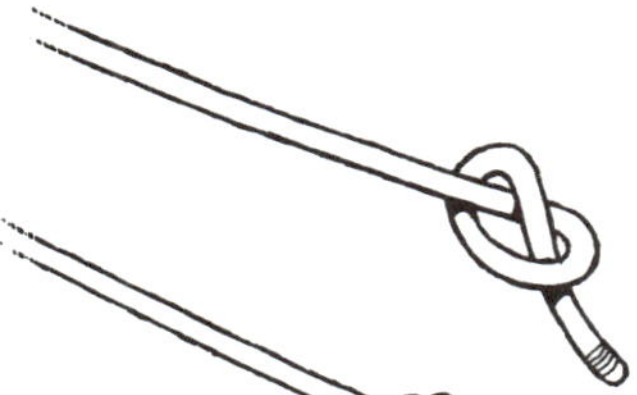

反手环（结）

这种结的制作极为快速，首先将绳索弯成一个环，将这种环套在一个固定的物体上，拉紧它，再用活端与环打成一个反手结。

“8”字形的结

如同反手结一样，这种结可以在绳端系成一个结点，但是它却比反手结更为有效。先将绳弯曲成一个环，将活端放到绳索的固定部分的后面，然后绕过固定部分，再将活端穿过前面的环。

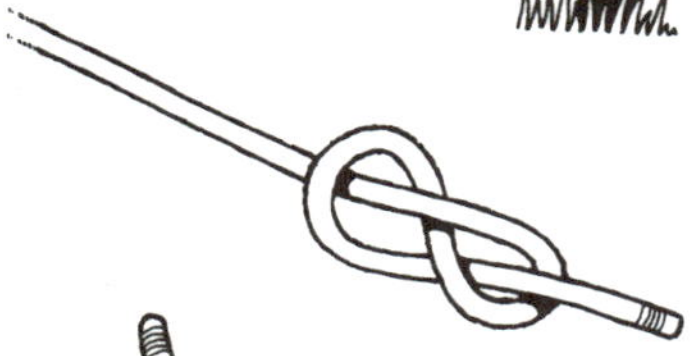

“8”字形环

比起反手环来，这种环更加结实更加牢固。制作的方法与“8”字形结相同，但是使用的是双股线，将环端作为活端，可以放在用来系绳索的钉锚上。

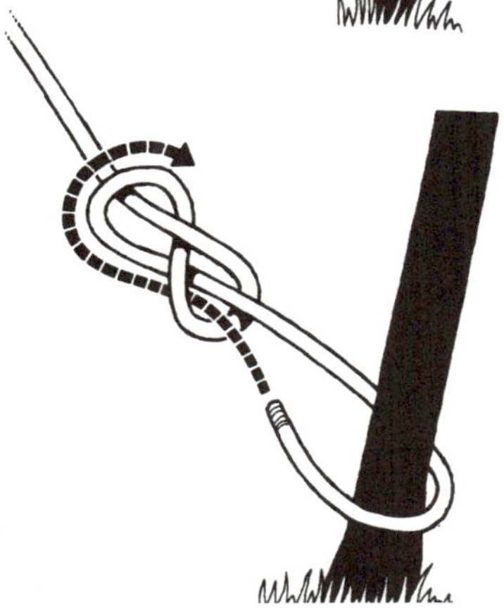

“8”字结的第二种编织方法

这是一种相当有效的结，可以将绳索系在锚上。一般可以在物体（锚）过高，因而不能将打好的结套在上面的时候使用。首先，在绳索上制作一个松弛的“8”字形结，将活端绕过物体，然后再拉回，沿着原来的“8”字形结的线路，重新做一个“8”字形，然后系紧，就编成了。

10.2 绳索的连接

单编结

单编结通常用来连接粗细相同的，或者是粗细不同的两根绳索，比起把两根粗细相同的绳索系成平结的方法来，这种方法更为有效。对于材料不同的绳索，特别是潮湿的，或者是结冰的绳索，这种结更为理想。

这种结的制作方法比较简单，在绳索未承受拉力时，它也容易解开。如果制作的方法没有错误的话，而且承受的拉力是稳定而又规则的情况下，这种结不会滑开。

1.将一条绳子弯曲成环状，另一条绳子的活端（如图中a）向右弯，从后面绕过这个环，再将活端从这根绳与另一根绳子之间的环中间穿过。

2.把这个绳子拉紧。当拉力增加时，这种结会自动系紧。

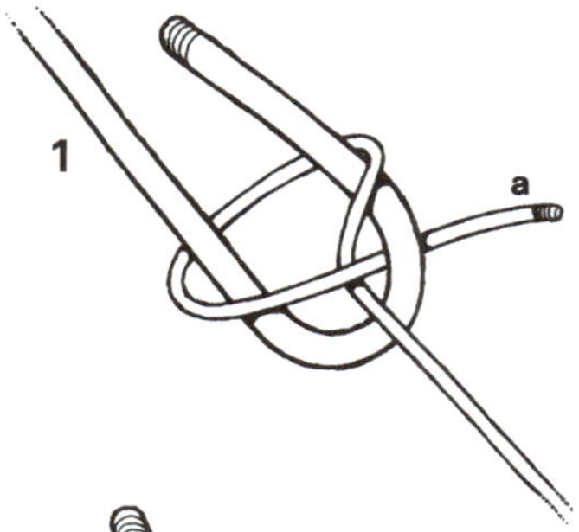

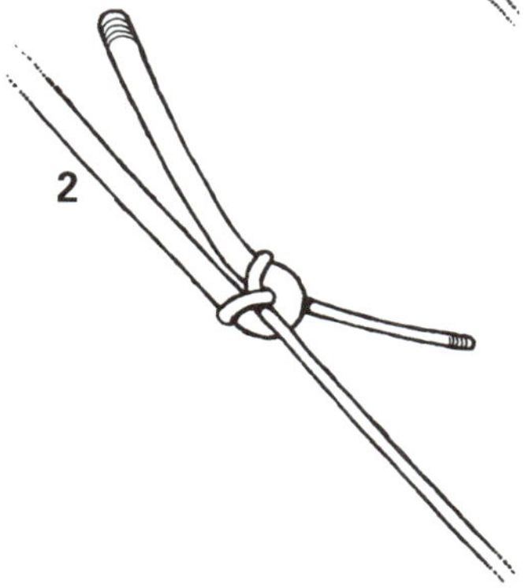

双编结

和单编结比起来，双编结更加结实耐用，而且对潮湿的绳索的效果也不错，特别是在两根绳索之间粗细相差比较悬殊的时候。不过，即使两根绳索都很粗，使用双编结来连接它们，结果也十分结实。如果绳索受到的拉力不稳定，普通的单编结就很容易滑落，此时就更能显示出双编结的优点来。

1.将粗一点的绳索弯曲成环状，将细绳的活端（如图中a）穿过这个环，先移动到粗绳的活端的下面，再从前面开始环绕这个环一周，最后从后面将细绳的活端穿过细绳与粗绳的活端之间。

2.将细绳的活端再次环绕这个环绕一周，再穿过这个环外的相同的地方（细绳与粗绳的活端之间）。

3.拉紧细绳的活端，这种结就完成了。

如果未拉紧，这种结在受力时就容易松动。制作这种结时不宜使用光滑的绳索，如尼龙质的钓鱼线等。

1
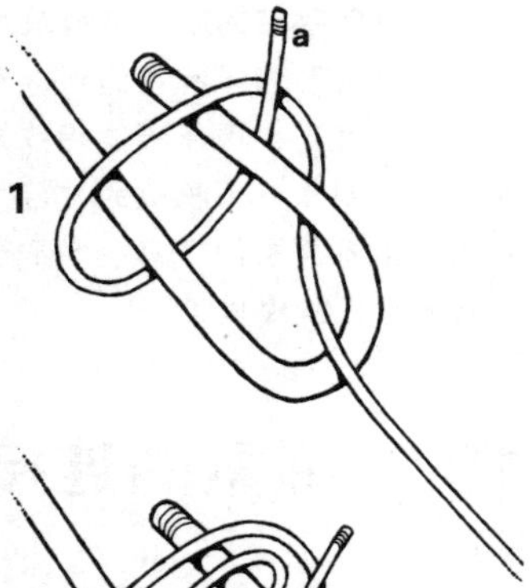

2
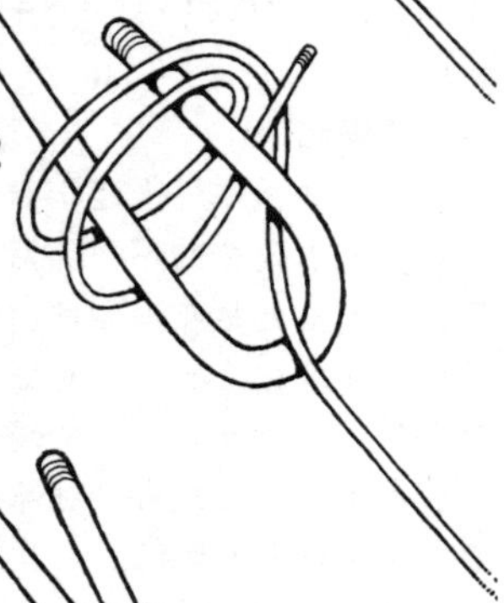

3
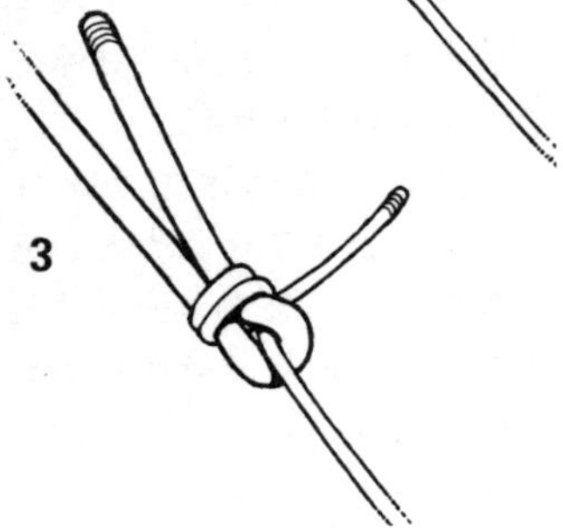

捕鱼人结

你可以采用这种结，当你在连接两根质地柔软的绳索（或其他材料，例如藤本或金属线）时，它是一种有效的方法。对于潮湿的或者打滑的绳线，这种方法也很有效，特别适于连接捕鱼用的钓线——首先把钓线浸泡在水中，使它变得柔软。用这种结连接细线时，它的效果比较紧密牢固，但不容易解开，在不能肯定平结或者单编结是否有效时，可以试用这种结。但是，粗笨的绳索或者是尼龙线，并不推荐使用这种结。

1.将两根线放在一起，末端的方向相反，将其中一根线的活端绕过另一根线，简单地制作一个反手结。

2.用同样的方式，重复操作另一根线的活端来打结。

3.轻微地拉紧两个反手结，然后彼此之间相向滑动，让两个结紧挨在一起，再系紧两个结。

1

2

3

双层渔人结

这是渔人结的各种类型中最牢固的一种形式，但是尼龙线、尼龙绳以及粗笨的绳索不能使用这种结来连接。

1.将其中的一根线的活端环绕另一根线一次，然后再绕一次。

2.将活端穿过你刚才已经形成的两个环。

3.用同样方式，重复操作另一根线的活端打结。

4.将两个结彼此相向地滑至一起，小心地移动来系紧两个结。

1
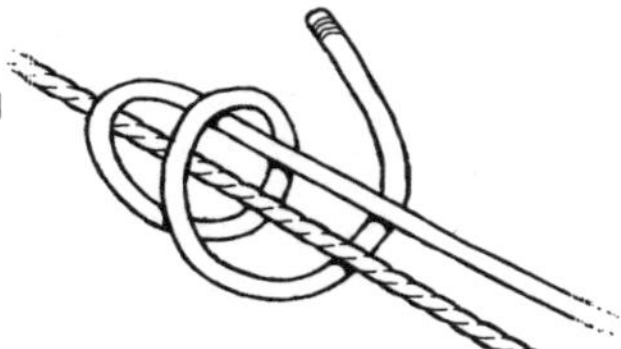

2

3

4

带状结

对于表面平滑的材料，例如皮带、布带等材料的连接，这种结的效果不错。当情况紧急、缺少绳索时，甚至可以用被单或者其他织物试一试。要多练习。

1.用一根带子的活端制作一个反手结，但是不要把它拉紧。

2.沿着与反手结的运动轨迹

1

相反的方向，将另一根带子的活端穿越这个结。

3.保证另一根带子的活端应该恰好在结内，这样，拉紧这个结时，活端就不会滑落。

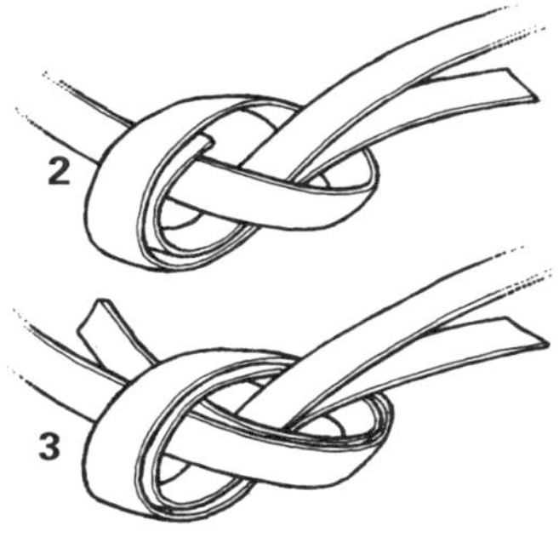

10.3 绳环的制作

单套环

这种环真正制作起来比较快速，在承受拉力时，这种环既不会变紧也不会发生滑动。它可以用于救生环的末端，或者其他需要绳环固定的场合。

1.在离绳端一定距离的地方弯曲形成一个小环。

2.将活端向上穿过这个环，从绳索的固定部分的后部绕过去，然后向下再穿过这个环。

3.拉动绳索的活端，使得结变紧，小心地使结固定。

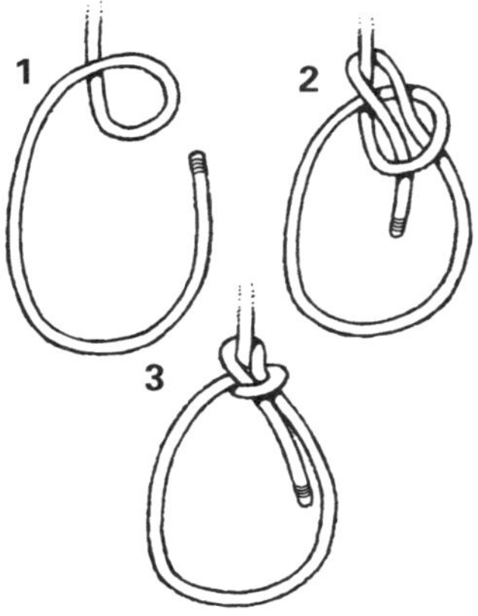

活动的单套环

这种环可以滑动，也可以任意放松或者拉紧。先制作一个小的单套环，然后将绳子的长端从这个环里穿过去。

千万不要将活动的单套环系在你的腰间，特别在登山时，更应注意不要这样做。这种环的功能有些类似悬吊人的绞索，可以致命。

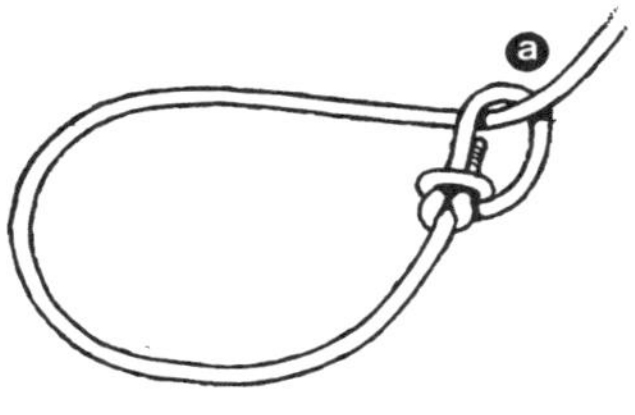

三重单套环

三重单套环是单套环的另一种类型，通常由两股绳制作而成。首先，将绳子弯曲成环状，再将双股绳的活端穿过这个环，然后从固定部分的后面绕过去，向下再穿过这种环，这样就可以产生三重绳环。利用这种三重单套环，你可以用来拖运设备，或者是作为悬挂带：其中的一股绳环用来环绕大腿，其他的绳环用来环绕胸部。

需要一段时间的练习，你才能掌握好合适的比例——所以，在使用三重单套环之前，你要掌握制作的技巧。

环中环

可以用环中环来支撑或者拉出人员，当他们身处在冰隙裂缝中，或者其他难以爬出的地方的时候。制作时，需要使用双股的绳子，制作好的两个环既不能过紧，也不能互相挤压。用一个环绕过臀部，另一环绕过上部的躯体，就好似一个工作吊板一样。像三重单套环一样，在使用前，要多加练习一番。

环中环有许多种用途，这一点你会逐渐在应用中发现：例如在装潢房屋或者船舶时，它可以帮助制作支撑悬挂的平台，也可以在平台的每一端都使用这种环。如果平台的每个角上都有一根木杆，你可以在木杆上刻出凹槽，来防止绳索滑落。

1.将双股绳索弯曲成一环，

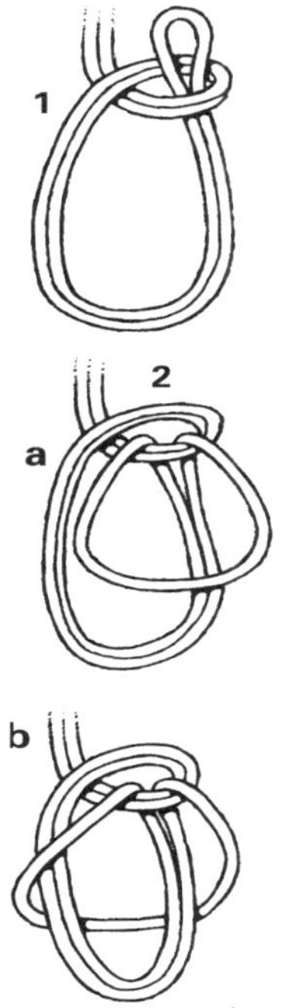

将绳索的活端穿过这个环。

2.将活端向下（如图a ），然后套过双层环（如图b），轻轻地移至固定部分的后面（如图c），拉动大的双层环，使其变紧（如图d）。

攀踏结

攀踏结通常也被称为蝴蝶结，或者是炮结。这种结有一个不可以滑动的环，你能够在绳索的中间制作这种结，但是，在绳索的末端你不能用这种结。在一根绳索上，你能够打出数个攀踏结，并且可以将人体套上去，这样既可以拉动人体，也可以抬起人体。在登山时，携带打有攀踏结的绳索，你会觉得相当方便有利，你的手脚都可以放在环上来支撑身体，在感到疲劳时，还可以在上面休息一会儿。

1.将绳子折成一个环，再扭曲出一个小环。

2.让环的左面的部分穿过这个环。

3.将环扭曲。

4.把它绕过环的左边的部分，然后在原始的环的上面穿过去。

5.轻轻拉动使结固定，要小心地拉紧。然后仔细地检查一遍。

注意：如果在拉紧结的时候不小心出现错误，就可能成为一个滑环。

c

d

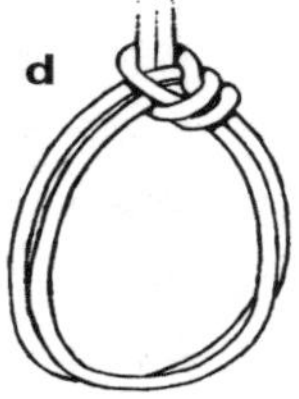

1

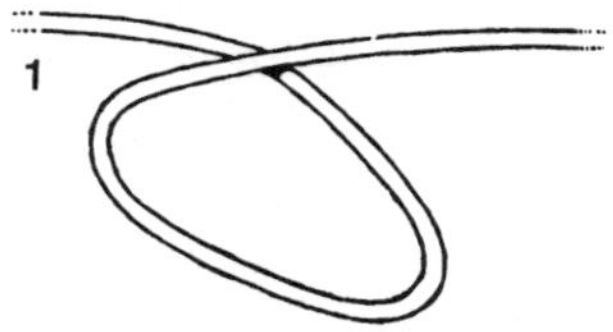

2

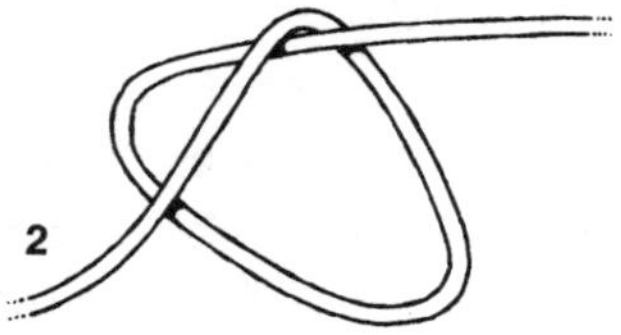

3

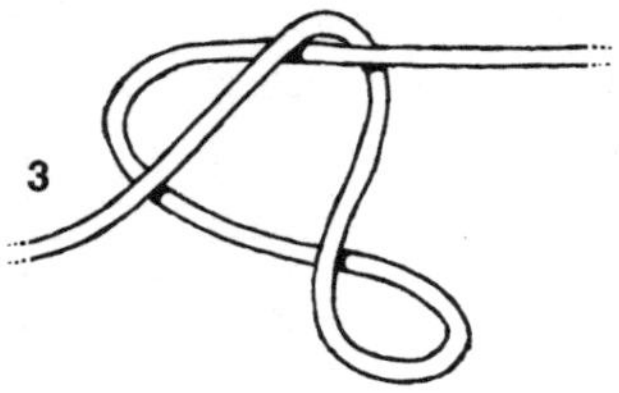

4

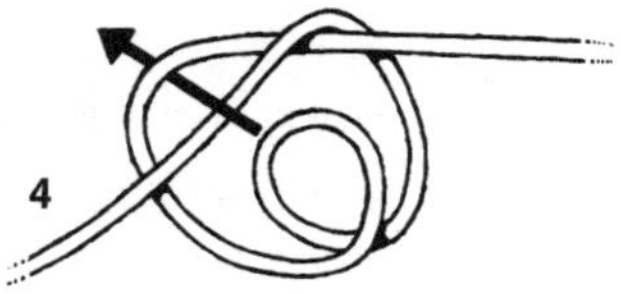

5

如果不是如图3所示的方式完成环的扭曲，你可能会发现制作这种结的其他方式。环的牢固程度并不受扭曲方式影响，也不因为扭曲是否有变化而受影响。

绳梯

在一根绳索上，你可以打上一些攀踏结，攀踏结的具体的数目可以依照你的需要而定，然后，你就可以制成简易的绳梯了。你也可以使用横档、结实的棍棒，或者飞机、车辆失事后的残骸，这些东西都可以作为横档。

制作要用到两根绳索，或者将一根较长的绳索弯成双股来使用，在两根绳索中，攀踏结之间的间隔要对应相等。制作绳梯时，将棍棒穿过相应的环。制作攀踏结时应注意，使环勒紧棍棒，绳梯上棍棒的间距应该比较合理。为了安全起见，使用前要试试每个结是否牢固。

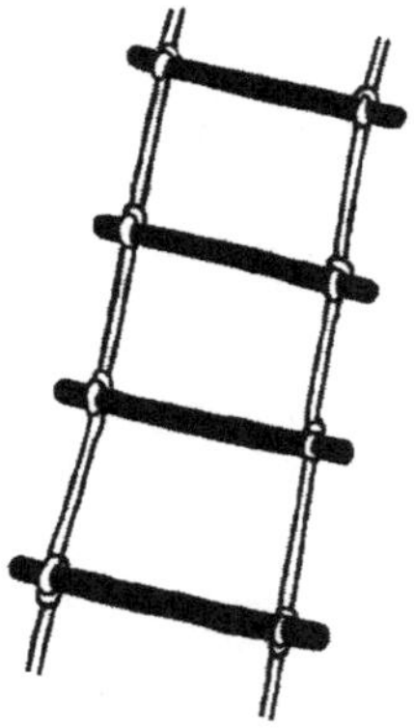

绳梯结的制作方法

按照一定的间隔，在一根光滑的绳索上打上一些反手结，这会使登山变得更加轻松自如。如果你掌握了打结的窍门，制作起来会十分快速。

1.绳索的末端留出一截合理长度的长绳，在一根短树枝，或者在原木的末端，用绳索打一个半结。

2.沿着原木连续制作这样的一些松弛的半结，原木的直径要符合两个结之间的空间距离。

3.将留出的绳端向后依次穿过所有的环，然后将所有的环滑下原木末端。

4.将每个绳结依次穿过半结，然后在另一端固定，系紧每个结。

如果你知道绳子的长度，就能估算出所需要的结的数目。选择原木时，注意它的粗细要合适，要能够在上面绕出所要求的圈数——因为它的圈数也就是你所需要的结数。

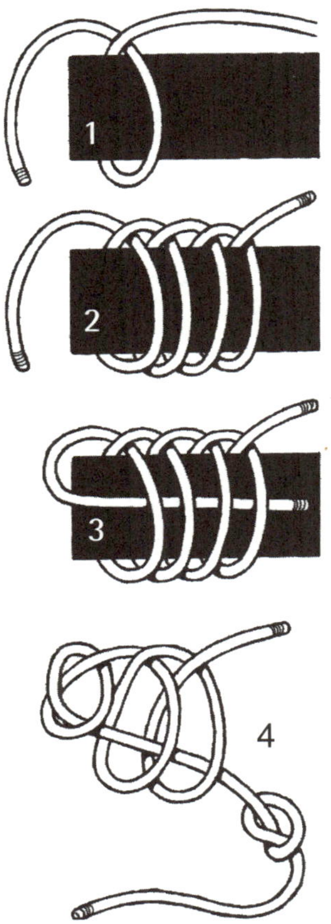

套索的索眼结

另外的一种能够自由滑动的套索结，是这种套索的索眼结，但是，这种结有一个明显的圆形环，适于长期套取某些东西，所以属于套索的一种。

套索有着多种多样的功能，但是，在野外求生时，如果仅有一根绳索，那么，花费许多时间和精力，并且试图用这种方式捕获动物，则不是明智的选择，因为这需要长时间的实践。当你真正需要绳索时，或许它已经因为捕猎而被损坏。但是，是值得花时间练习用这种方法捕猎的——你一旦掌握这项技能后，在真正的困境下就会获得回报。

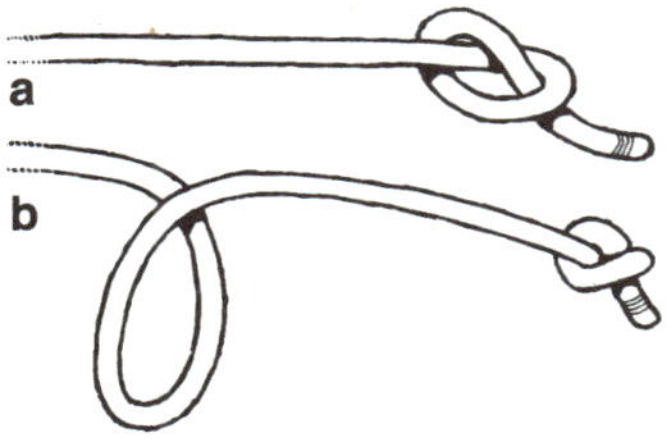

a.首先打一个反手结。

b.在离绳端一段距离的地方弯曲形成一个环。

c.在反手结与环之间再将绳索折成一个半环。

d.将半环穿过先前曲成的绳环。

e.绕着半环将绳环系紧。

f.将绳索的长端穿过新的绳环。

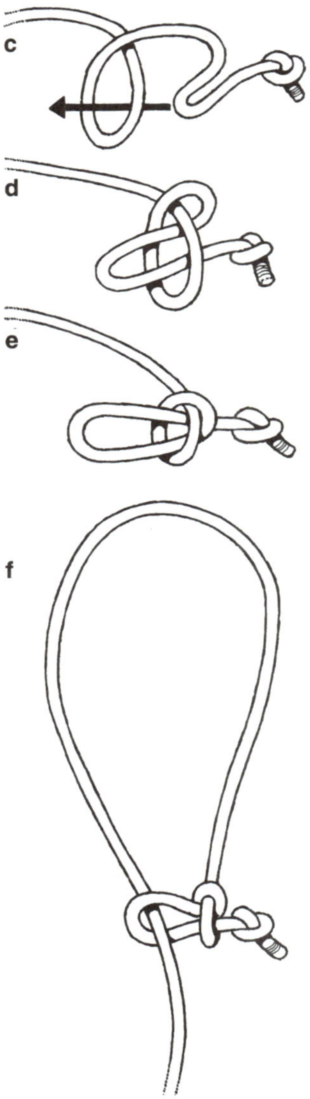

要注意，在用套索捕猎的时候，看清楚手中绳索的长度。一只体形大的动物肯定会逃跑，如果你并没有抓牢绳索，就可能让动物拖走，那就会出现“偷鸡不成反蚀一把米”的情况。而将绳索固定在自己的身上，你又会被动物拖走，弄不好你会严重受伤。那么，可以利用固定的“锚”来承受动物的拉力吗？答案是肯定的，将绳索绕过树干，或者一块岩石，或许你就会安然无恙，否则，当拉力过猛时，人体会难以承受。

10.4 索结

可以使用这种结将绳索绑在柱子、木桩或者木杆等物体上。

环绕一圈后再系两个半结

这是在柱子上固定绳索的最好的方式，这样，它可以承受来自任何方向的拉力。

将绳索从柱子后面绕上两圈，然后把绳索的活端从固定部分的上面绕到下面，再穿过刚形成的环，系紧这个结，再重复编制一个半结，使其更为牢固。

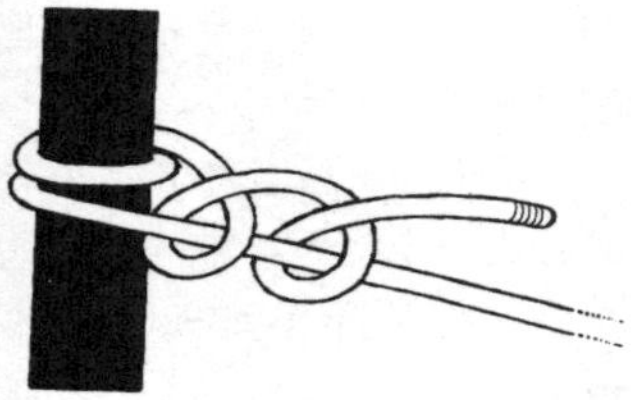

丁香结

这种结在绳索受到的拉力与地面垂直时，就会相当有效。而当拉力的方向与地面不垂直的时候，或者拉力的方向经常发生变化的时候，丁香结的效果并不好——因为这些情况容易使丁香结发生松动。

1.先将绳索的活端绕过木棒。

2.将活端压在绳索上，再环绕木棒绕一周。

3.将活端先向上再从绳索下面穿过，活端的方向与绳索的固定部分的方向相反。

4.将两个环靠近然后再拉紧。

你也可以在绳索上面制作一个圆环形的丁香结，然后将制成的结整个放到原木上——假如你可以够到原木的末端的话。许多经验丰富的打结者都用这种方法制结。在原木上制作一个松弛的丁香结，然后再让它滑下原木并且系紧即可。

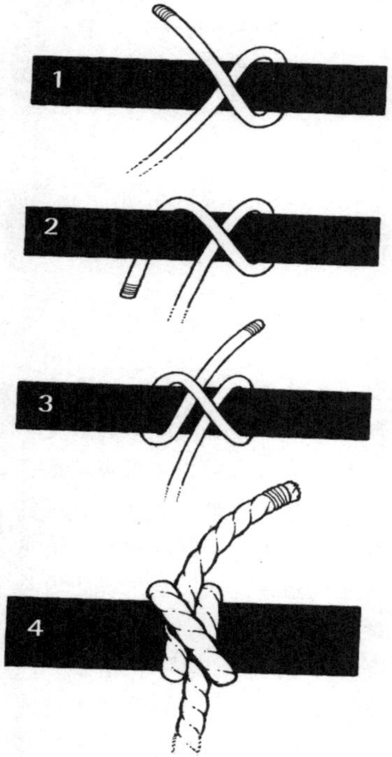

原木结

捆绑某些东西时，主要使用的是原木结，它也可以用来扯起、拉动或者牵引比较重的原木。

1.将绳索的末端环绕住木棒，再绕过它的固定部分。

2.将活端塞进绳索的环形内，再环绕绳索数次，直到你觉得安全为止。轻轻拉动固定部分，系紧原木材结，木棒要能够固定得很牢固。

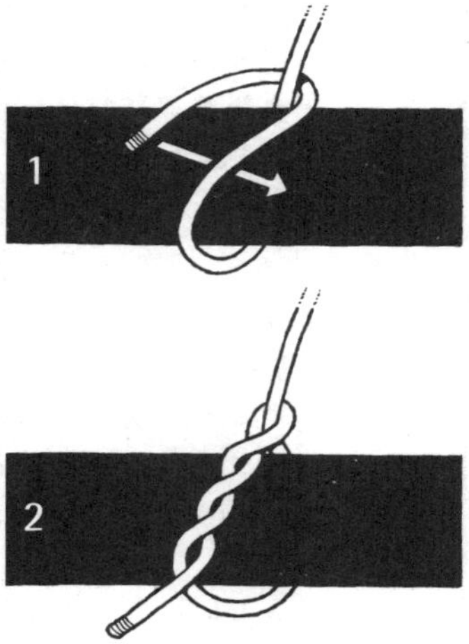

小锚结

小锚结通常也称为锚结——是用来将绳索固定在充当锚的重物上的方法。在水中，你也可以用它来固定一个真正的锚，或者用它来固定一根要投掷出去的绳索的一端。

制作过程：绕着岩石，或者是其他的重物的一端，制作一个原木结，沿着重物将绳索拉到重物的另一部分，打一个半结。

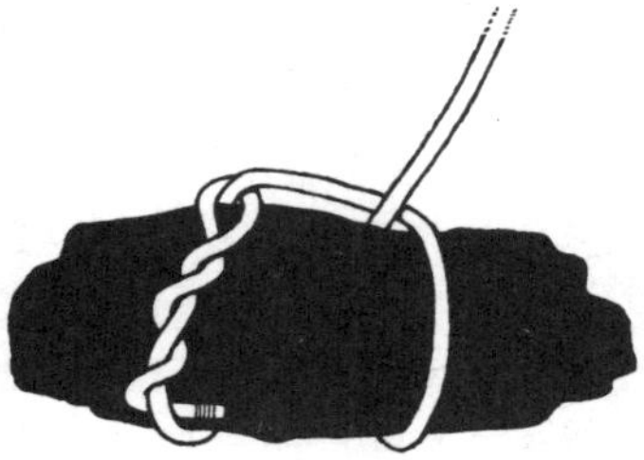

索针结

制作索针结的过程比较迅速，可以用它来将船舶上的绳索固定在一根柱子上，或者任何一根直立的木桩上部。如果你暂时将绳子固定在一根短而结实的木棍上，这也便于拉动重物。

1.先将绳索弯曲成环状——注意研究图示的实例。

2.将环的一边拉到绳索的固定部分的上面。

3.将这个环放置到木桩上——使固定部分凸出绳环，再

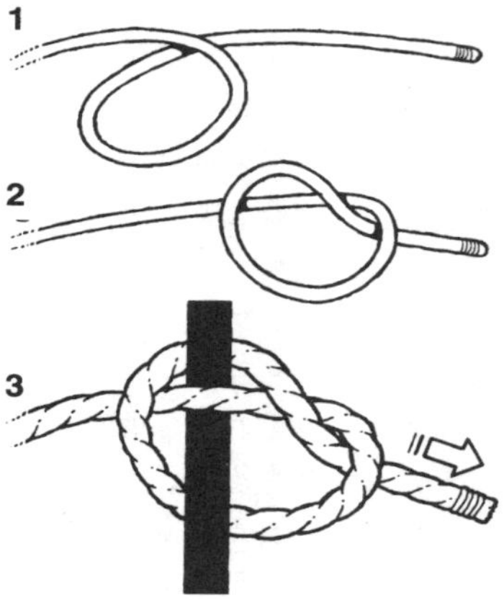

将木桩穿过凸出部分与绳环之间，拉动活端，将绳索系紧。

快速解开的结

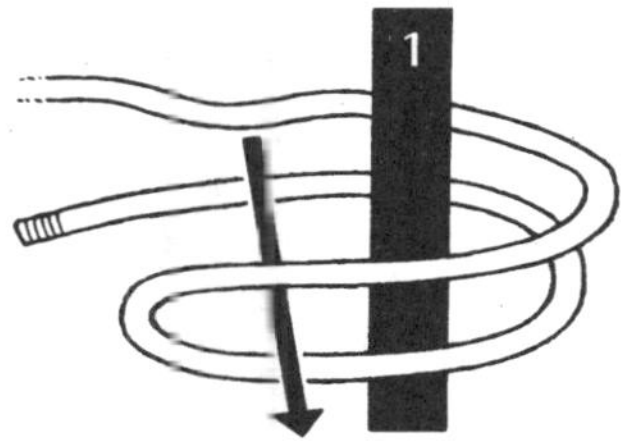

这种能够快速解开的结既安全，又牢固，只需要简单地拉动活端，你就可以把它快速地解开。在暂时性地固定绳索，或者需要快速解开结的环境中，你可以使用这种结。

1.将一根绳索弯成双股，绕过一个柱子或栏杆。

2.将固定段弯曲成一个环，穿过第一个绳环。

3.再将活端弯曲成一个环，然后使这种环穿过固定段形成的绳环，拉动固定段系紧这种结。

4.将活端快速一拉，这种结就会被解开。

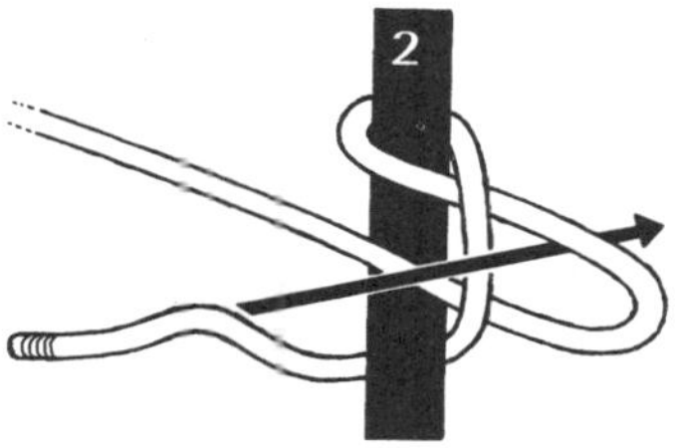

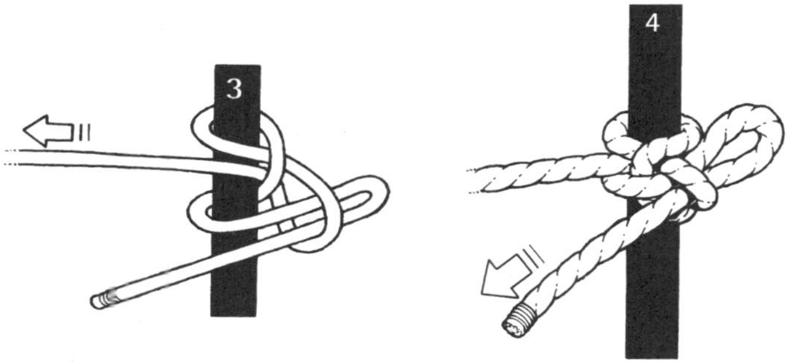

10.5 缩短绳索

缩结

弯曲绳索，变成三股，在最外面的一股绳索上打一个半结，将半结滑动至另两股绳索的弯曲连接处的外围。或者不使用半结，而是在固定段扭出一个环，将其滑到绳子的弯曲端的位置，渐渐加力勒紧。

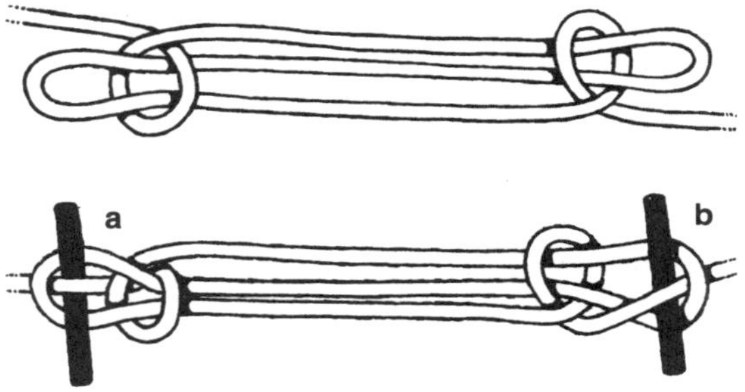

将一根小木棒放在绳索的弯曲处和固定段的后部（如图中a），再打上缩结，这样就会更加牢固。或者，如果你能够够得着绳端，将绳端穿过绳环（如图中b），再加上一个木棒，这样将会更牢固。当绳子过长时，不要轻易割断绳索，你并不能断定何时需要一根长一些的绳索。将一根绳索打结，它的长度就可以减为原来的一半。用缩结可以将绳子缩短，也可以将受损的部分或者薄弱的部分排除在外。

10.6 负载固定

奥克斯交通结

当你要将重物高高地固定在小船、木筏或者雪橇上，或者将其系在屋顶下时，这种奥克斯交通结就极有价值。制作完成后，把它用力向下拉，最后用两个半结固定，就可以承载最大限度的重量。如果这种结变得松散，打开后面，再重新系紧它。奥克斯交通结可以用在一条绳索上，利用它来帮助你穿越河流或者峡谷的。根据需要，这种结可以随时调整并且系紧。

1.将绳索弯曲成一个环，在环的下端再曲成一个半环。

2.将半环穿过第一个绳环。

3.此时又出现两个绳环，在较低的绳环上将它扭曲成“8”字形，再将绳索末端绕在一个固定物上，然后穿到“8”字形的扭曲环的下面。

4.拉动绳索的末端，把它系紧。

5.将绳索的末端环绕着更低的环，系上两个半结来固定，然后放松这些结。然后重新调整，再系紧。

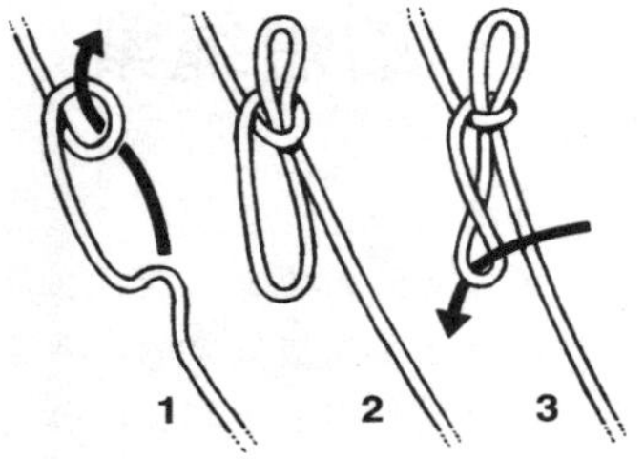

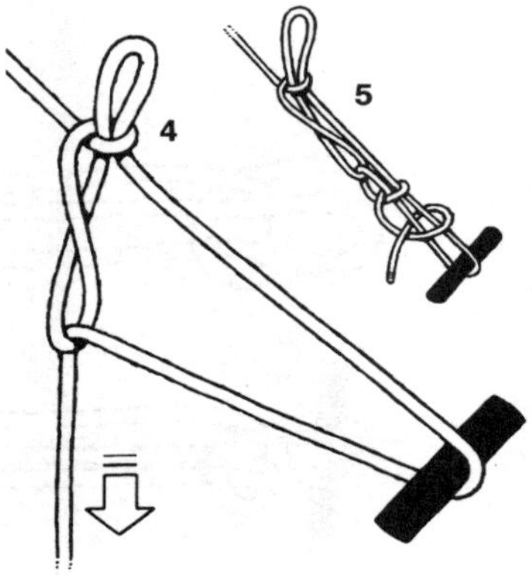

普瑞斯克结

这种普瑞斯克结带有可以滑动的环，在登山时，在绳索上使用普瑞斯克结的效果极好，在承受重力时，这种结不会打滑，但是，当力量放松时，这种结就可能沿着绳索而滑动。对于需要不时重新调整的绳索，例如帐篷的牵拉线，使用这种结的效果也比较令人满意。

当登山时或者悬空时，在绳索上安置一双普瑞斯克结（绳索与地平线保持平行），就可以提供支撑。当前进时，你也可以沿着绳索滑动。

说明：此结图示解说中，相对固定不动的绳索称为主索，在上面打结的绳索称为附索。

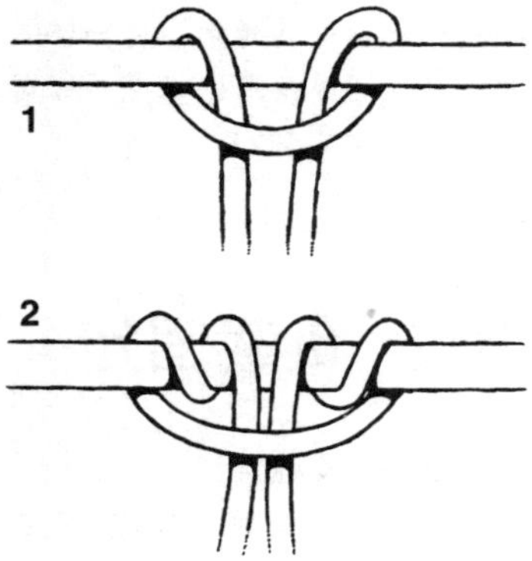

1.将附索的两股绳索都绕过主索，形成一个绳环，将附索两端穿过绳环，保持松动。

2.将附索的两端穿过绳环，然后小心地系紧，不要让附索的绳圈相互交叠。

3.这样在主索上的普瑞斯克结就显出4个环（如图中a），登山者有时将附索再次穿过绳环，这样主索上就有6个环（如图中b）。

4.普瑞斯克结也能用于固定的绞结环的制作：将此绳环环绕着主索，穿过自身环，再重复一次上面的操作。

5.如果是将一个附索附在悬于峡谷中的主索上，可以将附索的末端（如图中a）固定在一个“锚”上。

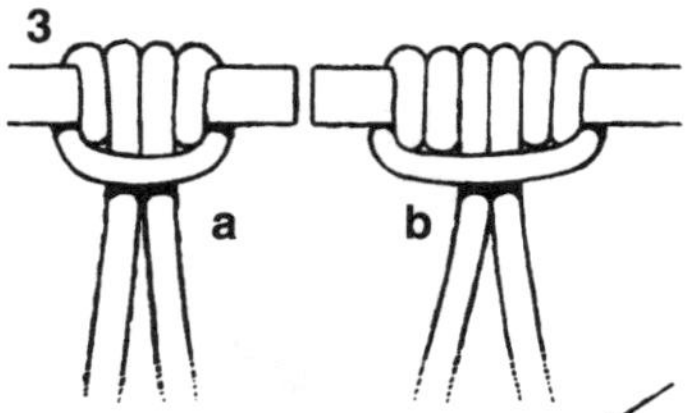

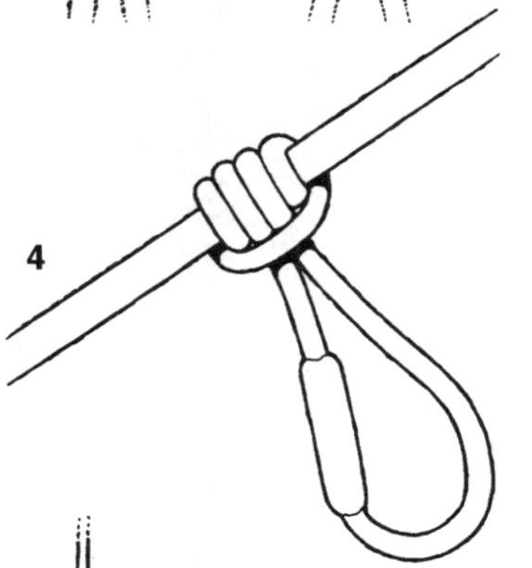

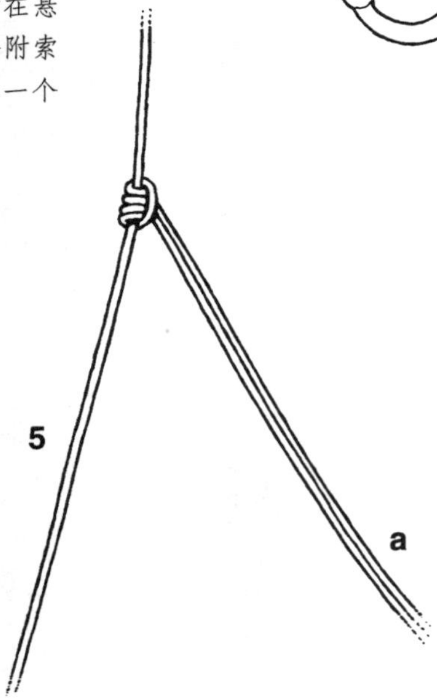

注意：当沿着主索登山，或者穿越峡谷时，用绞结环制作的普瑞斯克结最为安全可靠（如图4）。如果没有绞结环，那么在普瑞斯克结制成以后，要将附索的末端系在一起。在使用之前，要仔细试试普瑞斯克结的质量。

10.7 捆绑的技巧

捆绑的方法随着横梁、原木、木杆等位置的不同，也会发生变化，你应该掌握这些技巧。在制作遮蔽棚、橡皮筏和一些别的建筑物时，这些技巧是相当有用的。

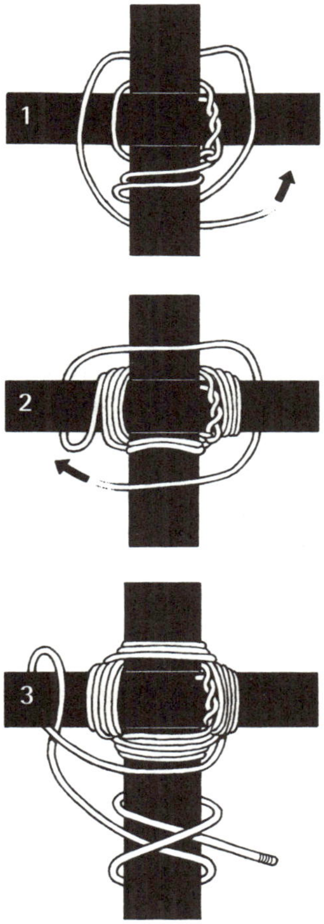

方形捆绑法

方形捆绑法可以用来捆绑固定横梁，当被捆绑的两个物体呈直角时，方形捆绑相当有效。

1.制作一个原木结，然后将绳索在两个横木的上下方轮流绕横木转一周，再沿着逆时针的方向将绳索上下围绕横木（仔细看图示）绕好。

2.如果缠绕了三四圈之后，就变换方向，到另一根横木上按照相反的方向缠绕。

3.在一根横木上打个半结，完成缠绕。然后用一个丁香节，在另一根横木上将绳索固定住。

圆形捆绑法

在增加横木的长度，或者将两根横木叠放在一起时，可以使用圆形捆绑法。

首先，用绳索在两根横木上打一丁香结（如图中a），然后绕着横木将其系紧，再用一个丁香结在另一端（如图b）绑住两根横木，捆绑好之后，在绳子的下面加上一个楔子，使其绷紧。

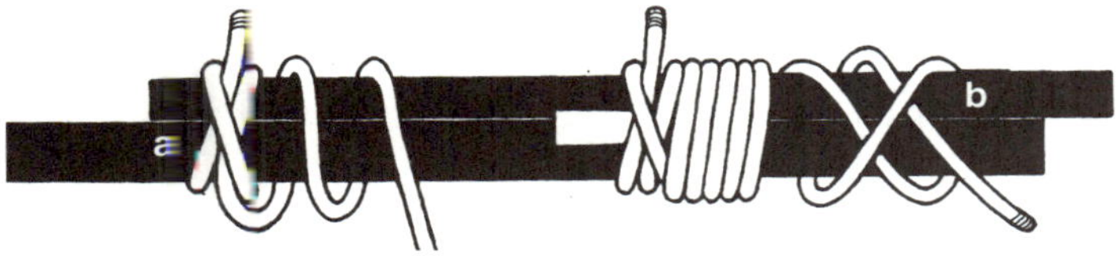

对角线捆绑法

对角线捆绑法可以代替方形捆绑法使用，在两根横木不是直角相交时最为有效，特别是在横木处在重压下彼此相互重叠，必须把一个固定到另一个上面系紧时，这种方法更加有效。

1.绕着两根横木，打一个倾斜状的原木材结。

2.继续缠绕绳索，将原木材结遮住，然后缚紧，在靠下面的横木的后面将绳索转个方向。

3.按另一个倾斜方向缠绕绳索并且缚紧，再将绳索转个方向，按照正方形缠绕三四圈——如图所示，分别从上面的横木的上部通过和从在下面的横木的下面通过。

4.在一根横木上用一个丁香结结束捆绑。

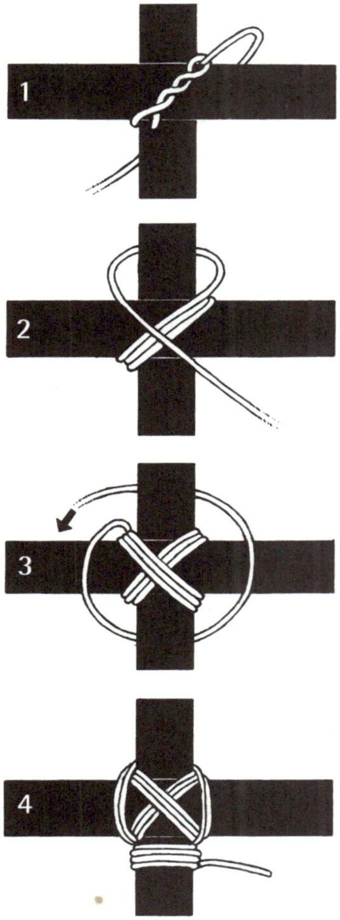

剪刀式捆绑法

剪刀式捆绑法通常被用来捆绑平行的两根木材的末端，例如可以制作一个“A”字形的框架。

首先，在一个原木上打一个丁香结（如图中a），然后用绳索缠绕两根原木——不宜过紧；然后将绳索转换一个方向，在两原木之间再把绳索缠绕上两圈，再缚紧；最后在另一原木上（如

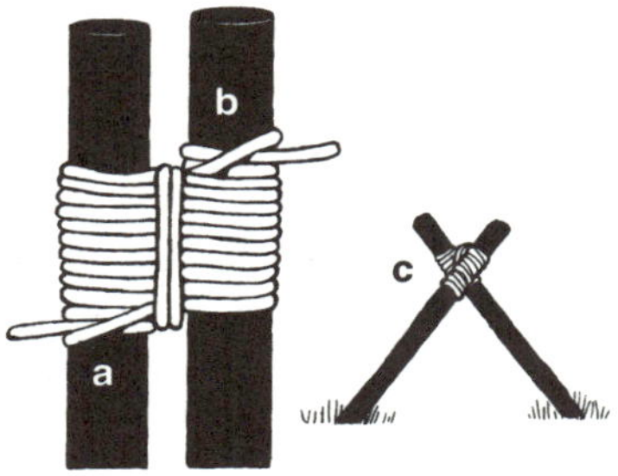

图中b）打一个丁香结，将原木拉成剪刀形，这样捆绑自然也变得更紧一些（如图中c）。

捆绑三根原木时，可以用另一种方法，来制成一个三脚架，制作的方法与上面介绍的方法近似。首先将三根原木缠绕在一起，然后，将每两根原木之间的绳索缚紧。“A”字形的框架和三脚架的脚部犹如一个锚，可以将捆绑的绳索固定住，阻止绳索下滑。

10.8 结网

当你结网时，通常是沿着网线在交叉处打结，或者一排排地编织网点。网不仅可以用来捕鱼，你还可以将一张带刺的网悬挂于两棵树之间，捕获鸟类；由麻线制成的袋状网，你可以把它放在动物的巢穴出口处，来猎获动物；而利用结网的方式，你也可以用结实的麻线来制作吊床。

10.8.1 刺网的制作

可以使用降落伞的索线，或者将麻线分成双股使用，以便制作刺网。降落伞的索线有内外两层，其内层的线质地优良。将内层线单独抽出来，切割为容易操作的相等长度的一段段（或者直接切下相同长度的内层线）。线的长度会决定网的宽度，通常网的宽度为线长的3/8。

自己先要确定好网的长度，然后按照这个距离，固定好两根木杆，在两根木杆之间系好一根降落伞的外部的索线（或者较粗的麻线）。制作一个小木块，它的宽度约为3.5厘米，用它作标尺，将细一点的下垂线（降落伞内层线）分开。

将每根细线都折为双股，在系于木杆之间的主索上，打一个普瑞斯克结，在主索上重复用细线打结。使用小标尺滑动普瑞斯克结，使每个结之间的距离相等。

当你在制作第一排网点时，按照从左到右的顺序。首先，撇开左侧第一根细线的第一股线不使用，而将第二股线与下一根细线的第一股线放到一起，用反手结将两条线系好，然后再将剩下的一股线与下一根细线的第一股线放在一起，用反手结系好。沿着绳索如此持续打结，同时用小标尺掌握距离。

利用同样的方法，制作出第二排的网点，但是边缘的线，你也要打上普瑞斯克结。细线全部结完之后，就产生了一排排的菱形。这样持续编下去，直到所有的细线都用完为止。

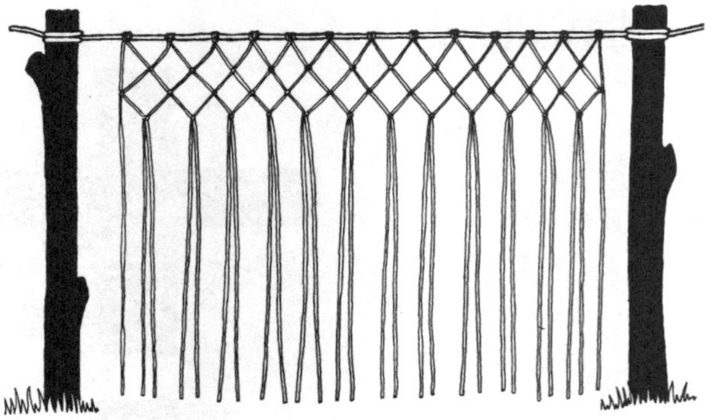

普瑞斯克结

反手结

在制作到两个支撑木杆间的底部时，另外拉起一根粗线，将所有的细线绕着粗线，成对地系好。

至于网的顶线与底线，在网的每个角都要固定好，以防止网线从最末端滑出，这样网才算制作完成。富余的线可以附在网上，来支撑或者是增加重量。使用时，要放好网的位置。

织网

用这一方式，无论是尼龙捕鱼线，还是其他的优质线，你都可以编制网。当然，你需要在两根木杆之间系一根平行线，还需要一个网眼标尺和一根“针”。

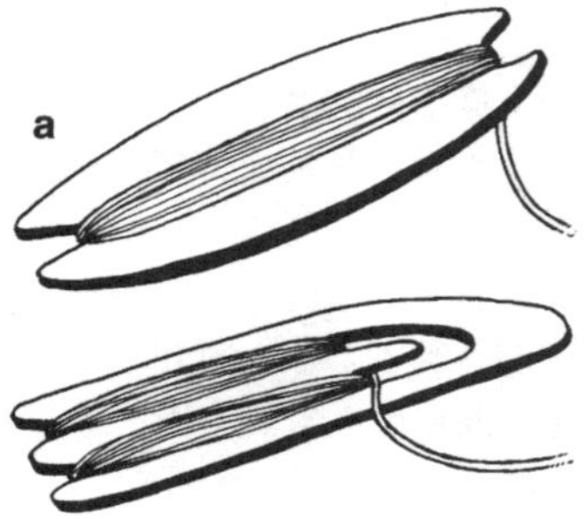

首先，用结实的木头或者竹子制作一根网针，规格是约15厘米×2.5厘米（如图a），在网针的两端刻上凹槽，用它来缠绕线。或者把它制成一个传统的形状，如图a中的下图所示。网针必须打磨光滑，这样在织网时，丝线就不会受到磨损。

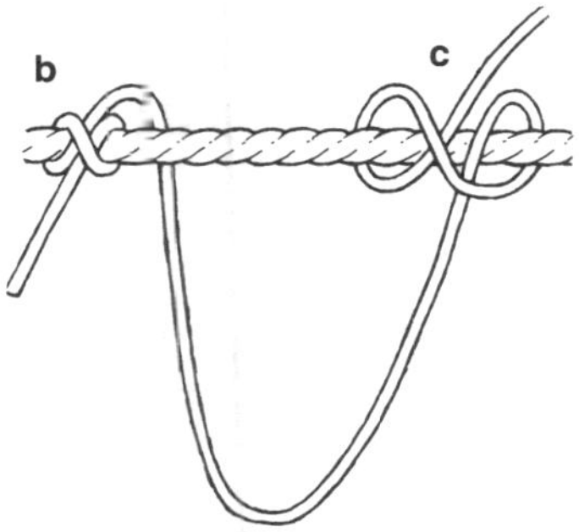

将绳索（网的顶线）系在符合要求的两根竖直的木杆上。用细线在上面系一个丁香结（如图b），然后将网针从绳索的后面绕过，隔着一定距离，再织一个丁香结（如图c）。沿着绳索重复系结，同时使用标尺，让各个结之间的距离相同（如图d）。

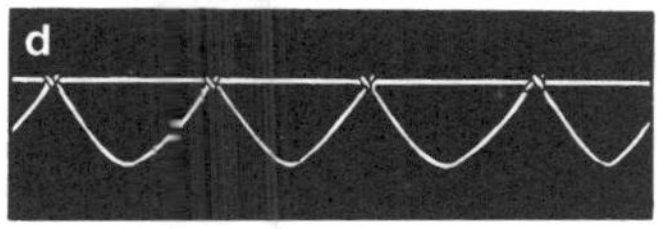

这样就形成了第一排环。接下来走到木杆的另一面，继续编织下一排（这当然比在后面编织更简单一些）。每个新编织的环要足够大 可以形成正方形的网眼（外部的线可以形成半个正方形）。将网针从三角形的线环的后部穿过，然后环绕着三角形线环，再将网针穿过新的环形（如图e）。在系紧它之前，用标尺调整网眼的宽度（如图f）。

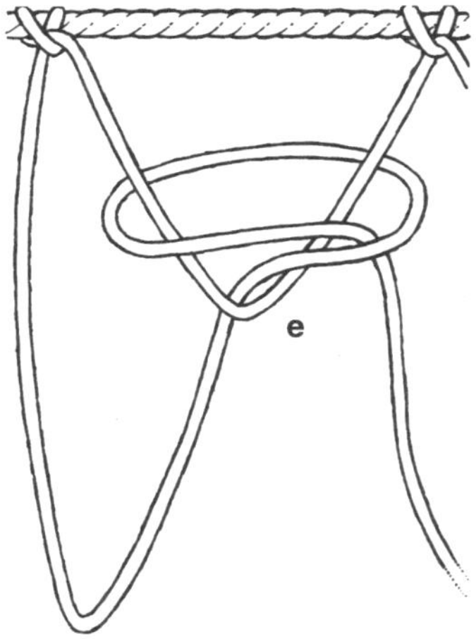

再次改变你的位置，在相反的一面编织下一排，持续工作，直到网的长度达到你的要求。

再拉起一根较粗的麻线，用它来作网的底线，将细线用同样的结系好，要使这根线保持平直。将网角系紧，网便制作完成。

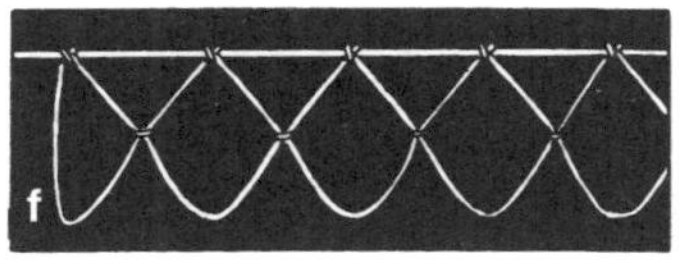

10.8.2 网式吊床

这种网式吊床的宽度约为75厘米，网的长度要依据身高而定，当然，它要比身高更长。要使用结实的优质麻线或绳索，以此来制作网的顶线和底线——双股的绳索更好。网端要能承受你的体重，而且两端的绳索要留出足够长度，以便悬挂吊床。

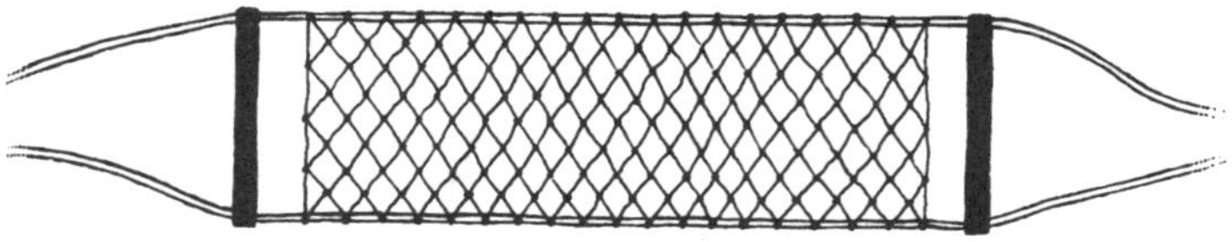

使用两根木棒，使吊床可以张开，在木棒的两端刻上凹槽，将顶（底）线滑入这个槽中（如图a）。为了使吊床悬挂起来更方便，可以将顶线和底线的两端制成固定的环，例如单套环，然后绕一圈，系成两个半结，将其中一端固定。另一端应使用速解结，以便在需要时可以快速离开吊床。

10.9 鱼钩结

鱼钩上系的丝线——特尔结：

浸泡丝线，然后将丝线穿过鱼钩的眼壁，系一个反手结，再将丝线弯曲成一个环，穿过反手结（如图a），制成一个简单的滑动结（如图 b）。

将鱼钩穿过滑结（如图c），绕着钩柄拉紧。

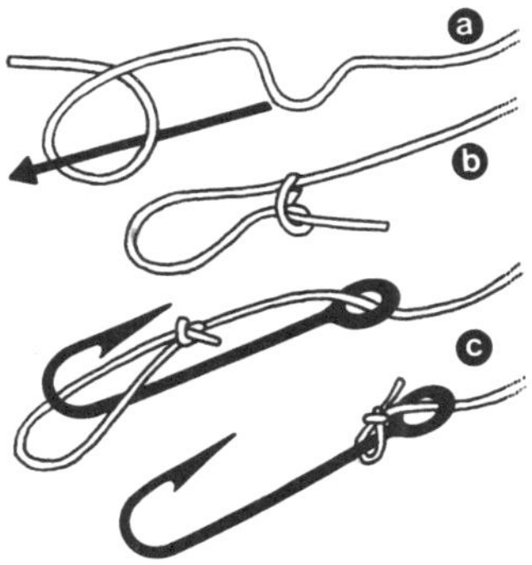

鱼钩上系的尼龙线（Ⅰ）——混杂结：

将尼龙线的活端穿过鱼钩的眼壁，再将活端环绕着固定段的四周，然后穿过紧挨鱼钩眼壁的那个环（如图d）。

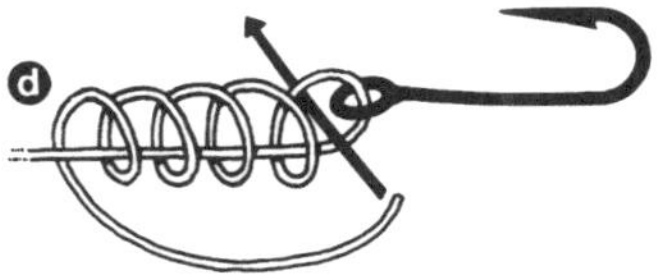

将这种结系紧，然后将活端的多余部分剪去（如图e）。

鱼钩上系的尼龙线（Ⅱ）——两圈特尔结：

将尼龙线穿过鱼钩，使它的活端绕着固定段形成一个环，再将活端在环边缠绕两圈。

将绕圈的部分拉紧，使鱼钩穿过环（如图f），拉动尼龙线的固定段，从而使环将鱼钩系紧（如图g）。

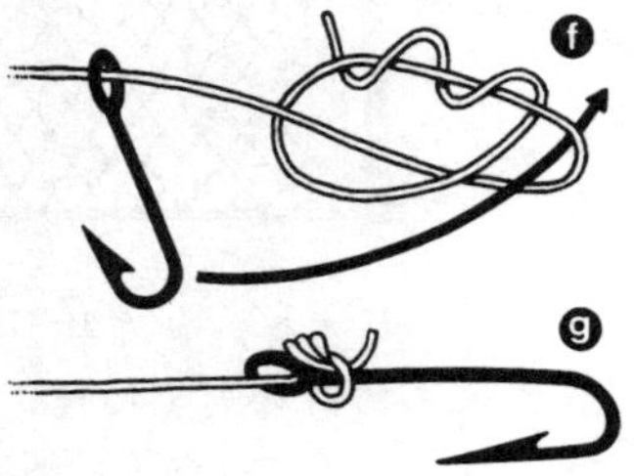

詹姆结

詹姆结可以用来给简易制作的鱼钩系上丝线或绳子。

有眼的鱼钩：将丝线穿过鱼钩的眼壁，将线的活端在鱼钩上绕两圈，然后向上穿过所绕的圈（如图h），小心拉紧，试试是否结实。

无眼的鱼钩：将丝线绕过鱼钩柄形成一个环，再从上向下制作两个半结，将线的活端穿过底部的线环（如图i），拉动固定段将其系紧。

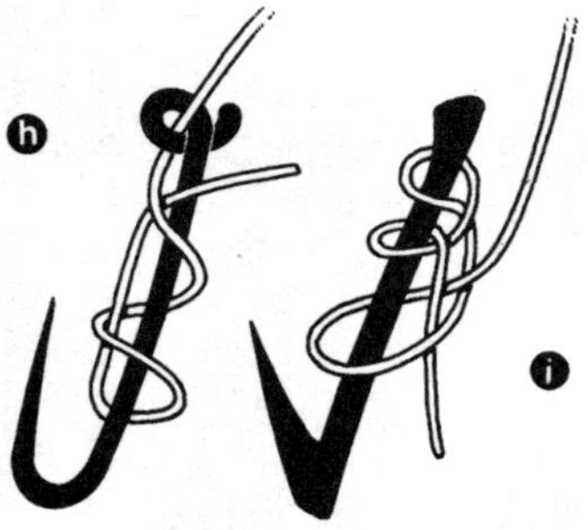

在尼龙线上打环（Ⅰ）

双股反手结：将尼龙线分成双股，然后在上面打一个反手结（如图a），再将线的活端再次穿过反手结（如图b），拉紧（如图c），将多余的绳端剪除掉。

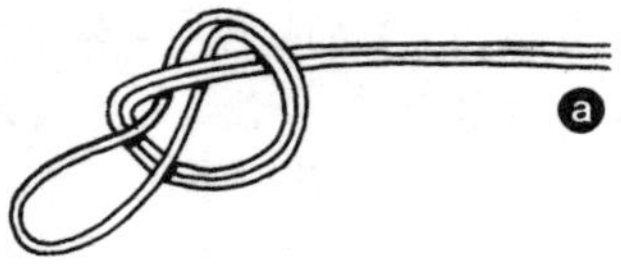

在尼龙线打环（Ⅱ）

将尼龙线弯曲成一个环（即双股），再使线的活端环绕着固定端（如图d），将线的活端穿过新环（如图e），拉紧，剪除松动的末端。

连接环

可以在尼龙线上使用连接环，对质地不同的两根绳子，连接环也相当有效。当存在渔人结可能承受不了的拉力时，可以使用这种方法。

当两根线都有自由端时：每根线相互穿过另一根线的环（如图f），拉紧（如图g）。

当仅一根线有自由端时：将一根线绕出一个环，使另一根线的活端穿过这种环，然后绕一下，再穿过这个环，再将鱼钩上的尼龙线的每个结都系紧。

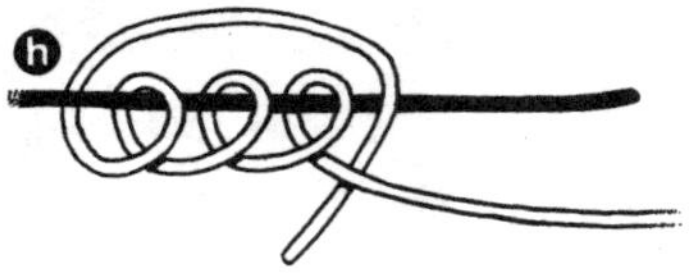

连接尼龙线的双倍三叠纯种结：

将两根尼龙线的末端放在一起，将其中一根线的活端环绕着另一根线转三圈，再向回穿过两根线之间（在另一根线的上面，在本线的下面）（如图h），用另一根线在相反的方向，用同种方式操作一次，使两根线的活端的终点位于相反的方向（如图i），小心地拉紧。

如何保护生态环境

无论你处境如何，扎营在何处，生存下去都是绝对优先的，而且就算求生的人数较多时也不会对其当前的环境造成多大影响。之前提到过，小心不要给自己所处的生态环境造成太多破坏，并在有可能的情况下尽量让这个环境在遇到你之后能向更好的方向发展。有一些方法可以实现上述情况：只选用那些枯死的树木做柴火，只捕食那些生病的、行动不便及慵懒的动物，而一旦在有意无意间砍掉了幼树，那无论如何也要另栽新苗。

第 六 章

标记信号的阅读

你也许已经学会了阅读地图，以及根据地形绘制地形图的方法，但这些只是探求未知道路的开始。你必须懂得如何去理解各种信号和迹象，它们都是大自然为你提供的，分布在地面上和空气中。

即使你恰恰没带指南针，也有许多方法，可以帮助你临时确定方向。太阳和星星能提供准确的方向定位——无论身处南半球还是北半球，你都有许多辨别方向的方法。

对于在野外求生的人来说，预测天气变化的能力是非常有用的。对于本手册中的云层和风向知识，要想理解它们，需要求生者具备丰富的相关知识和经验。

1. 信号的阅读

在你的探险开始之前，你必须仔细理解，并且掌握有关目标区域的所有信息和知识。如果有可以供你参考的现成的地图，一定要带上它。如果可能的话，先制定出行动路线。记住陆地的走向，河流的方向，高地，有显著特征的物体，盛行的季风类型，天气状况的预测，以及任何可以预期的危险。注意观察月亮的变化周期，以及昼夜更替的时间——如果你突然间发现自己身处险境，所有的这些相关知识都会显得非常有价值。突发的事件可能会把你带到完全陌生的环境中，你必须自己确定所处位置，找到有关生存的各类必需品。

在选择露营地，寻找水源以及其他生存的必需品时，都需要你能够理解并且掌握周围的地形环境——在山的那一边也许就会是另一番天地。如果你决定离开这个地方，你就必须同时了解普遍性的地理环境，还得对你接下来的环境做一番了解，因为你很可能会通过一些特殊的地形。

1.1 地图

选择地图要仔细，要确信它们会给你提供一些有用的信息。如果你打算沿着机动道路行驶上千公里，你带的是一张非常详细地标明了每条小道和村落的地图，它也许就会对你毫无意义。过于详细的地图所能覆盖的区域不可能有多大，如果你选择了这类地图的话，你的车子只能堆满了这种地图，每行驶几公里就得换一张，这是很可笑的。另一方面，公路示意图很少能提供有关地形环境的信息，它也没有帮助步行者确定行走路线的细节材料。航海者必须携带着精确的航海地图，后者能够保证他们正在沿着正确的安全航线旅行。海底的地形，就如同陆地上的地形一样，变化多端。飞行员必须了解，哪里有高海拔的障碍物，山川、河流的方向等问题，以便安全地飞行。从空中向下看时，陆地上可能看起来很平坦，但事实上，等高线都被展开了，没有相当的理解力，许多人并不能很好地领会地图实际所提供的信息。

地图与地形高度

从平面图上，高度的大小无法立体地显现出来，所以，在地图上，人们习惯用有规律的间隔距离来表示海拔——通常一般的间隔为10米，根据测量方法的不同，这些是有差异的——同等高度的点被连成一条线——也就是等高线。许多情况下，这些等高线环绕在地图上，形成封闭的环线，有些部分为不规则的心形，不时会凸出来一点。如果它们突然中断，或者是与其他的等高线相冲突，则表示这些地方有高度的突然变化——事实上，它们一般是悬崖，或者是很深的落瀑。

在自然界里，你唯一能看到的等高线，就只有沿着海岸的水平线了（事实上，由于海潮的变化，它也不是完全意义上的等高线）。但是，你可以把等高线想象成如同水平桌面的边缘线。如果你把衣物或其他一些东西堆放在桌面上，然后再在上面盖上一块布料的话，就形成如同小山峰或者其他的形状。然而，在这些等高线之间，具体的地形如何，都没有表示出来。等高线之间也不一定就是斜坡，也可能是洞穴、凸起的岩石，以及其他各种的高度变化，只要是在10米之内的地势变化，各种地形就都有可能。根据等高线的相应位置，你可以猜测地表大概会是如何变化的。但是，你也不能很确定。因为在你的等高图中，并没有明确标明等高线之间的地形特征。

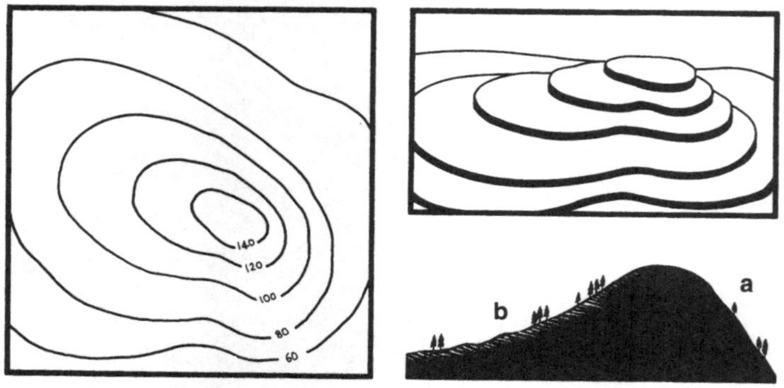

地图上所表示的等高线，它们只代表了一系列的超过海平面同样距离的点，但是，在它们中间具体地形怎么样，你也并不知道。当等高线在某一个地方比较密集时，说明那里的地势变化比较迅速（如图a）。相反的，如果等高线的距离比较大，说明那里的地势变化平缓（如图b）

对地图的理解

要记住，等高线之间的间隔只是表明，同一理论高度下地平线上各点间的高度距离——并非是地面山坡上各个点间的实际距离。它们只是用来表明相应的位置，并非根据水平面的比例而绘制成的。

人们常常具有的错误想法是，一群等高线是按地图的绘制比例而缩小的地面高度——要知道，典型的旅行地图比例是1：50000，10米的距离在图上只有0.02毫米。那么，在地图上，间距 5 毫米的等高线在地表的距离就会变为250米，而不是实际代表的10米的落差，二者之间的差距是1：25。

比例尺

在利用地图之前，首先，你必须了解它的比例尺的大小。通常，在地图上，会用一条长度为1厘米的线段表示实际距离是多少英里或公里，或者直接给出比例——1：50000意味着地图上一个单位的距离，代表着地面上50000同样单位的距离。

图示

通常，在地图上，也用一些图示来代表自然界的或人造的地形——例如河流、公路、建筑物、森林或溪流的类别、海滩的类型等等。其实，能够在地图上表示为图示的东西还有很多。如果一个人的地图上没有相应的图示，或者图示有很多的相互交叉，你必须知道它们各自的象征。有些图示的意义相当的明显：如果是彩色的地图，河流通常用蓝色表示，沼泽通常用典型的一簇芦苇表示。

所有的地形特征并不是都能用确切的比例和图示来表示出来，公路通常只显示它们的走向，而且使用标准宽度的线条表示，溪流和江河也有类似的情况。例如英国皇家部队的军械后勤部的地图，用单一的蓝线表示水路，依次增加线宽，直至代表宽达 8 米的江河，然后就会用双线，这样使你明白至少有宽达 8 米的江河需要跨越。几乎所有地图都用类似的表示方法，一旦你掌握了这种信息表示的方式，地图就会提供给你更多的信息和资料。

坐标方格

在许多地图上，你都会发现标有坐标的方格线。它们依据的或者是经度纬度，或者是制图当局规定的专用坐标方格线。后者的好处在于，它能帮助你迅速地估算出实际距离，因为它们是依据地面测量结果而画出的方格。

例如在英国皇家部队的军械后勤部的地图上，一条方格线代表1公里的间隔，对角线的间隔为1.5公里，如果你想找到或者报告你所在的位置，可以用它在地图方格线上的相应位置来描述。对于利用相同坐标方格线的人来说，这是一种既快速又简便的方法。利用目测估计的方法，再把每个方格分成十等份。利用这种方式，你可以很容易告诉营救者自己所在的方位，或者到达指定的集合地点与他们会合。

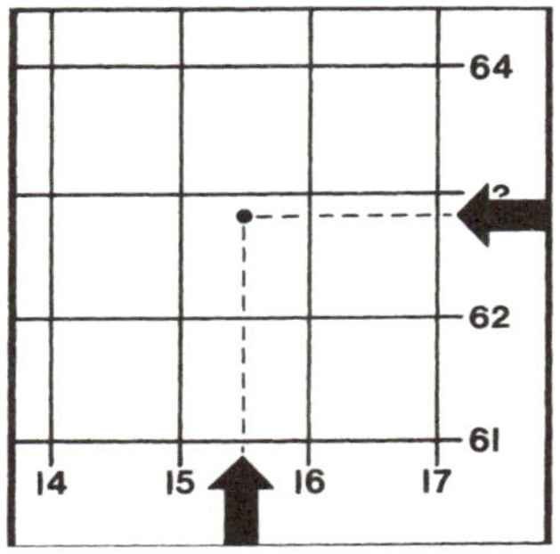

如图所示，利用坐标方格线，图中的黑点可以描述为15.5×62.8。这个系统需要把每个方格线先进行十等分，然后再确定坐标值。“地图参考值”通常有六位数，用它表示图中的黑点为：155628。如果地图上有任何的字母代码，也必须要描述清楚。

地图上的北方

除非有经线和纬线，否则地图本身的坐标方格线并不代表南北方向，尽管它们有时看起来会很接近。记住，指南针指向的是磁极的北方，而不是真正的北方——根据你在地球上所处的位置不同，两者间的差异也有大有小，同时，还因为磁极的北极也在缓慢地改变它自己的位置，所以两者间的差异也在变化。为了获得精确的方向，你需要了解这些变化。但是，即使你对方向只有粗略的了解，它也会帮助你把地图与实际地形相互对应起来。

如果你有合适的指南针，并且了解它的偏差，以及有关方格坐标线与实际北极之间的对应关系，你就能仔细地将实际地形与地图对应起来。这样，即使能见度很差，或者前面的地形挡住了你的视线，你也能够获知确切的方位，并依据它来采取行动。

在许多地图上，这种偏差已经标明了，或者直接标上磁极的北极的方向。如果地图上没有给出这些信息，你可以通过观察北极星，或者利用其他观察方法确定正北的方向。在南半球，你可以通过同样的方式，利用南十字座确定正南的方向（见后面的图例）。

当地的磁极偏差

如果地图上没有标明当地的磁极偏差，你可以把指南针指向北极星，在地图上标出指针方向与正北方向的偏差角度，就可以确定出磁极的偏差，得到校正值。

当然，你也可以将罗盘上的指针与坐标线对应，也可以找出偏差，如果它们之间有偏差的话。如果你按照磁极的方向来行走，必须记住它们之间的偏差，以便随时修正方向。

对于任何进行有计划的探险的人，他们都必须学会如何读懂地图，在山区中，这一点尤为重要。拥有一个配置有刻度、比例和方向标记的指南针，这会使你在辨别方向时变得相对容易些。仔细察看，并让业内的内行人士向你解释清楚，究竟该如何使用它们。

在求生的境况下，你可能没有此类复杂的装备，要在这样的条件下确认出方向，如果不能持续地校正你当时的位置，就要学会使用显著的固定物作为参考物，随时检查一下自己所处的位置。

坡度

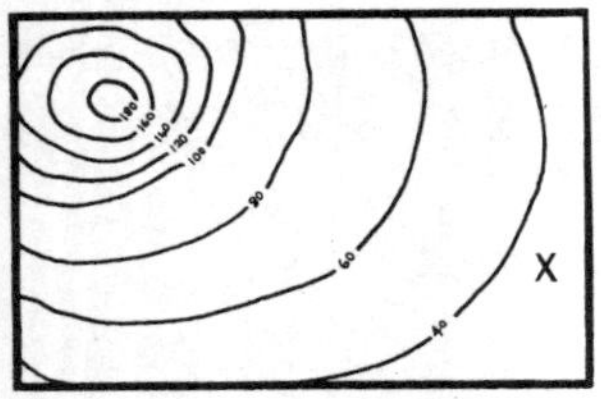

a

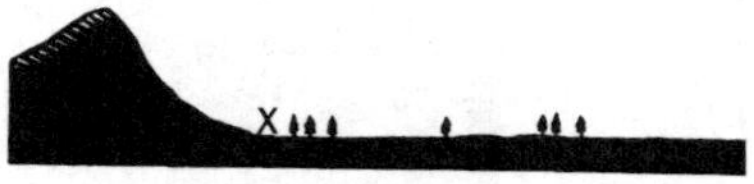

凹形的斜坡（如图a）（从坡底你可以看到坡顶）的等高线，会随着海拔高度的上升，彼此之间更加接近。

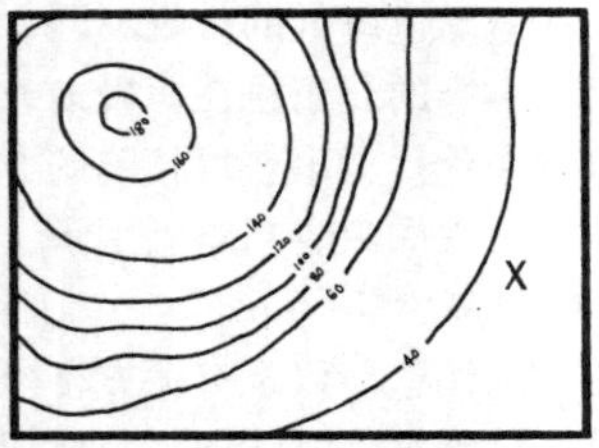

b

凸形的斜坡（如图b）（从坡底你看不到坡顶）的等高线，会随着海拔的下降，彼此之间更加接近。

直线距离的测量

要想测量两点间的笔直的距离，可以直接用有直角边的测量工具得出，再按照地图的比例尺大小换算出相应的距离。至于弯曲的路线，你可以用柔软的细绳，沿着相应的走向放置，然后将绳子拉直，然后再测量它的实际长度，再换算出相应的距离。坡度会造成相应两点间距离的差异，因此也要考虑进去——比如一个倾斜角为45° 的斜坡，在地面地形图上每2000米的距离需要另外加上82米。

自己绘制的地图

幸存者在求生的情况下，不大可能如此幸运，能够拥有一张适当的地图，那么，你应该自己着手制作一张简单实用的地图。有了这张地图，你就不至于在赶回营地的路途中迷失方向——如果你有老弱病残者需要你的帮助，这可能就是必需的工作了。

虽然你不大可能测量出确切的等高线的高度，但是，你可以自己设计相应的等高线的系统。

首先，登上最高点，然后再观察周围的地形。如果你爬上高大的乔木，也可以拥有更好的视野。在地图上，注明山岭的走向，数一数你能看到多少山脊。在每两条山脊之间，可能会有溪流或者小河，不过肯定会有许多“死角”，是你看不到的地域。先用空白的板块制成一个大致的简图，然后通过在其他制高点上的观察，以及地面上的探索活动，来获取更多的信息，不断完善你的地图。

在你的地图上，标上一切会令你感兴趣的东西：例如河道，露出地面的岩石，孤零零的生长的树木，奇形怪状的障碍物等等，它们都可以作为地面上的标识物。在地图上，你还可以标记出各种不同的可食性植物的分布区域。你也可以在地图上标明陷阱、洞穴、食物来源、燃料或其他补给物所在的位置，这要比单靠记忆，更能方便于满足你的，或者是你的同伴的需要。

求生场景

你正在不熟悉的地区辨认方位艰难行进——这个时候最应该注意什么？

人们最容易犯的错误之一，就是过高地估计自己走了多少路。通常情况下，你实际走过的路程要远比你以为的少很多。要解决这个问题也不难，就是精确判断自己的位置并在地图上做标示，而不是想当然地自认为自己是在地图上的某个位置。

1.2 方向的辨别

利用已知的知识：比如你所了解的夜空中星星的位置的知识，可以帮助你辨别方向。地球围绕地轴自转而产生了昼夜的交替，它围绕太阳公转而产生了四季的变化，因为地球在围绕太阳公转时倾斜一定的角度，由北向南逐渐靠近太阳，因此，距离太阳的最近点位于南北回归线上，太阳在6月22日位于北回归线的正上方（ 在北纬23.5° ），在12月22日位于南回归线的正上方（ 在南纬23.5° ）。位于赤道正上方的时间是3月21日和9月21日。

太阳每天从东方升起，从西方落下——但是，它的方向其实也不是正东方和正西方，而是会有一些季节性的偏差，太阳位于正午时的最高点时，在北半球，太阳所处位置为正南；而在南半球时，则为正北。可以通过树影的移动，来确定南北半球的区分：北半球的树影沿着顺时针方向移动，而在南半球，树影会沿着逆时针方向移动。树影既可以用来确定方向，又可以确定时间。

1.2.1 影子钟表法（1）

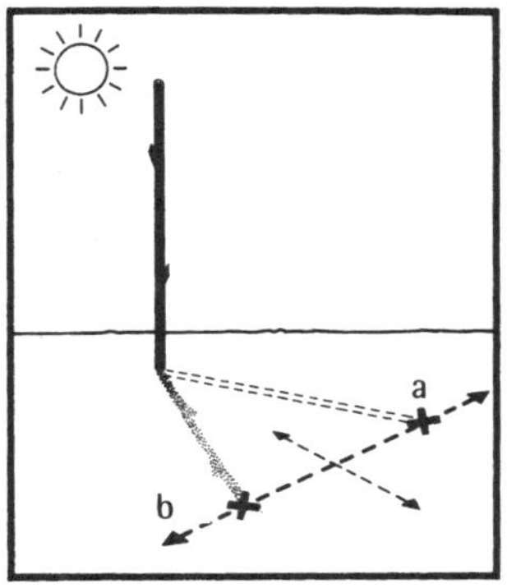

在一块平地上，放置好一根1米长的垂直树干，注意要尽可能竖直地放置。标明树影所在的位置，顶端的影子的位置也要用石块或树棍标出（如图a）。过15分钟后，再标记出树干顶端在地面上的新的投影位置（如图b）。这两点间的连线会给出你东西向的方向——首先标出的是西方。南北的方向与东西方向的连线相垂直。在任何经度和纬度的地区，这种方法都会适用，在一天中的任何时间，只要有阳光，这种方法即可适用。利用它，你可以检测出你前进的方向。

1.2.2 影子钟表法（2）

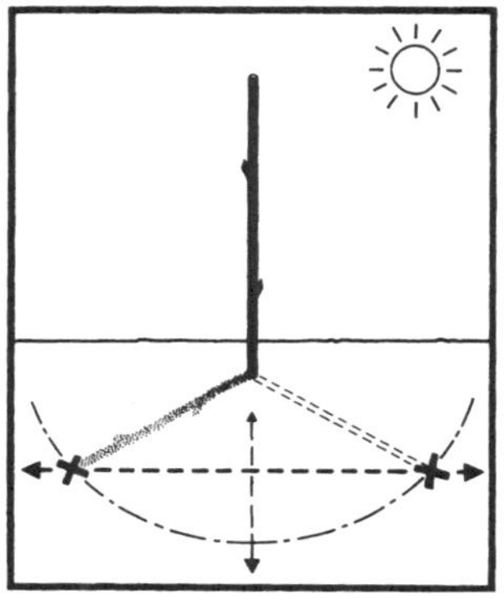

如果你有时间，还可以用另一种更精确的方法确定方向——在早晨时，先标出第一个树影的顶点，以树干底端的所在点为圆心，以当时树影的长度为半径画圆，随着正午时刻的来临，树影的长度会逐渐地缩短和移动，到了下午，树影又会逐渐变长，标记出树影的顶点与弧线的交点，圆弧上这两点间的连线会为你提供准确的东西方向——早晨树影的顶点为西方。

1.2.3 手表确定方向法

传统的手表有时针和分针，可以用来确定方向，前提是，它表示的是当地的确切的时间（没有经过夏时制调整，也不是统一的跨时区标准时间）。如果你处在越是远离赤道的地区，这种方法会越可靠，因为，如果阳光几乎是直射的话，就很难精确地确认方向。

首先，利用其他方法确定出哪个方向为北极，然后来检测你新制的各式指南针指示南北极的准确性，并且做好标记。要不时地给你的指南针充实磁力。同时，总要把检测出的方向与观测日影得出的方向做对照。但是，如果你所在地的附近有大量的含铁金属矿，或者其他的金属矿藏，你的测量结果可能会偏差得太远，或太离谱。

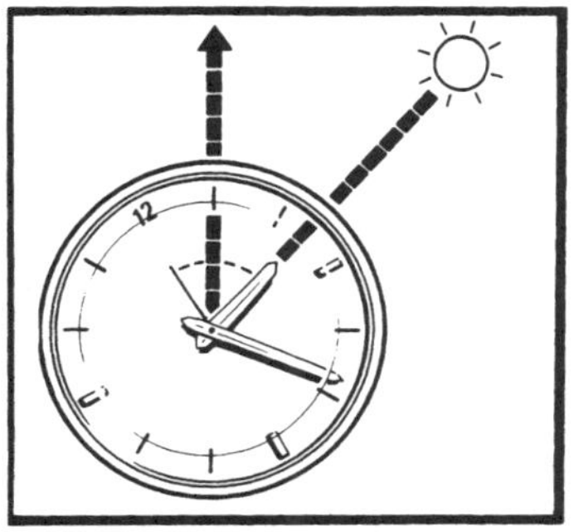

在北半球时，将手表水平放置，把时针的方向指向太阳，时针与12点刻度之间的夹角的平分线指明的是南北的方向。

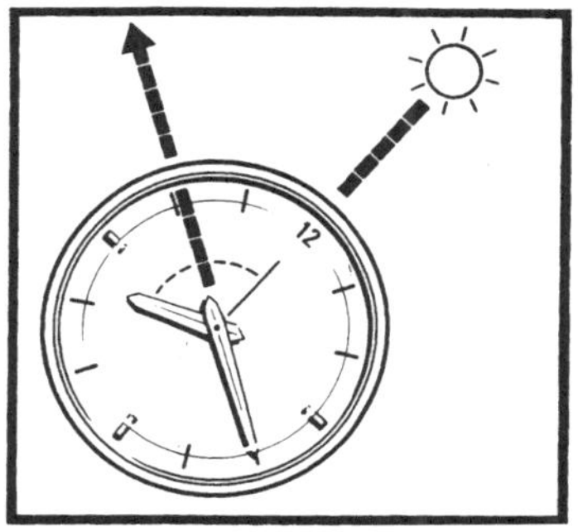

在南半球时，将表水平放置，将12点刻度的方向指向太阳的位置。12点的刻度与时针之间的夹角的平分线指明的是南北的方向。

1.2.4 用指南针确定方向

简易的指南针的制作

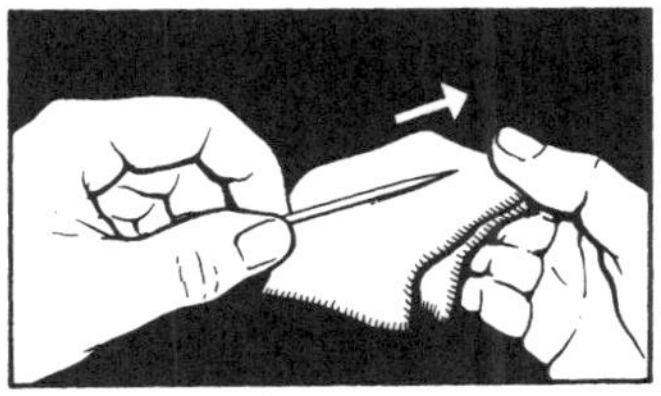

反复把一截铁丝（一根缝衣针就是理想的材料）沿着同一个方向与丝绸相摩擦，铁丝就会产生磁性，悬挂起来可以指示北极。它的磁性不会很强，隔一段时间之后，你就需要重新摩擦，来增加它的磁性。

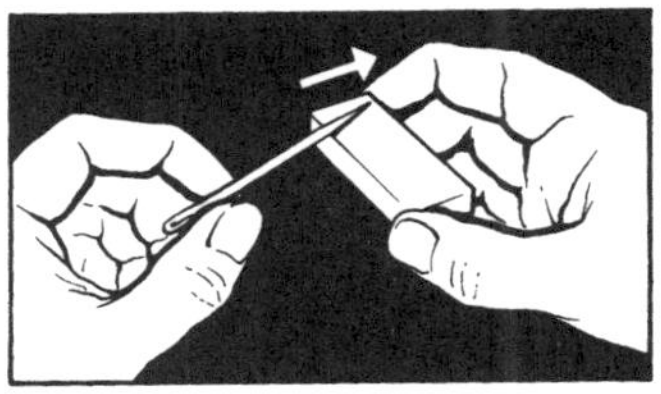

用一根绳子将磁针悬挂起来，以便不影响磁针的平衡。但不要用有扭结的绳线，或绞缠在一起的绳线。

如果你有一块磁石，它会比丝绸更有效——注意，要沿同一方向，将铁针从一端到另一端，不断与磁石轻轻摩擦。

漂浮式的指南针

在迁移的过程中，悬吊式的简易指南针当然很实用，但是，在宿营地或行进间暂停休息时，还有一种更好的指示方向的方法：把磁针平放在一小块纸片上，或者放在树皮上、草叶上，让它们自由地漂浮在水面上。

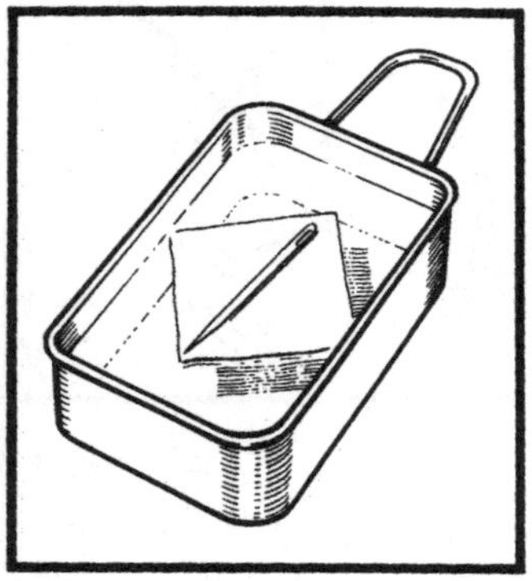

电磁针

如果你有一节电池，它的电压为2伏或者2伏以上（例如一节小的干电池），利用电流，你就可以把金属（铁针）磁化，你也要准备一小截金属线，金属线的外面最好包有绝缘皮。

将外面包有绝缘皮的电线绕成线圈，把铁针从线圈中心穿过。如果电线外没有绝缘胶皮，可以先把铁针外面缠上几层纸，或者是一块卡纸。将线圈的两端通上电流，持续至少5分钟。

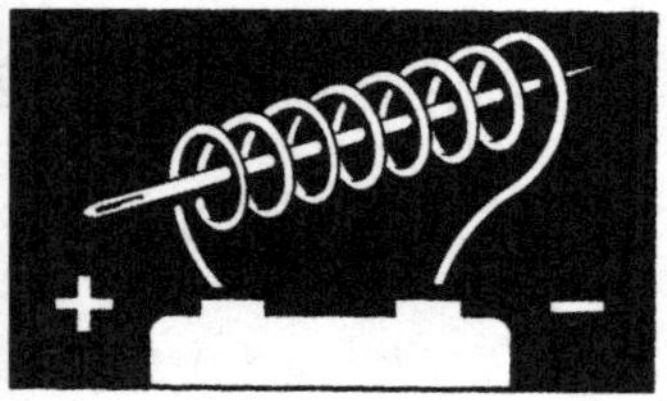

刀片指南针

你也可以用薄而平的刮胡刀片来指示方向，因为它是由两类金属黏合而成的。在手掌上小心地摩擦刀片，就可以使它带上磁性，然后把它悬吊起来。

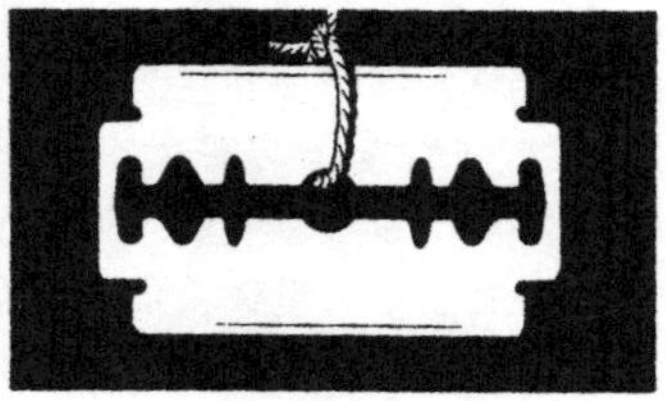

1.2.5 能够指示方向的植物

即使当时没有指南针，也没有阳光来指示方向，你也能从植物中得到有关南北方向的信息。植物一般都有趋向阳光生长的特性，因而，它们的花朵和大多数生长旺盛的叶片，在北半球时都朝向南方，而在南半球时都朝向北方。

生长在树干上的苔藓，朝向阳光的一面会更绿、长得更充分一些（对应面可能会变成黄色或棕色）。有枝条的树木，在树干南面的枝叶也会更密集一些。

如果树木已经倒下，或者被砍倒了，树桩上年轮的模式也能指示方向——在面向赤道的一边年轮的间距会更宽一些，这是因为，在这个方向上，植物生长得更茂盛一些。

还有一些能直接指示南北方向的植物种类。

北极针植物，生长在南非，它会向着北方倾斜生长，以获取充足的阳光。

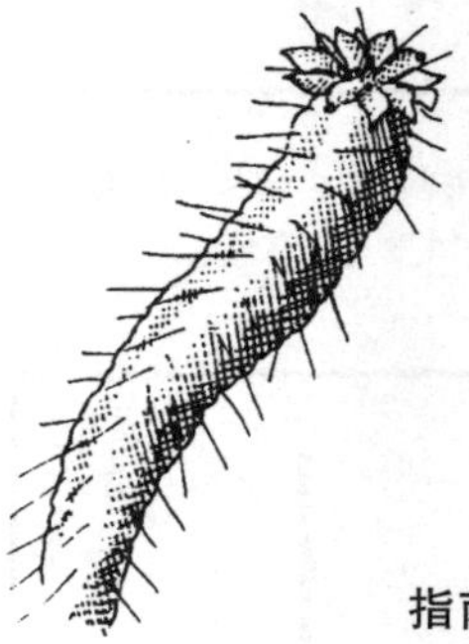

指南针植物，分布于南非，叶片的方向指示南北方向。它的东西侧面与南北侧面的差异很大。

1.2.6 风向指示方向

如果已经得知季风的方向，那么，你就可以用它来保持正确的方向——在全世界的各个地区，季风有着一致的模式，只是会随着季节的变化而有所变化。

势头强劲的风如果总是沿着同一个方向刮过来，植物和树木就会沿着同一个方向弯曲，因此它能明显地指示风向。但是，植物并不是风向的唯一指示物，鸟类和昆虫通常把巢穴修建在风儿刮不到的隐蔽处，蜘蛛不可能在有风的地方结网。沿着高压带的外围形成的季风，它也会把积雪或者沙丘吹成一定的形状。

1.2.7 利用月亮来定向

月亮只是能够反射太阳光，它自身并不发光。当月亮沿着地球公转的时候，它的周期是比28天多一点的时间，由于相对位置的不同，从地球上看过去，月亮的形状也会有圆缺的改变。如果月亮与太阳位于地球的同侧时，我们会看不见月光，称之为“新月”（如图a）——然后随着月亮逆时针方向的公转，它逐渐反射太阳光，我们看到月亮渐渐变圆变满，也就是“盈”。满月与太阳分别位于地球的两边（如图b），这时月亮看上去最大最圆，接下来，我们看得到的月亮又逐渐变少，也就是“亏”，如此这般，周而复始。根据这个规律，你就可以用月亮来确定方向。

如果月亮在太阳之前升起，被照亮的一面处于西方。如果月亮在太阳之后升起，“发光”的一面位于东方。这种方法看上去简单明了，但是，这并不意味着，所有的夜晚你都可以用月亮来辨别方向。

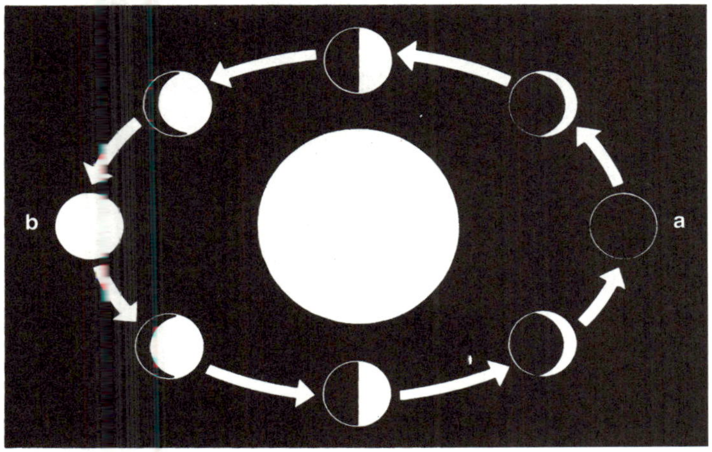

1.2.8 观察恒星来辨别方向

从地球上看过去，恒星之间的位置是相对固定的，它们总是在夜空中处于一定的位置。每隔一个晚上它们通过地平线的时间就会提前 4 分钟——这样，每个月它们出现的时间就会相差两个小时。如果你站在同一个地点，在同一时间，观察同一颗恒星，在北半球时，你会发现，在第二个晚上，比起来第一个晚上的位置，它的位置会沿着逆时针方向移动了1度。如果你位于南半球，那么观察到的就是沿着顺时针的方向偏移了1度。恒星从东方升起，到达天顶的距离，与它从天顶到达西方落点处地平线的距离，二者是相等的。

人类研究恒星已经有几千年的历史了，许多在夜空中眨眼睛的星群、星座，人们都根据它们的形状，而以各种动物和神话传说中的人物命名。

在北半球，有许多星座，你在一整夜都可以观察到它们，它们围绕着唯一一颗不动的恒星旋转——那就是北极星：它是很有用的方向指示星，它几乎正指向北极。在南半球看不到北极星，也没有相对较亮而且稳定的南极星，但是，你一样可以利用南十字星座来确定方向，本书随后的部分会进一步来解释。

在北方夜空

在北方夜空中，你首先要学会辨认的是北斗七星的星座群，其中包括大熊星座（如图a）、仙后星座（如图b）和猎户星座（如图c），它们都明显地围绕着北极星（如图d）转动。其中大熊星座和仙后星座是不落的星座，也容易辨认。

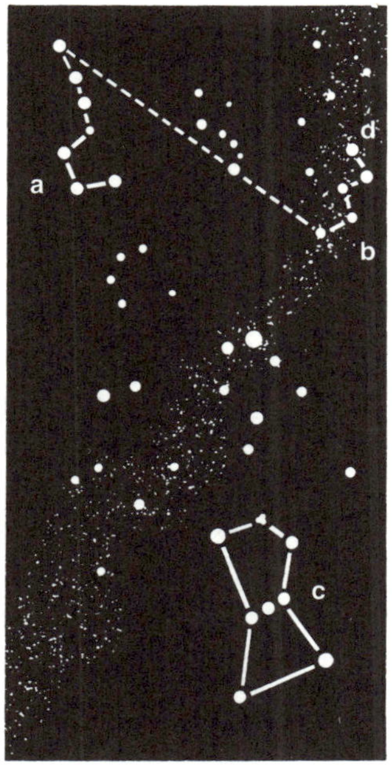

这些星座升起于夜空的时间，根据所处纬度不同，也有些差异。如果你靠近赤道，猎户星座会是最有用的指示方向的星座。

每个星座都可以用来检验和确定北极星的位置，当然你必须按照不同的方式来进行，但是，一旦你已经辨认出北极星，也就没有必要每次都检验了。

仙后星座，与大熊星座的勺柄星之间的连线通过北极星，你会注意到，大熊星座中位置最低的两颗星（如图中），几乎正指向北极星。整个银河系横贯夜空，犹如一条玉带，沿着它来寻找，会帮助你尽快地找到这些星座。

北斗七星（大熊星座）（如图a）是大熊星座的首要的特征性星群，北斗七星围绕着北极星旋转。天枢星（如图中X）和天璇星（如图中Y）之间的连线，沿着天枢星向前延伸，当延伸的距离为它们之间距离的4倍时，几乎正好到达北极星。

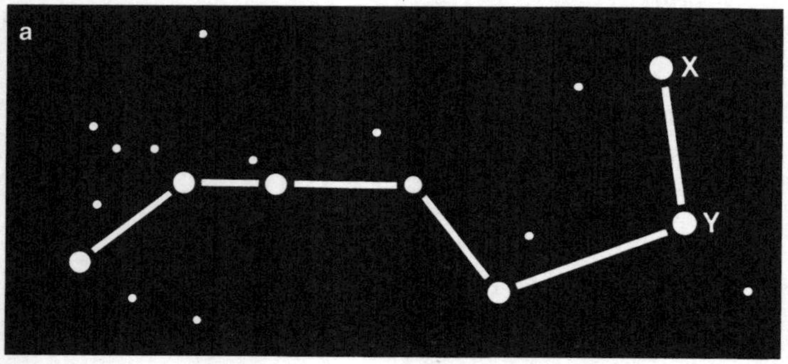

仙后星座（如图b）的形状就像字母“W”。它也围绕北极星旋转，但它位于北极星的另一边，与北极星的距离几乎与北斗星和北极星的距离相同。

在晴朗而漆黑的夜空中，你可以看见仙后星座就躺在银河系中。在有些季节里，大熊星座变得模糊而不分明时，你可以先找到仙后星座，这对于确定北极星的位置会大有帮助。仙后座中央的那颗星几乎直指着北极星。

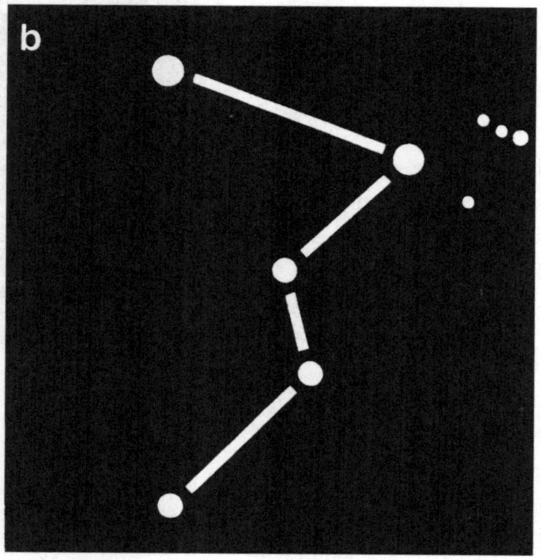

猎户星座（如图c）沿着赤道上空升起，在南北半球都可以见到它。不论观察者所处的纬度如何，它几乎沿着正南方升起，沿着正北方落下。比起前两者，猎户星座距离北极星似乎都要远一些。三颗亮星组成猎户座的背部，三颗亮度较弱的星星组成猎户座的剑，这两个特征的组合会有助于你找到猎户星座。

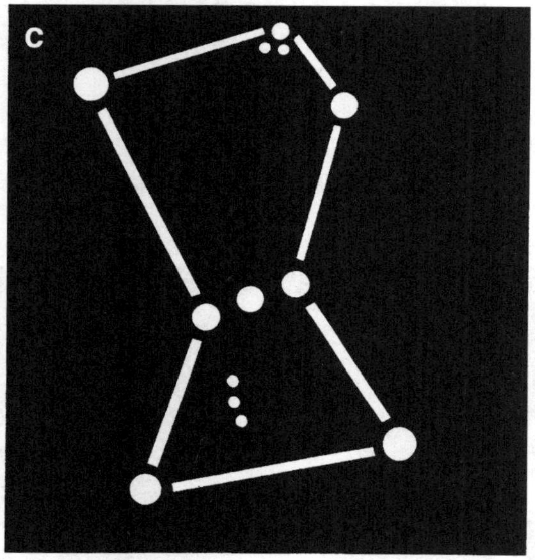

信息

恒星明显上升：你面对着**东方**。

恒星明显下降：你面对着**西方**。

恒星沿着圆弧滑向右方：你面对着**南方**。

恒星沿着圆弧滑向左方：你面对着**北方**。

这些信息只是提供了大致的方向，但是，你会发现它们的准确性与磁极相当接近。记住，在南半球时，你面对的方向正好相反。

其他恒星

你也可以用其他有升有落的恒星来指示方向：在地面上竖直两根相互平行的木棍，并且把它们固定住，其中的一根木棍要短一些，这样，沿着两根木棍的顶点的连线，你就可以观察到星星。沿着这两点间的连线，把你的视野向前延伸（或者是沿着一支固定不动的步枪，视线向前延伸），观察任何一颗恒星——除了北极星以外——你都会看到它的移动。从恒星明显的运动轨迹，你可以推断出你面对的方向（见下面方框内的信息）。

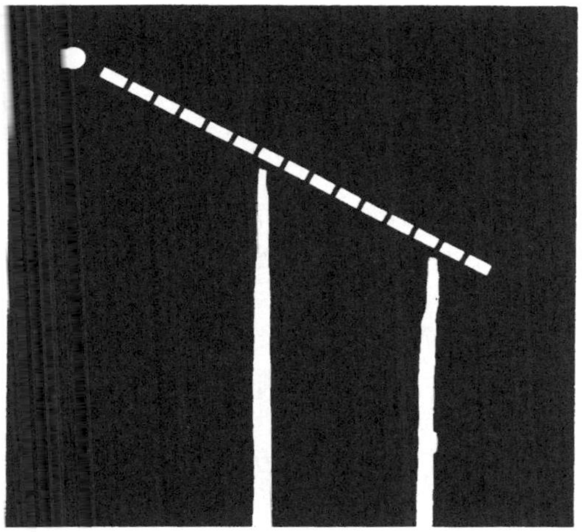

在南方夜空

在南半球的极点上空，并没有容易辨认的很明亮的星星。但是，相应地你可以利用显著的星座——南十字星座——来指示方向。它是由互成一字形的五颗恒星组成的，它的形状比其他的十字形星座要小，它还有两颗指极星。这些特征使它们容易被辨认。

寻找南十字星座

其中一种方法是沿着银河系寻找。银河系是由无数颗星星组成的，它是一个河带样的明亮的星系群。在它的中心处，有一个黑斑，镶嵌在闪亮的群星背影下，人们把它叫作煤袋。在煤袋的一边是南十字星座，另一边是两颗明亮的指极星。

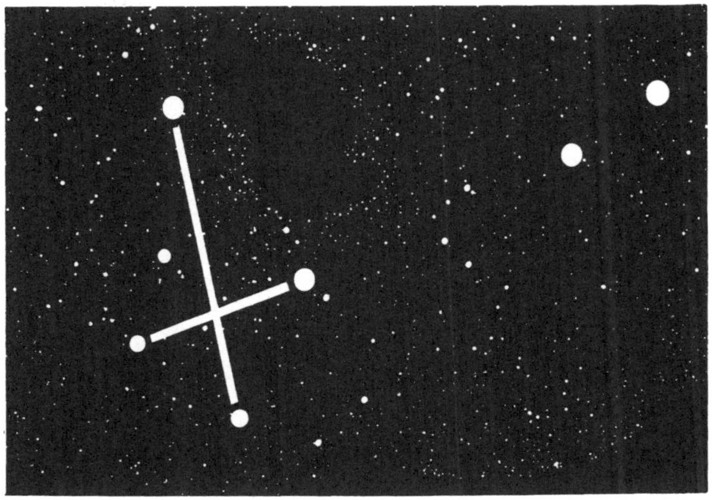

识别南方

沿着南十字星座中十字交叉线中较长的一根交叉线，在想象中，把它向前延伸约4.5倍长的距离，然后垂直下落。如果可能的话，牢记住相应的地平线上的显著的标记物，或者，在落点处放置两根交叉相叠的木棍，以便白天能记起这个位置。

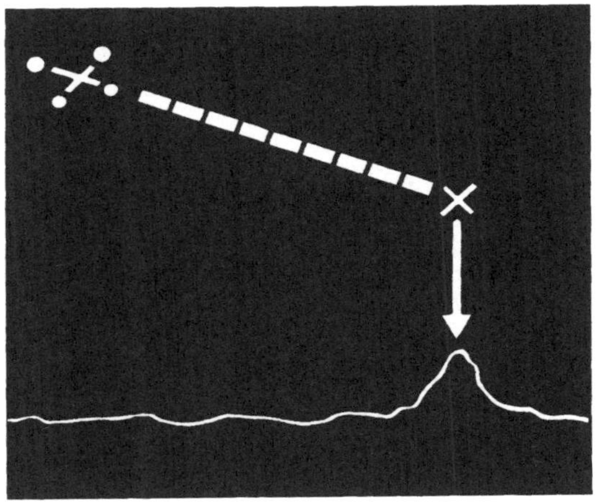

2. 天气的有关信号

尽管世界各地的天气都可能归纳到一个统一体系中，而且，有些地区的天气变化形势的确是相当稳定的，但是，天气的变化与当地条件的联系更紧密。有时小块地区的地理环境的变化会使得此处的天气相当异常。

天气的形势取决于以下的因素：一部分是全球范围内的季风和雨水的宏观运动，还有一部分取决于当地的温差，以及引起空气流动的大气压的差异。这些因素导致空气运动，从而产生了风，还带来了降雨。

通常情况下，空气由高气压带向着低气压带移动。暖空气膨胀上升，冷空气下移。暖空气会带走水蒸气，但是，到达较高的海拔平面后，或者由于其他原因而导致气温下降时，水蒸气会凝聚成云，最后下落成雨。

最明显的例子是：高山迫使空气气流上升，因而在山坡上会降雨。有些地区的蒸发量则太大，以至于很大范围内都是干旱地区，虽然它们是有降雨预示的。

但是，你从干旱地区翻越过分水岭之后，这并不意味着，你就会到达雨量充沛的地区。比起预期的到达雨水充足的地区的距离来说，山脉的走向有时要延伸得更远，或者，云层在运动过程中已经散失了绝大部分水分。

2.1 沿岸地区

无论是海洋，还是海岸，或者是湖泊的岸边地区，白天和夜间的风雨一般都是逆转性的变化。由于水吸收热量和散发热量都要比陆地慢一些，从而水的温度与陆地的温度相比，夜间会暖和一些，白天会凉一点。温度的差异影响了空气的流动。白天，风由海面吹向陆地，夜间就变为由陆地吹向海面。

在靠近大陆的岛屿上，更大范围的气流的移动，往往可能会掩盖这个规律。但是，极有规律的日夜间的变化表明，如果夜间的风向与白天的风向不同的话，那么在白天风吹来的方向上有一大片水域。

2.2 风

风，往往能够带有一定的气息，它们能提供许多远方的信息。即使是毫无经验的人，也能在其中闻出大海的气息。对于海难幸存者来说，植物的气息意味着陆地的方向。当然，你也不能盲目地相信你的嗅觉，同时要利用其他各方面的证据，从而来证实这些信息。

如果风能够包含有关方向的信息，它们就能够在你的行程中持续提供帮助，但是，有一些检验是必须经常做的，这样才能保证你的方向正确性。

仔细研究风向及相应的天气情况，并且记录下来。根据气压的变化，一定方向的风总是意味着类似的天气变化。根据积累的经验，风向会逐渐成为天气的预报者。

如果一直吹着干燥的强风，那么无雨的天气会一直保持下去，直至风力变弱或转向，然后才能降雨。

如果是多雾的天气，你就可以获得水蒸气，但是，这种情况下不大可能会有降雨——但是如果风力加大，吹走浓雾的话，可能会有降雨。

在晴朗的天气里，如果你明显感觉到风力的增加，这将意味着天气会有变化（见“灾害”篇）。

2.3 云层

因为云层是预测天气的最可靠的经验之一，所以要注意观察云层变化。

水蒸气团聚集而形成云层，当遇到冷空气时，水汽落下来，就形成了降雨。当温度上升时，雨水又蒸发成为水汽，云层也就散去。

这里介绍十种云层的形式。每种类型都给出了分布的大致海拔高度。接近极地的地区，同种类型的云层会在天空中更低的海拔高度出现。

云层的位置越高，天气情况越好。

如果在黑压压的云层下面，飘浮着小块的乌云，通常会有阵雨。

悬在高地上的云层意味着会有降雨，除非它在午时之前移开。

卷积云

是小的圆形积云，看上去如同波状纹，常被称为“鱼鳞天”。一般预示着晴朗的天气。通常在接下来的一场暴雨之后云层会被驱散，留下一片万里无云的蓝天。

高积云

类似于卷积云，预示着天气良好，但它的覆盖范围更广，云层更厚，白中有暗。通常出现于暴雨之后。

积雨云

为低层的雷云，云色乌暗。塔形云层高可以达6000米，顶部的平云层被称作砧顶。积雨云常带来强风暴雨、雷鸣和闪电。它的上层类似假卷云，顶层类似假雨云。

积云

很容易识别,蓬松的白云，如同团团棉絮，飘浮在空中。如果彼此分开意味着又是一个美好的晴天，可是如果它发展得越来越大，前端越来越多，很可能会带来一场突然降临的暴雨。

位于海上碧空中的积云，通常表明在它们下面有一片陆地。

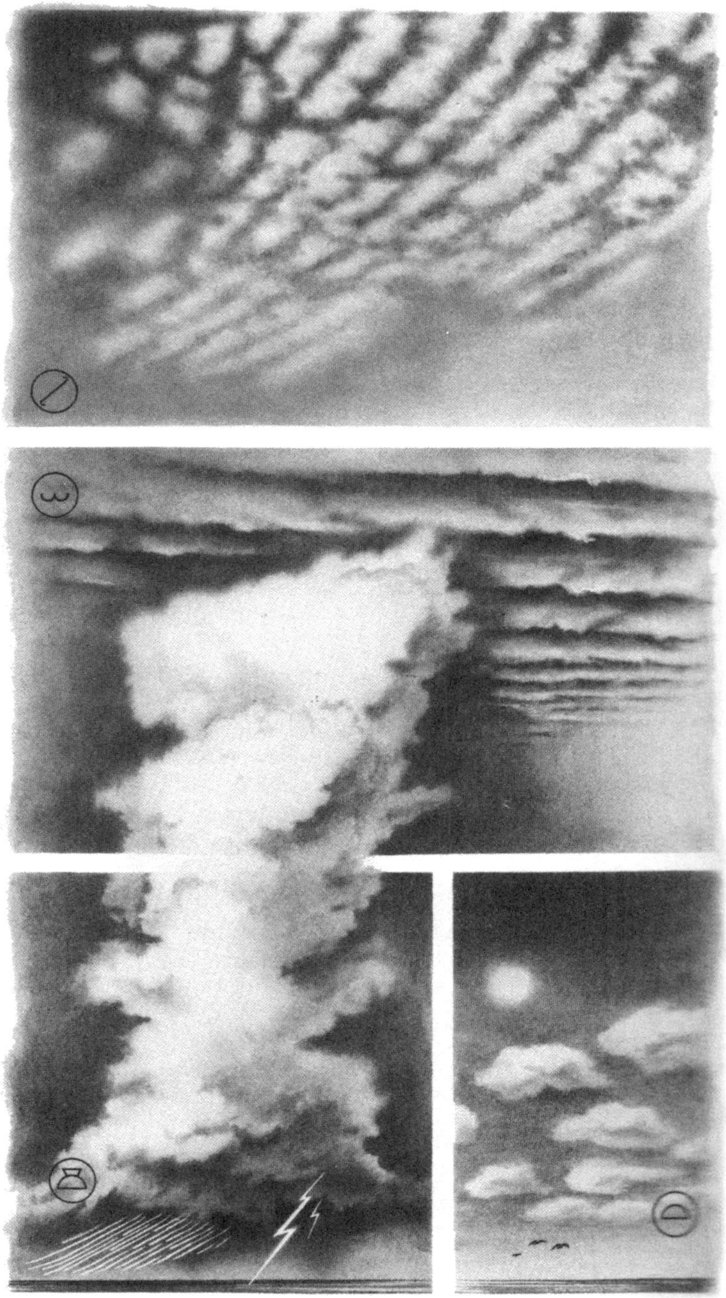

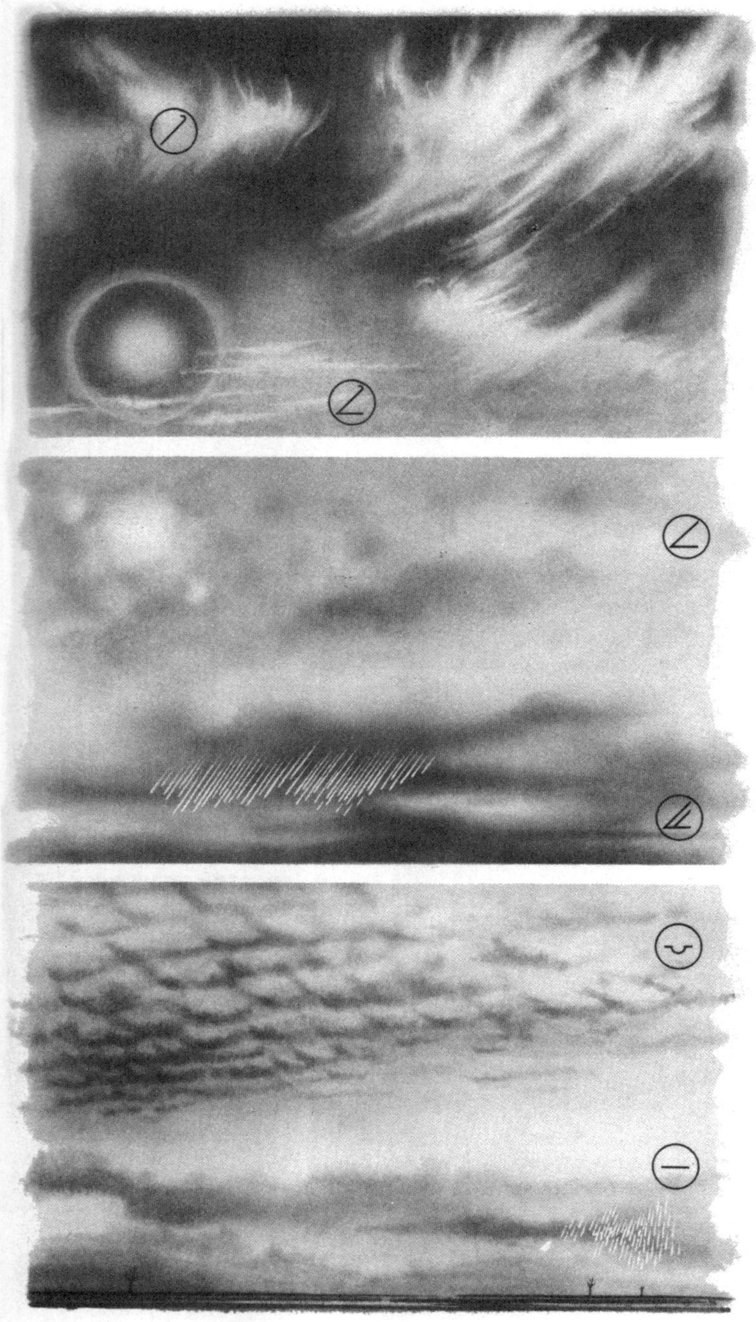

卷云

它是由冰晶形成的高层缕状云，这也是它看上去是纯白色的原因。它也经常被称作马尾云，它们通常也意味着天气晴朗。

卷层云

它是由冰颗粒形成的，看上去像是白云的纹路，这些是唯一会在太阳或月亮周围产生光晕的云层。如果卷层云扩展，意味着天气晴朗，如果卷层云缩小，意味着将要下雨。

如果天空中笼罩着卷云，卷云上部的天空变暗，逐渐形成卷层云，这预示着雨雪即将来临。

高层云

在阳光或月光的照耀下，它看上去像灰色的幕幔。如果湿空气靠近，云盘会消失，云层会变厚，同时变暗，直至下雨为止。

雨层云

它是低层的乌云，笼罩在空中，意味着四五个小时之内会有降雨，通常降雨会持续几小时。

层积云

是低层的覆瓦状的云层，通常覆盖在整个天空。云层较薄，阳光可以透过它直射下来。它们可能会带来雷阵雨，但通常会在午后消失，留下一片明亮晴朗的蓝天。

层云

它的云层最低，犹如浓雾笼罩在空中——它刚开始出现时经常会被人们误认为是高山浓雾。它们并不是很自然的雨水云，但也可以形成蒙蒙细雨。如果在夜间它变得越来越厚，覆盖在清晨的天空中，通常预示这会是晴朗的一天。

2.4 天气的预测

对于求生者来说，遇到糟糕的天气，这无疑是雪上加霜。如果你能了解各种特征性的迹象和位置——它们通常预示着常见的天气形势，这样你就能够在短期内预测出天气的情况，这会有助于你事先做好准备，有足够的时间避开恶劣的天气，或者修建一个避身的场所。

先留意一下天气的变化，然后再准备进行某项活动。学会观察所有的云层以及气压的变化，及其将会产生的后果，会让你受益匪浅。

留心观察野生的生物

动物对气压的变化相当敏感，观察它们的反应，这有助于你预测近一两天之内天气变化的情况。

食虫的鸟类，比如燕子，在天气晴朗的时候在高空中捕食，在暴风雨来临之前就飞得相当低。

如果兔子在白天意外出现，或者你见到松鼠在巢中贮存过多的食物，通常意味着天气要变糟了。

但是，大自然并不能给你提供长期的天气预报。松鼠囤积物的多少，并不能预示冬季的长短，熊的洞穴的深浅可能仅仅是土壤松软程度不同引起的，而不预示着冬季的严寒程度。浆果更大只是表明这是此前的气候不好的结果，因为植物的产量会发生补偿性的加大，以增加物种存活下去的机会。

观察篝火的烟柱

如果篝火的烟柱稳稳上升，表明天气不会有太大的变化，依然会很好。如果烟火闪烁不定，或者先升起又降下，可能近期内会有暴风雨。

在暴风雨将要来临时，木制工具的把手会变紧。盐会吸收空气中增加的水汽而化成盐水，不能再用。

身体的变化

当天气要变糟时，有卷发的人会感觉到头发变紧，更不容易梳理——动物的毛发也一样。如果头发变得容易缠绕，或者不再像平常那样比较直容易梳理，很可能等待你的会是一场暴风雨。任何有风湿性关节炎、鸡眼或相关症状的患者，在空气湿度增加时，都会感到更加不舒服。

声音和气味

当空气的湿度增加时，声音会传得更远，气味也更容易辨别——这是因为，饱和的湿空气就像它们的放大器，是良好的传导体。由此根据相同的道理来推断，声音在水中传播得会更快一些。

在降雨来临之前，树木和植物的气味会变得更加明显，而蔬菜则是更加舒展，以准备好来迎接雨水。

观察天空中的信息

这是一句古老的天气谚语——“朝霞不出门，晚霞行千里”。因为，落日下红色的余晖表示天空中的水汽很少，在随后的两小时之内不大可能下雨或下雪。但是，如果早晨红了半边天，通常会有一场暴风雨。

早晨就出现灰色的天空，意味着这将又是干燥的一天。低层大气中悬浮的灰尘颗粒，升到干燥的空气之上，从而造成了灰云。

灰色的夜空意味着会有降雨——灰尘和水汽混杂在一起，很快就会降雨。

早晨的山谷中升起薄雾，天空通常会比较晴朗。在多山的地方，如果到午时薄雾还没离开散去，那么它将一整天都会存在，午后天气很可能会转变成降雨。

清爽的夜空通常意味着美好一天的开端。但在夏末，这可能会是起霜的预兆。夜间，云层笼罩在地表的上空，它们可以阻止散热，没有云层很可能会带来霜降。密度更大一些的冷空气会填充山洞，一定要避开它们扎营。

一个晴朗的夜空，如果你能看到在上面点缀着一颗或者几颗星星，通常预示着天气会有变化。

光华，也就是在太阳或者月亮周围能看到的一圈光环，称之为日华或者月华，可以用来准确地预告天气。日华变大是天气晴朗的预兆——这表明水蒸气正在蒸发，蓝天会更加清晰。

缩小的日华或者月华意味着将要下雨。

午后的太阳如果闪烁着绿光，表明天气会相当不错，至少在24小时之内会是这样。傍晚的彩虹也是天气晴朗的预兆。

第 七 章

回归之旅

在选择和计划好路线之后，加上充分的准备，你就可以上路了。在旅途的过程中，你必须能够很好地保持方向，并且根据地形和幸存者队伍的实际情况安排进程，同时应该随时使用有益于进程的方便适宜的技巧。而这一部分内容将涉及旅途过程中所需的那些技巧。它们应该与前面“气候与地形”部分的内容结合起来学习。

为了选择最方便的路线，你必须事先进行仔细的侦察与全盘的考虑，当然，这条路线可能不是最明显的，或者是最容易行走的。整个团队必须经过适当的组合，以便统一行动，这样，在大家的帮助下，即使是适应能力最弱的人，也不至于影响队伍的进程。

如果你能够扎出坚实的木筏，而路途中的水路又适于航行的话，走水路可能是最便利的。如果河流横穿你的必经之地，它会给你带来麻烦。河流也是有危险的。如果穿越河流是不可以避免的话，你必须认识到它们所存在的危险性，能够巧妙娴熟地避开暗礁，选择最佳的穿行地点和方法。

1. 在旅途中

你是否能够外出探险，或者开始一次回归文明社会的旅程呢？这取决于你是否拥有航行和探险的技巧和能力。你必须能够按照预先选定的路线前进，或者确信自己还能够回到露营地。即使你没有地图，你的勘察能力也会给你带来正确的判断。你还必须自我估计，首先，应该明确哪些是超出自己能力，而且是做不到的。做短期探险时，你应随时标注你前行的路途和方向，确信自己能够找到返回的路。在较短的距离范围内，你可以利用环境的地形特征作为标记物，但是，如果路途遥远，或者踏在艰难的回归文明社会的征途上时，你就得利用能够得到的所有的导航的装备和工具。

1.1 决定转移地点

除非你发现当地确实十分危险，或者你为了寻找水和食物，因而使你无法继续留在出事地点另找宿营地，否则你最好还是待在附近，等待援助。如果有伤员，而水和食品又很有限，你可以考虑派出一部分队员，组成小分队，外出寻求援助，而另一部分人员，最好留在原地并照顾伤员。组成小分队时，应选择体质最佳和能力最强的队员，让他们外出跋涉，而训练有素的医务人员则应留在当地，以便照顾伤员。

但是，如果营救人员迟迟不来怎么办？当地的资源可能会逐渐被耗竭，每天你都得花费越来越多的时间去采集柴火，周围的猎物越来越少，植物、真菌、果实也越来越难以采到，或者分布区域离宿营地越来越远。灾难境地下的幸存者在同一地区待得太久，也会增加暴发疾病和瘟疫的危险。即使是严格地执行卫生标准，患病的机会也会越来越高。

所有这些即将出现的问题，都会迫使你决定转移地点。无论是迁移到新的环境，或者是进行长途艰难的跋涉，重新回归文明社会，你都将面临许多同样的问题——而且根据普遍的经验，很少有非常优越的环境能让幸存者毫不犹豫地放弃旧的生活环境而选择一种新的生活——因此，在开始出发前，你应当先做好计划，尽量转移到更舒适的环境，建立更舒服一些的宿营地，这样会给受伤者提供更好的治疗和恢复条件，也可以为更长远的跋涉做好更充裕的打算和准备。

注意

你所能收集到的所有信息，会直接影响你的决定。这些信息来源于所有成员的共同努力，还取决于当地自然环境的特征和性质。一定要记住：看上去的捷径，通常并不是最易于通过的。

如果你有地图，或者确切了解你所处的位置，可以向最近的人群聚集点前进。如果你并不知道自己所处何处，通常应当沿着河流向下游走，因为这样一方面易于确认路线，另一方面通常会走向人类的居住之地。

如果你只是简单地移动一下露营地——太近是没有意义的——很快你又会遇到像上一次同样的困难，迫使你继续迁移。至少要前进两至三天的旅程，这样到达的地方，燃料和其他动植物资源会完好无损。

在穿行于类似的地区时，你可以期望有类似的资源可以得到，因为你已经有狩猎和搜索粮食这方面的经验，知道在哪里可以找到这些资源，并且知道哪些是你最想得到的东西——食物、燃料和水。但是当你到达不同的环境时，你将不得不在陌生的地形里寻找基本的需要。在不同的环境下，可以利用的资源可能会变化很大——可能会变得充足，也可能正好相反。

1.2 准备工作

在你最终放弃原宿营地之前，你应留下显著的信号，表明你曾经到过那里，现在离开了（见“营救”篇）。同时留下团队成员的名单和详细记录了你的行动意图的文字。在前进时，沿途做好标记，以便当搜索者发现了你们放弃的宿营地时，可以随之而来，找到你们。

你如果下定了决心，准备穿越无水的地区，先制备好食品贮藏袋、水瓶和更大的容器，为受伤的人或老人、孩子准备好担架。准备好合适的鞋子和衣物，以及携带装备和给养的包裹。有些运输方式也许值得选择——雪橇或木筏。带上衣物、帆布、雨毡。如果在你即将穿越地区难以找到木棍时，那么你还应带上木棍。能够迅速装配的避身棚会使你节省许多能量，做更重要更紧迫的事。很自然地，你应该准备发送求救信号，也许被营救的机会就在眼前。

仔细研究天气形势，等天气可能稳定下来的时候，选择合适的时间，开始前进。

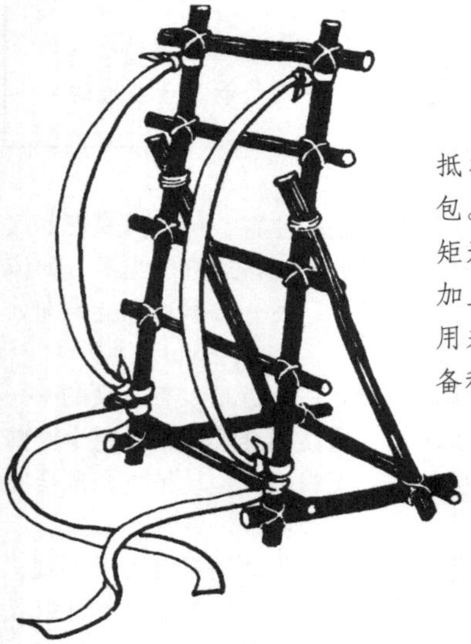

背包的构架

先要制作一个梯式的构架，抵在你的背上，来固定你的背包。底部做一个矩形框，梯子与矩形框之间用两根边撑固定，再加上肩带和腰带。这个设置可以用来支持背包，或其他系好的装备和给养。

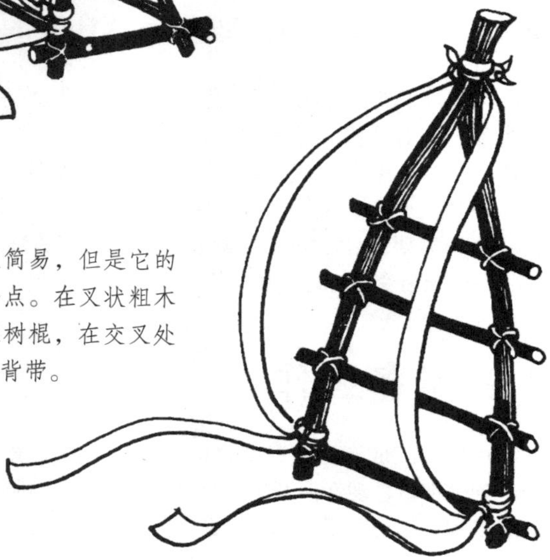

叉状构架

这个设置更简易，但是它的支持效果要差一点。在叉状粗木上，平行拴上短树棍，在交叉处可以用来系上肩背带。

赫德森背袋

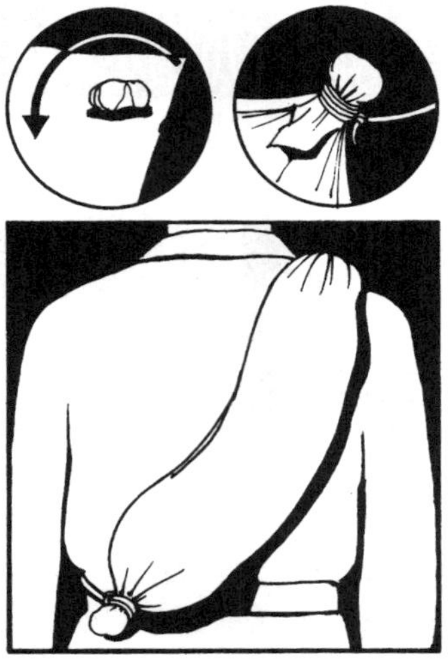

这是一种比较容易临时准备的背袋，也是十分方便的携带装备的方式。这需要有质量很好的防水材料，面积大约90厘米见方。还需要两块小石头，和一根长度足够绕过身体的绳子。

将石头放在防水布的两个对角，折好布角以包住石块。在石头下面用细绳捆紧，固定好它们的位置。石块可以阻止细绳的滑落。把布平放在地上，把携带物依次裹紧在布中。把背袋斜挎在后背上，或系在腰上。

婴儿袋

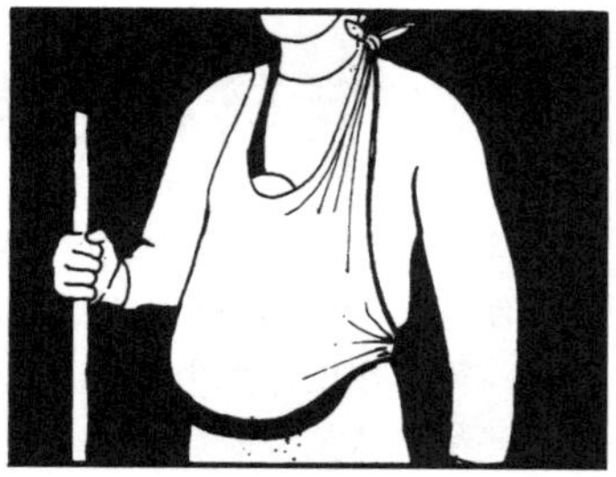

婴儿袋是指可以用来背负婴儿和幼童的布袋，它可以背在背后，也可以挂在前方。把底部的两角围系在后腰部，上部两角系在颈部，婴儿放在怀里，布袋就会把他牢牢兜住。颈部可以加上衬垫以缓解压力和避免磨伤。

如何转运老弱病残者

在长距离运送伤员时，采用人力背负或是软布袋都是不现实的，担架也不易携带。小孩可以用背包背在背上，或者好几个人用抬椅来抬。如果承担者就你一个人，试一试用雪橇或者滑车，同样的方法可以用于携带装备。

制备雪橇

雪橇是相当常用的运输工具，在雪地和冰上，它们可以轻便地滑行，在相对光滑的地面也可以利用。至关重要的构造是雪橇前端的造型，尤其是在雪地上，你可以利用失事的飞机，或车辆的门板和整流罩，制作一辆雪橇。把绳子通过弓形曲架，系在前边的人的身上，这样便于拖曳——最好是前面两条，后面两条，这样便于刹车。在开始长途跋涉之前，先彻底检查它的牢固性。

首先，选择两根叉形枝条，去掉其中一个杈，将其磨光，便于滑行，并交叉固定。或者选择两个更长的枝，像图中那样弯曲固定。这个结构可以使人脱离地面，并且可以使伤者觉得更舒服。不管用哪种方法，至少要有两个对角线结构来加固雪橇。

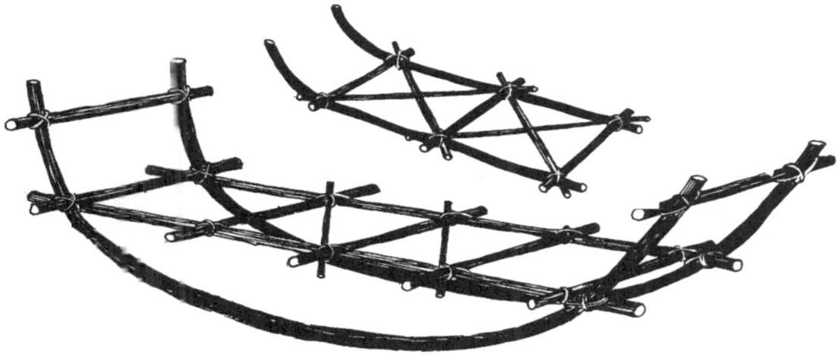

1.3 制订前进计划

如果你当时位于高地上，眼前可以看见大片的平原，这时你就可以比较确切地确定行动路线。但是，在大多数情况下，你的视野都会很有限，你必须推测哪条路可以通向远方，哪条道会走不下去。即使你已经看到了前方的地形，你也很难弄清地形的具体细节。从远处看上去，像是可以通过的斜坡，当你靠近时，你可能会发现有一个不可以逾越的障碍。如果你拥有望远镜，可以用于充分研究地形路线。

你可以爬上树，进一步观察，但是要尽量靠紧树干，并要注意检查树枝是否能够承受你的重量。要知道，你没有时间冒险。

沿着河流走

无论水流多么小，沿着它向前，沿途一般都有可以维持生存的资源，并能将你引回文明世界。大多数江河最终通向大海或大的湖泊。除了在很少的情况下，河流可能会突然间消失于地下，绝大多数都会为你提供清晰明确的路线。有时，在它的上游分支，可能会被山峡阻隔，这种情况下，沿河岸前进，就显得既不大可能，又不符合实际了，因为两岸很可能怪石林立，悬崖陡立。在这种情况下，先登上高地，观察河流的走向，也许可以略去许多弯曲的河段，沿着主要的流向向前跋涉。

在相对较平坦的地带，沿着河走会相对容易一些。利用河岸两边的动物的足迹，你也可以辨别前进的方向。在热带地区河流的两边，小型的植物茂密地生长——因为阳光可以更多地透过树林照在地面上，河岸两边可能会难以前行。如果河流足够宽广，可以考虑修建木筏。

河流在平原地区，会变得蜿蜒曲折，里弯常会形成沼泽，因而易于暴发洪水——你可以在这类湿地中观察到葱翠的草木和灯芯草类植物。如果可以，应避开沼泽地，直接穿过河湾。

保持方向

一旦你选择了正确的方向后，应尽可能沿着它向前。选好在远方的特征物，一直迎着它走。穿越森林时，你要保持方向就变得相当困难，这时指南针会大有用处。

如果没有突出的特征暴露在周围的环境里，你可以在三个或更多的点组成的一条直线上，一个一个地赶到这些地点，注意要不时检查是否正确。如果你是随队依次前进，只要保持不掉队就行了。如果团队总是交替接力前进——第一个人先走一段路程，停下来休息时，第二个人沿其路途向前——这样依次前进，可以保持沿直线前进。如果你是独自一人，而足迹是可以看见的话，应该不时地回头注意自己走过的足迹是否直。因为，若是在雪地或沙地上，足迹会十分明显。最好是沿着路线垒起柴草或者是石堆，这样彼此可以检查是否脱离了团队原定的路线。

如果可能，应绕过岩壁或密林。到达高处时，应仔细选定接下来的路线，以保持正确的方向。

1.4 团队前进

前进时，应有效地组织好团队，不可以散漫拖拉。形式应固定，不要随意组合，这样易于发现有无掉队者，便于帮助遇到困难的人。在白天出发之前，简单讨论一下行动路线、可能的障碍和某些特殊情况的处理。

分配责任

一个人负责侦察，选择最佳的路线，避开死路、松动的岩石等，同时还应能找到通过下坡的最好的路。

另外有一个人负责进一步落实侦察结果，还应预先通知大家绕开障碍物，保持正确的前进方向等。其他人应当经常替换他们。因为引路者的工作非常辛苦。

其余的人应注意搜寻可以食用的植物及其果实。每个成员都应负责注意至少一名旁边的人，以保证没有人掉队。特别是在穿越河流，或者是通过极其险峻之地时，领队更应当注意每个成员的状况。有些人应负责有规律地检查装备。

至少应成双出行——恶劣天气下尤其要小心。如果你必须夜间前进，更不应随便分散。

通常说来，队列中前面的成员最容易脱离队伍——人们一般习惯于向后观察是否有掉队者。当第一位侦察人员遇到障碍物，第二位侦察人员注意到他指示之后，就会寻找其他相对好走的路线——团队成员则紧随第二位侦察人员之后，而第一位侦察人员很可能不被注意，这样就脱离了队伍。如果大家都知道预定的目的地，而且沿途有许多明显的地形特征可以参照，即便紧急情况下相互失散，成员们也会知道该如何重新聚集归队。

如果能够得到水、燃料和植物，这意味着前面也较容易获得这些必需品，应随时留意沿途适合的避身之地——如果天气突然变糟，可以撤回该地躲避一下。

1.5 行进速度和进程

□如果是大型的团队，可以先派遣出一支先遣小分队，负责探清路线，建起夜营地，为行动较慢的伤病员或体弱者做好接待准备等等。能力强的人多携带一些行李装备，随时准备帮助力不能胜者。应为病弱者提供充分的护送，以免他们遇到不便和困难。

□相对后面的跟进者，领头者不要行进过快。在跨越障碍之后等一等，在再次行进之前确保每个成员都跟上了队伍。

□最好能保持平均的行进速度——这样会相对更轻松，也能持续得更久。行进时，注意摆臂——尤其是在上下坡时，更不应将手插在口袋里，否则容易失去平衡而滑倒。

□不时地休息（无论是在团体中或是自己一个人），停下来坐下，看看每个人的情况如何。调整各自的负载以便更舒适一些，如果有必要可以重新打包。平均来说每行走30～45分钟，应休息10分钟，具体的情况，还应根据地形和团队的实际情况来定。

□在艰险之地行进时，速度应该减慢，反之加快。下坡时不要跨大步，这样会使身体运动节奏失调，易于疲劳。

□在艰险之地行进或者上下坡时，利用绳索当扶手，更容易帮助成员们通过险象环生的路程。在通过冰坡或山麓碎石地时，绳索会是很宝贵的装备。

□也可以利用上面所说的，打了许多普瑞斯克结的绳索来帮助老幼者，他们可以用普瑞斯克结联系在安全绳上来攀登（见“有关扎营的技术”篇）。

□在预期路途中，你可以每小时走3公里，但上坡时允许的步行速度仅为此速度的三分之一。

1.6 在黑夜中行进

在未知地域夜间行进是非常危险的，但是，在紧急情况下，很可能也是必需的。而有些时候——例如在沙漠地区，夜间行进就会更舒服一些。

即使在夜间，也很少会是漆黑一团。对人类来说，室外的夜视能力也并非完全退化消失。然而，由于不能够清楚地看清物体，你会很容易害怕偏离正确方向。在这种时候，指南针会相当有用，它会帮助你消除这种恐惧。在树林中，总是会比开阔地更暗一些——因此你应尽可能沿开阔地行进。

如果在夜间观察物体，最好观察它的边缘和轮廓，黑暗中，物体的中央部分很难看清。一旦眼睛适应了黑暗，夜视能力会越来越强，这个过程一般需要30~40分钟，但其后要避免亮光刺激，否则的话，恢复这种夜视能力又得需要相当长的时间。如果必须要用亮光，可以先捂住一只眼，这样至少可以保持这只眼的夜视能力不会消退。再比如如果你需要查看地图时，用红色滤片覆在手电筒前面，会有助于你保持夜视能力。

在黑暗中，听觉会很有用——例如河中流水的声音，会告知你它的流速。在黑暗中，你能够感觉到草木的气息，熟悉的气味会有助于分辨方向。

在黑夜里，你应缓慢前进，在将重心前移之前应先试探一下，如果是下坡的话，你可以拖着脚走。

1.7 在山地中行进

如果你是处在山地和多山的地区，最好沿着高地行走——这样会更易于把握方向，也易于前行。河流两岸往往会有悬崖峭壁，河水的落差也会很大，河中的石块一般都比较圆滑，赤脚过河会相当困难。因此，不要在水中浪费时间。

正确的做法是，你应该利用山嘴攀越山谷，到达脊岭。如果毫无遮蔽，夜间你还得回到山下面去宿营和找水。沿着山嘴观望，你的视野会相当宽阔。

陡坡

在山区和高地，你可能会遇到突如其来的冰雪，但是，即使没有冰雪，这些地方也可能是很危险的。

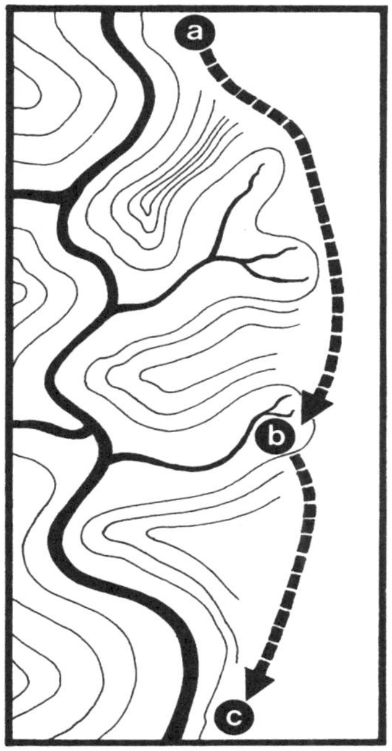

沿着穿越崇山峻岭的河流行走，对于你是没用的。当然，你可以先从山谷爬至a处，沿着山岭前行（如图中箭头所示），就可以避开攀爬险峰的危险。在b点暂停，你可以下山补充水，当光秃秃的山岭上找不到合适的露营处时，那里也可以提供栖身之所。当心饮用水的消耗，以及自己逐渐衰退的精力，在它们耗尽之前，要找好休息场所。沿途中，如果你可以找到露营的地点和水源，就没必要退到谷底露营了。因为这样不仅节省能量，也会让你更暖和一些。山岭比谷底也会相对温和一些。小块的冷空气通常会降入谷底。如果你带有水和宿营材料，你可以直接在高地上寻找最佳露营地点。沿着山脊前行，重新回到河流的边缘位点c。一直走，直至河流变宽，在山谷向外扩展延伸处，降至宽阔的谷底。

在前行中，你也可能必须要通过那些危险的地方——松软易崩塌的岩石、险峻的陡坡和悬崖峭壁，但是，尽管这会相当危险，你还得往前走。

你可以采用“之”字形路线来通过陡坡。在攀爬陡坡时，前进每一步，都应该使双膝紧靠——这可以让腿部肌肉更轻松一些。

下坡时，双膝尽量保持弯曲，尽可能地沿直线下来——如果你的速度太快，应坐下来暂停一下，以使速度慢下来。下坡时，要避开松软的山麓的碎石。但是，如果你必须通过它们，下坡时脚跟着地向下踏，同时把身体向后仰，这样会有好处。在重心移动前，要先确定落脚点是否牢靠，不要冒失地踏在险坡的岩石或原木上，它们可能会发生移动，导致你同时滑落。

对于有经验的人来说，从松软之地向下走时，你可以跳跃行走——脚跟着地，向前滑动；滑动时，让你的双脚平行，双肩张开，使自己平稳地滑行。当你速度增加时，脚下的灰尘会扬起，你会逐渐失去控制，此时应该跳起来，重新开始——前提是，下面没有突然的断层或落差。如果山坡太陡，就应放弃这种方法——这时沿着绳滑下法，反而是个解决问题的好办法（见第三章“气候和地形”之“高山地区”部分）。

1.8 在丛林中跋涉

如果在茂密的丛林中，原来没有路，你得砍掉植物，开辟出一条道来。注意砍伐时，让树木倒向路的两旁。不要留下尖的木桩，如果有人跌倒，或者踩在上面，锋利的竹桩甚至会致人死命。通常也可以砍断各种藤本植物，开出一条路来。

在丛林草木身上，经常会有许多棘刺，你得小心躲闪，避开周围的植物。如果忽略它们，一味地勇往直前，只会让你变得更糟。各种攀缘种的棕榈，例如马来人称之为“等一会儿”的植物，其腋处着生鱼钩状的倒刺。不要强行撕开“等一会儿”形成的藤林——这会让你遍体鳞伤。

注意，要将脚部包裹保护好，以免被棘刺刺伤和被毒蛇、沙蚕咬中。不时停下来，除去寄生者。咬附着你的沙蚕超过一小时不处理，就会引起感染。

2. 走水路

如果河流足够宽广，可以航行的话，那么比起沿着河岸走，在河中漂流会更容易，进程也更快一些。长期在野外生活的生存者，可能会有制作独木舟的经验——把一截粗壮树干的中央部分烧空，或者在一个柳木构架上面钉牢桦树皮或兽皮，也可以仿制古欧洲人建造的那些用芦苇扎成的漂艇。

要想把独木舟造得很好，经得起波浪的敲打，并不是容易的事，即便在那些以制造它们作为传统手艺的群落中，也还是需要专门的手艺人。

2.1 扎筏

对于幸存者来说，比较起来，建造木筏还是比较切合实际的。即便建造的材料不是很好，也不会轻易倾覆。在出发之前，对于每只浮艇和木筏，都应先进行充分的试航，这个可以在宿营地附近的安全水域进行。

特别是在丛林地区中，季风性的河水会让你感到，借助筏漂流是完全可行的。在这些地区，你可以弄到足够的木材，或者是理想的竹林，也可以用连根拔除的树木，它会结实坚固，不会腐坏。如果你必须砍伐原木，可以选择那些倾斜的树木，这样做会容易一些，因为它们会向一边倾倒。通常说来，顶端有死枝的树干会很结实，可以用来扎筏。

可以选用油桶，或其他漂浮物，用它们增加木筏的浮力。如果找不到坚实的原木，一块防水帆布，或者其他防水材料，这些都可以用作科拉科尔小艇（后面过河漂流装备中会有介绍）上的运载工具。

在任何水域中，都不要用轻薄脆弱的木筏碰运气。在崇山峻岭之中，那里的河水的流速通常比较快，只有真正坚固耐用的结构才能幸免于难。在下游宽阔的河面上，如果木筏散了架，你必须游很远的距离才能到达岸边。

借筏航行

借助木筏前行时，要将所有的装备系牢，绑在木筏或安全绳

竹筏

可能单层的竹筏无法支撑你的重量，或者过长而难以操纵，所以最好制成双层竹筏。将粗壮的竹子砍成3米长的段，两端与中央分别钻孔，利用坚韧的树枝穿过竹孔，再用藤条把每根竹竿与树枝在一起绑牢。双层竹排之间更要相互压紧，捆绑结实。

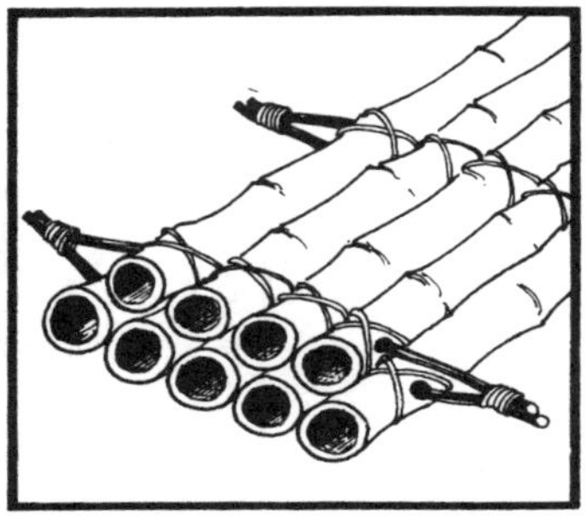

夹筏

夹筏是制作起来最迅速的一种筏。以原木做筏身，找四根足够长度的厚实木棍，将两根木棍放在地上，再将原木放在木棍上。将另两根木棍放在最上面。先将原木一端的两根木棍的两头绑紧，接下来，另一名助手站在原木上面，将另一端压紧，这样使原木夹在木棍之间。

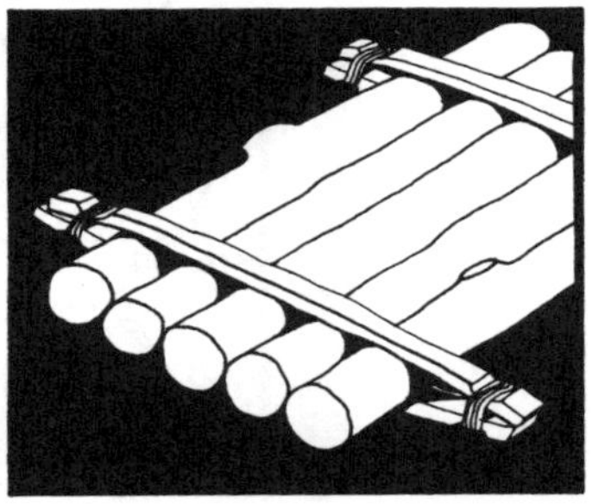

舵筏

为了便于掌握木筏前行方向，用一根长篙，前端绑牢一片舵板，长篙绑在木筏尾端，固定在交叉成“A”字形的构架上。“A”字形的构架要用拉索固定在筏的角上，以免滑脱。构架的下端要钉入筏身原木上——那上面已钻好了一些孔洞，还需用索线系牢舵板。

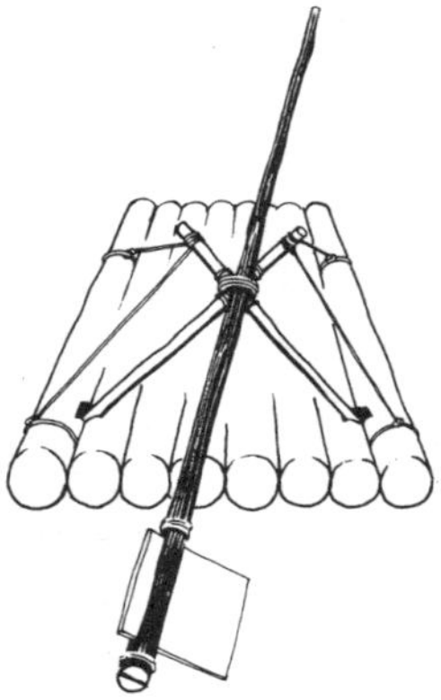

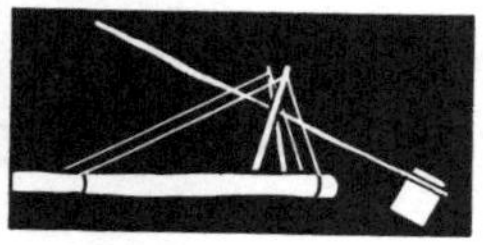

上。确信没有物品在晃动中会荡出木筏外。在木筏上所有成员的腰部，都要系上安全绳，把安全绳系牢在筏的安全线上。

你所挑选的救生索应长短适宜，既允许你自由运动，又不至于过长而使你有可能落入水中。在急速穿越水流湍急、落差很大的狭窄险滩时，救生索最好解开。这样，如果木筏失去控制，冲向极其危险的水域，你可以果断放弃木筏，及时游向河岸。

在较浅的水域中，控制木筏的最佳方法可能是撑篙。最好有两个人同时撑篙——一个人在前，一个人在后，互成对角线，共同掌握航行的方向。

如果求生者的队伍非常庞大，会用上好几个木筏。这时，首筏必须是最强的，上面不应负载任何装备和给养。它可以作为前哨，观察和探索最佳的前进路线，并发现潜在的危险，能够及时发出预警。前行时，如果不得不放弃首筏，也不至于损失多少装备。

在尚未到达飞瀑与湍流之前，总是可以先听到它们的声音。空气中也会有飞溅的水雾，它们可以作为预示。当你不能确定河流是否安全时，应紧靠岸边的浅滩缓行；或者系泊木筏，沿岸步行勘察。

当你的前方面临一段险滩时，可以让人员与装备脱离木筏，上岸步行。一部分人员在下游做好接应，使木筏自由向下游漂去，以通过险滩。到了下游，木筏也许要重新整修，但至少人员都会安然无恙，装备也无大的损失。

切记

漂流只能在白天进行，黑夜里绝不要冒险。在夜间，应将木筏系牢停泊——确保当你早晨醒来时，木筏仍在那里。你可以在远离水边的高地上暂时露营。

2.2 泥沼地

如果你不可避免地要穿越沼泽地带，应尽量把落脚点选在簇生草木上。陷入泥沼时，别试图向上跳，应迅速采取俯泳姿势，靠向牢固地点。身体贴着地表展开，这样可以大大地增加体重的承受面积。

2.3 穿越河流

在河流的上游，水流通常比较湍急，河道狭窄。两岸可能陡峭崎岖、怪石林立，不过，一般情况下，你还是能够找到适于渡河的地点的。河道较窄的上游，蹚水过河也许可行——但首先要用撑竿试一试河水的深浅。周围可能会有可以落脚的岩石，也可以人为地放置石块，帮助自己蹚过河去。

团队探险时，一部分人也许可以直接跳过狭窄的河谷，或者利用岩石穿过溪流，但是，如果还有许多人做不到，人为地放置石块的意义还是不大。如果从圆滑的岩石上摔倒，你很容易扭伤脚踝。

在河流的三角湾处，通常波涛汹涌，河面也很宽，有些河流甚至会受潮汐影响，因此，不要在该处穿越河流。除非有木筏或浮艇，否则你还是向上游前进，寻找更加适合穿越的河段。在宽阔的河面，尤其是靠近入海口处，即便拥有木筏与浮艇，也不要轻易穿越河流。否则，你很可能会被河水冲走，离理想的彼岸越来越远。不过，这也得根据河流的实际情况而定。

研究河水

研究河流或小溪表面的水流方式，就可以告诉你很多其水面以下的情况。河流的主流呈“V形臂章”样波纹时，提示河流正绕过岩石或其他突出物（a）。

在河流表面，水流好像停止了（b），这通常意味着在河流的底部有巨砾或圆石等暗礁，因而使水流向上偏斜。

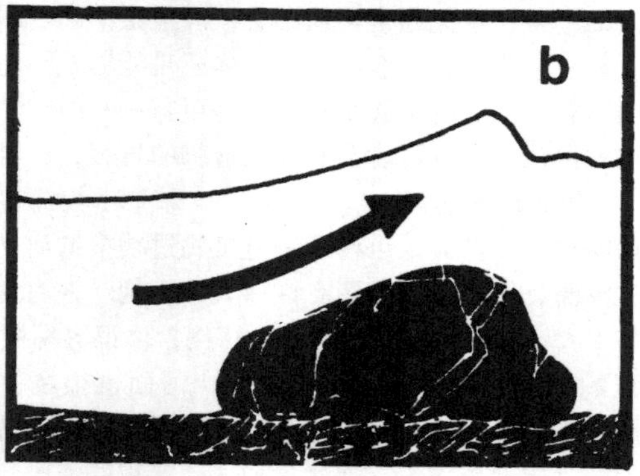

在靠近河流表面处，如果出现阻碍而产生了旋涡，因而使河流表面的水好像在逆流。如果同时在河底有巨大的暗礁（c），挡在向下倾斜的河床上，则这些旋涡会产生巨大的力量，可以将游泳的人拉进旋涡中。它们是非常危险的。

警告

冰冷的河水是杀手！

如果水温过低，不要轻易做出游过河去的决定，很可能这会是个致命的错误。你可以制作木筏，或利用其他工具渡河。只有当河水很浅，蹚水过河只会弄湿你的双脚时，你才能考虑蹚水过河，而且，当你到达彼岸后，必须及时生火烘干。

2.3.1 蹚水过河

即便河流相当宽广，也会有相对狭窄的某段河道，即使它适合蹚过河去，但决不要低估了蹚水过河的难度。应当砍一根木棍，以帮助你维持平衡，直接逆着水流方向穿过河去，这样会减少被河水冲走的可能性。将裤腿卷起，高出水面，可以减少阻力；或者直接脱下来，这样可以在到达对岸时，裤子仍然保持干燥。比起光着脚，穿上靴子会更易于控制平衡。解开背包的腰绳，当你滑倒、出现危险时，就可以立即挣脱它。但不要放弃背包，它肯定能够漂浮，可以帮助你顺利游向岸边。蹚水过河时，背对着彼岸，身体与河道有一个倾斜角，水流会帮助你向对岸移动。**你的步距不可以过大，应拖着脚走。用棍棒试探河水的深浅，探测落脚点是否可靠。**

2.3.2 以团队为单位过河

如果是团队成员集体蹚水过河，应由能力最强的人领队，大家沿线依次前行。后者抓住前者腰部的衣物，慢慢向前移动，尽可能减少水流的阻力。

此外，可以让所有的队员手拉手排成一列，共同抓住一根长篙或棍木，以保持队列，可以面对着对岸向前移动。只有第一位成员需要侧着身子，他会直接阻挡水流，这就减少了水对集体的阻力。

同时，集体也为每个成员提供了平衡的保证。

警告

当心淹没在水下的树枝，一不小心，你就会给绊住，失去平衡或扭伤了关节。当你顺着水流前行时，也许注意不到水流的力度。但是当你与障碍物相抗争时，水流会成为束缚你的阻碍者。

2.3.3 利用绳索过河

如果有绳索帮助，蹚水过河的方式会更加安全——但是，环状绳索的长度应至少为河水宽度的三倍长。团队成员的人数也不能少于三人。两人在两端拉紧绳索，第三人拉着绳索过河，遇到危险时，可以把他迅速拖上岸。

过河者将自身的安全绳系在绳索上。由能力最强的人第一个过河。其他二人并不系在绳索上——他们要在第一个人过河时控制绳索的安全，如果过河者滑倒，可以在另两人帮助下控制住局势，避免其被水冲走。

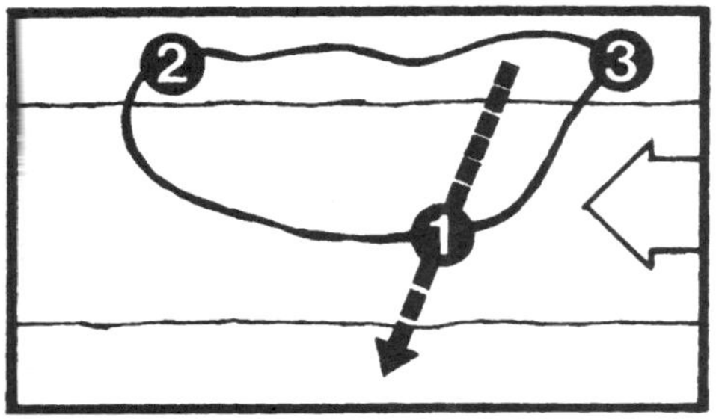

第一位过河者到达对岸后，解开安全绳，握紧绳索，成为绳索的控制者，第二位过河者不再控制绳索，而是同第一个人过河时一样，把自身的安全绳系在绳索上，在两岸的两人控制下，开始过河。利用这种方式，你可以运送任何人。

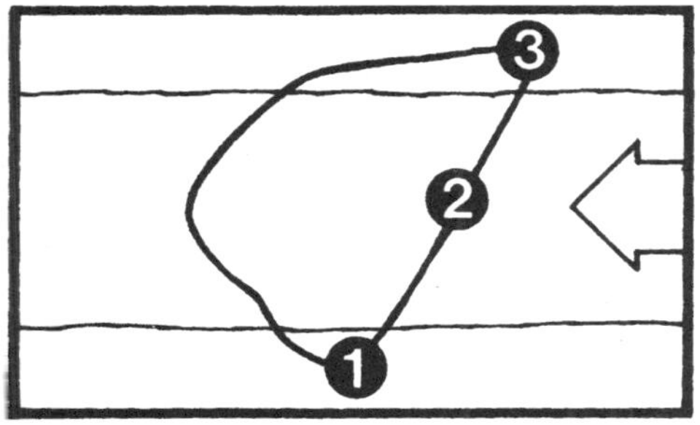

第二个人上岸后，第三个人系上安全绳，在前两个人的控制下过河。其中第一个人的承重力量最大，第二位随时做好准备，以应付意外发生的情况。

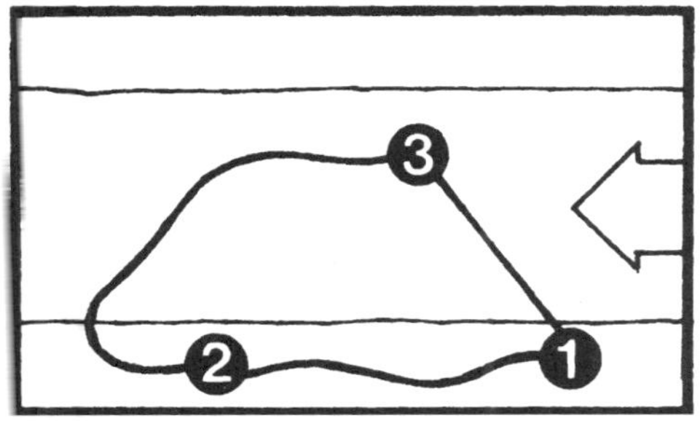

河流是危险的

除非别无他法，否则不要轻易下水。渡河前要仔细选择正确的渡河地点。

- □ 避开难以攀爬的陡峭河岸。
- □ 避开水中的障碍物。
- □ 外湾处水流最急，而且此处陡峭险峻的河岸也会使登岸成为不可能的事。
- □ 寻找水流相对平缓的水域——鹅卵石河滩处可能是蹚水过河最适合的地点。

2.3.4 游泳渡河

如果你不会游泳，就别做尝试了——依靠他人，用某种漂浮物帮你过河，这样会更安全有效。即使你是能力最强的游泳爱好者，漂浮物也会大有帮助。游泳时不要穿外衣。下水后，衣服是没有保温作用的——过河后，穿上干衣服则可以保暖。确保对岸有适合的上岸地点。如果没有沙滩，你会需要支持物帮助你上岸——但要避免与水中树枝纠缠，因为你很可能会被它们困住。要考虑到水流的影响，它会把你带到对岸靠近下游的某个地点，因此，应在上游的适当地点下水。最好多估计一段，这样可以在水中调整好，以便登上选定的上岸地点。观察流水中漂移的浮木，这样可以帮助你估计水流的速度与力度。要注意研究水面上形成的涡流，及其下方隐蔽的障碍物。

当你在水中遇到水藻时，可以用木棍拨开一条通道。善于游泳的人负责开路，在他拨开一条道后，其他人可以随之依次通过。

2.3.5 利用漂浮物过河

油箱、塑料瓶、原木——任何能够漂浮的物品，你都可以加以利用。也可以用衣物填充防水袋，里面留下充足的空间储存空气，系住袋口，将防水袋口折叠后，再系紧，这可以用来帮助漂游。趴在漂浮物上，双腿蹬划，向前推进。若有防水的布料，你也可以利用。用嫩树枝和稻草堆积在布中央，以便产生更多的充气空间，再在上面堆上衣物和轻巧的装备，要紧紧拉紧防水布的四角，捆扎严实。

制作小圆舟（1）

制作传统的小圆舟的技术，是一门真正的学问——同时它还需要信心。按照以下的方法，制作一个小圆舟，并在安全的水流中试验，看它是否可以航行。在开始之前，要确定你可以找到的防水材料——防水油布、防潮布、雨布或兽皮均可。油脂和树叶也是防水的好材料。

砍下2米高的小树——榛树或柳树均很理想。将一根小树的两端插在地上，以形成一个弓，再将其他的每隔25厘米与它交叉，做成一个圆顶。

在顶点的地方，将它们系紧。在地面的水平面上，将两棵小树各弯成半圆形，接在一起，再与其他的小树绑在一起，以保持形状。此时可将整个构架从地里拔出来了。将上沿的多余的枝节砍掉。

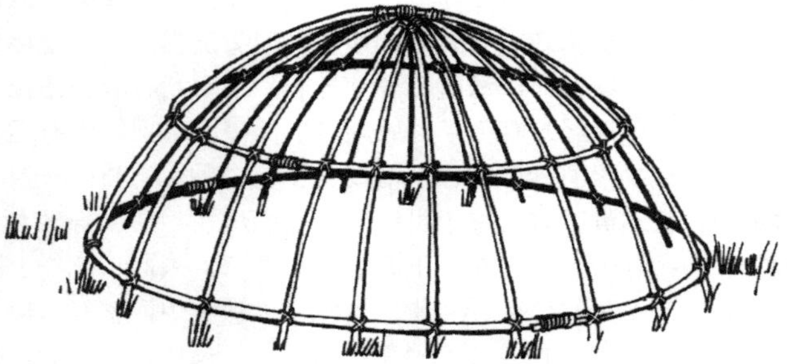

制作小圆舟（2）

用防水的材料将上面做成的框架盖起来，具体操作时可以使用防水油布、雨布或兽皮，边缘用绳子缝上。注意，不要刺破“吃水线”以下的布料。还可以用小树做一个桨，系在一个孔上，再用防水的材料包起来。

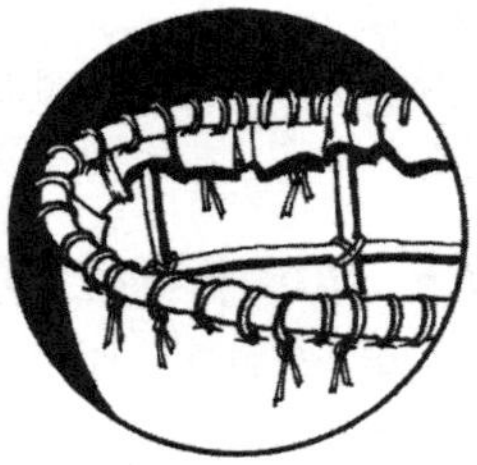

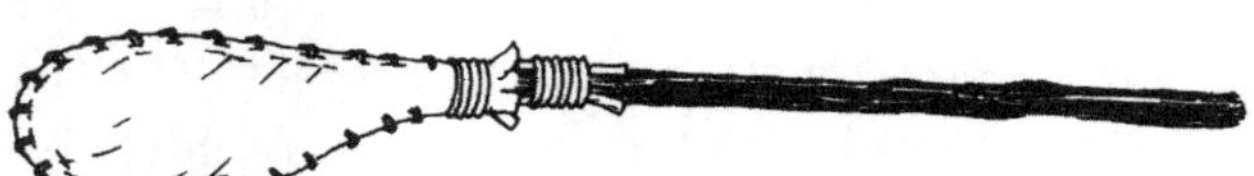

求生案例学习

这是我在做求生境况演讲时所使用的一个案例。虽然这个故事并非我本人亲身经历，但却是实实在在真实发生过的。

在这份20世纪50年代的文件记录中，一个三口之家——父亲、母亲、孩子——乘坐一架小型飞机从美国东海岸出发前往加利福尼亚：经过途中多次降落加油和休息之后，这家人安全地抵达了目的地，不过担任驾驶员的父亲在最后一次着陆时发现并上报了一处小问题。在他们准备往回飞之前，这位父亲进行了试飞，以确认之前的问题已经成功修复。

然而，他在上空之前没有登记自己的飞行计划，而后来发生的事情证明这是个致命的错误。切记告知别人你飞行的目的地和飞行时长，不然不会有人发现你失踪并着手去搜救。据我估计类似这样的情况不在少数，而机场方面一定要坚持贯彻飞行计划上报制度。后来，这架飞机在特里尼蒂山（Trinity Mountains）坠毁，但却没人知道他们失踪了。

先不说他们在一开始没能告诉有关当局自己的飞行计划，好在这家人之前有受过生存技能训练并成功从事故中生还，并坚持了10天。之后他们决定放弃等人施救的想法，离开坠机点去寻找城镇。然而这个决定就成了最后一根稻草。他们并不懂得如何辨位和认路就贸然离开了安全的坠机点。生存技能固然重要，但你也需要了解抵达安全地区的最优方案。这一家人在死亡数日后就被人发现了，被发现的地方离最近的公路仅有50公里远。

本案例之中的教训在于一定要让别人知晓你的位置，并留在原地尽可能地生存下去。但如果你觉得有必要离开的话（不推荐这种想法），一定要将你的行动路线留下标记。在这个事件中，救援人员找到了这家人留下的一本日记，上面写下了他们的行踪。

第 八 章

健康

如果在出事的地点，没有职业的医护人员，幸存者将不得不自己承担起医疗任务，尽管正常情况下，这些工作应该由那些受过专业医务训练的人员来做。

传统的急救程序，是使重伤病员能够坚持下去，直到他们能够接受专家的治疗为止。然而，如果当时没有及时的外部援救，为了挽救生命，有时，你不得不采取一些极端的措施。本章的许多建议就是以这种紧急情况为前提的。

在治疗疾病和功能恢复的过程中，传统的中草药经验和自然的药物疗法往往都能发挥很好的作用。因为那时你很可能找不到各种药片，或者需要将配备的药品留到更需要它们的时候使用。有关中草药的治疗，这里仅仅介绍了一些简单的准备措施和提取方法。

1. 急救

保持健康，是生存下来首要的条件。不要采取任何不必要的冒险行动，这样很可能导致伤害。注意食物的多样化和平衡，确保你有充足的休息。

在生存的最初阶段，这些可能都显得不重要，但是，一旦你建好了营地，找到了食物和水源，严格律己的生活方式会使你保存能量和精力。远离了人群，你不大可能成为流行性传染病的牺牲者，除非你自己就是个病原传播者。尽管有些疾病是昆虫性的传播疾病，或是水源性的传播疾病，预防措施——尤其是不饮生水和不吃生食——会保护你，免受许多可能的传染性疾病。

有时，恶劣的气候条件本身，就会给你带来一定的危险。了解一些症状会帮助你及时治疗自己和他人。无论你是多么的小心谨慎，缺乏经验或者是霉运当头，都会导致伤害。对于实施急救的理解——它是在得不到必要医疗装备时，临时采取的一些相应的紧急救护行动——是一项基本的生存技巧。在事情发生的当时，这类因地制宜的适时行动，可能会是当事者能否幸存下来的关键，在任何探险队中，至少应该有一名成员，具有相应的专业医疗知识，但是，每个成员都应该接受基本的伤病处理的训练。

优先要考虑的事

意外发生后，若有许多伤员，你必须知道首先应该处理和治疗的是哪些病人。比如说，有着复合伤口、呼吸困难、心律失常、流血不止的伤员，他肯定应该优先考虑。以下的顺序可以帮助你估计形势并且做出正确的处理。

- ☐ 恢复和保持呼吸的频率 / 心率正常
- ☐ 止血
- ☐ 保护好伤口
- ☐ 固定骨折的部位
- ☐ 安抚惊恐不安者

注意：在靠近任何事件受害者之前，都要检查一下，这个行动是否会对自己构成危险，并且要保护好自己，当心电缆、排气管、坠落物，以及其他的危险物品或结构。如果可能的话，在没有移动伤员之前，你可以先进行初步的检查，如果此时危险依然存在，把伤员和自己转移到更安全的地点，然后你再救治他。

1.1 移出危险区

首先，要减少任何可能的危险，这些危险可能会造成伤员或者自己进一步受伤害。把伤病员移向安全的地点。在公路事故中，要封锁交通。在电击事件中，首先要断开电源，如果办不到，可以站在干燥的不导电的材料上，用木杆挑开电线，使之脱离受害者。如果有毒气体正在扩散，先关上出气阀门，将受害者拖离现场，移至有新鲜空气的地方。

对于一些病人来说，你并不知道他伤在何处，随便的移动会是一种冒险，但是，如果原来的危险依然存在，他们就必须被移至安全的地方。移动脊椎受伤的伤员，这是很冒险的事情——这很可能会增加其伤势的严重程度。唯一安全的移动方法，是需要几个人的共同行动（见“骨折”）。

伤员处于昏迷状态

如果伤员处于昏迷状态，首先检查他们是否停止了呼吸。如果需要的话，应该立即进行人工呼吸，检查伤口及流血的情况，尽快查出昏迷原因。

有呼吸但是处在昏迷状态

如果伤员的呼吸正常，似乎也没有脊椎受伤的症状，检查一下他的口部有无阻塞物，处理流血不止的伤口，把他按复原体位放置。实际上，你只需要轻轻地让伤员侧躺着，这样就可以了。通常抓住患者髋部的衣服，你会更容易做到。这样，任何从胃部或者鼻腔中流出的液体，或者是呕吐物，它们都不会封住气管或者是进入肺部，舌头也不会向后压，封住了气管。

复原体位

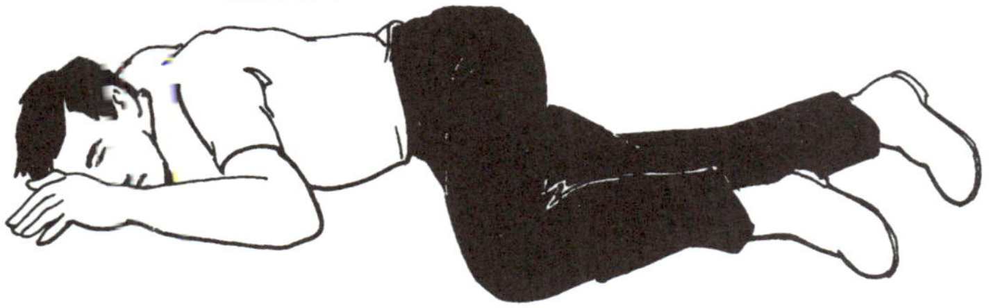

让伤员的手脚放置于身体的同一侧，不要让患者平趴在地面上。将一侧的肘部和膝部弯曲，头部与身体偏向同一侧，让另一只胳膊放在身体的另一侧的下面，同时这一侧的肘部和膝部也微微弯曲。将下颏朝前放置，留意舌头是否会堵住气管。松开扣紧的衣服。

警告

对于脊椎可能受伤的伤员，不要把他们按照这种复原体位摆放，不能让他们侧躺着。用口对口式的人工呼吸，可以使他们的呼吸恢复通畅，直至苏醒过来。

一定要检查呼吸和心跳是否正常。

1.2 呼吸和脉搏

正常的呼吸是自然而且放松的。粗重的呼吸表明有呼吸困难，或者有呼吸的不畅。仔细谛听呼吸的声音，不时地检查昏迷病人的呼吸状况，除去阻塞物。如果呼吸困难，进行人工呼吸，检查颈部或腹部的脉搏跳动。

呼吸停止可能的原因

这些情况下可能会导致呼吸急性停止。

- □ 颈部受伤或者有异物阻塞住上部的呼吸道
- □ 淹溺或者电击
- □ 闷塞和窒息
- □ 烟、蒸气或者火灾造成的气管灼伤
- □ 缺氧
- □ 胸部受压

1.3 窒息与阻塞

如果你发现伤员的呼吸停止了，应立即除去呼吸道中的任何阻塞物，并进行人工呼吸。

清除阻塞物——水草、假牙或者食物、呕吐物。用手指清除口中的杂物，确保舌头不会向后阻住呼吸的通道。

伤员如果似乎快要窒息了，但是暂时还能呼吸和咳嗽的话，让他使劲咳嗽。捶背有时会有所帮助。如果病人不能说话，可以对成人使用“Heimlich策略”，但是特殊的病例要采取其他的措施。

“Heimlich（海姆利克急救法）策略”

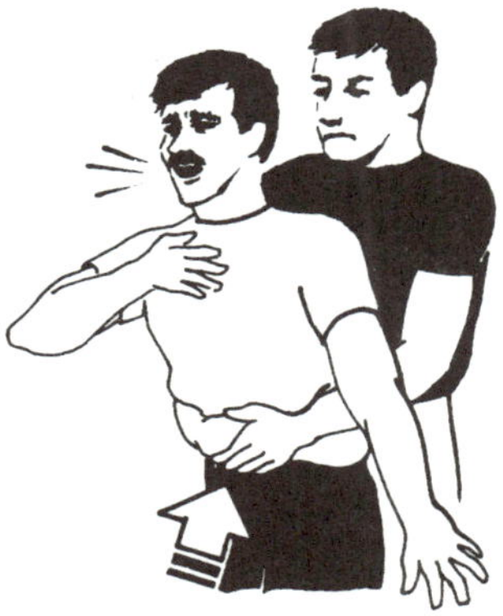

首先，站在或者跪在病人的身后，双臂抱住病人的腰部，然后，双手叠放在腹部中间，用拇指揿压肋骨以下的腹部。加压并迅速向上猛推，连续做四次。

如果这还不能奏效，在其后背部猛击四次，使阻碍物松弛，然后再重复上述操作四次。当病人开始恢复呼吸，或者大声咳嗽时，即可以停止。

自我救护

如果你是独自一个人，可以趴在凸起的粗钝物体上——例如土坎，或者落木。如果你是在室内，可以用椅背，趴在它上面。

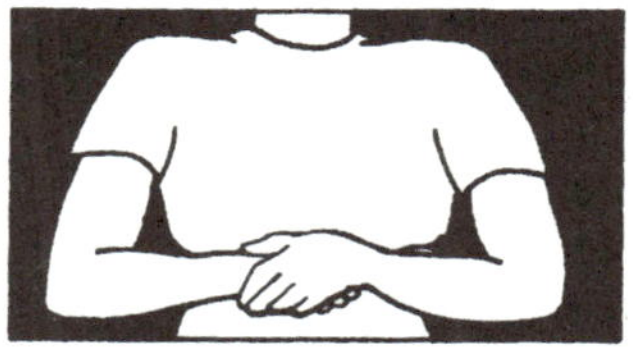

开始时如果没有成功，再重复做。不要轻易放弃。如果阻碍物已被清除，而病人尚未恢复呼吸，要准备好进行人工呼吸。如果伤员已经昏迷，让昏迷者仰面躺在地上，双膝分开，双掌交叠，斜放在病人的脐部，迅速向上腹部猛力推压。如果阻塞物似乎并没有移开，迅速将病人侧放，在肩胛骨之间连续打击四次。如果有需要的话，重复再来。

1.3.1 窒息的特殊病例

婴儿：当婴儿窒息时，你要用一只手抱起婴儿，让他脸朝下趴在你的前臂上，使婴儿的头部略低于胸部，用另一只手掌的后部，在婴儿的肩后背快速地击打四次。然后，用一只手托住婴儿后脑勺，将他翻过身来。用另外一只手的两指，迅速地轻压胸中部四次。重复做。如果呼吸停止，要准备好“口对口（或鼻）”人工呼吸。

儿童：当儿童窒息时，可以使幼儿的头朝下，用手掌后部，迅速地连续击打其肩后背部四次。对于较大的孩子，可以将其放在膝上，或者用一只手支撑住他的胸部，用另一只手击打。用两根指头来代替拳头，试一试“Heimlich策略”有时也是可行的。如果呼吸停止，救护方法见“人工呼吸”。

怀孕的妇女或肥胖者：对于窒息的怀孕的妇女或肥胖者，运用“Heimlich策略”几乎不太可能。可以把拳头放在胸部中央，然后执行类似程序。如果呼吸停止，救护方法见“人工呼吸”。

1.3.2 极端的措施

个别情况下，如果重复使用“Heimlich策略”，也不能使病人吐出阻塞物，就需要采取极端的行动：在病人喉咙里阻塞物的下部，切开一个开口，同样的方法也适用于颌部受伤，并且病人呼吸受到阻碍的病例。这种技术只可以用于生死攸关的时候，而且那时是各种方法都用尽了的情况下。对于没受过训练的人来说，这无疑是个冒险，但是，如果不用这个方法，你就无法挽救病人时，为了救命，冒这个险是值得的。如果你懂得利用环状甲状软骨的技巧，将不会有明显的流血。这比气管切开术要好得多。一般说来，切口位于喉结的下方。

准备工作及具体方法

你必须有锋利的刀片——解剖刀或者铅笔刀都可以，而不是用宽厚的刀背，以及一段中空的管（圆珠笔芯，从车上取下的一段清洁的油管或者水管，小型注射器，甚至一段中空的植物茎都可以）。

你如果有现成的沸水或者火，应将它们消毒灭菌，但是，别浪费时间临时煮水或者生火。**警告：**从车上取下的有油的脏管可能会引起肺部感染。

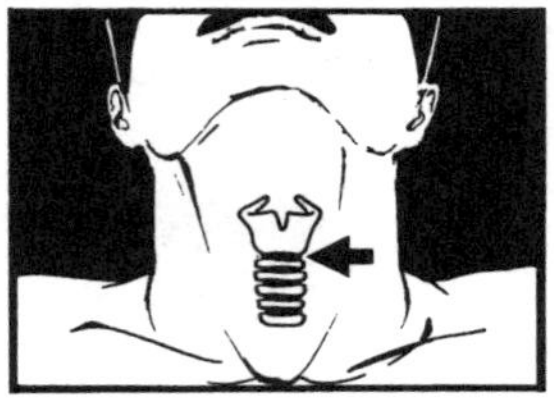

1.使病人平躺，将其肩部抬高，头向后仰，颈部成直线绷紧。

2.用一个手指压住喉结的下部——颈部前面骨状的凸起（男人比女人更明显），找出喉结下方另一块较小的凸起软骨。在这两个凸起之间你会找到一条凹谷。

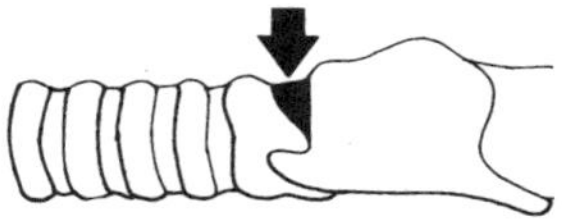

3. 在凹谷的正中处打开一条切口。切口要小而深——竖直深度达到1～2厘米——下手前在刀片上标明相应的长度。当刀片切向气管时你会发现更加容易。下切深度不要超过标记线。

另一个选择：如果不打开一个切口，可以用一根带有宽大的针孔的针头刺入组织中，这样出血会少一些。这也是医生喜欢首选的措施。在没有医疗设备的情况下，应该制作或者是携带着这种工具。

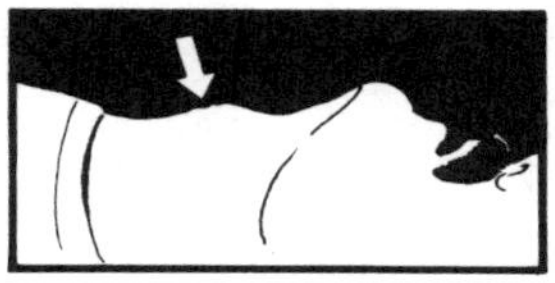

4.将刀片向两边稍稍转动，以便打开切口。

5.将中空管插入切口，让空气进入肺部。一旦位置适当，用胶带扎紧，或用绷带将它固定，防止脱落。**无论是自然的还是人工的呼吸道，一旦呼吸道畅通了，如果病人还不能呼吸，就必须进行人工呼吸。**

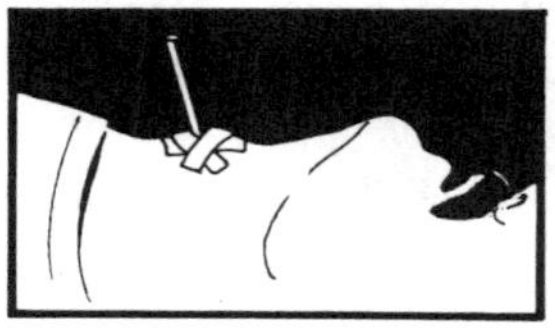

1.3.3 防止窒息发生

挤压

会造成胸部挤压的任何情况，都可能引起窒息。登山者会发现，如果在悬崖上滑落，而被安全绳悬住的话，被绳索束住胸部是很难呼吸的，可以用有固定直径的环的绳索（单套环或攀踏结，见

“有关扎营的技术”篇），来控制体重，减轻压力。

雪崩或者土壤崩塌后，它们都可能压住胸部，使人呼吸困难，如果有可能，应该变成蹲伏的姿势，手臂弯曲交叉，保护胸部。

胸部如果被失事的残骸压住，而又无法移走重物，可以利用杠杆原理举起重物，再用撑木支撑住。

烟和毒气

为了阻止烟进入肺部，用良好的筛网状的材料捂住口和鼻，以便滤去浓烟。烟是可以看得见的，这样就为避开它提供了机会。对于看不到的有毒的气体，只有站在它们的上风处，你才会安全，或者使用呼吸面具。受害者必须转移至新鲜的空气中。

缺乏氧气

在避难棚里，如果缺乏通气装置，或者被碎石或者雪块封闭起来，氧气常会逐渐减少，甚至用光。如果室内有火，不仅氧气有用光的危险，还会有产生致命的一氧化碳的危险，一旦出现这种情况，病人必须转移到新鲜的空气中。

一氧化碳中毒

在封闭空气中，如果存在一氧化碳这种气体，这将是致命的，中毒者很少能意识到，它是罪魁祸首。一氧化碳的中毒症状类似过度酗酒者的症状：记忆力和判断能力丧失，盲信的可能增加，而且对危险的认识不足。

总的来说，要保证有使空气流通的设置，尤其是在使用火炉的时候。在避难棚里点燃一支蜡烛，如果火焰变长变高——甚至在极端情况下能延伸至屋顶——这是严重缺氧的信号，这时必须要进行通风换气。一氧化碳中毒的病人，要转移到新鲜空气中。

1.4 呼吸和脉搏都停止

1.4.1 溺水

溺水可能是由液体阻塞呼吸道引起的，症状表现在面部，尤其是嘴唇和耳郭，发青变紫，这很可能是因为口腔和鼻孔中充满了废物——它们阻塞了呼吸的通道。

不要企图将水从肺部倒出来——你不可能做得到。尽可能早地进行人工呼吸。如果溺水者仍在水中，可以先支撑住他漂浮的身体，迅速除去口鼻里的水草、假牙或者其他阻塞物，然后用“口对口”法进行人工呼吸。如果在陆地上，可以用“霍格·尼尔森法”进行救护。

1.4.2 电击

电击的症状：电击的原因通常都很明显，被电击中会导致心跳的停止，肌肉的抽搐，而且会将受害者抛出一段距离。实际上，电流的灼伤，要比看上去的伤痕要深得多。

在电源没有被切断或者挑开之前，绝对不要去碰触受害者。如果有器具，可以用绝缘体的物质，迅速断开电流和患者的接触点。但是要当心，任何可能导电的液体——被电击中可能使患者小便失禁。在治疗灼伤之前，如果有需要的话，应该进行人工呼吸，施以心脏起搏术。不要冒任何的危险。

1.4.3 闪电

被闪电击中的症状：类似电击。被闪电击中的人，通常会有惊人的动作，躺下后会毫无意识。如同电击会点火一样，这时患者的衣服也可能会着火。这种烧伤会比看上去严重得多。项链、带扣或者其他的金属物质，它们都可能在瞬间烧坏。

如果有需要，应该进行人工呼吸，治疗烧伤。可能会延长苏醒期，要在相当长的时间后才能恢复。

1.4.4 中毒

中毒的症状：毒物进入肺部，或者是影响神经系统的毒物，都会引起窒息。

1.4.5 中暑

中暑的症状：胸部剧痛，胸闷气短，病人感到眩晕，似乎马上就要瘫倒，经常会有烦躁不安，大汗淋漓，脉搏跳动失去节律，嘴唇或皮肤发蓝。

如果呼吸停止，应该尽快地进行人工呼吸，如果脉搏停止，要外施心脏压迫术，使心脏恢复跳动。

1.5 人工呼吸救援法

1.5.1 口对口式人工呼吸（“生命之吻”）

口对口式人工呼吸是最有效、最迅速的救援方法，一旦呼吸道通畅后，应该立即进行。正常情况下，病人的呼吸很快会恢复过来，除非是被电击、服毒以及一氧化碳中毒等情况。在这些情况下，神经和肌肉都被麻痹，或者一氧化碳替换了血液中的氧气。这时要有长时间坚持的准备。

对于面部受伤的患者，和中毒或者是化学烧伤的情况，进行“Silvester（西耳维斯特氏）法”人工呼吸。

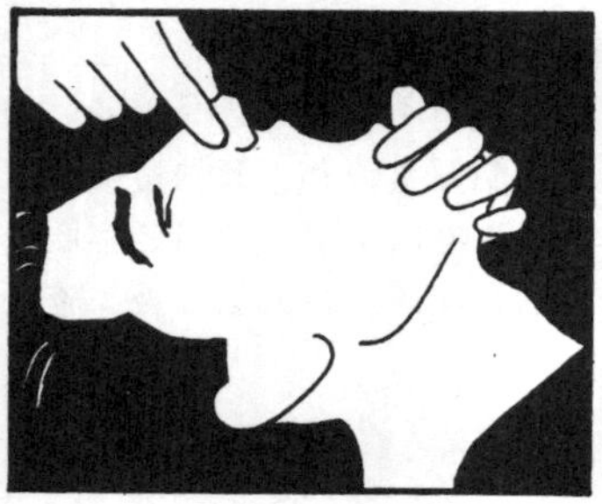

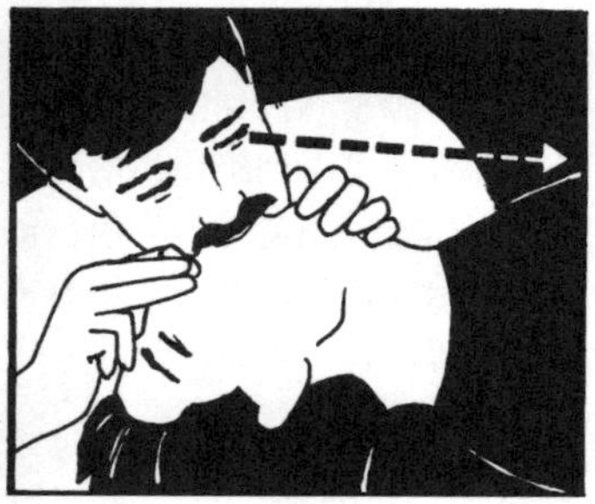

使病人仰面躺在地上，用手扳开他的下颌，使其头向后仰（防止舌头向后滑压住呼吸通道的入口）。用另一只手捏住鼻孔。检查口内和喉咙有没有阻塞物。把你的嘴对着患者的嘴，不停地吹气和吸气。

当你轻缓地向病人的肺部吹气时，要密切注意胸部的扩张。（如果胸部没有扩张隆起，将病人侧放，在后肩背部捶击，解除阻塞现象。）当你看到胸部有自然回落时，再进行一次深呼吸，这时，你应该感觉到，或者是听到有气回落。

上述动作尽可能快地重复六次，然后每分钟做十二次，直至病人恢复了正常的呼吸。

如果你救助的对象是个孩子，不要猛击他的背部。可以对他正常呼气；对于婴儿，可以微微吹气和吸气。首先，尽可能快地吹气和吸气四次。如果你采取强迫式的猛烈的吹气，它很可能会伤害小孩柔嫩的肺脏。

坚持下去

无论你用的是何种人工呼吸的方式，一定要坚持下去。最初的五分钟可能是最为关键的，但是如果病人仍未恢复呼吸，人工呼吸至少应持续一小时，团队成员可以轮流进行。同时检查心跳是否正常。

口对鼻式人工呼吸：不管是什么原因，如果你没法做到上一种方法，可以将病人嘴部封起来，进行口对鼻式人工呼吸。对于婴儿，可以用嘴同时封住他的口部和鼻子。

1.5.2 对面部受伤的患者进行人工呼吸

Silvester 人工呼吸法

在以下情况下，采取这种方法：即病人中毒或者是面部受伤，使得口对口式人工呼吸没法进行的情况下，尤其当病人可能需要进行心脏压迫法时（这一步可以在实施急救措施的同时进行）。

对于成年人，这个动作应该每分钟重复进行12次。如果没有效果，将病人侧放，在肩部的后背处轻击，使得可能存在的阻塞物脱离，使呼吸和循环系统恢复通畅。

千万不要放弃！曾有一个例子：有一位自主呼吸停止了三小时的患者，通过人工呼吸方法而被救活。无论是溺水、电击还是体温过低的患者，都有成功抢救的范例。

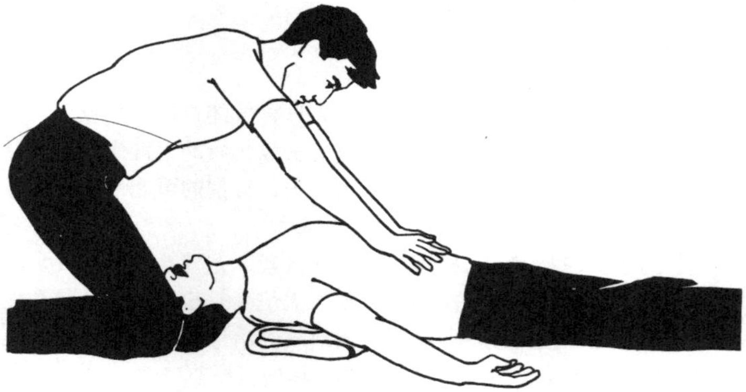

进行Silvester式的人工呼吸时，使病人仰卧，抬起他的肩部，在其背部下面垫上折叠的毛毯，或者衣物。用双膝夹住病人的头部。

双手平放在病人胸部，要放在肋骨部分的下面，向前摇动，轻稳地推压腹部。尽可能地向上向外举起病人的双臂。

1.5.3 面朝下式的人工呼吸法

霍格·尼尔森式人工呼吸：如果病人没有办法进行口对口式人工呼吸，或者病人没有办法翻过身来，可以采用此法，使病人恢复呼吸：把病人面朝下，让他平躺在地上。污物可以从嘴中流出来，不会引起哽噎或者窒息。

将病人的手臂弯曲，垫在面部下面。松开他扣紧的衣物，确信他的舌头伸向前方，口部没有水草、泥浆等阻塞物。

面对着病人跪着，其中你的一个膝盖放在前面，手掌伸展压击病人的肩后背部，依次完成以下程序，连续进行八次。

每分钟重复十二次。

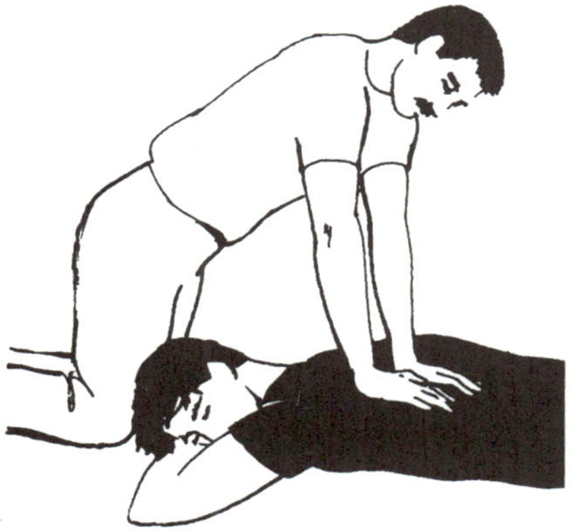

1—2—3.伸直双臂，向前轻柔地平均施力，推压患者的肩后背部（大约进行2秒）。

4.手掌向后推压，同时抓住病人上臂（0.5~1秒）。

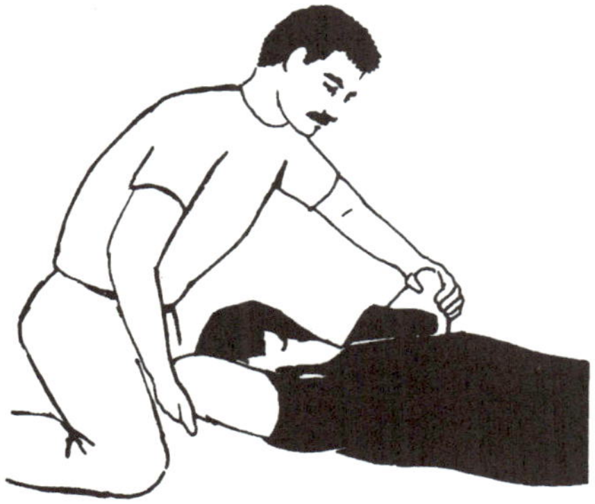

5—6—7.轻轻地抬起病人的双臂，进一步摇动后背（2秒），注意避免将病人躯干或头部抬得过高。

8.将病人双臂放低至地面上，然后复位（0.5~1秒）。

注意：如果病人的双臂受伤，可以将折叠的毛毯垫在额头前面，患者举臂时，你可以握住他腋下的部位。如果患者的肋骨或者肩部严重受伤，这种方法就不切合实际了。

在呼吸恢复之后，将病人按前述的复原体位放置——当所有的复苏步骤都完成后。但是，如果他的脊椎骨受损，你就不能这样做了。

1.6 心脏还有搏动吗

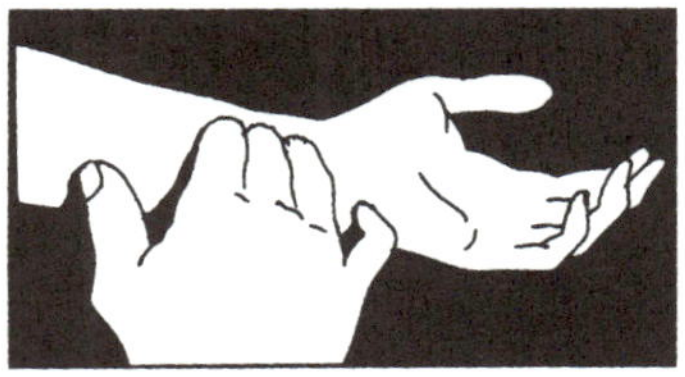

腕部测脉搏法

让手指轻微地按住腕部的桡动脉，它的位置大约在拇指侧腕部向上1厘米处的前臂。

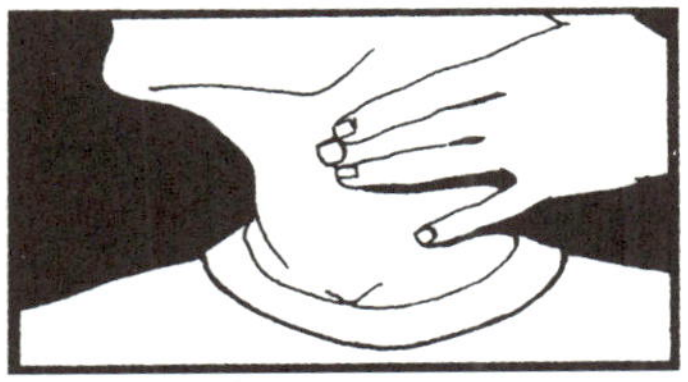

颈部测脉搏法

让患者的面部偏向一边，沿喉结用手指的侧缘触摸，你可以感觉到明显的颈动脉的脉搏。

正常的脉搏

在放松的状态下，成年人每分钟的心跳是六十至八十次，平均为七十二次，幼年期儿童的心率更高，每分钟可以达到九十至一百四十次。激动状态下的心率也会增加。

不要浪费宝贵的时间——计数30秒钟之内的脉搏数，乘以二就可以了，用有秒针的手表精确地掌握时间，记录下结果。

如果没有脉搏

如果你感觉不到脉搏，而且病人的瞳孔比正常时放大了，在持续进行人工呼吸的同时，用心脏起搏术来帮助病人恢复心跳。无论是口对口式人工呼吸，还是Silvester式人工呼吸法，都允许这两个动作同时进行。

心脏起搏术

无论使用何种人工呼吸的救援方法，如果你感觉不到脉搏，同时在做了十至十二次人工呼吸后，病人的状况仍没有明显的改善，应该开始进行心脏起搏术。

不要浪费时间！

首先，让病人仰卧在干燥的地面上。用手掌猛烈捶击患者的胸骨下部（中部的肋骨），这样做可能会刺激心脏恢复跳动。如果仍然没有脉搏，增大捶击的力度，继续进行。

双膝跪在病人的腰部两侧，把你的手掌交叠放于胸骨的下半部、肋骨的中柱骨上。确保双手掌位于胸骨下端，或者是其末端以上的部位。两个手掌交叠放置。让手掌有脱离胸部的休息时间。双臂保持伸直，用你的身体向下加压，按压病人的胸部。在每次肺部换气后，按压六至八次。

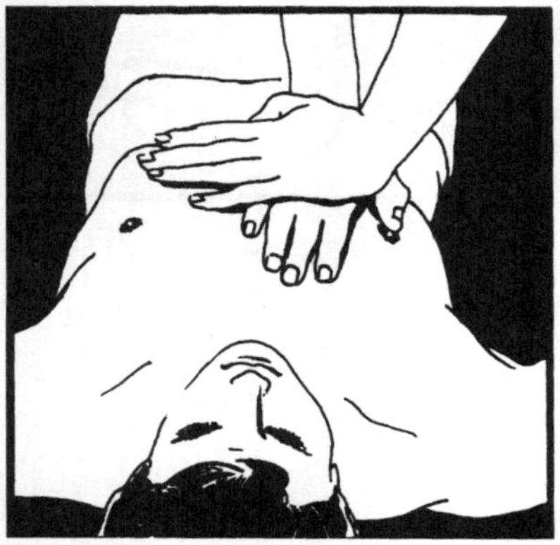

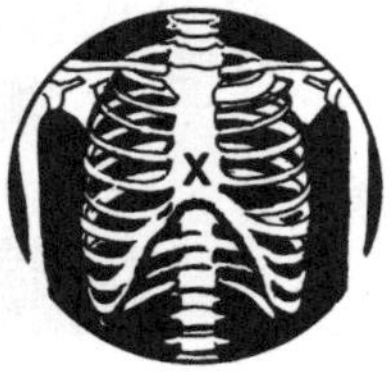

如果是成年人的胸腔，可以向下压深约4厘米，每分钟至少重复六十次。动作应该连贯迅速。不规则的施压，或者粗暴的施压，都可能会造成胸腔严重受损。

对待儿童和婴儿，需要缓缓加压，增加推压的频率。如果你的救助对象是婴儿和幼童，你只能用两根手指，施加轻微的压力，每分钟的频率可以提升至一百次。对于10周岁以上的孩子，可以用一只手掌来按压，每分钟进行八十至九十次。

注意：根据病人瞳孔的扩散状态、颈动脉是否恢复搏动，来确定急救是否成功。人工呼吸仍是必须同时进行的。

施压的人工呼吸法（心肺复苏）

当救助者仅有一个人时，选用口对口人工呼吸法或Silvester人工呼吸法，在两次肺部换气的间隔，迅速地重复心脏起搏术十五次。

当救助者有两个人时，一次深度肺部换气后，连续重复五次心脏起搏术。这个步骤要重复进行。急救者在进行人工换气的同时，要留意颈部脉搏是否恢复搏动，瞳孔是否缩小。

病人一旦恢复了呼吸，必须使之保持下去。病人保持恢复姿态的体位（脊柱或颈椎受伤的患者不能用恢复态卧姿）。病人恢复呼吸后，由于经常性的呕吐，有可能使得胃液阻塞呼吸通道，从而引起窒息，而这种卧姿可以减少这样的危险。要经常查看病人的状态如何。

如果有条件，可以利用人工呼吸通道，使得昏迷的病人有着良好的通气条件。

推荐使用的设备

人工呼吸通道

使用前，检查一下装备是否功能完好，可以工作，病人能否适应等等。

将人工呼吸通道管的1/3的长度插入呼吸道，管子的末端放在病人的上颌部，轻轻转动180度，插入喉部。

一旦位置恰当，病人即可以自由呼吸。如果有黏液的积累，会引起患者咳嗽或打嗝。用抽提器来清除黏液。

黏液抽提器

把黏液抽提器放入到人工呼吸管道中，它的一端有瓣膜，既能保证将黏液吸出，又不至于进入救助者的口中，也许你在刚出生时，医生就曾用过它。如果没有该装备，用任何干净的空管，或者中空的麦秆，都可以替代黏液抽提器，在使用之前，最好能进行消毒。别把黏液吸入到自己口中。

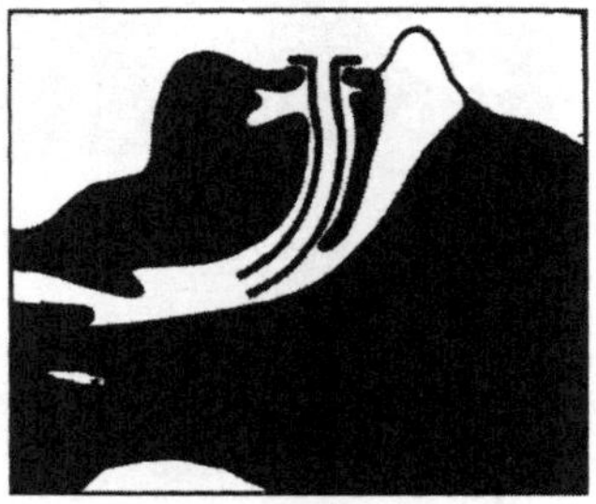

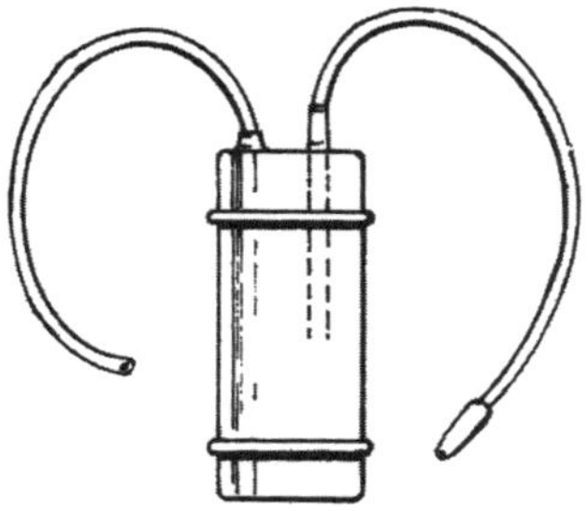

1.7 危险的失血

成年后，参与血液循环过程的血液，平均每人有6.25升。失血0.5升只会引起轻微的头晕，失血1升会引起虚脱——心跳和呼吸频率加快，失血1.5升时，人就会倒下，超过2.24升时，会引起死亡。所以，应该立即采取果断的步骤进行止血。少量失血时，在体液的补充下，血液的总体积会维持平衡——也许会导致轻微的贫血，但这并不严重。体液需要通过饮水来补充。

静脉或者是毛细血管出血时，可以通过简单的压迫法止血。无论是否脱去衣服，如果微动脉出血，都可以通过伤口部位的包扎来

首要问题

血液中携带有生命活动所必需的氧，呼吸暂停时，如果伴随着出血，应该分别同时采取救护措施，既要使病人尽快地恢复呼吸，又要能够尽快地止血。

止血。伤势严重时，可以运用施压包扎法止血。

许多应急方法都可以止血——手帕、罩衫布等，都可以用来包扎——应尽可能地选择洁净的包扎材料，迅速包扎完毕。如果包扎材料携带病原菌，会有引起感染的危险。但是，如果情况非常紧急，无论包扎材料是否经过消毒处理，也就都没有办法考虑了。由于严重出血导致的死亡是很常见的。

连续在伤口部位的周围施压5～10分钟，可能会止住流血。你要抵御忍不住想松开的欲望，即使你想看看是否止血。如果血液浸透了包扎的纱布，可以在上面再包扎一块纱布。

羊毛料的宽大的衣物，有很多的脱脂棉，把它用来止血，效果是很理想的。你的医疗盒中，也应该带有脱脂棉。

止血时，用绷带缚紧脱脂棉，进一步用纱绸的绷带帮助维持所需要的持续压力。

1.7.1 动脉出血

动脉出血是最严重的出血类型，而且出血的速度很快，使得你很难止血。动脉的血管壁比较厚，血液的流速比较快，血压也比较高。一旦动脉破裂失血，将是很危险的事情。所以，你必须及时止血。如果动脉血管伴随着骨骼延伸，选择在这块骨骼处施压，这里是合适的施压位点。在任何可能的情况下，必须预先采取保护措施，来阻止血液传播的疾病，例如艾滋病的传播，但是，如果你有紧急情况要处理，戴手套也是可以的。

结扎动脉

在伤口比较特殊、没有办法施展压迫法止血的情况下，比如严重的截肢时，可以找出断裂的动脉，加以结扎。

在从事这项工作时，如果是未受过训练的救助者，可能会给病人带来伤害——动脉常伴随着神经延伸，如果夹住或者结扎了神经，会引起永久性的损伤，比如肢体丧失了正常的功能等。

施压的位点

如果你在动脉中靠近皮肤表面的部位来施加压力，是可以切断血液流动的。特定体位下的动脉出血的情况，应该采取相对应的施压位点来止血。观察一下伤口，如果出血没有明显地减少，移动施压的手指，直至产生明显效果。

- □太阳穴或者头顶出血时：施压位点是耳朵的前部/上部（如图a）
- □眼下的面部出血时：施压位点是下颌边缘（如图b）
- □肩部或上臂出血时：施压位点是锁骨的上方（如图c）
- □肘部时：施压位点是上臂内侧（如图d）
- □前臂时：施压位点是肘部弯曲处（如图e）
- □手部时：施压位点是腕前部（如图f）
- □大腿时：施压位点是股动脉的上部／腹股沟中部（如图g）
- □小腿时：施压位点是膝部的内侧（如图h）
- □足部时：施压位点是脚踝的前部（如图i）

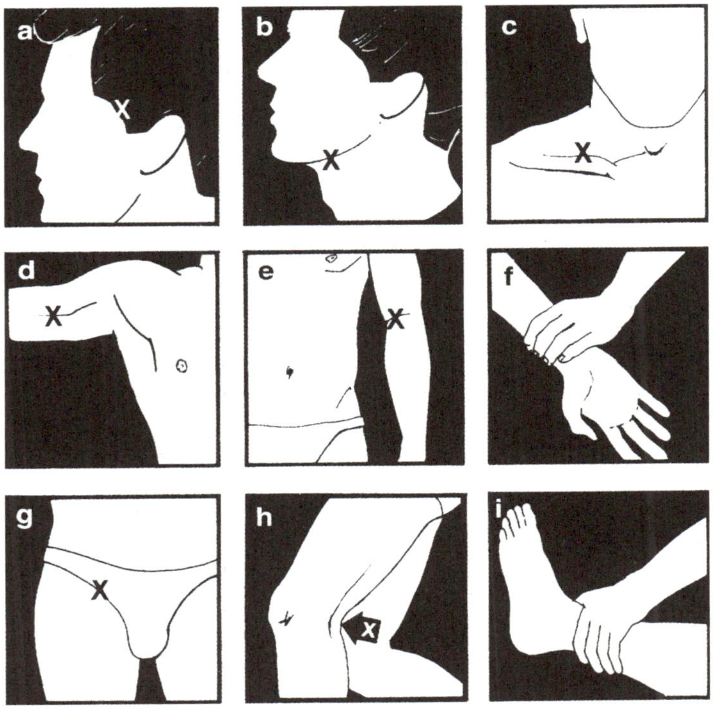

临时性止血带可以帮助止血——但是，每间隔一段时间，要松开止血带一次，以便及时找到动脉。

钓鱼线、棉线或者是细绳，需要先煮沸，或者浸泡在酒精中消毒。香水瓶或者是夜壶中的内容物，都可以消灭细菌。清洗是必须采取的措施，有机会的话，要煮沸所有的绷带和包扎布。手先要在煮沸过的水中洗干净，如果可能的话，使用肥皂。

要用无菌水（煮沸后的水）清洗伤口，并且用干净的指头轻轻找出深层的动脉，用消毒线小心扎住动脉。这是开放性的伤口被触及的第一次。

如果动脉断裂得很彻底，末端可能会萎缩，寻找会很困难。当你确信动脉在某小块组织中时，可以用大号的针将整个组织都缝扎起来。

检查手术是否成功的同时，尽快松开止血的绷带，弄清楚出血的动脉，是否仅仅是包扎完毕的那一条血管。如果发现仍会流血，应立即重新扎上止血带，继续寻找破裂的血管。组织中会有其他的小血管，它们会提供肢体维持生理代谢所必需的血液，维持循环。

不要把止血带留在原处。

止血带

需要使用止血带的只有两个部位：前臂（就在腋下）和大腿的上部。选择宽度至少 5 厘米的布带，当作止血带来使用。如果被迫使用更窄的线（电线或者是绳索）的话，必须垫上折叠多层的布料，以减少不适感，避免损伤神经或者肌肉。

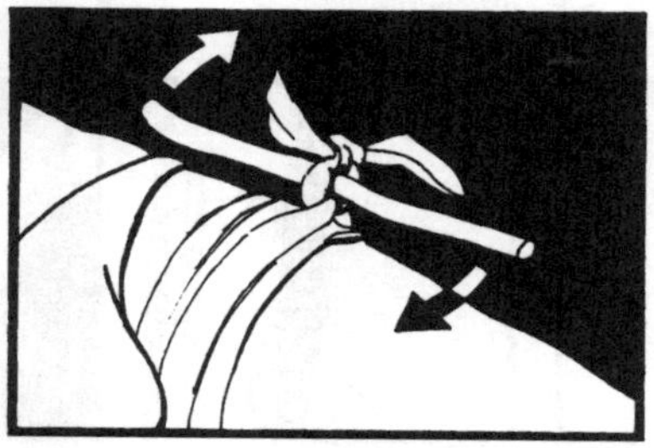

止血时，将止血带沿着肢体捆绕三圈，系成一个半结，在结上放上一根轻便的短棍，再把它捆成双结。必须把止血带捆紧一些，直到出血停止。

止血时，止血带必须捆得足够紧，以阻止血液供应，但是要有间隔地松开一次，上述捆扎的方法可以方便松开。

血管结扎好后，应完全解开止血带。

警告

止血带会阻断血液的流动，捆扎的时间过长会严重损伤组织——甚至导致肢体坏死。

止血带只能用于捆扎四肢，绝不要捆扎头部、颈部或躯干部。

也不要用其他的物品覆盖，不要遮住捆扎在肢体上的止血带。如果你不得不把患者一个人留在营地中，在他的头上，用签字笔或者是口红，写上捆扎的时间和工具箱的位置。

检查血液的循环情况

绷带包扎完毕后，应经常检查脚趾或者手指，看看它的末端是否有发乌的紫斑，以及该处的体温有无下降等现象。如果有这样的现象，应该松开布带，否则时间一长，会引起组织坏死。

出于同样的原因，不能长时间地利用止血带捆扎肢体，除非是在施行动脉结扎手术的时候，迫不得已才那么做。一般止血时，应先尝试直接施压法，然后是用施压位点法，直到采取在伤口处保持直接施压的方法。如果伤口位于肢体的末端，可以将伤处抬高。

推荐的装备

止血钳

止血钳类似可锁式的剪刀，可以夹住血管，阻止血液流动，便于进行动脉结扎术。止血钳还有许多其他的用处，在你的救生宝盒里，应该有它的位置。在进行缝扎时，它是理想的夹持缝针的工具，它还可以帮助你拉线。使用时，注意要避免夹住神经。

1.7.2 轻微的出血

静脉破裂出血

静脉出血时，没有动脉出血那么明显。静脉血是暗褐色的，它的流速也相对较慢。你会有时间选择合适的包扎材料。如果伤口很深，止血钳难以找到适合的位点，可以使用大块的布垫，在较大的范围内施压，以达到止血的目的。大约不会超过10分钟，你就会找到确切的出血位置——然后用鞋带或布条扎紧伤肢，扎紧伤肢的布带也是越宽越好，这样不至于勒紧患者的肌肉。

毛细血管破裂出血

毛细血管是静脉末端细微的分支，当它出血时，一般可以自行止血。如果毛细血管破裂出血了，不需要在这上面浪费时间，它不会很严重。先处理其他急待解决的事情。

1.7.3 内出血

当身体受到剧烈的撞击，发生骨折或者体内受伤的时候，可能会发生内出血这种严重的情况。开始时，内伤的症状并不很明显，也许仅仅是皮下微微的青肿。但是，如果病人逐渐感到头晕目眩，皮肤发凉，脸色苍白，对触摸的反应也不再敏感，还有脉搏跳动的频率加快，但是强度变弱的现象，你就要警惕内出血的发生。

所有的骨折、撞伤，它们都会导致和伴随有组织内部的瘀血。腿部的骨折可以引起伤处失血，达到半升或者更多。

症状

各类组织器官的内出血的症状如下，这里同时给出了出血的部位来源：

□ 肾或者膀胱出血：尿液变为红色，或者呈红葡萄酒状。

□ 大肠出血：粪便带血。

□ 小肠出血：血液被部分消化，粪便变黑。

□ 胃出血：病人吐血。若血呈咖啡色，说明胃出血已有一段时间。血为鲜红色则表明刚刚出血。

□ 肺出血：病人咯血，呈红色泡沫状。

治疗的措施

治疗时，将病人的腿部曲起，让他平躺在地上。这样的话，血液可以更容易地沿主动脉弓从心室内输出，经过颈动脉，向上流至头部。注意给病人保温，但不要过热——否则会导致血液的重新分布，让血液流到表皮组织之下。内脏器官，例如肾、肝或者是脾受损时，会导致严重的内出血。唯一能做的救助措施，是及时的护理。希望瘀血及早疏散。

鼻子出血

鼻子出血时，要让病人坐起，头部微微后仰，用手按压住鼻软骨，维持大约5分钟。鼓励病人用口呼吸。不要用鼻子呼吸，同时要松开患者扣紧的衣领。

1.8 伤口及包扎

如果让伤口暴露在外面，这终究是不利的，很容易被病菌感染。破伤风杆菌是最厉害的病原菌之一，它会导致患者产生角弓反张。对于室外的探险者和旅行者来说，免疫接种更加有必要。

玻璃或者金属划破的伤口，常常会很明显。必须从伤口部位彻底把碎片或者杂物清除干净。在平时，会有训练有素的医务人员对你进行救护——但是在紧急遇险时，应该由自己或他人及时承担这项工作。这时候，伤口可能已经与泥土，或者脏衣服相接触了，所以必须对它加以清洗，要除去已经坏死的组织。

首先，剪开伤口周围的衣物，清洗伤口处的污垢。先沿着伤口的中央，逐渐向外围清洗，不能由外向里清洗。擦干伤口后，用干燥清洁的布包扎好，确保相对要舒适一些。

如果包扎布变湿了，或者有异味的情况下，应该及时换掉。如果伤口的痛感增强，有阵阵的抽痛，表明伤口已经发生感染。

用热的盐水浸泡，或者涂抹一些消毒的敷剂，可以治疗常见的伤口感染。敷剂可以吸收脓汁，减少异味。任何能够磨碎成粉的无

能够抗菌防腐的肥皂

肥皂是很好的抗菌剂，可以用来清洗伤口。先将双手洗净。用热水清洗伤口——如果没有热水时，可以使用尿液。尿液是无菌的，不会引发感染，其中的尿酸也有助于伤口的清洗。

毒物质，都可以做敷剂：稻谷、马铃薯、植物的块根和种皮，这些都可以胜任。你也可以用泥土做敷剂。将充当敷剂的材料煮沸后，用布包裹起来，趁热敷于伤口处——但是，不要冒可能会引起烫伤的危险。只要经过合理的休息，加上营养充分的话，身体就有很强的抗感染能力。

可以用热烫的岩石包在衣物中来提供热量，它可以帮助伤口的恢复。

1.8.1 伤口的缝合

如果是小的伤口，你可以直接缝合，这也适用于没有能够使用的药物情况下（止血钳这时也可以派上用场）。对于一把小刀引起的清洁的切口，和位于面部的、可能会影响吃饭和呼吸的伤口，我们推荐使用这种方法。

先彻底清洗伤口，再进行缝合。这几乎不需要什么技巧。缝合时，可以利用救生宝盒里的蝴蝶线。有些土著人，他们利用火蚁的口器咬住伤口两边的皮肤，然后除去火蚁的头部，这样，火蚁上颚的口器就将伤口缝合在一起了。

缝线

缝合时，用消毒过的针线，从伤口的中部开始动手，缝线之间可以彼此独立。

缝合完成后，把线的双头系在一起，留于伤口外。

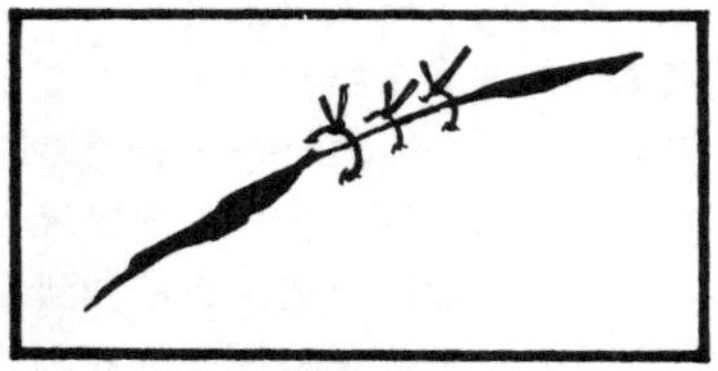

黏着夹

利用蝴蝶线，或者切成蝴蝶形的胶布，你可以使伤口的两边合拢。尽可能地靠拢伤口后，用胶布固定。

如果伤口感染——出现发红、变硬的迹象——要去除部分或者全部缝线，将伤口部位的脓液排出来。

1.8.2 开放式的疗法

所谓开放式的疗法——伤口用敷剂包扎，而不缝合——它是治疗意外受伤的安全而有效的方法之一。如果无法彻底把伤口清洗干净，就不能缝合封闭伤口。这种疗法会在伤口部位形成抗感染的组织，外表微红是伤口正在恢复的标志。

你在操作时尽管很小心，还是会有发生感染的可能性。如果伤口很深，必须排脓。有时在积脓的地方切开一刀会有好处，你可以在伤口处插入消毒绷带，或者其他的吸湿性强的疏松布条，吸去脓液。布条的末端应该留在伤口的外面，在布条的末端最好带有安全别针。可以每间隔几天，就这样处理一次。如果需要重新打开伤口，应将解剖刀片消毒，以免感染病原菌。在伤口的外部，用消毒过的布条包扎好，但要允许伤口由里向外逐渐恢复的同时，能够往外排脓。随着伤口的恢复进程，包扎的布条可以逐渐减少，直至去除伤口的全部的包扎布为止，换成敷剂覆盖。

胸部创伤

胸伤口面临的最大危险之一，就是胸腔部功能衰竭。这个叫作“强吸力胸伤”，这样的伤口会使得空气被吸入胸口处然后聚集在肺周围，而不是吸入肺里面。这种伤口一定要进行封堵，让伤者可以正常呼吸。止血带的防水层（烟盒上的塑料薄层或者涂有腊膏的铝箔也可以）可放置在伤口上，干净面朝里，贴住伤处轻轻拍紧。在贴合伤口那层物质的上方和两个侧面用胶带粘好，下方留空不封口。这样可以有效防止空气从伤口吸入，同时已经被吸入的空气可以通过伤者的呼气动作排出来。

腹部创伤

如果腹部受伤，可能会伴有内脏器官的损坏，引起内出血。用湿润的布条润湿病人嘴唇和舌部，会使病人感觉好受许多。如果伤员的肠子流出腹腔，要保护好肠子，并保持肠子润湿。不要企图把它复位——这会为营救后的手术带来麻烦。如果没有内脏器官的外露，应将伤口清洗，然后包扎好。

头部创伤

如果头部受伤，这很可能会伤及脑部，伤口也可能会影响正常的呼吸和饮食。要确保舌根不会抵住喉管，使得呼吸通畅。除去口腔内的假牙或者已脱落的碎牙。控制住出血。清醒的病人可以采取坐卧位。昏迷的病人，如果颈部和脊椎没有受伤，必须按照恢复位的姿势侧卧（见骨折中的头颅骨折）。

截肢

病人如果在火灾或者其他的事件中，肢体受到严重的损伤，有时必须切除伤肢，损失断肢来确保活命。例如有的情况下，如果你不切除肢体的话，就有被烧死的可能。

所在的环境如果对伤员和自己，都变得越来越危险，时间会很紧迫，但是你仍然应该尽可能地细心。

截除伤肢时，应尽可能地在靠近伤口处下刀——这可能意味要锯断骨骼。作为外科大夫的工具，你的救生宝盒里的弹性锯条，可以派上用场。如果没有弹性锯条的话，或者是由于坏疽而进行切除手术，在最近的关节处操作。

截肢时，先用止血带扎住伤肢，做好系紧即将暴露的动脉的准备。如果有必要的话，用上你的止血钳。

沿着环线的轨迹，切开皮肤，逐渐切至皮下组织，再向深层切断肌肉，它们会使断口的两侧收缩，暴露出骨骼或者关节。用锯条锯断骨骼或者切离关节。如果还没来得及系住动脉，这时要系好。允许断肢排出积液。用潮湿含无菌水的绷带来保护断肢。

1.8.3 伤残肢体的截除

在突发事故中，如果肢体已经被撕裂折断，可能会很少流血——这是因为受损伤的肌肉发生痉挛，封住了动脉断口。在检查断肢时，将所有暴露在外的断裂的动脉，加以结扎。

防腐剂的使用

防腐剂可以用来涂抹和包扎刀伤，或者处理皮肤的擦伤。不要把它涂抹在很深的伤口上，否则会引起深层组织的损伤。防腐剂可以用来清洗伤口的周围部位，伤口处应该用经过煮沸的无菌水来清洗。

1.9 烧伤

飞机失事时，常会有人员被烧伤。烧伤的伤口处的疼痛相当剧烈，同时有体液外渗，病人相当痛苦，而且很易被病菌感染。

根据皮肤的烧伤面积，你可以大致估计出治愈的可能性。如果没有进一步治疗的医疗保障，烧伤面积超过皮肤总面积的百分之五十时，通常会有致命的危险。

粗略估计烧伤的面积：

头部：9%	生殖器：1%
单臂：9%	单腿的前部：9%
躯干前部：18%	单腿后部：9%
躯干后部：18%	

在没有把衣服上的火焰熄灭之前，想要逃离火灾的现场是很危险的。大多数伤员会从着火的区域本能地向外跑，但在跑动过程中，气流会使身上燃着衣物的火势更旺。

一旦着火，患者应该尽可能地躺卧在地上，不停地滚动，直至扑灭火焰。如果有可能，救助者可以扑在伤员身上以扑灭火焰。如果有需要的话，让患者自己不停地在地上滚动来扑灭火焰。

灭火后，除去伤者身上燃着的衣物，以及各种焦煳的有异味的饰物等。因为它们不易散热，会比火焰本身更有伤害性。

降温

烧伤的组织，可以用凉水淋湿烧伤的组织来降温。也可以把烧伤的组织浸在缓缓流动的凉水中，至少10分钟。

别用任何物品去抚慰皮肤的烧伤处，诸如防腐剂、奶油、起司、油脂、凡士林或者其他类似的东西。应该持续降温直至感觉稳定下来，这时离开水面不会增加疼痛感。

初次降温之后，可以用消毒过的干燥的布块包扎受伤的部位，以防止伤口感染。没有布条时，就顺其自然。在包扎手指或者脚趾的受伤的部位之前，应该用布条将每个指（趾）头彼此分隔，以防彼此黏合。

硬木的树种，如橡木或山毛榉等的树皮中含有丹宁。树皮加入沸水中熬汤，冷却后可以抚慰烧伤的皮肤。

补充体液

烧伤后，必须补充体内流失的体液。正确的补液方法，是少量多次地饮用凉水，如果有条件，在半升水中外加半茶匙的盐——或者加半升小苏打，这样做的效果更好。如果没有盐分，可以让伤者少量饮用煮沸的动物的血液。

1.9.1 烧伤的类型

发生深度的烧伤时，皮肤会发白或者变焦，肌肉和骨骼也可能外露，你可以看得见。也许是上苍的仁慈，严重烧伤的病人并不怎么感到疼痛，因为神经末梢已经被烧死了。表皮的烧伤会有剧烈的疼痛感。烧伤的面积较大时，体液会渗出流失，这会引起比深度烧伤更严重的恐慌。如果皮肤起疱，不要轻易去挑破。面颈部烧伤时，要确保呼吸的通畅。

烫伤

热水，蒸汽，沸油或者热敷剂，它们都可能会引起烫伤，治疗的方法类同烧伤。

口喉部的烧伤

口喉部的烧伤，多发生在吸入蒸汽，或者偶尔饮用过烫的液体的情况下——或者吞咽过热的液体，或者是腐蚀性的化学药品等，都会引起口喉部的烧伤。可以用啜饮凉水的方法来降温。喉部的肿胀会影响呼吸，人工呼吸有时是必需的措施。

眼部的烧伤

如果沸油，或者是化学药品溅入眼中，会灼伤眼球。处理时，分开眼睑，用大量的凉开水冲洗眼球。歪斜头部，防止冲洗出的化学药品注入口鼻部，或者注入另一只眼睛中。

化学药品的烧伤

被化学药品烧伤后，立即用大量的凉水稀释和冲走化学物质。脱去被污染的衣物。不要企图用酸碱中和理论来减轻伤害，化学反应会产生更多的热。冲洗完毕后，其他措施同热烧伤。

电击烧伤

检查伤员呼吸是否正常。如果电源没有断开，别去冒险，应先断开电源。

烧伤与休克

除了轻度的表面烧伤外，烧伤常会导致震悸和休克，症状的严重程度要根据外渗体液的多少而定。用凉水冲洗会引发震悸，但这样做无疑可以减轻组织的损伤。烧伤后至少应该立即用凉水处理10分钟。

1.10 骨折

突发性的事件很容易造成人员的伤害——缺腿断臂、浑身青肿、脊椎的骨折，它们都有可能发生。断裂的骨骼应该及早检查，及早发现。在搬移骨折的伤员时，你要格外小心。如果有更严重的伤势急待处理，先别急着固定受伤的骨头。在搬移之前，先固定包扎骨折的部位，随后再完成后续的治疗。

骨折可以分为两种类型：开放性骨折和封闭式骨折。开放性骨折时，断裂的骨骼可能会刺破皮肤，可能会有明显的伤口，这种情况容易引起病菌感染，使治疗变得更加困难。在利用夹板固定之前，要把断骨复位，并且把断肢摆好。这样的操作一定会很痛。如果伤员已经昏迷，你反而可以直接完成。

封闭式的骨折，是指断骨没有刺穿皮肤，或断骨裸露在外的病例。触动到受伤的部位时疼痛会尤为剧烈。

症状

□ 疼痛难忍。

□ 即使外施轻微压力，也会一触即痛。

□ 肿胀（有内出血进入到组织中），随后出现青紫斑或失去血色。

□ 变形：肢体明显变短，触摸或观察都能感觉到不正常，尤其是与正常肢体相比会更明显。

□ 移动伤肢时，伤员会痛苦得大叫（检查时也不要轻易地移动伤肢）。

把伤肢和另一个肢体比较一下，有助于你对骨折的鉴别。

减缓疼痛

如果有希望获得医疗帮助的话，可以先简单地固定伤肢，留待以后专家治疗。否则，应该积极主动地寻求减缓病情的方法，以免伤员发生极其痛苦的肌肉痉挛。

将断骨牵引（缓慢而坚定的牵拉，而不是粗暴的拉扯），直到断骨的断端被复位为止，比照对称的另一侧的肢体，再加以固定包扎，保证复位的伤肢不会回缩。这时，你会需要夹板，可以利用各种材料——滑雪杖，枝条，船篙，浮木，折叠的报纸，等等。

注意：用衣物将夹板与皮肤隔开——苔藓在这时会有用——否则会压痛或损伤皮肤。

1.10.1 骨折的固定

处理骨折时，固定整条断肢。用绳子支持骨折的手臂。为了增加其稳定性，在没有夹板的情况下，你可以将断肢与另一个肢体固定在一起。在双臂之间的空隙部位填充衬垫，使断肢保持在合适的位置上。将骨折点的上方和下方，及邻近的关节，用柔软结实的材料绑牢固定。所有的绳结应位于骨折部位的同一边，以便于检查伤口，你可以用平结或蝴蝶结固定。

定时检查双肢的血液循环是否通畅。

悬吊材料

三角形绷带是理想的（见“包扎”一章）——布带、腰带等在紧急时也可以使用。如图所示。不能用绷带直接捆扎伤口，或是让绳结压住伤肢。

注意检查血液循环的情况。

肘部以下骨折及手部或手指的骨折

将悬带（本图示上用的是一件长袖衫）置于手臂和身体之间。从肘部至中指，用加了护垫的夹板固定。将衬衫的一只袖子放在头下，另一只袖子缠到伤臂的背侧面。在肘部下方打结，以防滑动。

手臂抬高，以避免发生严重的肿胀。

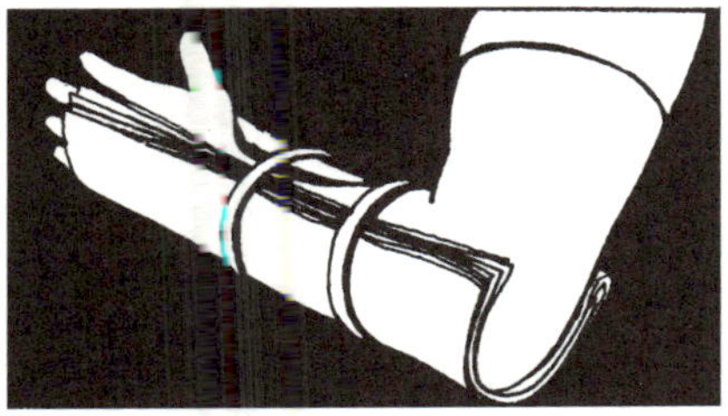

肘部骨折

肘部如果发生弯曲：可以用狭长的吊带来支撑。上臂与胸部的前面要捆扎在一起，从而阻止上臂的运动。固定后，检查脉搏，确定没有动脉被压迫。如果摸不到脉搏跳动，可以稍稍将手臂放直一些，观察脉搏能否恢复。如果仍无脉搏，则需要紧急的医疗救助。

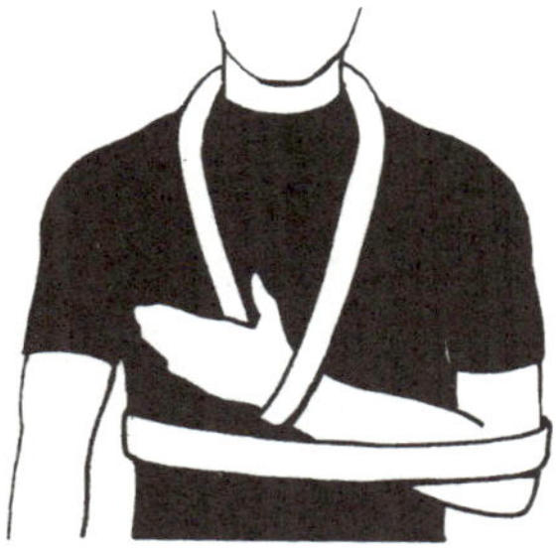

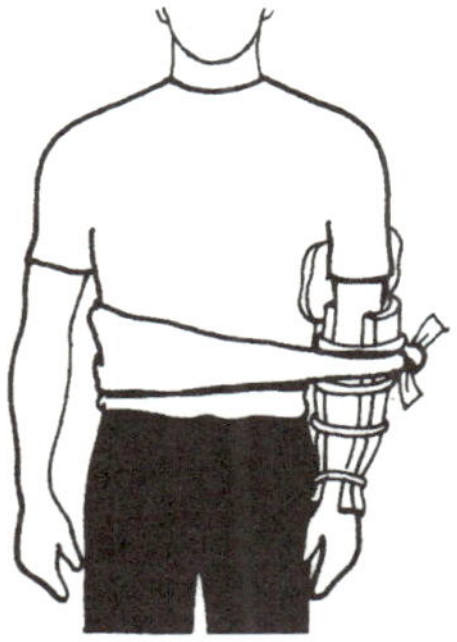

断肘如果出现僵直：别硬要弄弯它。将软垫置于腋窝，然后把手臂固定于身体上，或是用有垫的夹板放于断臂的双侧。

上臂骨折

在腋窝上放置软垫。从肩部到肘部，在上臂的外侧进行固定。

腕部骨折后，用窄带将手臂吊于颈部。

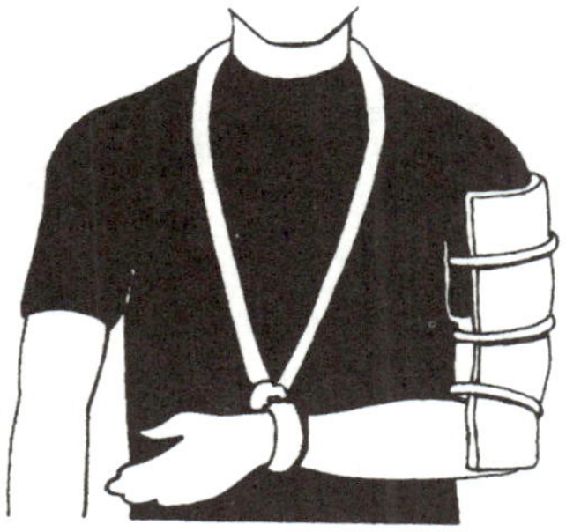

肩胛骨骨折

锁骨骨折

用吊带解除受伤部位负重。

用绷带将上臂部与胸部固定。

注意：

按时检查血液循环是否通畅。手指或指尖变青及苍白，这会是危险的警告——说明吊带与布条可能绑扎得过紧，阻碍了伤肢的血液循环。

对于大腿或小腿骨折的伤员，需用“8”字形的包扎方法，将双足与双腿的踝部都捆扎起来，这样可以防止断肢翻转，或者缩短。

髋部或大腿的骨折

将一块夹板放于两条大腿的内侧，另一块更长的夹板放于伤腿的外侧，夹板的长度至少要由胯部直至脚踝。用绳结将一根小棍置于伤腿的凹陷处，然后绑紧。

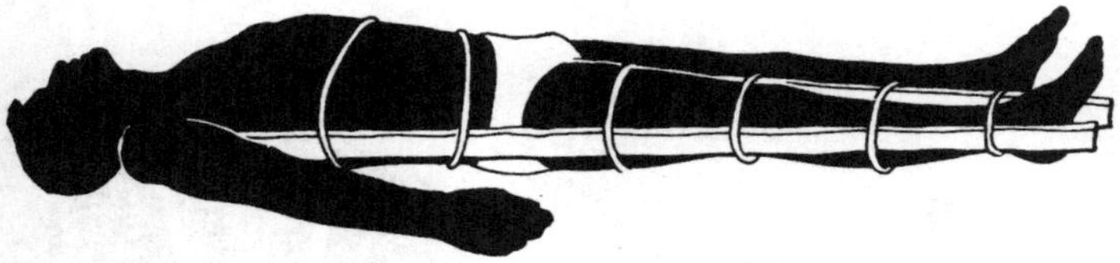

如果没有夹板，可以在两腿之间夹上衬垫（折叠的毛毯或衣物都很理想），然后将伤肢绑扎，固定于对侧的大腿上。

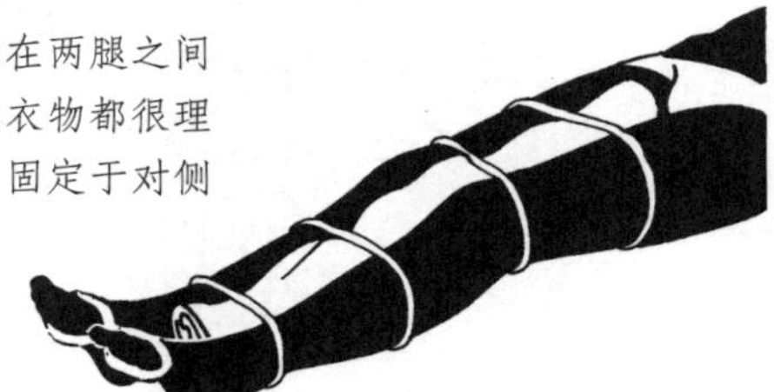

膝部骨折

如果伤腿僵直，可以将夹板置于大腿的后侧面。

如果有条件的话，用冰块冷敷受伤的膝部。

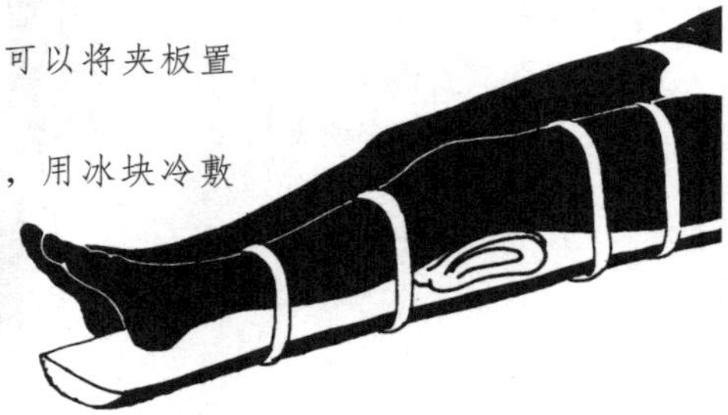

如果伤腿弯曲，不能拉直：可以将双腿并拢，在大腿及小腿之间加上垫子，用绷带扎牢加垫的部位。

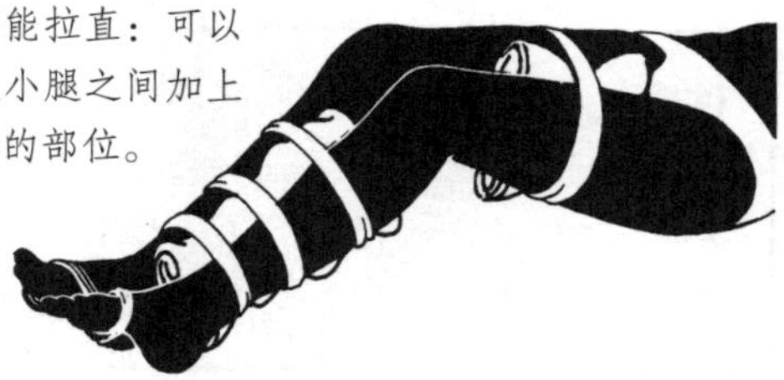

在得到及时的医疗援助之前，这只是你的权宜之计。如果不确定能够得到外援，应尽可能将伤腿绑得直一些。

小腿的骨折

从膝盖的上部开始固定夹板。或者在双腿间加上垫子，然后再捆绑。（见“髋部骨折”）

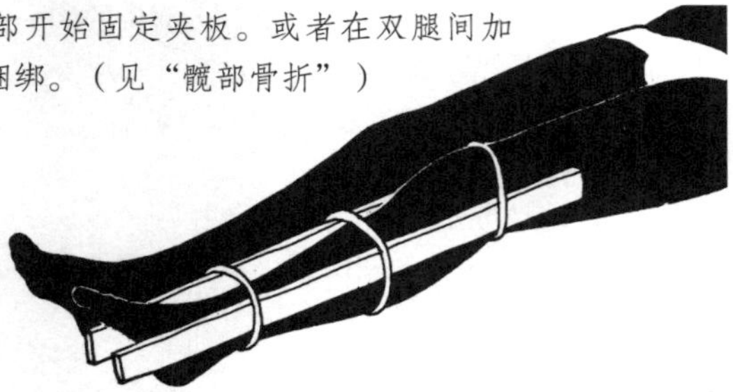

足部或是踝部的骨折

通常不用夹板。抬高足部以减轻肿胀。用枕垫或者折叠的毛毯包裹住踝部及伤足。骨折发生在踝部以上，可以绑扎两圈，发生在足部，可以只绑扎一圈。另外，如果没有伤口的话，可以不必脱掉鞋子或靴子，以便后者能提供固定作用。伤员的足部不可以负重。

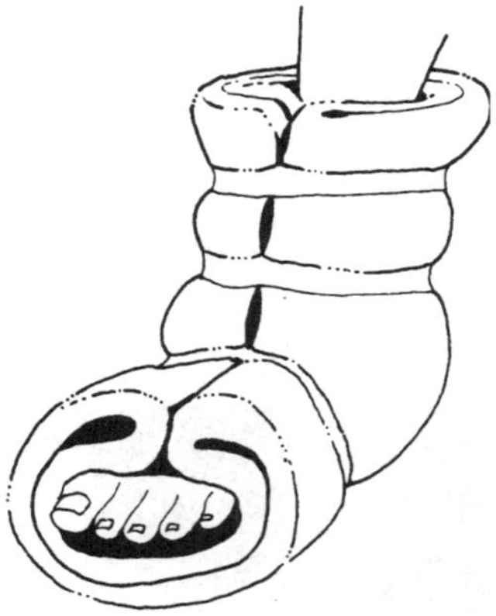

骨盆骨折

骨盆骨折时，表现为腹股沟或下腹部的疼痛。固定时，在两条大腿之间放置软垫，然后在膝部及踝部分别绑扎，同时，可以在腿部的弯曲处垫上一个枕垫，患者的整个身体都要固定于平台上（担架、门板或桌面等等）。可以分别在肩部、腰部及踝部与平台绑扎牢靠。

或者在两腿之间加上垫子。在足部、踝部、膝盖和大腿之间，分别用绷带将患者和平台绑扎固定，用两根更长的绷带绑扎骨盆部。

颅骨骨折

如果从眼鼻处有血液或淡黄色黏液渗出，常表示有颅骨骨折发生。处理时，要将伤员放置于恢复位，渗液面朝下。

让黏液流出——无论是阻塞或压迫，黏液都会压迫大脑皮层，增加颅压。

仔细检查，确保伤员能够正常呼吸。可以采用完全式的固定包扎方法，尽可能地让伤员保持舒适。

脊柱骨折

如果伤员出现颈部和背部的疼痛，同时伴有下肢的感觉丧失，应怀疑是否有脊柱的骨折。轻轻触动伤员的肢体，察看他有无感觉。要求病人按照指示来运动手指及脚趾。也可以要求伤员躺直，利用上述方法，你可以确诊。如果伤员有希望获得医疗援助，又很安全，就用合适的物品，例如行李或垫石，支在患者的身体左右，防止头部或躯体摆动。

颈椎骨折

怀疑颈椎发生骨折时，必须用颈围或其他适当材料围住颈部，阻止晃动。

将伤员的肩部及髋部绑扎牢固，用柔软有弹性的物品垫在大腿、膝盖及足踝之间。用“8”字形绑绷带，将双足及脚踝绑扎在一起。用较宽的绷带来绑扎双膝及双侧的大腿。全身固定好以后，等待尽快获得营救或医疗救助。

颈围

卷起的报纸、折叠的毛巾、车坐垫等材料，它们都可以做成颈围。其宽度约10～14厘米——从胸骨至下颌部的距离。颈围的后面比前面要折叠得窄一些。用它围住颈部后，用布带或领带系好颈围。

1.11 扭伤 / 脱臼

1.11.1 扭伤

出现关节扭伤时，常伴有周围组织肌腱的撕裂或拉伤。主要的症状包括疼痛，受伤部位肿胀，时间一长，会出现青肿瘀斑。如果怀疑伤员可能有骨折或扭伤，应按照对付骨折的方法处理。

扭伤时，最好全方位运动关节。但不要于疼痛的方向过分施力，否则很可能会导致永久性损伤。用冷水浸泡扭伤的关节部位，可以缓解青肿。可能的话，用绷带支持——或是纱带也可以（纱带不会太紧）。抬高患者的伤肢，患者应该充分休息。

扭伤脚踝后，若仍然必须赶路，就不要脱去靴子，否则，关节处的青肿会使你无法再把靴子套在脚上。靴子还起到类似夹板的固定作用。

1.11.2 脱臼

猛然跌落、撞击或关节的突然受力，这些都可能会使关节脱离原有位置。受伤的部位会出现明显的畸形，疼痛也很剧烈。在皮肤下，你常常能明显感觉到脱臼的关节旁的骨端。一般情况下，它是没有明显的摩擦声的，因为骨骼端通常不会损伤。痉挛的肌肉会将骨骼暂时固定，所以复位动作会导致剧烈的疼痛，肩部尤其容易脱臼。

肩部脱臼：脱去你的靴子，用你的脚撑在伤员的腋下，拖动脱臼的臂部，使之复位。

另一种可行但更冒险的方法是，将患者屈肘90度，把患者的肘部用作杠杆，顶住关节窝，使之复位。

复位后，用吊索支持臂部，并用绷带使之与胸部固定，彻底地休息。

手指脱臼：拽动手指，再慢慢放松，使骨头复位。如果复位时，有人握牢伤员的腕部，那么效果会更好。

这种方法只可轻轻地试用于拇指，如果对拇指第一次进行操作时，就不起作用，就不可以再进行下去，以防引起更严重的伤害。

下颌部的脱臼：腭部错位通常是由于遭到击打引起的——虽然有时候，甚至打呵欠也可引起！

在双侧的下牙上放好布质的衬垫。使病人的头部和衬垫靠牢，用拇指向下压动衬垫，同时用手指使腭部错位处前后转动，这样会使其突然复位。

头部与下颌部复位后，要用绷带缠绕固定两星期，食用松软食物。

1.12 休克

休克可以置人于死地。休克的预防与治疗，是急救的主要问题之一。

休克有以下迹象：

☐ 身体瘫痪

☐ 面色苍白

☐ 皮肤湿冷

☐ 脉搏虚弱而快速

☐ 躁动、恐惧

神经系统引起的休克：休克发生的最初阶段，是由于血压下降，引起回心血量急剧减少。严重时，心跳会停止。血压下降的主要原因，是疼痛和过度的神经刺激。

失血性休克：在伤害发生后的几分钟至几个小时内，也会发生休克现象，主要由下列原因引起：失血、灼伤、腹部损伤；或由于呕吐、腹泻引起大量体液丧失。损伤和感染引起的菌血症，会导致另一种类型的休克。

治疗

治疗时，将病人平放，抬高腿部。松开病人颈部、胸部、腹部等处的紧身衣服。休息，使其安心。

不要给病人任何液体。维持其体温，但不要增加热度——体表过热，会使急需血液的内脏液体进一步丧失供血。

处理休克时，处理者的心态与行动也至关重要，处理者如果显得镇定自若，应付自如，那么病人也会感到安慰，并有所反应。家属要尽可能地与休克病人待在一起，不要让其孤身一人。可以握住病人一只手，使其心情镇定，没有疑虑，偶尔用湿毛巾擦擦前额也会有所裨益。

病人如果停止了呼吸或心跳，立即准备人工呼吸及按压心脏。如果有可能的话，使用药品处理伤情，缓解疼痛。休克会持续很长的时间，所以，除非必要，不要随便离开。让患者尽量休息。

1.13 绷带包扎

三角形的绷带

三角绷带的最短边不应少于1米，而且，三角绷带应具有透气性。可以用它来制作吊带，或者折叠为宽的绷带，用以包扎及支持等用途。

卷状的绷带和简易的绷带

常由纱布制作卷状的绷带，但它也使用可以伸展的绉丝料子制作，这样的绷带用起来更为方便，很少会松动，也会使压力更为平均。身体的某些部位不易于包扎，此时可以使用有黏性的纱带，而对一些对有黏性的纱带过敏的人，应使用绷带包扎，最后再用黏性的纱带给予固定。

各式料子，特别是布料，都可以作为简易的绷带，但使用时，不可以用力过大，也不可以勒着肌肉。

绑扎用的敷料

敷料常由原棉垫子组成，垫子上覆盖着纱布，后者附在一个绷

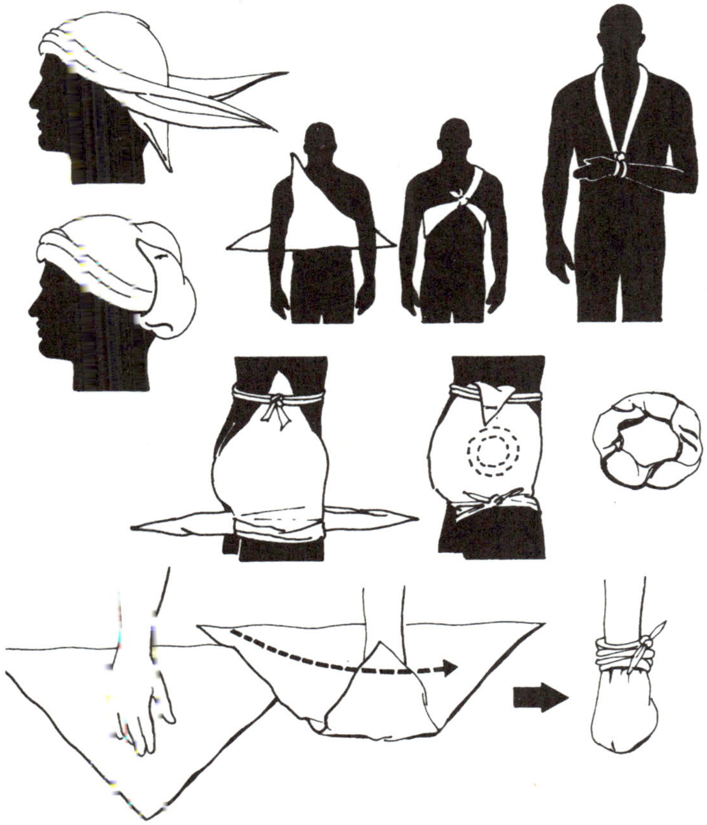

带或黏性带子上。操作时，不可以触摸垫子，使用最洁净的布料作为临时的敷料，在裸露的伤口上，不能直接使用原来的棉布，以免附在伤口表面。当敷料变得潮湿、缩小，或者伤口不住抽搐时，表明伤口已受感染，要更换新的敷料。

简单的包扎

包扎应当适度，绷带要足够牢固不致滑动，但又不要绷得过紧，影响血液循环，或使伤口疼痛。即使使用临时性的绷带，在包扎前也要将绷带滚成一圈，这样操作时最方便，这有助于使绷带更平整，包扎更均匀。

包扎时，使绷带倾斜着转动，转动时，要使绷带与上一层绷带有三分之二的部位交叠在一起，并且使绷带的边缘保持平整，将绷带的末端塞到最下层，然后用安全别针或黏性纱布固定，或者把末端撕裂，向相反方向缠绕后，在离伤口较远处打一个平结。

□手的包扎：从腕部开始包扎，绷带覆盖手背，绕过手指（露出手指甲），穿过手掌，环绕手腕，重复缠绕，直到手全被覆盖为止，固定绷带。

□脚的包扎：绷带与足踝平齐，以防止其下滑，方法与手部包扎类似。

□前臂和大腿的包扎：从最低点开始，然后向上缠绕，包扎。

□肘部或膝盖的包扎：绷带从关节处缠绕，然后上下轮换包扎。

□上肢及大腿的包扎：采用“8”字形螺旋向上缠绕，包扎。如果是从肘部或膝盖开始时，也按此方式，向上缠绕。

切记

□ 绷带不可以打结，系在一起，如果绷带不相连，将新的绷带缚在旧的绷带之上，然后固定好位置。

□ 将最后一个结打在肘部的未受伤的一侧，或者是下肢的未受伤的一侧，否则患者会觉得不舒服。

□ 用易于打开的平结或蝴蝶结，而且使结扣在外面，以方便移动或更换敷料。

□ 应当按时检查，绷带不能过紧，如果四肢有发青迹象，要当心，这表明血液循环受阻。

□ 绷带应绕过患者身体凹陷部位，如颈部、腕部、裆部及膝盖。

1.14 轻微的损伤

在野外求生的环境中，甚至极其轻微的小伤，也不要忽视，如果不及时加以处理，可能因小失大。

不要冒险挖除鸡眼和硬皮，这将为感染打开门户，导致的损害将大于鸡眼。

水疱

水疱通常出现在脚上，在手上也时有出现，戴好手套，或将手包裹好，就可以降低这一危险，应当仔细选用称手的工具和合适的鞋子。不合脚的鞋子会磨损皮肤，可以将它们都放到水中浸泡一段时间，再用一些油来擦涂鞋子，使鞋子柔软而且变得合脚。

另一个脚上起疱的主要原因，就是袜子脱落或者起皱了。在涉水时，会经常出现这样的情况，这时候要将袜子拉好，或者干脆将袜子与鞋子底部缠绕在一起；最好穿上两双袜子，紧贴皮肤的里层为尼龙袜，外层为棉布袜，这样就不容易滑落。

出现水疱的处理方法：首先，将疱的表面清洗干净，用消过毒的针将水疱从边缘处刺破，轻轻压出里面的液体，然后包扎。

眼内的异物

眼内出现了异物时，首先检查眼球和下眼睑，向下拉动眼睑，查看内部（要求病人向上看），然后用潮湿的布（用布角）移走异物。

如果并没有发现异物，那么问题出在上眼睑下部，你或许可以拉动上眼睑或者是下眼睑的睫毛的上部，让它们摩擦，自然除去异物；如果仍不起作用，可以用拇指与食指夹住上眼睫毛，将眼睑上拉；如果是为他人清除异物，取一根火棒或纤细的枝条放在眼睑上，它的效果更佳，然后把眼睑翻上去，要求病人向下看，查看眼球和眼睑下部，用潮湿的布角，或者清洁的无色的刷子，甚至皮革，移去异物。如果是为自己清除异物，要面对镜子，不要随意乱摸。

耳朵疼痛

除非由于感染，耳朵疼痛通常是因为耳膜上积存了耳垢，后者产生的压力造成的——对于鼓膜来说，这是难以承受的。在耳朵内加上数滴微热的食用油，灌入耳内，用原棉来塞住耳孔，食用油的热量会使疼痛减弱，油也会使耳垢软化。

牙痛与牙齿的损害

牙痛通常是由于牙齿上出现洞穴，或者是填塞物（牙医补牙的材料）的脱落，暴露了神经而引起的，如果不是在野外困境中，牙痛并不难处理。

把牙齿的洞孔塞起来，不让神经外露，疼痛就会减弱。可以用松树，或其他类似树木的树脂作为填塞物，也可以将树干的疤结划破，让树胶渗出，用原棉吸取少量树胶，把牙洞塞住。

如果牙齿是由于意外而受到损伤的，可以将一块小布垫在牙洞上，通过咬力来施加压力，阻止断裂的牙根流血。

保护好自己的牙齿，勤于清洗，可以用软木或一些植物刷洗牙齿；也可以将降落伞的内线抽出，作为洁牙线使用。

1.15 止痛药

吗啡

最普通的止痛药是吗啡，在飞机、航船的药箱中，吗啡都是必不可少的。其功效极强，一般通过注射吗啡，可以使承受巨痛的伤员减轻痛苦，还可以最大限度地减低中风的损害，不过同时也产生许多副作用。

吗啡可以抑制呼吸，甚至使呼吸停止，也引发恶心、呕吐。因此，在可能出现这些情况的时候不能使用。

吗啡的使用量以安瓿来计算，一个安瓿即含有10~15毫克的剂量。将针头固定，可以进行自我注射。选择肌肉最厚实的部位，如果是自我注射，选择大腿上部扇形区；如果是为他人注射，选择臀部上部外侧的扇形区。

使用吗啡的场合

- □骨折
- □截肢
- □严重烧伤
- □由于尖锐物而引起的腹部穿孔

不能使用吗啡的场合

- □呼吸困难者如头部和胸部伤
- □蛇咬伤者（毒液影响呼吸系统功能）
- □孩子或孕妇
- □失血过多者
- □挤压类型伤者，可能引发内伤

警告

吗啡可以置人于死地。

吗啡使用过量可以致人死亡，至少在3小时之内，不可以再次注射吗啡。

泰米杰斯克药片

泰米杰斯克是一种吗啡的替代药物，虽然药性较缓，但在不可以使用吗啡的场合，可以用其替代。此种药片使用时，不可以咀嚼或吞咽。而是放在舌下含服。一般性疼痛使用一片即可以；疼痛剧烈时，可以用两片。但一天之内也不可以使用四次。此种药片也能产生催眠和幻觉作用，孩子和孕妇忌用此药。

治疗轻微疼痛的有效药物

阿司匹林和对乙酰氨基酚（一种解热镇疼药）是缓解一般疼痛的最好药物。阿司匹林在治疗流感一类的疾病中，有助于控制发烧。胃弱（消化不良）、胃溃疡的患者忌用——它能引发炎症，使胃部内壁出血。

1.16 移动伤员

如果有可能，转移脊椎和下肢受伤的病人，最好使用担架。

取来两根木杆，一些布袋，厚的塑料包，衣服如运动衫、夹克等，就可以制作简易担架。或者将毛毯绕着一个木杆折叠，再将另一个木杆上下包裹。或者干脆使用门或桌面。在放置伤员前，应先找一个与伤员体形相当的人躺上去试试。

脱离险境

脊柱受伤的病人如果病情可能恶化，即使当时只有你一个人，也应尽力转移伤员。如果有三四个人，可以制作一个简易担架。伤员的身体不能弯曲或者扭曲，所以一个人专门负责保持伤员头颈的稳定，另一人负责照顾肩部。如果无担架或木板，将病人放在毛毯或大衣上。即使拉动腿脚，也应保持病人头和躯干的稳定性。

如果是独自一人转移病人，不要给病人翻身。如果病人是俯卧位，则拉起病人的双肩；如果病人是仰卧位，则拉动他的脚踝。应顺着身体躺下的方向拉动，不要扭曲。在地面粗糙不平时，或你要上台阶时，从病人的背后拉，拖动肩膀，将伤员的头部放在自己的前臂上。

移入担架中

如果病人在毛毯上或者能够滚入毛毯，将毛毯边缘卷成筒状，把它握牢；若没有毛毯，且需要几个人一起抬起病人时，应该有某个信号，使大家同时起动。

1.16.1 四个人一起抬

抬伤员时，三个人（A、B、C）站在病人的某一边，D站在另一边。C负责保持病人头部和双肩稳定，D钩住B、C二人邻近的手，帮助抬动病人，当D放置担架时，A、B、C将病人撑住。

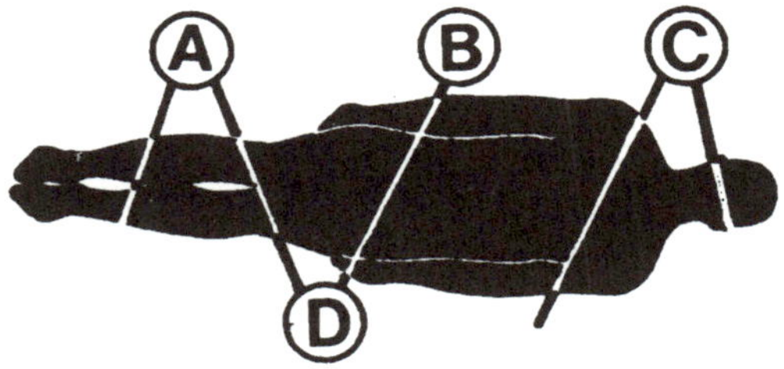

1.16.2 三个人一起抬

先将担架置于病人头部，C抬动病人膝盖，A、B二人面对面地站在病人两侧，在病人的肩部及臂部，用自己的双手互相握紧，将其移入担架。

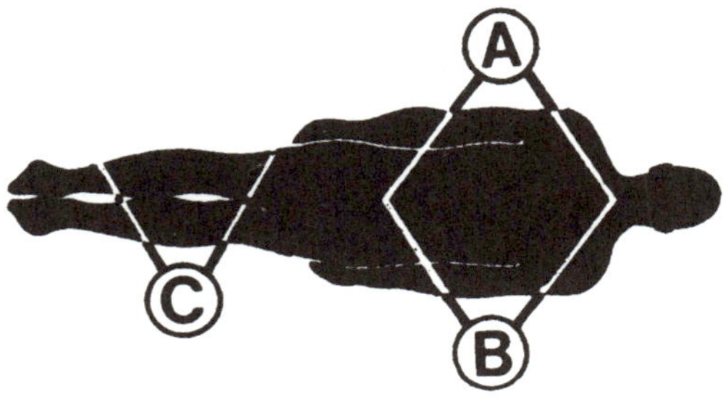

第八章 健康

1.16.3 两个人一起抬

两人跨过病人，分开站立，B的手臂放在伤员的肩膀处，A一手放在患者的大腿下，一手放在膝盖处，两人向前将病人移入担架，如果地方过于狭窄，即使人数众多，也要使用此法。

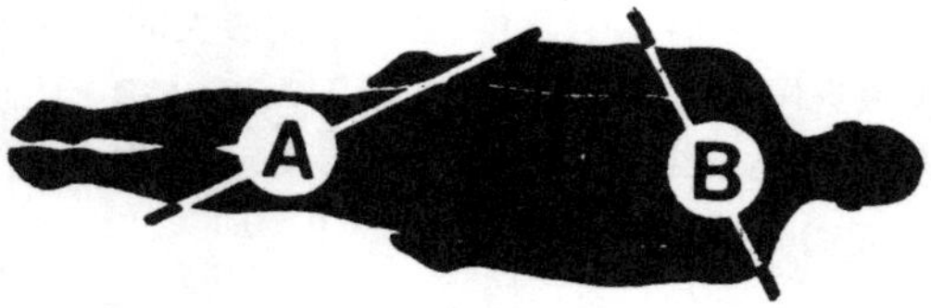

1.16.4 一个人抬

如果能取得帮助，别试图一个人转移伤员，如果是独自一人，设计方案时，要考虑病人的体重、病情以及要移动的距离。不可以使用自己无法支持的方式，否则一旦失手，不仅使病人伤势加重，也使病人丧失对你的信任。如果病人的伤势过重，可以将病人放在毛毯或大衣上，拉着移动。

支架式：这种方法对于体重较轻的伤员更为合适，移动时，将你的一手置于患者的膝下，另一手环绕患者的肩膀。如果伤员较重，可以采用坐姿，这样易于支撑。

抬扶的形式：将病人未受伤的手臂，绕过自己颈部，你的一只手环绕伤员腰部，另外一只手抓紧他的裤子，以利于支撑。

背起的形式：先蹲伏下去，让伤员将手臂绕过自己颈部，然后站起来。采用这种方式时，病人必须清醒，而且其伤痛不会影响抱紧你的肩和颈部。

1.16.5 类似消防人员的方式

对于体重较重病人，没有合适的方式。如果病人是清醒的，尽量让其站起来；如果有可能，让其坐在座椅上，向前伏在你肩膀上。下面介绍的方式，适于病人已失去知觉的情况。

如果病人失去知觉：面向下，你的膝盖跪对病人头部，将手轻轻放在病人肩部将病人抬至腋窝处，先采用跪着的姿势，然后直立，用左手抬起病人右臂。

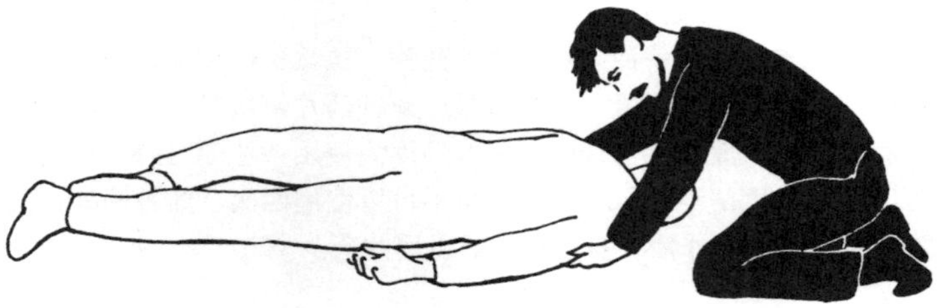

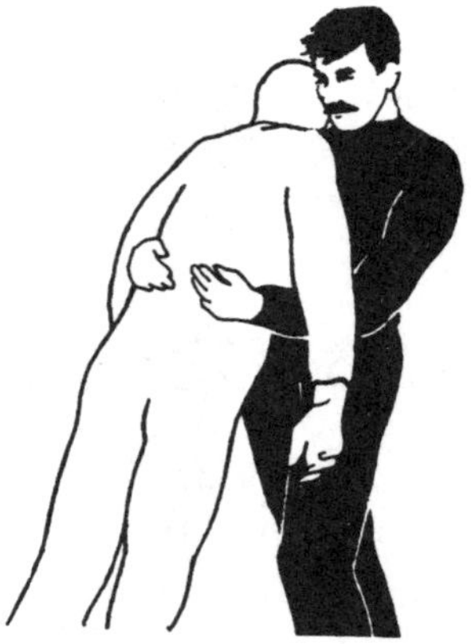

如果伤员处于仰卧位，把他从后面抬起来。这时，你的双腿要分开，叉立于伤员身上，面对其头部；采用跪坐的姿势，双手在伤员腋窝向上用力，向后抬起，站起双腿，在其腋窝下支撑住伤员。抬起伤员右臂（用你的左手），快速从手臂下移过，不再和伤员面对面，但仍然支撑住病人。

1.16.6 在伤员清醒时的转移方式

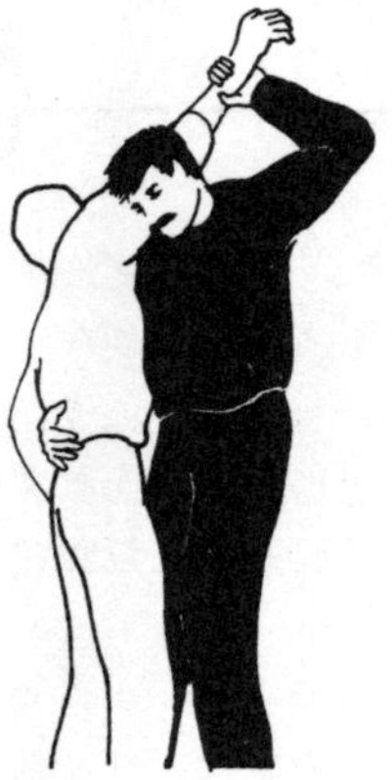

弯下腰来，使你的头伸至病人臂下，同时举起病人手臂，深弯腰，将右肩膀顶在病人下腹部。

如果你愿意的话，右腿深蹲，使病人体重落到肩膀和背部，右臂抱住病人的双腿，或者从双腿之间穿过。

将病人的右手腕交至自己右手，抓牢，使患者的重量移至你的右肩 然后起立。利用左手撑住左膝盖，这样会有助于你的站立。

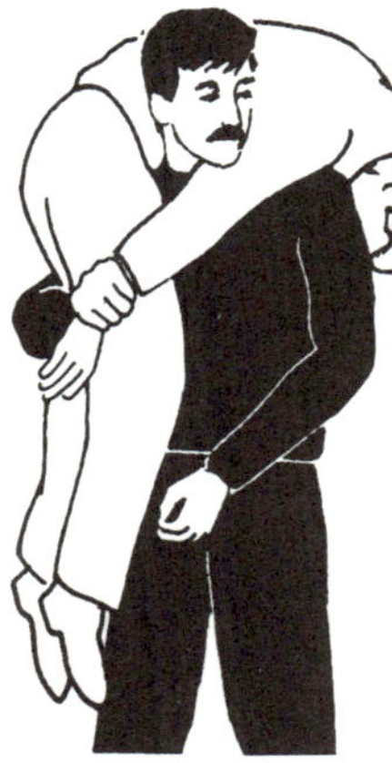

这种背负的方式使病人体重可以分散到整个肩膀，你会相对轻松一些，但是采取这个姿势时，病人的头部朝下，如果其头部、面部受伤，则对患者的伤情不利。

1.16.7 使用悬带背起伤员

另一种背负起失去知觉的病人的方式，就是使用悬带背起伤员，也是你独自一人、长距离背负伤员的最好方式。但是，你必须有一条足够宽的皮带，这样才不至于扼着病人，还要求皮带有一定的长度，双股能够箍住病人和自己双肩。两条三角形的绷带，一个挎手枪的背带——行李带、宽皮带等，都符合要求。而如果只能使用绳索，应当在绳索上放好垫子，以防割伤或者勒着病人。

放置好悬带

首先，将悬带结成环状，如图，在病人的大腿和背部下方放好。

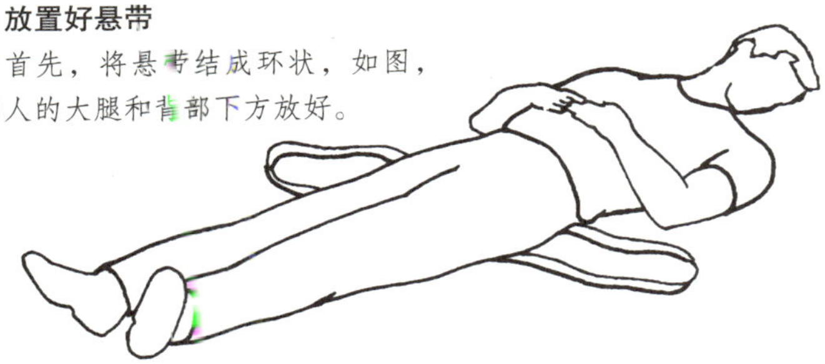

然后，躺卧于病人两腿之间

将你的两个手臂穿过悬带，将悬带在肩膀放好，箍紧。然后，握牢病人受伤一侧的手，同时另一手抓紧病人同一侧的裤子或腿部，从身体另一侧翻过身，使伤员趴在自己背部。

调整悬带的位置

调整悬带的位置，以使病人负在背上较为舒适。

抬起膝盖

由于悬带的作用，病人会随你一起站立。如果悬带松散，或者感到病人不太安全，就趴在原地，重新调整悬带。起立时，用一手在膝上支撑来起立。

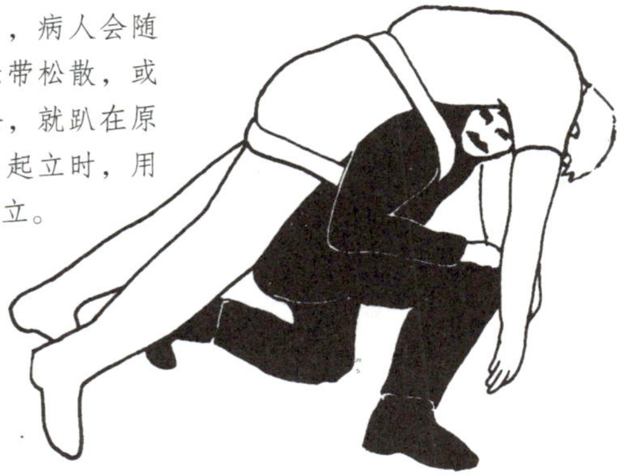

背起伤员

背起伤员时，病人的体重就会全部落在背部，用手抓住病人的手腕，使其身体稳定，但是，行走时要能够放开两手。

1.16.8 两个人用手支起一个座位

如果病人能够将双手放在救生员的肩膀上，两个救生员可以用双手搭一个座位，如下图所示：用右手握牢自己左手腕部，而将左手抓住他人右手腕部。

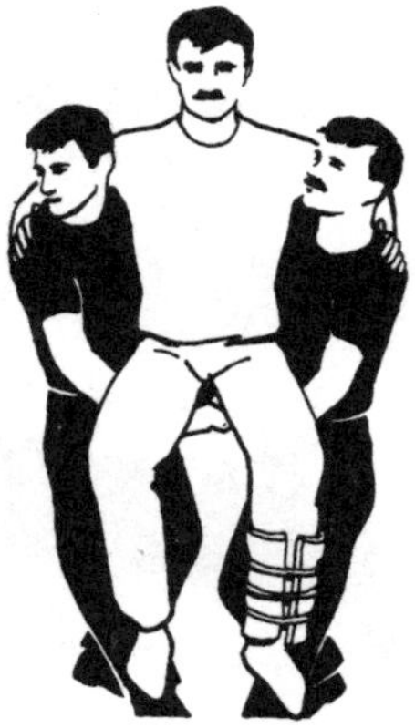

如果病人双手不能动弹，或不能搭上救生员的肩膀，救生员在病人两侧俯下身子，抵住病人的背部，如果有可能将其衣服抓牢，前面的两手应该放在病人的大腿下。

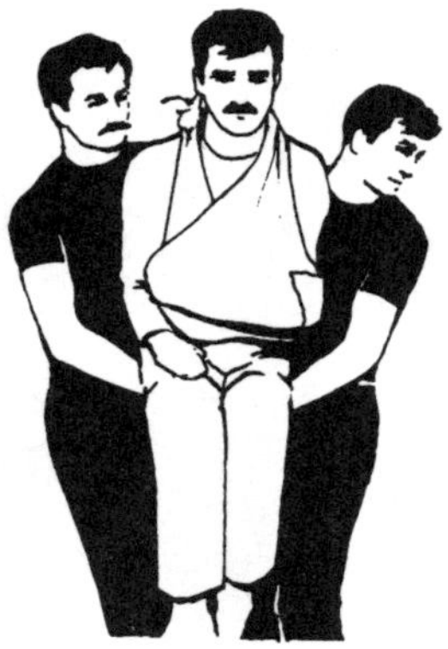

1.17 急救性质的接生

在紧急情况下，孕妇产生的紧张情绪，有时会促成分娩提前，分娩前，产妇会出现背部下方疼痛、下腹规律性收缩、含血丝的黏液排出等症状，有时也出现羊水的破裂。

当你接生时，应准备好消过毒的剪刀或小刀，三根长约20厘米的线。让产妇在干净舒适的地方躺好，备好充足的热水。

接生员要彻底擦净双手，另外，患感冒或携带传染病的人员，以及手上有溃疡的人员，都不应该接触产妇。

分娩前的第一阶段

子宫每隔10～20分钟收缩一次，排出的血污黏液增多，痉挛性的阵痛可以持续一分钟，然后逐渐变得频繁。这一阶段可能会持续几个小时。

分娩前的第二阶段

在这个阶段，羊水会突然涌出，约半升或许更多。产妇应躺倒，子宫收缩时，应抬起产妇的膝盖且用两手抓住，让产妇抬头，头向膝部弯曲，屏住呼吸。在收缩的间隔，产妇要放松。

当出现了膨胀，说明将马上分娩。产妇可以采用分娩式的体位：或者侧卧，臀部靠近床边或桌面；或者，如果产妇觉得足够强壮，可以用蹲伏式，这种方式通常更利于生产。

分娩的过程

在整个收缩期，产妇不能屏住呼吸，也不可以用力。张开口做短促呼吸，这样更利于孩子平缓地产出。如果此时产妇有排泄，应从前部向后擦净。

☐ 婴儿通常头部最先出现，不过也有例外。

☐ 将覆住孩子脸庞的膜撕开。

☐ 如果脐带缠住了婴儿的颈部——将脐带从头部移开，或者捋过肩膀。

☐ 用手将婴儿头部托住，当婴儿的肩膀伸出时，从他的腋窝处托住，同时让产妇腹部抬起，注意应保持孩子平滑分娩。

☐ 确保脐带不会受力，将小孩放到母亲腿边（如果产妇仰卧，则放在两腿间，而非腿边），婴儿头部要低于身体。

☐ 如果婴儿不是头部先出现，当肩部出现三分钟以上时，缓缓向外拉动。

分娩之后

用布带系紧婴儿的足踝，在布带的下方，用一两个手指将婴儿托住，将婴儿头部朝下悬起，让其口内和鼻内的液体流出，使其头部稍稍倒后。张开嘴，擦去黏液或血液。当婴儿啼哭时，将其放到母亲的胸前。

分娩后，如果2分钟内婴儿仍未啼哭，同时也没有任何呼吸的迹象，应该进行轻轻的人工呼吸。

此时，产妇应该仰卧，两腿分开，让胎盘分离，这个过程通常约10分钟。胎盘分离后，或者脐带已停止输送血液时，让脐带内血液流入婴儿体内，此时脐带颜色由蓝变白。

将脐带在距离婴儿肚脐15厘米处，用消毒的细线打一结，然后在距离婴儿肚脐20厘米处，系另一个结。检查第一个结，确保此结十分安全，否则婴儿就会失血。用消毒的剪刀或小刀，在两结之间剪断，在断口处放一个布条，10分钟之后查看是否有出血现象，然后，在离肚脐10厘米处再系一个结。

将产妇擦洗干净，让其饮用一些热水，鼓励其躺下睡觉。

1.18 叮伤和咬伤

被哺乳动物咬伤

被动物咬伤，这是相当危险的，因为动物嘴内的细菌可能会造成感染。狂犬病的危险性最大，常常致命，如果任其发展，病人将越来越烦躁不安，出现怕光、恐水（对水产生强烈厌恶感）及瘫痪等症状。急救时，如果没有疫苗，就没有治愈的希望。这时应极其小心，防止疾病进一步传播。猫科、犬科、猿类以及其他一些动物，都能够携带狂犬病，甚至蝙蝠也携有一种狂犬病毒。

在野外求生条件中，一旦被咬伤，即使治愈，似乎一切情况都很完好，在获得营救时，也应报告被咬伤情况，找医生进行检查。

任何咬伤都有可能引起破伤风，每人都应注射破伤风疫苗，在可能会出现狂犬病的地区旅行，事先应当注射狂犬疫苗。

遭到动物撕咬时，要彻底洗净伤口，至少用5分钟时间冲洗残留的唾液，消除感染。然后处理伤口流血及衣物，进行包扎。

蛇咬伤

被蛇类咬伤后，如果立即使用消毒液，会大大降低危险性。患者在一两小时之内能够送到医院的话，一般可以获得及时治疗，要向医生描述蛇的种类，以便医生施以对症的消毒液。在野外，被蛇类咬伤后，要想获得消毒液只能是异想天开，但幸运的是，仅有一小部分蛇为毒蛇。

许多毒蛇的毒液是从位于上颚前部的尖牙射出去的，蛇咬后，留有明显的伤痕，类型也各不相同（美洲珊瑚蛇的咬伤可能难以察觉）。

有时虽非毒蛇，它造成的咬伤也会相当严重，如果你不能判断咬你的是否是毒蛇，就当作毒蛇对待。不过，为了使患者不致心慌意乱，可以说这并非毒蛇。

疗法：处理毒蛇咬伤的主要目的，就是阻止毒液进一步向体内扩散，安慰患者，使其镇定，让其放松，休息时，让咬伤处低于心脏。立即冲洗残留在皮肤上的毒液，能有肥皂使用更好，在伤口的上方用绷带扎紧——不是止血带。同时伤口处也用绷带扎紧。譬如脚踝被咬，就在膝盖处包扎。这样可以尽可能阻止毒液的扩散，防止进入淋巴系统。

将伤口置于凉水中——例如一条小河。当然如果可能冰镇伤口，那样最好。

如果引发中风，你应当积极治疗，同样要进行人工呼吸，时刻关注患者的呼吸情况。

不可以切除伤口，不可以用嘴吮出毒液。

有毒的动物和有危险的动物

要确认症状及其细节，请参见“有毒动物和危险动物”的彩色图片。

被蜘蛛咬伤

被蜘蛛咬伤后，应该与被毒蛇咬伤同样对待，采用冷敷有助缓解疼痛，否则可以用泥敷剂；但如果能同时得到冰块，用布包裹进行冰镇就更加理想。

被叮咬

蝎子的毒性极强，遭到蜜蜂、黄蜂、大黄蜂的叮蜇，有些人也会产生强烈反应。如果有多处被蜇伤，这是很危险的，大量的毒液和继发的感染会影响到呼吸系统。

对于留在皮肤中的蜜蜂螫针，应该小心挑除，不可以挤压伤口，否则会引发更多的毒液扩散。用细针边缘勾挑螫针，把它取出来，不能用针尖刺入伤口。

处理这种咬伤的方法，与蛇咬伤大不相同。

恙螨、扁虱、蚊子的叮咬

大多数小昆虫的叮咬不会有危险，但有些能够传染疾病（参见本章“气候炎热地区疾病”和“气候与地形”一章的“热带地区”部分）。

1.19 一般性质的中毒

对于由于不慎吞咽引起的中毒，最快捷有效的方式就是呕吐，但是，对于那些呕吐时能引起进一步伤害的化学物质和油性物质，这种处理方式就显得相当危险。如果能判断为植物性中毒，可以用手指压迫咽喉，强行呕吐。

在日常家庭生活中，以及在野外，食品和饮料的容器有可能被错误地用来储存毒性物质。所以要经常检查容器的标签，以及储存的物质，同时特别小心饥饿或口渴的小孩，不要让其自己取用牛奶，很可能这就是燃料或漂白剂。

可以用茶（丹宁酸）和木炭混合，形成一种有效的常用的消毒液，后者有助于吸收毒液，或者只用木炭也行，它的目的是用木炭吸取有毒的物质，让其同木炭一同排出体外。

皮肤的中毒

有些植物，如毒橡树、毒漆树，能引起相当严重的皮肤炎症，有些人对此似乎有免疫力，但你不会总是如此幸运。当接触别的植物时，就有可能产生轻度的，甚至强烈的过敏反应。皮肤在接触到有毒植物后，应用肥皂与水冲洗干净，更要清除衣服上的污迹，因为一旦衣服上附有刺激性油质，就会扩展到身体其他部位。

酒精可以清除残留在皮肤或衣服上的油性物质。

警告

在触摸植物后，如果产生了严重的反应，不能用手碰着脸部（特别是眼睛和嘴），或者生殖器，直到完全冲洗干净为止。身体敏感部位可能有肿胀或皮疹，甚至能影响正常呼吸，或者引起尿道阻塞。

化学药品的中毒

一旦出现化学药品的中毒，就用水冲洗皮肤，如果皮肤已受伤害，可以按烧伤处理（参见“烧伤”部分）。

警告

对于某些化学品来说，用水冲洗有可能造成更为严重的后果，应该首先了解化学品成分及性质，然后采取适当方法，对症下药。

1.20 常见的身体不适

便秘和腹泻是人们可以预料到会出现的情况，它是由于消化系统的紊乱引起的。遇难者可能会遇到这些情况。但是，排便困难或者排尿困难，这是轮船失事后的少见病。吃掉新近变质的或者是早就变质的食物，可能会导致腹泻。

野外求生时，轻度的厌食并不可怕，不过，如果这是预示一个更严重情况的迹象时，就要小心对待。

对处于困境的身体来说，食物缺乏本身就是一种考验。紧张的情绪能引发头痛和其他系统的轻度失调。女性极度紧张时，可以导致月经停止。

但是，如果有充足的食物供应，解决消化不良的最佳途径就是禁食，多多休息。当然，在气候炎热时，补充充足的水分是必要的。

发烧

治疗方法就是休息调养，服用阿司匹林，找出发烧原因。

肺炎

肺炎通常由于气温快速上升引起，常伴有胸痛、痰血、头痛、虚弱无力，进一步就会出现神智昏迷。引起肺炎的原因很多，最常见的是由于细菌侵入，感染肺叶引发的。如果手边没有抗生素，那么唯一可以做的事情，就是给予病人细致入微的护理。

鼓励病人多走动，做深呼吸，保持体温。鼓励病人，让他（她）持续饮用热水，尽量陪伴在病人身旁，经常给予安慰鼓励。

1.21 疾病

引起传染病的途径主要有三种：细菌、病毒、立克次氏体属的微生物。寄生虫也会引起各种疾病，例如体内肠虫、热带牛蝇幼虫、小沙蚤等。

通过细菌传染的疾病有痢疾、霍乱、结核病；病毒则可以引起普通伤寒、流感、麻疹和小儿麻痹症；立克次氏体属的微生物，既非细菌，也非病毒，它能引起斑疹伤寒、落基山斑疹热。

如果是儿童患了人们熟知的各种普通传染病时，他们需要更加精心的护理。这些疾病大多是通过人身传染的，除非组织成员中有人携带以上的疾病，否则它们以及接触性的传染病和性传播疾病，都不可能产生。有的人体寄生虫，例如小跳蚤，会导致皮肤病，离开人体后不会存活太长的时间，因此如果你没有携带它们的话，就不会有问题。

坏血病

坏血病是一种缺乏维生素C的营养不足症。以前，这是长期颠簸在大海上的水手们的苦难的根源。患者如果能吃到新鲜的水果和蔬菜，就可以解除危险。在沙漠和海洋之中的遇难者，在病情严重之前，可能就死于缺水或者饥饿。坏血病的症状包括：齿龈出血；牙齿松动；擦伤的皮肤容易青肿；呼吸困难。

只能依靠捕猎和打鱼为生的人们，就很容易引起坏血病，特别是在极地地区，如果没有维生素片，更应注意饮食的平衡，来预防坏血病和其他营养不良性疾病。

1.21.1 预防

野外求生的人员最易感染的疾病（特别在热带地区），是由水或者昆虫携带的疾病。

对于热带地区的疾病，大多数的求生者都相当陌生，因此，多数常见的病症应该详细论及。如果没有药品，对于疾病的治疗很大程度上是对症状的处理，以及使病人尽可能地舒适。可以准备一些取自自然界的药物。

无论怎样，预防都强于治疗，预防的措施包括在旅行前（特别是去热带区域之前）注射所有的适合的疫苗，然后注意下列的预防程序：

- □ 清洁饮用水。
- □ 准备食物，进食前都需要洗手。
- □ 水果清洗后去皮。
- □ 餐具消毒。
- □ 遮盖身体以减少昆虫的叮咬。
- □ 清洗衣物，如果有虱子则放到烟火上熏。
- □ 清洗身体（但是在洗澡或者游泳时要尽量避免不慎咽下污水）。
- □ 掩埋排泄物。
- □ 防止食物和饮用水接触到苍蝇和虱子。

1.21.2 护理以及隔离

当传染病发生时，应当隔离病人，接触护理病人的成员的人数要尽可能地少。病人使用后的餐具要用沸水消毒，皮肤割伤以及发生溃疡的地方应该严密地覆盖，以免传染疾病，护理病人后手要洗干净。

病人咳嗽、打喷嚏时，要避开他们，以免触及患者的唾液（含有大量病菌）。料理病人时，对他们的排泄物也应当极为小心，它们对护理人员极具传染性，掩埋的地点要隐蔽——一般选在不易接触，不易传播疾病的地点。

由水和粪便传染的疾病

最简单的、避免感染这些疾病的方法，就是将水煮沸，当接触水会导致传染病时，不要刷牙、洗脸、洗澡。应该严密地覆盖皮肤割伤以及溃疡的地方，以免这些区域沾到被污染的水而传染疾病。隔离最初的病菌携带者，为他们单独准备食物，他们在烹饪、吃饭以及排便时，都要被隔离。

1.21.3 世界范围内传播的疾病

以下述及的疾病在世界范围内广泛出现，其中主要出现在热带区域的疾病将在以后的章节单独论及。也可以参看“食物”一章中的“谨防携有寄生虫的动物和食物中毒”的部分。

细螺旋体病

它可以通过啮齿类动物和污染的水源传播，也可以引起一种严重的黄疸病。可以通过被污染的饮用水、伤口、溃疡处进入人体。

症状：出现黄疸，嗜睡，体温升高。

疗法：使用普鲁卡因、青霉素和四环素，剂量要参考药品的说明书。

传染性肺炎

主要会通过病人的排泄物和小便，以及被感染的水和伤口传染。

症状：恶心，食欲不振，腹部疼痛，皮肤发黄。

疗法：使用抗生素，休息和精心的护理。

小儿麻痹症

小儿麻痹症也是由于饮用水中的病毒而引起的瘫痪，应接种疫苗。

疗法：在肌肉上热敷，仔细护理。

杆菌引起的痢疾

痢疾杆菌通过苍蝇、污水和接触到病人的粪便（含痢疾杆菌）等途径，进行感染。

主要的症状：粪便带血，有黏液，突然的高烧，由于高烧以及持续的流汗可能引起脱水。

疗法：使用抗生素，多饮水，多休息。

肠热病（伤寒）

由萨莫拉诺杆菌引起。

症状：与痢疾相似，伴有头痛、腹痛、发烧、食欲不振、四肢疼痛或者神志不清。

疗法：使用抗生素。

霍乱

如果你把霍乱看成是热带病，因而对它掉以轻心，这是很危险的，在不洁净的环境中，就会存在霍乱。譬如霍乱一度是伦敦灾难的根源。在洪水、地震、火山喷发过后，霍乱显得特别危险，应采用最严格的卫生手段。

症状：包括呕吐，腕部的脉搏消失，皮肤冰冷，肌肉痉挛。

防护：注射霍乱疫苗。

1.22 气候温暖区域的疾病

以下叙述的疾病，都在温带和热带地区盛行——不过如果有传染病携带者，在其他区域也会出现这些疾病。留意一下那些警告提示，不要接近某些容易携带寄生虫和污染食物病菌（如沙门氏菌）的动物。

1.22.1 饮用水引起的疾病

血吸虫病

这是一种肠道和膀胱处的疾病，是由一种微小的吸虫和幼虫引起。血吸虫病是非洲、阿拉伯、日本、中国、南美洲等地区的地方性流行病。血吸虫可以通过受污染的水源，或者破损的皮肤进入人体。

主要症状：泌尿系统的炎症。

处理方式：使用一定剂量的利瑞达奥。

钩虫病

钩虫是一种寄生虫，它可以通过不洁的水而进入人体，或者直接渗入裸露的肌肤（通常是脚）的。幼虫经过血液而流入肺部（可能引起肺炎），可能会被咳出来，也可能被咽下，在肠道内长成的成虫，约有1.25厘米长，可以引起贫血和常见的嗜睡症。钩虫在气候温暖地区，包括美国的南部，都相当常见，所以，平时一定要穿上鞋。

疗法：服用一定剂量的奥克帕和明托奥，煎服一种欧洲蕨也是一种强力的驱虫方式。

变形虫性痢疾

变形虫性的痢疾主要通过污水和生食的食物传播，这种痢疾在热带、亚热带地区被大量发现，偶尔也会出现在地中海地区。

症状：体温不一定有异常，但患者会感到焦虑、倦怠，另外有大便干结，而且大便有恶臭味。伴有血和黏液，像红色胶状物。

疗法：控制流食，注意休息，服用一定剂量的弗勒基奥。

1.22.2 由昆虫传播的疾病

登革热、疟疾、黄热病，它们都是通过蚊子叮咬而传播的。当皮肤外露时，服药可以预防疟疾，但是，这种方法不能预防其他疾病，除非你穿着长袖衫和长裤，特别是在夜间时，要尽可能地睡在蚊帐里，使用驱虫剂。

别冒险在污水和沼泽地区宿营。

疟疾

尽管疟疾首先因在热带地区流行而得名，但是，它并不仅限于这一地区，凡是疟蚊属出没的地区，都有可能发生此类疾病，在意大利的南部和欧洲其他的地区的沼泽地带，疟疾曾一度盛行，它通过雌性蚊子的唾液传播。

它会导致患者出现回归热，尽管身体在出汗，但是病人感到寒冷而且战栗不止。回归热有多种形式，一种情况是病人持续高烧不退，而且神智昏迷，麻木；或者病人每隔48小时发烧一次；或者每隔72小时发烧一次。

奎宁是经典的治疗药，现在的氯胍、氯硅和其他的抗疟疾病的药品，也纷纷大量出现，在通过疟疾流行地区时，预先服药即可以预防，这样身体就会对药品有适应力，不会有任何症状，只有在身体不能抵抗时，这些症状才会出现。

每天服用两片氯胍，每周服用一片氯硅，这仍然是推荐使用的剂量。现在已经有复合的药物。但是，如果你的医生有建议的话，遵循他的建议。离开疫区后，也应该持续服药。小心地按照药品说明服用。

但是，在世界上的一些地区，预先服用抗疟疾病的药品，例如氯胍，已经无效了。不同种类的蚊子已有了抵抗力。一些特殊地区，包括非洲和远东地带，当你要旅行时，记得参考最新的信息准备物品。

氯硅，现在是一种可以让人完全康复的药物。但是它有副作用，包括恶心、呕吐、腹泻、腹痛、疲倦、平衡失调、烦躁、睡眠障碍等等。它的剂量是一周一片，应该在旅行开始前的2～3周服用。

另外，还有一种使用氯硅的方法，这种方法是被海外人士经常使用的。他们并不服用任何药物，因此疟疾的所有的症状都不会被掩盖。当出现疟疾的最初症状后，他们立即开始服药的第一个疗程。当回国后，还要继续服用4周。

将来会有一个新药面世：美拉隆。临床证明其治疗疟疾成功率高达98%，并且副作用更小。

登革热

登革热持续的时间约有一周，伴有头痛、关节疼痛和皮疹，与疟疾不同，一旦经受登革热病毒的袭击，人体就自然获得了免疫。携带登革热病毒的蚊子全天都会袭击人类，对于登革热，目前还没有特效药。

黄热病

黄热病在非洲和南美洲相当流行，它可以引起头部和四肢疼痛，发烧，让患者的嘴唇感到肿胀，呕吐，伴呕血，眼内有血丝，发烧3～4天后可以退烧，但仍有便秘、肾部疼痛、小便渐少等症状，康复之前，呕吐反而会增多，同时皮肤发黄。

治疗：休息和护理。

白蛉热

亚热带和地中海地区草原地带，这里是白蛉热的多发地区。首先，由于苍蝇的叮咬（常在脚踝、手腕、颈部等处），引发疥疮，然后，引发的疥疮经抓挠而加重，导致溃疡，成为进一步感染的入口，白蛉热也可以引起头痛、眼睛布满血丝以及与流感相同的症状，恢复前，发烧将持续3天时间。

疗法：多休息，多饮水。

抓擦斑疹伤寒

抓擦斑疹伤寒也称为壁虱热，常见于亚洲东部和澳大利亚，由壁虱携带，其幼虫寄生于啮齿动物的体表。壁虱常在腹股沟、颈部等处，通过叮咬来传播疾病，受到叮咬时，一开始并不引人注意，但数天之内这些部位会产生疥疮，10天之内就发展为严重的头痛、战栗、发烧等症状。

壁虱热的症状，与斑疹伤寒的其他形式的症状都很相似，大约一星期后出现皮疹，治疗方式也相同。在草木繁盛的干燥地域，最易感染抓擦斑疹伤寒，所以要远离这些地区，睡觉时，距离地表至少30厘米，并使用驱虫剂加以预防。

斑疹伤寒

斑疹伤寒有两种形式——流行性的斑疹伤寒和地方性的流行性斑疹伤寒。流行性的斑疹伤寒是由虱体携传给人类的；地方性的流行性斑疹伤寒则是由老鼠身上的虱子传播的。这两种疾病多与肮脏不洁、人群密集有关，在一些边远区域，它可能会产生灾难性的后果，感染后的人们不易存活。

症状：两种斑疹伤寒都伴有头痛，约4天之后，从腋窝到胸部、腹部、大腿开始出现大量的皮疹。12天之后，患者或者可以康复，或者神志不清、昏迷，或者死亡。

疗法：服用抗生素，接种牛痘。

落基山斑疹伤寒

在巴西，落基山斑疹伤寒也称为圣保罗热，这是斑疹伤寒的另一种形式，通过壁虱传播。如同病名所示，它也出现于美国的西部。

症状和疗法：与斑疹伤寒相同，但是，如果皮疹在腕部和脚踝处出现时，病情最严重。

小的寄生虫可以隐藏在皮肤下面，例如warble fly（皮蝇）的小的泪滴形状的幼虫和小的跳蚤，它们可以导致寄生处的皮肤出现红疹，应该在它们导致伤口进一步感染之前，清除掉它们。

刺热

水土不服又暴露在炎热的环境中，这时就容易生发痱子，感到刺热。如果你当时大汗淋漓，直接用衣服去擦拭，会引起毛孔阻塞以及皮肤发炎，干燥，感到不舒服。繁重的劳动也容易激发痱子，而在灼热的阳光下和患有湿疹时，痱子会更加严重。注意，儿童最易受到感染。

过量流汗时，如果不能立即彻底清洗干净，会造成汗腺阻塞。流汗过后，如果身体受凉，或者过多饮水，特别是饮用热水，更容易流汗，会使情况变得更糟。脱下衣服，用凉水将身体洗净，再换上干衣服。

1.22.3 过高的温度引起的疾病

热痉挛

热痉挛通常是受热导致虚脱的第一次警告，过度劳累之后，胳膊、腿和腹部等处的肌肉都会发生这种痉挛，一般由于身体盐分缺乏而引起（因为流汗过多，特别是食盐不足时）。

症状：呼吸细微，呕吐，眩晕。

疗法：将患者移至阴凉的地方休息，服用盐水——约半升水，添加少量食盐就可以治疗热痉挛。

热虚脱

在高温潮湿的环境中，由于流汗过多而导致大量的体液丧失——这就会引起热虚脱。即使你并没有直接暴露在阳光下，也会产生热虚脱，例如在通风条件差的发热地面躺卧时，就容易引起热虚脱。

症状：脸色苍白，皮肤发冷仍然出汗，脉搏细弱，伴有眩晕，虚弱无力，或许出现痉挛，也可以变得神志不清或昏迷。

疗法：参见痉挛部分。

中暑

这是在阳光下暴晒，或者是过度的劳作引起的最为严重的后果。

症状：皮肤干燥发热，脸色发红发烫——但当时已经停止了出汗，患者体温升高，脉搏加快变强，强烈的头痛，常伴有呕吐，过一会儿后或许就会失去知觉。

疗法：将病人放置阴凉处，躺好，头部与肩部抬高，脱去外衣，用微温水湿透内衣使病人体温回落（凉水反而会促使体内温度升高），不停地扇风。将病人躺放于湿润的风口处。当患者清醒过来时，给其饮水，当体温正常时，更换衣服，保持体温，不能让其受凉。

如果将病人立即投入凉水中，这样做非常危险，但是，在某些特别情况下，如果已经面临死亡，或者大脑受到伤害时，就值得考虑，是否要将病人放在凉水中。如果凉水能产生效果，就可以使用此法：慢慢地将患者的下身放入水中，首先将脚放入，按摩病人四

脱水

体液丧失过多的时候，就会引起脱水，身体体重的75%是由水分组成——一般每人体内含有50升的水分，如果其中的1/5丧失，人们就不可能存活。

当体液丧失1%～5%时，你会感到口渴，身体隐隐不适，缺乏食欲，皮肤发红，焦躁，易困，恶心。

当体液丧失6%～10%时，你会感到眩晕，头痛，呼吸困难，无唾液分泌，话语模糊不清，不能走动。

当体液丧失11%～20%时，你会出现昏迷，舌头肿胀不能吞咽，视觉模糊，麻木无知觉，皮肤皱缩。

如果体液有更进一步的丧失，会出现：肌肉无力，思维能力削弱——你必须在你开始想清楚之前就开始你的计划，然后实现它们。

肢，加速其血液流动，加快体内温度的散发，一旦体温回落，就移出病人。如果体温骤然下降，则准备覆盖病人，在病人体温恢复正常之前，可以继续浸冷，覆盖，浸冷，覆盖，反复几次。

晒斑

当出现了晒斑的时候，皮肤是真正地被灼烧了，这时会伴有水疱，极其危险，特别对于苍白和敏感性的皮肤，更是如此。如果身体的2/3的部位都受到了影响，这就是致命的。

疗法：待在阴凉的环境中，不要再受阳光的灼晒，如果有可能的话，服用止痛药，用衣服将所有的水疱遮住，但不能弄破水疱。

眼睛的溃疡

眼睛的溃疡或许是在某些条件中瞪眼注视而引起的——特别是在海上、沙漠中、冰雪覆盖的区域（参看“雪盲”一节），或者是在阳光下，或者在沙尘中过于暴露而引起的。

疗法：清洗出眼睛内的异物，用温水洗个澡，然后盖上眼睛，在阴凉处休息，使用面罩或者用一块木炭，使眼睛面对黑暗，以防复发。

1.23 严寒气候中的危险

不要认为，只有极地区域的低温才会对人体健康有害，其实，在任何地区，如果你待在低温下的时间过长，都会有危险，要积极预防。

1.23.1 体温过低

体温过低，指的是人体内部产生的热量小于身体散发的热量，导致体温降到正常值以下。常在风中、雨中及低温中产生这种症状。也有以下原因会导致体温过低：

- □ 身体乏力
- □ 穿的衣服过少
- □ 住所的条件差
- □ 食物摄入不足
- □ 对于低温缺乏知识和准备

尽管在任何低温环境中，体温过低都会产生，但是，易于导致体温过低的地方仍然多为极地区域。在猛烈的寒潮的袭击下，这几乎是常见病，特别对那些贫困体弱的老人。体温过低常会致人死亡，一旦发现，应积极对待。

在条件恶劣的环境中，要注意预防，搭建遮护棚，保持干燥，防止过度劳累。如果遇困的人数较多，可以使用“搭伴的制度”，彼此之间仔细观察，以尽早察觉症状。

如果人群中发现了此病，就不能排除这种情况：其他人也可能已经患病了。所以，要在人群中逐一检查。

迹象与症状：行为烦躁，一阵好动后接着嗜睡，反应迟钝，对于一些问题和指导不能应付，突然出现难以控制的战栗，行动不协调，走路跌跌绊绊，几乎摔倒，头痛，视觉模糊，腹痛，瘫倒，昏迷，甚至失去知觉。

病情加重的因素有：衣服浸湿，又伴有大风；低温的环境，伴有大风。身体损伤时不能运动，损伤会引起身体产热能力降低，心情焦急不定，压力大，身体瘦弱。

疗法：防止身体热量进一步散发，将患者置身于室内，避风；脱去潮湿的衣服（不能脱光），每次脱一件外套，换上干的衣服。不要将病人躺于地上，采取保暖措施，例如用身体或温热岩石暖和病人。病人清醒时，让其饮用热饮料，食用含糖食品。

体温过低加重时，身体就无力再次自我加热，因此，必须从体内对患者加热。如果进行体外快速加热，反而会促使冰冷的血液流入体内，进一步加重病情。可以将热的物体放在以下部位：腰背部、胃窝、腋窝、后颈、腕部、裆部，这些部位的血流接近体表，可以携带热量进入体内。

处理热量丧失的一般方法

热量散失快速——快速加热

热量散失缓慢——缓慢加热

记住

留心自己和身边同伴，他们是否有冻伤的迹象，脸色出现苍白斑点时，应采取措施，做些脸部运动，如装扮怪相，可以抵御冻伤。

不要服用酒精，这会使体表血管张开，体内的热量就会散失更快。

当病人体温恢复正常时，并不表明已经治愈，身体内部的储热必须加强，直到体内已恢复自身供热的能力。

在摄氏零度以下，一条锡箔毛毯，也会反射热量，有助于病人康复。

1.23.2 冻伤

当气温降到零下1℃时，皮肤与肌肉就会发生冻伤，在体表的裸露部位和远离心脏的区域，都可能发生冻伤（远离心脏的区域受血液循环的影响最小），例如手、脚、鼻、耳、脸，相对裸露的部位，都极可能发生冻伤。

皮肤冻伤时，首先感到刺痛，接着皮肤出现苍白的斑点，感到麻木——进一步就出现卵石似的硬块，伴有疼痛、肿胀、发红、起疱，最后减弱，消失。

初步的冻伤：如果仅仅伤及皮肤，将受冻的部位放到温暖处，例如将手夹在腋窝部，将脚抵住同伴的胃部（不要与同伴待的时间过久），解冻的时候会产生疼感。

深度的冻伤：深度冻伤不是一个小问题。要防止冻伤部位进一步恶化，不要用雪揉擦，或者是放在火上烘烤。最好的方法是将冻伤部放在28℃～28.5℃的温水中缓慢解冻——这一温度可以用肘部试一试；肘部可以承受这一热度，说明温度正好；如果水温过热，要等它凉下来，然后将伤处放入。

严重的冻伤：可能引起水疱，易受到感染，也容易转为溃疡，冻伤部位的肌体组织将变灰，变黑，死去，最终剥落。不要挑破水疱，也不可以摩擦伤处，伤处受热过快就会产生剧痛。可以仅利用“动物保暖”法。

1.23.3 雪盲

雪盲是一种视力短暂消失的形式，由于太阳光线强度过高、过于集中而引起（通常是经过地面冰雪反射或经过云层中的冰晶反射而形成的）。在太阳高度角最大的时候，最容易发生雪盲，不过，即使无直接的太阳光线时，也能发生雪盲——例如高山、极地区域，如果是在明亮的时段内。

症状：首先在瞪眼时，眼睛相当敏感，接着不住眨眼，开始发生斜视，然后视线显现出粉红色，变得更红，似乎眼中存有沙子。

疗法：到黑暗地方去，蒙住双眼，高温会加剧疼痛，放条冰凉的湿布在前额冰镇。良好的环境会及时治愈雪盲，戴上眼罩，防止眼睛外露。

求生案例学习

很多情况下我实施的医疗训练都是马上可以派上用场的，尤其是在一些偏僻的地区。所有人都应该懂一些急救常识，这样在出现紧急情况时就能帮上忙。

执行婆罗洲任务的初期，为了获取当地人的信任，我们开展了一场“同人同心”的活动。这个活动也包括了一些医疗诊治行为，使得我们很快就跟当地的这些部落建立起良好的关系。甚至有一些从大老远赶过来的，有各种不同的病症、发热和外伤。

有一天他们抬着一个渔民过来，其左脚上搭着一块破布。还没走近就已经能闻到一股浓烈的味道，而当我们掀开那块布时，那股刺激的味道已让我无法呼吸。他的整个左脚肿得特别厉害，还在不停地流脓水。原来他因为发烧迷迷糊糊走路的时候，不小心脚被渔船的螺旋桨绞住。我们给他把腐烂的肉清理掉，并给他用了一疗程的青霉素，他康复的速度快得惊人。如果没有我们，无疑他必然会死于败血症，但经过一周的治疗之后，他就能下地走路了。

当地人对于现代药物的适应性极强，所以给他们应用任何的药物时都必须万分谨慎，因为他们体内已经自然形成并逐代遗传出一系列的免疫能力，比如某些热带的热病他们基本上吃一片药就会完全康复。即使是一小片抗疟疾药也能在短短数秒钟将他们数千年传承下来的自然免疫力完全破坏，使得其他疾病可以轻易地侵入他们体内。

这次活动将我们的名声传开了，我们患者的排队队伍也越来越长。多数情况下我们都在治疗割伤和骨折，以及其他类似的伤情。而随着他们对我们信任度的上升，我们接到的伤患也越来越具有挑战性。当地人的分娩方法都是长久以来传承下来并一直沿用的土方，但有时候也会出现一些意料之外的状况——这个时候他们就会向我们求助。而这也是一直以来让我困惑的一条底线——我到底该不该帮这样的忙？如果我帮了，但是失败了，那么我颜面扫地，与我们到此地的初衷相悖；但如果我不帮，我一样脸面不保，同当地人的这种信任关系也会瞬间崩塌。这个时候，就得全靠你受过的训练和掌握的知识程度了。还好有幸运之神的眷顾，当时处理了一起极其困难的分娩，并成功完成。

1.23.4 一氧化碳的中毒

在空气不通畅的地方，燃料不完全燃烧，就会产生一氧化碳中毒的危险——或许是因为极力阻止了通风而引起，在没有足够的通风条件的狭小地方，各种形式的火和火炉，都是中毒的潜在因素。在一氧化碳增强的时候，由于它无色无味，人们通常难以觉察，或许仅能产生轻微的头痛、眩晕、犯困、恶心甚至呕吐——但是这些现象仍然可能不被察觉，以至发展到昏迷不醒。除非及时发现了一氧化碳中毒的现象，否则会致命。

疗法：相当简单——预防更简单——让空气流通。当你是独自一人时，一氧化碳中毒后，你将束手无策，所以重要的是预防。中毒发生后，将伤员转移到空气清新的地方，鼓励病人平稳规则地呼吸，如果伤员中毒较深，已经昏迷不醒，停止呼吸时，进行人工呼吸，保持温度，使病人温暖，发生事故的房间要让其通风。

1.23.5 长期在壕沟里导致的足病

当脚部长期浸在水中，或在冷湿的地方，时间过长时，就可以产生此病，而不合脚的紧鞋会使病情加重。壕沟足疾也相当危险，当体乏力衰、天气寒冷、饮水与食物缺乏、睡眠不足时，更容易感染此病。

保持脚部的干燥，你就可以预防此病，鞋子要合脚，经常运动腿和脚趾，按时检查脚部。

症状：脚部似受针扎一般刺痛，接着麻木，剧烈的疼痛会向四周扩展，脚部出现紫色，伴有肿胀、水疱。

疗法：脚部保持干燥，别摩擦或者弄破水疱，抬脚将脚部包裹以保暖，不要人为地加热，不要按摩，注意休息，注意保暖。

2. 天然的药物

在自然界里，如果能找到药物，对许多患者，我们就可以采用自然疗法来治疗。几千年来，人们利用各种药草性质的植物和各种自然材料，制作成药品来治病。在今天，许多药品仍然是从植物中提炼出的成分而制成，不过，并不是所有的传统药物，都得到了现代医生的认可，一些药物的产生，更多是根据与植物相关的联系，而不是它的药用成分——例如一些植物奇怪的颜色与长相，看起来似乎给人们以某种暗示：猩红色的海绿属的植物，与牛蒡属的植物等。由于它们的颜色发红，因而被用来清除血迹，而包括龙牙属的植物、山柳菊属的植物和蒲公英属的各种植物，它们的颜色发黄，就被用于治疗黄疸。有时，一个植物的名字就提醒我们这个植物的古老的药用价值——例如肺衣或眼亮。

看似无情却有情

对待病人，要多给他们一些关怀和照顾，同时，他们也必须保持积极乐观的情绪。听凭一个肺炎患者蜷缩在屋角，对他不闻不问，就可能导致他的死亡。让病人多站立一会儿，分配给他们一些小的任务，要劝病人多吃一点东西，不能任由他躺倒不管，否则，即使原本身体很强壮的人，也会逐渐衰弱下去。

天然的植物不仅能够保持药品的供应，也能增加药品的储备。尿液可以作为抗菌剂来清洗伤口，如果病人觉得难以接受，可以用他们自己的尿液来清洗；当然，如果病情很严重的时候，病人就不会在乎尿液是谁的了。蛆虫也能用来清理伤口。在热带地区，裸露的伤口很快就会滋生出蛆虫。蛆虫能够清理伤口，直到能够给予伤口更好的处理，但是要小心，别让蛆虫吞食健康的肌体组织。

在几个世纪以来，火一直被用来清洁伤口。烧灼伤口需要患者的毅力和勇气——但是，如果你有火药，而且他们能够忍受的话，就把火药的粉末放在伤口上，点燃它，这样可以防止坏疽的发生。有的人相信，在切除肢体之后，在封存伤口的方式中，烧灼伤口是最好的处理方法。但是，这种在伤口的打击的基础上，实行的另一个打击，可能会使有的人死亡。

很多现代化药物同样取材于植物

许多现代药物，例如可卡因、吗啡和深地黄的干剂，都直接取材于植物，但是，它们不是直接使用植物作药材。由于它们都有毒性，所以使用这些植物来治疗非常危险。后面列举的，是野外伤员经常使用的一些植物和药品（只需经过简单准备就可以使用）。尽管当今许多药品取自热带地区，但本地的许多植物也可以用作药物，在适宜的温度环境中，可以找到这些植物，它们中的多数已有记载，你应该有机会和能力认识它们。

2.1 植物的准备

千万别触摸有毒的植物，而是寻找你能确信并且区分出来的植物。一个普通的常识是：植物在开花时，它的药性最强。注意，植物的不同部分，可能有不同的药用价值。

汁液经常取自植物的叶或花，以及通过煎熬根部来获得，具体的方法见下面的描述。把它们分成平均的三份的剂量，一天服用三次。不要长期保存汁液、药糊和药膏，在使用前，再制取新鲜的药物，不要使用保存时间超过12小时的药汁。

由于采药的季节不同，植物的药用效果就有差别。不要认为，使用的剂量越大，效果也越大——不全是这样，或许，有时剂量增大还会有伤害。

不要期待一夜之间就会大功告成，给药物一个公平的机会。

2.2 植物的加工

加工制取汁液的方法

浸泡已经切断、压碎了的药草，可以更容易取得植物中的汁液和油质，你要把少量的药草兑上0.5升的水（30克对应为50毫升），倒入沸水中，摇动，直至它冷却了为止，不需要过滤，药草会自动沉淀。

如果没有条件把水加热，用一半数量的冷水盛在容器中，放在阳光下，可以代替热水。如果没有阳光或者没有水，就直接吮吸或者咀嚼叶子，尽可能地吸取药汁，然后将残渣吐出。

煎药

我们经常使用植物的根部来煎药。可以采用切、刮、捣的方法，使根部变成糨糊状，浸入水中（一把药糊对应85毫升的水），至少要半个小时，煮沸，再把它煨热着，直到水分减少至原来的1/3为止。

制作泥敷剂

将植物的根、叶，或者整株药草捣成浆状，做成一个平垫；如果太干的话，加点水，放置到伤口处，再盖上一片大叶子，在适当的位置上系牢。泥敷剂适用于关节僵硬、扭伤和充满脓液的溃疡。

榨出植物的汁液

用手、岩石或者棍棒将植物的茎、叶压碎，形成含有汁液的软块，仅将榨出的汁液滴到伤口上，在伤口周围铺开残渣，覆盖上大片的树叶，系牢。

制成夹板剂

雏菊、黄精属植物的根部都富含淀粉，经过烧煮和浓缩还原后，它们会变得很硬。等到它变凉后，把它涂敷于伤肢或关节周围，将药膏固定住。

2.3 对症下药

□止血药物

鸽足老鹳草：榨出汁液。
巨大马勒：制作泥敷剂。
长春花：提取叶子中榨出的汁液。
车前草：叶子捣碎做泥敷剂。
夏枯草：提取榨出的汁液。
天竺葵：用叶子榨取汁液。
治伤草：提取榨出的汁液。

□清洗皮疹/溃疡/伤口

注意：这些植物外用清洗皮肤或者按照提示的内容作为泥敷剂，一日两三次。

牛蒡属植物：煎熬根部，压碎，和盐混合在一起治疗动物咬伤。
黄菊属植物：浸泡花做泥敷剂。
卷耳：提取榨出的叶子汁液。
猪殃殃：浸泡整株植物，除去根部。
雏菊：煎熬根部制作泥敷剂。
死荨麻属植物：浸泡花和嫩枝。
酸模属植物：榨取叶子汁液。
接骨木：提取榨出的叶汁。

榆木：浸泡茎皮。
普通夏至草：除去根部，浸泡整株植物。
粗大锦葵属植物：煎熬根，浸泡花叶，制成泥敷剂。
锦葵属植物：煎熬花叶，制作泥敷剂。
橡树：煎熬树枝。
变豆菜：除去根部，浸泡整株植物。
辣根草：榨取叶汁。
荠菜：除去根部，浸泡整株植物制作泥敷剂。
银叶草：除去根部，浸泡整株植物制作泥敷剂。
黄精属植物：煎熬根部做泥敷剂。
所罗门封印草：浸泡花和根部。
圣约翰草：浸泡花和根部
酱草：榨取树叶汁。
艾菊：榨取树叶汁。
豆瓣菜：提取榨出的汁液。
治伤草：除去根部，浸泡整株植物。
蓍草：除去根部，浸泡整株植物。

□抗菌剂

注意：这些植物既可以外用又可以内服，在受感染的伤口使用特别有效。

大蒜：提取榨出的汁液。
锦葵属植物：提取榨出的叶子和花朵的汁液。
湿地锦葵属植物：浸泡根部，提取榨出的叶子和花朵的汁液。
山葵：浸泡根部。
百里香属植物：浸泡花叶。

□头痛／伤痛／疼肿／僵硬

注意：外用在伤痛处。

白壳杨：浸泡叶子。
白桦：浸泡叶子。
琉璃苣：除去根部，浸泡整株植物。
牛蒡属植物：煎熬根部。
春黄菊属植物：提取榨出花的枝叶汁，适用于肿胀。
繁缕：除去根部，浸泡整株植物。
雏菊：煎熬它的根部，用于肿胀。
牙疙瘩：浸泡叶子与果实。
酸模属草类：榨取叶汁。
鸽足老鹤草：除去根部，浸泡整株植物，用于肿胀。
榆树：浸泡树皮。
玄参属植物：除去根部，煎熬整株植物，外用，清除瘀血肿块。
大蒜：提取榨出汁液，用于肿胀。
普通夏至草：提取榨出的汁液。
杨属植物：浸泡叶牙。
所罗门封印草：浸泡花和根部，外用。
圣约翰草：浸泡花和根部用于皮肤青肿。
黄精属植物：煎熬根，外用。
艾菊：提取榨出的叶汁用于皮肤青肿。
柳树：煎熬树枝。
变豆菜：除去根部，浸泡整株植物。
夏枯草：除去根部，浸泡整株植物，用作漱液。
金丝桃：浸泡花朵和嫩枝。
圣约翰草：浸泡花朵和嫩枝。
柳树：煎熬树皮。

□发烧

注意：这些药物通过促使出汗退烧。

春黄菊属植物：浸泡花叶。
酸模属草类：浸泡叶与果实。
接骨木：煎熬树皮。
小白菊：浸泡整株植物，除去根部。
酸橙：浸泡花。

□感冒／喉咙溃疡／呼吸系统疾病

仙鹤草：浸泡整株植物（除去根部）。
当归属植物：煎熬根部。
欧洲越橘：浸泡叶与果实。
拳参：浸泡整株植物（除去根部）。
琉璃苣：浸泡整株植物（除去根部）。
牛蒡属植物：煎熬根部。
黄春菊：浸泡花朵，用作漱液。
款冬：浸泡花叶。
聚合草：浸泡整株植物。
体大的毛蕊花：除去根部，浸泡整株植物。
欧夏至草：除去根部，浸泡整株植物。
酸橙树：浸泡花儿。

疗肺草：除去根部，浸泡整株植物。
锦葵：浸泡花叶。
药用蜀葵：煎熬根部，浸泡花叶。
唇形科植物：除去根部，浸泡整株植物。
高山杨梅属植物：浸泡整株植物，用作漱液。
荨麻：浸泡叶子。
橡树：熬煎树皮，用作漱液。
车前：浸泡叶部和茎部。
杨树：浸泡叶芽。
蔷薇科植物：煎熬果实。
蓍草：除去根部，浸泡整株植物，用作吸入剂。

□定胃剂

滇荆芥属植物：浸泡叶部。
欧洲越橘：煎熬果实。
欧洲蕨：浸茎叶。
刺藤：浸泡叶部。
蒲公英属植物：煎熬整株植物。
辣根：浸泡根部。
唇形科植物：除去根部，浸泡整株植物，添加些碎木炭。
变豆菜：浸泡根部。
蓍草：浸泡花叶。

□腹泻

注意：每日服用两三次，直到症状减弱为止。
欧洲越橘：煎熬果实。
拳参：除去根部，浸泡整株植物。
刺藤：浸泡叶部或者煎熬果实。
越橘：煎熬果实。
榆木：浸泡树皮。
地榆属植物（体大）：浸泡枝叶。
榛树：浸泡树叶。
药用蜀葵：浸泡花叶，煎熬根部。
唇形科植物：除去根部，浸泡整株植物。
高山杨梅属植物：除去根部，浸泡整株植物。
橡树：煎熬树皮。
车前：浸泡茎叶。
长春花：浸泡叶部，不能长期使用。
银叶花：除去根部，浸泡整株植物。

□驱除寄生虫

欧洲蕨：浸泡根部。
小白菊：煎熬花叶。
玄参属：去根，浸泡整株植物。
艾菊：浸泡花叶，每次少量使用。

□便秘

仙鹤草：去根，浸泡整株植物。
小檗属植物：压挤果实汁液。
普通猪殃殃：去根，浸泡整株植物。
绊根草：煎熬根部。
蒲公英属植物：煎熬整株植物。
接骨木：压出果实汁液。
小白菊：浸泡花叶。
花楸浆果：压出果实汁液。
蔷薇科植物：煎熬果实。
胡桃属植物：煎熬茎皮。

□痔

注意：外用药，每日两三次。
欧洲越橘：压出果实汁液。
黄春菊：浸泡花叶。
榆木：煎熬树皮。
橡树：煎熬树皮。
车前：压榨汁液。
杨树：煎熬叶芽。
银叶花：去根，浸泡整株植物。

特别推荐

治疗头痛：

煎熬柳树的枝叶和树皮，内含水杨苷——阿司匹林的一种成分。

促使伤口愈合：

从聚合草叶子上压挤出的汁液有助于组织再生。

3. 药用植物

1

2

3

4

这些植物分布于温带区域，大多数十分常见，对人体完全没有害处，它们可以加速血液凝固，清洁伤口，治疗发烧、感冒、消化不良等症状。它们中的一些植物有多种用途，但在这里，我们仅就它的最主要的功能进行分组叙述。

抗菌剂和广谱型抗菌药物

1.小米草，高约30厘米，椭圆形的叶片上分布有许多绒毛，花为白色，伴有紫色的叶脉及黄色斑点，多生长于亚欧大陆草木繁盛的地方（常为山地）。浸泡整株植物，滤净的汁液治疗眼睛感染的效果极佳；也可以缓解花粉症、黏膜炎和鼻塞等症状。

2.大蒜，在温带大部分区域以及现在的部分热带地区广泛分布，气味浓而独特，易于辨别，多有细长的条带状叶子从球状茎的地方生出，高高的茎顶部有粉红色或白色的小花簇。它的球状茎是强效的抗菌剂，挤压出的汁液用水稀释后可以处理伤口肿胀。食用大蒜可以治疗或抑制感冒，它含有天然抗生素。

3.野生百里香，形体小，气味芳香，有椭圆形的小叶片，花呈紫红色，多生长于亚欧大陆西部的草木繁盛的干燥地带，不过它的其他种属随处可见。浸泡后利用它的抗菌成分可以治疗咳嗽和感冒，或者用作食用野菜。

4.玄参，高度可以达到90厘米，茎宽而扁，叶子呈椭圆形，花呈红褐色。多分布于亚欧大陆林的中空地带及灌木丛中。有许多不同的品种，煎熬后可以用来消肿，处理扭伤、烫伤和青肿瘀血，消除血凝块以及痔疮。

止血药

5.夏枯草，又称自愈草，是一种蔓生植物，表面布满绒毛，叶子为椭圆形，花呈紫色。分布于亚欧大陆的草木丛生的干燥地带或未开垦地域。压挤出的汁液可以用来止血，或浸泡后用来治疗内出血。

6.鸽足老鹳草，高达30厘米，茎上布满绒毛，花的形体小，呈粉红色，分成五个花瓣，叶呈分裂形。生长于多草木的干旱地带或未开垦地，挤压出的汁液可以用来止血，或煎熬出汁液治疗内出血。

7.沼泽疗伤草，它的气味强烈，布满绒毛，高可达90厘米，有齿状的心形叶，穗状花序，花瓣色调不定，或暗粉色或紫色，容易伴有白色污斑病斑。多数生长在潮湿地带，在林地边缘或多荫蔽而未开垦地域有它的亲缘种。可以挤压出汁液止血，或浸泡后清洗伤口、扭伤处或疼痛处。

8.变豆菜，高可以达50厘米，叶子呈掌状，叶缘深裂，花瓣微小呈白色或粉红色，在顶部成簇聚集。广泛分布于亚欧大陆的林地中。挤压出的汁液可以止血，或浸泡后用来治疗内出血。

9.大长春花，高可以达50厘米，叶子看起来像皮革，呈绿色，形状似宽大的梭镖，花瓣宽大，呈深蓝色，它分布于亚欧大陆的林地、灌木丛中或者多岩石地域，世界其他地区也有许多种长春花。压挤出的汁液可外敷止血。

车前草（见“食物”一章中的“可食用植物”）的汁液可以用来处理伤口，也可以用来治疗胸腔疾病。

5

6

7

8

9

治疗肠道疾病的药物

1.山地水杨梅，与蔓生的野生草莓较为相似，叶缘浅裂，花瓣为白色，花蕊呈黄色，在岩石丛生的山地以及北极地区生长。浸泡过茎、叶、花的水可以用来止腹泻，或用作漱口液。

2.香树脂，有柠檬香味，布满绒毛，高可以达60厘米，叶缘为齿状，叶子为椭圆形，颜色绿中带黄，叶子的基部有轮生的白色小花，分布于欧亚大陆气温高的草木丛生地带。浸泡整株植物的水，可以治疗发烧和恶心。也可以用来缓解月经疼痛。

3.水生薄荷，气味芳香，布满绒毛，生长在淡水附近，叶缘为齿状，叶子为椭圆形，茎干紫色，长可以达80厘米，顶部有簇生的粉红色花。叶子的浸泡液可以止腹泻，也可以作助消化剂，或加热后饮用使身体出汗以退烧。相似的薄荷品种也有此功效。如果汁液过浓可能变成催吐剂。

4.榆树，树体高大，叶子较大，椭圆形的叶子，叶缘为齿状，在树干基部生发出根条。树皮的煎熬液可以止腹泻和消除皮疹。

5.小白菊，参见下页栏目。

6.拉拉藤或牛筋草，一种蔓生植物，茎干多刺，茎较长，叶体轮生且狭长多刺，花瓣小，呈白色，多数生长在潮湿、灌木丛生、未开垦的地域。幼小的拉拉藤烧煮后可以食用，味道像菠菜。它的浸泡液可以缓解便秘。拌以等剂量的药用蜀葵，混合后持续服用，可以治疗膀胱炎。

7.仙鹤草，长度可以达到90厘米，茎上有丛生的绒毛，小叶片的形状似梭镖，边缘为齿状，下部为灰色，顶端生有高高的黄色穗状花序。分布于干燥的草木丛生地带，有多个不同品种。整株植物的浸泡液可以缓解便秘和胃酸造成的刺激。持续小剂量的服用也可以治疗膀胱炎。

8.欧洲毛茛，高约20厘米，叶子为心形，叶片有光泽，色泽深绿，生有黄色的小花。在潮湿的林地中以及湿润的地面都有分布，主要生长于欧亚大陆。挤压出的汁液外敷可以治疗痔疮。注意不要把它与它的有毒的亲缘种的毛茛属植物混淆。

9.黄精，形体较小，茎干为弧形，上面开着管状的白绿色花朵，多数生长在林地和灌木丛生的地域。根部的煎熬液外用可以治疗痔疮或皮肤青肿，或者用浸泡液来缓解恶心。它的根部富含淀粉，可以食用，味道像欧洲萝卜，经煮沸然后风干之后可以作为临时性代用的石膏。也可以用浸泡液或者粉状根制成的膏药缓解皮肤青肿。它的浆果有毒，要提防。

银叶花的浸泡液也有治疗消化不良和呕吐的功效。

治疗发烧、咳嗽和感冒的药物

小白菊，它的气味芳香浓烈，高约45厘米，有淡黄色的小叶片，花形类似雏菊。分布在欧亚大陆的草木繁盛的未开垦地域。食用小白菊的叶子可以缓解头痛和偏头痛，但有些人食用后会导致口中起泡。对于发烧、头痛或者是一般性疼痛，服用整株植物的浸泡液更为安全。遭受蚊虫叮咬时也可以用作酊剂。产妇在生产时持续服用小剂量的热浸泡液有助于规则宫缩。

1

2

3

4

5

1.黄春菊，蔓生植物，有芳香的气味，具有多裂的叶片，花形类似雏菊。生长在亚欧大陆的灌木丛中。整株植物的浸泡液可以治疗发烧、头痛、偏头痛以及感冒。经过挤压得到的花朵的汁液对头痛或劳损扭伤都有疗效。对于神经性躁动的小孩有特别的镇静作用。

2.款冬，隆冬季节时在光秃的地表或者是原生地中十分常见。它的茎干类似芦笋，顶部开有体积较大、黄色、与蒲公英相似的花朵。叶子呈心形，位于花下面。叶子的浸泡液对于感冒和咳嗽有疗效。

3.疗肺草，布满绒毛，高约30厘米，叶子呈梭镖状，上面有白色斑点，花朵的形状类似铃铛，色泽粉红或蓝紫色，在欧亚大陆的林木灌木混生的地域经常有分布。整株植物的浸泡液对于胸腔疾病的疗效极佳，治疗腹泻的效果也不错。和同等剂量的款冬混合拌用可以治疗咳嗽。

4.欧夏至草，气味类似百里香，茎干呈方形，高可以达50厘米。叶形为略圆，呈淡绿色，叶表多褶皱，花儿略呈白色，为轮生花序。生长在欧亚大陆干燥的灌木丛生的地带。植株的浸泡液适用于治疗伤寒和呼吸系统失调等症状。从叶片中压挤出来的油性汁液可以缓解耳痛，同时对小儿的咳嗽疗效很好。加大剂量后可以通便利泻。

5.欧蓍，布满绒毛，气味芳香，高约60厘米，叶子有缺裂，质地类似皮革，呈暗绿色。顶端盛开有淡白色或粉色花朵，生于多草木的地域。植株的浸泡液（记住先除去根部）可以治疗感冒和发烧，也可以用于创伤后消散血瘀；还能降低血压，缓解痔疮引起的疼痛。

6.麝香锦葵，生于草地或灌木丛生地域，高约60厘米，茎干上布满绒毛，叶片为散裂，有许多分支，花瓣比较大，为粉红色，由五片花瓣组成。锦葵的分布较广，使用方法同药用锦葵。

7.花葵，长度可以达到3米，茎干上布满绒毛，叶形类似大象的耳朵，花片紫红色且伴有暗紫色条纹。分布于欧亚大陆海滨的多岩石地带，使用方法同药用锦葵。

8.药用锦葵，高约90厘米，植株上布满绒毛，呈灰色，叶片较大，有裂隙，花瓣为淡粉色，它的根部煮沸后可以食用，口感很好。植株的浸泡液可以用来治疗胸腔疾病，仅用根部而得的浸泡液可以缓解因缺血而造成的头晕症状以及清洗伤口和溃疡的地方。用研磨碎的叶片涂抹在皮肤上可以治疗蚊虫叮咬。煮沸后的叶片对于皮疹是效果极佳的湿敷剂，叶片的浸泡液可以减轻或缓解消化系统过敏和炎症。

9.大毛缕花，植株上覆盖有白色的绒毛，高约2米，叶片较大，呈梭镖形，花朵密集，为轮生花序，花为黄色，有5片花瓣。生长于干燥而温暖的草地上。花叶的浸泡液可以治疗咳嗽和胸腔疾病，根部的煎熬液可以用作漱口液，花瓣的粉末还可以做镇静药，如果当作茶叶饮用可以舒缓疼痛。

10.金丝桃，高约60厘米，叶形较小，呈长椭圆形，点缀有半透明的斑点，顶部盛开着金黄色的小花，挤压花朵可以渗出红色的汁液。它多分布于开阔的林地及草地、灌木丛中。植株的浸泡液可以治疗感冒和胸腔疾病。

6

7

8

9

10

4. 危险的动物

1

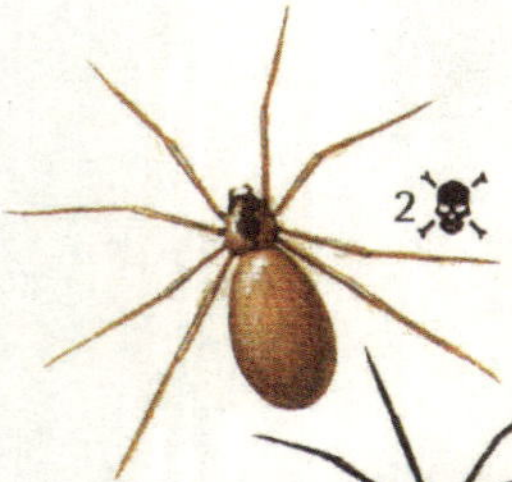

2

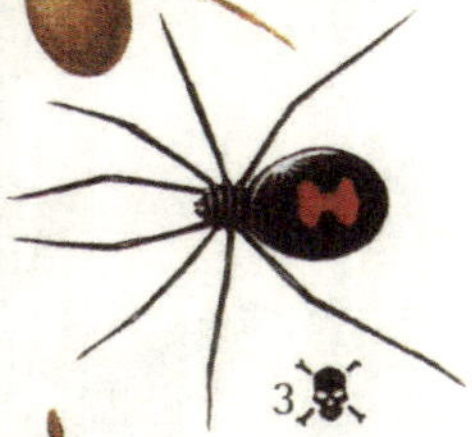

3

4

5

求生者如果已经采取了必要的谨慎的措施，对于他们来说，这里叙述的危险的昆虫和其他的动物，就不是主要的问题，不过，一旦你没有给予足够的重视，就很容易出现问题。

1.蝎子，生活在沙漠和热带、亚热带以及温带的丛林中。在安第斯山脉中，有一种蝎子能在3600米海拔高度的环境中繁衍生存。蝎子多在晚间活动，大多数生活在沙漠地带的蝎子的身体颜色在淡黄色至亮绿色之间。生活在湿润地带或高山地域的品种颜色则呈褐色或黑色。蝎子的平均体长2.5厘米，但生活在南部非洲和新几内亚的巨蝎可以长达20厘米。一些蝎子喜欢挖掘地洞，它们通常在树皮下、岩石底或者别的掩体甚至包括你的衣物之下活动。蝎子的刺针位于尾部，多数情况下遭受蝎子的袭击仅会产生轻微的不适症状，但是有时也会引起神经性的中毒，出现24～48小时内的暂时性的麻痹。生活在中东、巴西和墨西哥西部地区的一些蝎子可以置人于死地，但是这种情况十分少见，多数发生在小孩、老人或病人身上，因为他们的抵抗力较弱。

2.北美洲的小提琴型蜘蛛，可以通过它们头部后面的小提琴形状来辨别，有多个不同的品种，不过尤以L. Veclusa（一种蜘蛛品种）的毒性最强，遭到它袭击后在24～48小时之内会出现发烧、寒战、呕吐、关节疼痛、皮肤出现斑点等症状。尽管它很少会致命，但是伤口周围的皮肤会发生组织的损毁，导致肢体变形。如果不进行治疗，最终甚至会导致截肢。

3.黑寡妇球腹蛛，生活在气候温暖的地域，包括沙漠地带。它的体形较小，身体为黑色。所有的这种类型的蜘蛛都可以通过它们腹部的红色、黄色或白色的标记加以分辨，它们中一些种类的标记为沙漏的形状。如果被它们叮咬，会产生剧痛，流汗、战栗不止，虚弱无力，甚至长达一个星期都不能活动。幸运的是它们很少致命。

4.漏斗网蜘蛛，生长于澳大利亚，身体为灰色或褐色，体形较大，但是腿比较短，身体短而壮实，它的名称向人们提示了蛛网的形状。它主要在夜间活动，而在气温高、有阳光照射或者干燥的条件下很少活动。被这种蜘蛛螫咬后会致命，症状与黑寡妇球腹蛛相似。

5.狼蛛，生活在美洲的热带地区，体形较大，布满绒毛；另一个品种生活在南欧，外表凶恶可怕。尽管受到它的攻击后会相当疼痛，但是它的毒性比较温和，不会使人丧失运动能力。

6.百脚和倍足纲的节肢动物，大多数体形较小，没有毒害，但生活于热带和沙漠地区的物种长度可以达到25厘米，它的脚趾形状像爪，可以刺穿皮肤，引起感染。许多种类咬啮后产生毒液。当它们在人体皮肤上走动后，它行经处的皮肤会剥落——不过毒液很少有机会进入人体内。

7.大黄蜂，群聚性生活，喜欢建造蜂巢并且誓死保护它，一些热带品种极具攻击性而且毒性很大，应该小心避开它们。遭到它的攻击后犹如被热的铆钉刺穿皮肤，而受到多次攻击则有可能致命。

8.虱蝇，在热带十分常见，体形较大，身体扁平呈圆形，头部较小，常进入伤口吞噬人体组织，不要把它们用手拍去，以免它的头部留在伤口内引起感染，可以用油、酒精或热水使它落下。

9.水蛭，是一种生活在热带丛林或其他的湿润地区的吸血昆虫，在攻击受害者之前，会像线一般附在植被上等待。受到它的攻击时，不要用手去拍，可以用火攻或者用少量的食盐促使它移动，否则会引起感染。

10.吸血蝙蝠，生活于美洲中部及南部地区，在晚间当目标进入睡眠后吸食它们的血液，并且可能携带鼠疫，所以在这些区域过夜时要注意覆盖身体。

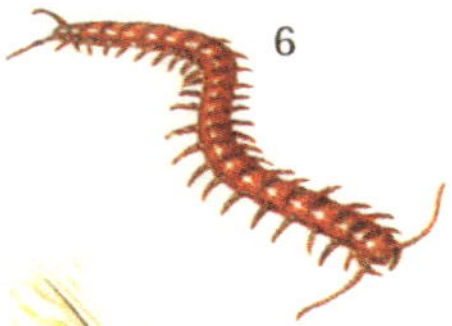

6

7

9

8

10

5. 毒蛇

1

2

3

4

注意：

除非有人明确地给予了相反的提示，这些蛇的毒液都可以置人于死地，所以不要去接近、挑衅或者触摸这些蛇类。

安全法则

□**注意自己的脚下：**蛇类平均每周进食一次，每当进食之后以及蜕皮的时候，它们的行动会变得和缓，更容易被踏中。

□**在伐取灌木、采摘水果前**要小心观察四周，一些蛇类经常栖息于树木之上。

□**不要挑逗或者提起蛇类或者将它们逼入困境：**一些蛇类在走投无路或保卫自己的巢穴的时候攻击性会大大增加，例如南美洲和中美洲地区的巨型蝮蛇、非洲的黑色树眼镜蛇以及亚洲的眼镜蛇。

□**翻转石块或原木以及掘坑挖洞时**要使用木棒，不可以徒手进行操作。

□**穿上结实的皮靴**——如果你有的话，许多毒蛇的毒牙很小，不能穿透皮靴。

□**使用床单、衣服、包裹前**要小心地查看一遍，蛇类很可能就躲在下面。

□**如果与毒蛇不期而遇**，一定要保持镇定和安静，不要突然移动，更不要向它发起攻击，许多情况下，毒蛇只想着如何逃命。

□**夺取它的性命**。如果迫不得已要杀死毒蛇，可以取一根长木棒，木棒要具有良好的弹性，快速劈向它的后脑，最好一击成功——否则受伤的毒蛇更加危险。

在北美洲和南美洲的蛇类

1.响尾蛇，许多响尾蛇生活在北美洲，体长从45厘米到2.1米不等，身体粗壮厚实，脑袋宽大，尾部有时但并不总是发出短促响声作为警告。菱背响尾蛇的体形最大，背上有清晰可见的菱形斑块。

2.铜头蛇，它的平均体长为60～90厘米，身体粗壮厚实，身体的颜色橘黄，并且有褐色的箍斑，头部为红铜色，大多生活在美国西部，易受惊吓，被它咬伤后大多数不会有性命之忧。

3.水蝮蛇，它的体长在60～130厘米之间，身体的颜色为深褐色或者呈橄榄色，有时伴有斑块，斑块为淡黄色，腹部也有斑块，口内为白色，是一种水生动物，生活在美国南部的淡水中，性情好斗，所以不要惊扰它。

4.热带响尾蛇，它的体长为1.5~2米，蛇身有菱形标记，颈部有两条黑色的条带状花纹，尾部有角质环，多在晚间出来活动，多数在南美洲北部到墨西哥的干旱区域中生存。这种响尾蛇的体形很大，极具攻击性，十分危险。

5.矛头蛇，它的表皮为褐色，点缀有苍白色的几何图形，体长为1.3～2米，有剧毒，容易致人死亡。矛头蛇有许多亲缘种，它们的表皮一般是灰色、褐色、淡红色不一，但是都点缀有相同图案。矛头蛇在南美北部到墨西哥一带繁衍，有些种类在树上生活，在攻击目标之前，身体首先盘成环状。

6.巨型蝮蛇，头部很大，表皮呈红褐色，背部点缀有大块的暗褐色的三角形图案，蛇身长达2～2.6米，或者更长，生活在中美洲、南美洲一带。多数在晚间活动，一般会出现在丛林中的低地上，特别爱在洞穴中活动。如果它受到逼迫，会变得凶恶残忍。在各种生活在美洲的蛇类中，巨型蝮蛇是最危险的一种。

7.珊瑚眼镜蛇，它的体长为45～90厘米，身体略显纤细，蛇身上点缀有红黑两道色箍，由白色或者黄色的细圈相间隔，在美国南部以及美国以南的美洲大陆上生存（在东南亚有类似的蛇种）。它的口部比较小，所以很少用嘴攻击，但是一旦被攻击即可以致命。

5

6

7

世界上并不存在辨认毒蛇的确切标准。通常眼镜蛇的颈部会胀起并有皮褶，响尾蛇的尾部有角质环，但是，这些并不是可靠的标记。对每条毒蛇，都需要独立地加以研究辨别。如果你心存疑惑，就将每条蛇都看作毒蛇对待。

在欧洲的蛇类

1.蝰蛇，它的体长约为30～75厘米，身体的颜色从橄榄绿灰色至淡红褐色不等，并且有一条更深的条带标记弯曲分布于背部。在山区的灌木丛生处、沼泽地段以及开阔地带经常会出现，是北欧地区仅有的毒蛇，但是几乎从未致人死亡，它在南欧的亲缘种体形更大，也更危险。

在非洲和亚洲的蛇类

2.鼓腹巨蝰，体形粗厚，尾部短小，头部宽大，身体的颜色犹如稻草秆，呈褐黄色，并且伴有颜色更深的标记。长约0.9～1.3米，生活在半干旱地区，通常位于水域附近，主要分布于非洲和阿拉伯半岛，在其他地区也有它的亲缘种栖息繁衍。在非洲和欧亚大陆，从沙漠地带到丛林深处都有蝰蛇出没。

3.锯状鳞片蝰蛇，它的体表布有鳞片，身体的颜色为淡红色至沙褐色不一，点缀有深色标记和白色斑片。体长约40～55厘米，生活于北非西部至印度一带的干旱地域。相当常见而又十分危险，经常发生咬人致死的事件。

4.蝰蛇，它的体长为1～1.25米，身体的颜色为淡褐色，点缀有三排斑块，斑块是边缘发白的黑色环，中心呈红褐色。从巴基斯坦到中国台湾，除去丛林地域之外的多数地区都有出现。这一地区的蛇咬伤多是蝰蛇所为。

5.马来亚响尾蛇科毒蛇或食鱼蝮蛇，它的体长约为60～80厘米，身体的颜色为淡黄、淡红、灰色相间，点缀有几何图案，腹部淡黄色或有淡绿褐色斑点，生活在东南亚印度尼西亚一带，在这一地区它有许多亲缘种，因此要避开任何与之相似的毒蛇。

6.眼镜蛇，生活于非洲东部至印度、印度尼西亚和菲律宾一带，体长通常约为1.5～2米，受到惊吓时，通过它的渐渐膨胀的抬起观望的头部可以辨认出它是眼镜蛇，另外它的颈部有皮褶膨起。眼镜蛇在上述这些地区十分普遍，特别是在多岩石和半干旱的地带。

7.树眼镜蛇，它的头部比较小，蛇身纤细修长，通常有墨绿色或灰色鳞片，体长约为1.5～2米，多数生活在撒哈拉沙漠以南的非洲地区，栖息在树木上，不过黑色树眼镜蛇的体积较大，为陆生动物，发动袭击时快速敏捷，被它袭击后如果不及时治疗，几乎不可能存活。

8.非洲树蛇，体长约为1.3～1.5米，身材细长，身体的颜色为淡绿色至淡褐色或灰黑色不等，生活于撒哈拉以南的非洲的稀疏草原中，常在树上或者是难以到达的地点栖息。它有剧毒，受到惊吓时会鼓起颈部。

9.金环蛇，体长为0.9～1.5米，头部较小，体表由黑白或黑黄相间的圆箍环组成。生活在印度至印度尼西亚的开阔地带或丛林之中，多在夜间活动，不具有攻击性，但被它咬伤时是致命的。

喷射毒液的眼镜蛇

许多眼镜蛇，包括生活在非洲南部的粗皮小眼镜蛇，既可以咬啮伤人，又可以喷射毒液。喷射毒液是一种纯粹的防御措施，除非毒液进入到眼睛中，或者是裸露的伤口内，否则一般不具危险性。毒液一旦喷射到皮肤上，应该立刻用水冲洗，特别紧急的情况下，可以使用尿液。

澳大利亚的蛇类

1.南棘蛇，它的肤色为淡褐、淡红或灰色，点缀有深色箍环，蛇身粗厚，体长约为45～60厘米，生活在澳大利亚大部分地区、巴布亚新几内亚及附近的一些岛屿上，多数在沙地上生活，有完美的保护色以及剧毒的毒液，不过它的危险性不及虎蛇和眼镜蛇科的大毒蛇。

2.澳大利亚黑脊游蛇，体长约为1.5～2米，蛇身细长，呈蓝黑色，腹部为亮红色，生活于澳大利亚的淡水域中或淡水区域附近，有多个不同的品种。被它攻击后很少能够致命，当它遭到挑衅后，颈部会变得扁平。

3.澳大利亚褐蛇，蛇身细长，呈灰黄色至褐色不等，蛇腹发白，体长约1.5～2米，在澳大利亚和巴布亚新几内亚的干旱地区中繁衍生存。有多个品种，极具攻击性，并且毒性很强。

4.虎蛇，它的身长约为1.3～1.6米，蛇身厚实，头部宽大，身体呈浅暗橘黄色或茶色，并伴有黄绿色、灰色或橘褐色的箍环，生存于澳大利亚和塔斯马尼亚岛的半干旱区域。虎蛇的攻击性很强，含剧毒的毒液是导致人死亡的最主要的蛇种。

5.眼镜蛇科的大毒蛇，身体的颜色为浅褐色至深褐色不等，蛇身的两侧和腹部呈黄褐色，体长可以达到3.5米，生活在澳大利亚北部开阔的地带或从林中，受到挑衅时容易发怒，它的毒液可以致人死亡。

6.海蛇，生活在印度洋与太平洋中，部分为陆生动物，多栖居于港湾或海滨沼泽中。身体的颜色与身长的变化很大，蛇身约长1.3~1.5米，尾巴扁平，状似桨片，身上的鳞片是区分海蛇与鳗鲡的标志。海蛇没有攻击性，但是有些海蛇的毒性在蛇类中是首屈一指的。

蛇类具有完美的保护色，只有当它在运动时，人们才会发觉它。在蛇类出没的地域内，每天你都会遇到几条蛇，但是，或许任何一条蛇，都未引起你的注意。

其实，受到毒蛇袭击的可能性很小，并且多数情况下，你完全可以自己康复。

受到毒蛇袭击后，你应采取必要的措施。当然，对于不同程度的伤害，采取的措施也不相同。有些毒蛇在出于自卫时，喷射的毒液量会很少，有时甚至没有丝毫的毒素。如果毒蛇慌乱不安、失去控制或者刚刚咬过别的东西，它的毒液一般不会有充分的效力，毒液囊中储存的毒液数量，通常也不会很多。而你身上的衣服或鞋子，就可能完全将毒液拒于身外。许多毒蛇一次注入人体的毒液的数量，远远不能达到使人致命的剂量。

没有毒蛇的区域

有些地区是没有毒蛇出没的，例如新西兰、古巴、海地、牙买加、波多黎各、爱尔兰、波利尼西亚以及极地区域。

蜥蜴

7.希拉毒蜥，这种蜥蜴仅在美国亚利桑那州和墨西哥以及附近的地域有分布，头部比较大，呈圆形，躯干粗短厚实，尾巴短胖，点缀有明亮的黄色图案。长约37～45厘米，当它咬噬时会射出毒液，不过它可能仅在受到触摸骚扰时才咬人。

8.串珠状蜥蜴，它与希拉毒蜥很相似，但是身体的颜色更黑，体形更大，尾巴更细长，多点缀有杂色的斑点，生活在墨西哥和中美洲干燥地带，性情温顺，但是当它咬噬时也会释放毒液，所以不要去招惹它。

6. 危险的海洋生物

1

2

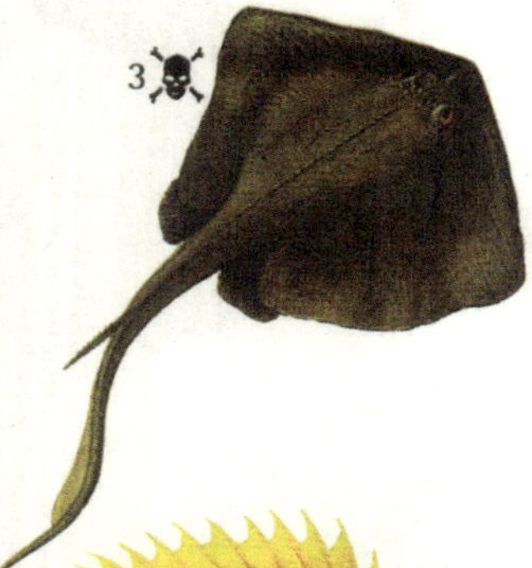

3

4

这里所列举的海洋生物和鱼类都十分危险，其中多数生物或者鱼类与人接触时，可以使人感染毒素，或者它的肌肉中含有毒素。

在河流中的危险鱼类

1. 电鳗，身长几乎接近2米，粗约20厘米，身体的颜色为橄榄绿色至黑色不等，腹部发白，生活于南美洲的奥里洛科河流域和亚马孙河流域，它更喜欢在浅水中出没，因为浅水中的氧气更为充足。一条大的电鳗放出的电压可以高达500伏特，足以使你的脚部麻木。

2.水虎鱼，生活在南美洲的奥里洛科河和亚马孙河流域，身体长短不一，可以达到50厘米长，鱼身粗胖，颚部宽大，牙齿犹如剃刀，可以相互扣紧。水虎鱼一般十分危险，特别是在干旱季节水位下降时更加危险。

在河流和海洋中的危险生物

3.黄貂鱼，是浅水中，特别是热带水域中的危险鱼类，不仅在沙滩海岸附近生活。体形变化很大，但所有黄貂鱼的身体都具有明显的放射状条纹，许多种类的黄貂鱼生活在南美和西非的热带河流中。淡水黄貂鱼的体长很少会超过30厘米。流入太平洋的各大河流中不会有黄貂鱼出现。黄貂鱼尾部的脊刺含有毒素，可以产生严重的伤害，有时甚至致命。

在咸水水域的危险鱼类

4.银鲛，主要生存于印度洋和太平洋的暗礁水域中，体长约为25～30厘米，可以食用，但大多数银鲛的鳍上有尖锐的鳍刺，含有毒液，所以触摸时要小心谨慎。

5.刺尾鱼，体长约为20～25厘米，身体厚实，口部较小，身体的颜色很鲜艳，尾部两侧的鳍的形状如柳叶刀样，猛烈摆动时可以在对方身上划出严重的伤口。它生活在所有的热带水域。

6.蟾鱼，生活在中美洲及南美洲两侧的热带海域中，体长约20～25厘米，身体的颜色灰暗，嘴巴较大，栖息在海底沙层里，背部的鳍很锋利，有剧毒。

7.蓑鱼，多数生活于印度洋和太平洋的热带水域的暗礁附近，体长30～75厘米，体形相差较大，但是通常都具有淡红色的细长的放射状的鳍，受到它的刺击时，会产生难以忍受的剧痛。其生活在大西洋和地中海的亲缘种毒性较小。

8.石鱼，生活于太平洋和印度洋中的热带海域，体长达40厘米，身体的颜色较灰暗，体表坑洼不平，难以引人注意。如果遭到攻击，背鳍就会放出毒液，可以引起剧痛，严重情况下可以致命。

蟾鱼、石鱼和蓑鱼可以食用。捕食时击打它的头部，待它死后再小心处理。

尽管有些鱼没有毒液，但是，它的锋利的鳍相当危险，而且，通常情况下，这一点令人难以察觉，除非你相当接近它。鱼鳍通常位于背部，但是，也有一些鱼的鱼鳍生长在身体两侧，即使被一个小的鳍刺中，它也可能导致刺痛，并且伤口有进一步感染的危险，大鱼的鱼鳍——有的鲶鱼可以长得像人那么大——则像刀剑一般厉害。

被海胆刺中也会产生剧痛，海葵也可以刺伤你的肌肤。

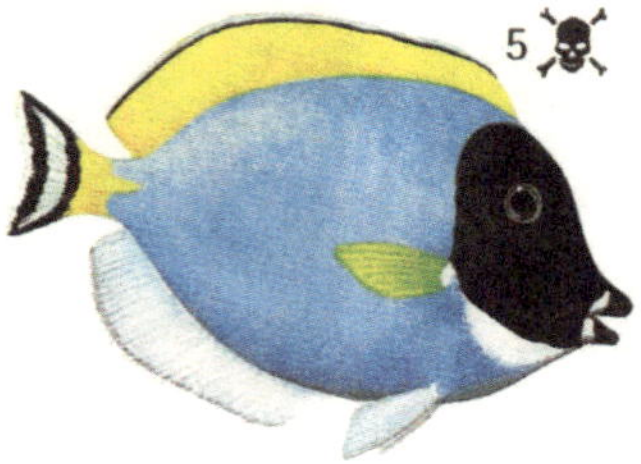

5

6

7

8

有毒而不可食用的鱼类

许多沿海鱼类，它们生活在暗礁附近，或者是生活在环礁湖中，它们都有毒，因而不可以食用，这些鱼主要分布于热带的沿海海域。但是，无论你在哪个地方，究竟哪些鱼是你可以吃的，下面的叙述并不能把这些知识完全概括在内。

有些鱼本来可以食用，如笛鲷，但是，如果它们取自暗礁附近和环礁湖中，由于它们通过食物而摄取了毒性物质，所以也不可以食用。

毒性最强的鱼类，例如刺鱼，通常躯体呈圆形，表皮坚硬如壳，口部一般与鹦鹉相似，鳃的开口很小，没有腹鳍或者腹鳍很小。

1

2

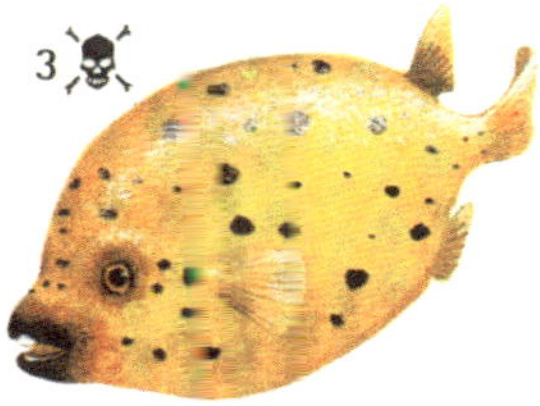

3

4

1.鲈鱼，体形尖细，身体的颜色较灰暗，体长约30厘米，栖居于欧洲南部至西非以及地中海海岸的沙层中，它的背鳍有毒，进食鳃部后可以引起疼痛，难以行动。用滚烫的热水可以缓解这一症状。

2.密斑刺鱼，生活于热带的浅水区域，体长可以达到50～60厘米，当它受到惊吓时，全身膨胀成一个鳍球，它的肉中含有毒素。

3.刺鱼，生活在所有的热带水域以及多数水温较高的水域，某些种类的刺鱼也生活在东南亚和热带非洲的一些河流中。它的体形粗胖，呈圆形，体长为15～75厘米，大多数有刺鳍。当它受惊吓时，鱼体会膨胀成球状，它的血液、肝脏、性腺都含毒性物质。

4.鳞鱼，它的生存空间很广，大多数在热带海域的浅水区中，体形粗厚，体长通常不过60厘米，长有很大的背鳍。不能食用。

其他海洋生物

5

5.僧帽水母，它并不是一只水母，而是水螅的群居体，主要分布在亚热带海域，一般出现在墨西哥湾暖流中，可以随着海流漂至英国的海滨，在向南的海流的携带下可以到达新西兰海域。这种漂流的囊状物仅15厘米长，但它的触手（携带着有刺的珊瑚虫杯形座）可以延伸到12米以外。受到它的伤害虽然不足以致命，但是足以致残，因此十分危险。普通的水母的内部有碟形的鲎，呈淡紫色，对人类没有威胁，但其他种类，如立方水母或盒形水母就比较危险。大剂量的毒性物质可以致命。注意避开所有的水母，甚至在海岸洗浴时也要小心。

6

6.蓝色圆环章鱼，它的体形较小，有时仅有拳头大小，生活在澳大利亚以东的海域，特别是在大堡礁海域，身体的颜色为淡灰白，点缀有彩虹色圆环标记，有剧毒，受践踏或者是被触摸时，可以突然发出致命的一击。对所有生活在热带礁石附近的章鱼都要极其小心。

7

7.鸡心螺，它是热带、亚热带的腹足纲软体动物，有鱼叉似的毒性触须，所有品种的体形皆类似鸡心，但是外壳的图案因有薄膜或许难以分辨清楚。一些鸡心螺含有剧毒。生活在印度洋、太平洋海域的许多鸡心螺可以致命，所以不要触摸它。

8

8.笋螺，属于软体动物，生活在温带和热带的海域，尤其在印度洋、太平洋海域常见，它也有带刺的触须，和鸡心螺相比，它的躯体更细、更长，被它刺伤虽然不像被鸡心螺刺伤那么严重，但它也不可以食用。

第 九 章

海上求生

在海上，生存条件可能比其他环境更加恶劣，对求生者的要求也极为苛刻。飞机与船舶往往都携带有某种救生设备，然而，在深海中，即使有救生筏，你也依然会面临重重困难。

当应急的食物与淡水储备用光后，仅仅等待救助并不是可行的方法——因此你必须利用各种可能的途径，从大海中获取食物及淡水，以补充供给。

并非所有的鱼类都是可以食用的，甚至捕获某些鱼类的行为本身就有一定的危险。鲨鱼的攻击性往往被人们夸大，但是你仍旧不能掉以轻心。正确的行为是躲开或者阻止它们靠近。地势险恶的海滨，会给最终的登陆也带来危险，所以要留心听取本书中的建议，以降低危险的程度。

占据了地球表面4/5面积的物质是水——可能也是所有求生环境中最可怕、最难以求生的地方。在冷水中，身体会很快变得冰冷，即使是在小船上，海风也会使体温迅速下降。如果没有配备必要物品的话，独自在寒冷的大海中，生存的概率往往很小。

如果出事的当时，你知道你的位置和当时主要的洋流方向，也许能预测出海水将把你带向何处。类似穿越北大西洋的墨西哥湾暖流等，它们往往有丰富的鱼类和海洋生物。

也有许多可以食用的资源位于海洋的沿岸处，但是，那里也有危险的鱼类，像鲨鱼或是有毒的鱼种等。它们主要生活于气候温暖的珊瑚礁，以及暗礁附近的浅水中。

如果你不幸缺乏蒸馏海水的设备的话，淡水会是困扰你的更大难题。

救生船的操作

起航后不久，乘客们将被告知如何操纵救生船，并且应该进行认真的演习。同样，乘客们会被告知如何穿上救生衣，怎样开动救生船，以及所应携带的必备物品。小船上的水手也应该进行此类演习，并且指导在海上航行的每一个人。船上的安全设备包括：比较坚固的救生船、简易救生筏、汽艇、救生带或救生衣。

当听到信号，要求乘客们从船上立即疏散的时候，你应该立刻穿戴暖和，最好选择毛衣。不要忘记戴帽子、手套并围上围巾。如果你最终只能在水中漂流，这些衣服也不会将你拖入海底，反而可以帮你抵御最大的危险——暴露你的身体。可能的话，尽量拿上手电筒，并且抓些巧克力，或者随手可及的热的甜品。事故发生时，不要拥挤或者喊叫，否则会给自己带来恐慌——最节省时间的方法，是有次序地登上救生船、木筏或橡皮筏，并且保持会让大家冷静的态度。

直到离开船或飞机时，再给救生衣充气，并在小船上一直穿着。救生衣的色彩明亮，常装有警哨、灯光及染色标识器——在温暖的水域中使用它们，你可以防止鲨鱼的靠近。

如果当时你只能跳入海中，那么，先扔下一些可漂浮物，然后尽量跳至其附近。

求生场景

温水环境和冷水环境，哪一种更易于生存?

如果是被困于海上，那么天气在较暖的情况下比冷的情况下更容易生存。在低温环境下，你撑不了多久就会出现低体温症。如果真的这么倒霉被困于低温的海上，那么一定要多多携带生存装备，并且想尽一切办法尽快离海。如果你是在救生艇上，那一定要给自己定一个固定的日常作息。

弃船

在你离开船舶或迫降于海上的飞机时，最重要的一点是你要随身携带哪些装备。救生衣或救生带将帮助你节约大量的体能，这样你将能更久地坚持漂流。即便是没有救生衣，在海水中漂浮也并不是困难的事。人体的密度小于海水，所以，任何学习过如何在水中放松身体的人，都不会面临即刻沉入海底的危险。然而，人们在恐惧或慌乱的情况下，会很难使自己放松，如果没有救生衣或救生带的话，充气的衣服也是增加浮力的很好方法，这也是建议你在离船前穿好衣服的另一个主要的原因，而不是常说的将它们脱下来。

1. 落水者

当不慎落水的时候，除了保持身体不下沉之外，最重要的就是引起注意，获得救援。声音在水中传播良好，所以，喊叫，以及拍击水面发出声音，它们都是有效的方法。尽可能地在水上挥舞一只手臂（不能双手，否则会沉入海底）——因为运动会让你更引人注意。

如果你穿着救生衣——并且如你应该做的，已经待在了救生艇上——艇上通常备有警哨及灯光，即可以规则地发出海上求救信号。

1.1 游泳

游泳时要缓慢而且不间断。如果你刚刚离开沉船或飞机，应该迎着风向游泳，并避开沉船或飞机。尽可能地远离油料和废弃物。

如果海面上已经起火了，而你必须选择跳入水中，或者是从火中游过，记得迎着风，竖直地跳入水中，采用俯泳的姿势向前游，同时用力击水，让火苗远离头部，趁其间隙呼吸。当火势过猛时，最好在水底潜泳，直至脱离险境。

如果水下有发生爆炸的可能，落水时，采取仰泳可以减少伤害。

如果已经看得见陆地，不要在退潮时浪费体力。放松并且自然地漂浮，待涨潮后，随着潮水，你可顺势上岸。如果海面波浪汹涌不能仰泳的话，则采用以下技巧：

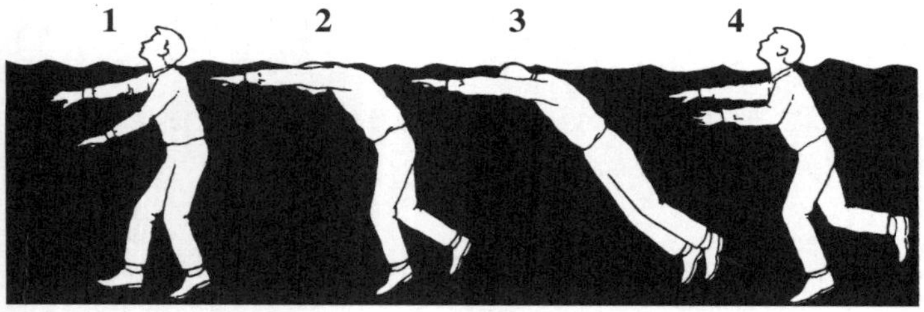

1．在水中直立漂浮，深呼吸。
2．低头入水（闭上嘴巴），双臂前伸，保持与水面水平。
3．保持这个姿势并放松漂浮直到需要换气。
4．头抬出水面，踩水，吐气。吸气，再回到放松状态。

漂浮“袋”

用裤子制作一个暂时的漂浮袋。绑住裤脚，在头顶甩动使其充气，然后抓住腰部，将其塞入水中把空气压在里面，这样在漂浮时胳膊即可依靠裤子的双腿来支撑。

1.2 立即采取行动

当你确定已经发生了事故，并且明确了自己的方向之后，应该立刻给橡皮筏充气，或寻找救生艇、皮筏，或漂浮的船舶残骸等等，它们是可以提供帮助的物品。在没有橡皮筏的情况下，利用手旁可用的一切做皮筏的东西，如带子、皮带、鞋带、废弃的衣服等，将它们绑在一起。或者在没有橡皮筏的情况下，利用一切可用的漂浮物。

1.3 为橡皮筏充气

在飞机和多数的船只上，它们都会携带有橡皮救生船。多数的橡皮筏可以自动充气，或者一经盐水浸泡，立即自动充气。

在非自充的橡皮筏上，应该备有充气装置。橡皮筏是由多部分组合而成，因此也有多个气嘴，这样即使某一部分破损了，也不会影响橡皮筏的漂浮。

1.4 登上充气筏

尽快登上救生筏。如果已经落水了，要游泳直至皮筏的尾部而非两侧，放入一条腿后，翻身滚入。

不要从船上直接跳入皮筏，这样易使其损坏。

将别人拉上橡皮筏、木筏或救生船时，抓住他的肩膀，让其一脚抬至船尾，再帮助落水者滚入。不要让落水者抱住自己的脖颈——如果这样做的话，很可能将你也拉入水中。

矫正橡皮筏

多数橡皮筏在底部备有矫正带，较大的橡皮筏则在筏的一侧各备有一根矫正索。翻动皮筏时，向相反的方向拉住矫正索，双脚抵住橡皮筏，用力后拉，皮筏会被抬起并翻转过来，同时将你打入水底。如果海面上风高浪急，要翻动皮筏就极为困难。

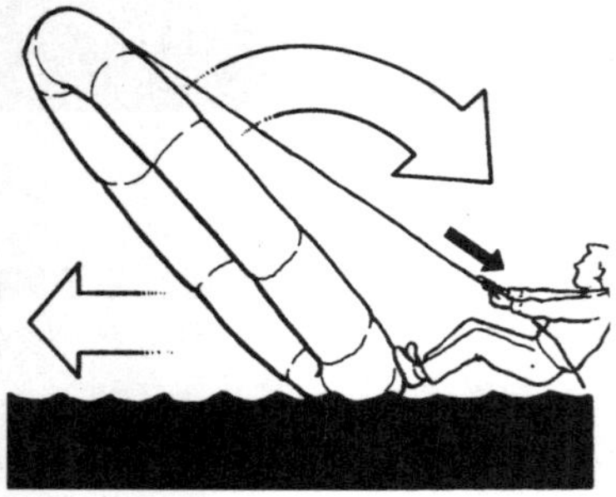

确定橡皮筏已充足气。皮筏应稳固，而非剧烈摇摆。若气量不足，则需用嘴或者打气泵重新充足。阀门一般为单向的通道，故拿下防护盖时，气体不会逸出。

检查皮筏是否漏气。漏气点在水下时会出现气泡；在水上则会有嘶嘶的声响。可在皮筏的工具包里找到锥形塞，用其堵住漏气点。将塞子插入封口即可。也可能在包内发现橡皮片及黏合剂。

经常检查皮筏的充气及漏气的情况。当怀疑漏气点在皮筏下方，应潜入水中，游至皮筏下面塞上皮塞。

2. 漂流求生

木筏、小船、橡皮筏，它们所能容纳的人数往往有限。载重量超过限定的人数时，会使求生者的生命更加危险。

多数人的安全是最重要的。应当首先照顾体弱、年幼及身体有伤的人，让他们进入橡皮筏或救生船中，然后尽可能多地载入健全人。余下的人员只能在水中坚持。船上与水中的人应该有规律而频繁地更换。

注意妥善保管贮藏箱中的所有工具，并将所有设备安全系紧。检查是否有容易导致充气筏破损的尖锐物体暴露在外。受潮后易腐蚀的物品，要确定在防水器具中保存，以防进水。

检查所有的发送信号的装置：照明灯、烟火及日光反射信号器。如果求救信号已发出，那么在营救人员搜寻时发出危急求救信息，可以引起救援人员注意。

一旦你发出了求救的信息，给出方位后，应尽力保持自己的位置。可以从船上放下一个海锚，使漂流速度下降。

可在船侧系好一个物体加重，即可制成简易海锚，甚至可以将衣服在桨上打一个平结，让它作海锚使用。

求生次序

自我保护：避免有害因素及身体暴露的危害。

位置：弄清自己的方位及获取营救的方法。

水源：估计供水状况，立即制订计划，定量供应。开始收集雨水。

食物：除非有足够的饮水，否则不要进食。定量供应食物，安全储备。尽快开始捕鱼以补充食物。

如果你不能判断自己身在何处，就不要四处乱划，直到已经能确定自己的位置。在前方出现海岸时，应该迅速靠岸。

2.1 保护措施

即使孤身一人，也应坚持记你的航海日志，这有助于集中精力，并且认清周边形势。首先记录的是幸存人员的姓名、事故发生地点、日期及时间、天气条件及打捞的物品，并且要记录每日景色，以及周围的环境。

气候寒冷时

如果进入到冰冷的海水里时，应该尽快地脱离水面。海风会使你瑟瑟发抖，特别在浑身湿透时。尽量保持船只或者是橡皮筏的干燥，舀出船中积水，尽力寻找一切可能材料，以便赶造一个防风防水篱，防止水花飞溅或波浪冲入。

将湿衣服弄干，如没有干燥的衣服可穿，就把湿衣服尽量拧干，然后重新穿好。

用所有可能的物品包裹住身体，以保持体温，降落伞、帆布等都可以。遇难者人数较多时大家应拥靠在一起保持温暖。防止肌肉或关节被冻僵，保持血液循环。适度活动身体，如伸腰、绕动手臂。注意避免剧烈或突然运动，那样会使救生筏或小船失去平衡。

完好的防护棚和保暖衣物，以及适量的运动，它们将会帮助你抵御冻伤的危险。

气候炎热时

气候炎热时，脱去不必要的衣物，但应该保证身体有所遮蔽。

直接暴露在强烈阳光下时，要覆盖头颈部，以防止中暑或晒伤的发生。制作一个简易的护目镜，以此来保护眼睛，使其免受强光的伤害。

在白天，将衣服用海水浸湿，这样的穿着有助于降温。但是，夜间会比较寒冷，衣服一定要彻底干燥——记住，热带区域的夜晚会迅速降临。另外，身体过长时间接触海水，易使皮肤发生溃疡。

气温过高时，应该放出一些橡皮筏内的空气，因为空气遇热会膨胀——你需要拧松阀门。晚间或是天气变冷时，请重新充气。

注意事项

在人群中，轮流安排监视者。时刻观察周围的情况，即使是夜晚。每人每次监视的时间不宜过长，避免疲倦及注意力不集中。比起一个人长时间的监视，每天每人多次短时的监视的效果要更好。

监视的任务包括：留心过往船只、飞机、陆地的迹象，以及海藻、鱼群、鸟类及残骸。同时检查橡皮筏是否有漏气或擦伤情况。

2.2 陆地到了吗

如果你的视野内并未看见陆地，但是出现了以下征象时，或许表明陆地已经并不遥远了。

云层

晴朗的天气里，如果出现积云，应当注意，因为积云往往在陆地上形成。

云层下面的绿色水面被称为“环礁湖光”，是由于珊瑚礁上的狭小水面反射阳光产生的。

海鸟

一只飞行的孤鸟并非陆地的可靠预示。恶劣的天气中鸟儿可以能被吹离原有的飞行路线，但是，只有少数海鸟可以睡在海面，并以超过100公里的速度飞行。它们飞行时，大多中午之前向着远离陆地的方向，下午返回陆地。连续的鸟叫声通常预示陆地已经不远。

浮木

浮木、椰果和其他漂流植物的出现通常说明陆地已不遥远（虽然这些物品可能被海流携带很远）。

海潮

涨潮是陆地即将出现的预示。在岛屿周围潮汐会改变方向。

强劲的风力可使潮汐上涨势头变强，而受陆地阻挡时潮汐就会减弱。如果风力没变，潮汐和海浪却变弱，就可以肯定陆地位于逆风的方向。

海水颜色

海水中夹杂的泥沙与淤泥往往来自大河的入海口。

2.3 采取行动

如果已成功发出SOS（求救信号），或者能判断自己位于常规航道上或其附近，最好保持自己的位置，坚持72小时。

若情况并非如此，应立刻利用自身体能及合理条件开始行动，特别是陆地就在附近的顺风向处。

如果陆地仍相当遥远，设法到最近的航线上，顺着航线漂流。

木筏会随着风和洋流漂流。在公海，洋流的速度很少超过9～13公里/天。

利用船上的海锚。尽量借助于风力。没有龙骨的船往往只能借风力全速前进，最多与之成10度角航行。

决定性因素

在决定应当停在原地还是继续漂流时应考虑以下因素：

失事之前求援信号发出的数量。

营救人员是否知道你的位置？你自己是否知道所处的位置？

天气情况是否利于搜寻及救援？

其他船舶、飞机是否会经过此地？

食物与饮水还能坚持多久？

利用船桨作舵，如果风向与你选择的方向相反，抛出海锚来维持自己的位置。

利用海风

给橡皮筏充足气，并坐在其中的较高的位置上。先制作出一个简易的船帆，然后抓住帆底，注意不是抓住船帆的一条底边，这样当一阵大风吹过来的时候，你可以随时收帆，而不至于使救生筏翻倒。

当波涛汹涌时

从船头放下海锚，使船只顺着风势，以防止船只倾覆。把自己的身体放低一些，不要坐在船边或者站起来，更不要突然运动。如果有数个救生船或者是橡皮船，把它们连在一起。

2.4 在海上发送信号

照明灯、染色标记和各种运动，它们在海上都可以引起注意。如果没有信号装置，就挥舞衣服或者帆布、雨衣，或者在风平浪静时，你可以搅动水面。在夜间或者有雾的时候，哨子声可以帮助你与他人保持联系。

如果船上有无线电发送装置，在救生筏的边缘位置上，你一般可以找到它的操作说明书。无线电的频率通常预设在121.5兆赫和234兆赫，波长约为32公里。实际操作时，可以短间歇地频繁地发送信号，但是要慎重地使用需要电池的无线电装置，因为电池在海上是极为珍贵的。

标识器可以释放出能染色的物质，把它放入水中也是一种信号，但是这种方法仅能够在白天使用。除非海面上波浪汹涌，否则染色的效果一般在三个小时之内都会非常醒目。

要保持烟火信号弹的干燥，同时要注意安全。使用之前仔细阅读说明书，避免发生火灾。无论是白天或者黑夜，照明弹都非常有用——如果是在白天使用，它的一端会放出烟雾。点燃照明弹或者烟火时，应注意手中握的是危险品，不要指向下方、自己以及别人。

当发送信号时，要确定你可以被看到——举个例子，当飞机向你飞来，立即发送信号弹，而不是飞机已经飞过去以后，再发送信号弹。

如果营救人员发现了日光反射信号时，他们也会立即赶来。所有明亮的、可反射光线的表面都可以用于发送此类信号。

2.5 健康

对于海上求生者来说，最大的危险来自身体的暴露，以及严重的脱水。晕船往往会使脱水加重。

便秘、排尿困难或者尿频，这些情况在求生的环境中都很常见，一旦出现，不必特意给予处理，否则你的体液损失可能会更加严重。

感到恶心时，尽量不要呕吐。皮肤持续暴露于盐水中易生皮疹。不要刺破或挤压皮肤上生起的脓肿和水疱。不要过于频繁使用海水让身体降温。身上有溃疡时，不可以接触海水。

海上的光线很强，为了防止眼睛被刺伤，可以戴上面罩。如果是因为强光而导致了眼部的溃疡，取一块布片，先在海水中浸湿，然后在眼睛上绑好，借此来放松眼睛。但是时间不能过长，否则会引发皮肤溃疡。

脚部的暴露或者长期浸泡在海水中，也是一个相当麻烦的问题。适度的运动有助于保护双脚、防止脚部冻伤。休息时要盖好身体，在监视周围的同时，轻微活动一下四肢。

2.6 水

每人每日的饮水量不应少于1升，每天5 ~ 220毫升（2~8盎司）的淡水即可维持存活。

即使仍有大量的淡水储备，也应该立即按照计划定量地使用水。在可以补充水的储备之前，只能满足水的每日的最少需求量。在茫茫大海中，你很难确定何时才能脱险，所以，直至救援来到之前，不可放松用水计划。

减少需水量

尽可能地减少一切水分损失（见必要用水）。可以利用海风与海水降温，这样会尽量少出汗。如果天气太热、遮蔽又很少，在确定水域安全的情况下，可以从船边下海，用水浸润身体——在下海之前，首先要检查安全带。安全带应该一直系紧在身上。下海后，要留神危险鱼类的袭击，并且确定，一旦被攻击，你可以及时返回船上。

当你晕船时，要服用相应的药物。如果有抗晕船药，应在反应发生开始时及时服用，因为呕吐会使身上宝贵的体液丧失。

当饮用水缺乏时，你的食物量也要节制，特别是富含蛋白质的食物——包括鱼类或海藻——因为这些食物都需要消耗大量的水来帮助消化，而消化碳水化合物（糖和淀粉）所需要的耗水量则很低。

定量饮水

第一天：

不需要饮水，机体的储存库里尚有一定的水分储存。

第二至四天：

如果可以的话，饮用400毫升水。

第五天以后：

每天55～225毫升水，具体的量要依照天气和水的多少而定。

在将水咽下之前，先用它湿润一下嘴唇、舌头及咽喉。

收集淡水

在24小时内，用所有容器收集淡水——在海上常有暴雨，它是淡水的来源。可以将帆布或者塑料布临时展开，用来接收雨水，这样会比用容器接水的收获更丰富。

到了晚间，可以将帆布的边缘折叠起来，收集露水。

下雨时，可以尽情地饮水，不过速度要慢，因为在每日的有节制饮水的情况下，暴饮容易引起呕吐。

在容器中尽可能多装一些饮用水，注意在剧烈波动的海面上，容器中容易溅入海水。水本身就是皮筏良好的压舱物——即使水已经淹至船舷边上，皮筏也可以继续漂浮。

海上的浮冰

冰块可以解决饮水问题，但刚刚形成的冰块中会含有盐分，所以只能利用早期形成的冰，其色泽蓝灰，形状浑圆。一年或一年以上的冰已基本丧失盐分，可以溶化后饮用。夏季，在冰面上如果有水坑，就可以直接饮用（假如里面没有溅着海水）。饮用前，要先谨慎地尝尝味道，因为饮用盐水会加重口渴的感觉。

注意

不要饮用海水。

不要饮用尿液。

不要饮酒。

不要吸烟。

除非有足够的饮水，否则不要吃太多食物。

渡过饮水及食物不足这一难关的最佳方式是睡觉与休息，但是白天睡觉时，记得要盖好身体。

如果海面上波浪汹涌，就将自己与救生筏系在一起，盖上可能的覆盖物，最好能够驶离风暴区域。足够的休息是至关重要的，至少要试着休息。

来自鱼中的水

大鱼的脊椎及鱼眼处均有可食用的水状液体。捕到鱼之后，将鱼小心地切成两半，保持水分来食用并吮吸鱼眼。在饮用水短缺时可以这样做，但不能吮食鱼的身体其他部位的液体，因为它们富含蛋白质和脂肪，消化时反而会消耗体内更多的储备水。

海水的处理

在救生筏的设备中，可能有太阳能蒸馏器及脱盐器具，使用时参照说明书，立即安装太阳能蒸馏器。如果当时的天气不宜使用太阳能蒸馏器，而你又无从收集雨水、露水的情况下，再选择使用脱盐器具。

2.7 食品

应急的食物要小心保存，直到迫不得已的时候才拿出来食用，即便此时，也应该每次仅仅咬上一小口。要学会以自然界中的食物为生。

鱼是主要的食物来源。有些海洋鱼类有毒而且有危险，不过，在大多数情况下，在见不着陆地的公海里，食用鱼类是安全的。

靠近海岸的地方，有些鱼类是有毒的，例如红色的新西兰真鲷和梭子鱼，但是，这些鱼类多数时候也可以食用，除非它们是取自环礁和暗礁水域。

有时，甚至飞鱼会自动跳入你的小船呢！

钓鱼

不要徒手操纵鱼线，也不可以将钓线绕在自己的手部或者是系在皮筏上。积存在线上的盐分会使钓鱼线变得非常锋利，这对于手和橡皮筏都很危险。

在处理海鱼时，最好戴着手套，或者在手上包裹着布片，以防止被它尖锐的鳍和鳃弄伤。

为了避开阳光的照射，有些鱼类和海龟常常被皮筏或救生筏的阴影所吸引，它们会游至船的底部。所以，如果有网的话，可以将渔网从龙骨的一侧向另一侧推动（两端需要两人抓牢），从而来捕获这些鱼类。

在晚间，你可以用手电吸引鱼类——或者，在有月光的时候，将一块布放在水面，用镀箔的金属片或者其他金属在上面反射月光，这样也会吸引鱼儿过来。

利用手头的材料，你可以制作一些简易的鱼钩，小折叠刀、锯齿状金属片、电线等，这些都可以用来捕鱼。明亮的小金属可以作为诱饵，例如衣扣、小勺、硬币等。

利用金属匙或者钥匙做诱饵时，要不停地拉线放线，保持鱼饵运动。当鱼儿咬钩的时候，先让其下沉，然后再用力拉回来。

你也可以用抓到的鱼的腐肉做诱饵。

新鲜的鱼很容易腐烂。在热带地区，只能吃新鲜的鱼，除非天气比较干燥，才可以吃钓上来有一会儿的鱼——但是在热带的洋面上，这是不太可能的事情。

在寒带的海域，你可以将鱼在阳光下晒干保存，晒干前记得清除其内脏。

捕捉海鸟

食物的另外一大来源是各种海鸟。救生筏是难得的栖息之地，所以会吸引海鸟。当鸟儿落到艇上时，要保持安静，直到其彻底安定，这时才有可能抓住它——特别是在天气恶劣、鸟儿气力耗尽的时候，海鸟被抓住的可能性更大。

也可以用一根系上捕鱼钩的线，或者使用鱼做成诱饵，把它们拖曳于水面来捕鸟。

将一个钻石形的罐头片放在鱼的肚子里，把鱼拖在橡皮筏后面来吸引海鸟，当海鸟捕食鱼时，罐头片就可以穿入其喉管中，你就能捉到海鸟。

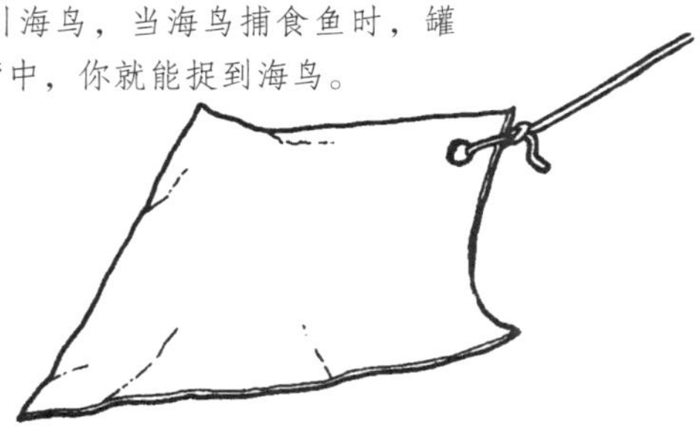

以海藻为食

不仅在岸边可以看到有海藻生长，在远海地带也有一些漂浮的藻类，特别是萨哥娑海域和北大西洋暖流，它们里面的果囊马尾藻，也常见于许多温暖的水域中。大西洋南部和太平洋一些寒冷流域中，也生长有一些其他海藻。天然海藻往往质地坚韧，而且含有很多盐分，难以消化。食用这些海藻后，它们会吸取水分，故在饮水缺乏时不应食用海藻。

海藻中常常藏有其他一些食物。把海藻拖上来，并且抖动海藻，你会发现有许多以海藻为食的小蟹、小虾和小鱼掉出来。这些小的多足类动物体色暗褐，类似于海藻，一般难以察觉。

浮游生物也是有用的食物来源，特别是在寒冷的南方水域中。

用绳子将一些木块或者金属残骸绑在一起，制成简易的多用钩，在钩子的后部系上一根绳索，然后把绳索拖在船尾，或者是扔在海藻中，这样就可以制成一个备用筏。也可以用它来收集其他的漂流残骸，制作成备用筏。

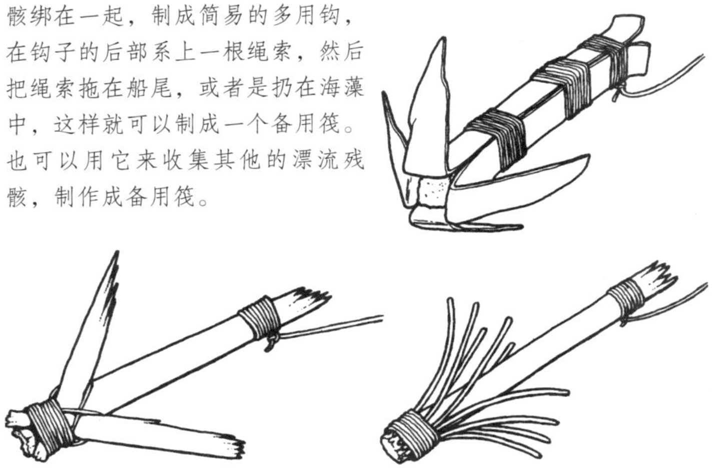

2.8 危险的鱼种

有毒鱼类

生活在珊瑚礁附近的许多鱼类具有毒性，有些鱼类是全年都有毒的，另外一些则是仅在一年中某一时节中具备毒性。一般说来，鱼的毒性遍及鱼的全身，但是，肝脏、肠道和卵巢中的毒性最强。

鱼类的毒素一般为水溶性，无论怎么煮都不会将毒素中和掉。毒素是无味的，所以也不能通过品尝来鉴别（参见“食物”一章）。鸟类对鱼的毒性极不敏感，因此不要因为鸟类食用某种鱼安然无恙，就认为人类食用这种鱼也会平安无事。人类、狗、耗子对于毒物都十分敏感，猫则要好一些。

鱼类的毒素可以引起嘴唇、舌头、脚趾及指尖的麻木，甚至严重的瘙痒及对温度的感觉障碍，中毒后，会在感觉热的物体时反而觉得很冷，而感觉冷的东西时反而会觉得发烫。毒素还可以引起恶心、呕吐、失语、眩晕及瘫痪，最终致死。

有的鱼吃起来有毒（见颜色区分），还有的鱼，即使只是接触到它也会相当危险。很多魟鱼的尾巴上长有有毒的触须；有些品种的鱼类的身上则携带有电流，它们可以导致电休克。一些生活在珊瑚礁的鱼类，如蟾鱼科的鱼类，其脊椎具有毒性，尽管很少致命，却能产生剧烈的疼痛，有烧灼感，甚至产生程度极其强烈的痛苦，令人难以忍受。

在海水中，你常常可以见到海蜇，它们身上常常带有很硬的刺。“葡萄牙战争人”（并非真正的海蜇）这一品种是一种青色的囊样生物，带着有凹槽的小翼。当看到这种生物时，一定不要下水，它们会拖着长长的光带，是富含危险而致痛的光带。

攻击性鱼类

应该极力避开一些生性凶恶的鱼类。勇猛且充满好奇心的梭鱼总是喜欢攻击人类，到了晚间，它们可能会向有光线的、发亮的目标发起攻击。欧洲鲈鱼可以长到1.8米左右，是应该回避的另一个鱼种。海鳝可以长达1.5米，它们长着尖利的牙齿，如果受到骚扰，也会具有攻击性。海蛇有毒性，有时会在中海域出现，虽然很少咬人，但是还是避开的为妙。

2.9 鲨鱼

每年报道的受到鲨鱼攻击的事件有限，其中仅有少数致人死亡。但是，无论怎样，比起统计数字涉及的海滨游泳者，海上求生者更易受到侵犯。虽然只有很少的几种鲨鱼是对人类有危险的。

以下六种鲨鱼为多数攻击事件的罪魁祸首：大白鲨、双髻鲨、雄鲸、灰色角鲨、鼬鲨、灰鲭鲨。大白鲨的体形最大，但是，身体尺寸的大小并不代表其危险性和攻击的可能性大小。比人类还小的鲨鱼同样可以致人死命。姥鲨和鲸鲨有13.3米长，但它们仅以微小的浮游生物为食，所以并不构成危险。

海洋中的鲨鱼都有杀伤人类的能力，但由于热带海域中的食物比较丰富，这里的鲨鱼并不凶残，通常较为胆小，用棍棒就能将其惊走，特别是戳它的鼻部的时候。然而，有时骚动会吸引远处的鲨鱼。

鲨鱼的生活及捕食活动都在一定的深海处进行，多数时候它们会在海底觅食，但是饥饿的鲨鱼会随着鱼群而游至水面，从而进入浅水区域。所以，当鲨鱼在浅水出现时，情况就可能相当危险。

鲨鱼通常以鱼类、鱿鱼、蟹和其他的海洋生物为食，同时也乐于搜寻容易到手的食物，特别是鱼群中迷途或者是受伤的生物。鲨鱼也会追逐船舶，吞食从船中抛出的垃圾。

鲨鱼习惯的进食时间是夜晚、黄昏和黎明。它的小眼睛的视力有限，在水中主要通过嗅觉和感知震动来确定目标的位置，同时对伤口流出的血液和机体代谢废物、垃圾等都相当敏感。微弱而急促的运动也容易引起鲨鱼的注意，因为这暗示着这一目标易于攻击或者已经受伤。强大而规则的动作，以及嘹亮的声音，这些都可能会使鲨鱼心悸而犹豫观望。

对鲨鱼来说，人类的奇怪的表情、衣服的形状，都是较为新奇的事物，身着衣服的人群聚在一起比独自一人更加安全。如果鲨鱼保持在一定距离之外，说明鲨鱼仍感到好奇，但是如果它向内打转并突然起动，常常代表着攻击的可能。

鲨鱼不会在运动中突然停下或者敏捷地改变方向。一个好的游泳者可以通过快速的变向与单只的鲨鱼周旋。

2.9.1 攻击人类的几类鲨鱼

1.大白鲨 有的长达6米，但通常要略小一些，鱼体上部灰色，下部白色，显得非常厚实，眼睛呈纯黑色，有刺状的圆锥形鼻子，可以在任何海域中出现，但主要聚集在非洲南部、北美洲东西的两

1
2
3

4
5
6
7

侧海域，以及澳大利亚南部、新西兰等处的海域。

2.灰鲭鲨 一般长2～3米，体积大，上体深蓝色，下部呈乳白色，在任何水域中都可以生存，但生活在温暖的水域较多。游速极快，偶尔跳出水面。

3.鼬鲨 平均长3～3.5米，体积较大，幼鲨的皮肤上有条纹和斑点状标记，成年后，上部更为平坦，呈灰色，下部白色，头部及颚部宽大，鼻端为方形，生活在热带及亚热带水域中，尤其喜欢在近海处游动。

4.鱼鲢 非鲨鱼类，体形瘦小，犹如鱼雷，上部为条状深蓝，底部亮银色，嘴部向外突出，长满了尖锐的牙齿，可以长达2米，在所有的热带水域中都可能出现。游速极快，常成群活动，只有在水域中出现鲜血时才会变得危险。

5.双髻鲨 它的头部为明显的扁平状，宛如一柄锤头，这是其特征，所以极易辨认，有多个不同的种类，最长可以达到6米，生活在所有热带及亚热带水域。

6.雄鲸 生活在热带地区的大西洋西部、南部非洲以及印度洋。体形矮胖，上部灰色，下部白色，长达 4 米，喜欢在浅水的区域中活动，而且一旦出现在浅水区域中，就极具危险性，它甚至可以沿着大河溯源而上。

7.角鲨 比如澳洲东部水域中的灰色角鲨，长度可以达 4 米以上，体重大，巨鳍，上部灰色，下部白色，常在浅海水域中出现。

2.9.2 碰到鲨鱼时

碰到小鲨鱼上钩的情况，可以将它拖到救生筏或者是橡皮筏边上，当小鲨鱼的头部清晰出现时，在拖上船之前，用木棒重重击打它的头部。接触鲨鱼之前，要确认它已经被击晕，并继续重击，经过处理后可以做成鲨鱼排。

如果是大鲨鱼，则不能鲁莽行事，以防伤及橡皮筏以及你自己。必须做出牺牲，割断钓鱼线，否则大鲨鱼的挣扎会迅速招来其同伴，那会更糟糕。

2.9.3 防止鲨鱼的攻击

除非穿着救生衣，或者待在有防鲨鱼装置的小木筏中，否则，在水中的每个人都是危险的，但这不意味着鲨鱼一定会来攻击。鲨鱼排斥器并非百分之百有用——即使有用，也只有在绝对必要时方能使用。记住——这个装置只能使用一次。

在水中：

如果附近有鲨鱼，尽量不要排泄机体的废物，这会引起鲨鱼的兴趣。如果必须小便，只能简短快速排泄出一部分，然后间隔一定时间再排泄，这样可以让尿液彻底分散开。将大便收集起来，并且尽可能扔到远处。如果发生了呕吐，要将呕吐物尽量含在口中再度咽下去；做不到的话，就尽可能将之扔到远处。

注意

破出水面的鱼鳍并非都是鲨鱼！大鱼有时也会将鳍翼伸出水面，从而看起来像两只鲨鱼在同步游动。鲸鱼的鳍或者是鳍状肢也会出现在海面上，海豚也同样如此。这些情况都没有危险，它们也常常会逐渐将更多的部分显露出来。

如果确实需要游泳，击水的力度要强劲而有规律，避免吸引成群的鲨鱼。

如果许多人在一起，这时受到攻击，大家应该聚在一起，面向外侧。也可以将脚向外踢以阻挡鲨鱼的攻击，并有力地抡动手臂——像投掷运动那样做。

许多人在一起时，下面的方法相当有效。将手团成环状，用力敲击水面，发出巨大的声响，再面向水面大声喊叫。即使只有你一人，受到攻击时，这个方法多少也会有点效果。如果你恰巧带有刀子，随时准备使用。尽量将刀插入其鼻子、鳃部或者眼睛中。

在救生艇上：

附近出现鲨鱼时，不要捕鱼，不可以将废弃物扔出船外（包括排泄物和死鱼）。收回鱼钩，不要将手臂或脚伸入水里。如果鲨鱼试图攻击，用桨或者木棒击打其鼻部。记住——一条大鲨鱼甚至可以将整个船或者橡皮筏吞掉。

切记

如果有鲨鱼排斥器，依说明书使用——不过只可以在环境极度危险时才能使用。排斥物散在水中后，不久就失去效用。选择在最关键的时刻使用，因为你只有一次机会。

2.10 如何登陆

到达陆地时，首先要选好着陆点，以便使船只易于靠岸，或者方便你安全地游到岸上。放下船帆，同时要小心岩石。海锚可以帮助你指向海岸并且减慢船速。不要迎着太阳光登陆，这样不容易看清楚岩石，以及其他的障碍物。

如果存在多种选择，有海浪而略倾斜的海岸无疑是最理想的地点。要看准机会，随着波浪前进，防止被迎面的浪峰压倒或者打转方向。用力划桨，但不要穿越正携带你前进的海浪。如果拍打海岸的海浪过大，可以将船头掉向海洋，波浪涌来时，把船桨插入波浪中用力划动。

登陆时，要密切注意陆地的情况：高地的所在处，陆地上植物的类型，可能存在的水源等等。如果有同伴的话，选择一个集合的地点，以防船只破碎，或者是与其失散。

如果到达海岸的时间是在夜间，那么尽量等到早晨再登陆。因为，在夜间，很多危险会被忽视。

如果漂到一个港湾中，要尽你的一切努力登岸。因为一旦潮汐变向，它又会将你拖回大海。正确的做法是收起海锚，尽快地到达岸边，可以抛弃一些东西使船变轻。舀出船舱中的积水，最大限度给皮筏充气，这样能更好利用潮汐的力量。

如果落潮时船儿又被推回海中，向船舱注水，使之加重，同时放出海锚。

注意

将自己系在筏上。即使发生以下情况：船被打翻或是损坏，你受伤或者是昏迷不醒，你也仍有一线生机。相反的，如果你孤零零地身处波涛中，被波浪挟向岩石——你会失去生命。

游泳上岸

如果不得不在礁石中游泳上岸，那么在汹涌的海水中，穿好衣服及鞋子有助于缓冲，救生衣的效果当然更好。在游向岩石时，将腿抬在身前，使岩石冲击的力量落在脚底，此时弯曲膝盖，以缓冲它的撞击力。

第 十 章

营救

在你希望寻求帮助时，信号的作用就显得举足轻重了。双方一旦建立了联系，就有必要运用代码进一步地进行沟通，这也有利于加强信号的作用，便于对方明白信号的含义。在搜索巡逻中使用的代码应该能够被理解。

如果幸存者要通过空中脱离险境，则必须为飞机或直升机寻找一个着陆地点。

1 发送信号

要想获得援助，它的首要前提，是使他人知道自己的危险处境。如果可能，应给出自己的具体位置。一旦和别人取得联系，再发出其他的信息。有些求救信号是国际通用的，如英文字母SOS（Save Our Souls——救救我们——的缩写）可能最广为人知。信号不仅能在地面上写出，也可以通过无线电来发送，或者用旗语的通讯方式打出，或通过其他方式发出，如莫尔斯代码。

船只和飞机的无线电信号——信号Mayday（来自法语midez——帮助我）是最常使用的联系方式。

遇难的车辆或飞机

如果你当时是与抛锚的汽车，或者摔落的飞机在一起的话，则可以找到多种有用的信号源。如果失事的车辆或者飞机还没有起火，那么你就能找到燃料、汽油和可以燃烧的液体。轮胎以及绝缘物品点上火后能够产生浓烟。玻璃和铬，特别是发动机罩、轮机罩，可以做成大的反光镜。救生衣、橡皮筏及降落伞的色泽明亮夺目，容易被人发现。在你的周围摆放好这些颜色鲜艳明亮的物品，那么这一位置就最容易引起救援人员的注意。在晚间，当飞机经过，或者营救人员可能出现的时候，打开灯光。如果电池的电力在不断减弱当中，就让灯光闪烁，尽可能多保存一点电力。同时，使用按响喇叭等其他方式，尽量引起救援人员的注意。

火焰和烟雾

利用点火——火焰及烟雾——是引人注意的最好方式，一旦有伤病员急需治疗，或者你周围的环境恶劣，需要救援的时候，首要的任务之一 即是点燃信号火焰。如果人数很多，分配一部分人员尽快收集燃料，点燃营火和信号火焰。

选择发送信号的地点

要充分考虑周围的地形，然后再发出信号。发出灯光信号时，你要选择制高点，也可以在山脊处竖立一个异乎寻常的物体，以吸引救援人员的注意力。一般在平坦的地面摆放求救标记。

在常规的空中搜索活动中，如果某一个斜坡不可能被忽略，标记当然也可以摆放在斜坡上。

注意

飞机在山区搜索时，多数情况下，是从山脚出发飞向山脊，而一部分斜坡就可能隐在山脊后，飞机即使飞达那里时，也很难察觉。如果你心中没有把握，就把信号放至离山顶更近的地方，使救援飞机飞行时，无论从哪一个角度，都能发现你。

国际通用代码

双方一旦建立了初步的联系，但是无法进行口头联络时，你可以使用更为复杂的国际通用代码（后面有详细阐述），这样就可以将自己的一些基本需求，以及一些关键的想法，明白地传达出去。至于在空中或海上救援中，准备着陆点，或者帮助救援人员操纵一些绳索及仪器，都是相当必要的。如果你掌握了一些有关的基本知识，这将使操作大大方便（参看“直升机营救”一章）。

发报机

橡皮筏、救生艇，甚至单件的救生衣上，一般都配有发报机，可以发出信息，表明自己的位置。当然，超过一定的距离，信号将难以接收，发报也是徒劳的，许多无线电发报机，它们都有一定的使用范围。要小心保存电池，尽量避免浪费珍贵的电力，直到有机会被接收时再发出信号。如果有高效能的无线电装备，应即刻发出信号，发送时，应当有一相当规则的间隔。

使用发报装置之前，查阅所有有关的说明书，船舶、飞机上的发报机，它们一般可以在许多波长范围内使用，但是，某些急救装备已经调整到固定的求助频道上了，你就不必再去调整。通常情况下，登山者使用的是便携式VHF（Very high frequency，甚高频）无线电收发两用机，它仅能与位于同一水平线上的地面站台发生联系，而且中间不能有任何的障碍物（尽管有时可能在某一战略制高点上建立一个永久性的中继站）。这种设备通常都已经调好了高山救援频率，出发之前就已经建立了操作程序。如果身边有一台可以工作的发报机，首先查看一下电池情况：车辆发动机可以继续产生电力吗？或者电池能够重新充电吗？为了减少电力的损耗，有计划地送出一定模式的信号，而不要试图长时间地连续发送信号。如果信号被接收到，救援人员可以计算出再次收到信号的时间。

喧哗声

如果救援者就位于听觉范围之内，叫喊声也是很好的引人注意的方式。除了通行的SOS外，国际通用的高山求救信号是一分钟发出六次哨音（或挥舞六次，火光闪耀六次等），然后静止一分钟时间，再重复发送信号。

要有想象力

在瓶子中是否藏有什么信息？这种想法虽然显得怪诞，但是请不要排斥它。在太平洋中部，使用一个漂流瓶来表明船只失事，请求援助，这当然极少有成功的机会，但是，如果在内河中，一个携带清晰明确信息的漂流物，它是能够引起人们的注意的——例如一个小木筏的帆上标有SOS标记。要充分发挥自己的想象力，琢磨各种方法，引起人们对你，或你的境况的注意，但不要滥用有价值的能量和资源。

继续行进

如果你认定，要想获得营救已经是不可能的事情了的话，并且你认为，最好的计划只能是通过自己的努力返回，那么你应当在身后留下清晰的记号，一旦营救人员找到了出事地点，他们就能够获得暗示、追寻你的行踪。返回途中，如果离飞机航线更近，或者在更开阔的地带行走，你将更有机会获得注意。

2. 信号与代码

2.1 火焰信号

国际上通行的求救信号是燃放三堆火焰，要将火堆摆成三角形，每堆之间的间隔相等，这样最为理想，这样安排也方便点燃。如果缺少燃料，或者自己伤势严重，或者由于饥饿过度，虚弱得不能凑够三堆火焰，那么因陋就简，点燃一堆火焰也行。

切记

几乎任何重复三次的行动，它们都象征着寻求援助。根据自己所在的位置，可以点燃三堆火，制造三股浓烟，发出三声响亮的口哨，甚或三声枪响——甚至三次火光的闪耀。如果使用声音或者灯光信号，在每组发送三次信号后，间隔一分钟时间，然后再次重复。

切记

□在周围准备一些青绿的树枝、油料或橡胶，它们在需要的时候可以放出浓烟。

□火堆在草木之间或树木附近时，给每堆火围一堵小墙，以防止火势蔓延。

□在树林中，你即使点了火，那也几乎不起什么作用，浓密的树荫使火光难以看到，信息也传不出去。因此，尽量在开阔地带点火。

在你附近，如果有条小河，如图所示，造个小木筏，将其位置固定，将火种放在上面，箭头所示为水流的方向。

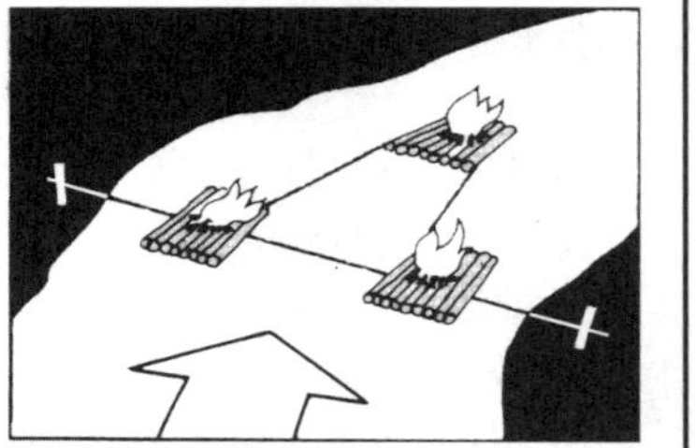

所有的信号火种，你不可能让它们整天地燃烧，但是，应该随时准备妥当，使燃料保持干燥，一旦有任何飞机路过，就尽快点燃求助。火堆的燃料要易于点燃，点燃后要能尽快燃烧，因为有些机会转瞬即逝。白桦树皮就是十分理想的燃料，其他的引火材料参见“帐篷”一章中火种一节的描述。

你当然可以利用汽油，但是，不可以将汽油倾倒于火堆上。用一些布料做成灯芯带，在汽油中浸泡，然后放在燃料堆上，准备好之后，也不能立即点燃，应该先将汽油罐移至安全地点。点燃之后，如果火势即将熄灭，你在添加汽油前，要确保添加在没有火花或余烬的燃料中。

火炬树

在你附近，如果有株小树孤立在一方，这是一个非常好的天然火种。在树枝之间堆放干燥的小树枝——陈年的鸟巢也可以，它是最好的引火之物，点燃这些引火物，这样做会进一步使树枝燃烧，从而产生大量的浓烟；如果小树已经死亡，可以从根部将其点燃。小树能持续燃烧很长时间，使你能够腾出时间，来照顾其他火种。

切记：不可以在树林中点火，姑且不说这样会危害树木，这样做也会威胁到你的生命。

发光的锥形火焰

竖起一个三脚支撑物，放在醒目的开阔的地带。上面设置一个平台安放火种。平台可以使火种与潮湿的地面隔开；也可以在底部放置更多的燃料。用绿色的树枝覆盖在上面，以保持这一锥形物的干燥，使之燃烧起来更旺盛，并能放出大量浓烟。

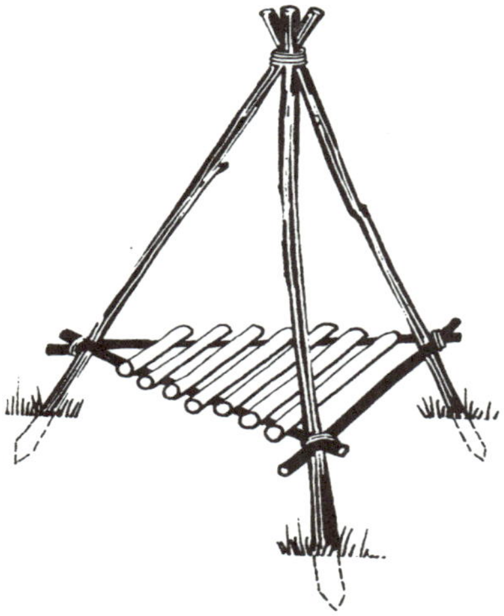

如图所示：要注意维护三角形的支撑物，以确保燃料足够干燥。选择有利时机点燃。这些储备不要挪作他用，将支撑杆插入地下，防止大风将其吹倒。

利用色彩鲜艳的东西，将锥形火焰覆盖住，如果可能的话，可以使用降落伞。这不仅可以使火种保持干燥易燃，在白天也更能引起人们的注意。但是，在点火时，请将覆盖物取走。

当你点燃火堆之后，要确保能在数公里外看到锥形的火光。在开阔地带，在一个锥形迷魂汤篷，或者撑开的降落伞里，点燃一小堆火也会是一个引人注目的灯塔，帐篷的顶部要能够散发烟，并且能够散发热量，火势要在能够控制的范围之内。如果是在斜坡上，从两侧或边上添加燃料，这样不会遮住火光。

利用残骸制作火焰信号

在飞机或车辆的金属残骸上堆放燃料，这样做既有利于隔离潮湿的地面，又可增强对流，使火焰更为明亮。如果金属被磨光，则还可以起到反光镜的作用，增加亮度。

2.2 浓烟指示信号

在白天，烟雾是非常良好的定位器，所以在火堆上，要添加散发烟雾的物质。浓烟升上天空后，会与周围环境形成强烈对比，容易受人注意。

在夜间或深绿色的丛林中，亮色的浓烟十分醒目。加入绿草、树叶、苔藓和蕨类植物，它们都会产生浓烟。其实，任何潮湿的东西都产生烟雾，潮湿的草席、坐垫可以燃烧很长时间，同时也可以驱赶飞虫，使其难以靠近伤人。

在雪地或沙漠中，黑色的烟雾最为醒目，橡胶和汽油可以产生黑烟。如果受天气条件限制，烟雾只能在靠近地表处飘动，这时可以加大火势，这样暖气流上升的势头更猛，会携带烟雾到相当的高度。

注意

当然，烟雾有助于巡航的救援飞机发现你，同时它也显示了地面的风向。确保烟雾位于飞机着陆点的下风向，而且它也在你所安放的信号代码布板的下风向，以免浓烟掩盖了它们。

2.3 地面对天空的信号

对于国际通用的紧急求救信号，以下所列字母都是，“FILL”可以帮你记住其中主要的信号。单根木棒“I”，是最为重要，制作也最简单的一个信号。利用对比鲜明的颜色或阴影制作信号，并且使得信号尽可能的大，以引起人们的注意。我们推荐的尺寸是每个信号长10米、宽3米，每个信号间隔 3 米。

地面对天空的代码

I 伤势严重，需要立即转移病人（也可以表明需要医生）。

II 需要药品的供给。

F 需要食物与饮水。

N 否定的。

A 肯定的。使用“Y”也表示同样意思。

LL 一切都好。

X 不能行动。

→ 正在按照这一线路前进。

K 表示前进方向。

JL 不理解。

□ 需要罗盘和地图。

△ 认为此处可以安全着陆。（带缺口的三角表示正在尝试起飞。）

! 需要无线电／信号灯／电池。

L7 飞机严重损坏。

应该在开阔的地带安放或者制作这些代码布板，而不应该在陡峭的溪谷，或者在峡谷的深处，制作这些代码布板，也不应在方向相反的斜坡上，来使用和制作这些代码布板。可以利用救生包中的指示器板来做，如果没有这些东西，你也可以简易地制作。或者，你先挖出狭窄的壕沟，在边缘垒上土块墙，加深壕沟的深度。用岩石或树木使其更为醒目。这也是一个指示器。如果是在雪地中，你可以直接用脚踩出这些信号，直到下一次下雪之前，它们都能一直保存。一旦取得了联系，对由飞机发出的信号可以用字母A或Y（表示肯定）、N（表示否定）传达自己的回答，或使用摩尔斯代码和身体语言。

2.4 夜间信号

即使在求救者睡觉时，或者是求救者受伤时，这类信号也会全天地引人注目。如果你的周围储存有汽油，或者其他可以燃烧的物质，你就可以制作这种夜间工作的信号。在地面或沙地、雪地上，你可以挖出或划出一个SOS（或者其他象征性信号），在时机到来时，将汽油等物质倒入，点燃。

注意：在获得营救后，必须毁掉这些信号，否则在离开之后，信号会继续发挥其功能，将不必要地引来营救人员。

2.5 通信信号

至于十分复杂的旗语信号，你根本没有必要去学习，通过火光的明灭，或使用国际通用的摩尔斯代码，即可以传送信息；你也可以使用一个简单的回光仪、挥舞系在棍棒上的旗子或衬衣，或者利用声音，一样可以传送信息。

注意：不要迷信自己的记忆力——让伙伴带上代码的笔记本，即使你经验丰富，长期使用，知道如何安全返回营地，但其他并不熟悉代码的人员还是会需要它的帮助。以下是发送或接收信号时需要遵循的程序。学会使用这些特别的代码，将使操作更为便利。

2.5.1 简易回光仪

利用阳光和一个反射镜，即可以反射出信号光。任何明亮的材料都可以加以利用，如罐头盒盖、玻璃、一片金属铂片，有面镜子当然会更加理想。持续的反射将规律性地产生一条长线和一个圆点，这是莫尔斯代码的一种。即使你不懂莫尔斯代码，随意反光照射，也可以引人注目。无论如何，至少应当掌握SOS代码。

即使和救援人员的距离相当遥远，甚至你并不知晓欲联络目标的位置，他们也可以察觉到一道反射光线信号，所以，这个方法值得你多次试探，况且其做法只是举手之劳而已。注意环视天空，如果有飞机靠近，就快速反射出信号光线。这种光线或许会使营救人员感到目眩，所以，一旦确定自己已被发现，立刻停止反射光线。

注意：可以练习这种发射信号方式，但是，除非在非常危急的情况下，否则不要对着飞机反射信号光或发出信息。突然的强烈光线可能使别人惊慌失措，甚至发生危险事故。

单层信号反射镜

用简易反射镜反射阳光，让其方向对准飞机，或别的可能的联系者。

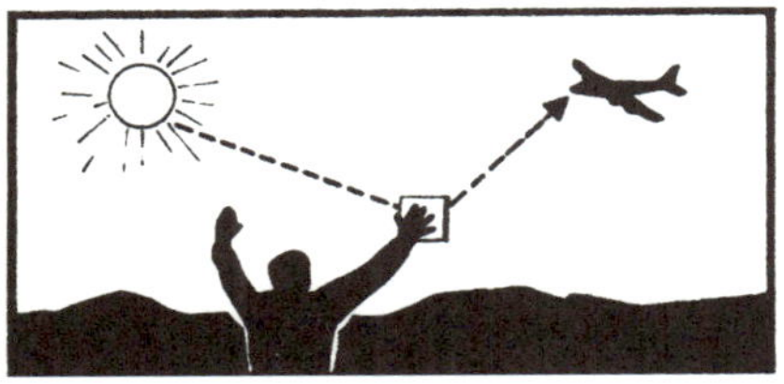

使用回光仪

如果你手边有双边信号反射镜，可以在上面穿一个洞孔，这样制成的一件仪器，它的效果就与标准的回光仪的效果相差无几了。如果透过回光仪中的小洞孔，你能看到希望联络的人、飞机、轮船等目标（a），使回光仪向着太阳的大致方向，以便阳光能穿过洞孔（b），这时脸上会出现光点（c）

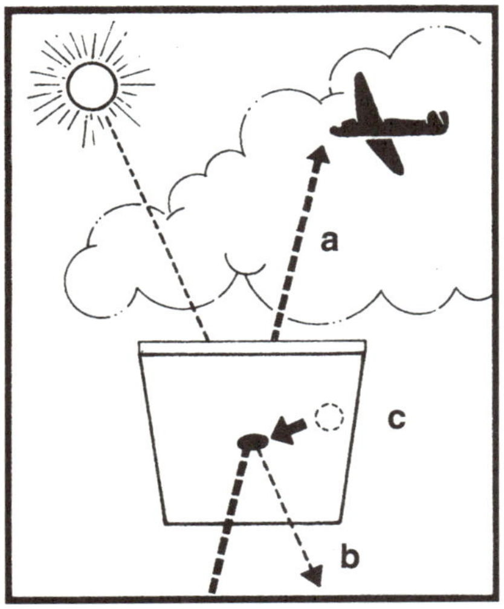

调整镜面的角度，使脸上的光点消失，但穿过镜面的小孔仍能看到你要搜寻的目标。如果受阳光角度的限制，无法使这一方法起作用，可以将镜面移近眼睛，一只手遮在你和你要与之联系的目标之间，转换镜面角度，让光线反射到你的手上，然后将手移开。

2.5.2 旗语信号

将一面旗子，或者一块色泽鲜艳的布料，系在木棒上，持棒运动时，在左侧长划，右侧短划，并加大动作的幅度，做“8”字形运动。

如果双方的距离较近，就不必做“8”字形运动。一个简单的划行动作就可以了——在左侧长划一次，在右边短划一次，前者应比后者用的时间稍长。

对身体语言的回应

空中的营救人员一旦接收到地面人员发出的身体语言后，他们会采取以下方式中的某一种方式来做出应答。

收到信息并且理解：

在白天：驾驶飞机并倾斜机身，做摇摆运动；

在夜晚：亮起绿灯。

收到信息但不理解：

在白天：驾驶飞机向右手一侧的方向做旋转；

在夜晚：亮起红灯。

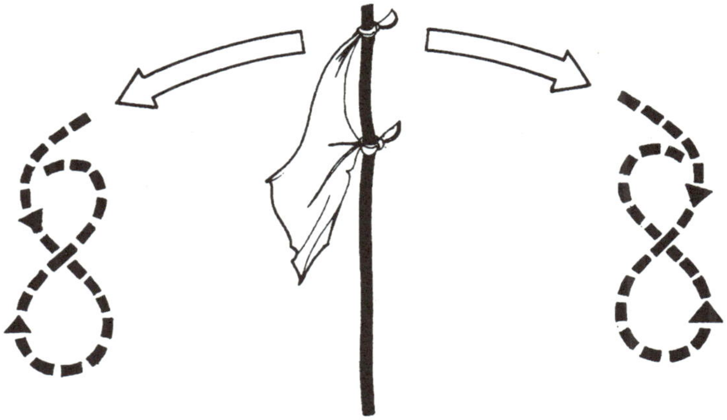

向右侧运动时，做短划，划一“8”字形。向左侧运动时，做长划，划一“8”字形。

信息

莫尔斯代码

A	·—	N	—·	1	·————
B	—···	O	———	2	··———
C	—·—·	P	·——·	3	···——
D	—··	Q	——·—	4	····—
E	·	R	·—·	5	·····
F	··—·	S	···	6	—····
G	——·	T	—	7	——···
H	····	U	··—	8	———··
I	··	V	···—	9	————·
J	·———	W	·——	0	—————
K	—·—	X	—··—		
L	·—··	Y	—·——		
M	——	Z	——··		

发送信号

AAAAA——呼叫信号，我有一条信息。

AAA——句子结束，下面还有更多。

pause——单词结束，下面还有更多。

EEEEE——错误，从最后一个正确的单词开始。

AR——信号结束。

接收信号

TTTT——我正在接收。

K——我已做好准备，请发出信息。

T——单词已收到。

IMI——请重复信号，我不能理解。

R——信息已收到。

有用的单词

SOS（求救）	···———···
SEND（送出）	···|·|—·|—··
DOCTOR（医生）	—··|———|—·—·|—|———|·—·
HELP（帮助）	····|·|·—··|·——·
INJURY（受伤）	··|—·|·———|··—|·—·|—·——
TRAPPED（发射）	—|·—·|·—|·——·|·——·|·|—··
LOST（迷失）	·—··|———|···|—
WATER（水）	·——|·—|—|·|·—·

身体语言

以下所列举的一系列信号，它们都能被空中救援人员所理解，所以，你可以据此向他们发出信号。注意从身前到身体两侧的位置改变、腿与身体姿势的运用、手部的动作等。手上持一块布条可以对Yes（是）或No （否）加以强调。做这些动作时，要求十分清晰，且幅度要尽量大。

带上我们

需要帮助

在这里着陆

一切都很好

可以立刻行动

有无线电

不要在这里着陆

需要医疗救护

可以降落

2.6 高山救援代码

下面介绍的这些声音、光线、烟火代码，都是国际上所通用的，高山救援人员都能够理解。

信息：SOS

闪光信号——红色

声音信号——三声短（尖锐的声音）三声长音，再三声短音；间隔一分钟之后重复信号

光线信号——三次短（快速地闪烁），三次长闪光，再三次短闪光；间隔一分钟后重复

信息：需要帮助

闪光信号——红色

声音信号——六次快速而连续的发声；间隔一分钟后重复

光线信号——六次快速而连续的火光闪烁；间隔一分钟后重复

信息：已理解信息

闪光信号——白色

声音信号——三次快速而连续的发声；间隔一分钟后重复

光线信号——三次快速而连续的火光闪烁；间隔一分钟后重复

信息：返回基地

闪光信号——绿色

声音信号——连续的延长的发声

光线信号——连续延长的灯光闪烁

闪光的物体

在搜索过程中，任何闪光都会引起救援人员的注意，无论闪光的光线是什么颜色。但是，你还是应该选择最佳的颜色。

接近树木的区域，绿色光对比度较差，而红色光则很醒目。

雪地中，白光会和雪地反光融为一体，难以分辨。此时，红色与绿色光线最好。

对各种形式的发光物，你都要熟悉，要正确掌握它们的用法。有些发光物会射出一个白色发烫的镁球，如果把它击打到任何地方，都会烧灼出一个小洞。如果使用不当，可能伤及胸口或者橡皮筏。

闪光物的种类

操作有些闪光物时，要求你手持燃放，而且它的两端各有用途：一端点燃后产生浓烟，可以在白天使用；另一端点燃后则产生闪光，可以于夜晚使用。闪光物发射得越高，它就越易引人注意。点燃一些闪光物和烟火弹后，它们会升至空中，这样，别人从远处也能观察得到。有的闪光物能升至90米高的空中，并且打开一个降落伞，可以使火光在空中悬浮，并且长达几分钟之久。另一些有烟火弹爆，它们发出大的响声，并且能散出各种颜色的小球。

闪光物要保持干燥，远离火苗及热源，更要特别注意其导火线的安全，确保不会被意外拉动，而在需要燃放闪光物时，则可以轻易地取出。

燃放闪光物

手持式的闪光物，它们一般是圆柱形的管状物，每一端都有一个盖子，顶盖常有凸起的字母或图案，这样，在黑暗中只需通过触摸就可以确认。首先，打开顶盖，再打开底端的盖子，将出现一根短线和一安全栓或别的安全装置。将发光物对准天空，不要指向自己或别人，以免不慎突然拉线时误伤到自己或别人。拿开安全栓，伸直手臂，握紧闪光物，使之与肩平齐，并且直立向上，向下迅速拉掉导火线，撑住手臂，如同将要承受反冲力一样。有些闪光物和爆竹有一个反弹力的扳机，与捕鼠器上的相似。

维利式信号枪：给信号枪装上子弹，指向空中，将子弹推上膛，然后扣动扳机。

微型闪光物

它们在今天更为常见，比维利式信号枪更方便，但同样有效（参见“生存必需”篇），点燃时要求同样小心，使用时首先旋转调整闪光物，使所要求的颜色进入发射装置端，瞄向天空，然后将操纵杆向后推——开火。

危险

手持式闪光物温度很高，当其燃尽时，千万不要让其落入船底，以防起火。

2.7 信息信号

当你离开了失事的地点或者营地时，应留下一些信号物。

制作一些大型的箭头形信号，表明自己的前进方向，并且使这

些信号即使在空中也能一目了然。再制作其他一些方向指示标，使地面搜索人员可以理解。

如果你留下了地面信号物，它们能使救援者了解你的位置，或者过去的位置，方向指示标有助于他们寻找你的行动路线。一路上要不断留下指示标，这样做不仅可以让救援人员寻踪而至，也可以在自己希望返回时，不至于迷路——如果迷失了方向，找不到想走的路线，它就可以成为一个向导。

方向指示器包括：（a）将岩石或碎石片摆成箭头形；（b）将棍棒支撑在树杈间，顶部指向行动的方向；（c）在一卷草束的中上部系上一个结，使其顶端弯曲而指示行动方向；（d）在地上放置一根分杈的树枝，用分杈点指向行动的方向；（e）用小石块垒成一个大石堆，在边上再放上一小石块指向行动的方向；（f）用一个深刻于树干中的箭头形凹槽表示行动方向；（g）两根交叉的木棒或石头意味着此路不通。用三块醒目的岩石、木棒或灌木丛传达的信号（h），表示情况危险或紧急。

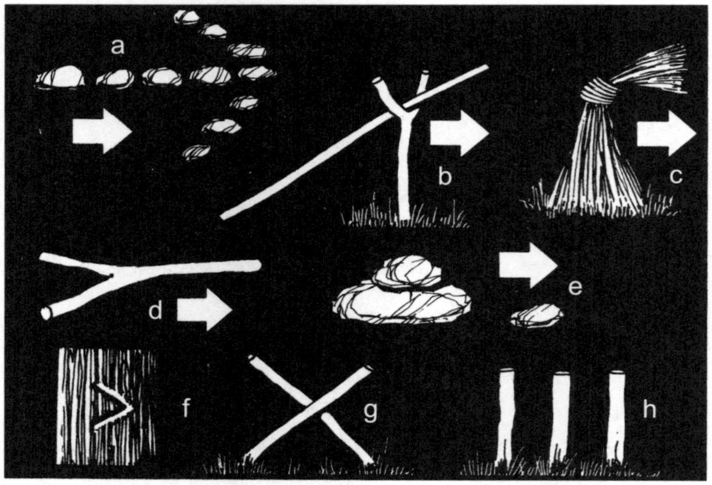

3. 搜索

你必须要了解搜索的步骤，这将使你认识到以下的做法是何等的重要：任何形式的探险或旅行都应随时记下行动路线；对于幸存者来说，要尽可能靠近预先确定的行动路线，要设置清晰明确的信号，使人注意到自己的位置，并且要对所有放弃的营地做出标记（留下有关以后行动计划的信息）。

一般说来，营救人员在进行搜索时，总是从最后的可以知道的位置开始，沿着假设的路线仔细寻找。要结合地形与气候因素，制订出可行的策略。在山区，如果没有在幸存者可能行走的路线上发现踪迹，则很可能是由于大风迫使幸存者在山坡或倾斜的高地躲避而造成的结果。

应当注意山体轮廓的影响，充分研究地形。营救人员或许认为，由于地形过于隐蔽，幸存者难以被找到。为了配合营救人员，可以用岩石垒成圆锥形的石堆，或其他醒目的标记，不过，首先应当选择显而易见、能引人注意的地点。可以在防水提包，或是色彩鲜艳的口袋中留下信息，说明你的意图和现在的状况。

营救人员如果已经搜索到幸存者的行动路线，或者是已经搜索到出事地点的避难所，他们会扩大搜索范围。救援的人数和地形状况，这两项将决定着最适合的搜索方式。

3.1 搜索的方式

第一种方式就是推测幸存者最可能选取的路线，然后依此路线进行搜索。

基线搜索

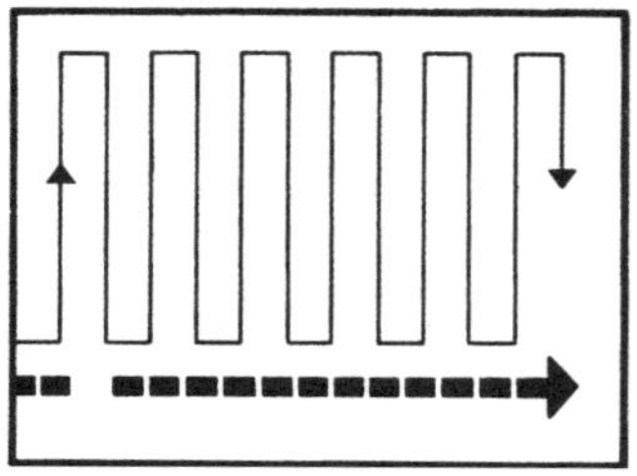

通常情况下，在有大风的天气里，或天气条件恶劣的情况下，可以采用基线搜索或盒式搜索的方法，沿着已知的路线进行搜索（a）。如果沿着幸存者走过的（留下信号的）路径搜索，但是并

未发现目标，营救人员就会推断，幸存者可能离开了惯常的路线，而且到了斜坡上的某处庇护所。

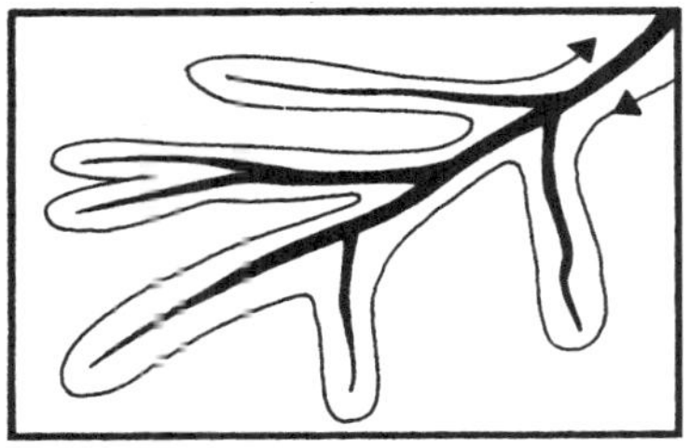

水路搜索

营救人员如果能够知道，或推断出你最后出现的地点，它是在河流附近或河中，则一般将干流作为基线，对所有的支流进行搜索。

扇形搜索

营救人员如果对你最后出现的地点（x）十分确定，但却不能确定你会向什么方向转移时，多采用扇形搜索法。

空中搜索

营救人员在空中搜索时，会覆盖失踪飞机预定航线的两侧，或失踪者计划路线（或被推定路线）的两侧。

如果天气条件良好，营救人员的搜索活动有可能在夜间进行；当能见度较高时，飞机会升到更高的空中，这样，每进行一次探

来回推进式搜索

营救人员如果仅有一架救援飞机，搜索时采用平行线徐缓推进效果较好。他们可以从搜索区域的一角开始，飞行时与太阳相对来回运动，成一平行线，因为这样做，更容易看见在地面的飞机或车辆的残骸，和其他信号的反射光线。

盘旋线路式搜索

这是一种主要的搜索方式，搜寻飞机会按照盘旋的线路搜索，或者与失踪飞机的预定航线的两侧平行（a），或者按照已知的航线飞行。飞行一个小时之后再次折回，沿相反方向再次飞行。

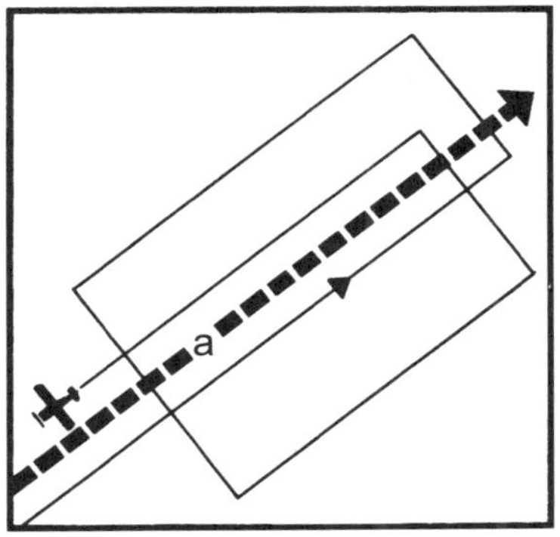

方形线路搜索

当要搜索的区域范围很小，而且有绿荫覆盖时，按照方形的线路搜索的效果最好，也就是以营救人员最后可以确定的地点（x）为起点和中心，向外飞行。如果没有收获，就飞越这一区域，沿着其他方向搜索，这样可以确保飞行线路的两边都在视线之内。

等高线式搜索

使用等高线的搜索方式，可以使高山与峡谷最大限度地得到搜索，陡峭的峡谷应该多次搜索。

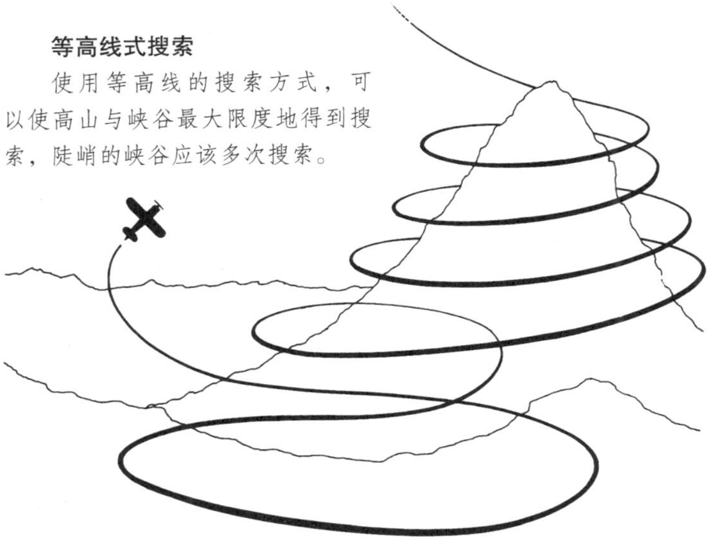

测，航线覆盖的范围将会更大，但是，一定要小心仔细，免得白天又得花费精力重新检查一遍。如果对着救援飞机发出信号，飞机却飞走了——请不要灰心——保持警惕，飞机可能会采用某些例行的搜索方式返回，在关键时刻，你可以再次发出信号。

联合搜索

如果寻找的是海上目标，则采用海上—空中配合的形式同时进行搜索。如果飞机发现了幸存者的位置，可以派轮船前去营救；而轮船也可以为飞机的飞行提供一个基准点。而营救飞机可以先向幸存者投放救援物资，帮助他们耐心等待轮船的营救。

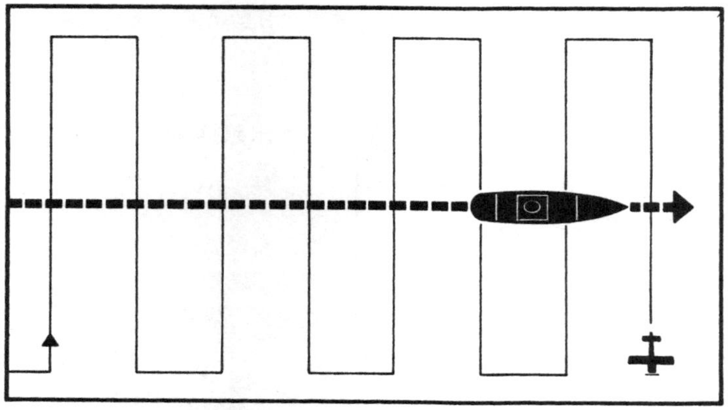

4. 直升机营救

在多数地区，直升机执行着实际的营救任务，特别是在陆地的营救活动中，直升机更为常见。如果地面符合着陆要求，直升机可以载上遇难者一同飞离险境。有时，营救人员可以在遇难者附近找一个方便的地点着陆，让遇难者自己走过来。但处于地面的遇难者显然更容易找到一块合适的着陆点，如果有必要，可以修整出一块着陆点。

作为直升机着陆的地面，它应当比较平整（坡度不能超过7度，梯度为1：10），接触面应当牢固而且土质松软。应当移走树枝、树叶及其他杂物，地面不能有洞穴、树桩或岩石，否则会对飞机造成损害。

选择着陆点

选择着陆点时，你可以寻找一个天然的开阔地带。最好的天然着陆点（LP），应当是河流转弯处的大片河岸。或者，你爬上山嘴，选择一个没有树木的平坦地面。如果需要砍倒树木，清理出更多的地方，可以将树木扔下山嘴。不要在平地上砍伐出一片着陆点，这样所费的时间太长。

不着陆营救

如果难以及时着陆，在情况紧急的情况下，直升机会考虑冒险

着陆位置

准备着陆地点

首先，你需要一个没有障碍物的水平区域，直径至少26米，如果再有5米的开阔地则更好，清除高度在60厘米以上的物体。沿着盛行的风向，应当有一个清晰的进场线，在以这片陆地带为中心的15度角的范围内，都不应当有障碍物。

其次，用标记H在地面上指明着陆点，如果是用岩石做标记，要保持岩石的平整。也可以使用固定好的布匹，或信号布板，用它们制作标记；如果你在雪地上，则可以用脚踩出标记，要结实，不能松软。如地面干燥，可以用水湿润地面以形成标记。

现成的垫子

如果附近有突出的岩石，或者土堆等突起的高地，那么将很容易清理出一块地方，此时，若是风向也恰好令人满意，则这个突起的地方就会很利于直升机的降落和起飞。

高山地形

随着高度的增加，直升机的有效负荷反而会急剧下降，

如果有可能，着陆点最好在1830米以下。要考虑着陆点的地形，以及地形与盛行风向的关系、山间气流的上升和下沉等等。选择地点时，要确保直升机在这一方向起飞时，它能有最大的上升高度。在雪地上起飞时，松软湿润的雪花会附着在直升机上，有碍于直升机的起飞。在直升机水平机翼造成的下冲气流的影响下，粉末状的雪花还会上下飞舞，阻碍飞行员的视线，所以，你应该把雪地踩踏结实。

营救。飞机将在岩石上方盘旋，多数的直升机装有绞车，可以让求救者登上绞车，然后拉向空中，等到寻找到一个开阔地带，再使其脱险。

指示风向

你应该在着陆地点标明风向和风力，这是十分必要的，这样有利于飞行员选择最佳的着陆点，而且，在营救时也能使飞机保持平稳。烟雾是理想的指示标记，但要防止使降落区域模糊不清。如果点火是不现实的，可以用对比强烈的材料制作一个“T”形标记物，把它放在着陆点边缘的下风向，方向对着风向水平安放。如果找不着东西制作“T”形标记，幸存者可以站在远离着陆点的下风向，背对着风向，向营救人员传送身体语言，但是，除非是在万不得已的情况下，否则不要使用这一身体语言——因为它与另一个身体语言“需要帮助”的表达方式类似。

夜间营救

如果执行求援的直升机能射出强光，那么，它可以在夜间着陆携带幸存者登机飞行，但是，幸存者也要准备灯火，来引导飞行员进入着陆点。一旦直升机在范围之内，闪光物和火光都能够指示你的位置。如果想在地面发出求救信息，可以用手电筒，或车辆的前灯，或其他的光束，把它射向天空中。一旦你确信已经被营救人员发觉，就应当将光束放低，并将光线对准着陆点或绞车位置，以防止造成飞行员目眩。

在海上营救

幸存者被绞车拉离船只时，要与救生员相互配合，使甲板与风眼的夹角在40度左右。如果船只可以操纵，应当控制风越过船面的速度，使之保持在每小时29公里左右。

直升机着陆时的注意事项

□如直升机已经与着陆点接触，而水平机翼仍在转动，此时要特别注意安全。

□不要向直升机尾翼靠近，因为这里对于飞机机务人员来说是盲点。

□不要下坡接近直升机，注意，直升机桨片相当危险。

□不要携带任何可能缠住水平机翼的东西，携带无线电时，将天线收起。

□不要使任何尖锐物体接触直升机翼片，这些轻型的合金容易遭到损坏。

□坐在机务人员指定的座位上，系紧安全带，直到得到许可时再松开。

□着陆后等发动机已经关闭后再下飞机——即使此时，也要等待指示。

绞车技术

最为常见的是双人式的升降绞车，有时也会使用单人式升降绞车。

双人式升降：救生员在绞车中被放下，绞车上还有一条绞车带，它是为幸存者准备的。整个上升过程中，救生员用腿支撑幸存者，环腰抱紧幸存者，让幸存者用手支持头部，将绞车带放在合适的位置，系紧，让其手臂自然下垂，不能抬起手臂——幸存者仅仅要做的是后仰，休息而已。

单人式升降：使用单人绞车时，幸存者把绞车带放在自己的腋窝下，系紧索眼，然后竖起拇指，给出信号。一旦救生员已经理解，就不必再给出信号，直到登上飞机。因为如果抬起胳膊，就有滑出绞车的危险。

当你上升至直升机舱口，让绞车管理员帮你从绞车登上飞机。要完全照着指示去做，一旦安全进舱，将被指定座位，按照此指示坐好，系紧安全带。

水上绞车

水上绞车适用与上面相同的技术。如果你在救生艇上，抓不住救生索，可以叠起橡皮筏的顶篷，放下竖起的帆布，或者别的遮盖物，放出海锚，这样有助于营救人员在水平机翼的下冲气流下捕捉住小艇。待在橡皮筏或小艇上，等待绞车放出。

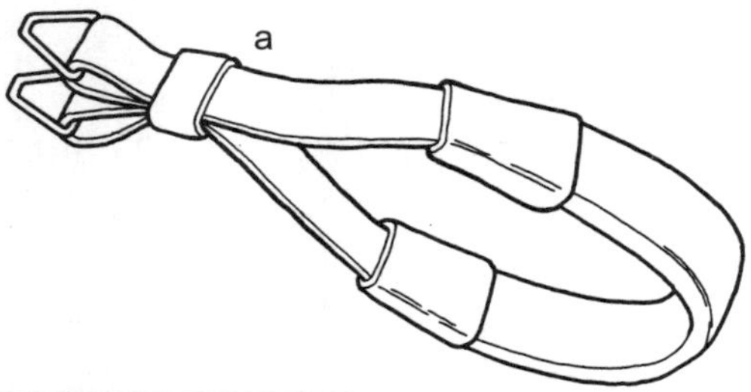

绞车带

一般情况下，绞车带是与绞车钩相连的，将你的头部与双臂穿过此环，调整滑带（a），在腋下胸部处系牢，对着救生员或绞车管理员发出信号：竖起拇指，然后双手自然下垂。

警告

所有的飞机都携带大量的静电，当飞机或飞机上的缆绳触地时，静电就会释放，等绞车索或缆绳接触地面，或接触上水面之后，你再去接触绞车索或缆绳，否则会遭到电击。

求生案例学习

这是我常用的一个案例，是对远征探险进行错误计划和执行的典型反面教材。主要的教训为：事前要充分计划、队员要保持集体行动、不要低估所面临的环境威胁，并确保你的后勤供应能够支持你们活下去等到别人救援。

1994年，两名英国军官和三名中国香港士兵在马来西亚的基纳巴卢山（Mount Kinabalu）低点沟（Lows Gully）查探时被困于该处长达16天，而他们所携带的供给仅够3天使用。之后英国和马来西亚军方展开了大面积的救援行动，医护人员在找到他们时，发现他们已处在饿死的边缘。通常情况下基纳巴卢山并没那么险峻，而这一行人的计划也是轻装简行，只携带了10天的配给和一台摄像机。而在未携带无线电和生火装备的情况下，他们却贸然前往沟底深处。

到第三天的清晨，队伍抵达沟底边缘，他们才开始觉得大自然不是跟他们开玩笑。由于部分队员的身体条件已经无法支持持续的体力消耗，因此他们决定分成两队行动。情况最好的几个人先行出发，其他人原地休息，待恢复得差不多的时候再赶上前面的人。

当后队的人调整好了准备出发时，他们也只剩下3天的配给，再加上这几个人对山区行进都毫无经验，他们的移动速度非常缓慢。与此同时，前队的人已经抵达沟底，剩下的配给仅够4天，虽然他们已开始探路准备离开此险境，但却不巧遇上了沟里那独特而无法预测的天气模式：飞沙走石之后紧接着暴风骤雨，而独特的地形结构使得降下来的雨水无处可去，全都往沟谷中肆虐。之后的几天，在他们艰难而缓慢地穿行在灌木丛的过程中，此小队的队长和另一名队员与其他三名队员失去了联系，这两人只能自行找路继续前行。由于断水断粮，他们只能在森林中自寻食物，这样的境况使得其中一人变得极其暴躁和易怒。

17天后这两人获救，这才得知其他三人已安全返回。而此时后队仍然滞留在沟谷中。马来西亚军方和一支英国皇家空军搜救队全力进行搜救，10天以后一架马来西亚直升机发现了这队人并将其救回。这个时候，离他们出发的时间已经过去了整整31天。

第 十 一 章

灾害

突发性事故或与世隔绝，绝不是产生求生需要的仅有原因，许多自然的、人为的因素，也能引起灾害，在这种情况下，同样要求你有求生的技巧，例如干旱、大火、地震、洪水等。求生者应当了解处理森林大火的技巧，同样也要掌握如何从处于火海的建筑物中逃离的方法。

所谓的“家中谋生”，是教你在日常依赖的正常服务和各种供给都被切断时，如何在自己的家中生存。

1. 旱灾

干旱，通常是由长时间的干燥气候，或者长时间的缺乏降水引起的，当其在某一地区长期存在时，这一地区将会形成沙漠。在有的地方，干旱可以是一年规律出现的气候，也可以是年复一年的出现。当它和雨季交替出现时，雨季的降水可以被储存起来，可以用它来度过干旱的时期，古代或现代的地中海人民，他们分别用地下的岩石切割成的水槽和钢筋混凝土搭建的水塔，来收集雨季的降水，以度过漫长而干燥的夏天。

在气候适宜的地区，如果降水量远低于正常水平，这个地区可能发生季节性干旱。干旱出现时，植物不能获得充足的水分，也就不能以此补充散失到空气中的水分。有的地方旱季不是很明显，但已然不能满足植物生长的需要就产生了这样的环境，人们通常称之为“隐性干旱”。植物的大量死亡，势必造成了以此为基础的食物链发生断裂。如果干旱更为严重，那么大批死亡的动物，会使残存的珍贵水源遭受污染。

引起火灾的危险

发生干旱时，动物的尸体应在地下深处加以掩埋，尽管干燥的地表可能会非常坚硬，但除去这些潜在的污染源的最佳方式，只有掩埋；焚烧死尸当然也可以根除污染源，但是干旱使得每件物品都十分干燥，一旦点火，火势很不容易控制。在法国南部、加利福尼亚、澳大利亚，每年都有大火发生，由于没有足够的水源灭火，火势迅速蔓延。如果必须点火，可以在地表挖一个洞穴，火势要小，且须时刻提高警惕。

卫生

由于缺乏水源冲洗，在屋内，卫生条件逐渐恶化，有可能传染疾病。如果抽水马桶中的水面不能覆盖“S”形的弯曲处，则疾病会从下水道传播。同时，由于缺水，个人卫生也受到限制。此时，你不能使用室内的厕所，但厕所内仍然要留有充足的水，把它作为保护屏障。你可以使用户外的厕所（“有关扎营的技术”篇）。

流汗有助于毛孔舒展、排泄废物，但是，当所有的储备水需要作为饮用水时，在便后和饭前也要用一些来洗手。

储备和保护水源

有时候，季风没有在预定时节来到，或者干燥炎热的夏季已使地表干裂，这时就要注意储备尽可能多的水，谨慎使用，注意遮盖以避免蒸发。

你可以在阴凉处挖一个坑，把它作为蓄水池，但是这附近不能有树根，如果可能的话，用聚乙烯板或水泥涂抹内表面（但是在水泥未完全干燥前，不可以急于灌水）。在黏土地域，挖坑做蓄水池时，也可以用黏土衬里。如果你制作一个混凝土制或黏土制的拱顶（这样利于保持内部阴凉），留下一个小的开口保持通风。

坚决不要浪费一滴水。用于烹煮后的水还可以再用于清洗，水一定要煮沸后再饮用。如果一口井水干了，你可以再向地表深处挖掘，以获得更多的水，但是你越向深处挖，你就将消耗更多的地表上储备的水。

注意

如果干旱持续存在，特别是超过了一年，就可能开始形成沙漠环境。如果不能获得水供应，唯一的办法只能是遣散居民。

警告

□在极端干旱条件下，要特别注意受到污染的储备水，死亡动物身上可能携带有极多的病菌，无论多么饥渴，也要将水煮沸后再饮用。

□一个首要的严重问题是到处乱飞的苍蝇——所有的食品都要遮盖好。预防灰尘，地表刮起的尘土可能非常肮脏。

□干旱时，动物的行为变得极不正常，由于饥渴，平常温顺的动物也可能向你发起攻击。

如果一个地区的夜间很寒冷，它会使空气中的水蒸气凝结成霜，使用一些技巧收集这些露水，就像沙漠求生中所讲的那样。

高原地区的昼夜温差更大，这给清晨收集露水提供了更方便的条件，同时它也提供了凉爽的微风。

甚至有大量降雨的地区，干旱也可以发生，它可以发生在任何地方，比如阿萨姆邦(印度东北部的邦)当季风没有到来时，那里也曾经发生干旱。

2. 火灾

燃烧需要热量、燃料和氧气，并且燃烧会释放烟、热量和有毒气体。火焰向周围蔓延，可以通过以下方式：直接接触（传导方式）；通过上升的气体和烟（对流）；或通过热辐射（辐射）。热量传播的最主要形式通常是对流。

最好的避免火灾损失的办法，是防止火灾发生。由于粗心未熄灭的烟蒂以及尚未燃尽的火柴是许多火灾的起因。在干燥的季节中，阳光透过废弃的瓶子或碎损的玻璃引起的热量聚集会使周围物品燃烧，有可能引发火灾。

在任何时候、任何地点，火灾都可能发生。所以，要处处小心谨慎，交通工具和建筑物一定要配备灭火器材，在森林植物之间，要有计划地修建道路，把它作为火灾发生时的隔离带。灭火器沿着道路分放，当然首先要学会如何使用灭火器。

2.1 森林火灾

如果你所处的森林、灌木丛或草地发生火灾，你的第一感觉就是窒息。

一场森林大火发生时，你首先看到的将是浓烈的烟雾，然后听到草木燃烧的噼啪声，再次你可能会看到火苗。在意识到火灾发生前，你可能会注意到一些动物的异常举动。

逃离路线

假如火势很猛，单靠你自己的力量已经无法将其扑灭，千万不要立即逃跑——除非火焰已离你很近，已别无选择。

尽管身上的衣服可能妨碍你的行动，但是，不可以脱下，因为衣服可以使身体免受猛烈的热辐射的侵袭。

一般说来，浓烟的方向指示着风向——也指示着火势蔓延最快的方向。如果风是从你身后刮来，则只能顶风逃出火海。寻找天然的防火带，例如树林中的一条开阔平地，它就可以阻挡火势。河流是最好的防火带——即使火苗能够越过河流，待在水中也相当安全。所以最好在丛林中寻找道路、河流和其他防火带。

不要四处乱跑，应选择最好的逃离的路线，同时注意观察周围的地形，以及风向，估计火势蔓延的方向和趋势。

如果你发现，风是迎面吹来的，大火的推进速度可能更快——火苗可以跳跃式前进，所以最好能绕道避开大火。大火遇到上坡的时候蔓延得更快，所以不要跑到高处去避火。尽量绕到火场的边缘——不过有些大火会形成绵延数公里的火线。你既不能绕过边

与森林大火战斗

要想与森林大火战斗，就得在丛林之中主要的往来路线上，间隔一段距离，就放上一些灭火装备。这些准备包括：系着树枝的扫帚，或者前端为橡皮制的铁锹样的器具。在火势刚起时，对扑灭火焰很有作用。

不管用什么工具，不要用它来快速击打火焰，这只能煽风点火，扩大火势。正确做法是将这些简易工具压在火苗上，窒息火焰。在窒息地面刚产生的火苗时，宽大扁平的叶子特别有效。

如果没这些工具，用大衣或毯子盖住火焰，切断火苗的氧气供应，或者使用一束带有叶子的枝条去扑灭火焰。

缘，也不能将大火远远抛在身后，这时就寻找一个宽大开阔的深谷、水道或峡谷躲在其中。

陷于火海之中

万一你陷于火海之中，有些时候，脱险的最佳方式就是穿过火场快速奔跑，但是，如果火势很猛，或者火势蔓延很广，这种做法并不可取。在开阔地带或荒地，穿过火势较弱的地方，到业已烧光的地面避难则是可行的。尽可能遮蔽体表的所有部位，如果有水，将衣服浸湿，头发及覆盖不到的体表也弄湿，用潮湿的衣服将鼻和嘴遮住。

火势一般在草木茂盛的地带很旺，所以你要放慢速度——以选择利于穿越的地点，坚定信念，不要犹豫，做深呼吸，蒙住口鼻避开浓烟，快跑。

躲在车辆上

如在车辆上遇到森林大火，躲在车中，关紧车窗车门以及通风系统。汽车可以防止你免受热辐射。如果可以的话，马上驾车逃离；如果汽车已无法启动，自然只能待在里面。

除非玻璃开始熔化，否则待在车里是安全的，但是当玻璃熔化时，基本上火势已经过去。如果惊慌失措，离开车子跑进火中，恐怕反而会失去生命。

虽然油箱可能发生爆炸，但是，你待在车内的生存机会，仍然会远远大于车外——尤其车子周围火势很猛的时候。

躲进地下

如果没有天然的隔离带或山谷可以让你躲避，或者火势太大，无法穿过，那么你可能只能向泥土寻求保护。

运用这一方法，许多人在熊熊大火中侥幸生存下来：他们在地面挖一个坑，钻进去，再用泥土覆盖，任凭大火在他们上边烧过。这样做十分危险，不仅因为非常热，而且会引起窒息——大火耗光了氧气。

具体的做法是：尽可能挖出一个合适的凹形坑，将泥土盖在大衣或布料上（如果有），然后将被泥土覆盖的大衣盖到身上，手曲成杯状放在口鼻上，并通过它呼吸。这样虽然不能增加氧气量，但是，这样做可以降低所吸入空气的温度，并起到过滤空气的作用，还能阻挡住火花，否则可能会导致呼吸道的损伤。当火焰经过时，屏住你的呼吸。

以火抗火

你还可以用火本身实现保护，当你无法脱离火场或穿越火场，而大火仍有一段距离时，可以采用此法。

其方法是：在大火主体到达前，自己烧出一片空地，使其不残留任何可燃物，火焰自然无法蔓延，这样就给自己提供了一个庇护场所。注意，当时你与大火主体必须间隔一段距离，有时间烧出一块空地。

点燃的火带要尽可能宽——至少要有10米宽，100米更好，它将同大火主体向同一方向燃烧，产生一条足以避难的隔离带。风向一定要正确。

警告

风可能旋转变向，火也可能产生自己的气流，因此或许你必须冲出自己点起的火势。大火的主体必须离自燃火有相当的距离，在自燃火燃烧完全后才到达。不能低估火苗的前行速度，它或许比你跑得更快。不要再燃起新的自燃火，除非你已别无他法，或你能够估计结果。

2.2 建筑物起火

建筑物发生火灾时，最先会有烟雾出现，如果火势还小，则尽力扑灭。用毛毯或厚窗帘盖住火苗，使其隔绝氧气，或者用沙土、水或灭火器盖住火苗。总之，用适当和可行的方法来灭火。

电器起火

如果火灾可能是由于错误用电而引起的，在关闭电源前，不要用水灭火，最好的方法是切断总开关，煤气总开关也要关掉。如果是电视机或计算机起火，不能用水，即使已经断开了电源，也可能有残留的电荷，给你重重一击（甚至致命）。冷水可能造成显像管爆炸，所以，应该使用隔绝空气的方式灭火。从电器的后面行动，因为显像管有爆炸危险。

灭火器

打开开关。

对准目标——对准火焰的底部。

压——按住手柄或扳机。

扫——从一边向另一边。

首先，查看灭火器的种类，有些只能扑灭微弱的火势并且是用水来灭火的，不能用来扑灭由于油或电器引起的火灾，另一些则是用来扑灭油类、脂类、油漆、溶剂引起的火灾（例如由于汽油的溢出引起的火灾），第三种灭火器适于扑灭电路起火。多功能干粉式灭火器可以用于多种火灾。

一定要掌握灭火器的使用方法！

撤离

火势如果太旺，已经不可能利用手中的工具扑灭大火，则开始撤退。关闭各种开关，关上火焰可能穿过的门窗。疏散完毕后，最好将火势控制在一处，以便在消防人员或营救人员到来之前，阻止火势的扩展。

一般说来，火势向上扩展的速度比向下更快，但是，坍塌的地面或墙壁会携着火苗向下蔓延。楼梯和通风管道、天井等地点尤其危险。

当楼层起火时，千万不能使用电梯。如果你需要下楼，选择一个没有浓烟的楼梯。

先查看一下房门的边缘有无烟雾，开门之前先试试门的温度，如果门上的金属把手（用手背）太烫，则不能打开屋门。握住把手会引起烫伤。结实坚固的屋门可以抵挡火势达半个小时，或更长时间（但不要指望现在的薄板门——除非是防火门）。

注意

如果必须进入着火的房间，用脚将门抵住，只开一条小缝——以防止屋内干热的空气和气体膨胀引起的压力将门冲开，然后弯下腰进入。门尽量开得小，避免自己接触更多的烟和热。不要使火势蔓延过来。走出屋子后，要关闭屋门，阻止火势扩展。

等待救援

如果当时自己孤立无援，不能消除危险，那么，躲到一个离火势尽可能远的房间（但房间不能位于更高层，除非你已确定，携带了长梯或别的装备的援助人员就在附近）。如果可能，应选择一个房间，它的下面有松软的地面，没有栏杆，或者房间里有床单、窗帘，用它们结成一根绳索。总体来说，草坪、花园，甚至有些砾石的道路，要比圆石块地面、混凝土制或砖铺的路面更加松软， 当你必须跳到坚硬的混凝土地面时，斜坡造成的伤害会更小。

躲好之后，紧闭屋门，用窗帘、垫子或其他厚东西塞紧门周围的缝隙，以争取足够的时间报警。如果可能，用水浸湿窗帘、垫子或其他塞紧门缝的东西。火灾发生之后，如一直无法报警，可以通过窗户引人注意。

用一些器具将窗子敲破，也可以用脚踢破，但是，你不可以迅速将脚抽回——要小心碎玻璃。如果是用手，把手包裹好，再用拳猛击。身上如穿着厚夹克，用肘部撞击效果也很好。

准备跳窗

在短时间内，如果你不能获得营救时，不要跳窗——应设法向下滑落。将床单、毛毯、褥子，松软的覆盖物和其他结实的东西系成一根绳，即使不能垂到地面，也可以降低你跳下的高度。连接它们时要使用平结，拉动每一个系好的平结，检查它的牢固性；选择笨重结实的家具，将它推倒在窗前，把“绳子”在上面固定好，或者系在暖气管上，或者击碎玻璃，系在结实的窗框上。如果“绳子”的长度不够，将坐垫、枕头、被褥——一切可以减低地面硬度

注意

不要直接跳出窗外——除非有许多消防队员用毛毯在地面接着。要学会利用地面能阻碍降落的东西，不要径直跳上坚硬的地面。汽车顶棚就可以起到缓冲作用，落在上面可以缓冲你的重量。

当心：树木可以缓冲下落，但同时也相当危险，你可能被树枝刺穿。

的东西从窗口扔下。

如果没有东西可以结成绳子，可以爬出窗口，悬在窗台上；如没有窗台，则抓住最下面的窗框。

如果你已经采取各项措施降低下落的高度后，要注意保护头部，摩托车的头盔最理想，用运动衫、毛巾像头巾一样裹住头部同样有所帮助。

当你滑到绳子末端时，可以准备下跳；首先用一只脚将自己推离建筑物，这样，松手下落时就不会撞击墙壁；弯曲膝盖，用手护住头部。

快要落地时，进一步弯曲膝盖，倒向一侧，用背部着地滚动（仍然注意护住头，脚朝向空中），这样可以使受压面更大，增加生存机会。

落到斜坡上

下落时，要面对着斜坡，两脚并拢，膝盖轻微弯曲，头部低至胸前，肘部在两侧并拢，手护住头部；在落地的一刹那，脚面保持水平，让膝盖充分下弯，向前滚一个筋斗。这种方法是跳伞的士兵经常采用的。

要尽量坚持下去，等待最后的救援机会，不要冒险跳下去，那样做的话，你的生存机会微乎其微。

脱离火灾的现场

－ 如果你被迫要穿越火场，用毛毯、窗帘或者大衣（如果有可能的话，要把它们弄湿）裹住全身（包括头部），然后深呼吸，出发。

－ 如果你的衣服在从大火中跑出来时，不幸着了火，你不能呆呆地站在地面上，让大火自动熄灭。那样的话，火焰和浓烟会遍布你的全身，灼伤你的脸颊，进入你的肺脏。

－ 你也不能跑——如果跑动的话，会增大火势。

－ 可以在地面上滚动，也可以用毛毯、大衣等东西裹住身体，让火苗窒息而灭。

－ 如果他人在逃出大火时，衣服已经着火了，可以将其推倒在地，用同样方法，使火苗缺氧自然熄灭。不要抱住他们，否则会引火伤身。

2.3 车辆起火

车辆起火的最大危险在于，它的油箱一经点燃，可以像炸弹一样爆炸，燃烧的汽油炸得遍地都是。应该在火苗接触油箱之前，控制住火势。每样东西都有着火点，但油箱比其他东西更危险。通常的情况是，油箱的一条油管首先起火，然后就像一条导火索一样，最终点燃油箱。

在车库中

如果失火时，车辆停在狭窄的地方（例如车库中）起火，烟雾和毒性的油烟马上就很变得浓烈，你要尽力去灭火；但是，如果为时已晚，在你的生命和财产安全进一步受到起火车辆的威胁之前，把它们转移到建筑物之外。

千万不要进入车辆，即使你在车外，你也可以操作一切，包括转动方向盘。如果可能的话，将车辆推出或拖出车库。如果你的车子有一个按钮式的起动开关，选择一个齿轮或者其他装置，利用开关把汽车拖出来。按照常规的启动方式，将汽车的钥匙插进去，短暂地启动。随时要准备好。因为汽车可能会突然向前猛冲。

飞机失火

在飞机上，一般都备有自动灭火器，在机舱内，也都会备有手持式灭火器。如果飞机的发动机起火，应该立即采取行动。如果只是怀疑有起火的可能性，在民航班机上，你可以召唤乘务员或者是空中小姐，她们知道装备的位置及使用方法。要尽量避免在乘客之间引起恐慌，如果你真的看见火星或者是火苗，用飞机上的毛毯或衣服将其压灭。

主要的火灾危险是：飞机起飞前，在飞机的周围，有易挥发燃料和烟雾聚集；特别是在困难情形下着陆时，出现了油箱破裂、漏电或者是摩擦而点燃了航空酒精等等。一旦起火，要严格执行安全措施。在这方面你也有一定的义务，比如空中小姐要求你不要吸烟时，你就不能吸烟。另外，在你抽烟时，千万别打盹。

灭火器

把灭火器放在容易取用的地方。不要放在后备厢里，而要放在车厢内你能轻易拿得到的地方。任何撞击都会使后备厢盖扭曲，难以打开，这时你就很难拿到它了。

撞坏的车辆，门可能被卡住。如果车子已经起火，你可以从车窗中逃出去，或者踢开挡风玻璃逃出去。

如果是车内起火，用灭火器或者衣服就能压灭火焰。许多车辆的装潢使用了合成材料，后者的燃烧速度很快，且会放出浓烟和有毒气体，即使火被扑灭后，烟与毒气仍然存在，所以要尽快地逃出车厢。

如果在车子外面也有大火，那么，把车窗紧闭，驾车开出危险地带，并且尽快地放弃车辆，以求自身的安全。

3. 化学战和生物战

对我们来说，恐怖主义已经不再陌生，财产掠夺、谋杀、偷窃、威胁、恐吓，长期以来，这些已经成为那些相信暴力的人们的手段，认为这是唯一可以达到罪恶目的的途径，和他们的前辈相比，现代的恐怖分子的唯一区别，在于现代社会提供给他们具有更大杀伤性的武器。

在全球媒体可以覆盖的所有地区，政治可以到达的任何地方，都充斥着恐怖主义。现在来说，恐怖主义的攻击对象越来越倾向于普通平民，对象越无辜，越具有攻击意义。事实上，我们都是恐怖主义潜在的攻击对象，我们都极易受到攻击。

还有一些国家，它们生产大量的致命的化学和细菌武器，这样确实对全世界构成很大威胁。它们相当容易扩散，并威胁地球上大片地区的安全。

生物武器分为两大类：致病源（生命体）和毒素。致病源是活的微生物，它可以导致致命的损伤，如炭疽。毒素是对人有致命性的毒物，作用于神经系统，导致细胞死亡。

致病源必须进入人体才能发挥作用，如通过皮肤的破口，或通过消化道。它们不会立即产生反应，因为它们要通过人体的防御屏障，并在人体内大量繁殖，潜伏期的长短因致病源的种类而有所不同，可从数小时至数月。生物武器很难察觉，单凭我们的感官，你很难察觉出它们。通常，首先出现的迹象是生物体出现的症状，植物及动物的病态表现。

3.1 毒素

植物及动物本身都会产生毒素，但是，用来制作武器的毒素则被浓缩了成千上万倍，毒素可以产生和化学武器相似的症状，但是，其对治疗的反应却不同。与致病源不同，它们可以穿透未破损的皮肤，立即产生症状。包括：瘫痪、痉挛、发热、水疱/皮疹、休克、死亡等。

防护

你如果怀疑在你的周围有生物武器的存在，用一些东西捂住嘴和鼻子，防止吸入。如果来不及找防毒面具，可以用一块湿布裹住脸。把所有暴露的部位都裹起来，尽快离开危险地区。把衣服上的所有纽扣都扣好，所有的拉链都拉好。把裤腿塞进袜子里，戴上手套。离开危险地区以后，用清水和肥皂彻底清洗全身，刷牙，洗头和指甲。用热的肥皂水清洗所有的衣服和用品。

3.2 炭疽

炭疽是一种通过动物传播的疾病，每年都有很多人因感染而死亡。它由死亡的动物尸体传播，如南美、欧洲南部、中东和远东地区。被污染的动物尸体可表现出膨胀、关节脱位、由鼻孔和肛门流出未凝固的暗红色血块。千万不要碰尸体，如果不小心碰到了，要彻底清洗接触的部位。尽快寻找专业的治疗，抗生素对治疗有帮助，还可以使用炭疽的抗血清治疗。

炭疽的最早表现是脓疱，中心色暗。炭疽也用作生物武器。

3.3 化学武器

化学武器通常是液体、气体，或者是气溶胶的形式。它们可以影响人体的呼吸系统、神经系统、血液系统。

单凭观察周围事物的可疑反应，很难察觉化学武器的存在。呼吸困难、咳嗽、瘙痒、流泪是最显著的表现。空气混浊、植物褪色、折断，或成群的动物、昆虫死亡，这些现象会提示化学武器的存在。苦杏仁味提示有血液性毒气的存在，新鲜的草味提示窒息性毒气的存在。

防护

全身尽量用衣物遮盖，可以防止化学物质穿透。防水外衣、护目镜和面具是必需的。尽快离开污染区域，及时进行脱毒治疗，方法同致病源的处理。

4. 气体和化学物质事故

在洞穴和矿井中，爆炸性气体可能产生和积聚。但对于野外受难人员来说，最主要的危险，是在有限的空间中氧气的供应不足和一氧化碳中毒。

房屋和车辆起火、工厂区内塑料和其他材料燃烧，这时都会产生有毒的气体。在生产和运输途中，其中的化学物质泄漏是另一种危险。

这些灾难一旦发生，我们所能采取的保护措施很少。例如印度的博帕尔发生的事情，人们除了待在屋内紧闭门窗外，没有什么其他的办法。但是，在你居住的区域周围，会有哪些工厂可能存在危险你应该预先了解。对于危险品，政府和当地的官方机构可能已采取了检查和控制措施，增加了适当的安全保护程序。许多官方机构要求标明化学物品被使用或者储放的地点——例如在伦敦，要求在使用或者储放的地点标上黄色三角形标记，或“HAZCHEM（化学危险品）”字样。

如果接触危险物品——不只是在工作中，在家务劳动、园艺和业余消遣中，接触到了潜在的危险物质之后——要听从安全程序的建议。避免接触化学物品及浓烟的吸入，防止其溢出、晃动、破损，或与其他的化学物品的意外混合（这样可能会发生危险的化学反应）。

如果接触到烟雾气体，或化学危险品，应尽快呼吸新鲜空气或用大量水冲洗——但某些化学物品遇上水时，可能会发生更危险的化学反应，你要了解处理的步骤，转运的化学物质的特性，应付意外事故的方法。

尽量避免与被化学物污染的人接触，在你不知道他所受污染为何种化学物质时，不能进行口对口的人工呼吸。

4.1 公路和铁路意外

当油轮和别的运载危险物品的车辆发生事故时，要尽可能离它们远些。溢出至道路上的物品，你一般可以看得见，但是如果是气体泄漏，你或许就觉察不出了。化学品着火后，要用特别的方式扑灭。如果没有经过适当的训练，没有适当的设备，你的行为可能使灾情加重，也使自己和他人的处境变得更危险。

在上述事故中，通常是用泡沫覆盖住燃烧物，切断其氧气供应。对于不与水起反应的化学品，稀释时要用尽可能多的水。

许多热心助人者，他们都失去了自己的生命，如一辆装满强酸的卡车翻了车，有个人去帮助卡车司机。当消防人员赶到时，这个助人者唯一留下的东西就是黑色的结婚戒指了。

有的车辆上或许有喷涂在车体上的提示，这些提示包含数字和字母代码，它警告人们，其装载的是有潜在危险的化学品，并指出如何处理紧急情况，如何进行基本的防护，化学品是否有爆炸性或有毒性等。例如：在英国使用的代码里，“遣散”，用其最后一个字母‘E’表示，代码开头的数字“1”或“2”说明可以用水，但是，这仅是所需信息中的一部分——使用水会产生烟雾，因此它还要求使用防毒面具和防护服。

通常情况下，这些代码的具体内容，不会告知公众——除了警告公众此为危险品外，因为未经训练的人不知道如何进行操作。

尽管对紧急事件处理机构的人员，代码提供的信息很有用，但是，如果他们不知道溢出的化学物质的浓缩的比例，或者化学物品的混合成分时，一样会产生预料不到的结果。如果运输中的危险储放物，或者是运输中的危险货物，已在官方安全机构登记，那么通过官方安全机构或许能获得更多的信息，但是，不可以控制的因素，例如风向、温度和其他因素，都会引起意想不到的结果。

如果你看到以下代码，请保持距离：英国化学毒物代码：“EC”，欧洲化学毒物代码：“ADR”，联合国国际紧急行动代码：“EAC”（仅仅涉及处理紧急情况的几个有限步骤）。

注意

当你不知道化学品的成分，无法采取合适的行动时，请保持和化学品的距离，通知消防人员或警察，要么自己离开。

5. 水灾

河流、湖泊和水库遭受暴雨侵袭时，可能会引起水灾。海底地震、飓风和反常的大潮大浪，以及堤坝坍塌等，也是造成水灾的原因。

在干裂的河床和狭窄的水道上，或在建筑物的后方，暴雨很快会引发洪水。汹涌的水流将冲垮这些屏障，吞没所经之处的一切。

在一段时间的干旱之后，如果出现持续不断的大雨和大风暴，你要提高警惕，远离水道和低洼地区。但是，洪水能影响很大的范围。所以，你在高地驻扎更加安全，如果水位上升，就转移到更高的地域。在山区中，要远离峡谷，这些地方特别容易被洪水侵袭。

发生水灾时，食物来源不成问题，至少最初是这样。因为动物也会躲向高处，无论是凶猛的动物，还是弱小的动物，大家都会集中到安全地带——但是，小心不要被在洪水中惊慌失措的动物伤害到。

饮用水或许不易得到，因为周围的水可能已受污染。你可以接聚雨水来饮用，但要在使用前煮沸。

在被洪水侵袭的建筑物中

在水面上涨的时候，如果当时你在一座坚固的建筑物里，如果水位迅速涨高，那就待在里面。这样要比你赤脚逃出的危险小些。关闭煤气和电路，准备应急的食物、保暖衣服和饮用水。在可以拧紧瓶盖的塑料瓶和其他密闭性好的容器中储存好饮用水。所有的盛水容器都要密封，避免漏水或被污染，这很重要。如果可以的话，收集手电、口哨、镜子、色彩鲜艳的衣服或旗子，它们可以用作求救信号，将其放进工具箱。一个野营炉会很有用，它可以加热食物、饮水和取暖。蜡烛也有用——不要忘记火柴。

朝上转移

发生水灾时，你可以转移到上层的房间，如果是平房就爬上屋顶。如果你被迫上了屋顶，可以架起一个防护棚。如果屋顶是倾斜的，将所有的东西系在烟囱上，或别的坚固的物体上。如水位持续上升，准备小木筏，如果没有绳子捆扎物体，就用床单。除非大水可能冲垮建筑物，或水面没过屋顶，迫使你离开，否则待着别动，等水停止上涨。

预防洪水

如果你居住的是河谷或沿海地区——那里比较容易发生水灾，算一算你的家比正常水平面高出多少，找出通向高地的最近的路线——不一定非要是公路，因为大多数公路与谷底的河道平行。在雨季，要多收听洪水警报，它将经常预告水面可能上升的高度和可能影响的区域。

水面即使只涨高几英寸，也能引起很大的损失。沿门槛和窗台放一些装满泥土的沙袋，或塑料购物袋，尽可能将水拒之门外。如果你拥有一个真正密闭的建筑物和门、窗，别的可能进水的缝隙也已被堵塞，水就不会进来。烟囱、通风口和其他空隙都必须堵住。

如果水位很高，想要地下室不进水，似乎不太可能。事实上，有地下室的房子更危险，因为地下室的墙壁承受的压力更大。

撤离

你如果决定离开家中，带上户外可以使用的家具，及其他可以带走的物品，以防它们被洪水冲走。

当你步行或驾车向安全地区进发时，切记：山区公路上很细微的水平落差可能引起水深的巨大差异。

在确定水深不超过半个车轮，或不没过你的膝盖的时候，再穿越水池或溪流。

如果你必须穿越，使用穿越河流的技巧（见“行动”章节）。

如果要通过被洪水淹没的桥梁，一定要小心——因为你不知道洪水是否已把桥梁冲走一半。

泥石流

有些时候，在降雨中或降雨后，突然而至的大洪流冲出谷底，会冲垮河床。记住：即使不在谷底，你也可能被洪水袭击——它通常夹带着大量的泥沙、岩石和折断的树枝，形成泥石流。

海岸洪水

海岸的洪水通常伴随巨浪、狂风，这使得洪流更加高涨。事先经常会有洪水警报，撤离是最好的选择。

洪水之后

在洪水退后，留下一幅残乱的景象：满眼都是破败的废墟和被淹死的动物尸体。由于腐烂和水污染会引发疾病，你是必须要格外小心的。焚烧所有的动物尸体——不能冒险吃它们。所有的水在饮用前要彻底煮沸。洪水过后，你仍可以找到某些庄稼和作物，逃离洪水的鸟类可以安全食用。

求生场景

你应该做哪些准备以应付突发灾难？

确保你对即将发生的危险有一定的认识，这取决于你具体的目的地以及你前往该地的季节。你需要提前了解当地可能会出现的一些偶发灾情，比如地震或者洪水。提前同当地人做好沟通。

6. 海啸

海啸与海底地震有关，可以引发高达30米的巨浪，给沿海地带造成巨大破坏。

海啸主要发生于太平洋区域——20世纪的海啸记录已超过200次。海啸的规模和影响因方向、海岸形状和其他因素而不同。在某些特定的海岸，原本很小的海啸能沿着海湾产生几英里长的巨大海浪。位于夏威夷的国家海洋和气象管理局，负责发布海啸警报。

不是所有地震都引起海啸，但任何一种地震都可能引发海啸。当你感觉大地发颤时，远离海岸，登上高处。不要前去观看海啸——如果你和海浪靠得太近，危险来临时就会无法逃脱，除非你所站位置高出水面很多。面对像水墙一样滚滚而来的海浪，你无法抵挡，只能选择撤退。

7. 飓风

飓风的风速很快，按波伏特风级计，风力达12级以上——它往往伴有大暴雨，能摧毁一切脆弱的结构。这是旋风在热带地区的一种形式。在温度更高的地区，盛行西风将阻止旋风向更高的大气层发展。

飓风在世界各地有各种各样的叫法。

飓风：加勒比海域、北大西洋、北太平洋东部、南太平洋西部。

旋风：阿拉伯海、孟加拉湾、印度洋南部。

台风：中国海、北太平洋西部。

畏来风：澳大利亚西北部。

特别在晚夏时节，当海面温度达到其最高点时，在洋面上就会发展形成飓风。温暖的大气能产生低气压中心，绕此中心旋转的风，它的速度高达每小时300公里或更快。它在北半球作逆时针旋转，在南半球作顺时针旋转。飓风的中心常覆盖16～19公里的范围，这一中心或“风眼”会带来暂时的平静。“风眼”的直径从6～50公里不等，最大的飓风直径可以达500公里。在一年的任何时间里，都可以发生飓风，但在北半球，它主要发生在6～11月份，在南半球则为11～4月份（尤其在1月和2月）。飓风不是南大西洋的特征。

飓风的形式

在海上时飓风的风力逐渐增强，并且开始向极地发展。通常在朝向极地方向的风眼，它的风速最大，前进速度高达每小时50公里，经过岛屿和海岸时，它会产生毁灭性的破坏作用，但当它们到达大陆后，风速通常下降，约每小时16公里。

飓风警报

利用卫星监测系统，可以使气象人员观测到遥远大洋中的飓风的发展，追踪其发展路径，当其到达时发出警报。有些飓风飘忽不定，在进入多飓风区时，要随时注意海浪预报。

如果没有广播给予警报，那么浪潮的增长可能就是飓风的征兆——还可能有其他情况伴随，如极其炫目的日落与日出，浓浓的旗状云层向风暴中心聚集，大气压以不正常的速度快速下落然后又上升。

安全注意事项

如果可能，离开飓风可能经过的路线。

□飓风警报通常在其可能到来前24小时发布，如果有所准备你有足够的时间离开其经过的地方。

□远离海滨，那儿将被破坏得最严重，并伴随有洪水和大浪；也要远离河岸。

□堵紧窗户，保存好户外任何可能会被吹走的东西。

□如在海上，放下船帆，封住船舱，把所有的工具收藏好。

如果你在一幢坚固的建筑物里，并且是在高处，就待在原处——在刮飓风时行走，这是极度危险的。地下室或楼梯下通常是最安全的。备好饮用水，风暴可能会切断水电供应。要是你有一个用电池的无线电装置，就可以收听气象预报。如果没有坚固的建筑物，躲到飓风庇护所，走前要切断电源。

寻找避风所

最好的庇护所是户外的洞穴，一个沟渠也不错。如果找不到避风所，就平躺在地面上，这样会使你免遭乱飞的碎物击中。如果可能的话，爬到坚固的庇护所的背风面，例如一块露在地表的坚固岩石，或树根很深的大树的背后。留心小树和栅栏，它们可能被连根拔起。

注意

即便当飓风似乎已经过去时，也要待在原地别动——风眼过去后，通常有不到一个小时的平静时间，然后风就会从相反方向刮来。如果你是在户外躲避，就要立即转移，移到你事先准备的防风墙的另一侧；如果距离近的话，也可以移到更好的避风处。

8. 龙卷风

龙卷风是一种强大的风暴，它与低气压和旋风有关。当地表的空气被加热，柱状的空气从积雨云的上部下降，龙卷风发展的迹象就变得非常明显——空气急速进入低压区域，并开始旋转。

龙卷风是最剧烈的大气现象，对于其影响范围来说，其破坏性极强。其旋转速度估计达每小时620公里。

在地面上，龙卷风的直径通常仅25～50米，但在其内部，破坏性是巨大的。所过之处，除了最坚固的建筑物外，一切都将被吸进空中。建筑物内外压力会出现失衡，这经常导致其坍塌或“爆炸”。龙卷风的声音听起来，就像纺纱陀螺或机器发出的声音，在40公里外都能听到，其移动速度达每小时50～65公里。

在海上，形成的龙卷风可以引起海龙卷。尽管龙卷风在任何地方可能发生，但是，它大部分发生在美国西部的大草原上、密西西比河谷地，以及澳大利亚地区，并且很有可能会发展成为飓风。

龙卷风的预防

躲避在最坚固的建筑物里——建筑物用混凝土或钢筋加固，但是，最好的方法是躲在防风暴的地下室里，或者是洞穴里。如果你待在地窖里，就要待在靠外边的墙的旁边，或者待在经过特别加固的地方，如果没有地下室，你可以去建筑物的最底层，进入一个小房间，或者在坚实牢固的家具什物下躲避——**但不要待在重家具下面。远离窗户**。

面朝旋风方向的所有门窗，你都要把它们关紧，而另一侧门窗，则要统统打开。这样可以防止旋风刮进屋内、掀起屋顶，并且这样可以使屋内外的气压得以平衡，防止房屋“爆炸”。

不要待在大篷车或轿车内，风暴会将其掀上半空。

待在屋外，你很容易被随风乱飞的杂物伤害，或被卷向空中——即使重新落到地面时，你并没有受伤。如果你能够看到，或听到龙卷风即将到来，赶紧离开。与其路线成直角方向转移，避于地面沟渠中或凹陷处，平躺下来，用手遮住头部。

9. 雷电

当站在高处，或处于最高位置时，对你尤其危险的是云层中释放的电荷。在雷雨天，要远离山顶、高大的树木和四周没有任何东西的岩石，寻找一处低凹的地势或平地。

绝缘

当时你如果不能离开高处，干燥的物质有助于绝缘，可以坐在上面。带橡胶底的鞋是绝缘的，但并不能保证你一定会安全。干燥的绳卷也是很好的绝缘体。不要坐在潮湿的地方。坐好后，弯腰、低头抱膝，并且抵住胸口，双脚离开地面，将四肢并拢，不要用手触地，否则可能传导雷电。如果没有东西可帮助你绝缘，就尽量平躺在地面上。

待在低处

有时候，你能感到电击即将到来，比如你会感到皮肤的刺痛，头发竖起等。如果处于站立的姿势，马上蹲下来，双手触地。这样，一旦你遭到电击，电荷会通过手臂的最短途径，直接传到地面，而不会袭击你的躯干，使你免于心脏衰竭或者窒息。

雷电将到时，不要手握金属物品，并且要远离金属建筑及栅栏。但是，不要放弃你唯一的支撑物(比如攀爬中)。木制手柄的斧子，其尖端可能会产生火花，但它是很好的绝缘体。靠近大的金属物体你会非常危险，因为即使没有发生接触，热的空气的冲击波也会传导，对肺部造成损伤。

屏蔽所

在雷电发生时，至少一米深的岩洞是最好的屏蔽场所之一，同时，其四壁应至少同你保持一米的距离。不要藏身于岩洞的入口，或是藏身于山地村庄的岩石突出处。闪电可能会穿越山峡。岩石的小孔则常常是某个裂隙的尽头，这些裂隙是闪电常会经过的路线。

10. 地震

自然界中最可怕的暴力或许是地震——它往往毫无征象，突然发生。它与别的自然灾害，例如洪水、火灾等不同，我们很少能采取有效的防范措施。地震的振幅的范围很大，小的震动仅精密仪器才能测出 大的震动会让地壳隆起，甚至可以将整个山体分离。

小地震处处都能发生，但是，大多数的地震主要集中在一定的地震带上。该处的建筑物通常都做了抗震设计，即使倒塌，也只能引起微小损失——如日本的传统建筑。现代化的城市很少考虑这种因素。

通过地震学家们长时间的监测，我们可以预测部分主要的地震，这使一些事前疏散工作成为可能。地震前夕，动物会变得很警觉、紧张，并出现异常行为。

原因

由于地壳中聚集的张力突然释放，从而产生了地震，这种张力多在地下700公里深的地方发生，但是，仅在地壳上层数十公里的破裂，才有可能产生影响地表的运动。例如1964年美国阿拉斯加大地震，它产生的冲击波主要来源于地下20～30公里深处的破裂。

地震带位于形成地壳的半硬性板块边缘。最深的地震在近海沟处发生，可以形成或毁灭火山岛屿。在一个板块插入另一个板块底部的区域时，常常发生最剧烈的地震。北美洲西海沿岸的圣安德雷斯缺陷区，就是特别易震的地带。

连续的前驱震动，即所谓的前震，常伴有一段地震平静期。前震通常预示着，要有一场大地震即将产生，它相当于扳机的作用。这些起初的震动往往会被人们忽视。

家庭防震措施

如果你已收到警告，你那里可能会发生地震，你应当继续收听当地电台最新的报告和建议。当他们建议你关掉液化气、电源时，你要照做。将大而重的物体从高的搁架上挪走，因为在地震时，这些东西有可能砸到你。

将瓶子、玻璃、瓷器及其他易碎物品，统统放进低橱内，搁板应有挡手，以防止物体的下落。橱门要紧闭——不仅仅是将磁铁扣关上。移走悬挂的物体，或者确保其安全，比如大的灯具，以及悬挂的花瓶等等。

准备以下物品以备急用：新鲜淡水和应急食物、手电、急救工具及灭火器。

安全警告

远离所有可能落下来砸着你的东西：户外的树木可能会被连根拔起；小镇中的建筑即使足够牢靠不被摧毁，碎石块也可能滑落。逃到空旷处最为理想——但是，如果没有足够的时间，待在屋内可能更安全。大街上破裂的煤气管道或者是电线会增加危险。逃生的人极易被建筑物上的砖石击伤。

在室内

当地震发生时，如果在室内，就待在里面。将火熄灭。远离玻璃特别是大的窗户（包括镜子）。

□屋中的角落或支撑良好的门廊是好的避难处。

□处于低楼层或地下室可能会有更多的存活机会。高楼层的人会随着楼房的坍塌一起坠落。确定藏身处有足够的出口。

□躲进桌底或其他坚固的家具下，能够提供防护及一定的空间。

□在商店时，远离大货物的展厅，这些货物可能会倒下来。

□在高层并有电梯的办公室里时，待在原处别动。不要进电梯，楼梯处也会到处是惊恐的人们。躲进桌底。

在车中

发生地震时，尽可能迅速安全地停车——但是，待在车内别动。这样可以免于被下落的物体击中的危险。你要蹲伏于座位下，如果有东西落在车上，蹲伏的姿势会使你得到保护。当震动停止后，注意观察障碍物和可能出现的危险：例如断裂的电缆、破损的道路或坍陷的桥梁。

在户外

如果当时你们是在户外，就平躺在地面，不要跑。否则可能会摔倒，甚至被地面裂缝所吞没。

□ 远离高大建筑。

□ 不要往地下走，不要进入坑道，或任何可能坍塌或被困的地方。

□ 如果你已经准备到户外，就别返回建筑物内。首次地震会使任何建筑都不太牢固，如果接着再发生余震，建筑物就会坍塌。

□ 在山区，山顶是较安全的。斜坡上的土石容易滑落，如果你被数千吨重的土块或岩石压倒（它们常具有可怕的速度），很少有幸存的机会。如果在地上像球一样滚动，你也许可以存活下来。

□ 海滩：只要不在悬崖下，你就会相当安全，但由于海啸经常伴随地震而来，所以当震动停止后，应尽快离开海滩，向更高的开阔地转移。余震的危险性就不像海啸那么可怕了。

震后预防

排污系统的破裂、水源的污染和废墟中的尸体，都能引起疾病的传播，这与地震本身一样可以致命。掩埋所有的死尸（动物及人类）。

□ 不要躲在破损的建筑物或废墟中。利用废墟重建一个庇护所。

□ 特别注意环境卫生和个人卫生，过滤并煮沸饮用水。

□ 不要使用火柴、打火机或电力器具，如果存在燃气泄漏，火花会点着燃气。

□ 在使用厕所前检查排污系统。

□ 打开橱门时要小心，物体可能会滚出来。

□ 防备余震。

镇静！迅速思考！

如果地震来临，速度至关重要。没有多余的时间去把其他人组织起来。如果必要的话，强制让他们安全转移，或将他们拉到空旷地。

11. 火山喷发

很多活火山活跃的区域，它们的位置与地震带相当——这类地域地壳运动往往较为频繁。其他地方则可以找到一些长期没有爆发的死火山和古代的活火山——例如苏格兰爱丁堡的亚瑟中心等地。

当压力压迫熔化的岩石（岩浆），使其从断层到达地表时，会形成一条火山通道。该通道经常是火山进一步喷发的主要出口，但是，也有从其他出口喷发的可能。主要的喷发口可能在山顶的下方。

熔化的岩石到达地面时，被称为熔岩。熔岩常常有两种：黏滞、移动迟缓的花岗岩熔岩和移动速度达每小时8～16公里的玄武岩熔岩。花岗岩熔岩易于阻塞火山喷发的通道，最终，聚集于地底产生的压力会引发爆炸，将阻塞消除掉——熔岩雨和山体碎片将覆盖大片区域，引发大火。

11.1 火山喷发的危险

熔岩

熔岩虽然有可能转换方向，但玄武岩熔岩往往会一直向前推进，直至到达谷底，或最终冷却下来，并毁灭所经之处的一切。在火山的各种危害中，熔岩流对生命的威胁往往最小，因为人们能逃出熔岩流经的路线。其他的危险则不那么容易避免。

喷射物

火山喷射物的大小不等，从卵石大小的碎片，到大块岩石的热熔岩“炸弹”，都会出现，并且会扩散到相当大的范围。火山灰则能覆盖更大的范围，其中一些灰尘甚至能被携至高空，扩散到全世界，进而影响天气状况。

当人们从火山喷发口附近逃离时，可戴上建筑工人使用的坚硬头盔、摩托车头盔，或骑马用的头盔等等，这些坚硬的屏蔽物可提供一定的保护。在较远的区域，逃离也许没有必要，应当警惕的是，火山灰和随之而来的雨水带来的影响。

火山灰

火山灰实际上并不是灰，而是呈气体或云雾状喷薄而出的粉末状岩石。它具有剥蚀性、刺激性和重量，其重量甚至能使屋顶倒塌。火山灰可以覆盖庄稼，阻塞交通路线和水道，且往往伴随有毒的气体，对肺部产生伤害，尤其儿童、老人和有呼吸道疾病的人。只有在离火山喷发处很近、气体足够集中时，才足以伤害健康人。但当火山灰中的硫黄随雨而落下时，会大面积、大密度产生硫酸（和其他酸类），灼伤皮肤、眼睛和黏膜。戴上护目镜（通气管面罩、滑雪镜——但不是太阳镜）能保护眼睛。可以用一块湿布护住口鼻，工业防毒面具的效果则更好。到达庇护所后，脱去衣服，用净水彻底洗净暴露在外的皮肤，并冲洗双眼。

球状气团

火山喷发时，气体与灰尘形成的球体，能够以超过每小时160公里的速度滚下火山。这种球体（科学家们称之为炽云）发热发红，移动的速度非常快，人们难以避开。如果附近没有坚实的地下建筑物，唯一的存活机会就是跳入水中，并屏住呼吸半分钟左右，等待球状物滚过。

火山泥流

火山的喷发可以使山上的冰雪消融，引发冰河或夹杂着泥土形成泥流，即所谓火山泥流。其移动速度高达每小时100公里，并会带来毁灭性的后果。1985年在哥伦比亚就曾发生过此类惨剧。在狭窄的山谷，火山泥流的高度可至30米。它的危险性会一直持续到火山喷发后很长的一段时间。即便火山处于休眠状态，如果其产生的热量足以引起冰雪融化，也会存在潜在的危险。大雨则可以使冰河决堤。

警告

在火山喷发之前，其活动常常增加，伴有隆隆声，以及蒸气与气体的溢出。从当地的河流中，就可以闻到硫黄味，伴有刺激性的酸雨、低沉的轰隆声，或从火山上冒出缕缕蒸气，这些都是警告的信号。驾车逃离时要记住：火山灰即使没有阻塞道路，也可使路面打滑。不要走峡谷，因为可能会有火山泥流经过。

12. 核爆炸

核爆炸的直接危险是冲击波、热量和辐射。其后果的严重性取决于核武器的大小，及核武器的类型、爆炸的距离和高度、天气条件、地形等有关。核爆炸产生的热量和冲击波，同通常爆炸产生的结果类似，但比起后者，往往更为强大。

12.1 冲击波

核爆炸会引起最初的冲击波。火球快速膨胀所引起的大气压强威力更大。从爆炸中心向外扩张的压强，可以摧毁建筑、拔起树木，使空中飞满碎物，继之以强热的来临。爆炸产生的能量中，有一半是通过这种方式扩散的。

冲击波过后，大气快速返回，填补真空，会引起更严重的伤害。在初始冲击波已破坏建筑物的地方，这种真空填补的结果是把建筑物最终摧毁掉。

12.2 热量

核爆炸引起的辐射（热和光），会达到比太阳还高的温度，包括高密度的紫外线、红外线及可见光。接近爆炸中心，所有不可燃的材料都可被点燃——甚至气化。例如广岛原子弹爆炸时，距离爆炸中心4公里外的人们，其裸露的皮肤都被烧伤。现代核武器的能量和后果较之已成倍增加，甚至爆炸的火光，也可能引起眼睛严重受伤及皮肤灼伤。

12.3 辐射

核裂变除了产生热辐射之外，还产生α、β粒子和γ射线。尽管放射性微粒回落地面时，带有白色灰尘或尘埃，但这是被辐射毁坏物品的残渣，而不是放射性微粒本身遭到了破坏。辐射不能为人们所感知，只能用盖格计算器来探测，当辐射增强，罗盘或声音信号的颤动就会变得更加厉害。

α粒子：穿透力低，易于防护。不能穿透皮肤，但被咽下或吸入时会产生严重的问题。

β粒子：有一定的穿透力，厚衣服和鞋子即可提供充分防护。裸露的皮肤会被其灼伤。如果吸进体内，会侵袭骨骼、胃肠道、甲状腺和其他组织。

γ射线：有高度穿透力，运行速度比α、β粒子更慢，可伤害身体所有的细胞。

资料

暴露在辐射中的普遍症状是恶心、呕吐和全身虚弱。皮肤上会出现溃疡，常呈灰色。

残余辐射

核爆炸在最初释放的辐射已经足以致命——但是，这个阶段仅持续很短的时间。一旦冲击波过后，初始的危险也随之过去。然而，暴露在残余辐射下，人们会同样危险。

残余辐射数量多少，主要取决于核武器爆炸的方式。如果它在高空爆炸，火球体未触及地表，那么残余辐射往往很少——战略家们称之为“少放射性尘埃的爆炸”。如果在地表或近地面处爆炸，则大量的土壤和碎物会被吸进高空，变成辐射尘埃落向地面。重的颗粒落在爆炸区附近，轻的尘埃会被风带到更广大的地域——进一步导致辐射的扩散。

辐射会随时间延长发生衰变——广岛和长崎两城市已经重建，并重新有居民定居。然而，在爆炸发生后的一天，甚至更短的时间内，仍有70%的粒子保持放射活性，其衰变仍需持续数年。

资料

在核爆炸发生的最初的数小时，如果不采取保护措施，受到的辐射量，将超过这星期内剩下的六天中所遭受辐射的总和。在同一污染地区，最初的一星期所受辐射量，则会超过余下的一生中积累的总辐射量。因此，在核辐射初始阶段，防护是至关重要的。

躲避辐射

避免核爆炸伤害的最佳地点，是储备有空气、水和食物的深处地下掩体。如果缺少掩体，最好的防护是躲在壕沟里，在顶部覆盖上一米或更厚的泥土。

如果你距离爆炸处较远，不发生整体毁灭，壕沟和泥土将能抵挡冲击波、热量和辐射的伤害。

爆炸前，寻找好能提供天然庇护的地势，如深谷、溪沟、沟渠和突出地面的岩石。如果事先没有准备壕沟掩体，那么马上开始挖一个——要快！洞能够容身时，跳进去再继续挖，这样即使在挖掘过程中，辐射已经开始，也可尽量减少暴露在辐射中的身体的部位。建造一个帐篷，即便仅仅是一块布，也能阻止尘埃落到身上。此时具有穿透力的射线仍会到达你的身上，所以尽快将自己遮盖于一米厚的泥土之下。

如果你是在野外遭到辐射，尽快躲到掩体下面。一旦得到遮蔽，脱下外面的衣服，把它埋在掩体一端0.3米深的地下。除非迫不得已要出去，否则不要冒险，不要再使用遗弃的衣服。无论情况如何，最初的48小时内绝不要跑出掩体。

如果你因为急需水而冒险外出，在辐射开始的 3 天内，你出去的时间不应超过半个小时。8 天内，你出去的时间可以增加到半个小时以上，到第 8 天时，可以达到 1 个小时，到第 8 至第 12 天时，可以允许你在外面待 2~4 个小时。13 天后，你可以正常工作，回到掩体休息。

屏蔽材料

严格说来，完全不受辐射的影响是不可能的，但足够厚的掩体材料可以将辐射减至最低限度。下面列出了一些材料，及其减低50%辐射所需的厚度。

材料	米/英尺
钢铁	0.21/0.7
混凝土	0.66/2.2
砖	0.60/2.0
土壤	1.00/3.3
冰	2.00/6.6
木材	2.60/8.8
雪	6.00/20.3

清除放射污染

如果你的身体或是衣服，曾暴露于辐射中，必须清除放射性物质的污染。如在掩体内，利用掩体底部的土壤，来揉擦身体暴露部分和外衣，然后刷去泥土，将其扔到外面。

有可能的话，用干净的布擦拭皮肤。如果有水的话，就用肥皂和水彻底洗净身体，而不需用泥土，这是更有效的方法。

医疗护理

爆炸时，必须遮盖所有的伤口，以防止α和β粒子进入体内。如果被灼伤，无论它是由β粒子，还是由γ射线，或者火风暴引起的，都应用干净水冲洗，并覆盖伤口。没有未污染水源的情况下，你可以使用尿液。注意遮盖眼睛，防止更多微粒进入。用湿布捂住口鼻，防止吸入有害粒子。

辐射可以影响到血液系统，增加感染的可能。千万要小心——即使感冒和呼吸道感染，也要尽量避免。

12.4 爆炸后的生存

除非食物被储藏在深的掩体中，或有特别的保护，否则所有的食品都可能吸收了放射活性物质。高盐分食物和奶制品要尤其小心，如牛奶、乳酪以及海产品。经测试发现，高盐分的食物和各种类型的添加剂，它们更易吸收辐射。安全的罐装食品是汤、蔬菜和水果。经加工的肉类比新鲜食品更易受辐射污染。骨头吸收辐射的程度最高，其次是瘦肉（含脂肪量最低）。

水

不要饮用任何未经保护的水，至少爆炸后48小时内必须如此。不要用湖水、池水和其他不流动的水源。饮用前先过滤，然后煮沸。

以下水源受污染程度最小（按次序排列）：

1.地下井水和泉水。

2.地下管道和容器中的水。

3.取自地表深处的雪。

4.快速流动的河水。

在快速流动的水流边挖一个洞，把水引流过去。去掉表面上的泡沫，把水舀上来。用一个底部穿有洞孔的罐盒，或一只长筒袜装上一层沙子、一层卵石（可深挖得到），将水过滤到一个未受污染的容器里，煮沸。

用流速很快的水流，或者是开水，彻底地冲洗容器，使器具去污。

可食用的动物

比起生活在地面上的动物来，生活在地下的动物，受到的核辐射要少，比如野兔、獾、田鼠以及类似的动物。但是，它们外出活动时，同样会受到污染。无论如何，这些食物来源应当加以利用。这也许会增加自身受感染的危险——但是，不这样的话，你就会挨饿。

为了减少来自肉类的辐射，千万不要直接处理动物尸体。剥皮和清洗时，要戴上手套，或用布裹住手，去除与骨头直接接触的肉。骨骼系统可吸收90%的辐射，所以，要选择远离骨头至少 3 毫米的肉。肌肉和脂肪是肉中最安全的部分。去掉所有的内脏器官。

植物类食品

根茎类蔬菜有生于地下的块茎根，它们是最安全的食品——如胡萝卜、马铃薯、萝卜等等。烹调前，要把它们仔细洗净、去皮。

其次，表皮光滑的水果和蔬菜也比较安全。纹理粗糙、带皱叶的植物，它们上面往往有最难除去的辐射污染。应该避免食用。

长期生存

在严重的热核反应环境中，关于其长期影响的预测，结果差别很大。核爆炸所影响天气和植物生存的范围，会远远超出爆炸区域。“核冬天”甚至会使农作物的存活都产生困难。关于短期及有限范围内的影响，将在“原地生存”部分揭示。

13. 原地生存

你不一定要远离文明的世界，去寻找新的生存环境。自然灾害、骚乱和军事行动等可能会切断所有的日常服务和食物供应。在一切重新恢复之前，你只能依靠自身的资源和技能，来安排你的生活。

失去供电，供暖、热水、照明、空调和制冷设备等都将停止。如果灾难并非殃及全球，利用电池的广播与电视，它们能偶尔提供一些世界其他地方的消息，但是不要奢望邮递、电话和报纸。发电机与短波收音机会是最有用的设备。当输水管道停止工作时，水龙头不能供水，厕所也将很快不能使用。

如果你是在乡村，尚可以利用某些自然资源。但是，如果你在大城市，商店食品架上将空空如也——被卖掉或被抢劫一空；一旦私人的储备耗尽，公园和花园里的植物也会被拔光。人们不得不到乡村去寻求生存。乡村居民有较多菜地和空间，他们以此来获取食物，并有自己的食品储备，也不那么依赖商店。

大多数家庭都有一些食物储备。应该进行定量配给，并寻找一切食品来补充供给。

13.1 储备食品

储备食品是一种良好的习惯，如果你住在与外界隔绝的地方，这种习惯尤其好——在这种地方，食物供给有时会完全断绝。如果你的储备室存有一年的食品，而且随时使用随时补充，那么你不但能靠此度过最糟糕的情况，幸存下来，而且也能熬过来年的涨价风潮。

储备不一定要一朝一夕就完成，可以逐渐增加。充分利用超市的特别供应，额外添置一斤或一袋物品，储备起来。将食品存放在阴凉、干燥、避光之处，不要接触地面——潮湿和高温易滋生细菌和霉菌。另外将食物放在地面，会方便昆虫和啮齿动物。确保所有容器都能防虫和啮齿动物。

切记：转动罐头盒，这样食物就不会沉淀和离析。在每个罐头盒或袋子上，用不褪色的防水笔标明食物的种类和储藏的时间。按照顺序使用——先储藏的要先用。储备方法要得当，这样即使标签脱落，你仍能知道其内容。

对于食物的选择，主要依据个人的口味而定，但易做的简单食品（咸牛肉就比牛肉筋和牛肉团子要好）可以保存得更好，并且用途更加广泛。小麦往往比面粉会保存得更好，因为小麦不易受潮，且受光、昆虫和温度变化的影响较小。在金字塔中发现的小麦，虽已历经数千年，依然保存完好。但是，小麦必须研磨成粉才能食用，所以你手边应备有小型的研磨工具。

封存

最理想的储藏品，是封口处有螺纹的糖罐储存的食物。有密闭盖子式塑料容器也可使用。不要装得过满，以免把容器弄坏，或者使盖子不能密封。用黏性胶布封好盖子，每次使用后重新封口。但记住，一旦开盖后食物就会开始变质。

推荐食品及其保存期：

小麦：15℃以下无限期
奶粉：2年
蜂蜜：无限期
蛋粉：2年
罐装食品：3~5年（按时更新）
燕麦：无限期
盐：如果对于燥，无限期
熟油：2年（按时更新）

定量

利用各种菜单，你可以完成日常定额供应——无论是干冻的或者是脱水的食品。和罐装的食品相比，这些食品的重量很轻，而且所占的空间更少。冻干食品是最好的，因其味道及内部结构都保存完好，而且脱水食品所丧失的矿物质，在冷冻食品中也可得以保存。

二者在食用时尽管都需要水分，但在困境中，也可以干嚼食用。

维生素

复合维生素药片是绝对值得的投资。身体中储备的大多数维生素，最多可以维持人体一个月所需，在此之后，如果没有得到补充，健康就会受到影响。在精神紧张的状态下，体内的维生素会更快地耗竭。维生素B类（以及矿物质、钙、锌）会首先丢失。维生素药片不可以无限期保存——注意检查其产品说明。

其他食物

□**干果和坚果**营养丰富，也是适合储备的食物——例如各种葡萄干，它们都可以保存得很好。带壳的坚果，只要保持其干燥，即可保存很久。袋装盐腌干果，如花生果、巴西胡桃，营养都很高。

□**土豆粉**能很好地填饱肠胃，而且有许多做法，都可使其美味可口。

□和长谷类的白色米比起来，**褐米**的营养更丰富。白米在烹煮后会失去所有精华。

储存地点

储藏地的温度越低，储藏物就能保存得越好——地下室是理想的，但潮湿也是一个很大的问题。所以，所有储备物品都应远离地面，并且定期检查。如果外面的光线能射进地下室，要将地下室盖好。在避光的条件下储藏的物品最好。

阁楼也可用于储藏——储备在那里的物品并非每天都需取用。然而，在夏天，阁楼会变得很热，而且爬上去也很困难——尤其当梯子是进入的唯一方法时——这样的话，又会使整理大批量的储备物很不方便。在大多数灾难中，屋顶是较脆弱的地方，如果某一地区可能遭遇到飓风的袭击，在阁楼上放东西，就并非较好的选择。易发生洪水的地区，地下室也同样危险。楼梯的下面也可以提供庇护，虽然那里的空间会比较狭窄。

你所选择的储藏地点，应该最便于取用物品，不仅是食物，而且包括药品、消毒物品、洗涤剂——以及水。如果将东西分置几处，每个地方都有各种储备品，就要好好准备了。

增加以下储备

牙膏和肥皂
消毒剂和漂白粉
洗衣粉
日常药品：痢疾药、胃药、抗过敏药物及常用止痛药
绷带和衣物
备用电池

13.2 优先考虑事宜

若非你的居住地已被彻底毁坏，或者此地已成危险地带，遣散势在必行，否则的话，家就是很好的避难所。应该修缮遭到破坏的

建筑，防止其受到风暴的侵蚀。尽可能地采取永久性的修缮措施。

水供应是常见的问题——因为，即便在洪涝灾害中，饮用水也会短缺。如果事先得到警告，在屋内及时储备足量的水，你就会幸运得多。

生火取暖的问题不大，因为，在房子内和其四周，会有可燃性材料。污染往往是最大的问题，必须采取严格的卫生措施。

13.2.1 水源

尽管一个四口之家每周的用水量相当大，但是，其中仅有一小部分用于饮用——每人每天平均需要 2 升水。如果接到警报，应尽可能装满所有可以盛水的容器。一个浴缸能盛几加仑水，堵住溢流口，可以增加其容积。尽量利用垃圾箱、水桶、锅——甚至坚韧的塑料袋，如果仅装一半水的话，把袋口扎紧。

将水储存于暗处。受光线照射时，水中会滋生水藻。水的体积较大，而且它也比较重，不要把它储放在阁楼上，否则可能会压塌阁楼的地板。

即使你事先没有得到警报，也要在储水池、暖气管道、水箱甚至鱼缸中储备一些水，在厕所的储水箱里，你也可以储存几加仑的水——不要把水冲走。房外的游泳池、水桶或池塘——甚至汽车水箱中的水，它们都应该充分被利用。通常情况下，供暖中心的水都经过脱氧处理，汽车水箱里的水可能放有防冻剂，所以，当要使用取自这些地方的水时，它们最好是用于清洁。如果不得不用来饮用，要首先煮沸，然后用干净的布吸取蒸气，再将水拧出，然后重新煮沸（或参见“必需物品”）。

白开水喝起来没有味道，蒸馏水则更加平淡无味。让水变得有滋味很容易，可以添加氧气进去：只需把水从一个容器倒到另一个容器里并重复数次。当水煮沸时，在容器底放一小片木炭，这样做也有助于增加滋味。

用水烹调

用水煮食物时，水沸腾的时间至少要 8 分钟。但是，煮沸时间不足的水不要浪费，可以用来加热罐头食品，只要食品不会直接接触到水即可。

加热时，将罐头立在水中，在罐顶打一个小洞，以免爆炸，再用一个小布条堵住洞口，以免水进入。

或者，将水煮开。将热水从火上移开，然后在水里放入未开洞的罐头。这种方法需要花费较长的时间。

水的收集

尽可能地收集所有的雨水。将下水管道的下部折断，使水流到一个容器中，例如垃圾箱。即使雨水是纯净的，水槽也可能会污染它——所以使用前要消毒。

将油布或塑料薄膜用棍子撑开，当作收集雨水的容器。在下雨的间隙要对它们进行漂洗，以减少污染。

挖一个坑，将塑料膜铺在坑底，或者用混凝土造一个水池，上部盖好，防止水分蒸发和杂物落下。

如果当地的水位较高，可以往地下挖掘寻找水源——你继承的财产中甚至可能有一口井，这口井也许能被重新开启使用。

利用日光蒸馏器和植物的蒸腾作用是获得水的另一途径。

水的贮存

不要把水浪费在洗衣服上,除非要洗的衣服是内衣。永远不要将用过的水倒掉。经过沉淀后水可以重新使用。

在准备食物之前，洗手是很重要的，身体其余部位则可以等到下雨时再洗。身体会分泌油脂，只要毛孔张开，就不会影响健康。很快你就会习惯这种难闻的气味，并且在危急的条件下，社交场合也会相当的少。如果几乎没有淋浴条件，或淋浴间隔时间很长，可以用湿布擦洗身体——晚上将布放在草坪上或灌木上，吸取露水供擦洗用，这样就不会消耗你的储备水源。

过滤与消毒

在饮用之前，所有的水都要经过过滤和消毒。如果没有烧开水的条件，就用化学物品消毒。

过滤：将水在容器里放置一段时间，让杂物沉淀，然后将其吸到过滤器里过滤。可以用尼龙长筒袜（或其他多孔材料）来制作过滤器，袜里装上沙子（放底部）、木炭和苔藓（放上部）。

消毒：净化水。每升水加入两滴家用漂白剂，或者每升加入3滴2%的碘酒。

浑浊的水：将漂白粉或碘酒的用量增加一倍。

大量的水：每升加1/2茶匙漂白剂。

必须优先让伤员洗澡，将其所有衣物定期煮烫消毒。

13.2.2 火

火带来的温暖和舒适可以使人精神振奋，但其最重要的用途，应当是烧水和保存食物。在使用燃料时必须优先考虑后者。

应当重新修缮清理被阻塞的壁炉，同时也要检查烟囱中是否有杂物。如果没有及时清理，烟囱失火的可能性会大大增加，并将因此危及整栋房屋。

清理烟囱

将一根冬青枝，或者其他类似的灌木系在长绳上，从屋顶把绳子放入烟囱（用一块石头绑在底部使其下落），灌木落下的同时就可以清理烟囱。

简易壁炉

你如果没有壁炉，金属容器、垃圾箱和供暖的水箱都可以用来生火。也可以直接在平坦的混凝土地面上生火。如果你有烧烤台的话，要充分利用。

在屋内生火时，绝不要扔下火不管。如果没有人守在旁边照看的话，烧得很好的壁炉在夜间也应当熄灭。

燃料

最开始时，你可使用家具、树木、灌木、豆秸秆、秋千、梯子和工具柄等做燃料，当这些烧完后，地毯、窗帘和垫子也可以用作燃料。纸板、书籍和报纸也拥有惊人的热量。各种机车燃料也可以用来生火以供取暖、照明。

警告

许多现代织物和家具，特别是PVC聚氯乙烯和大块的泡沫家具，在燃烧时会发出有毒气体。如果燃烧此类物品，壁炉应放置在花园里。如果你不得不在屋内使用时，就把它放在打开的窗户附近。当你要靠近火炉填燃料，或者是照顾在上面加热的东西时，用湿布把脸遮起来。

13.2.3 食物

□清点屋内所有食物，即刻实行定额供应。

□首先食用易腐食品。多脂肪的食物会最先变质，罐装食物最后变质。

□记住，一旦停电，冰箱、冷藏柜都会停止工作——但是，只要你尽量少开冰箱或冷藏柜的门，并且尽可能缩短每次开门的时间，那么冷藏功能将会再持续一段时间。

□将牛奶煮沸，这样能保存更长时间。

□把鸡蛋煮熟，或在上面抹一层脂肪（一种保存新鲜鸡蛋的传统方法），仅将其浸入即可以。

□把肉煮熟。用布包起来，埋在地下。先煮猪肉（其脂肪含量最高），其次是羊肉，再其次是牛肉（最好保存的肉类）。

□食物一旦煮熟并冷却后，不要重新加热，否则会有食物中毒的危险。

□每次只能烧制一点食物，当冰箱或冷藏柜仍可以发挥制冷作用时，将其余部分放在里面。

来自园中的食物

你会发现，四瓣的植物，包括所有的白菜，从墙头的黄色草花到卷心菜，均可以食用。蜀葵尽管味道不好，却富含营养。蚯蚓、鼻涕虫和蜗牛也可以食用。不要吃球茎植物，例如黄水仙、郁金香属和乌头属植物，这些都是有毒的。

在野外

如果你是到园林和野外寻找其他植物，也可通过狩猎和布置机关捕捉野生动物。在网上放置诱饵（参见“用陷阱和罗网捉到的食物”），那么城市中的鸟类——特别是鸽子和椋鸟，就会常出现在你的餐桌上。

居家附近

留心房子附近的植物——其中一些是有毒的，特别是花叶万年青和喜林芋属植物——不过兰花可以食用。

食物的保存

保存食物的方法有很多，例如熏干、腌渍和制作泡菜及酸辣调味品等等（参见“食物”篇）。

当冰箱不起作用时，移走制冷机，在冰箱底部开一个洞，将冰箱放在石头或砖块上，可以在下面生火，当作熏房使用。

注意

如果食物短缺，不能与宠物共享，不要太客气。如果鱼缸里的水必须拿来饮用，不要把鱼浪费掉。事实上，即使你不需要水，饲养的鱼也是最易得的食物。其次可以吃的是猫。一旦褪了毛，你很难把它与野兔区分开。沙鼠、田鼠、兔子、虎皮鹦鹉等，它们都可以作为充饥的食物，如果狗不是特别好的猎手，也可以吃掉。

13.2.4 庇护场所

你最先应该考虑的选择，应是有完整屋顶的坚固建筑物。清理掉建筑物中所有的废弃杂物，确保没有什么东西会忽然倒塌，或者坠落，它们会引起伤害。从其他建筑物中，取一些石板、瓦片和砖块来用，至少要确保一座建筑完好无损。

天气寒冷时

待在屋子里保存体力，选一间底层朝南的房间（如果你居住在北半球），封住所有通风口，尽量不要开门。

如果你在房子里生火取暖，要确保有良好的通风条件，避免引起窒息或一氧化碳中毒。衣服穿暖和一些，这样可以节省燃料。房子里人越多，温度就越高。多休息，将体力消耗减至最少。

天气炎热时

天气炎热时，要懂得利用楼上的房间，并把它们加以扩大。打开楼下顺风向的窗户，以及楼上背风面的全部窗户。开着所有的门，凉爽的微风就可以吹过房间。在白天，你可以休息，保存体能和体液，将所有必要的工作留到晚上做。

搬家

如果房子无法修复，或有别的压力迫使你离开，记得带上重要的必需品——食物、毛毯、工具、药品、水容器和建造庇护所的合适工具——如果在下一个住所，你不容易找到这些东西的时候，用儿童车或者商场手推车作运载工具。找一处空房或其他建筑，或在其他地方搭一个帐篷。

13.2.5 卫生问题

灾害发生后，卫生是一个非常重要的问题。露天阴沟、受污染的水和堆聚的垃圾，它们都会导致和传播疾病。由老鼠、跳蚤和别的昆虫携带的病菌也会迅速繁殖。要小心清理所有废弃物，所有前面讲过的程序步骤仍旧适用（见“有关扎营的技术”篇）。

排泄物

尿液是无毒的，但把尿液大量地积于一处时，它会散发异味，招引苍蝇。你最好使用“沙漠玫瑰”式的尿壶，即“露营与帐篷”一章中所提到的那种。将排泄管道盖好，如果不能正确使用，就将所有的尿液从管道倒出。

要搭建一个厕所。厕所离屋子要远到闻不到异味，同时要近到便于“应急”——在恶劣的生存条件中，这类紧急状况会很常见。底部有孔的盒子可用作便桶。便桶用后，如果有，就用水清洗一下，而不是使用手纸清洗。便后要把手彻底洗干净。

记得在便桶上安一个盖子，底部周围堆上土，这样不但可以阻止异味外溢，也可以把苍蝇拒之桶外。用铲子移走所有粪便，避免用手接触。

动物

动物可以携带能传染给人类的疾病。处理动物时，要先确定自己的皮肤没有破损——或者戴上手套。即使最小的伤口，它也能引起感染。彻底烹煮所有的肉类。

厨房废弃物

把所有可被生物降解的废物堆放在庭院的角落里，这样做可以增加土壤的养分。在有机物质堆积的地方，会产生大量的蠕虫，这些蠕虫可以提供蛋白质。

然而，在营地里，不应有过多的厨房废弃物。不要削去土豆皮——它的大部分营养价值都存于它的皮中。你曾经丢弃的包心菜外部的叶子，经过仔细的刀切后，也是可以食用的。

有的废弃物不能被生物降解——例如不能再利用的罐头盒与塑料制品等等——应当焚烧掉它们，把它们展平并埋起来，这样可以避免招来苍蝇。气温较高时，烧掉所有废弃物，将灰烬推入坑中掩埋。

食物传播的疾病

疾病可以经过粪便的途径传播，例如沙门氏菌属和志贺氏杆菌属都是这类疾病。

手部溃疡是导致葡萄球菌进入人体的罪魁祸首。葡萄球菌可以引起食物中毒，导致严重的胃痛、腹泻和脱水。

梭菌肉毒杆菌是一种常见的、可致命的芽孢杆菌，在家中制作罐装食品时，如果罐装食品未经高温消毒，它就会产生此菌——该菌仅仅生长在氧气隔绝的环境中。如果你没有令人放心的检验方法，可以利用它来判定食物是否已受污染，那么，自己保存食品时千万要小心。相关的杆菌还可导致破伤风。

疾病的传播

灾害发生后，生活在拥挤的人群中，这会大大增加疾病传播的可能性。讲究个人卫生——尽可能严格地遵守——可以减少这一威胁。隔离发烧或寒战的病人。

把伤员用过的敷料和绷带，都密封在聚乙烯的口袋里，立即烧掉。在大小便时，要使用户外厕所。病人用过的便池要经常消毒。

个人卫生

如果没有洗浴用水，这时你可以用沙子代替。不可以咬手指甲——无论环境多么干净——也不要将手指放进口中。不要抓破脓肿或溃疡，把伤口覆盖好。经常更换、清洗内衣（但是不要占用饮用水）。

要储备一些有用的草药

草莓的根部含有除垢剂，能清洁牙齿。

翠雀属植物种子磨碎后可用来对付头发中的虱子。

桦树皮蒸馏后产生一种焦油，涂敷皮肤可缓解皮肤疾患。

薰衣草经过煎煮后，可清洁皮肤。

（参见“天然药物”一节。）

后　记

现在，你已获取了许多的知识，它们是来自我自己，以及像我一样的人们，它们是我们通过毕生的训练和经历而积累的。但是，千万不要以为仅仅读了这本书，你就已经可以在逆境中求生。这本书只是告诉你，在这样的环境下，你所需要的知识和技巧，但是，这些仍需你自己去应用和实践，从而具备运用这些知识和技巧的能力。

在训练士兵或一般学员，教导他们如何在险恶的条件中求生时，我的一部分工作是确保他们的安全。但是，我不能为本书的读者做到这一点，而只能给你们提供一些知识和建议。我既不能待在你们身边，来阻止你们做傻事，也不能论及每个人可能面临的具体情况，同时也不能确保看过书的每个人，都能正确理解我写出的内容。我只知道，这本书在过去曾经挽救了一些人的生命，我坚信，将来它会挽救更多的人。记住，这些求生技巧必须谨慎合理地使用，如果你使自己或他人受到了伤害，这是你的责任，而不是我的。

人体蕴藏惊人的力量，以应付艰辛的条件和挑战性的环境。有的人在极端恶劣、几乎没有生存希望的环境中生存了下来，这就是最好的例证。无论男女老幼，每个人都有求生的本能，这一本能，在某种程度上，是可以经过锻炼而得到发展的。

在逆境中求生时，良好的心理素质、身体承受力与足够的知识同等重要。假设求生技巧是一个金字塔，那么求生的愿望就是它的基石。即使一个人，他的所作所为与书本上完全背道而驰，求生的欲望有时也足以使他幸存。当然，具备一定的知识，应付困境就会相对容易一些，所以金字塔的第二层就是知识。知识可以增强信心，驱除恐惧感。

金字塔的第三层，就是训练。这并不意味着每件事随便试一下就完事了，而是真正掌握这些技巧，并牢牢地记住。训练的同时，你的体能也会得到良好的锻炼。

如果要让金字塔竣工，你还需要加上你的工具包。正确的装备和储备是一般常识，但求生者不清楚自己将面对何种情况。这也是为什么不同的装备会使生存的机会大相径庭的原因。在进一步建立求生本能的基础上，增加知识，合理训练并备好你的工具，你将可以应对一切挑战。

注意：

本书描述的各项求生技能仅适用个人安全受到威胁的紧急情况。如果本书实践者由于动用或误用所述各项技能造成各种可能的不良后果或伤害，出版者不负任何责任。在实践及执行这些求生技能时，土地所有者权利、各种相关的动植物保护法、枪支武器使用禁令都是至上的，必须得到尊重。